Ronald Daus

W0068519

Die Erfindung des Kolonialismus

Peter Hammer Verlag, Wuppertal

Die Feldforschungen in Südostasien und Indien
sind von der Stiftung Volkswagenwerk finanziell
unterstützt worden.

© 1983 by Peter Hammer Verlag, Wuppertal
Alle Rechte vorbehalten
Lektorat: Lutz Kliche, Wuppertal
Umschlaggestaltung: hammerteam, Wuppertal
Herstellung: Joachim Emrich, Gelnhausen
Druck und Verarbeitung: Clausen & Bosse, Leck
Gesetzt in der 9/10 Punkt Garamond

CIP-Kurztitelaufnahme der Deutschen Bibliothek

Daus, Ronald:
Die Erfindung des Kolonialismus / Ronald Daus. –
Wuppertal: Hammer, 1983.

   ISBN 3-87294-202-6

Inhalt

Vorbemerkung 5

Buch 1: Entwicklung: 7
Von der Erweiterung des Horizonts
zur Verengung des Geistes

Die Vorstellung der Europäer vom Fernen Osten 9
Die Realisierung des Seewegs nach Indien 29
Die Eroberung des asiatischen Handels 39
Das Alltagsleben im portugiesischen Kolonialreich 55
Die Rückwirkungen des Kolonialismus auf Portugal 76
Der Niedergang der portugiesischen Herrschaft 97
Das Überdauern eines Imperiums 121

Buch 2: Strukturen: 143
Der Glaube an den ewigen Vorsprung Europas

Erster Teil: Kontakte

Über die Mühsal der Europäer, ihrem Willen Recht zu geben 145
Der Wunsch nach dem Unter-Sich-Sein 155
Die Verewigung von »Oben« und »Unten« 165
Die Beliebigkeit von Regeln 187
»Der typische Kolonialist« 197
Tragik als Endresultat kolonialer Herrschaft 207

Zweiter Teil: Selbsterfahrung

Die Entdeckungsreise ins »Neue« 215
Die Autonomie des Fremden 227
Die Nützlichkeit von Vergleichen 249
Die Tradition kolonialer Selbstkritik 263
Zwangsläufige Entfremdungen 275

Dritter Teil: Fälle

Über das Machtstreben als Grundstruktur des Kolonialismus 285
Seit 1511 »portugiesisch«: Malakka 289
Der gerade Weg vom »Asiaten« zum »Europäer«: Tugu 311
»Portugiesische« Macht ohne Portugal: Larantuka 323
Die »Eurasier« im Herzen einer Metropole: Singapur 344

Anhang

Anmerkungen 357
Literaturverzeichnis 368

Vorbemerkung

Über Jahrtausende waren die Bewohner Europas, wenn sie ihre Staaten über das Kerngebiet ihrer Kultur hinweg in die Regionen fremder Völker ausdehnen wollten, vorwiegend über Land vorgerückt. Erst im 15. Jahrhundert begann der Sprung über die Meere hinweg zu Außenposten, die sich bald über den gesamten Globus erstreckten. Es entstand eine völlig neue Art von Imperien: die Kolonialreiche der Portugiesen und Spanier, dann der Holländer, Engländer, Dänen und Franzosen, schließlich der Deutschen, Italiener, Belgier und Nordamerikaner unterschieden sich prinzipiell von so traditionellen Staatsgebilden wie dem Reich Alexanders des Großen, dem Römischen »Welt«-Reich, Byzanz oder, als späte Imitation aller, dem Russischen Reich. Es war mehr als originell, von einer beliebigen Insel vor der Küste Afrikas, Amerikas, Asiens oder Ozeaniens behaupten zu wollen, sie sei von nun an »portugiesisch« oder »holländisch«. Es brauchte gänzlich neue Eroberungs-, Verwaltungs- und Verteidigungs-Methoden für diese »Ableger des Mutterlandes«, die bis zu einem Jahr Seereise entfernt lagen. Die modernen Kolonialreiche verbanden miteinander extrem Unvereinbares – in bezug auf Landbeschaffenheit, Klima, Aussehen und Sitten der betroffenen Menschen, Wirtschaftsformen. Hier wurden nicht nur, wie bei den Landmassen-Imperien, Grenzen erweitert; hier wurde ein vollkommen neues System der Beherrschung fremder Länder und Völker angewandt.

Die Expansion Europas nach Übersee ist keineswegs eine quasi natürliche Angelegenheit gewesen. Es ist nicht so, daß die Europäer unbedingt Außer-Europa überfallen mußten, weil ihre wirtschaftliche, technische oder gar intellektuelle Überlegenheit den Vorstoß in fremde Machtbereiche »historisch« erforderte. Der Übergriff auf andere Kontinente hat eine viel konkretere Entstehungsgeschichte, war ein bloß beiläufiger Prozeß (neben vielen anderen) gewesen, der auf fast merkwürdige Weise zum Hauptstrom wurde. Die Kolonisation der übrigen Welt wurde von kleinen Teil-Elementen Europas unternommen, die bei ersten Versuchen in einer günstigen Konstellation bemerkenswerte Erfolge erzielt hatten und, überrascht über diesen Zufall, nun daraus einen ideologischen Apparat mit praktikablen Handlungsanweisungen zusammenstellten. Die spätere Durchschlagskraft des Kolonialismus war nicht die zwangsläufige Folge eines großräumigen Druckausgleichs; sie ergab sich nach und nach aus der immer geschickteren Anwendung von Herrschaftsverfahren durch die Europäer. Der überseeische Kolonialismus mußte, in diesem instrumentalen Sinne, erst »erfunden« werden. Nachdem er allerdings bestimmte Glaubenssätze, Techniken und Strukturen erhalten hatte, gewann er ein Eigenleben. Er wurde im Laufe der

Geschichte zu einem selbständigen Faktum, das seinerseits das Bewußtsein seiner Schöpfer zu beherrschen und umzuformen begann.

Dieser Übergang vom Unverbindlichen zur festen Form ist besonders klar bei den Portugiesen auszumachen. Sie waren die ersten Europäer gewesen, die das Heil ihres Staates ausgerechnet außerhalb Europas suchten. Sie hatten sich auch gleich an die schwerstmögliche Aufgabe gemacht: Einfluß in Asien zu gewinnen, einem Kontinent mit starken und selbstbewußten einheimischen Staaten. Ihr Vordringen in dieser für jeden Eroberer äußerst gefährlichen Region gibt besonders deutlich Aufschluß darüber, wie koloniale Erfolgsrezepte geprägt sein müssen. Dazu kommt, daß die Portugiesen nunmehr schon seit fast fünfhundert Jahren in Asien präsent sind. Die große historische Spanne läßt das Vorübergehende, Anekdotische vom wirklich Beständigen exakt unterscheiden.

Und die Portugiesen haben als die Ersten, als die Globalsten – sie herrschten zeitweise auf vier Kontinenten, zwischen Brasilien und Ost-Indonesien – und als die Erfahrendsten in ihrer kolonialen Geschichte mit so ziemlich jeder vorstellbaren Variante des Kolonialismus experimentiert. Jede andere europäische Kolonialmacht stellt einen einzigen Typus von Herrschaft über Außereuropa dar; Portugal gibt konzentriert ein Gesamt-Panorama des Kolonialismus. Das intime Ineinandergreifen all der Spielarten, die später »englisch« oder »französisch« werden sollten, zeigt hier ausgeprägter die jeweils spezifische Zielrichtung einer Maßnahme, einer Meinung.

Ich gehe in diesem Buch über die Herausbildung des Systems »Kolonialismus« mehrfach direkt auf Parallelen des Portugiesischen zu Phänomenen in anderen europäischen Kolonialreichen ein. Oft habe ich mir aber solche Verweise auch gespart. Ich versuchte vielmehr, bewußt diejenigen Vorkommnisse und Handlungsweisen zu schildern, bei denen der Leser selbst in der Lage ist, vielerlei Ähnliches in seinem historischen und politischen Vorwissen zu entdecken – und auch in seiner ganz persönlichen Erfahrung. Denn ich will ihn – den Leser – vor allem auf die andauernde Aktualität des Kolonialismus aufmerksam machen. Ich will betonen, daß wir Europäer uns sehr viele Mechanismen des Kolonialismus zu eigen gemacht haben, ohne ihre Herkunft und ihre ursprüngliche Funktion zu erkennen.

Kurz: ich habe, aus vielen verschiedenen Blickwinkeln heraus, all diese Informationen über die portugiesische Kolonialherrschaft vor dem Leser ausgebreitet, weil ich hoffe, daß jemand, der die Entstehungsbedingungen von Vorurteilen, Spontanreaktionen und festen Überzeugungen durchschaut, sowohl im Verhältnis zu den Völkern Außereuropas als auch in seinem eigenen Land relativierter, also menschlicher, denkt. Ich möchte »typisch europäische« Hemmnisse in unseren Auffassungen von Herrschaft, Ethik und Ästhetik abbauen helfen.

(Singapur 1978–79, Berlin 1980–81)

Erstes Buch

ENTWICKLUNG
Von der Erweiterung
des Horizontes
zur Verengung
des Geistes

Masken beim Moriones Festival auf Marinduque / Philippinen

Quelle: Moriones Festival / Philippinen
Foto: Marcus Brooke, in: Apa Guides, Philippinen, Hongkong 1981, S. 239

Die Vorstellung der Europäer vom Fernen Osten

Der weltweite Kolonialismus Europas ist eine der wenigen Epochen in der Weltgeschichte, für die schon die ersten Zeitgenossen exakte Geburtsdaten parat hatten: Im Westen begann er am 12. Oktober 1492 mit der Landung von Kolumbus auf der Bahamas-Insel Guanahaní und im Osten am 20. Mai 1498 mit der Ankunft Vasco da Gamas in der indischen Hafenstadt Kalikut. An diesen Tagen, so glaubte man, war schlagartig der Horizont Europas bis ins Unendliche ausgedehnt worden. Jetzt wurden, wie durch einen Blitz der Erleuchtung, ungeahnte Möglichkeiten denkbar.

In Wahrheit war die »Entdeckung« des direkten Seewegs nach Indien nicht viel mehr als die Bestätigung von bereits Gewußtem.

Einem gebildeten Europäer, der um 1450 lebte, stand für das Asien jenseits der griechisch-türkischen und jenseits des arabisch-persischen Raums ein üppig gefülltes Magazin an Informationen zur Verfügung. Dabei speisten sich seine Kenntnisse und Meinungen aus sehr verschiedenartigen Quellen.

Eine Ecke seines Wissens war von Erinnerungen an die Antike besetzt. In der gerade beginnenden Renaissance las man auch wieder die alten, im Mittelalter teilweise vergessenen Berichte und Urteile über fremde Völker weit östlich des Mittelmeers mit gläubigem Interesse. Schon um 500 v. Chr. hatte der Grieche Hekatäus einen Blick über das Reich der persischen Intimfeinde hinaus geworfen und die Existenz Indiens erwähnt. Weil er in Milet lebte und den kleinasiatischen Dialekt der Ionier schrieb, konnte er »Hindi« nur als »Indoi«, ohne H, aussprechen, und so prägte diese griechische Provinznorm bis in unsere Tage hinein in allen europäischen Sprachen die Bezeichnung für die Bewohner des Landes.[1] Herodot wußte fünfzig Jahre später nur wenig mehr über die Inder zu berichten: es gebe sehr viele von ihnen, und sie seien sehr reich. Schon ganz in der Manier späterer Geographen und Historiker, die das, was sie nicht wissen, auch gleich als nicht wissenswert hinstellen, fügte er hinzu: »Sie sind das letzte Volk vor dem Sonnenaufgang. Jenseits ist nur noch sandige Wüste.«[2]

Der Übergang vom bloßen Hörensagen zum persönlichen Augenschein spielte sich spektakulär ab: 327 v. Chr. fiel das Heer Alexander des Großen in Indien ein. Die zahlreichen Biographen Alexanders konzentrierten sich bei der Beschreibung dieses Abenteuers auf drei Episoden. Die erste ist das Bad der verdreckten und ausgemergelten Soldaten im Indus-Strom, und ihre Entdeckung, daß es nicht nur im Nil menschenfressende Krokodile gibt, sondern auch hier. Das zweite Thema ist die Beschaffung und Zähmung der (militärisch begehrten) Elefanten. Sie wurden in einer Erdgrube gefangen, angelockt durch die Stimmen zahmer Elefantinnen. Bei der dritten Episode spielt Alexander die leitende Rolle: Er fuhr mit schnell zusammengebauten Ruderschiffen über die Stromschnellen der Panjab-Flüsse bis zum Indischen Ozean. Und er segelte verwegen ein Stück auf das Meer hinaus, »um auch das erzählen zu können«. Seinen Freund Nearchos schickte er schließlich über das Wasser nach Babylonien zurück, auf der Suche nach einem asiatisch-europäischen Seeweg. Nearchos schrieb einen Bericht darüber. Wie die Schiffe auf eine Herde wasserstrahlsprühender Wale traf, die man nur durch vereintes Brüllen und Trompetenblasen vertreiben konnte, wurde zu einem der beliebtesten Zitate in der antiken Literatur, wobei allerdings die Wale sich rasch in grausige Seeschlangen verwandelt hatten.[3]

Alexander war der einzige uneingeschränkt positive historische Held des Altertums und eine der ganz wenigen heidnischen Persönlichkeiten, an die man sich auch noch im Mittelalter erinnern durfte.[4] Das spanische Alexanderbuch aus dem 13. Jahrhundert besteht aus über zehntausend »Alexandriner«-Versen. Der große Eroberer asiatischer Reiche war zu einem Erziehungsobjekt ersten Ranges geworden. Durch sein Abbild wurden Heranwachsende mit einem idealen Ritter bekannt gemacht. Die Versepen veranlaßten die Adligen, sich schwärmerisch mit ihm zu identifizieren; die volkstümlichen Romanzen mit ihren Erzählungen von der Unbesiegbarkeit des Königs überzeugten das Volk von der unausweichlichen Berechtigung ritterlicher Herrschaft. Dem Indien-Abenteuer kam dabei eine besondere Rolle zu: Alexander hatte zwar den Höhepunkt seiner Laufbahn in Persien erreicht, aber die Eroberung seines Imperiums war noch durch einen Akt des absoluten Ruhms zu krönen, durch einen Marsch ins Geht-Nicht-Mehr. Indien zu erobern, erscheint als der Gipfel menschlicher Leistungsfähigkeit und Willenskraft. Alexander schaffte es, aber nur er allein, denn als er über das indische Hochland bis zum Ganges vorstoßen will, meutern seine sonst so gehorsamen Truppen. Durch die Schwäche der anderen bleibt Alexanders »Eroberung Indiens« mehr Geste als Vollendung. Für das mittelalterliche Publikum ist sie eine Herausforderung und (vielleicht schon) ein Versprechen.

Im Troß des Alexander-Heeres gab es viele Zeugen, die später in Griechenland von den Zuständen in den fremden Ländern erzählten. Ihnen folgten Berufsgelehrte, die an die Höfe der Nachfolge-Staaten des Alexander-Reichs gingen, und Forschungsreisende. Aus der Erstbegegnung wurde ein Kontakt von Kulturen. Am meisten waren die Griechen von der Religion der Inder fasziniert. Schon ein Begleiter Alexanders, Pyrrho, soll aufgrund seiner Orts-Beobachtungen ein Yogi geworden sein. Die ersten Beschreibungen buddhistischer, hinduistischer und asketischer Weiser stammt von Megasthenes, der 302–291 v. Chr. Gesandter am Hofe des indischen Königs Candragupta war.[5]

Wenn antike Philosophen nach Indien pilgerten, so kamen Inder auch, als Missionare, nach Europa. Einer von ihnen soll Sokrates getroffen haben, ohne spürbare Nachwirkung. Ein anderer war geschickter in seiner Öffentlichkeitsarbeit, als er sich im ersten vorchristlichen Jahrhundert im Anschluß an seine Predigten in Athen lebendig auf einem Scheiterhaufen verbrennen ließ. Ähnliche Selbstverbrennungen wurden dann später in Rom durchgeführt. Sie scheinen in den Augen der Römer, zusammen mit dem freiwilligen Hungern, geradezu zu einem spezifischen Merkmal indischer Philosophie geworden zu sein. Einige Griechen und Römer eiferten solchen Akten der Selbstbeherrschung nach. Sie hielten sich allerdings an eine niedrigere Stufe des Könnens; sie starben nicht, sie härteten sich nur ab: »Der Kyniker Sallustius hatte sich wie ein indischer Fakir gegen die Wirkung der Flammen unempfindlich zu machen vermocht.«[6]

Während der Blütezeit des Römischen Imperiums hatten sich die Reisebeziehungen zu Indien immer mehr »normalisiert«. Das war so, weil nun die Kaufleute die Aufsicht über sie an sich gezogen hatten. Größere Ruhe versprach intensiveren Handel. Bereits hundert Jahre v. Chr. gab es eine Linienschiffahrt zwischen dem Roten Meer und Indien. Bis zu zwanzig Schiffe jährlich verließen zu festen Abfahrtszeiten Ägypten, umsegelten die Arabische Halbinsel und fuhren bis zur Malabarküste im Südwesten Indiens. Sie nutzten dabei den Monsun, der über Monate hinweg in die gleiche Richtung wehte. Anderthalb Jahrtausende später wird Vasco da Gama auf dieselbe Weise auf einer gleichen Route zu derselben Gegend Indiens gelangen. Die römischen Händler kehrten im Juni, ein halbes Jahr nach ihrer Abfahrt, nach Ägypten zurück, mit den von nun an klassischen Ausfuhrgütern Indiens, Pfeffer, Baumwolle und Edelsteinen.

Für dieses stete Hin und Her gab es exakte Routenbeschreibungen, die zum Teil bis heute erhalten sind. In einem dieser Segelhandbücher, dem *Führer durch das Erythräische Meer*, wird in sechsundsechzig Paragraphen das gesicherte Wissen jener Zeit über die Strömungsverhältnisse im Indischen Ozean, seine Untiefen und Klippen, den Verlauf der Küstenlinie, über die Häfen, die Völker der Region und die Handelsgüter katalogisiert.[7]

Für die Römer hörte die bewohnbare Welt Asiens nicht bei einer Insel im Süden Indiens auf, die man Taprobane nannte (sie wurde später als Ceylon identifiziert), sondern sie reichte bis Ostasien. Taprobane wurde zu einer beliebten Zwischenstation von römischen Kapitänen, die fernöstliche Handelswaren aufkaufen wollten. So kam z. B. in den Jahren 50–55 n. Chr. ein Abgesandter des reichen Annius Plocamus zu einem Herrscher in Ceylon und erzählte soviel Wunderbares von zu Hause, daß ihm vier vornehme Ceylonesen nach Rom mitgegeben wurden. Der Historiker Plinius beschrieb, wie sie sich dort über den unbekannten nördlichen Sternenhimmel wunderten. Und er gab wieder, was sie über die Chinesen zu berichten wußten.[8] Denn es war China, das die Römer besonders begierig erreichen wollten, und in China die Seide.

Stoff aus Seide war *das* Luxusprodukt im Alten Rom. Selbst der Kaiser Caligula jammerte über den horrenden Preis. Die Seide wurde hauchdünn gewebt, und die anspruchsvollsten Frauen trugen sie über dem nackten Körper. Die Lieferungen erhielt man über den zentralasiatischen Landweg nach China, der später als »Seidenstraße« berühmt wurde. Aber über See war der Transport billiger, und tatsächlich gelangten Kaufleute aus dem Römischen Reich über Ceylon, Malaya und Vietnam bis nach China.[9]

Die wissenschaftliche Auswertung all dieser Kontakte, die Systematisierung aller Informationen von mündlichen Erzählungen bis zu den Geschäftsberichten für die großen Osthandels-Häuser in Alexandrien wurde von hellenistischen Geographen zwischen 200 v. Chr. und 150 n. Chr. in Angriff genommen. Sie formulierten das wesentliche Wissen der Antike über Asien. Eratosthenes, der die Kugelform der Erde errechnet hatte, und Strabo postierten jenseits Taprobanes und der Mündung des Ganges als phantastischen Endpunkt im Osten zwei Inseln: »Chryse« und »Argyre«, die »Gold«- und die »Silber«-Insel, beide zu hundert Prozent aus den beiden Metallen. Diese Vorstellung wurde bei Ptolemäus (90–168 n. Chr.) zu einer goldproduzierenden »Halbinsel« umgedeutet. Er nannte auf ihr in seinen schier endlosen Tabellen von Orts- und Städtenamen siebzehn verschiedene Plätze und gab ihre Entfernung ab Alexandrien an. Die Nachwelt glaubte, wohl mit Berechtigung, dieses »Goldene Khersonisos« in Malaya wiederzufinden, auf halbem Weg zwischen Indien und China. China selbst wurde, um 100 n. Chr., am ausführlichsten von Marinos von Tyros behandelt, der als Quelle die Übersetzung eines chinesischen Handbuchs, das für chinesische Beamte gedacht war, verwenden konnte.[10]

Mit dem Niedergang des Römischen Imperiums brachen auch die direkten Handelsbeziehungen mit dem fernen Osten ab. Das Wissen schrumpfte. Im 4. Jahrhundert verschwinden die Namen hinterindischer Gebiete aus den Routenbeschreibungen.[11] Zum letzten Mal rafft sich in Spanien, in schon christlicher Zeit, ein Gelehrter auf, die verbliebenen Bruchstücke antiker Geographie zu sammeln. Der Heilige Isidor von Sevilla (570–636) schrieb *Ethymologiae*, ein Lexikon, das alle Themen von der Religion bis zur Speisenherstellung und Zoologie abhandelte. Hier stand wieder: »Chryse und Argyre sind Inseln im Indischen Ozean, die so reich an Erzminen sind, daß selbst ihre Oberfläche aus Gold und Silber bestehen.«[12] Weil Isidors Enzyklopädie zu einem Standardwerk der lateinischen Kultur der folgenden Jahrhunderte wurde, blieben Kenntnisrelikte solcher Art Allgemeingut der Gelehrten sogar in den borniertesten Zeiten des Mittelalters.

Sevilla wurde dann auch eine Brutstätte einer ganz anders gearteten Gelehrsamkeit: Hundert Jahre nach Isidor war es von den Arabern erobert worden. Eine neue Quelle der Wissensvermittlung begann zu sprudeln. Für unseren Modell-Europäer aus dem 15. Jahrhundert war sie immer noch aktuellste Gegenwart. Die Auseinandersetzung mit dem Islam hatte gerade erst, 1453, den Verlust von Konstantinopel gebracht. Spanien war zum westlichsten Ausläufer des arabischen Machtbereichs geworden. Die ursprünglichen Bezugspunkte dieser Nachbar- und Rivalen-Kultur Europas lagen aber viel weiter im Osten, als es je bei Zentren früherer Weltreiche der Fall gewesen war, religiös in Mekka, politisch in Bagdad und Damaskus. Und genau so sehr, wie sich der Islam nach Westen gestreckt hatte, versuchte er, in die andere Richtung vorzustoßen. Hier stürmten die Araber nicht, wie in Nordafrika und Europa, en masse vorwärts, sondern sie berührten die erste einer Reihe von Kugeln, und jede darauffolgende gab diesen Impuls weiter bis zur letzten; die Araber besiegten und bekehrten die Perser, die Perser bekehrten einen Teil der Inder, die Inder bekehrten die Malaien, und die Malaien strömten aus bis zu den entferntesten Inseln Indonesiens. Ein Nebenstrang dieser Islamisierung hatte von Indien aus an das nördliche Ende der östlichen Welt geführt. Schon im 8. Jahrhundert gab es Moslems in Kanton, und es wurden Moscheen gebaut, die bis heute erhalten sind. Es gab über Jahrhunderte rein islamische Siedlungsgebiete mitten in China, z. B. in Yünnan. Es gab eine islamische Literatur auf Chinesisch. In unseren Tagen versucht die Regierung der Volksrepublik, die etwa zehn Millionen Moslems in den kommunistischen Staat zu integrieren, indem sie ihnen den privilegierten Status eigener »Volksgruppen« verleiht.[13]

Diese extreme Spannweite des Islam von Sevilla bis Kanton ließ sich auch real erleben: Eines der fünf Basisgebote des Koran verpflichtet jeden Moslem, nach Mekka zu pilgern. Das Zusammentreffen von Angehörigen der entferntesten Völker, die sich über das heilige Arabisch zumindest rudimentär verständigen konnten, brachte eine explosionsartige Vergrößerung des selbstverständlichen Wissens des (islamischen) Westens über das ferne Asien mit sich.

Dieses Wissen floß ein in die arabische Wissenschaft, und nicht nur die Kenntnisse darüber, was es wo gab, sondern auch das Verstehen und Nachvollziehen besonderer Erfahrungen und Tätigkeiten. Die Araber wurden Experten in Astronomie und Philosophie, Mathematik und Botanik. Ihre Geographen entwickelten mit indischer Trigonometrie neue nautische Instrumente zur Berechnung der Sonnenhöhe und damit der Breitengrade, und sie zeichneten weiterreichendere Seekarten, als es sie je zuvor gab.

Wie interessiert ihre christlichen Zeitgenossen an solchen Forschungsergebnissen waren, zeigte die Einladung des Normannen-Königs Roger II., der von 1130 bis 1154 in Sizilien regierte, an Idrisi aus Ceuta in Marokko.

Idrisi zeichnete auf einer Silberplatte seine Weltsicht auf und erläuterte sie in einem Begleittext von 73 Blättern, den er *Gärten der Bildung und Trost der Seele* betitelte. Diese Karte reichte von den Kanarischen Inseln im Atlantischen Ozean bis nach China, von Finnland und vom zentralasiatischen Baikalsee bis Südafrika und Madagaskar.[14]

Die Reisetätigkeit von Arabern nach Osten folgte antiken Spuren. Sie verband die notwendige Dauerorganisation von Pilgerfahrten fremder Völker nach Mekka mit privatem Handel. Diese Saisonreisen – mit dem Monsun für ein, zwei Jahre nach Indien, und dann wieder zurück, beladen mit Pfeffer, Stoffen und Edelsteinen – gingen tief ins Bewußtsein auch der daheimgebliebenen Bevölkerung ein. Geschichten darüber waren große literarische Renner, so z. B. *Die Wunder Indiens* (um 1200), eine Sammlung von Erzählungen, oder die *Geschichten aus Tausend und Einer Nacht*. Sindbad der Seefahrer gelangt übrigens auf seiner vierten Reise auch nach Malaya und findet hier statt der Silberinsel der Griechen ganz realistisch neben Bambus- und Kampfer-Pflanzungen reiche Zinn-Bergwerke.[15]

Etwas weniger malerisch, aber nützlicher für die Nachahmung waren die unzähligen Routenbeschreibungen zu Wasser und zu Lande. Da gab es elegante Pilgerführer mit Einleitungsgedichten für jede neue Stadt und spröde Seeberichte der arabischen Piloten, die von Ostafrika aus die Linienschiffe nach Indien und China lenkten. Diese *Itinerarien* konnten in ihrer Exaktheit kaum noch überboten werden. Die Manuskripte von berühmten Piloten wie Sulaiman al-Mahri waren mit Zeichnungen der Küstenlinie versehen, jeweils aus unterschiedlichen Richtungen angepeilt, und mit genauen Tiefen- und Entfernungsangaben. Die Texte wurden oft in einer rhythmischen Prosa mit Endreim geschrieben, damit man sie auswendig lernen und sie bei der Fahrt vor sich her singen konnte. Hier ein Beispiel aus dem 15. Jahrhundert: »Wenn du reisen willst von Malakka nach Java, beachte folgenden Rat: Richte dich nach dem Sternbild des Skorpions, und sicher gelangst du zur Insel Sapat. Danach folge dem Bilde der Kron', und du erblickst das Ende des Pfades schon. Miß stets den Grund, bei den Inseln der Straße von Karimund. O Reisender, sechs Klafter brauchst du unterm Kiel, sieben wären schon zuviel.«[16]

Zu reisen, weil man nur auf diese Weise seinen Lebensunterhalt verdient oder weil der Koran es vorschreibt, oder zu reisen, weil es möglich ist, überall hinzukommen und die Zusammenhänge aller Erscheinungen auf der Welt besser zu erkennen, sind zwei sehr verschiedene Dinge. Die überwältigende Mehrheit auch der islamischen Seefahrer und Pilger sahen nicht ein, warum man über sein Ziel, den Handelshafen oder Mekka, freiwillig hinaus sollte; das Beste, was einem passieren konnte, war eine besonders schnelle Hinfahrt und eine noch schnellere Heimkehr. Eine Ausnahme war Ibn Battuta. Er wurde 1304 in Tanger geboren. Von 1325 an reiste Ibn

Battuta innerhalb von 27 Jahren 120000 Kilometer weit. Er erkannte bei seiner ersten Pilgerfahrt nach Mekka, daß ihm der Status eines geistvollen Arabers schon an sich eine privilegierte Position bei den herrschenden Schichten der vor nicht allzu langer Zeit bekehrten Völker geben mußte. Bewundernd würden sie ihn als Vertreter der islamischen Kernkultur behandeln. Ibn Battuta reiste an der ostafrikanischen Küste entlang bis zum heutigen Tanzania, besuchte dann die Turkvölker in Kleinasien, durchzog die von Tataren regierten zentralasiatischen Steppen von der Wolga bis Afghanistan und gelangte schließlich 1333 nach Indien. Im Osten Asiens hielt er sich 14 Jahre auf.

Da Ibn Battuta in einer Zeit lebte, die noch nicht glaubte, daß der Verdienst eines Forschers um so größer sei, je mehr Strapazen und Entbehrungen er hat erleiden dürfen, berichtete er bereitwillig von der Lust des Reisens: »Auf dem Weg nach Delhi nahmen wir zwanzig Köche mit. Der Kammerherr reiste stets über Nacht zum nächsten Halteplatz voraus, um dort die Mahlzeiten vorzubereiten.« Es gab Hammel, süße Sülze, kleingehacktes, mit Mandeln, Nüssen, Pistazien und Zwiebeln bereitetes Fleisch, das sich in einer in Butterschmalz gebackenen Pastete befand, dann Hühner-Reis und Kairenser Naschwerk.[17] Auf Flußfahrten engagierte man Musiker und Tänzerinnen, bei Jagdausflügen »Leute, die das Grünfutter für die Tragtiere beförderten, Träger der Küchengeräte, Leute, die die Sänfte tragen, Diener, die das Zelt aufschlagen, es mit Teppichen auslegen und den Kamelen die Lasten aufladen, und endlich sogenannte Vorläufer, die bei Dunkelheit die Fackeln zu tragen haben«.[18]

Ibn Battuta hatte es gelernt, seine Rolle als »kultivierter Araber« perfekt zu spielen. Er wurde in die profitablen Geheimbünde türkischer Kaufleute aufgenommen; der Sultan von Delhi machte ihn für acht Jahre zu einem hohen Hof-Beamten und überließ ihm alle Einkünfte dreier indischer Ortschaften; und er erhielt die Stelle eines Ober-Kadi auf den Malediven. Ibn Battutas Reisebericht ist die Bestandsaufnahme von der Welt, die einem als Moslem »natürlicherweise« gehört, die Höhenschau von einem soliden Podest aus. Ohne Heimweh kann er sich überall im islamischen Herrschaftsbereich niederlassen, heiraten und sich wieder scheiden, mit weißen, schwarzen und braunen Sklavinnen Kinder zeugen, Geschäftshäuser etablieren. Die Neugier auf Fremdes und Kurioses ist nur noch zusätzlicher Genuß. Ibn Battuta erzählt begeistert von den herrlichen Mangos und Orangen Indiens, von Palästen und Festen, und selbstverständlich von der Methode, Elefanten zu fangen.

In seine globale Registrierung von Vorhandenem nahm er aber auch Folterungen und Kriegsgreuel auf und eine religiöse Zeremonie, die zu einem Dauermotiv in der Indienliteratur werden sollte: die Witwen-Verbrennung. Ibn Battuta beschrieb sie minutiös bis zum fürchterlichen Ende, bei dem »ich beinahe ohnmächtig umgefallen wäre, hätten mich meine Gefährten nicht mit Rosenwasser erfrischt«.[19]

Hier geriet Ibn Battuta an seine Verständnisgrenze gegenüber anderen Kulturen. Was nicht voll in das vorgeschriebene Weltbild des Koran paßt, wird mit deutlichem Abscheu geschildert – oder ignoriert. Über die Speisevorschriften der Hindu z. B. an der indischen Westküste erfahren wir noch viel Informatives durch seine Beschimpfungen; auch die Sitte der Frauen auf den Malediven, selbst nach der Bekehrung zum Islam mit nacktem Oberkörper zu gehen, wird uns nicht verschwiegen – wohl aber vieles, das Ibn Battuta als Botschafter des Sultans von Delhi in China gesehen hat: »Das Land China, so viele Schönheiten es auch enthält, gefiel mir nicht; im Gegenteil. Ich war sehr bekümmert, da der Unglaube dort die Herrschaft hat. Wenn ich meine Wohnung verließ, sah ich zahllose abscheuliche Dinge. Das versetzte mich derart in Aufregung, daß ich oft zu Hause blieb und nur notgedrungen ausging.«[20]

Immerhin erzählte Ibn Battuta über die Organisation des chinesischen Staates, über die Produkte des Landes (vor allem Porzellan und Seide) und die Malerei (»besser als die von Byzanz«). Er hatte auch wieder seine gewohnte Rubrik »Vermischtes«, wo er neben dem Seiltrick, den wir den indischen nennen, die chinesische Methode, mit Papiergeld zu zahlen, erwähnte.

Ibn Battuta kehrte über Java, Sumatra und Ceylon nach Arabien und Marokko zurück. Den Rest seines Lebens, noch fast drei Jahrzehnte, verbrachte er als Universitätslehrer in Fes. Er wurde zum lebenden Denkmal seiner Weltläufigkeit. Er diktierte seine Reiseerfahrungen. Nach kurzen Fahrten nach Spanien unternahm er nur noch eine große Tour, über die Sahara hinweg nach Timbuktu und ins Mali-Reich. 1377 starb Ibn Battuta. Wie gelangten solche Bestätigungen arabisch-islamischen Eigenwerts in die Reichweite des christlichen Abendlandes? Hier war die Iberische Halbinsel eine der wichtigsten europäischen Grenz- und Horchposten. Nachdem die christlichen Könige von den Arabern in die nordspanischen Gebirge getrieben worden waren, kämpften sie sich Stück für Stück wieder nach Süden vor. Christliche und islamische Herrschaftsbereiche umschlossen sich und verzahnten sich für Jahrhunderte ineinander. Dabei hatten die Christen durchaus das Gefühl, daß ihnen ihre Gegner kulturell überlegen waren. Al-Andalus, wie die Araber ihr Spanien nannten, war nämlich nicht finsterste Provinz geblieben, sondern, nach innerarabischen Konflikten in Damaskus, der Zufluchtsort von Angehörigen der Kalifenfamilie geworden. Sie leiteten ihren Herrschaftsanspruch direkt von Mohammed ab und bauten 929 Córdoba zu einer prächtigen Residenz aus. Das Kalifat, und nach seinem Verfall viele islamische Einzelfürstentümer, Murcia, Sevilla oder das bis 1492 gehaltene Granada, wurden zu Ausstrahlungspunkten eigenständiger Poesie und Philosophie, Architektur und Naturwissenschaft. Die Christen, erst in Spanien, dann in ganz Europa, übernahmen Teile dieser arabischen Alltagskultur, die Kleidung, die Speisen, die Musik. Die spätere Dichtkunst der Troubadoure ging auf Impulse von Andalusien zurück. Über Philosophen wie Ibn Ruschd und Ibn Sina disputierten in Paris Thomas von Aquin und in Köln Albertus Magnus: sie nannten sie, einbürgernd, Averroes und Avicenna. »Maurisch« bauten die Spanier sogar noch, nachdem sie Amerika erobert hatten: Sie errichteten z. B. in Mexiko Klöster mit arabisch geschwungenen Fenstern und Minarett-ähnlichen Türmen.[21]

Die islamisch-christliche Wissensübertragung ist von einem kastilischen König bewußt gesteuert worden. Alfonso X., der deswegen »der Weise« genannt wurde, gründete in der zweiten Hälfte des 13. Jahrhunderts in Toledo eine »Übersetzer-Schule«, deren Aufgabe es war, arabische Texte ins Lateinische und Kastilische zu übertragen. Alfonso ließ die wichtigsten Erkenntnisse hieraus in Sammelbänden aufbereiten.[22] Die Christen auf der Iberischen Halbinsel waren zu einer solchen Vermittlungsarbeit auch deswegen bestens gerüstet, weil sie ausgezeichnet Arabisch sprachen. Bis weit ins 16. Jahrhundert hinein war das Arabische die gängige Zweitsprache von Spaniern und Portugiesen. Wo immer sie auf ihren ersten Entdeckungsreisen hingelangten, sie suchten nach der Landung Kontakt mit der Bevölkerung, indem sie Arabisch-Kundige aufspürten.

Es kann davon ausgegangen werden, daß spätestens um 1300 die Europäer den arabisch-islamischen Wissensstand recht exakt abschätzen konnten. Sicherlich kannten sie nicht alle Texte, die wir heute für bedeutsam halten, wortwörtlich; aber ihre Eindrücke, die sie aus Berichten von Andalusiern und Marokkanern erhielten, waren so dicht, daß ein ungefähres Wissen zwischen exaktem Kennen und Vermutetem zuverlässig genug vorhanden war.

Bei diesem Ausforschen des Wissens der anderen hatten die christlichen Völker der Iberischen Halbinsel ein weiteres Eisen im Feuer: ihre zahlreiche jüdische Bevölkerung. Die Juden Spaniens wurden damals von den Christen als halb orientalisch und von den Moslems als halb abendländisch angesehen, immer als jeweilige Fünfte Kolonne beargwöhnt und oft genug verfolgt. Aber diese Zwitterposition erlaubte es jüdischen Kaufleuten, Handwerkern und Gelehrten auch, die Grenzen reisend zu überschreiten oder gar völlig die Fronten zu wechseln.

Das machten sich besonders die Könige von Katalonien zunutze, die im 14. Jahrhundert von Barcelona aus einen Großteil des westlichen Mittelmeers kontrollierten. Sie gründeten eine Informationszentrale auf Mallorca, bei der alle jüdischen Reisenden Bericht zu erstatten hatten. Ein Team von Spezialisten wertete diesen Nachrichtenstrom aus. Eine Weltkarte, die

1375 von Abraham Cresques hergestellt wurde, ist eines der veröffentlichten Ergebnisse dieser intensiven Geheimdienst-Tätigkeit. Sie stellt für uns die letzte große Aufarbeitung der geographischen Überzeugungen vor dem Zeitalter der europäischen »Entdeckungen« dar. Cresques zeichnete sehr genau die gebogene Küstenlinie Chinas, die Inseln Südostasiens, die spitzzulaufende Indische Halbinsel (daneben allerdings ein völlig verqueres Taprobane), perfekt Arabien und Nordafrika und, was wichtig für spätere Ereignisse sein sollte, relativ zutreffend einen Teil der Küste und des Inneren Westafrikas.[23]

Neben antikem und islamischem Material setzte sich die europäische Vorstellung von Asien aus Informationen eigener Produktion zusammen. Das repräsentative Beispiel für das »hausgemachte« Bild ist das Buch *Mandevilles Reisen*. Angeblich der Bericht eines englischen Ritters, wurde es wohl auf Französisch um 1357 in Lüttich geschrieben; wir kennen an die vierhundert Handschriften von diesem Text, mit vielen parallelen Übersetzungen in alle europäischen Sprachen jener Zeit. Die enorme Beliebtheit des Buches machte aus dem vermeintlichen Autor John Mandeville einen Hans von Mandavilla, einen Jean oder Juan, Giovanni oder João, einen wahren Gesamteuropäer, in dessen Begleitung sich jeder Zeitgenosse, der sich mit Asien beschäftigen wollte, in seiner Phantasie auf Reisen ging. Denn dieser Mandeville begann seinen Bericht zwar, wie Dutzende anderer Autoren auch, mit einem handbuchartigen Ratgeber über die besten Pilgerrouten nach Jerusalem, das von der Christenheit des späten Mittelalters zu Hunderttausenden aufgesucht wurde, nachdem man in den Kreuzzügen auf die Mekka-Reisen der Moslems aufmerksam geworden war und in seiner eigenen Reisefrömmigkeit nicht hinterherhinken wollte; aber anders als seine Vorgänger nutzte der englische Abenteurer die Chance, auch einige wissensdurstige Blicke über das Heilige Land hinauszuwerfen.

»Yndia ist wunderlich Land«, heißt es in der Stuttgarter Papierhandschrift von 1472. Indien liefert Pfeffer, der immer mehr zum Lieblingsgewürz Europas wurde. Die Beschreibung einer Pfefferernte ist daher besonders sorgfältig ausgeführt. In der deutschen Übersetzung erfahren wir: »Ihr söllent wissen, daß der Pfeffer wachset uff solchen Bäumen als wärent es wild Weinreben. Und der Pfeffer ist gleich Schlehen, wenn er grün ist. So liest man ihn ab als den Wein und dörret ihn an der Sonnen als lang bis er dürr und schwarz wird. Es wachset dreierlei Pfeffer: langer Pfeffer und weißer und schwarzer. Der lange ist der erste und wächst wann die Blätter wachsent. Danach wird der weiße, und der ist besser als der schwarze. Man bringt ihn aber wenig in unser Land, da sie ihn selber für sich behaltent, darum daß er der Natur gesünder ist.«[24] Des weiteren zeichnet sich Indien durch seine religiösen Bräuche aus. »Sie sprechent auch, daß der Ochse sei das heilige Tier«[25], und zu seiner und anderer »Abgötter« Ehre opfern die

Inder selbst ihre eigenen Kinder – und sie verbrennen Witwen! Mandeville sucht auf sehr europäische Art nach begreifbaren Gründen dafür, und so stellt er den Fall folgendermaßen dar: Nur die kinderlosen Witwen werden verbrannt, denn sie wären ja sonst sehr einsam und sollten wirklich besser im Jenseits ihren Männern Gesellschaft leisten; die Frauen mit Kindern können leben bleiben.

Bei den Schilderungen der Länder hinter Indien verzichtet der Autor auf jede Systematik. In wirrem Zickzack-Kurs bespricht er Zentralasien, dann die Türkei, wieder Indien, dann Persien – und schließlich begibt er sich mit einem weiten Sprung in ein fernes Meer, das übersät ist mit »Inseln«. Jedes Land ist eine eigene Insel, so gibt es auch die »Insel Cathay«, also China. Und in der Tat wird jedes Land isoliert von einem anderen beschrieben, ohne politische oder historische Beziehung und ohne räumliche Zuord-nung. Da wird dann nur ein Name genannt, Tracorde z. B., und erzählt, daß die Bewohner in Höhlen leben und keine Sprache besitzen[26], oder daß in Callavett der König alle Jungfrauen seines Landes entjungfern dürfe[27] und 13 000 Kriegselefanten besitze[28].

Was Mandeville präsentierte, war zweifellos nicht ein Katalog realen Wis-sens, sondern die Feststellung, daß es unendlich viel außerhalb des bislang sicher Gewußten zu geben scheint. Diese aufdämmernde Erkenntnis ist noch ungeordnet aufgetischt, oft ohne Wertung, quasi ausprobierend, was geschieht, wenn man so etwas erwähnt. Daß es z. B. Gesellschaften ohne Könige gibt oder gute Menschen, die, ohne sich zu schämen, nackt umher-laufen. In diesem asiatischen Panoptikum, das von dem organisierten Pa-lastleben des »Großen Chans von Cathey, dem Kaiser von Tartharei« ebenso handelt wie von Jägersippen, halb Mensch halb Hund, erscheinen dann auch, ganz in den Bereich ethischer Spekulation übergehend, total »böse« und total »gute« Staaten, Völker, die nur morden, und Völker, die nur lieben.[29] Asien inspiriert den Autor mehrfach zu solch großen Perspek-tiven. Er kommt sogar auf die Möglichkeit zu sprechen, um die Welt zu segeln. »Darum sprech ich sicherlich, daß man mag fahren um und um die Welt und wieder kommt in seine Heimat, und man findet all Weg Inseln und Land.«[30] Aus seinen Beobachtungen der Zeitverschiebung (»Wenn es in India Tag ist, so ist es Nacht in Engelland«) ergibt sich für ihn zwingend die Tatsache, daß im Süden die Menschen die Füße nach oben zum Erdbo-den haben, er spekuliert über das Antipoden-System.[31]

Mut im Denken, aber Skepsis in der Ausführung: in diesem Buch wird Asien stets als äußerst faszinierend dargestellt, aber auch als nur mit äußer-ster Vorsicht von einem Europäer zu erforschen. Sich selbst in seiner Ein-schätzung noch nicht sicher, ist es besser, jene Länder zu meiden. Mande-ville hat zwei Abwehrmotive in seine Erzählungen eingeflochten, die sich zu europäischen Stereotypen entwickeln sollten, die schlimme Hitze und die wilden Tiere: »In der Insel möcht niemand lang bleiben noch leben vor großer Hitz, die da ist« und »Die ander Insel ist wüst und voll Schlangen und Cocodrillen, daß niemand da wohnet«.[32] Wenn man bedenkt, daß es sich hierbei um die dichtbevölkerte indische Malabarküste und um Ceylon handelt, wird deutlich, wie sehr diese unangenehmen Details nur als Vorwände für eine allgemeine Abneigung gegen das Fremde funktionieren.

In dem anderen berühmten Reisebuch des Mittelalters, das von einem Europäer stammt, in Marco Polos *Wunder der Welt*, steht dagegen ein einzelner Mensch im Mittelpunkt. Nur der individuelle Lebensweg des Reisenden, seine Erfahrung wird weitergegeben. Marco Polo war von 1271 bis 1295 in Ostasien gewesen, er ließ seine Beobachtungen 1298–1299 aufschreiben. Hier haben wir eines dieser Bücher vor uns, das chronologische Literaturbetrachtung als widersinnig erscheinen läßt. Obwohl Marco Polos Reisebericht über fünfzig Jahre älter ist als Mandevilles Werk, kommt er der Nachwelt viel moderner vor, sowohl von der Beschreibungsart her als auch vom Beschreibungsgegenstand. Die Reiseroute wird in klarer Aufeinanderfolge präsentiert, die berührten Gegenden sind zuerst durch malerische Details, dann durch Zusammenfassungen deutlich charakterisiert; es werden die Wechselbeziehungen zwischen den einzelnen Regionen erläutert; und die jeweiligen Länder und Völker sind in der Regel für die Nachfolgenden präzise wiederzuerkennen.

Die prinzipiellen Unterschiede zwischen Mandeville und Marco Polo zeigen sich schon in der Einschätzung des ersten Etappenziels, des Heiligen Landes. Marco reiste, siebzehnjährig, als Begleitung seines Vaters und seines Onkels, und für diese drei war Jerusalem keineswegs die Erfüllung ihrer frommen Wünsche, Zentrum der Welt, sondern eine beiläufige Zwischenstation für einen viel weiteren Weg. Die Polos waren Kaufleute aus Venedig, die sich in dem Jahrzehnt vorher auf eigene Faust bis nach China durchgeschlagen und dort gute Kontakte zu Kublai, dem Großkhan der Mongolen, geknüpft hatten. Sie waren reich nach Italien zurückgekehrt und machten sich nun auf ihre zweite Geschäftsreise nach Ostasien. Sie hatten dem mongolischen Herrscher versprochen, zweihundert Priester mitzubringen, damit er sich über die Religion Europas informieren könne. Da der designierte Papst Gregor X., der allein den Befehl zu einer solchen Massengesandtschaft erteilen konnte, sich in Palästina aufhielt, mußten ihn die Polos dort aufsuchen. Der Papst, Kind seines Milieus, hielt nichts von den ausgedehnten Horizonten der Venezianer und gab ihnen nur zwei Dominikanermönche mit, die sich schon in Kleinasien aus dem Staube machten.

Verlassen von anderen Europäern bewegten sich die Polos über Persien, Afghanistan, über den Pamir hinweg nach China. Und je weiter der Zug in die Steppen Asiens führt, desto stärker wird in Marco Polos Erzählung die eigene Einsamkeit; sogar der Vater und der Onkel treten von der Bühne der Ereignisse ab. Der junge Mann schafft sich in der Fremde seine eigene Umwelt, indem er registriert und beurteilt, was »typisch« ist. Er beschreibt systematisch Produkte, Tiere, Bräuche, Krankheiten. So erwähnt er in seinem Buch zum ersten Mal überhaupt das Asbest, das Himalaja-Wildschaf (das nun wissenschaftlich »Ovis Poli« heißt), und die Sitte in Sinkiang, Durchreisenden Frau, Töchter und Schwestern zur Verfügung zu stellen »und die Frauen sind schön und heiter und artig und genießen viel Vergnügungen durch diesen Brauch«[33].

Nach drei Jahren sah Marco Polo zum ersten Mal die Chinesen: »Sie hatten kleine Nasen und schwarze Haare, keinen Bart außer vier Haaren auf dem Kinn. Die Damen haben weißes schönes Fleisch und sind wohlgeformt an allen Gliedern.«[34] Marco Polo gefiel dem Großkhan Kublai und wurde sein Beamter. Er unternahm Kontrollreisen für ihn durch mehrere chinesische Provinzen. Es ist die gegenseitige Verbundenheit von Außenseitern. Der mongolische Fremdherrscher glaubte, einem anderen Fremden mehr trauen zu können als seinen chinesischen Untertanen. Und Marco Polos ganze Existenz baute sich auf diese persönliche Beziehung auf. Ohne die Protektion des Khans wäre er ein Nichts in diesem Land gewesen, wo er, nach eigenen Bekundungen, kein Heim, keine Familie, keine Freunde, kein eigenes Geschäft erwarb. Er schien nicht einmal eine chinesische Sprache gesprochen zu haben, nur Mongolisch.

Marco Polo lernte intensiv Peking kennen. Er war in der riesigen Hafenstadt Hangtschou, die er Quinsay nannte. Er reiste bis an die südwestliche Grenze Chinas und zeichnete die Sitten der Bergvölker auf. Er war der erste (namentlich bekannte) Europäer in Tibet.

Marco Polo versuchte, den Sinn der beobachteten Bräuche zu verstehen. »Wenn (in Yünnan) ein hübscher netter Fremder oder einer, der einen guten Schatten oder guten Einfluß und guten Mut hatte, zum Übernachten in ein Haus kam, wurde er nachts durch Gift umgebracht. Das taten sie nicht, um ihn zu berauben oder weil sie ihn haßten, sondern damit seine Seele in dem Haus blieb, in dem er gestorben war, und ihnen Glück bringen konnte.«[35] Er forschte nach dem, was hinter den bloßen Fakten lag. So wagte er in bezug auf die chinesische Sitte, den Frauen die Füße einzubinden, die kühne Theorie, daß damit die Mädchen gezwungen werden sollten, beim Gehen einen Fuß nie mehr als eine Fingerlänge vor den anderen zu setzen, »was ihre Jungfernschaft erhalten half«.[36]

In den China-Beschreibungen Marco Polos finden auch einige Fremd-Informationen Platz. Eine von ihnen sollte besondere Fortüne haben: die Erwähnung der Insel »Zipangu«. Damit trat erstmals Japan ins Visier Europas, angeblich ein Land mit unvorstellbaren Reichtümern. Der Palast des

Königs sei mit Goldplatten bedeckt, die Fußböden seien aus purem Gold, zwei Finger breit.[37]

Die exzessive Abhängigkeit Marco Polos von Kublai wurde immer gefährlicher, je älter der Khan wurde und je wahrscheinlicher seine Ablösung. Noch früh genug erhielt er die Erlaubnis für die Ausreise aus China und den Befehl, eine Prinzessin nach Persien zu begleiten. Die Seereise via Malaya und Ceylon gab Europa die bislang exaktesten eigenen Auskünfte über die Inselwelt Südostasiens. Marco Polo konnte z. B. bestätigen, daß auf Sumatra der Islam schon Ende des 13. Jahrhunderts seine Vorposten errichtet hatte.

Nach 24 Jahren kehrte Marco Polo nach Venedig zurück. Er lebte noch fast dreißig Jahre in der Heimat, aber es fiel ihm schwer, sich einzugewöhnen. Seine Global-Sicht regte (noch) nicht zur Nachahmung an. Sein Name wurde Synonym für »Aufschneider«, und einer der häufigsten Belege, die man für seine Unglaubwürdigkeit vorbrachte, war seine Behauptung, die Chinesen könnten alles mit Geld aus Papier bezahlen. Es entstanden zwar in den nächsten hundertfünfzig Jahren an die hundertvierzig Abschriften seines Reiseberichts, aber das ist wenig im Vergleich zu Mandevilles Erfolg, der Marco Polo praktisch aus dem Bewußtsein der Europäer verdrängte.

Erst nach 1400 gewann der Venezianer stärker an Ansehen. Je mehr die Europäer sich an das tatsächlich Neue gewöhnten, desto lieber fanden sie ihre Kenntnisse bei Marco Polo wieder. Für die Renaissance war er eine der wichtigsten geographischen Autoritäten geworden. Ihn las dann auch Kolumbus auf seiner entscheidenden Entdeckungsfahrt nach Westen, die nach Zipangu führen sollte; der Kapitän schrieb nicht weniger als siebzig Randnotizen in sein lateinisches Bord-Exemplar.[38]

Sowohl in *Mandevilles Reisen* als auch in Marco Polos *Wunder der Welt* (und in der differenzierten Reaktion des Publikums auf sie) spiegelte sich die zur Zeit noch vorherrschende Haltung Europas gegenüber dem Osten wider: geistige Beziehungslosigkeit. Mandeville beschrieb Asien als Welt außerhalb der seinen; Marco Polo war schon in ihr, aber allein unter Fremden.

Aber ein Weltbild setzt sich ja nicht nur aus spektakulärer Literatur zusammen, sondern auch aus vielen kleineren Versatzstücken der Erfahrung. Tausende von Europäern haben in dieser Epoche asiatische Reisen unternommen. Einzelne Mönche zogen nach Osten. Johannes von Monte Corvino kam über Persien und die Westküste Indiens 1293 bis Peking, wo er nach Widerständen gegen seine Missionsarbeit einhundertfünfzig Sklavenkinder kaufte, »um wenigstens sie taufen und ihnen Latein und Liturgie lehren zu können«. Er baute die erste Kirche in China und wurde von Papst Clemens V. zum »Erzbischof von Peking« und »Patriarchen des Orients« ernannt.[39] Seine franziskanischen Ordensbrüder Arnold von Köln und

Oderich von Poderone halfen ihm später bei seiner Arbeit. Sein Freund Andreas von Perugia wurde sogar Bischof von »Zaitun«, einer Stadt nördlich des heutigen Amoy. In Andreas' Briefen steht der für das Unverständnis des damaligen Europa symptomatische Satz: »Von China selbst will ich nichts erzählen. Ihr würdet es sowieso nicht glauben.«[40] Auch Indien bekam, 1329, einen römischen Bischof: der Dominikaner Jordan von Severac ließ sich für kurze Zeit in der Stadt Quilon an der Malabar-Küste nieder.[41]

Doch den breitesten Reisestrom bildeten die Kaufleute aus Norditalien. Hier hatten die Handelsstädte von ihrer Grenzlage an dem islamischen Machtbereich, an Byzanz und dem Mongolen-Imperium profitiert. Sie kamen zu außergewöhnlichem Reichtum, indem sie die Luxusgüter aus dem Orient gegen die Metallprodukte und Manufakturwaren Nordeuropas vermittelten. Wenn dieser Ost-Handel auch meistens nur in Korrespondenz mit anderen Zwischenhändlern, mit Partnern in Alexandrien, Konstantinopel oder Samarkand vor sich ging, so besuchten doch viele Italiener ihre Geschäftsfreunde und die Herkunftsorte ihrer Waren auch persönlich.

Vor allem die Genueser waren sehr unternehmungslustig. Seit 1224 hatten sie eine eigene Gesellschaft, die den Handel mit Indien abwickeln sollte. Piero di Lucolongo kaufte sogar Land in Peking auf. Zwischen 1310 und 1340 schrieb schließlich der Bankangestellte Balducci Pegolotti einen regelrechten Reiseführer zum Gebrauch von Kaufleuten. *Handelspraxis* hieß er und verzeichnete neben Routen und Hinweisen über die beste Ausrüstung (inklusive »Frauen auf Zeit«) auch die Namen von 288 Gewürzen und deren Preise auf dem Markt von Genua.[42]

Die letzten großen italienischen Einzelreisenden in Asien waren Niccolò de' Conti, der von 1416 bis 1441 Indien, Ceylon, Burma, Malaya, Vietnam und die indonesischen Inseln bis Sumbawa kennenlernte, und Ludovico di Varthema, dessen Fahrten nach Ostasien schon in das frühe 16. Jahrhundert hineinreichen.

Varthemas Reise sei als Beispiel für die Art von Weltenbummelei angeführt, die damals unter Italienern möglich war. Um 1500 war er als Söldner über Ägypten nach Damaskus gelangt. Er trat in die Leibwache des türkischen Sultans ein und wurde nach Mekka abkommandiert, als christlicher Bewacher der moslemischen Gläubigen! Er desertierte in Aden, setzte nach Afrika über und etablierte sich als Kaufmann in Dschibuti. Er führte von hier aus mehrere Handelsreisen per Schiff nach Indien durch. In Schiras heiratete er die Tochter eines persischen Freundes, trat in sein Geschäft ein und reiste mit ihm ins Innere Indiens, kam bis Ceylon und Bengalen. Über die Stadt Pegu im heutigen Burma gelangte er nach Malakka, der großen Handelsstadt Malayas. Varthema fuhr als erster Europäer bis zu den berühmten Molukken, den Gewürzinseln. Bei der Rückkehr nach Indien traf er 1505 die Portugiesen in Kalikut an, die ihn ausfragten und ihm dann halfen, wieder Italien zu erreichen.[43]

Dies sind Reisen, die dokumentiert sind, die wir durch Briefe, Notizen in Werken jener Zeit, Aufzeichnungen von Gesprächen kennen. Aber sie stellen nur einen winzigen Bruchteil der wirklich unternommenen Fahrten dar – und sie vermitteln nur eine ungefähre Ahnung von dem, was die Menschen gegen Ende des Mittelalters in Europa tatsächlich von Asien wissen konnten.

Damals waren Kenntnisse ja noch immer stark auf mündliche Überlieferung gegründet. Ihre schriftliche Fixierung war Ausnahme und oft bloßer Zufall. Das brachte ganz andere Schwierigkeiten für ein Gesamtverständnis (wo treffe ich persönlich die erfahrenen Leute, die mir meine Fragen beantworten?) als es sie heute gibt (wie lese ich mir den Überblick aus der Überfülle von Geschriebenem und die Erfahrung aus dem schon Formulierten heraus?). Das damalige Wissen der Europäer bestand auch (oder: vor allem) aus direkten Gesprächen mit heimkommenden Kaufleuten, Soldaten, Priestern, Pilgern, aus den Unterhaltungen zwischen Seeleuten, aus den Geschichten der jüdischen Mitbürger, den Berichten arabischer Gefangener und der aus arabischer Gefangenschaft zurückgekehrten Europäer. Und nicht zuletzt erwuchs das Bild Asiens aus dem Kontakt mit den vielen außereuropäischen Sklaven, die genuesischer Geschäftssinn immer zahlreicher in die europäischen Metropolen pumpte. Tausende von Menschen wurden Jahr für Jahr aus dem Osten importiert und im ganzen Mittelmeerraum als preisgünstige Hausbedienstete verkauft. 1381 bestand z. B. zehn Prozent der Bevölkerung Barcelonas aus Sklaven.[44] Da erscheint es unwahrscheinlich, daß sie nicht nach ihren Heimatländern und ihren Sitten befragt worden sind. Sie wußten sicherlich sehr Beeindruckendes zu erzählen.

Aber für einen Europäer von 1450 formten nicht nur »wahre« Bausteine seine Idee von der außereuropäischen Welt; er glaubte auch fest an vieles, was wir heute »Phantastereien« nennen.

Für ihn lebten in Südindien und den Inseln darüber hinaus auch Menschen mit Hörnern auf der Stirn oder mit Füßen, die acht Zehen haben. Er las und hörte von Menschen, die Mann und Frau in einer Person waren, »links Frauenbrust, rechts nichts«, gleichzeitig Kinder zeugend und austragend. Oder von Menschen ganz ohne Kopf: die Augen stecken in den Achselhöhlen, der Mund ist mitten im hufeisenförmigen Herzen. Andere haben statt eines Mundes zwei Löcher, und wieder andere besitzen so riesige Lefzen, daß sie sie sich beim Sonnen über die Augen klappen können. In der Tatarei sollen drei Spannen große Zwerge hausen, die einen verzweifelten Lebenskampf gegen die sie verfolgenden Vögel führen. Glücklicherweise kommt ihnen in letzter Zeit der Kaiser von China häufiger zu Hilfe. Direkt aus der griechischen Sagenwelt stammen die kriegerischen einbrüstigen Amazonen (sie sollen im Norden des heutigen Irak leben) und, nach Indonesien plaziert, einäugige menschenfressende Riesen mit lähmenden Basiliskenblikken.[45]

Doch auch die nicht-menschliche Natur war »monströs«. Man erfuhr von Seeleuten, daß sie das Meer an der Grenze zu den heißen Zonen haben kochen sehen; von Landreisenden, daß es, nördlich Armeniens, ein Gebiet ewiger Finsternis gebe. In Asien sind die Wälder voller Bäume, die Früchte aus Fleisch und Blut und lebenden Vögeln tragen. Das Fremde verdoppelt sich oft oder wächst ins Gigantische. Die Gänse auf Ceylon haben zwei Köpfe, die Schneckenhäuser in Indien sind so groß, daß ein Mann bequem in ihnen Platz hat. Eine asiatische Weintraube kann nur mit Mühe von zwei Männern getragen werden. Und geradezu atemberaubend ist die Größe eines Greifen. Er ist vorne wie ein Adler und hinten wie ein Löwe, und er hat die Kraft von acht Löwen und hundert Adlern. Die vorderen Krallen sind jede so groß wie ein Ochsenhorn und aus seinen Federstümpfen lassen sich die stärksten Kampfbögen herstellen.[46] Für die Menschen, die sich das in Europa nicht allein aufgrund von Gehörtem vorstellen konnten, haben die mittelalterlichen Maler, Zeichner und Bildhauer konkretes Anschauungsmaterial geliefert. Die damaligen Bücher, Gemälde, Kathedralenportale sind voll von solchen Wesen.[47]

Es gibt noch eine andere Ebene des Phantastischen bei Beschreibungen fremder Länder. Man suchte nach Beweisen für die Offenbarungen der Bibel. So machte Mandeville aus dem Ganges einen der vier Flüsse des Paradieses (die anderen sind Euphrat, Tigris und der Nil). Das Paradies selber ist in der Himalaja-Region zu finden.[48] Einer der Franziskaner-Mönche der China-Mission, Marignolli, vermutete dagegen, daß der Huang-ho ein Paradiesfluß sei. Für ihn verschob sich der Garten Eden nach Nord-Burma.[49]

Schließlich wurden tatsächliche historische Ereignisse oder Zustände zu Legenden umgeformt. So entstanden im europäischen Volksglauben Geschichten über frühe Entdeckungsreisen auf dem Meer. Die Legende von St. Brendan z. B. war ein Reflex auf die Wikingerfahrten nach Grönland und Nordamerika. Der Heilige soll von Irland aus mit siebzehn Kameraden in einem Lederboot zu einem »gelobten Land der Heiligen« gesegelt sein. Noch 1755 erschien diese Insel auf einer englischen Seekarte, fünf Grad westlich der Kanaren.[50] Nach ihm entdeckten angeblich sieben Bischöfe, die vor den Arabern in Spanien fliehen mußten, eine andere liebliche Insel im Ozean und erbauten jeder eine Stadt auf ihr. Diese »Sieben Städte von Cibola« blieben sogar bis ins 19. Jahrhundert in der europäischen Phantasie: sie wurden in Afrika, im Pazifik und vor Südamerika gesucht. Ihre letzten kartographischen Relikte verschwanden erst 1873, als die britische Admiralität alle mythischen Ortsnamen streichen ließ.[51]

Die Legende jedoch, die für das Verhältnis Europas zu Asien die größte Bedeutung bekommen sollte, war die des »Priesters Johannes«. Die Erinnerung an die spätantiken, ehemals christlichen Reiche in Kleinasien und Oberägypten, an die Nestorianer in Armenien und Persien und an die Missionsreisen des Heiligen Thomas nach Indien, wo er, in Madras, starb und eine kleine Gemeinde, die »Thomas-Christen«, hinterlassen hatte, verloschen auch während des Mittelalters nicht völlig. Könnte das Christentum jenseits des feindlichen Islam nicht ein Verbündeter Europas werden? Und so berichtete der Chronist Otto von Freising 1145, daß ein Priester-König Johannes östlich von Persien die Moslems angegriffen habe, um, quasi als zweite Front, nach Jerusalem vorzustoßen. Um 1170 tauchten gefälschte Briefe dieses Johannes für den Kaiser von Byzanz, den Papst in Rom und für Kaiser Barbarossa auf. Sein Imperium reiche von Babylon über Indien hinaus; in ihm liege das Grab des Heiligen Thomas und der Jungbrunnen; es gebe Flüsse aus purem Gold und Silber.[52]

Die Wirkung dieser Mystifikation war ungeheuer. Von nun an versuchten alle Weltreisenden, das Reich des Priesters Johannes genau zu bestimmen. Marco Polo setzte es mit Indien gleich. Auch für Mandeville war kein anderer als der Sultan von Delhi der Priester Johannes. Sein christlicher Glaube entspreche nicht ganz den gängigen europäischen Normen, aber das sei bei einer solchen Entfernung von Rom nicht verwunderlich.[53] Immerhin »glaubet er an den Vater, den Sohn und den Heiligen Geist und ist gar andächtig«.[54] Man sah den Priester Johannes auch im heidnischen Dschingis Khan, der 1258 Bagdad zerstörte, im türkischen »Gürchan« Kharakhitai, der ein Perserheer bei Samarkand vernichtet hatte, und im nestorianischen König des winzigen zentralasiatischen Staates Kerait.

Hier wird besonders deutlich, was auf alle Wundergeschichten zutrifft: sie standen im Bewußtsein der damaligen Zeit nicht isoliert neben einem anderen, einem historisch, naturwissenschaftlich »einwandfreien« Wissen, sondern sie waren mit ihm vermengt. Es gab keinen Gegensatz zwischen Glauben und erfahrbarer Realität. In einer Epoche, wo exakteste Astronomie unversehens in Astrologie überging, Mathematik und Medizin in Magie, Geschichte in Erfindung, wo ein Zweifel an den tagtäglichen Wundern von Heiligen das Leben gekostet hätte, konnte nur ein einheitlicher Wirklichkeitsbegriff existieren. Es war ein Block, zusammengeschmolzen aus Informationen, Impressionen und Projektionen. So dienten denn auch ausdrückliche Wahrheitsbeteuerungen von Autoren, ihre angebliche persönliche Präsenz, oft nur zum Beweis für bloß Erdachtes. Der deutsche Übersetzer Mandevilles von 1472 wollte nicht zurückstehen in diesem Wettbewerb, wer Phantasien am besten zu unwiderlegbaren Fakten macht: »Ihr sollt wissen, daß ich, Michel Velser, habe gesehen in Pavia einen Hund, den brachte ein Sohn des Herzogen von Lancaster mit übers Meer. Der war von einem Ei geboren. Danach hab ich den Vogel gesehen, von dem die Hunde waren. Und der ist wenig größer denn ein Gans. Er hat einen Stern an die Augen und einen roten Ring und hat ein schön Gefieder. Der Schnabel ist ihm größer denn einem Habicht und krumm. Ihm hängen zu beiden Seiten schwarze Feder gegen Tal, als habe er einen Bart. Und er heißet ›Frackkales‹. Und was man ihm gibt, frißt er. Er legt drei Eier, zwei werden Vögel und das eine ein Hund. Das ist ganz sicher wahr. «[55]

VORHER: *Die Portugiesen erweisen dem König des Kongoreichs ihre Reverenz* – NACHHER: *Der König des Kongoreiches kniet vor portugiesischen Priestern*

Bildnachweis: de Bry, Icones ad primam partem Indiae Orientalis, Frankfurt a. M. MDXXIV; nach: F. P. Marjay (Hg.) Portuguese Navigators, Lisboa 1970, S. 49, 50

Die Realisierung des Seewegs nach Indien

Um das widersprüchliche »Asien« aus der mittelalterlichen Gedankenwelt einem Asien anzunähern, das jeder europäische Reisende erkennen konnte, mußte man die verstreuten, an jedem Einzelort nur unvollständigen Informationen zusammenfassen und sie miteinander vergleichen. Jahrhundertelang war niemand an dieser Aufgabe interessiert – bis man es in Portugal tat, am äußersten westlichen Ende Europas, am weitesten von Asien entfernt.

Die Portugiesen hatten als erste auf der Iberischen Halbinsel ihr Land von den Arabern zurückerobert. 1249 erreichten sie die Küste des Algarve. Damit ist Portugal der älteste Nationalstaat Europas, dessen Grenzen seitdem im wesentlichen unverändert blieben. Bei der Eroberung und Besiedelung des neuen Landes waren die adligen Kriegsführer unangefochten die herrschende Klasse gewesen; danach aber verloren sie Daseinsberechtigung und Einfluß. Zwar versuchten sie, weiterhin unentbehrlich zu sein, indem sie über hundert Jahre lang mit ihren christlichen Brüdern aus Kastilien kämpften (und Portugal gewann all seine Kriege gegen Spanien), aber das Bürgertum in den Städten kam stark auf.

Zwischen den politisch immer noch mächtigen Adligen und den immer reicher werdenden Bürgern erstarkte als dritte Kraft das Königshaus von Portugal, das als einzige Instanz vermitteln konnte. Es war nicht immer fähig, das prekäre Gleichgewicht der Nation zu garantieren – und so brach 1383 eine soziale und politische Revolution aus, mit Straßenkämpfen in Lissabon und einem Bürgerkrieg auf dem Lande. Die Revolutionäre setzten sich durch und vertrieben die alte Dynastie. Der neue König João I. bedankte sich dafür, indem er den Kaufleuten von Lissabon und der Bürokratie der Schriftgelehrten die wichtigsten Positionen in seiner Regierung überließ. Auf kommunaler Ebene gewannen die Handwerker gegenüber dem Landadel an Gewicht.

Aber die innere Situation Portugals blieb nach diesen Umwälzungen überaus explosiv. So suchte der König nach einem Projekt, das die derzeitige Dynamik in der Gesellschaftsentwicklung nicht völlig abstoppte, aber auch wieder zu einer gewissen nationalen Einigkeit führen konnte. Unter mehreren Alternativen entschied er sich für einen Angriff auf Ceuta, die maurische Stadt jenseits der Straße von Gibraltar. Er hoffte, daß für den Adel eine gewaltige Kriegsbeute anfallen würde, und daß das Bürgertum den Zugang zu den Handelswegen des marokkanischen Goldes bekäme. Er selbst würde sich einen kräftigen Anteil an beidem sichern. Ceuta hatte eine besondere strategische Bedeutung: Theoretisch konnte man von hier aus bis in die Region gelangen, wo in jener Zeit am allermeisten verdient wurde, bis zum östlichen Mittelmeer mit seinem Orient-Handel. Entweder man führte über Land die »Reconquista« weiter und machte Schritt für Schritt die arabische Eroberung Nordafrikas rückgängig – oder man stieß über See nach Osten vor.

1415 wurde Ceuta genommen. Doch die Erträge des Siegs waren enttäuschend. Man war in eine Sackgasse geraten. Den Eroberungszug weiter in das Mittelmeer hineinzutragen, stellte sich als unmöglich dar. Die Flotten der Spanier und der algerischen und tunesischen Araber blockten, jede für sich, die portugiesischen Vorstöße ab. Auch über Land waren keine großen Fortschritte zu machen. Man eroberte in den nächsten Jahrzehnten zwar mühsam einige weitere marokkanische Städte, aber beherrschte fast nie mehr als ihre unmittelbare Umgebung. Doch wie so oft bei »nationalen Unternehmungen«: die Illusionen überdauerten die konkreten Mißerfolge. Man blieb in Feindesland, solidarisch und trotzig. Die portugiesischen Besitzungen in Marokko, das wurde ein einhundertsechzigjähriger Stellungskrieg. Ceuta bekam ab Mitte des 15. Jahrhunderts in der europäischen Öffentlichkeit ein Ansehen als schickes Trainingslager für Ritter, die sich im Krieg gegen Moslems ausbilden lassen wollten. Aus allen Ländern kamen junge Haudegen, um Bauern in den Dörfern Marokkos zu erschlagen oder eine der vielen Belagerungen Ceutas zu überstehen. Aus Deutschland machte sich als einer von vielen der Dichter Oswald von Wolkenstein auf den Weg.

Verantwortlich für die marokkanischen Neuerwerbungen Portugals wurde einer der vier Söhne König Joãos, Prinz Henrique. Um näher an Ceuta zu sein, siedelte er von Nordportugal nach Lagos um, der Hauptstadt des Algarve. Dieser Mann, der später »Heinrich der Seefahrer« genannt werden sollte, weil er andere dazu anhielt, auf See zu fahren, war machthungrig, ein religiöser Fanatiker, aber auch einfühlsam gegenüber seinen Freunden und geduldig gegenüber seinen Untergebenen. In seiner Residenzstadt Lagos hatte der Prinz sich sehr rasch mit den Fischhändlern und Schiffsreedern assoziiert. Die Bürger des Algarve lebten von der Vermarktung des Sardinenfangs, von Gelegenheitshandel mit dem islamischen Teil Marokkos und von Kaperfahrten. Sie statteten Schiffe aus, um arabische Segler vor den marokkanischen und spanischen Küsten abzufangen und auszurauben. Wenn sie dabei auf französische, italienische oder christlich-spanische Schiffe trafen, ließen sie sich oft genug auch diese Gelegenheit nicht entgehen und massakrierten die Besatzung. Das Operationsgebiet der algarvischen Flotte reichte im Atlantik bis zu den Kanarischen Inseln und Madeira, im Mittelmeer bis Valencia.

Die Allianz zwischen Henrique und dem Bürgertum von Lagos brachte beiden Seiten beträchtliche Vorteile. Die Unternehmer hatten einen guten

Draht zur Regierung Portugals. Und Henrique konnte seine Finanzen aufbessern. Er war immer in Geldnot: seine Ländereien im Norden, seine Einnahmen aus dem Posten als Groß-Meister des »Christus-Ordens«, seine Monopolprivilegien, die vom Thunfischfang bis zur Seifenproduktion reichten, waren nie genug für seinen aufwendigen Lebensstil. Nun stützten ihn seine Beteiligungen bei den Abenteuern der Schiffsgesellschaften.

Die aufmunternden Reporte der marodierenden Seeleute an ihre Reeder und die verzweifelte Einsicht des Oberbefehlshabers der portugiesischen Besatzungstruppen in die Stagnation des marokkanischen Unternehmens: aus dieser Kombination schien sich langsam die Idee entwickelt zu haben, das große Endziel (nämlich, anderen, reicheren Nationen den Asien-Profit abzujagen) auf eine ganz andere Weise als bisher anzugehen. Wenn die Stoßrichtung nach Nordafrika und ins Mittelmeer nicht dazu führte, einen Fuß in den asiatischen Handel zu bekommen, warum sollte man dann nicht direkt nach Indien fahren – und zwar außen um das Territorium des Islam herum? Man mußte nur den schon vertrauten Atlantik weiter gegen Süden segeln und Afrika umschiffen. Daß das möglich war, ließ sich aufgrund arabischer Beteuerungen mit einiger Sicherheit vermuten.

Der »Indien-Plan« entstand. Er war anfangs nur eines von zahlreichen Denkspielen darüber, wie Portugals Entwicklung weitergehen sollte. Er wurde zwar gefördert, aber nicht mit voller Kraft; es ging viel mehr darum, sich sogar die verwegensten Optionen offenzuhalten.

Aber die vage Absicht schon, einen Plan zu »realisieren«, gab der Einschätzung des traditionellen Asien-Bildes ein neues Ordnungsprinzip. Die disparaten Details, die man über Indien, seine Inseln und China wußte, wurden nun einer bestimmten Leitlinie der Auswahl und Systematisierung unterworfen: Durch welche Kenntnisse konnte man tatsächlich nach Indien gelangen?

Henrique und sein Stab begannen, so viel Informationen wie möglich herbeizuschaffen. Sendboten wurden zu den wichtigsten Bibliotheken der Klöster und Fürstenhöfe Europas geschickt. Die diplomatischen Vertreter Portugals in Italien, Frankreich und Nordeuropa wurden insgeheim beauftragt, überall Asien-Reisende auszufragen. Henriques Bruder, Prinz Pedro, reiste von 1425 bis 1428 nach Italien und versuchte, relevante Manuskripte in Venedig, Pisa und Florenz aufzukaufen oder kopieren zu lassen. Es soll ihm gelungen sein, eine handgezeichnete Landkarte von Marco Polo zu erwerben. Juden brachten arabische Texte. All dieses Material legte Henrique fachkompetenten Spezialisten zur Auswertung vor. Er hatte italienische Kapitäne, jüdische Kaufleute und katalanische Kartographen in den Algarve geholt, damit sie die praktische Verwertbarkeit der Unterlagen ausfindig machten. Sie stellten eine Art Checkliste des Glaubhaften auf.

Die ausgeschickten Kapitäne mußten dann auf ihren Fahrten nachprüfen, was vom Vermuteten tatsächlich zutraf. Dieser Kreis von wissenschaftlichen Beratern löste sich auch nach Henriques Tod 1460 nicht auf. Die »Junta der Mathematiker und Astronomen« wurde zu einer ständigen, die portugiesische Expansion orientierenden und beaufsichtigenden Institution. Später sollte ihr z. B. auch der deutsche Geograph Martin Behaim, der Schöpfer des Nürnberger Globus von 1492, angehören. Die experimentelle Methode setzte sich so sehr durch, daß 1506 Duarte Pacheco Pereira, Kriegsheld und Wissenschaftler, Autor des *Seehandbuchs für Westafrika*, sagen konnte: Entdeckung ist Erfahrung des Wahren.[1]

Der »Indien-Plan« konnte nur dann ernsthaft in Betracht gezogen werden, wenn er auch wirtschaftlich und politisch durchzusetzen war, und wenn für ihn Männer mit dem nötigen »Know-how« zur Verfügung standen.

Die finanzielle Absicherung stellte sich in der ersten Phase als besonders schwierig heraus. Über Jahre hinweg fand man jenseits der letzten Siedlungsgebiete Marokkos nichts als Wüste. Man gefährdete (und verlor) Material und Menschen beim Absuchen unbesiedelter Strände. Entkräftet konnte auf der Rückfahrt die Mannschaft nur noch wenige Fischerdörfer in Marokko plündern oder nur kleine Schiffe überfallen – was kaum die Anfangsinvestition für die Reise deckte. Noch 1441 sah man am »Cabo Branco«, am Weißen Kap, nur Sanddünen ohne Ende; erst 1445 erreichte man mit dem »Cabo Verde«, dem Grünen Kap, größere menschliche Siedlungen und Anbauflächen. Und erst jetzt machte man den ersten nennenswerten Profit.

Auf eine fast beiläufige Art hatten sich die Portugiesen in den Sklavenhandel eingearbeitet. Es war ein Brauch der Zeit gewesen, Mauren einzufangen und gegen Lösegeld wieder in die Heimat zu entlassen (die Mauren praktizierten dasselbe mit Christen); und da es im neubetretenen »Sudan«, dem »Land der Neger«, kaum etwas Lohnendes außer den Negern selbst zu geben schien, luden die portugiesischen Schiffe Menschen ein. Aber auf solche Entfernungen funktionierte das System der Geiselauslösungen nicht, und so wurden die Gefangenen zwangsläufig zu »Sklaven«. Lagos im Algarve mauserte sich zum prosperierenden Sklavenmarkt für schwarze Hausdiener und Mägde. Ein Fünftel des jeweiligen Verkaufserlöses gehörte Prinz Henrique.[2]

Der Durchbruch zum finanziellen Erfolg kam, als die Schiffe noch ein Stück weiter vordrangen. Ab 1450 nahmen die Portugiesen intensive Handelsbeziehungen zu den wohlorganisierten Reichen der »Goldküste« auf und erzielten beträchtliche Gewinne.[3]

Es war bezeichnenderweise genau zu dieser Zeit, daß der Indien-Plan doch zu einem Staatsunternehmen allererster Wichtigkeit wurde. Die Krone erklärte auf Drängen Prinz Henriques ihre prinzipielle Verantwortung für alle weiteren Überseereisen, und das hieß im Klartext, ihren Anspruch auf einen besonders großen Happen aus den Einnahmen. Anfangs war diese Kontrolle nur in Zusammenarbeit mit den erfahrenen algarvischen Kaufleuten durchführbar. Für eine begrenzte Zeit verpachtete daher König Afonso V. (1438–1481) sein Guinea-Monopol an das private Handelshaus des Fernão Gomes. Außer zu gewaltigen Abgaben mußte der Reeder sich dazu verpflichten, innerhalb der fünf Jahre, die der Vertrag galt, mindestens 500 Kilometer weitere afrikanische Küstenstrecke zu erforschen. Die Krone lernte eifrig durch ihre stillen Teilhaberschaften, und seit der Regierung des Königs João II. (1481–1492) konnten auch die größten Projekte vom Hofe in Lissabon in eigener Regie abgewickelt werden.

Mit viel frischem Geld in den Taschen und mit seinen raffinierten Verhandlungskünsten fiel es Prinz Henrique relativ leicht, dem Vorhaben, Indien von Afrika aus aufzurollen, auch eine sichere politische Deckung zu verschaffen. Er erwirkte drei päpstliche Bullen. 1452 wurde *Dum diversas* erlassen, wo den Portugiesen erlaubt wird, feindliche Moslems und Heiden zu unterwerfen, ihren Besitz und ihr Land zu übernehmen und sie selbst »zu ewiger Sklaverei« zu führen. 1455 erschien *Romanus Pontifex*, wo Prinz Henriques fromme Taten aufs höchste gepriesen werden und seine Absicht, »Afrika zu umrunden und in Kontakt mit den Bewohnern Indiens zu treten« eine explizite Billigung erfährt. Besonders wichtig ist die Passage, durch die nur die Portugiesen die Erlaubnis erhalten, in jenen Regionen der Welt zu entdecken, zu erobern und zu handeln. Allen anderen Nationen wird das Konkurrieren ausdrücklich verboten. Diese Bulle ließ Afonso V. in der Lissaboner Kathedrale den Repräsentanten aller ausländischen Handelsgruppen, den Franzosen, Engländern, Kastiliern, Basken und Flamen, feierlich vorlesen. 1456 schließlich erließ der Papst *Inter caetera*, wo dem Großmeister des »Christus-Ordens« (also Henrique) auch die gesamte religiöse Aufsicht über das Gebiet »von Kap Bojador südwärts bis Indien« übertragen wird.[4]

Das waren drei Blankoschecks für Portugal – und die Geburtsurkunden des europäischen Kolonialismus, ausgestellt von der Kurie, der höchsten völkerrechtlichen Instanz des damaligen Europa. Ihr Gedankengang: Gott schuf die Welt, nur Christen sind seine wahren Kinder; deshalb sind auch nur diejenigen Länder, die von christlichen Königen beherrscht werden, ein »rechtmäßiger Besitz«; Nichtchristen können per Definition überhaupt nicht legale Eigentümer ihres Landes sein; so darf der Papst als Vertreter Gottes auf Erden selbstverständlich den Gottlosen ihr Land nehmen und es nach eigenem Gutdünken neu verteilen.

Man mag sich fragen, warum der Papst bei dieser Attitüde: »Die ganze Welt ist mein« sie sogleich an die Portugiesen weiterreichte. Sicher läßt sich das vordergründig durch die eindrucksvollen Trinkgelder erklären, die die Henriques Vertreter im korrupten Rom der Renaissance verteilen ließen; aber es gab außer vagen Missionsversprechungen noch andere, politisch sehr bedeutsame Gegenleistungen von seiten Portugals. Von nun sollte die Kirche Sitz und Stimme in den wichtigsten Regierungsgremien Portugals haben. Die Kirche verschaffte sich eine massive Mitbestimmung in einem europäischen Staat, der stark an Bedeutung gewann. Der Papst verschenkte Außer-Europa, auf das er keinen Einfluß hatte, damit ihm Europa, das nah und gefährlich war, um so besser gehorchte. Langfristig war das Geschäft sehr günstig für die Kurie. Portugal blieb in der Tat bis in die Gegenwart von der Kirche abhängig – auch dann noch, als die Reichtümer Indiens längst wieder verloren waren.

Die Portugiesen hatten schon geglaubt, legal alles hieb- und stichfest geklärt zu haben, als Kolumbus Amerika erreichte, ausgerechnet durch eine Reise in den juristisch unzulänglich definierten Westen. Die kastilischen Diplomaten meldeten sofort eigene Ansprüche auf die Vergabe heidnischer Erde durch den Papst an. Um sich die Flanke nach Europa hin frei zu halten, mußten sich die Portugiesen mit ihnen arrangieren. Unangenehmerweise war gerade ein Spanier Papst, aber dennoch gelang den Portugiesen 1494 in Tordesillas ein vorteilhafter Vertrag. Die nicht-europäische Welt wurde in zwei Hälften geteilt: die Trennlinie im Westen lag so weit hinter dem Bezugspunkt der Kapverdischen Inseln entfernt, daß sie Brasilien einschloß (das die Portugiesen wohl insgeheim schon kannten); die östliche Demarkation umfaßte mit größter Wahrscheinlichkeit Indien und China. Der Preis Spaniens an den Papst für die rechtliche Übereignung Amerikas war gleichfalls eine weitgehende politische Unterwerfung unter das Diktat der Katholischen Kirche in Europa.

Auch innenpolitisch war die portugiesische Expansionspolitik gegen Ende des 15. Jahrhunderts unumkehrbar durchgesetzt worden. João II., schon als Kronprinz Beauftragter für Kolonialfragen, konnte von der festen Bastion seiner afrikanischen Monopole aus, die ihn wirtschaftlich unabhängig machten, auch die widerspenstigsten Adligen und Lissabonner Bürger zum Stillhalten gegenüber den Unternehmungen der Krone bewegen.

So ging es nur noch darum, Männer auszubilden, die auch in der Lage waren, ihre Schiffe Tausende von Seemeilen durch bedrohliche Gewässer hindurch, an feindseligen Küsten entlang, nach Indien zu führen. »Heinrich der Seefahrer« begann damit, daß er ausgesuchten Kapitänen Vertrauen einflößte, Vertrauen in ihr Material, ihre Fähigkeiten, die Zuverlässigkeit ihrer Orders und Karten. Er ließ sie auf den neuen Karavellen trainieren, kleinen flinken Dreimastern mit Dreieckssegeln, die sich aus den indo-arabischen *Qarib* entwickelten und zu einem besonderen Markenzeichen Portugals werden sollten.[5] Es wurden ihnen nautische Instrumente und Tabellen zur Berechnung ihres Standorts zur Verfügung gestellt, die wesentlich besser waren als alles bislang benutzte Gerät. Sie lernten, exakteste »Routeiros«, Routenbeschreibungen, anzufertigen und verschlüsselte Karten zu zeichnen. Es bildete sich eine Karrierelaufbahn für »Entdecker« heraus: man sammelte in verschiedenen untergeordneten Positionen auf mehreren Fahrten Erfahrung, ehe man als gewiefter »Veteran« selber Schiffe befehligen durfte. Es fand ein Prozeß ständiger, technischer und intellektueller Perfektionierung statt.

Auch für den Kontakt mit fremden Völkern begannen sich hier in Westafrika feste Spielregeln zu konstituieren. Die Kapitäne konnten, nach den Unsicherheiten und blutigen Rückschlägen der Anfangsphase, ab 1450 nach einem relativ verläßlichen Schema vorgehen. Menschen in wirtschaftlich und militärisch uninteressanten Gebieten versuchten sie, mit plötzlichen Angriffen zu überraschen und zu Sklaven zu machen. Größeren Ansiedlungen und Territorien boten sie zuerst »friedlichen und gleichberechtigten Handel« an. Wurde er akzeptiert, verfaßten sie einen Vertrag und baten um die Erlaubnis, am Hafen eine *Feitoria*, eine Faktorei (ein festes Haus zum An- und Verkauf von Waren), errichten zu dürfen. Daneben stellten sie, schlitzohrig, einen *Padrão* auf, ein Denkmal aus Stein oder Holz mit dem Wappen Portugals. Blieb er stehen, sahen das die Portugiesen als eine »juristisch einwandfreie« Akzeptierung ihrer Besitzansprüche an. Sobald die Gelegenheit günstig war, bauten sie dann das Faktorei-Gebäude zu einer Festung aus, die unabhängig von der Unterstützung des umgebenden Gebiets sein konnte, es seinerseits aber beherrschte. Die erste, die Modell-Faktorei der Portugiesen war Arguim, 1440 vor der Küste Mauretaniens errichtet. Die wichtigste wurde São Jorge da Mina, 1482, im heutigen Ghana, Mittelpunkt des Handels mit Goldstaub und bald ein gewaltiges Fort mit einer ständigen Besatzung von fünfhundert Soldaten und einhundert Beamten.[6]

Wurde aber bei der Ankunft der Portugiesen in einem neuen Land ihr Angebot freundschaftlichen Handelns abgelehnt, so galt das als »barbarischer Akt« und war Grund zu einer sofortigen Attacke. »Der Handel ist dasjenige Mittel, durch das alle Menschen sich versöhnen und ihre Friedensbereitschaft und Liebe ausdrücken. Handel ist die Grundlage jeder menschlichen Zivilisation«, heißt es in einer königlichen Order an einen Kapitän. Verschmähte Liebe ist unverzeihlich: »Wer keinen Handel will, soll mit Eisen und Feuer belehrt werden. Man mache ihm grausamen Krieg.«[7] Das Ergebnis von Gewaltanwendung war im Grunde dasselbe wie bei »freiwilligen« Geschäftsbeziehungen: ein Beistandspakt und eine portugiesische Festung im eigenen Land. Kaufleute und Adlige lagen oft miteinander im Streit, welcher Weg am Ende mehr Profit bringe. Die Kaufleute wollten kein Blutvergießen, die Adligen lebten davon. Die Kaufleute setzten sich in den meisten Fällen durch, weil auch die Krone nicht zu viel Aufruhr an dieser für sie vitalen Küste wünschte. Normalerweise übten sich die Kapitäne also im fintenreichen Gegeneinanderausspielen der ansässigen Herrscher.

Nach der ersten Festsetzung portugiesischer Macht liefen weitere Kontakte an. Zunächst wurden spezielle Verbindungspersonen ausgebildet: Besonders intelligente afrikanische Gefangene wurden in Portugal freigelassen, indoktriniert und schließlich als Dolmetscher in ihren jeweiligen Ländern eingesetzt. Dann versuchten Missionare, einheimische Herrscher oder wichtige Machtgruppen zum Christentum zu bekehren. Unter dem Vorwand, brüderliche Hilfe, von König zu König, zu leisten, sollten auf diese Weise verläßliche Vasallen-Beziehungen etabliert werden, gesteuert durch die ständige geistige Oberaufsicht der Europäer. Den sensationellsten Erfolg eines solchen religiös-politischen Manövers erzielten die Portugiesen im Kongo-Königreich. 1491 ließ sich der König Nzinga a Nkuwu taufen und nannte sich João I. Er wurde zu Portugals afrikanischem Vorzeige-Monarchen, mit europäischer Hofhaltung, Heeres- und Staatsorganisation, überhäuft mit Würden und Geld. Seine Söhne lebten in Portugal und reisten sogar zum Papst nach Rom. Diese Dynastie voller Pedro, Francisco, Diogo, Afonso, Bernardo, Henrique und Álvaro regierte (nominell) bis Anfang unseres Jahrhunderts – erwartungsgemäß sehr bald dann doch von ihren portugiesischen »Alliierten« entmachtet, ausgeraubt, verelendet.[8]

Die Küstenstützpunkte dienten auch zu Erkundungsfahrten ins Innere. Schon um 1445 setzten portugiesische Schiffe Expeditionen ab, die ins Hinterland von Senegal vordrangen. Weit im heutigen Mauretanien wurde 1487 eine eigene Faktorei, Wadam, gegründet.[9] Schon vor Ende des 15. Jahrhunderts besuchten mehrere portugiesische Abordnungen Timbuktu, die Metropole des nördlichen Niger-Bogens – drei Jahrhunderte, bevor die »Gesellschaft zur Förderung der Entdeckung der Inneren Teile Afrikas« in London mehrere tausend Pfund Prämie aussetzte für »den ersten Europäer, der bis Timbuktu gelangt«. Der Auftrag solcher portugiesischen Reisenden lautete stets, die genaue Herkunft interessanter Waren auszumachen, Karten von Straßen, Gebirgen und Flüssen zu zeichnen und einen eventuellen Landweg quer durch Afrika an die Ostküste zu suchen.

Sklavenbeschaffung, Errichtung von Faktoreien und Festungen, Vertragsabschlüsse, Bekehrungen, Länderforschung, dazu das selbstverständliche Segeln: Im idealen Falle waren die portugiesischen Kapitäne durch ein halbes Jahrhundert der Planung zu Alleskönnern gemacht worden.

Mit ihnen forcierte König João II. nun den Vorstoß nach Indien mit aller Energie. 1472 lag der äußerste Punkt, den die Portugiesen in Afrika erreicht hatten, noch vor der Küste des heutigen Nigeria, 1483 waren sie schon vor Angola und 1488 hatte Bartolomeu Dias das »Kap der Guten Hoffnung« umschifft und war ein Stück an der afrikanischen Ostküste entlanggesegelt.

Zur unmittelbaren Vorbereitung der Seereise nach Indien schickte João II. über Land zwei Gesandte voraus. Als Kaufleute verkleidet reisten sie nach Alexandrien und Aden. Die Spuren António de Paivas verlieren sich hier, aber der andere, Pero da Covilhã, gelangte 1488 an sein Ziel. Er inspizierte die alte Handelsstadt Kalikut, Zentrum des Pfeffergeschäfts, und kehrte über Persien und Ostafrika nach Kairo zurück. Hier schrieb er 1491 seinen Report an den portugiesischen König und reiste dann weiter zu einer neuen Erkundungsfahrt nach Äthiopien, wo ihn seine Landsleute erst mehr als dreißig Jahre später wiedertreffen sollten.

In Portugal geschah indessen Unerwartetes. Kolumbus lief bei der Rückkehr von seiner Amerika-Reise als ersten europäischen Hafen ausgerechnet Lissabon an. In einer Audienz präsentierte er João II. vier mitgebrachte Indianer und behauptete, in den neuen, von ihm für Spanien erworbenen Gebieten seien nicht nur die Menschen, wie klar erkennbar, besser als die Neger der Portugiesen, sondern auch das Land selbst, seine Größe, sein Reichtum, seine Schönheit. Die Chronisten berichten, daß der König seine erbosten Gefolgsleute nur mit Mühe davon abhalten konnte, Kolumbus totzuschlagen.[10]

João II. gab sofort den Befehl, die Schiffe nach Indien bereitzustellen. Aber er starb plötzlich, und unter sehr verdächtigen Umständen. Sein Nachfolger, Manuel (1495–1521), mußte zuerst den allgemeinen Unmut über diese Vorgänge am Königshof beschwichtigen, ehe er die Flotte ausfahren ließ. Am 8. Juli 1497 segelten vier Schiffe, unter dem Oberkommando von Vasco da Gama, aus Lissabon ab. Der König gab dem Kapitän zwei Briefe mit, einen an den Priester Johannes, der als außenpolitische Tarnung für das Unternehmen und als religiös verbrämtes Alibi gedacht war, und ein auf Arabisch abgefaßtes Schreiben an den König von Kalikut, in dem sehr höflich um gegenseitigen Handel gebeten wurde.

Die Fahrt folgte, exakt vorprogrammiert, den bewährten Orientierungslinien. In einer Extra-Karavelle geleitete der »Südafrika-Veteran« Bartolomeu Dias seinen Kollegen erst nach Guinea. Dann ließ er ihn allein übers Meer an die Küste Südwestafrikas segeln. Vasco da Gama umschiffte das Kap der Guten Hoffnung und erreichte bei der Sambesi-Mündung bereits einen Monat später wieder bekanntes Terrain, die Einflußzone arabischer Kaufleute. Von nun an konnte er auf alle Informationen zurückgreifen, die von den griechischen, römischen, arabischen und italienischen Ostafrika-Reisenden gegeben worden waren. Über die Handelsstädte Moçambique und Mombassa gelangte er nach Melinde. Mit Hilfe eines arabischen Lotsen – und des genau abgepaßten Südwest-Monsuns – erreichte Vasco da

Gama dann auf der meistbefahrenen Route des Indischen Ozeans am 20. Mai 1498 Kalikut.

Seit nunmehr fast fünfhundert Jahren wundern sich die Geschichtsschreiber darüber, wie ärmlich und ängstlich Vasco da Gamas erstes Auftreten in Kalikut war, so gar nicht der weltpolitischen Bedeutung des Augenblicks angemessen. Aber dabei wird übersehen, daß er selbst noch nicht so sehr das neue Eingreifen Europas in das Leben Asiens repräsentierte, als vielmehr den Abschluß einer Epoche der Vorbereitung. Vasco da Gamas Funktion war, zu beweisen, daß alles das, was man sich über die Aussichten, Indien zu öffnen, vorgestellt hatte, den Tatsachen entsprach. Seine Leistung war, *getan* zu haben, was andere dachten, daß es getan werden könnte. Und von nun an würde es immer wiederholt werden, und mit immer stärkerer Intensität. Vasco da Gama brauchte den König von Kalikut gar nicht allzusehr zu beeindrucken, er brauchte gar nicht mehr Pfeffer einzutauschen, als er mit seinen schäbigen Angeboten von Glasperlen, Leinenstoffen und Olivenöl bekam; denn er befand sich ja nur zur konkreten Bewahrheitung von Hypothesen hier. Das passende Verhalten und die angemesseneren Waren würden andere präsentieren.

In der Tat brachte Vasco da Gamas Indien-Reise den großen Impuls, den jeder Übergang vom Erträumten zum real Greifbaren in sich trägt. Jetzt »wußte« man nicht nur von Indien, man konnte es »haben«. Nach so viel Erwartung, Arbeit und Opfern winkte Belohnung. Man sieht: die »Entdeckung des Seewegs nach Indien« durch Vasco da Gama war schon ein wichtiges historisches Ereignis, aber nicht dadurch, daß er als erster wirklich völlig Unbekanntes ausfindig gemacht hatte, sondern dadurch, daß er einer größeren Öffentlichkeit zu Hause plakativ die Chance vor Augen führte, sich etwas Neues aneignen zu können.

Viele berühmte »Entdeckungen« sind nichts weiter als solche gelungenen Überzeugungsakte gewesen. So wird auch nicht ein Wikinger, sondern Kolumbus als Entdecker Amerikas gefeiert. Hätte er wahrheitsgemäß erklärt, daß er als erster Europäer nur die Antillen betreten habe, seine Entdeckung wäre wertlos gewesen; aber er behauptete, »Zipangu« und »Indien« erreicht zu haben – und eine Flut von Menschen und Kapital folgte ihm auf ein Archipel voll ärmlicher Dörfer und Urwälder. Schon zu Beginn des 16. Jahrhunderts zogen Portugiesen ins Innere Ostafrikas; aber erst 350 Jahre später wurden andere zu Volkshelden, als sie dieselben Regionen noch einmal betraten, wie David Livingstone um 1860. Der Zusammenhang ist klar: die Portugiesen hatten neue Länder und neue Völker gesehen, »ohne mit ihnen etwas anfangen zu können«; Livingstone kam als Vorbote des britischen Imperialismus, der eine afrikanische Landverbindung vom Kap bis Kairo herstellen wollte. »Entdeckung« ist Propaganda des Möglichen.

Die Eroberung des asiatischen Handels

Den notwendigen Nachdruck in Asien einzusetzen, war der portugiesische König Manuel sofort bereit. Nur wenige Monate nach der Heimkehr Vasco da Gamas schickte er den nächsten General-Kapitän, Pedro Álvares Cabral, auf den Weg. Jetzt brach wirklich die Epoche der Praxis an: Die Flotte, die Lissabon im März 1500 verließ, bestand aus dreizehn schwerbewaffneten Schiffen mit 1200 Männern, in der Mehrzahl gut ausgebildeten und erfahrenen Soldaten.

Cabral segelte stracks nach Brasilien, um es offiziell zu »entdecken« – er blieb dort einige Tage und nahm das Land und die Bewohner für Portugal in Besitz –, dann durchquerte er den Südatlantik und gelangte über Madagaskar nach Melinde. Weil der König dieser Stadt Vasco da Gama so wohlwollend aufgenommen hatte, wurde der Hafen von nun an zur obligaten portugiesischen Station. Wieder liefen die Schiffe der Portugiesen Kalikut an. Aber die Taktik war nun, zwei Jahre später, eine völlig andere. Es sollte vernichtende Macht demonstriert werden. Manuel war nach dem Bericht Vasco da Gamas zu der Überzeugung gelangt, es sei gegenüber Indern wesentlich wirkungsvoller, »die Waffen sprechen zu lassen als gute Werke zu verrichten«.[1] Cabral präsentierte jetzt die Rechnung für die Vorsicht, Demut, Unterwerfung, für das Erdulden von hohen Pfefferpreisen und nur geringem Profit, für all das, was aus der Klugheit des Schwachen heraus sein Vorgänger hatte akzeptieren müssen. Der General-Kapitän provozierte einen diplomatischen Eklat: Er ließ mitten im Hafen von Kalikut ein Pfefferschiff beschlagnahmen, weil es den »Feinden« der Portugiesen, nämlich indischen Moslems, gehörte. Als aus Wut über diesen Piratenakt eine empörte Menschenmenge die schon errichtete portugiesische Faktorei niederbrannte und einige Portugiesen erschlug, ließ Cabral sämtliche Handelsschiffe im Hafen zusammenschießen. »Nachdem die Schiffe verkohlt waren, begannen andere Brände aufzuflackern. Die Stadt ging in Flammen auf, weil unsere Artillerie sie mit Kanonenkugeln eindeckte. Den ganzen Tag taten wir nichts anderes als zu schießen, auch den nächsten Tag verbrachten wir damit. Ein großer Teil der Stadt wurde zerstört. Es starben mehr als fünfhundert Menschen.«[2] Die Bombardierung Kalikuts wurde zu einer Tradition in den portugiesisch-indischen Beziehungen und, in einem Ritual der Einschüchterung, 1503, 1504, 1505, 1509, 1510, 1525 und 1526 wiederholt. Cabrals Schiffe konnten dann bei den verstörten Königen anderer Küstenstaaten sehr rasch und sehr günstig Pfeffer aufkaufen; nach nur 14 Monaten waren sie zurück in Lissabon.

Mit einem Schlag war Manuel einer der reichsten Könige. Er schickte Send-

»Sumatra« – *Zigarren von Dannemann aus Brasilien*

Bildnachweis: Menor Speziale, Capa Sumatra e Sao Felix, Charutos Pequenos Dannemann

boten an die neidischen Höfe Europas; dem einen Monarchen gab er einen Edelstein, einem anderen Gewürzproben; der Papst durfte die mitgebrachten Thomas-Christen besichtigen, der König von Frankreich Hindu-Adlige. Portugal führte einen Triumphzug des Schenkens durch.

Die weitere Entwicklung der Aktionen in Indien lassen sich am sinnvollsten in militärischen Vergleichen kennzeichnen: Nachdem Cabral eine Bresche in die Festung geschossen hatte, war es möglich, sie zu stürmen und sich in ihr zu verschanzen. Der Kommandeur wurde Francisco de Almeida. Die nationale Bedeutung seiner Aufgabe spiegelte sein Titel wider: Vizekönig. 1505 verließ er mit einer Überseeflotte von 21 Schiffen Portugal. Er hielt seinen Einzug in den Indischen Ozean mit der nun schon üblichen Schreckens-Gloriole portugiesischer Indienreisender; die ostafrikanischen Städte Quiloa und Mombassa wurden zusammengeschossen. Seine erste indische Stadt war Onor; er ließ alle fremden Schiffe in ihrem Hafen verbrennen. Der König bot daraufhin an, auf ewig Vasall Portugals zu werden.

Dieser ganz bewußte Terror signalisierte die neue Geschäftsgrundlage, die Portugal in den Asien-Handel bringen wollte. Handel sollte »staatlich«, »kriegerisch« und »permanent« sein!

Bis zur Ankunft der Portugiesen beherrschten arabische, persische und indische Privatleute den Handel. Sie wohnten zwar in der Fremde oft in gemeinsamen Vierteln zusammen und bildeten eine Art »Handelskammer«, liierten sich aber in der Regel nicht institutionell mit staatlichen Stellen, weder in ihrem Herkunftsland noch in ihrem Gastland. Ihre Verbindung zu den Regierungen bestand darin, mehr oder weniger gewissenhaft die Hafengebühren, Zölle und Verkaufssteuern zu zahlen; von Zeit zu Zeit akzeptierten sie allenfalls Beteiligungen der Herrscher an einzelnen Schiffsladungen. Nun machte Portugal den Handel zur Staatsangelegenheit. Die Bürokratie lebte nicht nur von, sondern auch für ihn. Beamte waren Händler, ein Vizekönig oberster Kaufmann. Die Erzwingung von »Monopolen«, dem Recht, ganz allein die lohnendsten Produkte zu kaufen und zu verkaufen, ergab sich aus dieser Verquickung von Herrschaft und Geschäft ganz selbstverständlich. So wurden sofort »Gesetze« geschaffen, daß jeder Schiffsverkehr auf dem Indischen Ozean und jeder Handel mit Pfeffer ohne Erlaubnis des Königs von Portugal verboten sei. Das Rechtsempfinden der Einheimischen hielt es für blanken Wahnsinn, Routen auf dem Wasser als einen »nationalen Besitz« deklarieren zu wollen und Gewürze nicht mehr an den Meistbietenden, sondern an den Knauserigsten verkaufen zu sollen.

Aber der König von Portugal konnte seine »absurden« Ansprüche durchaus durchsetzen. Denn er war bereit, neben seiner Zivilverwaltung auch seinen Militärapparat vollständig für die Interessen des Handels einzusetzen. Daß ihm das in Indien anfangs so gut gelang, war sicher auch auf den Überraschungseffekt zurückzuführen. Bislang war es in der Region üblich gewesen, die Güter relativ friedlich auszutauschen. Die Attraktivität der angebotenen Waren bestimmte meist den Preis allein. Zwar fuhr man auch mit bewaffneten Schiffen und überfiel, wenn es günstig erschien, Konkurrenten; zwar kam bei größeren Schwierigkeiten mit indischen Landesherren auch schon einmal ein Kriegsschiff aus Oman oder Ägypten zur Hilfe – aber das alles nahm nie die ungeheuerlichen Ausmaße an, die nun die portugiesische Kriegsmacht charakterisierte. Da fuhren Handelsschiffe mit nicht weniger als drei Kanonendecks vor. Da patrouillierte, extra für diesen Zweck abgestellt, eine ständige Flotte vor den Märkten der indischen Westküste, während die Verwalter der Faktoreien die Gewürze aufspürten und Preise durchsetzten. Da wurden Händler, die nicht an die Portugiesen verkaufen wollten, ausgepeitscht oder geköpft. Da wurden Schiffe, die sich nicht die teuren portugiesischen »Cartazes«, Erlaubnisscheine für das Überqueren des Ozeans, gekauft hatten, geplündert und versenkt. Drohungen und Strafen ersetzten den Markt.

Untermauern wollte der Vizekönig Almeida Staatshandel und Seeherrschaft schließlich durch koloniale Stützpunkt-Gründungen. Mit befestigten Niederlassungen von Portugiesen sollte allen Einheimischen klar gemacht werden, daß Portugal nie mehr den Indischen Ozean verlassen würde. Auch dieser Ewigkeitsanspruch war hier etwas Neues. Handel war vorher eine Aneinanderreihung von Einzelreisen gewesen, soweit und solange sie profitabel waren, aber nicht Bekräftigung einer unveränderlichen Kontinuität. Almeida baute Burgen an der ostafrikanischen Flanke des Seereichs, auf Inseln vor Arabien und in einigen verschüchterten indischen Küstenstaaten. Er bereitete zur Absicherung der Südfront die spätere Invasion (1515) Ceylons vor. Hier wurde eine vielerprobte Methode mittelalterlicher portugiesischer Ritter, die bei der »Reconquista« ins weite feindliche Gebiet der Moslems einzudringen versuchten, indem sie sich winzige, aber garantiert zu verteidigende Brückenköpfe suchten, auf einen Weltmaßstab projeziert. Der entscheidende Gedanke dabei war, Strategien des Landkriegs auch auf Seebedingungen anzuwenden. Hier konnten ja Hunderte von Meilen sehr viel schneller und risikofreier von Truppen, die zur Entlastung anrückten, überwunden werden als bei selbst nur kurzen Strecken auf feindlicher Erde. Der Zweck solcher Stützpunkte war allemal, in den Ebenen Süd-Portugals wie an den Küsten des Indischen Ozeans: Eine fanatische und hervorragend bewaffnete Minderheit konnte die uneinige, schlecht ausgerüstete Mehrheit in Schach halten und beherrschen, auch wenn deren Zahl die eigene um das Tausendfache überstieg.

Bei dem rüden Erfolg Portugals, in nicht viel mehr als zehn Jahren eine kommerziell-militärische Hegemonie im Meer zwischen Afrika und Indien aufgebaut zu haben, kam ihm die weltpolitische Großlage sehr zustatten. Der Hauptleidtragende, den man weitgehend ausgeschaltet hatte und der natürlicherweise als erster hätte reagieren müssen, der islamische Machtbereich, war stark von seinen eigenen Problemen in Anspruch genommen. Gerade jetzt machten sich die türkischen Osmanen an die Eroberung Ägyptens und Syriens; und sie stießen in die arabische Halbinsel vor. Sämtliche Scheichtümer in dieser Region waren mit der Abwehr gegen die Invasoren beschäftigt. Dazu kämpften die Türken im Osten auch noch verbissen gegen das schiitische Großreich Persien. Alle möglichen Konkurrenten Portugals schlugen also aufeinander ein. Die Südflanke des Islam wurde so extrem vernachlässigt, daß die Portugiesen nur zuzugreifen brauchten, um die Macht an sich zu reißen. Sie wagten sich sogar in Einzelaktionen brandschatzend bis in den Golf von Sues.

Innere Konflikte kennzeichneten auch die Situation in Indien. Hier lagen islamisierte Reiche – in der Mehrzahl im Norden – mit hinduistischen – meist südlichen – Gebieten im Kampf. Der Krieg wogte im Landesinneren mit ständig wechselnden Grenzen hin und her. Die Portugiesen mischten sich geschickt, mal hier, mal dort, ein. Die Küsten wurden bei diesen Entscheidungsschlachten von den Indern als unwichtig eingestuft, und man überließ sie weitgehend kleineren Vasallenstaaten, und damit Portugal.[3]

Aber der Würgegriff Portugals im Indien-Handel war so kräftig, daß seine Gegner sich doch noch einmal aufrafften. Wir wissen aus der Reisebeschreibung Varthemas, daß er schon 1503 bei seinem Aufenthalt in Mekka feststellen konnte, daß dort keine Stoffe und Gewürze mehr aus Indien ankamen.[4] Die Türken zogen Schiffe aus dem Roten Meer ab und vereinigten sich mit indischen Flotten. Der portugiesische Vizekönig Almeida griff sie trotz ihrer immensen zahlenmäßigen Überlegenheit sofort und ungestüm an und zerstörte sie völlig. Der Sieg in der Seeschlacht vor Diu 1509 unterstrich in krasser Eindringlichkeit, daß Portugal von dem einmal Erreichten so schnell nicht würde verdrängt werden können.

Die portugiesische Expansion war in eine Phase getreten, wo alles, was sinnvoll planbar gewesen war, vollendet war. Man hätte sich jetzt in Ruhe einigeln können. Aber der nächste Gouverneur Portugiesisch-Indiens, Afonso de Albuquerque, 1509–1515, kam nicht zu seinem Regierungsantritt direkt aus Portugal, sondern er hatte sich schon seit vier Jahren in Asien aufgehalten und eigene Erfahrungen und Einsichten gesammelt. Er nahm sich vor, die ursprüngliche Konzeption einer bloßen Sicherung des Seewegs nach Indien durch einen Vorstoß in Bereiche des außerdem noch Wünschenswerten zu ergänzen.

Afonso de Albuquerque war ein neuer Typ des Kolonialpioniers. Er dachte von der Kolonie aus; ihre innere Konsolidierung war sein Lebensziel. Neben Vasco da Gama ist er der einzige, dessen Name auch Jahrhunderte später weithin bekannt geblieben ist. Doch der »Bauherr des Imperiums« unterschied sich in seinem Erscheinungsbild sehr vom »Entdecker des Seewegs nach Indien«. Während die Persönlichkeit Vasco da Gamas extrem blaß war (über kaum eine weltgeschichtliche Gestalt hat die Nachwelt weniger reflektiert als über ihn; er hatte sich in eine Art nationalen Markenzeichens verwandelt, an dessen möglichem individuellen Hintergrund niemand mehr interessiert war), gewann Albuquerque eine sehr komplexe Statur, provozierte die Leidenschaften von Bewunderern und Feinden. Er war, 1453 geboren, erst als alter Mann zu hohen staatlichen Posten gelangt – und das ließ ihn wohl die langerwartete Chance, eine historische »Aufgabe« zu erfüllen, viel höher einschätzen als überholte persönliche Karriere-Überlegungen. Er wollte ein zweites Portugal in Asien schaffen, so stabil wie das europäische. Starrsinnig versuchte der weißbärtige, hagere, oft kranke Mann, seine Langzeitvorstellungen den widerwilligen Zeitgenossen aufzuzwingen. Er stritt selbst mit König Manuel und schrieb ihm grobe Briefe, wenn dieser selbstsüchtig nur schnellen Profit wollte, ohne hohe Investitionen für notwendige Unternehmungen zu wagen. Mit demonstrativen Hinrichtungen und Brandschatzungen hielt er Portugiesen und Asiaten davon ab, an der Weisheit seiner weiträumig imperialen Bestrebungen zu zweifeln. Er galt als »der Schreckliche«, der kompromißlos ein Ziel verabsolutierte, das eigentlich als Vehikel zu anderen Zwecken gedacht worden war. Aber er hatte auch Erfolg. Nicht allzulange nach seinem Tode schon erkannten die Portugiesen, daß seine Regierung der schnelle Höhepunkt ihres Kolonialismus gewesen war. Der »brutale Spinner« wurde zum »Heiligen«.

In bezug auf Indien war Albuquerque der Ansicht, daß nun eine eigene Hauptstadt vonnöten sei. Bislang war der Vizekönig »Untermieter« in wechselnden westindischen Residenzen gewesen; er wohnte beim König von Cochin, dann in Cannanore oder in Chaul. Bei eiligen Nachrichten wußten die Außenposten oft gar nicht, wohin sie sich zuerst wenden sollten. Albuquerque baute jedoch nicht eine bereits portugiesisch überwachte Stadt aus, sondern er war so perfektionistisch, daß er die ganze Küste abfuhr, um die denkbar günstigste Auswahl zu treffen. Er fand Goa. Diese Stadt lag auf einer sehr gut zu schützenden Insel genau in der geographischen Mitte der Westküste. Nur, sie gehörte noch ihren islamischen Einwohnern. Albuquerque nahm sie sich bedenkenlos nach vielen sturen Attacken 1510.

Goa wurde in der Folgezeit zur glänzendsten europäischen Metropole Asiens, mit 200000 Einwohnern 1565 und etwa zehntausend ständig hier residierenden Europäern. Es war der größte Handels- und Kriegshafen Indiens und der größte Rohstoffmarkt. Sein politischer Einzugsbereich ging von Ostafrika bis Bengalen.

Albuquerque hatte erkannt, daß die Eroberung Goas durch die Portugiesen als unumstößliches Ereignis dargestellt werden mußte, wenn man Respekt bei den anderen und Sicherheit für sich selbst erlangen wollte. Und er verpflichtete sofort seine Soldaten fürs Leben: Er verheiratete sie, wie es seinerzeit Alexander der Große zu tun pflegte, zwangsweise mit den Witwen und Töchtern der erschlagenen Feinde, gab ihnen mit der Familie die Pflicht, sich in einer neuen Heimat einzurichten.

In dieser Zitadelle, wo bedingungslos die eigene Herrschaft durchgesetzt werden sollte, versuchten die Portugiesen auch bald, eines der heikelsten Probleme aller großen Kolonialzentralen zu lösen. Wo eine kleine Gruppe neuer Herren einer einheimischen Bevölkerung, die ein festes traditionelles Wertsystem hat, gegenübersteht, lauert immer die Gefahr, daß sich aus diesem Nebeneinander eine gefährliche Gegnerschaft ergibt. In Goa zerstörten die Portugiesen daher diese Basis eines möglichen Widerstands, noch ehe er sich zu regen begann. Sie zerschlugen in »ihrer« Hauptstadt konsequent die konkurrierende Kultur. Sie verbrannten die gesamte schriftliche Überlieferung des Konkani-Volkes. Es gibt heute nicht eine einzige Überlieferung mehr in dieser dem Sanskrit eng verwandten Sprache aus der Zeit vor der portugiesischen Eroberung. Die Kolonialherren verboten auch jeden öffentlichen Gebrauch des Konkani in Goa. Sie zerstörten, 1541, alle hinduistischen Tempel, sie verboten, 1546, alle hinduistischen Feiern, sie schlossen, 1557, jeden Nicht-Christen von öffentlichen Ämtern aus.[6] Und so verließen die potentiellen Aufrührer massenhaft die Stadt. Die Verbleibenden paßten sich an. Spätere Generationen beugten sich willig.

Auch in einer anderen Hinsicht war Goa für das portugiesische Imperium die Speerspitze des bewußten Einflusses. Hier entstand das städtebauliche Modell für alle weiteren portugiesischen Siedlungen in Asien, Afrika und sogar Amerika: »Sie wurden nach einem einheitlichen Idealschema gebaut, das man als luso-indisch bezeichnet hat. Alle portugiesischen Niederlassungen liegen auf Inseln vor der Küste, die drei Bedingungen erfüllen: Zwischen Stadt und Festland schließen sie einen guten Naturhafen ein, sie sind nicht zu groß, um von der Stadtbevölkerung leicht verteidigt werden zu können, aber doch groß genug, um ausreichend landwirtschaftliche Fläche für die Nahrungsversorgung bereitzuhalten. An den strategisch wichtigen Punkten der Insel liegen Außenwerke und in der Hafeneinfahrt, sofern die Topographie dies gestattet, eine Wasserfestung. Die Stadt selbst lagert sich amphitheatralisch um das Hafenbecken, an das sich getreu dem Vorbild des Mutterlandes der große öffentliche Platz anschließt. Das Straßennetz ist ähnlich wie in Portugal und anders als bei den spanischen Kolonialgründungen unregelmäßig gewunden und so angelegt, daß es, der Topographie folgend, die wichtigsten Gebäude der Stadt verbindet, also den Gouverneurspalast, die Kirchen und Klöster, den Hauptplatz am Hafen und die Tore und Befestigungen. Die gesamte Anlage wird beherrscht von der Landfestung, die zur Stadt hin durch Wall und Graben abgetrennt ist, aber dennoch zusammen mit ihren Mauern und Bastionen ein geschlossenes Verteidigungssystem bildet, das meist nach der neuitalienischen Befestigungskunst mit Herzbastionen angelegt wurde.«[7]

Goa war nun, nach Lissabon, der wichtigste Bezugspunkt des portugiesischen Kolonialreiches – und wurde Ausgangspunkt für einen Zugriff noch weiter nach Osten.

Einsichtigen Portugiesen war nämlich klargeworden, daß Indien, allein gehalten, nicht lange profitabel bleiben könnte. Die interessantesten Güter wurden nur zum Teil im Lande produziert; die meisten kamen aus Regionen »hinter Indien«. Langfristig konnten sich die asiatischen Konkurrenten Portugals durchaus neue Umschlagplätze besorgen; sie würden einfach die portugiesisch beherrschten Häfen boykottieren und ihre Waren entweder über Land via Persien oder über See in einem großen südlichen Bogen direkt nach Arabien bringen. Die portugiesische Kolonialpolitik suchte daher zunehmend nach einem Zugang zu den Urquellen des asiatischen Reichtums. Es galt, den Weg der begehrtesten Gewürze bis zu ihren Anbauflächen zurückzuverfolgen.

Im Osten Indiens war die nächste Pflichtstation der großen Handelsströme Malakka. Diese Stadt an der Westküste Malayas besaß große geographische und strategische Vorzüge. Genau in der Mitte zwischen Indien und China trafen hier zwei Monsun-Systeme zusammen: der Südwest-Monsun, der die Schiffe im Frühjahr über den Golf von Bengalen nach Malaya trieb; und der Nordost-Monsun, der zur selben Zeit die Dschunken aus China und die Großsegler aus den Molukken, den Gewürzinseln, herbeibrachte. Wenn dann die chinesischen und indonesischen Kapitäne in Malakka ihre Gewürze, Seiden und Porzellanwaren ausluden, nahmen indische Schiffe diese Waren gleich wieder auf und lieferten ihrerseits Baumwollstoffe, Edelsteine und Goldbarren. Noch im selben Jahr konnten die Schiffsbesatzungen nach Hause zurücksegeln. Der Sultan von Malakka bekam von diesen Tauschgeschäften einen festen Abgabesatz. Und da seine Stadt auch noch an der meistbefahrenen Meerenge der Welt lag, an einer Stelle, wo nur 40 km seichtes Wasser das malaiische Festland von der Insel Sumatra trennte, konnte er im Bedarfsfalle auch wirklich jedes Schiff dazu zwingen, die hohen Hafengebühren bei ihm zu hinterlassen. »Es war die reichste Stadt der Welt, berstend vor Wohlstand.«[8] »Malakka lag über mehr als fünf Kilometer an der Küste entlanggestreckt. Und obwohl alle Häuser nur aus Holz gebaut sind – mit Ausnahme der Moschee und einiger Gebäude in der Residenz des Sultans – wirkt die Stadt unglaublich majestätisch: durch ihre Größe, durch die Vielzahl der Schiffe im Hafen, durch den wirbelnden

Verkehr auf Wasser und an Land. Wer Malakka sah, sagte, daß er nie zuvor größeren Reichtum gesehen habe, nicht einmal in Indien!«[9]

Kein Wunder, daß der wohlinformierte König Manuel von Portugal 1508 von Lissabon aus vier Schiffe auf den Weg schickte, um Malakka zu »entdecken«. Doch der Kapitän Sequeira konnte sich nicht entschließen, ob er den Sultan mehr durch Gewaltandrohung oder durch friedliche Handelsangebote auf die portugiesische Seite ziehen wollte, und so mußte er nach sechs Wochen Schaukelpolitik Hals über Kopf das Weite suchen. Dabei blieben 24 Kameraden als Gefangene in Malakka zurück.

Den nächsten Erkundungsvorstoß führte dann der umsichtigere Generalgouverneur Albuquerque selbst durch. Daß das beabsichtigte Spähunternehmen 1511 gleich zu einem Eroberungszug wurde, ist allerdings mehr Zufall als Planung gewesen. Nachdem Albuquerque Goa eingenommen hatte, wollte er eine Flotte zusammenstellen, um sich wieder Geld durch einen Raubzug ins Rote Meer zu verschaffen; aber er hatte die vielen Verzögerungen nicht einberechnet, und so standen die Schiffe erst dann bereit, als das Wetter für eine Fahrt nach Westen am ungünstigsten war. Nun die Flotte aufzulösen, wäre für Albuquerques Prestige und Finanzen katastrophal gewesen – und daher befahl er, Kurs in die Gegenrichtung zu nehmen und Malakka anzulaufen. Er verließ Indien mit 18 Schiffen und 1400 Männern.

Albuquerques Taktik vor Malakka lag unter diesen Umständen fest: Er provozierte kompromißlos den Krieg. Albuquerque forderte die Freigabe der portugiesischen Gefangenen – sie wurden freigelassen. Albuquerque verlangte freien Handel – der Sultan von Malakka hatte nichts dagegen. Endlich entdeckten die Portugiesen, daß die Malaien sich angesichts der drohenden Belagerung auf eine Verteidigung der Stadt vorbereiteten; und damit war der Vorwand für den Krieg gefunden: »aggressive Haltung der Einheimischen«. Albuquerque gab den Befehl zur Attacke. Die ausländischen Kaufmannsvereinigungen, Chinesen, Javaner und Inder, hatten vorher schon in Geheimverhandlungen sowohl gegenüber dem Sultan als auch gegenüber Albuquerque ihre Neutralität bekräftigt und durften, ungeschoren von beiden Seiten, ihre Waren aus der Kampfzone auslagern.

Die Schlacht um Malakka wurde zu einer Auseinandersetzung zwischen professionellen Kriegern, vor der Kulisse eines aufgeregten aber untätigen Publikums. Nur die Portugiesen und die Malaien prallten aufeinander. Kanonaden zermürbten tagelang die Verteidiger der Stadt. Dann ließen die Portugiesen ein Schiff in den Fluß Malakkas treiben, bis es mit seinem hohen Heck die einzige Brücke rammte und wie ein Festungsturm die Verbindung zwischen den zwei Hälften der Stadt unterbrach. Die Malaien setzten gegen diese Zersplitterung Kriegselefanten ein, aber Albuquerques Soldaten ließen die Tiere an sich vorbeilaufen und trieben sie dann von hinten mit

Lanzen zurück in die Reihen des Sultans, wo sie eine mörderische Panik stifteten. Albuquerque zeigte bei den Straßenkämpfen, wie tropenerfahren und anpassungsfähig er war. Seine Krieger wurden durch ihre Eisenrüstungen zwar besser gegen vergiftete Pfeile geschützt als ihre halbnackten Gegner, aber sie schwitzten sich fast zu Tode; und so ließ Albuquerque über den umkämpften Plätzen Segelplanen als flatternden, kühlenden Sonnenschutz anbringen.

Am 8. August 1511 war Malakka portugiesisch: ein rauchendes Trümmerfeld voller Leichenhaufen – aber mit unversehrter Kaufmannschaft und allen Waren. Albuquerque befahl sofort den Bau einer Festung. Es wurde die *Famosa*, die Ruhmreiche, die gewaltigste Burg der Portugiesen in Asien, mit Mauern bis zu zehn Metern Dicke, mit einem Wald fünfstöckiger Wachtürme und mit bleigepanzerten Kammern für all das Geld, das Portugal in den nächsten 130 Jahren aus dieser Stadt herausholen sollte.[10]

Verglichen mit dem Indischen Ozean war die Lage der Portugiesen im südostasiatischen Raum eine völlig andere. Hier konnten Neuankömmlinge nicht im Handstreich eine Hegemonie errichten, zumal sie weitab vom schnellen Nachschub von Menschen und Material waren (drei Monate ab Goa, ein Jahr ab Lissabon). Zu mächtig und selbstsicher beherrschten die Schiffe der einheimischen Kaufleute das Meer. Die Kaiser der großen Landreiche von Burma, Siam und China neutralisierten gegenseitig ihren Einfluß. In Südostasien hatte sich ein relativ friedliches Gleichgewicht der Kräfte konstituiert, mit Vorteilen für alle, verteidigt von allen. Die Portugiesen konnten sich als Herren Malakkas im günstigsten Falle in die Reihe der schon Etablierten hineindrängen. Und so propagierten sie auch selbst die Idee einer freundschaftlichen »Einordnung« Portugals in die vorgefundene Machtkonstellation.

Mit berechnender Bescheidenheit schickte Albuquerque Botschafter des Friedens zu den Königshöfen der Nachbarn. Die erste Nachricht galt Siam. Dieses Reich hatte seit einem Jahrhundert versucht, Malakka der eigenen Oberhoheit zu unterstellen, aber die Malaien hatten sich gewehrt. Nun ließ Albuquerque dem siamesischen Herrscher ausrichten, daß er, quasi stellvertretend, den Ungehorsam des Sultans von Malakka gestraft und ihn ausgeräuchert habe. Die Epoche der Querelen zwischen Siam und Malakka könne nun als glücklich beendet betrachtet werden. Und tatsächlich hielt die Allianz zwischen Portugiesen und Siamesen für die nächsten dreihundert Jahre ohne größere Probleme an, mit Faktoreien in Ayuthia und Bangkok.

Eine zweite diplomatische Delegation überzeugte den König von Pegu davon, daß er die unbedingt notwendigen Lebensmittellieferungen nach Malakka nicht abbrechen solle. Dafür könne er weiterhin den Hafen als die Hauptstation für seinen Außenhandel betrachten. Auch hier wurde die

Grundlage für eine lange Periode des Bündnisses gelegt, das auch für die Nachfolgestaaten Pegus, für Martavan und Burma, galt.

Und Albuquerque sandte den ersten Botschafter Portugals nach China. 1513 erreichte Fernão Peres de Andrade die Stadt Kanton. Die Verhandlungen der Portugiesen mit der chinesischen Regierung, die gerade eine Politik der freiwilligen Isolation verfolgte, waren sehr schwierig. Dann aber hatte Portugal als erstes europäisches Land das Recht erworben, eine eigene Niederlassung zu gründen: Macau, 1557, am rechten Ufer des Perlflusses, unweit Kantons. Die Chinesen brauchten die Portugiesen. Sie hatten kurz vorher den Japanern verboten, mit China Handel zu treiben, aber gleichzeitig wollten sie keineswegs auf japanische Waren verzichten. Die Portugiesen sollten nun in diesen Zwischenhandel einsteigen.

So kamen die Portugiesen also auch als erste Europäer nach Japan, wo sie 1570 in Nagasaki (der nächste große Hafen gegenüber Macau) eine eigene Faktorei errichteten. Einmal jährlich fuhr das »Schwarze Schiff«, mit 1500 Bruttoregistertonnen das gewaltigste Segelschiff aller Zeiten, dreimal größer als die üblichen Typen, nach Japan, vollgeladen mit Seide und Porzellan. Es kehrte zurück mit Silberbarren, die in China zur Geldherstellung dienten.

All diese diplomatische Gutwetterpolitik verschaffte den Portugiesen in Malakka freie Hand für das Unternehmen, das ihnen wirklich am Herzen lag: die Beherrschung der Gewürzinseln. Nur hier und sonst nirgends auf der Welt wuchsen Nelken und Muskatnüsse, die teuersten Gewürze jener Zeit; und so bündelte Portugal in diesem fernen Osten seine gesamten Anstrengungen auf die Molukken.

Schon die erste Reise dorthin, 1511, war von Albuquerque bestens vorbereitet worden. Bevor drei portugiesische Schiffe unter Führung António de Abreus Malakka verließ, schickte der Generalgouverneur einen befreundeten malaiischen Händler auf die Reise, der bei allen Durchgangshäfen anhalten und erzählen sollte, wie gut die Portugiesen in Malakka die ausländischen Kaufleute behandelten, daß es unter ihnen keine tyrannischen Übergriffe mehr wie zu Zeiten des Sultans gebe. Dann kündigte Kapitän Ismael die bevorstehende Ankunft portugiesischer Abgesandter an, mit denen man weitere Einzelheiten der Zusammenarbeit freundschaftlich besprechen könne.[11] Abreu ließ sich dann von malaiischen und javanischen Seeleuten an der Nordküste Javas entlang leiten, an Bali vorbei, den klippenumkränzten Sunda-Inseln Lombok, Sumbawa und Flores, und setzte in einem Sprung nach Nordosten zu den Molukken über. Er wurde überall freundlich aufgenommen. Bei jedem Stopp pflanzte Abreu einen Padrão auf, den portugiesischen Hoheitspfahl, wofür er eigens einen Holzschnitzer mitgenommen hatte.

Die Molukken sind das östlichste Archipel Indonesiens und bestehen aus drei Inselgruppen. Im Süden liegen dicht beieinander die »Banda-Inseln«. Es ist das Hauptanbaugebiet der Muskatnuß und der Muskatblüte (ein knallrotes zerknittertes Blatt, das zwischen dem Kern und der dicken grünen Schale der Frucht zu finden ist und zum Anrichten von Suppen benutzt wurde). Die nahen »Zentralen Molukken« sind ökonomisch wichtig vor allem durch das kleine, aber dichtbevölkerte Ambon. Hier wuchsen neben Muskatbäumen auch Nelkenwälder, die fast schon in Plantagenform genutzt wurden. Die »Nördlichen Molukken« schließlich bilden das politische Herzstück des Archipels. Hier waren mehrere »Sultanate«, also bereits islamisierte Königtümer, die um Einflußzonen stritten. Die beiden mächtigsten Kampfhähne waren die Sultane von Ternate und von Tidore. Sie lebten auf winzigen Inseln, die nur aus jeweils einem Vulkan von neun Kilometer Durchmesser bestehen und durch einen Meeresarm von nur einem einzigen Kilometer Breite getrennt sind. Diese Intimfeinde Ternate und Tidore führten Bündnisverbände an, gruppierten unter sich, in ständig wechselnden Frontstellungen, die Herrscher der anderen Inseln. Die Pakte reichten zeitweise bis weit nach Neu-Guinea und Melanesien. Die auffällige Vielzahl von »Rajas«, wie die Einheimischen ihre Führer nannten, war es auch, die zum Namen »Molukken« führte: er ist aus dem arabisch »al-Muluk« abgeleitet, dem Plural von »König«. [12]

1512 erreichte die erste portugiesische Flotte die Banda-Inseln. Abreu war so begeistert über dieses eindeutig glückliche Ende der »Entdeckungen«, daß er ganz eilig seine Schiffe vollud und ohne weitere Erkundungen nach Malakka zurückfahren wollte, »um Nachricht zu geben von dieser übergroßen Freude«. [13]

Dabei verlor er in einem Sturm seinen Gefährten Francisco Serrão außer Sicht, den Kapitän eines der anderen Schiffe. Serrão erlitt Schiffbruch. Kaum war er auf der unbewohnten »Schildkröten-Insel« gestrandet, als sich ein molukkisches Piratenschiff dem Wrack näherte. Die Portugiesen versteckten sich hinter Felsen und Sträuchern, bis sich die Seeräuber allesamt auf ihr zerstörtes Schiff gestürzt hatten, um es zu plündern – und dann kaperten die Portugiesen in einem Blitzangriff ihrerseits das Schiff der Molukker. Entsetzt boten die transportlosen Piraten Friedensverhandlungen an. Serrão nahm sie an Bord, als sie versprachen, ihm den Weg zu einer der größten Siedlungen auf Ambon zu zeigen. Hier wurden die Portugiesen freudig empfangen. Sofort verstärkte Serrão die günstige Stimmung, indem er, ganz nach dem erprobten Muster des portugiesischen Vorgehens in Westafrika, seine Hilfe bei der Bekämpfung eventueller Feinde anbot. Seit Jahrzehnten waren die Menschen in dieser Ortschaft den Angriffen der Kopfjäger von der benachbarten Insel Ceram ausgesetzt gewesen; jetzt schlugen sie mit Hilfe der Portugiesen zurück und errangen einen überwältigenden Sieg.

Die Fama von der Unbesiegbarkeit der Portugiesen verbreitete sich im Archipel. Der Sultan von Tidore schickte eine Flotte von sieben Schiffen nach Ambon, um Serrão abzuholen; aber die Flotte aus Ternate, zehn Schiffe, war schneller. Und so residierte Serrão bald im Palast von Ternate, heiratete die Königstochter und erwarb sich im Laufe der nächsten Jahre einen großen Harem. Die Portugiesen, die sich auf den Weg gemacht hatten, um im austarierten Südostasien wenigstens hier auf den Molukken Vorzugsrechte für sich herauszuholen, hatten nun geradezu die Qual der Wahl. Es entstand die schon absurde Situation, daß Ternate inständig um den Bau einer portugiesischen Festung bat, dann Tidore, dann Bacam und viele andere der kleineren Königtümer in den Nördlichen Molukken auch – und die Portugiesen konnten sich schicklicherweise nicht entscheiden, »um keinen vor den Kopf zu stoßen«. Es gab sogar den kuriosen Kompromißvorschlag, das geplante Fort auf einer kaum bewohnten Insel, Makian, zu errichten, weit weg von der Bevorzugung eines einzigen Raja.

Aber auch ohne festen zentralen Stützpunkt wurden nicht weniger als neun Flotten zwischen 1513 und 1518 von Malakka nach den Molukken geschickt[14], erst über die traditionelle Java-Route, später über einen neuen Weg, nördlich Borneos. Dann aber mußten die Portugiesen doch ihre profitable Funktion als umworbene Schiedsrichter aufgeben. Von Osten her, aus Südamerika, tauchten völlig unerwartete Konkurrenten, nämlich die Spanier, in den Gewässern der Molukken auf. Jetzt drängte es, einen juristisch unantastbaren Schutzvertrag mit einem mächtigen einheimischen Herrscher abzufassen und als ersten Regierungsakt die Festung tatsächlich zu erbauen. Die Portugiesen entschieden sich für Ternate. 1522 begannen die Arbeiten an diesem Molukken-Fort. Aber fast zwangsläufig wurden die Portugiesen danach in jeden kleinen Krieg ihres Partners hineingezogen; sie verfeindeten sich mit den meisten anderen Inselherrschern.

Daß den Portugiesen ihr Anspruch auf die Molukken so bitter streitig gemacht wurde, geht auf die Prahlsucht Francisco Serrãos zurück. Seine Briefe in die Heimat, die das Archipel schilderten, »als sei eine Neue Welt, ein neues Amerika, entdeckt worden«,[15] dienten als unmittelbarer Auslöser für die Spanier, ihr Glück ebenfalls auf den Gewürzinseln zu suchen. Denn diese Briefe waren an Serrãos besten Freund gerichtet, an Fernão de Magalhães, mit dem er gemeinsam unter Albuquerque in Malakka gekämpft hatte. Da Magalhães wegen besonders übler Geschäftemacherei in Marokko am Lissabonner Hof Schwierigkeiten bekommen hatte, ging er mit Serrãos Detailinformationen zu den Spaniern über und suggerierte ihnen, daß die Molukken bei einer solch riesigen Größe sicherlich weit in diejenige Erdhälfte hineinreichten, die Spanien gehöre. König Karl V., »verliebt in alle Landkarten und besonders in Erdkugeln mit Schiffahrtsrouten«[16], war begeistert, daß ihm nun mit Magalhães einer dieser optimal ausgebildeten portugiesischen Kolonialexperten zur Verfügung stand, der die kritische Perspektive des Praktikers in die Eroberungsabsichten Spaniens bringen konnte.

Unter königlichem Schutz verließ Magalhães 1519 mit fünf Schiffen den andalusischen Hafen San Lúcar in westlicher Richtung. An Patagonien, dem äußersten Süden Amerikas, vorbei, fuhr er durch die *Magellan-Straße* in den Stillen Ozean. Drei seiner Schiffe gerieten in die Hände von Meuterern und kehrten nach Spanien zurück. Die verbleibende *Trinidad* und die *Victoria* durchquerten in 98 Tagen als erste den Pazifik. 1521 war Magalhães auf den (erst später so benannten) Philippinen, ganz in der Nähe der ersehnten Molukken. Er wollte gegenüber dem Raja von Cebu seine Stärke demonstrieren, indem er ihm, schemagerecht, freundschaftlich anbot, seine Feinde auf der Nachbarinsel Mactán zu vernichten. Aber es war Magalhães selbst, der erschlagen wurde. Die Spanier, die überlebten, irrten in einer weltweiten Odyssee durch unbekannte Gewässer. Die *Trinidad* wurde mühelos von den Portugiesen bei Ternate aufgebracht. Die *Victoria* fuhr im Zick-Zack-Kurs, von Borneo nach Timor, dann quer über den Indischen Ozean zum Kap der Guten Hoffnung. Von den 265 Besatzungsmitgliedern erreichten 1522 nur 18 San Lúcar: das waren die Männer, die in der Tat »die erste Weltumsegelung von Magalhães« durchgeführt hatten.

An diesem Unternehmen wird deutlich, wie groß der Reiz der Molukken auf das damalige Europa gewesen sein muß. Ungeheuerlich erscheinen die Anstrengungen, die Magalhães unternahm, um zu diesen Inseln zu gelangen. Und daß er wirklich bewiesen hat, daß sie auch von nicht-portugiesischen Schiffen erreicht werden können, wurde von seinen Zeitgenossen und den nachfolgenden Generationen als eine so bedeutsame Tat angesehen, daß sie gar nicht wahrnahmen, daß er völlig gescheitert war: *er* kam nie bis Ternate; *er* umsegelte nicht die Welt; und Spanien konnte auch kein Anrecht auf die Molukken geltend machen, denn sie lagen eindeutig in der portugiesischen Einflußsphäre, wie in einem Vertrag 1529 ausdrücklich bestätigt wurde. Die Ankunft europäischer Mitbewerber im eigenen Herrschaftsbereich schockte Portugal zwar sehr, aber es erwies sich bei diesem ersten Mal als stark genug, das bereits Geschaffte zu bewahren.

Portugal hatte sich bis an die äußerste Grenze des Denkbaren ausgestreckt, eine Kette von Besitzungen, Besitzansprüchen und Einflüssen geschmiedet, die alle Kontinente berührte. Im Vorgriff auf Erstrebtes hatte sich König Manuel von Portugal schon 1499 den bombastischen Titel »Herrscher über Guinea und über die Eroberungen der Schiffahrt und des Handels von Äthiopien, Arabien, Persien und Indien« zugelegt. Im Jahrhundert darauf gab es tatsächlich über siebzig portugiesische Festungen, die z. B. von Bahia in Brasilien über Mombassa in Ostafrika, Hormuz im Persischen Golf,

Colombo auf Ceylon bis zu den nicht weniger als fünf Forts auf der Molukken-Insel Ambon reichten. Es gab Hunderte von Faktoreien zwischen dem Amazonas und dem Huang-ho. Es gab portugiesisch besiedelte Landstriche und Städte in Brasilien, auf den Kapverdischen Inseln, in Moçambique, auf der arabischen Insel Socotorá, in Goa, im Norden Bombays, in Malakka, Macau, Nagasaki und Ternate. Nach Berichten von Reisenden des 16. Jahrhunderts gab es selbst im Südchinesischen Meer nur selten Augenblicke, in denen nicht am Horizont wenigstens eines der hochbordigen portugiesischen Schiffe zu erblicken war. Und diese ständige Anwesenheit allüberall erlaubte es einzelnen auch, punktuell, Kontakte bis zu noch größeren Extremen voranzutreiben. Portugiesische Seefahrer waren schon um 1590 in Australien (rund 60 Jahre vor der »offiziellen« Entdeckung durch Holländer), und sie kreuzten in der Inselwelt Polynesiens (zweihundert Jahre vor Bougainville und Cook). Die Expansionspläne eines europäischen Staates hatten hier einen Grad der Realisierung erreicht, der selbst den Beteiligten unvorstellbar erschien. Sie spürten, es war der einmalige Moment einer explosionsartigen Erfüllung – danach müßte das meiste wieder zurückgenommen, könnte nur das unbedingt Wichtige gerettet werden.

Französische Armee in Neu-Kaledonien 1853

Bildnachweis: Pacific Book (bibl. Ang. siehe Illustr. zu S. 292) S. 215

Das Alltagsleben im portugiesischen Kolonialreich

Da die Ausbeutung der portugiesischen Kolonien in Asien als Staats-Monopol konzipiert war, mußte die königliche Verwaltung in Lissabon ein System entwickeln, das ihr auch über gewaltige Entfernungen hinweg einen entscheidenden Einfluß auf den Ablauf der Geschäfte ermöglichte. Sie fand, daß die effektivste Kontrolle durch eine straffe Personalpolitik ausgeübt werden konnte. Sämtliche wichtigen Posten wurden nur durch den König besetzt. Der König allein bestimmte den Vizekönig von Goa, den Gouverneur von Malakka, die Kapitäne der Festungen und die Vorsteher der Faktoreien. Die Ernennungen wurden als willkürliche Hoheitsakte zelebriert, mit gezielten Überraschungseffekten. Jeder hohe Amtsinhaber bekam bis zu fünf numerierte und versiegelte Briefe mit, die »Nachfolge-Briefe«. Wenn er während seiner Dienstzeit starb, kamen die weltlichen und geistlichen Notabeln der Stadt zusammen und öffneten feierlich Brief Nr. 1. Ein Name wurde verlesen. War der vorgesehene Nachfolger nicht erreichbar, öffnete man den nächsten Brief, bis schließlich einer der Listenvorschläge realisiert werden konnte. Die Absicht solcher Glücksspielverfahren ist offensichtlich: Die Unkalkulierbarkeit von Beförderungen fesselte alle Hoffenden.

Bedingungslose Loyalität wurde noch durch eine zweite Maßnahme forciert: jedes Amt war auf drei Jahre beschränkt. Damit kamen viele unterschiedliche Personen an die Futterkrippe; und sie waren bei einem eventuell geplanten weiteren Sprung nach oben stark von dem Wohlwollen der Zentrale in Lissabon abhängig. Ihre Amtsausübung ließ sich leicht steuern.

So wurden denn Ernennungen auf eine Stelle in Portugiesisch-Asien »Gnadenerweise« genannt. Sie bekamen ein bürokratisches Eigenleben. Es etablierten sich z. B. Wartelisten. Wenn der König jemanden belohnen wollte, aber keine Stelle freihatte, versprach er sie ihm für die Zukunft. Er hielt damit seine Rechnung für beglichen und kümmerte sich nicht mehr um sie. Von einem Kandidaten für den Kapitänsposten der Festung Mombassa weiß man, daß er nicht weniger als dreißig Anwärter (à drei Jahre Dienstzeit) vor sich auf der Liste sah. Kein Wunder, daß viele solcher Ernennungsurkunden bald mehr als symbolische Wertpapiere denn als etwas real Einlösbares verstanden wurden. Und sie wurden auch so gehandelt. So verkaufte z. B. ein Anwärter auf die Faktoreischreiberstelle in Hormuz dieses Recht 1545 an einen anderen gegen bares Geld. Oder man vererbte seine Ernennungen an seine Söhne oder gar – zur Weiterverwendung – an seine Töchter.[1]

Was mußte man leisten, um im portugiesischen Kolonialreich überhaupt in den Kreis der Erwählbaren zu gelangen? Von dem Sonderfall des Hochadels abgesehen, der das Privileg besaß, sich nirgends besonders anstrengen zu müssen, hatte man sich vorher mindestens zehn Jahre lang zu »bewähren«. Vom hohen Roß des monopolistischen Arbeitgebers aus ließ der König die jungen Leute, die nach Indien gingen, sich buchstäblich gegenseitig zerfleischen, um die Härtesten (oder Glücklichsten) auszusortieren. Um die Mitte des 16. Jahrhunderts war es die Regel, daß die Männer, die für Indien angeworben wurden, sofort nach ihrer Ankunft in Goa entlassen wurden. Sie hatten nun für sich allein zu sorgen; und nur im tatsächlichen Kriegsfall oder bei einem konkreten Handelsprojekt wurden sie auch wieder entlohnt. Nichtsdestoweniger mußten sie sich ständig zur Verfügung halten. Diese Horden unbeschäftigter Soldaten machten Goa zu einer der gefährlichsten Städte jener Zeit. Reisende berichteten entsetzt vom tagtäglichen Morden auf den Straßen.[2] Bei den Kampagnen im Dienst der Nation konnten einzelne durch Tapferkeit, Gerissenheit oder Intelligenz auffallen; dann erhielten sie notarielle Gutschriften in ihren Personalpapieren. Überlebten sie ein Jahrzehnt, durften sie mit spezieller Erlaubnis des Vizekönigs Asien verlassen; sie fuhren, und zwar auf eigene Kosten, nach Portugal zurück und stellten bei einer dafür zuständigen Behörde den Antrag auf einen Gnadenerweis. Wenn sie geschickt genug verhandelten (oder besser noch: gute Beziehungen hatten), konnten sie nach einigen Jahren Untätigkeit in Lissabon zu einem Posten in nicht allzu weiter Zukunft nominiert werden.

Wie solche Leute dann ihre drei Jahre Amtszeit auszunutzen pflegten, läßt sich leicht ausmalen. Ihre Hemmungslosigkeit wurde auch von der Krone als so selbstverständlich vorausgesetzt, daß entweder überhaupt kein Gehalt gezahlt wurde oder nur ein aufreizend schäbiges mit Jahren Verspätung. Fast jeder Funktionsträger räumte das in drei Jahren ab, worauf er ein Leben lang gewartet hatte – und wovon er und oft alle Angehörigen seiner weitverzweigten Familie bis ans Lebensende würden auskommen müssen. Härteste Ausbeutung nach unten und schamlose Unterschlagung nach oben waren die institutionalisierten Begleiterscheinungen eines solchen Verwaltungssystems.

Solange genügend für ihn selbst abfiel, tolerierte der König auch die offensichtlichsten Unkorrektheiten: Seine Untergebenen befriedigten dadurch ihre überschäumenden Ambitionen – und machten sich gleichzeitig moralisch unmöglich. Er hatte sie dann durch Drohungen mit Repressalien jederzeit in der Hand, zumal es stets genügend neidische und nachstoßende Mitbewerber gab.[3]

Die Anhäufung von Vermögen lief meistens über eine »doppelte Buchführung«. Von allen staatlichen Abgaben und Steuern wurde ein Teil von den

Verwaltern einbehalten. Oder man ließ für den Staat Schiffe bauen und setzte bei der Abrechnung jeden einzelnen Posten viel zu hoch an.[4] Oder man ließ den Besitz von Verstorbenen, die keinen Anhang hatten, nicht dem Staat zufallen, sondern auf den eigenen Namen umschreiben. Oder man erhob beliebige Umlagen bei der Bevölkerung, z. B. zur Reparatur einer Festung, und machte selbst einen mächtigen Schnitt dabei. Manche Kapitäns-Posten waren wesentlich geeigneter zu solchen Machenschaften als andere: es gab »gute« und »schlechte« Forts. Und für einige Ämter, wo der Kommandant durch die lokalen Bedingungen gezwungen war, wirklich nur das zu tun, wozu er auch eingestellt wurde, fand man nur dann einen Bewerber, wenn man ihm vorher klarmachen konnte, daß er sich dadurch ein Anrecht auf einen Lotterposten erdiente.

Wo jede Ausnahme vom Recht käuflich war, versäumte es auch die Kolonial-Zentrale beim Lissabonner Hof nicht, teilzuhaben am Ordnen dieses Markts. Besonders profitable Rechtsdelegationen wurden über den meistbietenden Verkauf von Monopolansprüchen, innerhalb genau bezeichneter Gültigkeitsfristen, vom König persönlich vorgenommen. So wurden z. B., entweder gegen Bargeld oder gegen einen hohen Beteiligungssatz an den Profiten, die Rechte für die Reisen der »Schwarzen Schiffe« von Macau nach Nagasaki jedes Jahr neu vergeben. Hier ließen sich Gewinne bis zu 1000 % erzielen. Andere Monopolverkäufe der Krone bestanden in Regelungen, nach denen Einzelne oder Handelsgesellschaften, bei denen oft Beamte stille Teilhaber waren, die Muskaternte eines ganzen Jahres von den Banda-Inseln nach Indien transportieren durften, wo sie dann völlig überzogene Preise fordern konnten.

Wenn staatliche Gnadenerweise oder Privilegien vergeben wurden, fielen sie relativ unterschiedslos in die Bereiche Verwaltung, Militär, Handel oder Schiffahrt. Ein und derselbe Mann konnte Leiter einer Faktorei oder Kapitän einer Karavelle werden. Differenzierungen fanden mehr unterhalb dieser staatlichen Komponente statt, d. h. in der Mehrzahl bei den Leuten, die noch lange auf eine Bestallung warten mußten, oder bei denen, die sich nie eine Aussicht auf Eintritt in den Staatsdienst ausrechnen konnten. Hier brach die Skala von Möglichkeiten des Lebensunterhalts auseinander in eine stärker adlig und eine stärker bürgerlich geprägte Variante.

Den Adligen war es schwer angekommen, sich in den ersten Zeiten der Expansion auch mit kommerziellen Transaktionen beschäftigen zu müssen.[5] »Wenn sie Geld verwalteten, stahlen sie es lieber, als zu schwierigen Überlegungen gezwungen zu sein, wie es sich bei neuen Unternehmungen besser anlegen ließ.«[6] Und so ergriffen sie gern Gelegenheiten, auf klassengerechte Taten zurückzugreifen. Es entwickelte sich schon in den ersten Jahren Portugiesisch-Asiens eine »Industrie der Seeräuberei«. Da der König von Portugal alle Gewässer zwischen Europa und China zum *Mare clau-*

strum, zum Geschlossenen Meer, das nur Portugal benutzen dürfe, erklärt hatte, war jedes fremde Schiff für jeden Portugiesen Freiwild. In den indischen Häfen wurden die Soldaten zu Prisenkommandos zusammengestellt, die gezielt auf Jagd nach arabischen und indischen Schiffen gingen. »Sie kesselten zwei Maurenschiffe ein, die sich von den anderen entfernt hatten. Mit pausenlosem Artilleriebeschuß fegten die Portugiesen ihre Gegner vom Deck. Sie enterten die Schiffe. Sie töteten alle Mauren, auf die sie trafen. Dreihundert entkamen dem Schwert, weil sie ins Wasser sprangen. Dann ließ der Kapitän die gefundenen Waren auf die portugiesischen Schiffe umladen. Der Reichtum war immens.«[7] Detaillierte Listen von Beutestücken, zu denen oft auch Menschen gehörten, die man versklavte, wurden zum selbstverständlichen Bestandteil zeitgenössischer Geschichtsschreibung. In einem Brief des Königs Manuel von Portugal an den König von Spanien aus dem Jahr 1505 heißt es bereits, ohne eine Spur des Zögerns, über eine dieser Aktionen: »Unsere Flotte kaperte dann zwei zufällig getroffene Schiffe. Wir konnten große Schätze erwerben, darunter 1500 Perlen, die ich für 8000 Dukaten verkauft habe, einen guten Piloten und seine Seekarten. Die übrige Besatzung ließ der Kapitän zusammen mit den Resten des Schiffs vor Kalikut verbrennen.«[8] Der König war per Gesetz mit einem Fünftel an jedem Kaperunternehmen beteiligt.[9]

Die Spezialisierung ganzer Banden Adliger auf dieses Geschäft brachte im Laufe des 16. Jahrhunderts eine »Verwilderung« der Kapersitten mit sich. Viele portugiesische Schiffe rüsteten sich gar nicht mehr mit Lebensmitteln und anderem Proviant aus, sondern bedienten sich bei jedem vorbeifahrenden Fremden. Sie raubten Reis, Sago, Kokosnüsse und Trinkwasser.[10] So ergänzte man auch sein Waffenarsenal, seine Kleiderkammer oder gar seinen Bedarf an Schiffsbesatzung. Es wurde üblich, auch die *Cartazes*, die teuer verkauften portugiesischen Freibriefe, zu mißachten. Konnte der Kapitän des überfallenen Schiffes ein solches Schriftstück vorlegen, dann behaupteten die Portugiesen, es gelte nur für Ingwer-Ladungen und der Pfeffer, der an Bord sei, müsse an sie ausgeliefert werden.[11] 1523 schrieb ein Beamter von der Ostküste Indiens an den König, daß nun praktisch alle wehrhaften portugiesischen Männer nichts anderes täten, »als den einheimischen Kaufleuten auf See aufzulauern und sie auszunehmen. Schiffe, die zur Abwehr der Bedrohung durch die Türken dienen sollten, sind kaum noch aufzutreiben und dann nur in einem Zustand, der mehr an Holzgerippe denken läßt als an Kriegsgerät.«[12]

Eine weitere Erwerbsmöglichkeit durch adlig-ehrenvolle Waffentaten war die Plünderung eroberter Städte. Die Soldaten, die ihren Sold ja sehr unregelmäßig bekamen, zehrten finanziell oft ausschließlich von solchen Unternehmungen – und es ist verständlich, daß sie, wo immer möglich, die Eroberung einer Stadt einer friedlichen Übernahme vorzogen. Sie provozierten Konflikte; und waren sie dann in eine, nicht selten völlig schutz-lose, Ortschaft eingebrochen, gab ihr Führer eine Frist an, während der jeder für sich persönlich rauben konnte. (Die Variante, daß die gesamte Beute nachher zu gleichen Teilen an alle verteilt wurde, war wesentlich unpopulärer.) »Und dann stürzten sich die Soldaten in die Häuser und packten Seide, Satin und Porzellan ein, sie schleppten so viel sie tragen konnten auf die Schiffe, liefen bis zu viermal hin und her. Sie prahlten von ihrer Beute nur ›kistenweise‹ und verschwiegen dabei noch, was jeder schon insgeheim beiseitegeschafft hatte.«[13] Beim ritualisierten Plündern sah man offen, wofür es zu kämpfen lohnte, und wahrscheinlich erzeugte es bei vielen dieser Krieger anheimelnde Erinnerungen an ihren gewohnten Lebensstil in Europa. Erzählten zeitgenössische Chronisten von den Plün-derungsorgien der Portugiesen in Indien, kritisierten sie nie, daß sie statt-fanden, sondern höchstens, daß sie zu idiotischen Unvorsichtigkeiten führten. So z. B. in diesem Bericht von einer Belagerung Kalikuts durch Albuquerque: »Als sie fast alles schon auf die Schiffe geschleppt hatten, blieb kaum noch etwas anderes, als sich auch den Tod auf die Schultern zu laden. Sie schwärmten in die weitere Umgebung der Stadt aus, verirrten sich dann auf dem Rückzug und trafen auf Feinde. Mit all dem Gewicht, das sie belastete, wurden sie leicht von ihnen totgeschlagen. Es gab Hoch-wohlgeborene, die glaubten, ein Sieg sei nicht vollständig, wenn man von ihm nicht auch ein geraubtes Schmuckstück vorweisen könne. Und wenn sie dann zu viel zu tragen hatten, warfen sie lieber ihre Waffen weg als ihre Beute. Einen Adligen gab es, der starb mit Riesenstoffballen auf dem Rük-ken; ein anderer wurde erschlagen, als er einen silber- und goldgeschmück-ten Sessel an Bord zerren wollte.«[14]

Wenn auch von Zeit zu Zeit Männer bürgerlicher Abstammung zu »Rit-tern« gemacht wurden und dann lieber Pfefferschiffe überfielen als sie zu-sammenzustellen, zogen es die meisten aus dieser Klasse vor, ihre erlernten Berufe auch in Asien auszuüben. In den größeren Städten bildete sich eine Schicht von Ärzten, Apothekern, Advokaten, Schiffsmaklern, Immobi-lienhändlern und Geldverleihern. Die Verwaltung und die Staatshandels-büros kamen ohne zusätzliche lokale Sekretäre nicht aus. Unter den kolo-nialen Handwerksberufen taten sich die Schiffsbauer, Steinmetze, Maler und Juweliere hervor. Ortsansässige Waffenschmiede und Kanonengießer arbeiteten für das Militär. Diese *Professionals* waren oft mit Sonderverträ-gen nach Asien gekommen. Sie arbeiteten zwar fast immer auch für die Belange des Staates, waren aber nicht ausschließlich von ihm abhängig. Sie bedienten sich auch gegenseitig und hatten nicht-portugiesische Kund-schaft. Sie schufen den Grundstock der kommunalen Selbstverwaltung, bildeten Ratsversammlungen und übten Ehrenämter aus.

Wo bestimmte Kenntnisse und Fähigkeiten entscheidender sind als plötzliche Einzeltaten, ist die Perspektive zwangsläufig langfristiger. Und so schlossen die Bürger einen längeren Aufenthalt in Asien nicht von vornherein aus. Sie erhielten deshalb illustrativ die Sammelbezeichnung *Casados*, Verheiratete. Sie hatten sich durch die Gründung von Familien eingerichtet in diesem neuen Land. Und sie bekamen bald Zulauf durch einen gewissen Typ von Soldaten. Man konnte den Kriegsdienst in Portugiesisch-Asien legal nur auf drei Arten verlassen, durch Tod, durch Verstümmelung oder durch Heirat. Wem kriegerischer Zufall zu aussichtslos erschien und wer sich zutraute, auch durch eigene Arbeit zu überleben, der heiratete also eine einheimische Christin oder eine »Königs-Waise«, ein eigens dafür auf Staatskosten herbeigeschafftes Waisenmädchen aus Portugal. Er wurde »entpflichtet«. Handelte es sich um einen bewährten Veteranen, bekam er oft als Starthilfe ein kleines Stück Land, ein Haus oder ein Privileg. Besonders die Reisfelder der »Nord-Provinz«, nördlich des heutigen Bombay, wurden zu einer wichtigen Einnahmequelle der *Casados*.[15] 1540 standen in Goa schon 1800 *Casados* 3600 Zeitsoldaten gegenüber.[16]

Die *Casados* sorgten für kontinuierliche Solidität in einem System, das sonst eher auf schnellstmögliche Verwertung ausgerichtet war. Sie fingen durch ihre funktionierende Emsigkeit die häufig impulsive Handlungsweise der offiziellen Staatsvertreter auf. Und sie entwickelten im Schatten des Großabenteuers der Welthandelsströme ein eigenes stabiles ökonomisches Konzept: einen beschränkten Zwischenhandel von einem asiatischen Hafen zum anderen. Auf diesen Mittlerkommerz vor allem stützte sich seit Mitte des 16. Jahrhunderts ihr Einfluß. Es waren die ortskundigen *Casados*, die auf den Molukken von Insel zu Insel fuhren und bei den Produzenten die Gewürze aufkauften, ehe sie vom großen staatlichen Sammeldepot aus nach Europa geschickt wurden. Sie machten bei lokalen Einzelfahrten ihr eigenes Geschäft mit dem Verkauf von indischen Perlen und Edelsteinen, javanischen Stoffen, chinesischem Spielzeug und Leckereien. Andere *Casados* schafften Araberpferde nach Indien und indisches Opium nach China. Und sie waren auch die Lieferanten für die besonderen Annehmlichkeiten des Koloniallebens. Sie besorgten den Reichen Sänften und seidene Sonnenschirme, Schmuck und Drogen. Sie verschafften ihnen durch einen gutorganisierten Sklavenhandel Diener aus dem ganzen Imperium, Afrikaner für den Dienst im Haus, Japaner für die Leibwache und als Kanonenfutter, Chinesen für die Küche und, wie im Falle eines Krösus in Malakka, »Sklavinnen vierundzwanzig verschiedener Nationen fürs Bett«.[17] Bei allen Geschäften mußte wieder ein Fünftel an den König abgeführt werden.

Wenn die portugiesischen Krieger, drohend oder strafend, die Einheimischen in Distanz zu halten hatten, waren die *Casados* also für den engen, »friedlichen« Kontakt zuständig. Sie kannten ihre Sitten, ihre Stimmungen und Reaktionen. Die *Casados* waren die Kundschafter und Ratgeber für die portugiesischen Strategen.

Es gab noch eine weitere Gruppe von Portugiesen, die den Staats-Verantwortlichen zu helfen hatten: die Priester. Erstaunlicherweise traten sie in den ersten Jahrzehnten der Kolonialherrschaft nur wenig in Erscheinung. Trotz der guten Erfahrungen mit ihrer Missionstätigkeit in Afrika, glaubten die ersten Gouverneure Portugiesisch-Indiens, sich hier mit der Bekehrung Andersgläubiger zurückhalten zu müssen. Sie wollten ihre Moslem- und Hindunachbarn nicht unnötig gegen sich aufbringen, sondern durch deren eigene Konflikte profitieren. Außerdem legten viele Beamte keinen Wert darauf, neben sich eine andere Autorität zu sehen, die vielleicht ihre Aktionen kritisieren würde oder, schlimmer noch, sie weitermeldete. So gab es auf den Schiffen der »Entdecker« häufig nur einen einzigen Kaplan; und selbst die großen Flotten eines Cabral z. B. kamen mit nur einer Handvoll Priester aus.

Die Hauptaufgabe der Geistlichen war die Deckung des rudimentären Eigenbedarfs der kolonialen Portugiesen: sie lasen Messen, führten Beerdigungen durch und vertrieben Meeresungeheuer durch Exorzismen. [18] Goa, die »Hauptstadt des Christentums« in Asien, hatte 1514 vier Kaplane und einen »trägen und habgierigen Generalvikar« [19], in Cochin gab es sechs, in Cannanore und Malakka je drei Priester. Mit anderen Worten: Es wurde nicht einmal für jede der neuen, triumphal errichteten Kirchenbauten Personal eingestellt. Die allgemeine Stimmung gegenüber der institutionalisierten Religion war Gleichgültigkeit: »1519 hatte der Gouverneur Lopes de Sequeira dem Kapitän von Goa eine Instruktion gegeben, worin er unter anderem befahl, nur den Leuten den Unterhalt zu zahlen, die ein Zeugnis des Vigario oder ihres Beichtvaters vorwiesen, daß sie ihre Jahresbeichte abgelegt hatten. Aber jetzt (1542) ließen die meisten viele Jahre verstreichen, ohne die Sakramente zu empfangen. Die anderen genügten höchstens ihrer Osterpflicht während der Fastenzeit, und wer mehr als einmal im Jahre zur Beichte und Kommunion ging, galt als Heuchler.« [20] Alles, was mit der Macht der Kirche zusammenhing, wurde von der Kolonial-Verwaltung sehr zögernd angegangen. So war Goa z. B. erst 1534 zum Bischofssitz erhoben worden, zum einzigen in Portugiesisch-Asien, mit einer Zuständigkeit von Ostafrika bis China. Die Priester paßten sich persönlich diesem Trend zur Lässigkeit an. Es waren nicht die Frömmsten oder Intelligentesten, die das Portugal der saftigen Pfründe verließen und hier ihr Leben unter fluchenden Haudegen verbrachten. »Der Klerus ließ manches zu wünschen übrig. Schon mit dem Latein standen die meisten auf gespanntem Fuß, von einer gründlichen theologischen Ausbildung gar nicht zu reden; und auch das sittliche Leben vieler dieser Kleriker gab immer wieder

Anlaß zu Klagen. Manche lebten öffentlich mit Konkubinen zusammen und waren mehr um ihre Handelsgeschäfte als um das Seelenheil ihrer Schäflein besorgt.«[21]

In einem Punkt aber wallte auch in den Kolonien beim Thema »Kirche« sofort das feurigste Interesse auf: bei der Verteidigung des portugiesischen »Patronats«. Heinrich der Seefahrer hatte ja 1456 vom Papst die Verantwortung für alle kirchlichen Angelegenheiten in den »neuzuentdeckenden Ländereien« erhalten; dieses Recht nahm nun für immer die Krone für sich in Anspruch. Nur der König von Portugal konnte Priester ins Kolonialreich schicken, Bischöfe ernennen und Diözesen einteilen. Ausländischen Geistlichen war der Zugang nach Asien strikt verboten; es sei denn, die portugiesische Krone erteilte eine Sondergenehmigung, und die betreffenden Priester reisten auf portugiesischen Schiffen zu ihrem Ziel.[22] Die Regierung wollte damit vermeiden, daß ihr nationales Handelsmonopol durch die Spionage und Konkurrenz von Spaniern, Franzosen oder Italienern unterminiert wurde. Die Begeisterung der Kleriker der anderen Länder, nach Asien zu reisen, stand nämlich im umgekehrten Verhältnis zum Phlegma der Portugiesen. Bei der Abwehr solcher Eindringlinge waren sich dann portugiesischer Klerus und portugiesische Verwaltung in den Kolonien völlig einig: Man verhaftete in Goa sogar Italiener, die persönliche Abgesandte des Papstes waren, und deportierte sie im nächsten Schiff zurück nach Lissabon. Der berühmte portugiesische Jesuit António Vieira stellte sich ausdrücklich hinter einen Brief des Vizekönigs von Indien, den dieser 1666 nach Rom geschrieben hatte und in dem er androhte, daß er jeden nicht vom König von Portugal abgesegneten Bischof »öffentlich in Goa aufhängen« würde.[23]

Aber der König von Portugal stand gewaltig unter dem Druck europäischer Ereignisse. Die Reformation hatte zu einer neuen Militanz des Katholizismus geführt. Die Kirche in Portugal hatte die staatlichen Zugeständnisse voll ausgenutzt und war weit in die Maschinerie der Macht eingedrungen. Der König wurde massiv daran erinnert, was Portugal zu Zeiten der päpstlichen »Entdeckungs«-Bullen über die Ausbreitung des Glaubens versprochen hatte. Und es wurde ihm klargemacht, daß der Osten allen (katholischen) Europäern legal geöffnet werde, wenn er nicht seiner Missionspflicht nachkomme.

König João III., der schon zu einem dieser, bald zur Norm stilisierten, extrem frommen iberischen Monarchen gemacht worden war, nahm die Herausforderung an und proklamierte für den portugiesischen Klerus in Asien die neue Epoche der forcierten Missionierung. Da weder seine Beamten noch die Kolonial-Priester selbst angetan waren von einer solchen Verlagerung ihres Berufsfeldes, schickte er energische Mitglieder des neugegründeten Jesuiten-Ordens nach Goa. Sie hatten sich, obwohl auch meist Ausländer, per Eid dem portugiesischen Patronat unterworfen und agierten in der Folgezeit als persönliche Abgesandte des Königs. Sie sollten jetzt, um 1540, nach fast einem halben Jahrhundert der Kolonialherrschaft, so schnell wie möglich sehr viele Ungläubige taufen, um so die lauten Vorwürfe anderer katholischer Staaten gegen die mangelnde Effizienz portugiesischer Kirchenarbeit zu widerlegen.

Ihr Star wurde Franz Xaver, von Geburt Spanier, dann aber der einzige heiliggesprochene Missionar Portugals. Er fuhr 1541 von Lissabon nach Goa und starb 1552 auf einer Insel vor China. Er wurde der »Apostel« Indiens, der Molukken und Japans. Er war der Spezialist für Massentaufen. 1544 »bekehrte« er innerhalb nur eines Monats 10000 Seelen am südindischen Kap Komorin.[24] Franz Xaver pflegte mit einer einfachen Formel ohne weitere Zeremonien zu taufen, »da die Zeit für mehr fehlt«.[25] Seine gewollt exakten Zahlenangaben erinnern stark an Meldungen, wie sie im Handel gang und gäbe waren; und tatsächlich geht es ja auch hier um vorrechenbaren Zuwachs und um einen überzeugenden Erfolgsquotienten. Dieser Werbetrick, den Wert von Erreichtem herauszustellen, indem man es als meßbar präsentiert, taucht auch in Franz Xavers Zukunftsplänen auf, als er ankündigt, daß an der westindischen Küste um Quilon noch vor Ablauf des Jahres 1545 leicht über 100000 Seelen für die Kirche Christi gewonnen werden könnten.[26] Und er traf damit genau den Nerv seiner Kollegen in Europa, die diese Summe gegen die gleichzeitigen Verluste der Katholischen Kirche an den Protestantismus aufrechneten und stolz zu dem Schluß kamen: »Indien egalisiert Deutschland.«[27]

Die koloniale Verwaltung war verpflichtet worden, mit eigenen Maßnahmen die Missionierungswelle zu unterstützen. Nachdem sie erst einmal in ihren eigenen Häusern für Ordnung gesorgt hatte – jeder Portugiese wurde angewiesen, all seine Sklaven taufen zu lassen –, entwickelte sie zur Überzeugung der »Ungläubigen« einen abgestuften Katalog staatlicher Anreize. Den Ärmsten wurde in Katastrophen- und Kriegszeiten ganz simpel angeboten, sie für eine Weile mit dem Reis aus portugiesischen Vorratslagern zu füttern, wenn sie sich taufen ließen. Den Vertretern des anderen Extrems der sozialen Skala, den einheimischen Feudalherren und Herrschern, offerierte man, nun auch in Indien, eine politisch-militärische Unterstützung im Kampf gegen feindliche Nachbarn oder gegen innere Gegner. Die Entscheidungen von Königen für das Christentum beschleunigten portugiesische Beamte manchmal, indem sie sie in Ketten legten und nach Goa verschifften. Tabarija von Ternate bekehrte sich dort prompt und vermachte als christlicher Dom Manuel sein Reich 1537 testamentarisch dem König von Portugal. Die mittleren Schichten schließlich köderte die Verwaltung durch eine Bevorzugung bei der Vergabe von Ämtern und Sonderrechten. So durften im portugiesischen Herrschaftsbereich z. B. die Posten von

Dolmetschern nur an Neubekehrte gegeben werden. Die Ländereien rings um die größeren Festungen wurden an einheimische Christen verpachtet. Fünfzehn Jahre brauchten sie keine Steuern zu zahlen. In Cochin gehörten ihnen bestimmte Anteile am Pfefferhandel. Der Verkauf einiger Waren, z. B. besonders großer schöner Muscheln, wurde zu ihrem Privileg.[28] Ganze Erwerbszweige, und in Indien ganze Kasten, wurden durch solche materiellen Vorteile (und als Rückseite der Medaille: durch die Drohung, sonst völlig ausgeschlossen zu sein) ins Christentum getrieben.

Das Zusammenwirken dieser Staatshilfen mit den Anstrengungen der Priester entschied darüber, wie haltbar in den Missionsgebieten die Christianisierung wirklich war. Die Massentaufen waren in der Regel ein Schlag ins Wasser gewesen. Wer sich aus Neugier oder Spaß zusammen mit seinen Freunden bei einem eilig durch das Dorf reisenden Priester hatte taufen lassen, hatte keinerlei Bedenken, gleich am nächsten Tag seinen alten religiösen Riten zu folgen; in seinem Bewußtsein hatte er seinen Glauben nie gewechselt. Auch die meisten der »Reischristen« blieben nur so lange der Kirche treu, wie Nahrungsmittel geliefert wurden. Manchmal reichte auch nur die tägliche Beobachtung der Handlungsweise eines portugiesischen Beamten oder Priesters aus, um den Neubekehrten einen so schlechten Eindruck von der Religion zu vermitteln, daß sie nicht länger Christen bleiben wollten. In Tolo auf den Molukken wurden so 1547 innerhalb eines Monats 1000 Menschen wieder Moslems.[29] Allein das Jahr 1554 brachte auf Ceylon einen Abfall von 25 000 Bekehrten.[30]

Immerhin, unter all den flüchtig Christianisierten fanden sich stets kleine Gruppen, die Gefallen an dem Glauben gefunden hatten. Es bildeten sich einheimische Gemeinden an der Malabar- und Koromandel-Küste, auf Ceylon, bei Malakka, auf den Molukken und in Vietnam.[31] Selbst in Japan, in Nagasaki, hielt sich ein Kern äußerst resistenter Katholiken – bis 1945, als die USA gerade diese Stadt mit einer Atombombe vernichteten. Eine Berufsgruppe war unter diesen asiatischen »Christen der ersten Stunde« besonders stark vertreten: die der Fischer. In buddhistisch beeinflußten Regionen waren sie nämlich eine verachtete Klasse gewesen (sie töteten in einer Welt der Vegetarier zum Verzehr bestimmte Tiere). Das Christentum gab ihnen nun, von seiner eigenen Tradition der »Kirche Petri, des Fischers«, kommend, einen gleichberechtigten Platz in der Gesellschaft. Ihre Entscheidung für den neuen Glauben war also auch die Wahrnehmung einer sozialen Chance.

Auch der missionierende Ansatz auf einheimische Könige brachte nur teilweise zufriedenstellende Resultate. Am leichtesten hatten sich die Herrscher gewinnen lassen, die am wenigsten Einfluß besaßen. Sie konnten sich ja auch am meisten Vorteile ausrechnen, so z. B., wenn Franz Xaver einem kleinen Raja für seine Taufe und die seiner 100 Nebenfrauen versprach, ihn zum Herrscher der ganzen Insel Halmahera zu machen.[32] Die portugiesische Kolonialverwaltung kam durch solche Missionarsmanöver in größte Schwierigkeiten. Während der Verhandlung über eine Bekehrung geriet sie, entgegen ihrer sonstigen Politik der Stärke, in die Rolle eines Bittstellers, der auf unverschämte Weise erpreßt werden konnte (da wurden immer größere Forderungen für die Taufe gestellt: jährliche Apanagen, Lieferung von sechzig Kanonen). Nach der Christianisierung wurde Portugal in eine Protektorenrolle gezwängt, die sehr gefährlich und fast immer unprofitabel war.

So tendierte bald jeder Vizekönig von Goa dazu, diese Art von Flankenschutz aufzugeben. Die politisch unwichtigen Kleinkönige Indiens und Indonesiens wurden auch dann als unwichtig behandelt, wenn sie Christen geworden waren. So wohnte 1557 auf den Malediven der König seit seiner Bekehrung in einem armseligen Lehmhaus. Seit er Christ geworden war und eine Christin geheiratet hatte, kümmerte sich kein Untertan mehr um ihn.[33] Daß dies auch nicht gerade als gutes Werbematerial gelten konnte, liegt auf der Hand; und so gab es ab 1560 keinen einzigen König in dieser Region mehr, der zum Christentum übertrat.

Eine Sonderform der asiatischen Herrschermissionierung hatten unterdessen die Jesuiten in Angriff genommen. Sie konzentrierten sich, bei ihrer typischen Vorliebe für vornehme Eliten, auf den Kaiser von China und den japanischen Hochadel. In Japan hatten sie seit ihrer Ankunft ca. 1540 sensationelle Anfangserfolge errungen. Einige der großen Feudalfürsten, die gerade einen wütenden Bürgerkrieg aller gegen alle um die Herrschaft über Japan ausfochten, meinten, den Glauben (und das Geld) der Portugiesen für ihre partikulären Interessen einsetzen zu können. Sie wurden Christen (und Partner der »Schwarzen Schiffe« aus Macau). Als nach der Befriedung des Landes die Portugiesen nicht mehr benötigt wurden, vertrieb man sie. 1614 wurde per Edikt das Christentum für Japaner verboten. Tausende von Märtyrern wurden hingerichtet.

In China hatten inzwischen vornehmlich italienische und deutsche Jesuiten eine Intellektuellenmission errichtet. Sie wollten in Peking den Kaiser von China durch besondere wissenschaftliche Leistungen, z. B. in Mathematik und Astronomie, von den Vorzügen des Christentums überzeugen. Sie paßten sich chinesischen Lebensgewohnheiten an: sie kleideten sich wie Chinesen, sprachen wie sie, benahmen sich wie Mandarine und verteidigten auch die chinesischen Riten zur Ahnenverehrung. Das alles ging der Kurie in Rom jedoch viel zu weit. Mit ihrem Assimilationsverbot machte sie 1715 das schon errungene Prestige des Katholizismus in China schlagartig zunichte.

Von allen Varianten der Missionsarbeit war die Gewinnung von Neu-Christen durch ihre Integrierung in den Privilegienapparat der Portugiesen am effektivsten gewesen. Wer einmal in Goa oder Macau nach seiner Taufe Hafenschreiber geworden war oder amtlicher Pfeffersackzähler, dessen Nachkommenschaft blieb christlich auf Jahrhunderte.

Das Bild der größeren portugiesischen Städte und Festungsanlagen veränderte sich ab 1550 abrupt durch diesen Zuzug frisch Bekehrter. Sie sickerten in die Gruppe der *Casados* ein, und in vielen Fällen majorisierten sie sie bald. Auch unter den Soldaten wurden die einheimischen Christen immer zahlreicher. Ausgerechnet die Kirche, die diese Entwicklung ins Rollen gebracht hatte, reagierte verärgert auf die Veränderung in der Zusammensetzung staatstragender Schichten. Sie sah, nicht zu Unrecht, die Reinheit ihrer Lehre gefährdet. Zuviele waren aus bloßem Opportunismus Christen geworden, und es wurde schnell die kritische Masse überschritten, bei der mehr von den alten Überzeugungen übrigblieb, als daß Neues hinzukam. So ist es kein Zufall, daß gerade der »Idealmissionar« Franz Xaver schon 1545 den König von Portugal bat, die Heilige Inquisition nach Indien zu schicken.[34]

Und sie kam, 1554. Die Gouverneure, die eine Schwächung ihrer Macht durch solche Kirchengerichte befürchteten, konnten durchsetzen, daß die Inquisition sich nur in Ausnahmefällen mit den aus Portugal stammenden Portugiesen beschäftigte und daß ihre Zuständigkeit auf Goa und Umgebung begrenzt wurde. Dermaßen konzentriert, wütete sie aber um so schlimmer gegen die Neubekehrten. Die Beachtung jeder Nuance aller christlichen Vorschriften wurde den indischen Gläubigen mit Peitsche und Feuer so eingebleut, daß heute noch in Goa »heuchlerischer Fanatismus als positive Nationaleigenschaft gilt«.[35] Der französische Reisende Pyrard de Laval, der kurz nach 1600 in Goa war, erzählte, wie die Inquisition die absurdesten Anschuldigungen vorbrachte: »Einigen wirft man vor, sie täten Kruzifixe unter ihre Kissen, um sich draufsetzen zu können; andere seien Vegetarier geblieben, um ihren alten Glauben zu ehren, und nur aus Tarnung verrichteten sie christliche gute Werke. Ich glaube, die Inquisition beweist alles, was sie will. Die Bevölkerung wagt nur mit Ehrfurcht und Respekt von ihr zu reden, und wenn einer Person einmal ein kritisches Wort entfährt, geht sie sofort, sich selbst anzuklagen, denn sie hat Angst, es könnte auch jemand anderer es gehört haben, und dann wäre sie verloren.«[36]

Die Strafen für Ketzerei waren Verwarnungen, Geldstrafen, Auspeitschungen und schließlich der Gang zum Scheiterhaufen. Tausende von indischen Christen der ersten Generation wurden hingerichtet. Nachdem die Portugiesen den Indern verboten hatten, daß ihre Witwen freiwillig zu Ehren ihrer Gatten ins Feuer gingen, brachten sie ihrerseits allwöchentlich Menschen gegen ihren Willen in den Flammen um.

Die militanten Priester setzten auf diese Weise ihre absolute religiöse Kontrolle in der Tat durch, aber sie verbauten sich den Weg in eine expandierende Zukunft. Sie machten sich eine Menge Feinde, sowohl unter den gemäßigten Portugiesen und Neubekehrten als auch außerhalb der portugiesischen Einflußsphäre, wo ihr Eifer nur als barbarischer Exzeß kolonialen Übermuts angesehen wurde.

Die Priester in Portugiesisch-Asien finanzierten ihren Lebensstil, ihre Reisen und ihre Bauten mit staatlichen Zuschüssen, mit Abgaben der Bevölkerung – und mit eigenen Geschäften. Auch Pfarrer und Missionare handelten eifrig mit Gewürzen und Edelsteinen. Sie scheuten selbst vor der Finanzierung der heikelsten Vorhaben nicht zurück.[37] Welcher Portugiese auch immer nach Asien aufbrach, um sein Glück zu suchen; er mußte davon ausgehen, daß ihm jeder andere Portugiese, und sei es ein Priester, erbittertste kommerzielle Konkurrenz machen würde. Gegeneinander dasselbe zu suchen, schien ein unvermeidbares Schicksal in dieser kolonialen Epoche zu sein.

Gesetzt den Fall, ein Portugiese hatte es nach vielen Jahren Asien tatsächlich geschafft, im Staatsdienst, Seeraub oder im bürgerlichen Beruf so viel Geld zu verdienen, daß er ohne Not leben konnte; und er entschloß sich daher, endgültig nach Portugal zurückzukehren – dann stand ihm immer noch die nervenraubendste Etappe seines Lebens bevor. Auch bei einer ganz »normalen« Heimreise überfielen ihn unablässig Kolonialhyänen – Hafenbeamte, Festungskommandeure und Schiffschargen – um seine Ersparnisse zu schröpfen. Die Kaproute ähnelte einem Spießrutenlauf, bei dem es von Station zu Station neue Abgaben, Zölle, Erpressungen hagelte. Wer Pech hatte, kam nach einem Jahr in Lissabon genau so abgerissen an, wie er seinerzeit aufgebrochen war, so arm wie die Ladung ausgedienter Soldaten auf dem Deck neben ihm. Im Laufe der Jahre häuften sich in der Literatur und im Volksmund die düsteren Berichte über ehemals wohlhabende »Inder«, die in Lissabon elendig verkamen. Das berühmteste Beispiel für solche Horrorgeschichten wurde der prominenteste Kapitän der Molukken, António Galvão. Er starb 1557 im Armenhaus.

Bei der Koppelung härtester Verdienst-Bedingungen in Portugiesisch-Asien mit so geringen Chancen auf eine wirklich lohnende Heimkehr kam vielen Portugiesen zwischen China und Indien die Idee, aus ihrer Nation auszuscheren. Sie wollten ihre Belohnung schnell, direkt und üppig, von wem auch immer. Und so entstand und entwickelte sich neben dem »offiziellen« Strang der Kolonisierung, wo die Portugiesen im Dunstkreis staatlicher und kirchlicher Aufsicht lebten, ein kräftiger »privater« Strang.

Als erste gingen portugiesische Soldaten zu den asiatischen Königshöfen über. Es gab gegen Ende des 16. Jahrhunderts keinen Staat in Indien, wo nicht Portugiesen als Militärexperten arbeiteten. Sie lehrten, wie man mit Kanonen schießt, die Infanterie drillt und die Kavallerie auf moderne Waffen abstimmt. In Burma gab es um 1540 nicht weniger als 700 portugiesische »Ausbilder«. »Und von allen 42 (asiatischen) Nationen, die in dieser Armee dienten, wurden die Portugiesen am höchsten eingeschätzt, waren sie die Führer«, erzählte ein Augenzeuge.[38] Auch der König von Siam ließ sich bei der Reform seiner Reiterei von einem Portugiesen, Domingos de Seixas, beraten; dieser koordinierte Reiterattacken mit dem Einsatz von Kriegselefanten.[39] Bei dem Krieg zwischen Burma und Siam 1545 standen sich in der Avantgarde beider Heere portugiesische Regimenter gegenüber, und nur wegen der Stärke »seiner« Portugiesen konnte der siamesische König den Feind verjagen.[40]

Die spektakulärste Militärkarriere aber machte Diogo Veloso in Kambodscha. Er kam um 1582 an den Hof des Königs Satha und heiratete bald eine Kusine des Herrschers. Er ließ eine Menge von Landsleuten nachkommen und stellte mit ihnen eine Spezialtruppe zum Schutz der Königsfamilie auf. Veloso erhielt den Titel »Adoptivsohn des Königs«. Im Krieg gegen Siam 1594 organisierte er, zusammen mit einem anderen Abenteurer, dem Spanier Blas Ruiz, der über Peru und die Philippinen nach Kambodscha gekommen war, den Abwehrkampf. Er unterlag, erstritt aber in den folgenden Jahren erneut die Unabhängigkeit für Kambodscha. Als radikale Vorsichtsmaßnahme gegen so gefährliche Europäer wurde Veloso 1599 mit all seinen Freunden vom neuen König Barom Reachea II. in seinem Privatlager bei Phnom Penh massakriert.[41]

Den Soldaten folgten portugiesische Kanonengießer und Gewehrbauer. Portugiesen errichteten in den Palästen der Maharajas oder den Burgen der japanischen Feudalherren die ersten Druckmaschinen, und sie stellten dafür die ersten beweglichen Lettern asiatischer Schriften her. Portugiesische Lotsen waren um 1600 auf den meisten ostasiatischen Schiffen, steuerten für Chinesen, Japaner, Vietnamesen und Siamesen.

Hier verkauften Einzelne das Kollektivwissen ihrer Nation oder ihrer nationalen Berufsgenossenschaften, weil sie zu Hause kein angemessenes Entgelt für ihre Leistung mehr erwarten konnten. Die Solidarität mit ihrem Volk oder den Kollegen zerbrach in dem Augenblick, als die Machthaber im Staat zu einseitig nur die Pflichten der Untergebenen betonten. Wie gründlich der Damm überzeugter Loyalität bei den Portugiesen zerbröckelt war, demonstriert die Liste der portugiesischen Kapitäne und Lotsen, die auch anderen europäischen Ländern ihre Kenntnisse zur Verfügung stellten: Sie reicht von Magalhães über die Berater der französischen Sumatra-Fahrer von 1526 und des englischen Weltumseglers Francis Drake bis zu denjenigen, die sich mit den Dänen in die arktischen Gewässer wagten, um die große Nordost-Passage zu suchen, den direkten Seeweg von Norwegen nach Japan.[42]

Daß diese »privaten« Portugiesen es mit ihrer Abkehr vom Vaterland ernst meinten, zeigt ihre auffällig häufige Bereitschaft, sogar ihre Religion aufzugeben. Die Dokumente jener Zeit sind voll von Berichten über Portugiesen, die in Indien aus Wut über mangelnden Sold, über Ungerechtigkeiten, oder aus Hunger zu den islamischen Todfeinden überliefen und konvertierten. Der berühmteste »Renegat« war João Machado. Die portugiesischen Autoren erzählten gerade seine Geschichte gern, weil er später wieder zum Christenglauben zurückgefunden hatte und also als strahlende Ausnahme gelten konnte. Dieser Machado war in Portugal im Jahre 1500 wegen der Schwängerung eines jungen Mädchens und des Diebstahls eines Esels zur Verbannung nach Indien verurteilt worden. Der General-Kapitän Cabral setzte ihn im ostafrikanischen Melinde ab. Machado wurde Moslem, und als freier Mann konnte er nun nach Indien fahren. Er heuerte bei der Armee des Dekhan-Königreichs an, »wo es sehr viele ehemalige Christen gab«. Er wurde schließlich Führer der Reiterei des islamischen Herrschers von Goa, kurz vor dem Angriff Albuquerques auf diese Stadt.[43] Machado brachte die Portugiesen in arge Bedrängnis, das Kontingent neuer Überläufer schwoll gewaltig an – bis er »wie in einem Wunder« zu seinem angestammten Volk zurückkehrte.

Aber private Portugiesen wechselten nicht nur ihren Arbeitgeber[44]; viele von ihnen machten sich völlig selbständig. Sie lebten auf eigenes Risiko. Der Drang dazu war so stark, daß schon in den ersten Jahren portugiesischer Herrschaft an der Küste Westafrikas ein neuer Typ »autonomer Kolonialisten« entstanden war. Sie wurden *Lançados*, Weggeworfene, genannt. Sie hatten sich in afrikanischen Dörfern niedergelassen und organisierten in eigener Verantwortung die Lieferung von Gold, Elfenbein und Sklaven an die europäischen Faktoreien an der Küste. Viele von ihnen verwandelten sich in echte »Eingeborene«: sie liefen nackt herum, ließen sich tätowieren, nahmen an den einheimischen Riten teil und sprachen die Lokalsprachen. Selbstverständlich heirateten sie auch in »ihrem« Dorf. Die portugiesische Krone war sehr ärgerlich über dieses Abdriften des Zwischenhandels aus ihrem eigenen Einfluß (die Weggeworfenen zahlten keinerlei Abgaben!), und so verfügte sie 1518 die Todesstrafe für alle Abtrünnigen. Aber die Lissabonner Regierung konnte ihre Autorität im Inneren Westafrikas nicht durchsetzen, und so ist kein einziger Fall einer tatsächlichen Hinrichtung bekannt.[45]

Auch in Asien konzentrierten sich Privatleute auf die Lücken der portugiesischen Stützpunkt- und Handelsniederlassungskette, siedelten auf bislang unbeachteten Inseln oder Küstenstrichen oder zogen weit ins Innere. Auf diese Weise ist z. B. Bengalen in näheren Kontakt mit den Europäern getreten. Portugiesen, »die den Dienst des Königs verlassen hatten, um im Ausland zu leben, und über die der Vizekönig in Goa keine Gesetzesgewalt mehr besaß«[46], hatten sich in der Stadt Ugulim niedergelassen (dem heutigen Hoogly, einem Vorort Kalkuttas). Sie bauten einen blühenden Handel mit Schmuggelwaren auf. Der Pascha von Dakka hatte nämlich um 1600 verboten, bestimmte Produkte in das Land seines Feindes, des Moghul-Kaisers, zu liefern. Da verkauften die Portugiesen gerade diese Güter an die Kaufleute der feindlichen Stadt Dianga – und zwar raffinierterweise nur an Portugiesen, die es auch dort gab.[47] Man sieht, die »freien« Händler lebten vor allem von der Existenz von Grenzbereichen in der Legalität, vom gerade noch zu tolerierenden Umgehen der eigenen und fremden Gesetze. Sie spielten sowohl gegen die offiziellen Portugiesen als auch gegen die einheimischen Autoritäten ihren Außenseiterstatus aus.

Einen Schritt weiter gingen die portugiesischen Piraten. Sie taktierten nicht mehr, sie handelten direkt. Der Sprung von der offiziösen Kaperschiffahrt zur offenen Piraterie lag sehr nahe. Warum sollten die Soldaten einen Anteil ihrer Beute an den Staat abliefern? Und so breitete sich die Piraterie von Portugiesen auf allen Meeren zwischen Afrika und Japan aus, im Volumen sehr wohl der »friedlichen« Handelsschiffahrt vergleichbar.

Eine typische Piratenfahrt war die des António de Faria zwischen 1540 und 1542 in den Gewässern östlich von Malakka. Zuerst strich er an der Küste Vietnams entlang und überfiel einige Dschunken. Dann segelte er um die chinesische Insel Hainan herum und beraubte ein Schiff um 500 Sack Pfeffer, 60 Sack Sandelholz, 40 Sack Muskat, 80 Sack Zimt, 30 Sack Elfenbein, 12 Sack Wachs und um vierzehn Kanonen. Als er an einen Renegaten geriet, der in Vietnam wohnte, »dort als Händler Besitz erworben hatte und sich als Korsar ein Zubrot verdiente«[48], köpfte und zerstückelte er den Konkurrenten und warf die Teile über Bord. Faria enterte sodann eine Reihe friedfertiger Ruderboote, behielt die Männer als Schiffsbesatzung und die Frauen als Konkubinen. Bei weiteren Prisen vor der chinesischen Küste erbeutete er unter anderem hochwertiges Porzellan, Seide, Damast und Satin. Den Proviant stahl er sich bei Fischern. Wo die Gelegenheit sich ergab, plünderten die Portugiesen auch ganze Städte. Das größte Unternehmen Farias war schließlich ein Raubzug zu dem großen buddhistischen Tempel Calempluy und seinen Königsgräbern auf einer Flußinsel in der Bucht von Nanking.[49]

Die Handlungsweise der portugiesischen Piraten unterschied sich nicht wesentlich von der des staatlichen Portugal. Auch sie arbeiteten mit gewaltsamer Einschüchterung beim Feilschen um gute Preise, mit blankem Raub, wenn keine Repressalien zu erwarten waren, und mit Strafaktionen, wenn sich Widerstand gegen sie regte. Die Piraten reproduzierten die Verkehrsformen ihrer Ursprungsgesellschaft bis in Details. So vergaben auch sie »Schutzbriefe« an nicht-portugiesische Schiffe. António de Faria beauftragte seinen »Sekretär«, gegen den Preis von fünf Silberbarren für eine Dschunke und von zwei Silberbarren für kleinere Schiffe folgende Dokumente zu verfertigen: »Ich versichere durch mein Wort, daß Kapitän X. frei an der ganzen Küste Chinas segeln kann, ohne von den Meinigen behelligt zu werden, unter der Bedingung, daß er, wo immer er Portugiesen trifft, sie wie seine Brüder behandelt.«[50] Was auf den ersten Blick wie eine Parodie wirken mag, ist nur eine konkrete Einsicht in die Wirkungsmechanismen staatlicher Verwaltungsakte; die Piraten verzerren keineswegs ihren Sinn, sondern auch sie haben entdeckt, daß dies ausgefeilte Methoden sind, um einen Vertragspartner in eine unterlegene Position zu bringen. Sie spielen Autorität, weil sie wissen, was man nur durch ihre Vorspiegelung schon erreichen kann. Bei der Piraterie war die Verbrüderung von Gewalt und Recht nur auffällig enger als in der vizeköniglichen Verwaltung, wo sie aus der Tradition heraus als so selbstverständlich erschien, daß man sie nicht mehr überdachte.

Die Beziehungen zwischen den offiziellen und freien Portugiesen waren, nimmt man die gegenseitigen Beschimpfungen zum Maßstab, sehr gespannt; sie führten aber in der Realität nie zur systematischen Vernichtung des anderen. Die Kriegsschiffe des Königs von Portugal machten Jagd nur auf fremde Piraten; und die portugiesischen Korsaren schonten das Leben ihrer Landsleute.

Im Ernstfall, wenn die gesamte Stellung Portugals in einer wichtigen Region gefährdet war, waren die freien Portugiesen rückhaltlos zu einer Unterstützung königlicher Beamter bereit und umgekehrt. So bat 1544 der Kapitän von Malakka einen Piraten namens Lançarote Guerreiro, der auf vier Schiffen mit hundert Portugiesen im Golf von Bengalen operierte, um Hilfe gegen eine feindliche Flotte aus Sumatra. Die Piraten, »gute portugiesische Soldaten, denen in Zeiten der Not keiner den Schneid abkaufen konnte«[51], siegten. Danach nützten sie die günstige Konstellation aus, indem sie an der Südwestküste Siams nicht weniger als 23 Prisen machten. Die Schiffahrt in dieser Gegend kam fast zum Erliegen, und die siamesischen Hafenbehörden beklagten sich bitter bei ihrem König. Eine Strafexpedition wurde gegen die portugiesischen Piraten ausgeschickt. Nun revanchierte sich der Kapitän von Malakka. Mit vereinten Kräften wurde die siamesische Flotte zerschlagen.[52]

Beide Varianten portugiesischer Machtausübung hingen zusammen wie kommunizierende Röhren. Die freien Portugiesen agierten im Windschatten der kolonialen Staatsmacht und konnten Respekt und Tolerierung durch Hinweise auf diesen Schutzschild erzwingen; und die offizielle Seite konnte die Abgesprungenen als Sündenböcke für viele ihrer eigenen Übergriffe vorschieben. Außerdem wurden die ökonomischen und militärischen Kräfte der Gegner durch zusätzliche kriegerische Auseinandersetzungen gebunden und geschwächt. Ein Beispiel hierfür ist China. Gerade die Piraten-Pest war die Grundlage, auf der Portugal das Recht erhielt, sich 1557 in Macau niederzulassen.[53] Die portugiesischen Unterhändler hatten sich den verzweifelten Behörden in Kanton als letztes Mittel gegen die (eigene) Seeräuberei angedient.[54]

Bei so vielen Abenteurern war der Kontakt der asiatischen Völker mit den Portugiesen eine wesentlich alltäglichere Angelegenheit, als es die amtlichen Zahlenangaben vermuten ließen. Es gab auch in offiziell nie berücksichtigten Regionen eine Anzahl »nicht-registrierter« Portugiesen, die eng mit den Einheimischen zusammenlebten. Es existierten neben den staatlichen Stützpunkten die Versorgungsbasen der Piraten. Es existierten Nebenrouten auf allen asiatischen Gewässern. Es existierten sogar Priester, die auf eigene Faust und ohne Aufsicht Roms neue Patriarchate in den Weiten Afrikas, Indiens und Ostasiens errichten wollten.[55]

Ein besonders deutliches Indiz für den erheblichen Grad der Durchdringung des Alltagslebens durch portugiesische Einflüsse ist der Erfolg des Portugiesischen als asiatische Verkehrssprache. Wohin auch immer europäische Reisende gelangten, sogar auf der Komoren-Insel Mohelia, gab es 1613 Einheimische, »die ausreichend gut Portugiesisch sprachen, so daß sie verstanden, was man wollte«.[56]

Dieses Portugiesische war auf der Anfangsstufe des Kontakts keineswegs die »Hochsprache« von der Iberischen Halbinsel, sondern ein Verständigungsmittel eigener Prägung, dessen Prinzipien von den ersten Entdeckern auf ihrem Trainingsfeld Westafrika schon im Laufe des 15. Jahrhunderts entwickelt worden waren. Es hieß »Kreolisch«. In ihrem Bemühen, sich Fremden gegenüber knapp und klar auszudrücken, benutzten die Portugiesen die einschlägigen Wörter ihres Vokabulars, veränderten aber in Zusammenarbeit mit ihren Gesprächspartnern die komplizierte indoeuropäische Formenbildung und den Satzbau. Sie ließen z. B. die Konjugation der Verben weg und ersetzten die Personal- oder Zeitenbeschreibung durch zusätzliche Partikel. Sie bestimmten eine Aktionsrichtung nicht durch Fälle, sondern durch entsprechende Gruppierung der Wörter im Satz. Ergebnis war, mit dem »Portugiesisch-Kreolischen« eine ganz neuartige Sprache entstand, die nicht auf Anhieb von jemandem verstanden werden kann, der nur das Portugiesische von Portugal spricht. Sie ist heute Nationalsprache auf den Kapverdischen Inseln, Amtssprache in Guinea-Bissau und Umgangssprache in einigen Teilen Westafrikas, so im Süden des Senegal.

Die Portugiesen schufen sich damit auch in Asien in den Häfen, im Umkreis ihrer Festungen und bei ihren Verhandlungen mit einheimischen Herrschern eine erste Verstehensgrundlage. Das heißt nicht, daß man sich immer fließend auf diese Weise unterhalten konnte, aber die paar portugiesischen Brocken hatte schon bald jeder, der daran interessiert war, gelernt, um über das Woher und Wohin, die mitgebrachten oder gesuchten

Waren, die Preise, über besondere Ereignisse wie Kriege, Schiffbrüche oder Eheschließungen sprechen zu können. Wenn man ins Stocken kam, ging man eben auf Bruchstücke aus dem gleichfalls gängigen Arabisch zurück oder, zwischen Madagaskar und Neu-Guinea, auf das Malaiische.

Das Kreolische wurde bald in den dichteren Siedlungsgebieten der Portugiesen zur Umgangssprache und schließlich bei einigen Bevölkerungsgruppen zur Muttersprache. Gegen Ende des 16. Jahrhunderts war es die Regel, daß man in Macau, Malakka, in den nördlichen Provinzen Indiens, an der Malabar- und Koromandel-Küste und auf Ceylon untereinander vorwiegend Kreolisch sprach. Das Portugiesische Portugals war auf Konversation mit europäischen Portugiesen der ersten Generation beschränkt und auf formelle Anlässe (kirchliche und bürokratische Amtshandlungen). Es beherrschte auch jede schriftliche Äußerung, z. B. beim höflichen Verkehr mit einheimischen Herrschern. Ganz bezeichnenderweise fehlte Goa bei dieser asiatischen Sonderentwicklung des Portugiesischen; hier entstand nie ein Kreolisch. Denn hier ließ man die Kontakte nicht frei laufen; hier sollten gegenseitige Annäherungen vermieden werden.[57]

Für die Menschen zwischen Afrika und Japan wurde es so selbstverständlich, daß man mit Europäern, die nicht die Lokalsprache verstanden, Portugiesisch redete, daß auch Holländer, Engländer, Franzosen und Dänen bei asiatischen Reisen auf diese Sprache zurückgriffen. Auch die Wörterbücher asiatischer Sprachen wurden in der Regel aufs Portugiesische bezogen.[58] Der englische Händler Williams parlierte mit den Japanern 1600 in Osaka ebenso auf Portugiesisch wie der französische Bischof von Beyte 1666 mit Vietnamesen. Wenn der Herrscher von Arrakan (im heutigen Burma) mit Holländern korrespondierte, so tat er es in portugiesischer Sprache, und auch der König von Siam ließ seine beiden Briefe an König Ludwig XIV. von Frankreich 1687 auf Portugiesisch abfassen.[59] Die Asiaten bestanden darauf, daß völkerrechtliche Verträge mit Europäern immer in portugiesischer Sprache formuliert wurden. Moritz von Nassau, ein berühmter Kolonialstratege der Holländer, gab schon 1598 all seinen Kapitänen einen Vertragsentwurf für gegenseitigen Handel mit auf den Weg nach Asien, der in schöner gotischer Schrift auf Portugiesisch geschrieben war. Auch als die Dänen sich an der Koromandel-Küste niederlassen wollten, fertigten sie für den König von Tanjor einen Vertrag in zwei Sprachen an, in Deutsch (denn die meisten »dänischen« Kolonialisten waren Schleswiger) und in einem stark germanisierten Portugiesisch.[60]

Ein besonders kurioser Beleg für die vollständige Akzeptierung des Portugiesischen als *die* europäische Sprache Asiens ist die Publikation von 41 in Indonesien, Ceylon und Indien gedruckten Büchern protestantischer Theologen. Nur übers Portugiesische glaubten die Holländer, Dänen und Engländer den Katholizismus bei den Einheimischen bekämpfen zu können. Und so entstand ausgerechnet in Batavia um 1670 die erste portugiesische Übersetzung des Neuen Testaments (in Portugal selbst war die Übertragung aus dem Lateinischen durch das Konzil von Trient verboten worden); und die »Dänen« aus dem indischen Trangambar (diesmal handelte es sich um Theologieprofessoren aus Halle) ergänzten um 1750 den Text durch einige Bücher des Alten Testaments.[61] Es traf offensichtlich zu, was noch um 1800 einem jungen britischen Kapitän von seinen Vorgesetzten geraten wurde: »Wer im Osten Karriere machen will, muß Kenntnisse in den beiden wichtigsten lokalen Sprachen aufweisen, in Arabisch und Portugiesisch. Sie werden ihm unendlich nutzen.«[62]

Die besondere Bedeutung der täglichen Kontakte der portugiesischen Beamten, *Casados,* Priester und Abenteurer mit den Völkern Asiens fand ihren Nachhall in den Lehnwörtern, die die einheimischen Sprachen vom Portugiesischen übernahmen. Spezialisten[63] entdeckten nicht weniger als fünfzig süd- und ostasiatische Sprachen, die portugiesische Vokabeln aufgesogen haben, von den verschiedenen indischen Sprachgruppen über die Sprachen Indonesiens bis zum Siamesischen, Kambodschanischen, Koreanischen und Japanischen. Die größte Anzahl von portugiesischen Wörtern ist in den Sprachen der Malabarküste und im Malaiischen zu finden, den Zentren des Seehandels der Portugiesen.

Die Lehnwörter in der heutigen malaiischen Staatssprache Indonesiens gehören zu vier eng abgrenzbaren Sachgruppen. Als erstes gibt es die Bezeichnungen für vorher unbekannte Gegenstände und Produkte, z. B. hochbeinige »Tische«, verglaste »Fenster«, »Schränke«, »Gabeln«, »Hämmer«, »Handtücher«, »Hemden«, »Schuhe« und »Unterwäsche«. Die Phonetik des Portugiesischen ist dabei auch im Indonesischen noch klar zu erkennen: so wurde z. B. aus *Sabão,* Seife, das sehr ähnliche *Sabun.* Auch für viele der neuimportierten Ackerprodukte – die Portugiesen brachten aus Amerika z. B. Maniok, Mais, Süßkartoffeln, Kakao, Ananas und Tabak mit – setzten sich die entsprechenden Wörter durch. Der Name der typischsten kulinarischen Zutat im Europa jener Zeit ging ebenfalls in das Indonesische ein: »Steckrübe«. Die zweite Gruppe der Lehnwörter bezieht sich auf Amtliches und Kommerzielles. Da fehlt dann weder die »Gebührenmarke« noch die »Schreibfeder«, der »Erlaubnisschein« oder die »Geldstrafe«. Da gibt es den »Partner« und den »Aufseher«. Hieran schließt sich eng, als drittes, die Flut der Militärvokabeln an. Sogar das gängigste indonesische Wort für »Soldat« wurde direkt von den Portugiesen übernommen, und natürlich »Kriegsflotte«, »Kanone«, »Burg«, »Bollwerk«, »Gewehrkugel« und »Wacheschieben«. Auch »Risiko« und »Verräter« liegen nicht weit von diesem Begriffsfeld entfernt. Dagegen fällt die letzte Sachgruppe, die des Geistigen, mengenmäßig stark ab. Hier gibt es vor allem das Fachvokabular der Katholischen Kirche – und das Wort »Schule«. Die

Portugiesen hatten in Südost-Asien Missionsschulen als neuartige ständige Institutionen etabliert.[65]

Was fehlt, sind abstrakte Begriffe, Gefühlswerte und Eigenschaftswörter. Der Eindruck der Portugiesen reduzierte sich offensichtlich auf das Bild »bedrohlich auftrumpfender Händler«. Und so konnte auch das Symbol für die Einheit von Staat, Kommerz, Raub und religiöse Militanz, die National-»Flagge«, als ein weiteres Wort in diese Sprachen eingehen. Es war ja immer die Fahne Portugals, die über all den Schiffen, Festungen, Kirchen, selbst über den Behausungen der privaten Portugiesen wehte und den Anspruch dieses Volkes auf Macht und Reichtum in fremden Ländern und Gewässern augenscheinlich machte. Ganz im Inneren faszinierte diese Überheblichkeit selbst Asiaten so sehr, daß sie sich zur Nachahmung angeregt fühlten. So gehören noch heute die *Benderas*, uralte Fahnenreste in den portugiesischen Farben, zum heiligen, tabubesetzten Schatz aller Dorfoberhäupter auf der Insel Timor. Sie heben sie auf, um selbst »stark« zu werden, durch die Erinnerung an die europäischen Soldaten und Priester, die, unversehens und ungerufen, zu ihrem Volk kamen, es in ihre Herrschaft einzuordnen suchten und es verblüffenderweise auch über lange Perioden schafften.

Afrikanische Gerichtsverhandlung als britisches Schauspiel.
Palmenholzschnitzerei aus Ife / Nigeria

Bildnachweis: Autor

Die Rückwirkungen des Kolonialismus auf Portugal

Erwartungsgemäß waren in den ersten Jahren des Handels mit Indien die Schilderungen über die Zustände in Portugal von Begeisterung geprägt. Besonders die Hauptstadt Lissabon, »Brennglas der Welt«[1], schien in einem unaufhaltsamen Boom zu leben. Ausländer und Einheimische beschrieben fasziniert das Menschengewimmel auf den Straßen: Portugiesen aus Stadt und Land, »Japaner, Perser, Chinesen, Türken, Mauren und Moskowiter« bummeln und handeln auf der *Rua Nova*, der Neuen Straße, die durch die Altstadt gebrochen wurde. Noch nie gab es so viele Schiffe im Hafen. Noch nie wurde so oft und so lange gefeiert, getanzt und gesungen, »eine Konfusion fast wie in Babylon«.[2] Ein Augenzeuge erzählte, »daß er oft gesehen habe, wie in dem indischen Kaufhaus zu Lissabon Kaufleute mit Säcken voll Gold- und Silbermünzen erschienen seien, um für empfangene Ware Zahlung zu leisten, die Beamten sie aber auf einen anderen Tag bestellten, weil die Zeit nicht ausreiche, um die Gelder jetzt zu zählen; denn die Summen wären zu groß, die alle Tage in Empfang genommen würden«.[3] Neue Paläste und Kontore wurden gebaut und lange Straßenzüge mit Mietshäusern bis zu fünf Stockwerken.[4] 1528 hatte Lissabon 70000 Einwohner, um 1550 etwa 100000; und 1620 war es mit 165000 Menschen die drittgrößte Stadt Europas, nach Paris und Neapel und weit vor Rom, Amsterdam und Venedig. Die Stadt war so voll, daß, im Gegensatz zum zeitgenössischen Brauch, kein Platz mehr blieb für Gärten, Obstplantagen, Weideplätze oder Grünanlagen; ein »Meer von 10000 großen Häusern«.[5]

Doch dieses positive Panorama wird zunehmend von Negativbeobachtungen bedrängt. Das strahlende Bild bekommt dicke Flecken. Ab 1520 bemerken Reisende, daß zwar am Lissabonner Kai eifrig gehandelt wird, aber die Handwerksbetriebe in der Stadt einer nach dem anderen schließen, daß im Strom der Passanten immer mehr Zerlumpte, Ausgehungerte und Kranke dahintreiben, daß Verbrecherbanden die Straßen unsicher machen, daß der Gestank in den Mietshochhäusern unerträglich wird, daß Schlamm und Kot selbst die Hauptstraßen zu verstopfen beginnen.[6] Die Stadtverwaltung zeigt sich hilflos. Der Glanz des »Goldenen Zeitalters« ist ohne das Bewußtsein seiner gleichzeitigen Misere nicht mehr wahrnehmbar.

Gänzlich niederschmetternd werden die Eindrücke, sobald man Lissabon verläßt. Berichte aus den Provinzen, wo neun Zehntel der Bevölkerung lebten, sind eine einzige Liste von Katastrophen. Das Jahr 1521 brachte durch eine Dürre den schlimmsten Hunger, den Portugal je erlebt hatte.

Die Preise für Weizen und Brot stiegen um das Fünfzehnfache. Die Armen starben zu Tausenden. 1524, 1530 und 1532 bricht die Pest aus. Der Königshof zog schließlich drei Jahre lang in Regionen, wo die Krankheit nicht wütete; die Bauern aber, die nicht fliehen konnten, kamen um 1535 gab es eine neue Dürre, 1539 und 1561 neue Hungersnöte, 1557, 1563, 1566 und 1569 neue Seuchen. 1574 wurden die zweit- und drittgrößten Städte des Landes, Porto und Coimbra, von hungernden Bauern Nordportugals überflutet, praktisch leergefressen und lahmgelegt.[7]

Was bei all dem auch schon die Zeitgenossen empörte, war, daß der ganze Reichtum Portugals, den man in Lissabon ankommen sah, offensichtlich nicht in der Lage war, diese Naturkatastrophen in ihren Folgen aufzufangen. Das lag daran, daß sich kein Verantwortlicher darum gekümmert hatte, den Lebensstandard der breiten Bevölkerung durch die Einnahmen des Indien-Handels anzuheben. Wenn 1567 noch in vielen Gegenden Portugals Menschen ausschließlich vom Mehl geriebener Kastanien lebten, mußten sie natürlich bei den geringsten Ernteschwankungen verhungern.[8] Es gab keine Vorsorge und kein energisches Hilfsprogramm. Die Gelder flossen in andere Richtungen.

Und so überschattete bald das millionenfache Elend die Pracht der Hauptstadt; und nach dem anfänglichen Staunen des Auslands über die plötzliche Weltgeltung Lissabons setzte sich die paradoxe Überzeugung fest: Portugal ist ein armes Land. Der spätere sechzigjährige Krieg mit Holland (ab 1600) wird von der europäischen Öffentlichkeit als »ein Kampf zwischen Gleichen angesehen, soweit es die Ausrüstung, Ausbildung, Stärke und Moral angeht, aber die einen (die Holländer) sind reich, und die anderen (die Portugiesen) sind arm, und bei solchen Auseinandersetzungen pflegen die Reichen zu siegen«.[9] Auch die Portugiesen selbst gewöhnten sich rasch an die Erkenntnis, daß »ihr« Reichtum aus den Kolonien meist Selbstbetrug war. Sie kamen sogar zu der extremen Schlußfolgerung, daß sie eben nicht deshalb nach Asien gingen, um dort noch wohlhabender zu werden, sondern weil sie dem unerträglichen Mangel zu Hause entgehen wollten. »Wer so weit mit größten körperlichen Mühen und größter Geistesanstrengung über die Meere reist, um zu erwerben, was Gott ihm nicht gab, muß aus einem Land stammen, in dem die Armut so groß ist, daß man sogar auf sein Vaterland verzichten möchte.«[10]

So stellt sich für Portugal der Vorstoß zu neuen Ufern im Endeffekt als ein Unternehmen mit großen Enttäuschungen dar. Diese gängige, skeptische Sichtweise demonstriert auch ein offizieller portugiesischer Geschichtsschreiber, als er 1613 über den Tod Manuels nachdachte, des Königs, der Vasco da Gama, Francisco de Almeida und Afonso de Albuquerque nach Indien geschickt und den Beinamen »der Glückliche« erhalten hatte: »Erstaunt über die plötzlichen Veränderungen, wußten die Menschen nicht, sich in sie zu finden, verstanden weder diesen Reichtum zu handhaben und zu benutzen noch mit der nötigen Mäßigung zu genießen. Einer der günstigsten Glücksumstände im Leben des Königs Manuel war, daß es zu der Zeit endete, als ihn eben dieses Glück zu verlassen begann.«[11] Was war geschehen, daß nach Taten wirklich weltbewegenden Ausmaßes in einem Land eine so negative Einschätzung darüber möglich wurde?

Als im 15. Jahrhundert das Startzeichen zu einer portugiesischen Expansion außerhalb Europas gegeben worden war, hatte das Königshaus Portugals zwei Ziele im Visier: die Lösung innenpolitischer Konflikte und den wirtschaftlichen Nutzen. Nach den tatsächlichen Erfolgen der »Entdecker« kam es nun für die frischgebackenen Verwalter eines immensen Kolonialreiches darauf an, diese Vorsätze einzulösen und, wichtiger noch, sie beide miteinander in Einklang zu bringen. Die Krone befand sich in Lissabon im Schnittpunkt zweier gegenläufiger Strömungen: Sie beaufsichtigte die Auswahl und Bestimmung derjenigen Menschen, die Portugal in Übersee vertreten, vergrößern und beliefern sollten; und sie empfing die Einkünfte daraus und mußte sie verteilen. Die Abgabe nach außen war somit abhängig von vorrangig gesellschaftlichen Überlegungen; die Einnahmen von außen waren dagegen vor allem ein ökonomisches Problem. Portugals Regierenden gelang es, schon im Laufe der ersten Jahrzehnte in jeder dieser Sparten zu einer klaren Politik zu kommen. Daß diese am Ende in die Katastrophe führte, erkannten die Portugiesen erst viel zu spät.

Die Menschen-Ausfuhr machte im 16. Jahrhundert, bei einer Gesamtbevölkerung von etwas über einer Million Einwohnern, ungefähr 2400 bis 4000 Personen jährlich aus. Das Maximum lag im Jahr 1620 bei 8000 Auswanderern. Somit verließen in den ersten hundert Jahren nach der Eroberung des Indien-Handels mehr als 300000 in der Regel junge und gesunde Männer Portugal; und das ist, schon in absoluten Zahlen, dreimal soviel, wie z. B. Spanier nach Amerika gingen.[12] Doch dieser starke Abstrom entsprach keineswegs einem repräsentativen Querschnitt der Bevölkerung. Die portugiesische Regierung hatte entdeckt, daß der Kolonialismus bestens dafür geeignet war, die Außenseiter und die Unangepaßten aus dem Heimatland zu entfernen.

Wenn man die soziale Skala der Indien-Fahrer betrachtet, fällt als erstes auf, daß in den ersten Jahrhunderten nie ein enger Angehöriger des Könighauses in die Kolonien gereist ist.[13] Die portugiesischen Prinzen zogen es allemal vor, an der sichersten Geldquelle, die es gab, am Hof von Lissabon, zu bleiben. Auch Vertreter des höfischen Hochadels ließen sich schwer für den Dienst in Indien finden. Mißmutig erklärten sich nur wenige bereit, mit dem Titel eines Vizekönigs drei Jahre »draußen« auszuharren, und meist mußte die Krone für Spitzenposten auf die zweite Reihe der Aristokraten zurückgreifen. Nicht einmal die *Fidalgos*, gewöhnliche Landedelleute, konnten dazu bewogen werden, ihre Erstgeborenen nach Indien zu schikken. Als 1538 der König angesichts einer starken türkischen Bedrohung eine Generalmobilisierung für den Adelsnachwuchs anordnete, rotteten sich die *Fidalgos* zusammen und kündigten den Gehorsam auf. Und João III. mußte einen Rückzieher machen, weil die Verhinderung eines Staatsstreiches zu Hause ihm dann doch wichtiger erschien als die Rettung einiger indischer Handelsrouten.

Kolonialdienst war eben das Gebiet eines anderen Typs von Männern. Nicht die ältesten Söhne von Adligen gingen nach Indien, sondern die Bastarde oder die Jüngsten, die Unruhestifter oder die Bankrotteure unter ihnen. Da in Portugal Landbesitz ungeteilt nur an die Erstgeborenen verteilt wurde, war ein standesgemäßes Leben für die anderen Kinder schwierig. Hier bot Portugiesisch-Asien einen Ausweg für den Überhang.

Es waren sehr ähnliche Motive, die viele junge Männer aus dem Bürgertum zur Auswanderung bewogen. Ein älterer oder fähigerer Bruder hatte die väterliche Werkstatt, den Verkaufsladen, das Handelskontor, die ärztliche Praxis übernommen, und selber lag man auf der Straße. Oder man hatte seinen Besitz in einer der periodischen Wirtschaftskrisen verloren. Es gab unter den Angehörigen der bürgerlichen Klasse aber auch viele, die dem monarchischen Staat Portugal entkommen wollten, die nicht bereit waren, hinzunehmen, daß sie von einer undurchdringlichen Staatsbürokratie bis zum Stillstand reglementiert wurden, daß bei der Vergabe von öffentlichen Posten stets die *Fidalgos* die Sieger blieben, daß die Bürger viel mehr Steuern zu zahlen hatten als die faulen Adligen, daß sie vor Gericht für gleiche Vergehen ungleich höhere Strafen erhielten. Da die Bürger zunehmend die Aufsicht über ihre im ausgehenden Mittelalter so schlagkräftigen Institutionen wie Gilden, Stadträte, Beratergremien für den König verloren hatten, schien ein Wandel in Portugal selbst für die nahe Zukunft völlig ausweglos – und so wichen einige der bewußtesten Bürger nach Übersee aus.

Für die bäuerlichen Auswanderer war der Weg nach Indien nicht viel mehr als, sehr wörtlich, die Entscheidung zwischen Cholera und Pest. Sie waren dem Hunger oder der extremen Ausbeutung in ihrer Heimatprovinz entflohen, hatten Hunger oder extreme Ausbeutung in den überfüllten Hafenstädten kennengelernt, und musterten schließlich, als ihre letzte Chance, als einfache Soldaten auf irgendeinem Schiff nach den Kolonien an. Sie sind die Masse, von der wir bei der Lektüre von Berichten über die Kolonisierung nur wenig Individuelles zu erfahren pflegen, die mißachtete Grundlage und die gestaltlose Beständigkeit der portugiesischen Expansion.

Quer durch die gesellschaftlichen Klassen geht ein anderes Motiv zur Emigration: Man wanderte aus religiösem, intellektuellem oder moralischem

Nonkonformismus aus. Hier antworteten Minderheiten auf Repression durch eine Absetzbewegung in die Kolonien.

Den größten Anteil daran machten die Juden aus. Obwohl gerade sie den Aufstieg Portugals zu einer Kolonialmacht mit ihren Informationen, ihren wissenschaftlichen Leistungen und ihrem Geld besonders gefördert hatten, waren sie ab 1497 Opfer wilder Verfolgungen geworden.[14] Um dem fanatisch antisemitischen Königspaar in Spanien zu schmeicheln (und um dadurch dessen Tochter heiraten zu können), ließ König Manuel alle Juden, die sich erwischen ließen, zwangstaufen. Ob sie wollten oder nicht, sie waren jetzt neben den normalen Alt-Christen die »Neu-Christen« des Landes. Diese Unterscheidung sollte das portugiesische Volk für mehr als dreihundert Jahre in »blutsmäßig« legal Bevorzugte und legal Benachteiligte spalten. Die Hunderttausende von Neu-Christen oder *Marranos*, Schweine[15], erhielten Berufs- und Heiratsverbote, höhere Steuerbescheide und ab und zu ein blutiges Pogrom. Doch König Manuel sorgte noch durch stetes Beschwichtigen dafür, daß die Klügsten, Geschicktesten und Reichsten unter ihnen keinesfalls das Land verließen. Erst sein Nachfolger João III. gab die Neu-Christen zur Hatz durch die Inquisition frei, die bei ihnen nach jüdischen Gedankensplittern suchte und sie natürlich oft genug auch fand. Sie flohen massenweise vor den Scheiterhaufen. Sie ließen sich im europäischen Ausland nieder, z. B. in Holland, wo sie eine berühmte jüdische Kolonie aufbauten, aus denen neben Groß-Bankiers auch ein Philosoph wie Spinoza hervorging. Sie siedelten von dort in die nordamerikanischen Kolonien über (so bildeten z. B. portugiesische Flüchtlinge den Grundstock der jüdischen Gemeinde von Neu-Amsterdam, die im späteren New York die größte der Welt werden sollte). Sie flohen ins Osmanen-Reich und brachten es in Konstantinopel bis zur Wesirswürde. Und sie gingen nach Portugiesisch-Asien, um dort als Ärzte, Handwerker und Kaufleute zu arbeiten. Als die Inquisition ihnen nach Goa folgte, zogen sich viele noch weiter zurück, nach Malakka und Macau.[16]

Die Inquisition brachte aber auch Gelehrte und Künstler auf den Gedanken, sich lieber aus dem Zentrum in die Randzonen des portugiesischen Reiches zu retten. Wer Erasmus von Rotterdam las und verteidigte, wer naturwissenschaftliche Beobachtung nicht nur als Mittel, Bibelzitate zu beweisen, verstand, wer das politische Vorgehen anderer Staaten, etwa Englands, nicht vorweg als absolut verwerflich ansah, mußte mit Verfolgung rechnen. Sogar Damião de Góis, der berühmteste portugiesische Gelehrte seiner Zeit, Freund von Päpsten und Königen – es gibt ein Porträt Dürers von ihm –, wurde von der Inquisition zu lebenslangem Kerker verurteilt.

Das beste Beispiel für die Reise in den Orient als Alternative dazu war Garcia de Orta (1495–1570), Humanist, Naturwissenschaftler und Neu-Christ. Vorher Medizinprofessor an der Lissabonner Universität, siedelte er 1534 nach Goa über. Als Leibarzt von insgesamt zwölf Gouverneuren lebte er dort in einem großen Landhaus, von zahlreichen Sklaven bedient, mit einer reichen Bibliothek versorgt, über drei Jahrzehnte und schrieb einen der angesehensten zeitgenössischen Traktate über die Pflanzenwelt in Indien. Es gelang seinen prominenten Freunden, die immer sprungbereite Inquisition in Schach zu halten. Garcia de Ortas Körper wurde von ihr erst posthum verbrannt.

Und dann gab es auch Auswanderer, die die moralischen Normen ihres Heimatlandes nicht akzeptierten und dadurch unter einen unhaltbaren psychischen Druck geraten waren. Ihre (nicht immer ausformulierte, häufig nur verschwommen gespürte) Opposition bezog sich vor allem auf die familiären Strukturen und das Verhältnis zum anderen Geschlecht.

Portugal hatte äußerst starre Verhaltenssysteme aus dem Mittelalter in die Gegenwart hinübergezogen. So endete z. B. legal die Verfügungsgewalt des Vaters über seine Kinder und ihren Besitz nicht mit einer abstrakten Volljährigkeit, sondern erst, wenn der Vater starb.[18] Tatsächlich wurde das Vater-Sohn-Verhältnis zu einer Obsession der portugiesischen Gesellschaft. Der berühmteste nationale litarische Stoff ist die *Inês-de-Castro-Episode*, welche vom 14. bis zum 19. Jahrhundert von Lyrikern, Dramatikern und Romanciers fast zwanghaft wiederholt und bekräftigt wurde. Inês war, um 1350, die Geliebte des Prinzen Pedro gewesen. König Afonso IV. verbot seinem Sohn die unstandesgemäße Verbindung. Er setzte seine väterliche Autorität durch, indem er befahl, Inês zu ermorden. Die normale Thronfolge, die normale Familie war gerettet – auf Kosten von individuellem Glück. Der Kronprinz mußte es hinnehmen. Erst nach dem Tode seines Vaters konnte er die Mörder seiner Geliebten verfolgen und umbringen lassen. Die Portugiesen begriffen diese Geschichte als einen Modellfall ihrer eigenen Situation: Eine traditionelle portugiesische Familie provoziert unlösbare Dilemmata – und dagegen zu rebellieren ist aussichtslos. Es war daher sehr wichtig für das Gefühlsleben dieser Nation, daß die überseeischen »Entdeckungen« unversehens einen letzten Ausweg anboten. Wer persönliche Unabhängigkeit wollte und sie in seiner Familie nur schwer bekam, konnte sie sich jetzt in Asien holen.

Vielleicht noch stärker war der Anreiz, aufgestaute sexuelle Energie in den Kolonien freizulassen. Portugal war ein Land, das im Prinzip seine Frauen »mit sieben Schlüsseln in sicheren Kammern einsperrte«[19]. Mädchen heirateten als Jungfrauen, oder sie begruben sich bis zum Lebensende in Klöstern. Ehefrauen hielten absolute Treue, oder sie riskierten den Tod. Damit diese Forderungen auch wirklich eingehalten wurden, ist auf der Iberischen Halbinsel ein besonders rigoroses Zwangssystem praktiziert worden. Jede Frau erhielt einen »Beschützer«, den Vater, Bruder, Ehemann, der mit seiner »Ehre« für ihre »Reinheit« haftete. Ehre, das war in Portugal die Fähigkeit, gegenüber der Öffentlichkeit den Eindruck zu erwecken, daß man bereit sei, allen gesellschaftlich sanktionierten Normen vollständig zu gehorchen. Dieses Abbild eines Ideallebens schätzten viele Portugiesen höher ein als ihr reales Leben; und so starben Tausende von ihnen bei der Verhinderung oder Rächung von wirklichen oder auch nur vermuteten Ehrverletzungen.

Doch diese strenge Zurückweisung sexueller Freizügigkeit stand in krassem Gegensatz zum lauthals Erwünschten und Gepriesenen. In keiner anderen Epoche in Portugal waren literarische Texte und auch das tatsächliche Verhalten stärker erotisiert als in dieser Ära offizieller Repression. Der größte Teil aller derzeitigen Dichtung, von Volksliedern bis zur höfischen Prosa, sprach unablässig von Liebe, und nicht nur platonischer. Selbst Amadis de Gaula, der Held des meistgelesenen Ritterromans in Portugal, jedem genauso lebendig wie ein echter Freund, hatte als Höhepunkt seines Lebens die Vereinigung mit der Geliebten auf einer saftig-grünen Wiese. Die populärsten aktuellen Sensationsberichte waren Nachrichten über bigamistische und inzestuöse Ritter.[20] Und selbstverständlich war ein »authentischer« portugiesischer Mann derjenige, der die Ehre möglichst vieler Frauen verletzte und der zahlreiche Kinder zeugte. Ungeniert erbaten allein zwischen 1389 und 1438 zwei Erzbischöfe, fünf Bischöfe, zwölf Erzdiakone, neun Diakone, vier Kantore, 72 Domherren und 600 Pfarrer die Legalisierung ihrer Kinder durch den König.[21]

Wer solche Widersprüche für sich persönlich nicht losen konnte, zögerte nicht allzulange, wenn man ihm eine Passage nach Indien anbot. Denn da gab es das Seemannsgarn und die Renommierlust der Rückkehrer, die jedem Portugiesen, der nach Cochin oder Pegu ging, den straffreien Genuß von mindestens drei jungen Sklavinnen versprachen. Echte psychische Probleme mit der eigenen Gesellschaft und imaginäre Heilsvorstellungen verbündeten sich zu einer Virulenz, die in ihrer praktischen Wirkung kaum unterschätzt werden kann.

Sehr bald hatte die portugiesische Regierung das spontane Phänomen der Ausgliederung Störender zu einer Methode der Zwangsdeportation weiterentwickelt. Sie schob ihre Verbrecher ab. Immer häufiger verzichtete sie darauf, Soldaten für Portugiesisch-Asien mühsam und kostenträchtig anzuheuern; sie erfüllte die Ausreise-Quoten, indem sie die Gefängnisse leerte. Die Justiz bekam als Verpflichtung aufgetragen, für einen reibungslosen Nachschub von Menschen in die Kolonien zu sorgen. Bei der Krise von 1538 wurden z. B., als schon alle »gewöhnlichen« Sträflinge auf den Schiffen waren, auch die zum Tode Verurteilten begnadigt und an Bord geschafft. Selbst den Noch-nicht-Gefaßten und den Flüchtlingen wurde General-Pardon angeboten, wenn sie sich stellten und einschifften. Ähnlich wie die Gnadenerweise der Krone zu Handelsobjekten geworden waren, wurden es die Strafen. So konnte man ein Urteil auf ewige Verbannung innerhalb Portugals umtauschen in »drei Jahre Indien«. König João III. begnadigte persönlich einen *Fidalgo*, den er wegen eines Totschlagdelikts für neun Jahre nach Afrika schicken wollte, als dieser ihm versprach, mit seinen beiden Brüdern für drei Jahre nach Indien zu gehen.[22] Die Kapitäne hatten Besatzungen, die ihnen schon vor jedem Feindkontakt einen Angstschauder einjagen konnten: »Bernaldim da Silveira befehligte ein Schiff, auf dem es nur Mörder gab. Jeder, der einen Mitmenschen totgeschlagen hatte und zum Tode verurteilt worden war, kam unter sein Kommando.«[23]

Bemerkenswert bei den portugiesischen Deportationen ist, daß fast alle aus Portugal aussortierten Verbrecher frei und den anderen Siedlern gleichberechtigt waren, sobald sie Indien erreichten. Es gab nicht, wie später bei den Engländern in Australien oder den Franzosen in Cayenne, isolierte Sträflingskolonien, wo die außerordentliche Entfernung von Europa eine neue Art von Gefängnismauern darstellen sollte. Der portugiesischen Regierung kam gar nicht der Gedanke, daß eine Integrierung von Kriminellen in die koloniale Gesellschaft ein gravierendes Problem sein könnte: Außenseiter unter anderen Außenseitern, das mußte doch passen!

Diese spezifische Zusammensetzung des Menschenstroms nach Portugiesisch-Asien hatte für das Mutterland wichtige Konsequenzen. Ganz allgemein: Portugals Bevölkerung wurde homogener. In der Tendenz waren nun »alle« Portugiesen gegenüber dem Staat und seinen Vertretern anpassungswillig; wer geblieben war, hatte im Religiösen die absolute Hoheit der Katholischen Kirche anerkannt, erfüllte seine Aufgaben gemäß der Tradition und den Vorschriften ohne weitere Nachfrage nach ihrer ursprünglichen Berechtigung. Verknappt ausgedrückt: Das ehemals quirlig aufrührerische Portugal war »brav«, »fromm« und »geduldig« geworden.

Auf diesen Klimaumschwung reagierte das Kulturleben des Landes umgehend. Die Renaissance, die mit eigenen Bauten, Bildern und Gedichten Portugal erfaßt hatte, wurde gekappt.[24] Das Religiöse verdrängte wieder die Beschäftigung mit dem Weltlichen und einem autonomen Menschenbild. Es gibt z. B. in der portugiesischen Malerei jener Zeit kaum Porträts von Privatpersonen und kein einziges Landschaftsbild. Im Gegensatz zu Holland fehlen die Darstellungen volkstümlicher Sitten, ja sogar Stilleben.[25] Gemalt wurden (fast) nur Kreuzigungs-Szenen und Heilige. Nach der Ausrottung oder Vertreibung der spärlichen Ansätze zu humanistischen Entwicklungen in Portugal ging die Katholische Kirche, mit dem agressiven Geist der triumphierenden Gegen-Reformation im Rücken, in Over-Kill-Manier vor.[26] Verbotslisten von Büchern und Kunstwerken[27] eliminierten nicht nur Anti-Kirchliches, sondern oft auch gleich alles, was nicht ausdrücklich religiös geprägt war.[28]

Ein vergleichbarer Trend zur Glättung von Problematischem, zum Abbiegen aller möglichen kritischen Spitzen ergriff auch die wissenschaftlichen Aktivitäten Portugals – und machte ihrem Weltruhm den vollständigen Garaus. Während früher, zu Zeiten des Königs João II., der Zoll für ausländische Sachbücher aufgehoben worden war, damit man Forschungsergebnisse rasch übernehmen und auswerten konnte, durfte zwischen 1560 und 1746 kein einziges Werk von Galileo, Bacon, Descartes, Newton, Huyghens, Hobbes oder Leibniz importiert werden. Selbst die gesamteuropäischen Fortschritte der Nautik, Karthographie und Mathematik, ehemals portugiesische Domänen, wurden ab Mitte des 16. Jahrhunderts in Portugal nicht mehr zur Kenntnis genommen. Die Folgen waren, daß ein Jahrhundert später die Portugiesen in ihrem eigenen Asien nach ausländischen Seekarten fahren mußten.[29] Und sogar die Weiterentwicklung der Theologie wurde ignoriert. Offizielle Grundlage eines theologischen Studiums an der Universität Coimbra war bis Ende des 18. Jahrhunderts die Scholastik des Thomas von Aquin aus dem 13. Jahrhundert.

Die »neue« Stimmung griff auch auf die gesellschaftspolitische Situation Portugals über. Das Verhalten der staatstragenden Klassen und ihr Verhältnis zueinander wurde in diesen Zeiten der »Abrundung« und »Beruhigung« wesentlich kalkulierbarer für die Regierung.

Es dominierte nun die Bewahrung des Besitzstandes. Die Adligen, die in Portugal geblieben waren, konnten sich ihres jetzigen Eigentums sicher sein. Statt Ansprüche unzufriedener Verwandter, die für jede Überraschung gut gewesen waren, abwehren zu müssen (jetzt kamen sie in Indien um oder kehrten, was auch nicht schlecht war, gelegentlich als reiche und freigiebige Erfolgsmenschen zurück), hatten sie nun Zeit und Spielraum, um sich mit Ihresgleichen enger zusammenzuschließen. Adlige Familienoberhäupter bildeten Parteien-Blöcke, die die Belange ihrer Klasse gegenüber der Regierung noch nachdrücklicher als bisher geltend machten. Das politische Leben Portugals aristokratisierte sich.

Die Bürger wiederum waren auf der abschüssigen Bahn des Einflusses. Das riesige Lissabon mit seiner ständig wechselnden Massenbevölkerung bekamen sie nicht mehr in den Griff. Früher hatten sie Kaufleute und Handwerker, aber auch die von ihnen abhängigen Arbeiterschichten, durch das System von Berufskorporationen gezielt für die politischen Interessen ihrer Klasse eingesetzt. Aber jetzt fehlte ihnen eine Gefolgschaft. Sie gerieten in einen Teufelskreis: Je weniger sie als Bürger zu sagen hatten, desto mehr von denen, die noch etwas sagen konnten, gingen weg. Der Weg, den das portugiesische Bürgertum bereits geebnet hatte und der in Richtung auf eine Ständedemokratie lief, mit starkem Einfluß eines Parlamentes, wurde wieder verschüttet. Von 1434 bis 1502 waren die *Cortes*, die Versammlung der Stände, im Durchschnitt alle zwei Jahre zu einer Sitzungsperiode einberufen worden. Von 1502 bis 1544 aber traten die Cortes überhaupt nur dreimal, und dann bloß akklamierend, zusammen. Die schon institutionalisierte »Volks«-Kontrolle über die Regierung war zusammengebrochen.[30]

Das beständige Ablenken unbequemer Kräfte und erneuernden Elans nach außen brachte Portugal als Endresultat nicht nur einen Stillstand in Kultur und Gesellschaft, sondern sogar historischen Rückschritt. In vielem war das erfolgreiche Portugal von 1560 altmodischer und primitiver als es das aufstrebende Portugal von 1480 gewesen war.

Nun könnte diese geistige Verödung ja ein Gegengewicht gefunden haben in den Kolonien selbst. Hier sammelten sich diejenigen wieder, die Portugal entwichen waren, und sie hätten ihrer Dynamik freien Lauf lassen können. Daß das in bezug auf eine Weiterentwicklung der Gesellschaft aber keineswegs der Fall war, hatte drei Hauptgründe.

Zum ersten bewirkte die Tatsache, daß Kolonial-Portugiesen aus so unterschiedlichen Lebensbereichen kamen, daß das Zustandekommen eines auch nur einigermaßen friedlichen Zusammenhalts außergewöhnliche Reibungsverluste brachte. Es war eine Zufalls- und Zwangsgemeinschaft. Da herrschte latentes Mißtrauen, Abneigung, Lauern auf einen günstigen Augenblick für den Beutebiß, ständige Betrugs- und Verratsbereitschaft zwischen den Beamten, Goldschmieden, Kaperkapitänen, vergeistigten Gelehrten, Berufskillern, Missionaren, getarnten Juden und lebenshungrigen Abenteurern. Man mußte erst hartnäckig um die eigene Position kämpfen, ehe man über eine bessere Gesamtordnung nachdenken konnte. Die Variationsbreite möglicher Lösungen schrumpfte dadurch gewaltig.

Als zweites hatte das Mutterland seine Kolonien bewußt dafür benutzt, seine akuten Konflikte dorthin abzuladen. Dieser »Export von Problemen«, der eine bestimmende Konstante werden sollte bei jedem Kontakt europäischer Staaten mit überseeischen abhängigen Territorien, brachte Portugiesisch-Asien insbesondere eine Verschärfung der Klassengesellschaft. Da vorwiegend die Adligen in Indien waren, die in Portugal nicht zum Zug gekommen waren, überkompensierten sie dort ihren Klassenstolz. Sie versuchten kaum noch, abwägend mit den anderen zu breiten Kompromissen zu kommen; vielmehr drückten sie eine extreme Sonderstellung für sich durch. Viel radikaler als zu Hause sicherten sie sich das Monopol für die Besetzung aller wichtigen Ämter und Befehlspositionen bis ins 19. Jahrhundert hinein. Reste mittelalterlicher Mentalität schwemmten an die Oberfläche. Die Adligen führten die koloniale Expansion, die ja sehr direkte kaufmännische Ziele hatte, wie in einem Kostümfest als eine Serie von Ritterturnieren durch, angestachelt von »ehrenhaftem Neid aufeinander und Ehrgeiz nach Ehre«.[31] Wenn es zur Schlacht kommt,[32] lehnt sich einer allein an den Hauptmast seines Schiffes und

steigt, ganz das ritterliche Vorbild Roland, auf den immer höher werdenden Berg von erschlagenen Feinden.[33] So stilisieren sich die Adligen ihre
eigene Welt der Macht und Zerstörung auch in tropischem Milieu, für die
Hebung des Selbstwerts und als Begründung, warum sie bei der Beute-
Teilung stets vorweg sein dürfen: »Und die Fidalgos taten Dinge, würdig
größter Preisrede. Sie vernichteten, töteten, zerrissen die Feinde, richteten
Unheil an, daß man sich erschrecken konnte ... Diese hohen Rittertaten,
durchgeführt mit der Schneide ihres Schwerts und dem Mut ihres Herzens,
verschafften ihnen die Chance einer Plünderung. Sie wühlten mit Recht in
den Reichtümern, die sie sich auf Kosten ihres Bluts erkauft hatten.«[34]

Die Bürger Portugiesisch-Asiens kuschten vor dieser allumfassenden
Agressivität. Ihr Unzufriedenheitspotential richtete sich nicht mehr primär
auf den adligen Konkurrenten, sondern auf die Schaffung eigener unantast-
barer Nischen. Sie spalteten den Handel ganzer Regionen (z. B. der Banda-
Inseln) für sich ab, sie wurden Edelsteinschmuggler oder staatsunabhän-
gige Privatkaufleute für Sandelholz. Es gab Dienste, die unentbehrlich für
alle waren und die nur sie leisten konnten, z. B. die Krankenheilung. Die
Klassen hatten sich noch weiter als im Heimatland auseinanderentwickelt
und jede für sich feste (und kaum noch bewegliche) Positionen aufgebaut.

Daß eine solche Versteinerung so schnell möglich war, lag – und hier haben
wir den dritten wichtigen Grund für den Mangel an Dynamik in der kolonialen Gesellschaft – daran, daß die europäischen Auswanderer sich auf
eine völlig neue Umwelt einzustellen hatten. Die Portugiesen waren gemeinsam einer sehr großen Masse von Einheimischen gegenübergestellt.
Hier wurde die Zweipoligkeit der Adligen-Bürger-Auseinandersetzungen
in eine neue Differenzierung übergeführt. In den Kolonien hatte jeder Portugiese (auch der Bürger, selbst der Bauer, sogar der heruntergekommenste
Delinquent) eigene »Privilegien« gegenüber einer Schicht von Mitbewoh-
nern, die insgesamt unter ihm postiert wurde. Die Händler und Handwerker, die die Standesvorteile des Adels zu Hause nicht dulden wollten, konnten sich in Übersee durch die selbstverständliche Herrenposition gegenüber den Einheimischen selber wie feudale Gebieter fühlen. Besonders ver-
schärft wurde dieser Eindruck noch durch die ausgedehnte Verwendung
von Sklaven in den Kolonien. Jeden Tag konnte selbst der kleinste Krämer
aus Goa seine Haus- und Verkäufersklaven trietzen, der Bootsbesitzer
seine Fischersklaven, der große Kaufmann kommandierte ganze Kompanien von Sänftenträgern, Gärtnern, Feldarbeitern, Dienern und Lastenträ-
gern. Sogar die Matrosen hielten sich Sklaven, die ihnen an Bord Hilfsdien-
ste zu verrichten hatten.[35]

Wenn viele Bürger in Portugal schon zu der Erkenntnis gelangt waren, daß
es einer der größten Widersprüche ihrer Ideologie war, eine Massengesell-

schaft zu fordern und dennoch die Leistung des Einzelnen zum Angelpunkt der persönlichen Erfüllung zu machen; hier in Indien (wie in allen späteren Kolonien der Europäer mit ihrem institutionalisierten Vorsprung für den Einwanderer) stellte das keinen Konflikt mehr dar. Sie verzichteten einfach auf die Forderung nach Gleichheit. Sie fühlten sich wieder als unabhängige Individuen, die durchaus »aus sich heraus« Recht auf die gesellschaftliche Hervorhebung hatten.

Diese prinzipielle Vereinzelung des Kolonial-Portugiesen wirkte sich nicht nur im öffentlichen, sondern auch im privaten Bereich sehr deutlich aus. Wenn man schon von einer gewissen Befriedigung des sozialen Nonkonformismus bei den Ankömmlingen aus Portugal sprechen konnte – die Kosten dafür waren, wie zu Hause, deftige historische Rückschritte –, so war bei den psychischen Konflikten die Aufweichung noch drastischer. Dadurch, daß eben in den Kolonien jeder für sich allein dastand, lösten sich z. B. die alten Beziehungsprobleme zwischen Vater und Sohn von selbst. Der typische Portugiese in Asien ist, anfangs, der Junggeselle ohne Familienanhang. Heiratete er, wurde er selbst »Vater«, und damit waren die Fronten umgekehrt. Für das Individuum war das Problem damit aus der Welt, für die koloniale Gesellschaft um eine Generation in die Zukunft verschoben, unter Umständen Zeit genug, andere, und das heißt wohl trendgemäß: verstärkt traditionelle Antworten darauf zu finden. Die Aufsplitterung starrer Gruppierungen in Einzelmenschen bot schließlich auch denjenigen, die der moralischen Repression in Portugal ausweichen wollten, Gelegenheiten zum Ausleben in Hülle und Fülle. Hier praktizierten die sexuell ausgehungerten und jetzt familiär ungebundenen Portugiesen all das, was man seit Jahrhunderten in der Heimat hat denken, aber nicht tun dürfen. Von einer klaren Befehlsposition herab läuft ihr Herrschaftsverhalten gegenüber den Einheimischen zu einem großen Teil über den Geschlechtsverkehr ab. Die »sexuelle Raserei« der Portugiesen (auswärts!) wird zu einem Stereotyp der eigenen und ausländischen Reiseliteratur und Kolonialgeschichte. Noch im 20. Jahrhundert glaubt ein brasilianischer Soziologe, die Portugiesen seien vor allen Europäern »die sinnlichsten, gierigsten, wildesten, zügellosesten und potentesten«.[36] Die Unzufriedenheit vieler emigrierender Portugiesen mit den Zuständen in ihrem Land ist in Übersee offensichtlich auf gut funktionierende Ventile gestoßen.

Wie die Weltgeschichte bis in unsere Gegenwart hinein zeigt, kann ein Volk sehr wohl auch einmal eine Periode der Verkümmerung seines politischen Lebens, des geistigen Abschwungs und der künstlerischen Bewegungslosigkeit ertragen und sich dann doch wieder zu neuer Aktivität aufrichten; vorausgesetzt, es ist allseits so satt, daß es später von diesem Polster zehren kann. Doch das in seiner rasanten Entwicklung gestoppte Portugal schien ja um die Mitte des 16. Jahrhunderts auf seine Zeitgenossen alles andere als den Eindruck allgemeiner wirtschaftlicher Blüte und Behäbigkeit zu machen. Das Stereotyp, ein armes Land zu sein, konnte Portugal auch in der Folgezeit, bis heute, nicht abschütteln. Es fällt jedem Reisenden schwer, sich vorzustellen, daß es dieses Land war, daß vor vierhundert Jahren den Fluß der größten Reichtümer, die bis dahin in europäische Hände geraten waren, kontrolliert hat. Und er fragt sich: Wo ist das ganze Geld geblieben?

Den Löwenanteil aller Einkünfte aus den Kolonien empfing die Krone, und sie bestimmte die Weiterverwendung. Um 1520 z. B. machten die Einnahmen aus Übersee mehr als zwei Drittel des Staatshaushalts aus. 1000000 Cruzados brachten die Gewürze, 250000 der Zucker, 60000 die Produkte, aus denen man Textilfarben herstellte, und 30000 die Sklaven. Auf der Sollseite standen: Aufbau der regelmäßigen Indien-Flotte und Unterhalt der Festungen in Marokko – man bemerke, daß kein Geld direkt in die östlichen Kolonien zurückgelenkt wurde; das »reiche« Portugiesisch-Asien sollte sich aus dem Stand selbst versorgen, nur gemolken werden, statt zusätzlich zu kosten. Der Profit von rund vierzig Prozent hätte, theoretisch, Portugal zugute kommen können.[37]

Aber hier zeigten sich im Laufe der Zeit die Nachteile einer Wirtschaft, die entscheidend vom Staat beherrscht wurde. Was zu Beginn der Expansion Portugals sehr sinnvoll erschienen war, weil die Führung durch die Krone die Anstrengungen aller nationalen Sektoren in eine einzige Richtung zu bündeln half, erwies sich jetzt, als das Hauptziel erreicht war, als ein unüberwindliches Hindernis für Weiterentwicklung. Die Krone sah angesichts der stetig sprudelnden Quelle des Reichtums keinen Reiz mehr darin, den Nutzen möglichst gerecht, also weitgestreut und gleichmäßig, zu verteilen. Im Gegenteil, sie verdrängte ihre ehemaligen Partner, die Handelsbürger aus Lissabon, massiv aus dem Geschäft. In den Anfangszeiten des Kolonialismus hatte es nicht weniger als achthundert Großkaufleute in Lissabon gegeben[38] und zwanzig »sehr reiche Häuser«.[39] Durch Handelsrestriktionen, forcierte Abgabenforderungen und eine galoppierende Inflation wurden die meisten von ihnen in der zweiten Hälfte des 16. Jahrhunderts in die Pleite getrieben. Die nationale Bourgeoisie war praktisch ruiniert.

Bevorzugte Kompagnons der Krone wurden ausländische Handelshäuser. Sie erschienen innenpolitisch ungefährlicher, und sie boten ein wesentlich höheres Eigenkapital. Am Lissaboner Hof drängelten sich flämische, englische, französische, italienische Agenten, und »wie zu erwarten, hüpften überall Deutsche herum. Es kamen die Welser, Fugger, Imhof, Hochstetter und Rem. 1531 erschien ein mächtiger Kapitalist aus Augsburg, Georg Herwart, und er teilte sich von nun an mit der portugiesischen Krone das Monopol des Exports indischer Edelsteine nach Europa.«[40]

Ab 1525 verlagerte sich folgerichtig der Handel mit Gewürzen von Portugal nach Antwerpen. Dort an der Börse wurden die großen Kontrakte abgeschlossen, und der Hafen von Lissabon war nur noch Umschlagsplatz. Der König von Portugal war voll ins »internationale Geschäft« eingestiegen; immer rascher flossen die Gelder nur noch durch Portugal durch. Was aus Indien kam, bezahlte sofort die gewaltig gestiegenen Importe aus Nord- und Westeuropa und Italien. Portugal produzierte nur noch Wein, Oliven und Kork in ausreichender Menge selbst, alles andere, was damals ein europäisches Volk benötigte (Kupfer, Silber, Textilien und Getreide), wurde eingeführt.⁴¹

Nicht genug damit: die Krone ließ sich auch noch ihre Ausgaben durch die Ausländer vorfinanzieren – und verschuldete sich bis zu unglaublichen Höhen. Es gab Zeiten, in denen João III. bis zu 25 Prozent Jahreszinsen für jede neue Anleihe zu zahlen versprach.⁴² Auf diese Weise brachte schließlich, 1545, die portugiesische Faktorei in Antwerpen das Kunststück zustande, ihren Bankrott zu erklären. Portugal hatte kein Geld mehr, war »verbraucht« worden. Die Staatswirtschaft hatte in Europa ihren Kredit verspielt. »Der Staat sah, daß sich wie in einem Zauberakt sein militärischer und bürokratischer Apparat phantastisch vergrößerte – und zur selben Zeit trocknete seine produktive Basis ein. So hypothekierte Portugal sich selbst ... Die Nutznießer des Überseehandels wurden die großen überstaatlichen Finanzorganisationen, die somit den »Entdeckungen« einen Gutteil ihres Aufschwungs verdanken.«⁴³ Noch eine Konstante des Kolonialismus hatte sich herausgeschält: er war zu einem gesamteuropäischen Unternehmen geworden; es profitierten keineswegs ausschließlich oder auch nur vorrangig die direkt Kolonisierenden.

Aber der Vorrang der Krone bei der Ausbeutung der portugiesischen Kolonien hatte auch noch binnenwirtschaftliche und ebenfalls negative Auswirkungen. Es zeigte sich jetzt, daß die portugiesischen Könige aufgrund ihrer Herkunft keine »ausreichend kommerzialisierte Mentalität« besaßen.⁴⁴ Die Könige begriffen nicht, daß man beständig neu investieren muß, wenn man auch in Zukunft verdienen will, und daß Zuwachsraten mit Sicherheit nur durch zeitweiliges Sparen und noch höheres Investieren erreicht werden können. Die Könige kurbelten nicht die Industrie, das Handwerk, das Bankwesen Portugals an, sondern sie steckten ihr Geld mit Vorliebe in unproduktive Objekte. Sie bauten sich Unmengen von Schlössern und Kirchen. Während das zu Zeiten Manuels immerhin noch einen neuen Kunststil hervorbrachte, den »manuelinischen«, mit dem versteinerten Abbild von Schiffstauen und Knoten an den Fenstern und mit indisch anmutenden Ornamenten, so ging es später mehr darum, dick zu vergolden, was vorher aus blankem Holz gewesen war.

Die Einnahmen aus den Kolonien wurden auch im engeren Kreis des Hofes verschleudert. Prinzessinnen bekamen immense Mitgifte, Prinzen eigene Haushalte, die den Bedürfnissen europäischer Großresidenzen ebenbürtig waren.[45] Teils aus Sympathie gegenüber den eigenen Standesgenossen, teils aus innenpolitischer Berechnung, zog der Hof immer mehr Abhängige zu sich heran und bezahlte ihnen feste Gehälter für die bloße Anwesenheit. Zeitweise gab es an die 5000 Adlige, die man mit Bällen, Theatervorführungen, Turnieren und anderen Vergnügungen beschäftigen mußte.[46]

Dieser neuen Elite der »Höflinge« gesellte sich als weitere höchstprivilegierte, aber ertragslose Bevölkerungsgruppe der Klerus zu. Seine Zahl wuchs im 16. Jahrhundert kräftig an. Es gab allein in Lissabon 42 Klöster und 3500 Geistliche. Wieviel das zu jener Zeit für das Erwerbsleben bedeutete, demonstriert ein Vergleich: Das waren doppelt soviel Priester wie die Gesamtheit der Lissaboner Ärzte, Apotheker, Lehrer, Zimmerleute, Bootsbauer und Hafenmeister.[47] Auch der Klerus lebte weitgehend von staatlichen Subventionen.

Die Erfolge der kolonialen Expansion Portugals hatten also fast alle Lebensstränge der Nation auf das Königshaus ausgerichtet. Portugal steuerte voll auf einen »Absolutismus« zu. Es war der Vorreiter für die Idee eines allmächtigen Monarchen, der nur noch Gott, aber nicht mehr seinem Volk Rechenschaft abzulegen hatte, Experimentierfeld eines neuen europäischen Staatsverständnisses. Wenn später Ludwig XIV. von Frankreich erklären sollte, daß er persönlich der Staat sei, so stimmte das schon für die Könige im Zeitalter der »Entdeckungen«. Es war der zentralistische Kolonialismus gewesen, der ihnen dazu eine materielle Basis und eine Organisationsform verschafft hatte. Und es ist sicher kein Zufall, daß auch in Spanien, im zweiten großen Kolonialreich jener Zeit, das die Expansion staatlich lenkte, eine ähnliche Entwicklung der Königsmacht stattfand. Bald sollte Philipp II. von Spanien (1556–1598) sogar eine »Weltmonarchie« für sich fordern, die den ganzen Globus umspannende Hegemonie einer einzigen königlichen Familie, der Habsburger.

Nun verdiente ja nicht ausschließlich die portugiesische Krone an Indien. Es entstanden auch Einzelvermögen. Aber auch dieser private Import war weit davon entfernt, der Wirtschaft Portugals langandauernden Nutzen zu bringen. Die Verbrauchsgewohnheiten einzelner orientierten sich an dem, was der Staat ihnen vormachte.

Bei dem prekären Leben in den Kolonien war es verständlich, daß Reichtum schon dort möglichst schnell in ganz persönliche Befriedigung umgemünzt wurde. Wer nach der Bezahlung der stark überhöhten Preise für alles Lebensnotwendige, von Lebensmitteln bis zu Transportkosten, noch genügend Geld übrig hatte, lenkte es in den kolonialen Zentren mit Vorliebe in den Konsum von Luxusgütern. Nach über fünfzig Jahren Erfahrung in Goa beschrieb ein Kolonialbeamter sarkastisch die dortigen Zustände: »Da kommt ein junger Mann ohne einen einzigen Cruzado, ja sogar ohne schützenden Umhang, nach Indien; und schon einen Monat später sehen wir ihn auf einem silberbeschlagenen Pferde müßig die Straßen auf und ab reiten, er hat eine reiche Rüstung und ein Haus. Er verführt eine Jungfrau, betrügt eine Witwe und entehrt eine Gattin. Gerade erst beginnt ihm der Bart zu wachsen, und schon läßt er sich, rosig gestimmt und munter, in diesem geilen und willigen Land, wo soviel Wonne herrscht, die schwarzen Löckchen ondulieren, als wäre er ein Mulatte. Er hüllt sich in weite Gewänder von der Art, wie sie antike Senatoren trugen; er schlüpft in bestickte Hosen und legt sich perlenbesetzte Mäntel auf die Schultern. Seine Schwerter sind vergoldet. Lakaien gehen ihm voran, Lakaien folgen ihm nach.«[48] Und so sieht denn auch das typische Haus eines staatlichen Handelsvertreters in Indien aus: »In der ersten Etage auf der Veranda und im Wohnraum trefft ihr eine Unzahl von Schneidern und Sattlern, die Seidenkissen und Polstermöbel herstellen. In den kleineren Zimmern fertigen Goldschmiede gerade Silberkannen an, Hals und Armketten für die Frau und die Töchter; andere beschlagen Schildpattruhen mit Silber und geritzten Kokosnußschalen. Im Erdgeschoß zimmern Tischler und Drechsler Möbel unterschiedlichster Façon, geschwungene Schreibtische, massive Kleiderschränke. Man hat mehr das Gefühl, ein Kaufhaus zu betreten, als die Wohnung eines Beamten.«[49]

Wer doch Vermögen zurücklegen mochte, legte es in der Regel in Edelsteinen an, weil man sie im Notfall gut mit sich nehmen konnte. Wie wir aus Testamenten jener Zeit wissen, war auch der Ankauf von königlichen Postenernennungen und von Schuldverschreibungen beliebt; man konnte diese Bündel dann in Portugal umtauschen.[50] Darüber hinaus wurde Geld für Landbesitz, besonders in den indischen »Nordprovinzen«, ausgegeben, und für den Bau von Wohnhäusern. Sie waren aber längst nicht so sehr für die Ewigkeit gedacht wie die gewaltigen Festungs- und Kirchenbauten. Auf den heutigen Ruinenfeldern der einst mächtigen portugiesischen Städte Goa und Baçaim (nördlich Bombays) hat sich kein einziges Gebäude erhalten, das von Privatleuten errichtet worden war: Die überschnell aufgetürmten Steine und Adobe-Blöcke verschwanden gleichzeitig mit ihren Bauherren.

Wuchtig, auftrumpfend und für die Dauer wurde dagegen in Portugal konstruiert. Wer Teile seines Vermögens aus den Kolonien heil bis hierher hatte retten können, steckte es mit Vorrang in Bauten. Er wollte sich damit ein Erinnerungsmal an seine Erfolge in Asien setzen, denn es hatte sich wortwörtlich schon die Redewendung durchgesetzt: »Hast du was, dann bist du was.«[51] Kein Adliger, der sich nicht wenigstens zwei neue Herrensitze einrichtete, einen Stadtpalast in Lissabon und ein Schloß auf dem Lande.[52] Wer es sich leisten konnte, baute in speziellen Modevierteln. In dem Waldgebirge von Sintra, gleich bei Lissabon, entstand eine richtige Aristokraten-kolonie, wo z. B. auch die Albuquerques und Castros wohnten.

Daneben feierte natürlich der Vorzeigekonsum auch in Portugal seine Ur-stände. Wenn am Ende einer Straße in Lissabon eine bunte, glitzernde und wohlriechende Gestalt auf den Zehenspitzen tippelnd auftauchte, schrien alle Einheimischen auf: »Seht nur, da kommt ein Sohn Indiens!«[53] Ein Da-heimgebliebener dichtete spöttisch: »Heutzutage tragen Männer Mäntel-chen, kurze Krägelchen daran, und Strümpfchen und Schühchen, schmale Bänderchen und Schleifchen, Wämschen und Hütchen, Stützen für den Kopf und Leibchen für die Hüfte, alles ganz neu und Kinkerlitzchen.«[54]

Es wurde zu einem Gemeinplatz in der damaligen Literatur, daß die Errich-tung prachtvoller Wohnungen, vollgepfropft mit einer pompös ausgestat-teten Dienerschaft, und der Kauf modischer Luxusgüter, die nur im Aus-land hergestellt wurden, dem Lande nicht nur nichts einbrachten, sondern ihm schadeten. Mitten im größten Konsumrausch Portugals schlossen Hunderte von einheimischen Handwerksbetrieben und Verkaufsläden die Pforten; sie waren nicht mehr konkurrenzfähig.[55]

Das Privatgeld aus Portugiesisch-Asien verschlimmerte schließlich die wirtschaftliche Situation selbst in den Agrargebieten Portugals. Als echte Adlige wollten die Indien-Heimkehrer ihr Geld auch in den Erwerb von Landbesitz stecken, das traditionelle Maß für das Ansehen einer Aristokra-tenfamilie.[56] Die plötzliche heftige Nachfrage trieb die Preise für verkaufs-fähiges Land in phantastische Höhen. Da es den Käufern vor allem um ihr Prestige und nicht um eine rentable Geldanlage ging, zahlten sie auch die unsinnigsten Summen. Diese Einlagen waren zwar nie wieder herauszu-wirtschaften, aber ein wenig haben wollte man von seiner Investition doch. Und man erhöhte den Druck auf seine Landarbeiter und Bauern. So ver-schärften im Endeffekt die Profite, die einige Reiche in den portugiesischen Kolonien machten, die Ausbeutung der Armen im eigenen Lande. Ein schwererträgliches Paradox auch für Zeitgenossen: »Da treibt ein Kapitän in Indien seine Untergebenen in schlimmste Not und Gefahren. Wenn er sie ausgenommen hat, kauft er sich Landgüter in Portugal. Und dann treibt er die dort Ansässigen ins Elend und fragt ängstlich bei jedem Bericht: Können sie sich noch auf den Füßen halten? Leben sie noch?«[57] Die Land-flucht stieg explosionsartig an, weil nur in Lissabon alles Geld wenigstens kurzfristig zusammenlief und nur hier auf das Glück, eine lohnende Be-schäftigung zu finden, gehofft werden konnte. Das Lumpenproletariat wurde so groß, daß die sozialen und sicherheitspolitischen Probleme nicht mehr zu lösen waren. Auf dem Land wiederum gab es akuten Arbeitskräf-temangel, und um ihn abzuschwächen, setzte man Menschen direkt aus den Kolonien dafür ein: Schwarze Sklaven begannen portugiesische Felder zu beackern. Forcierte Einwanderung kompensierte forcierte Abwanderung.[58] Die wirtschaftlichen Konsequenzen der weltweiten Expansion für Portugal ähnelten immer mehr einem absurden Karussell.

Der Urgedanke bei der Kolonisierung, den der Dichter Luís de Camões auf die knappe Formel gebracht hatte: »Der Raub nach außen soll den Raub nach innen erübrigen«[59], war offensichtlich nicht verwirklicht worden. Ein gesamtgesellschaftlicher Wohlstand war nicht entstanden. Begünstigt wurden nur das Königstum und einige Privilegierte – aber das in großem Volumen auch nur für eine begrenzte Periode.

Der krasse Unmut, die verbitterte Traurigkeit, die damals den Zeitgeist in Portugal so sehr prägten, werden nun verständlich. Es ist vor allem die Enttäuschung über verpaßte Gelegenheiten: »Das Vergangene beweine ich, das Kommende fürchte ich.«[60] In der Poesie dominieren fatalistische Motive. »Alle Lieder in Portugal haben einen lamentierenden Ton bekommen, überladen von Müdigkeit.«[61] Hier schon haben die *Fados* ihre Vorläufer und Modelle, diese berühmten Volkslieder Lissabons, wo Männer oder Frauen, jeweils allein, wehleidige Gemütsausbrüche und schrille Klagen zu Gitarrenmusik zelebrieren. Ein *Fado* (das Wort heißt »Schicksal«) ist somit nicht, wie eine spätere Propaganda behauptete, die stolze Reaktion des Volkes auf eine vergangene imperiale Größe, sondern die verzweifelte Beschwerde darüber, daß diese Größe das Volk nie erreicht hat.

Portugals Komplikationen fanden ihren Höhepunkt schließlich, wie in einem Theatercoup, mit einem historischen Unfall. Ganz Europa sah zu, wie der vierzehnjährige König Sebastião, der 1568 die Regierung übernommen hatte, ein Debakel zu inszenieren begann, das die nationale Unabhängigkeit Portugals zerstörte.

In der richtigen Erkenntnis, daß die Misere seines Landes das Ergebnis königlicher Politik war, nahm er die Verantwortung für ihre Besserung auf sich. Aber als typischer Portugiese seiner Zeit tat er genau das, was schon längst nicht mehr zeitgemäß war. Er wollte ein Signal setzen, wie es einmal die Eroberung Ceutas 1415 gewesen war. Doch Sebastião fiel nichts anderes ein, als die längstvergessenen Heldentaten simpel zu imitieren. Was früher Ceuta war, sollte jetzt eine andere marokkanische Stadt, nämlich Fes, werden. Was ein Heer von Rittern geleistet hatte, sollte nun eine Armee, die nur aus erstgeborenen *Fidalgos* bestand, vollbringen. Aber keine dieser erwünschten Parallelen stimmte. Ceuta war eine relativ schwache Hafenstadt gewesen und in einer Überraschungsattacke genommen worden. Fes war ein starkes Sultanat im Inneren Marokkos und konnte sich durch Sebastiãos europaweiten Werbefeldzug jahrelang auf diesen Krieg vorbereiten. Ceuta war außerdem als Anfang einer langen Kette von Eroberungen gedacht. Der Besitz von Fes wäre folgenlos gewesen. Die damaligen Ritter waren kriegserfahren. Die jetzt aufgerufenen Adligen waren ausgerechnet die, die nie ihr Land verlassen hatten. Und wenn die früheren Attacken Portugals auf marokkanische Festungen taktisch gut durchdacht worden waren, so konzentrierte sich der jetzige Feldherr in seinen Vorbereitungen vor allem auf seine ganz persönliche Fitness: Er lernte, nur jede zweite Nacht zu schlafen und Fischerboote im Sturm zu rudern.[62]

Am 16. Juli 1578 nahm das Trauerspiel seinen Anfang, als 16000 portugiesische Krieger und ihre deutschen, spanischen und italienischen Hilfstruppen an der afrikanischen Küste landeten. Schon zwanzig Tage später war es zu Ende. Die überlegene Armee des Sultans hatte die desorientierten Portugiesen niedergewalzt. Der König selbst und 7000 junge Aristokraten kamen um. Der Rest wurde als Sklaven verkauft. Weniger als hundert Überlebende kamen nach Hause zurück.[63]

Die Bühne des Nachspiels war dann wieder Portugal. Da Sebastião an Impotenz gelitten hatte, war er jeder Heirat ausgewichen. Es gab keinen direkten Erben des Throns. Der nächste Verwandte, Prinz Henrique, wurde König, aber er war ein 74jähriger Kardinal, der weder legalen Nachwuchs hatte noch in der Lage war, jetzt noch für ihn zu sorgen. Und so fiel Portugal nach seinem Tode, 1580, an Spanien: etwas, was jeder portugiesische Politiker dreihundert Jahre lang zu verhindern gesucht hatte. Die Abgrenzung gegen Spanien war der Kern des portugiesischen Identitätsgefühls gewesen.

Diese doppelte Niederlage in der Schlacht von Alcácer-Quebir wurde von den Portugiesen so tief empfunden, daß die Hoffnung auf eine wundersame Erlösung zu einer mächtigen Geistesströmung wurde. Wenn Portugal mit einem solchen Paukenschlag geendet hatte, so würde es auch in einem ähnlichen Blitzereignis wiedererstehen. Sebastião kehre mit seinem Heer von jugendlichen Recken aus einem unterirdischen Silbersee zurück. Der »Sebastianismus« als Vorstellung eines neuen Idealstaates hatte im ganzen portugiesischen Imperium einen so durchschlagenden Erfolg, daß selbst 1838 noch in Brasilien blutige Aufstände losbrachen, von Tausenden von fanatischen Menschen, die glaubten, Sebastião sei wiedererschienen und bereinige jetzt endlich alles politische und soziale Elend.[64]

Dieser Volksglaube trug viel dazu bei, daß es in Portugal einigen Aristokraten um 1640 gelang, das Land nach sechzigjähriger Abhängigkeit von Spanien abzuspalten. Auch die Kolonien konnten sie zurückerhalten, weil während der gesamten Zeit der Personalunion die überseeischen Besitzungen Portugals und Spaniens getrennt verwaltet worden waren. Auch wenn der König in Madrid saß, Lissabon blieb für die Kolonien zuständig. Und auch nur authentische Portugiesen durften Staatsposten in den portugiesischen Teilen Afrikas, Asiens und Amerikas bekleiden. Im Prinzip war Spaniern sogar das Betreten dieser Gebiete verboten; und viele Kolonial-Portugiesen achteten streng darauf, daß solche Bestimmungen exakt eingehalten wurden. Als z. B. 1598 eine spanische Fregatte aus ihrem Heimathafen

Manila nach Kanton gesegelt war, um Kontakte mit den örtlichen Behörden aufzunehmen, schickte der Kapitän zwei spanische Franziskanermönche zum portugiesischen Kommandanten von Macau und ließ um Unterstützung bitten. »Er erinnerte daran, daß sie doch allesamt Vasallen desselben Königs seien, und er stattete seinen Brief mit all diesem Schmus aus, mit dem die Spanier nie zu geizen pflegen.« Die Portugiesen warfen die beiden Priester sofort ins Gefängnis und fuhren den Perl-Fluß hinauf, ihren spanischen »Bundesgenossen« entgegen. Sie jagten sie, zum Erstaunen der Chinesen, mit Waffengewalt bis in die Philippinen zurück.[65]

Das war das »Goldene Zeitalter« Portugals gewesen. Es brachte dem Land internationale Beachtung und punktuellen Reichtum auf Kosten des wohlausgewogenen Sozialgefüges, des Wohlstands und politischer Mitbestimmung breiterer Bevölkerungsschichten sowie staatlicher Unabhängigkeit. Schon 1550 hatte vorausschauend ein modisch pessimistischer Dichter geraunzt: »Was nützt mir die blutige Lanze in der Brust eines maurischen Königs, wenn ich das Leben verliere und nichts gewinne? Es gibt keine Triumphzüge mehr, keine Lorbeerkränze und Palmenwedel. Undankbare Zeit! Und das ist das Zeitalter, das sie das goldene nennen! Weil alles nur dem Gold gehorcht.«[66]

Der Niedergang der portugiesischen Herrschaft

Schon ein flüchtiger Blick auf die Weltkarte zeigt, daß die Bedingungen für die portugiesische Kolonialherrschaft im 16. Jahrhundert ganz andere gewesen waren als diejenigen, mit denen Spanien in Amerika fertig zu werden hatte. Im spanischen Kolonisationsbereich trägt die Mehrheit aller Landstriche und Ortschaften Namen, die die Europäer gegeben haben, von Monterrey (»Königsberg«) in Mexiko bis zum Cabo de Hornos (»Feueröfen-Kap«) in Süd-Chile, mit Hunderten von San Juan, San José, Santa Rosa und Santa María. Im portugiesischen Asien dagegen gibt es nicht eine einzige bedeutende Stadt, die einen portugiesischen Namen besitzt. So heißen z. B. die Stützpunkte Portugals an der besonders intensiv beherrschten indischen Westküste: Coulão, Cochim, Cranganor, Ponane, Calicut, Chale, Cananor, Mangalor, Braçalor, Onor, Goa, Chaul, Bombaim, Baçaim, Açarim und Damão. Alle Namen entstammen der Malayalam-, Konkani- oder Mahratti-Sprache. Die Portugiesen hatten bei ihrer Übernahme nichts weiter gemacht, als die für sie zungenbrecherische Aussprache den eigenen phonetischen Gebräuchen etwas anzupassen.

Dieser auffällige Kontrast zu »Latein«-Amerika erklärt sich erstens durch den »peripheren« und zweitens durch den »konservierenden« Charakter der portugiesischen Kolonialherrschaft in Asien.

In Amerika sind die Spanier in Mexiko, Guatemala, Kolumbien und Peru ins Zentrum von indianischen Hochkulturen vorgestoßen, haben sie zerstört und besetzt. Die portugiesische Macht jedoch blieb im Prinzip auf dem Meer, über das sie gekommen war. Die Portugiesen wollten Einfluß auf Handelsströme, nicht globale Eroberung des Hinterlandes. Sowohl Indien als auch China hatten mit ihren Landmassen soviel politisches und wirtschaftliches Eigengewicht, daß die Ansiedelung von Ausländern an ihren Küsten sie wohl zeitweilig stören konnte, sie jedoch – noch – nicht im Lebensnerv traf.

So schonten selbst die islamischen Moghul-Kaiser, die nach 1526 einen einheimischen Staat nach dem anderen überfallen und erobert und den größten Teil Indiens geeinigt hatten, ausgerechnet die vielen kleinen portugiesischen Besitzungen. Akbar der Große (1556–1605), dessen Macht von Afghanistan bis in das Innere Südindiens reichte, erzielte schon durch die schiere Menge seiner Untertanen ein gewaltiges Steueraufkommen, und so konnte er die portugiesischen Handelseinkünfte am Rande seines Reiches großzügig tolerieren. Er sah in diesem Kolonialreich ein interessantes Kuriosum, durch das man, von Nachbar zu Nachbar, Informationen über die fernen Länder in Europa erhalten konnte. Er ließ sich an seinem Hof von

Hetzjagd der Holländer auf portugiesische Großschiffe

Bildnachweis: de Bry, Icones Hoc Est Verae Variocum, Frankfurt M., MDCVI in: F. P. Marjay (Hg.), Portuguese Navigators, Lisboa 1970, S. 102, 103

portugiesischen Wirtschafts- und Militärfachleuten berichten; er befragte Jesuiten nach dem Christentum, mischte einige ihrer Auskünfte mit seinen islamischen Kenntnissen und erfand so eine Privatreligion; und er erwarb eine Dona Joana für seinen Harem, die, in diesem Sonderfall »privater« Berufsausübung von Portugiesen, durch ihre Exotik viel Einfluß auf ihn, den Hof und Indiens Außenpolitik gewann.[1]

Auch aus der Sicht Chinas waren die Portugiesen peripher, eine »Randerscheinung«: räumlich, weil sie weit entfernt von Peking lebten, noch vor den Toren des schon extrem südlichen Kanton, und ökonomisch, weil auch für China die internen Wirtschaftsbeziehungen eine ungleich größere Bedeutung hatten als jedes Import- und Exportgeschäft. Der chinesische Binnenhandel war zu jener Zeit größer als das gesamte Volumen des Handels in Europa.[2] Der Reiz (und Nutzen) des kulturell Fremden verdrängte möglichen Konkurrenzneid. Die Chinesen ließen sich von Portugiesen Dessins für chinesisches Porzellan entwerfen, das sie dann, derart marktgerecht, in Europa verkauften. So gibt es blaue Ming-Teller, auf denen die Embleme der portugiesischen Hoheitspfähle abgebildet sind, oder Ming-Flaschen, auf denen Pagoden mit großen Kirchenkreuzen über chinesischen Landschaften thronen.[3]

Dieses »niedrige Profil«, das die Portugiesen den Supermächten des Fernen Ostens präsentierten, öffnete ihnen die Freiräume, die ihnen dann doch, in der Zusammenfassung vieler »Rand«-Situationen, ein Großreich gaben. Die Portugiesen schalteten ganze Serien von Staaten kleinerer Größe aus. Sie setzten in der Nähe Indiens und Chinas eigene, spezielle Monopole durch, während sie die Monopole der anderen respektierten. So operierten sie an Direktkonflikten vorbei. Ihre Flotten kreuzten sich in der Tat immer wieder, aber auf unterschiedlichen Ebenen: Die portugiesischen Schiffe in der Inselwelt Hinterindiens holten die in Europa außergewöhnlich teuren Nelken von den Molukken, die chinesischen Dschunken gleichzeitig die bei sich zu Hause außergewöhnlich teuren Schwalbennester aus den Höhlen Borneos.

Nur einmal hatten die Portugiesen direkt auch das Zentrum eines bedeutenden asiatischen Reichs erobert: Malakka. Doch gleich zeigte sich, daß Malakka zwar Hauptstadt der weitverstreuten malaiischen Kultur war, seine politische und wirtschaftliche Stellung aber ebenfalls als eine am Rande liegende Macht errungen hatte. Es lag ja genau im Schnittpunkt zweier Kulturkreise, Indiens und Chinas, von der Mitte eines jeden so weit entfernt, daß beide sich hier schwach genug fühlen konnten, um einen gleichberechtigten Kontakt mit dem anderen zu verkraften. Nichtsdestoweniger provozierte dieser ungewohnte Griff Portugals zu einer wirklichen Schaltzentrale prompt eine unangenehme Antwort. Die Malaien schufen sich Nachfolge-Staaten in der Nachbarschaft. Portugal konnte die Funktion Malakkas nicht allein übernehmen, sondern mußte sie sich mit den neugegründeten oder neuerstarkten Staaten Acheh (an der Nordspitze Sumatras), Bantam (in West-Java) und Johore (bei Singapur) teilen. Hier war durch das Auftauchen der Portugiesen ausnahmsweise nicht nur eine Änderung in den Bündniskonstellationen bestehender Länder bewirkt worden, sondern eine großräumige territoriale Neugliederung.

Doch das zweite Hauptcharakteristium des portugiesischen Kolonialismus blieb: konservieren. Fortführen, was sich schon vor der Zeit der Europäer bewährt hatte. Als die Spanier die einheimischen Reiche in Amerika zerschlagen hatten, stülpten sie auf deren Trümmer sofort ihre eigene Ordnung. Sie machten aus dem Azteken-Reich ein »Neu-Spanien«. Sie richteten die Verkehrswege neu auf die Küsten aus, um den im Inneren erbeuteten Reichtum nach Europa abtransportieren zu können. Sie verlagerten die Wirtschaft ihrer Kolonien aufs Bergwerkswesen, weil man in Spanien nach Silber verlangte. Sie verteilten das Land und seine Bewohner auf weitläufige *Haciendas*, weil großer Landbesitz das wichtigste Statussymbol auf der Iberischen Halbinsel gewesen war. Und sie legten Plantagen an, um in Spanien benötigte Produkte aus der neubesetzten Erde herauszuholen.

Fast nichts davon taten die Portugiesen in Asien. Sie beherrschten Vorhandenes. Eine Woche nur nach seinem Sieg in Malakka schickte Albuquerque einen Herold auf einem Elefanten durch die Straßen der Stadt und ließ ihn auf Portugiesisch und Malaiisch verkünden, daß »alles beim alten bleiben sollte«. Albuquerque habe erfahren, daß viele Sklaven während der Unruhen geflohen seien. Sie solle man nun wieder einfangen. Wer Sklave des Sultans war, werde Sklave des portugiesischen Gouverneurs. Wer Sklave eines Privatmanns war, werde entweder dem zurückgegeben, dem er gehörte, oder, falls der Eigentümer nicht mehr auszumachen sei, dem »Finder«. Schlagartig stellte sich damit, zur Beruhigung der besiegten Besitzenden, die traditionelle Gesellschaftsordnung wieder her; sogar noch stabiler als vorher, denn viele Bewohner Malakkas nutzten die günstige Gelegenheit, ihre persönlichen Feinde als »ehemalige Sklaven« zu denunzieren und »sich ihrer, ihrer Frauen und Kinder in alle Ewigkeit zu bemächtigen … Diese gute Handlung versöhnte Portugiesen und Malaien«.[4]

Auch beim Handel liebte das koloniale Portugal die Kontinuität. Sein Einstieg ins asiatische Geschäft war überwältigend neuartig gewesen, sein Verbleiben darin war völlig angepaßt. Höchster Ehrgeiz der Portugiesen wurde, in die Rolle von Oberaufsehern über die alten Handelswege zu schlüpfen. Der Gehorsam gegenüber Gewohntem ging so weit, daß er sogar die Ziele neuer Kriege bestimmte. Weil traditionell der westlichste Handelspartner Malakkas die Stadt Hormuz gewesen war, auf einer Insel genau an der Einfahrt zum Persischen Gold, machte sich der greise Albuquerque auf den weiten Weg, um nun auch diesen letzten Punkt auf der asiatischen

Gewürzroute zu erobern. Er nahm Hormuz 1515 nach wilden Kämpfen in portugiesische Schutzherrschaft.

So kommt es, daß heutzutage Forscher die ältesten Schiffahrtswege in Asien dadurch rekonstruieren können, daß sie fragen: Wo entlang fuhren die Portugiesen um 1520?[5] Wenn man erfährt, daß sie z. B. im Südchinesischen Meer die Insel Tioman ansteuerten, sich dort Frischwasser besorgten, kleine Ausbesserungsdocks bauten und Schildkröten jagten, so kann leicht daraus geschlossen werden, daß alle vor ihnen es genauso getan hatten.[6]

Auch in dem, was die Portugeisen in ihren Schiffen transportierten, ahmten sie ihre Vorläufer nach. Sie schürften weder nach unbekannten Erzlagern noch nahmen sie große Pflanzungen in eigene Regie; sie transportierten die Produkte der anderen. Sie fuhren von Hafen zu Hafen und nahmen mit, was sie bekamen. Schließlich kam es sogar so weit, daß portugiesische Pfefferschiffe nicht mehr nach Westen segelten – sondern nach Osten: sie luden ihre Ware im traditionellen Pfefferhafen Pacem an der Ostküste von Sumatra ein und brachten sie dann nach China. Oft benutzten sie auf diesen Fahrten sogar Dschunken.[7]

Das Ergebnis der Kolonisierungsmethoden der Portugiesen in Asien war somit ein kunstvoll ausgetüfteltes Gefüge von Abhängigkeiten. Da vermengten sich Bescheidenheit und Gewalt, Macht und Geld, Neues und Etabliertes.

Es ist klar, daß ein solch kompliziertes System viel leichter vei wundbar ist als der andere Typ von Kolonialherrschaft, der erst *Tabula rasa* macht und sich dann selber reproduzieren will. Das System ist besonders gefährdet, wenn außen die politische Großwetterlage umschlägt und im Inneren Routine in Schlamperei übergeht. Wenn eine Gesellschaft, wie es bei den portugiesischen Kolonien der Fall war, nur noch von der eigenen Substanz lebt, das einmal Erworbene verwaltet und es verbraucht, muß schon bei den ersten Zeichen von »Unordnung« energisch gegengesteuert werden. Sonst ist die Führung bald nur noch mit Verteidigungsaufgaben beschäftigt; und da bei dem kolonialen Raubbau keine Reserven dafür da sind, ist eine immer rasantere Desorganisation fast zwangsläufig.

Nachlässigkeiten gab es nun wahrlich in Portugiesisch-Asien genug. Als 1546 der Vizekönig in Goa überlegte, ob er sich in den Konflikt zweier südindischer Könige einmischen sollte, stellte er fest, daß er es gar nicht konnte. Seine Flotte war verfault, alle Schwerter und Rüstungen im Waffenlager waren verrostet, und nicht weniger als 400 Kanonen mußten verschrottet werden.[8] Die Disziplin der Soldaten scheint desolat gewesen zu sein. So wird von der Besatzung in Hormuz 1595 berichtet, daß sie vollständig außerhalb der Festung wohnte, daß die Wachen gewöhnlich zwei Stunden zu spät kamen und dabei auch noch ihre Waffen von Negersklaven

vor sich hertragen ließen. Kein Wunder, daß Feinde zum Angriff auf portugiesische Burgen am liebsten mittags antraten, wenn die Verteidiger ihre
vierstündige Siesta hielten.[9] Brás de Albuquerque, ein Sohn des Eroberers,
schrieb dazu: »Ein Veteran aus der Armee meines Vaters kam wieder einmal
nach Goa und sah das Durcheinander, das jetzt in Indien herrscht. Er
schleppte sich auf den Friedhof und schlug mit seinem Krückstock auf den
Sarkophag Albuquerques: »Oh, großer Kapitän! Du hast mich ausgenutzt
und gequält, aber ich kann nicht leugnen, daß du imstande warst, mit den
größten Problemen der Welt fertigzuwerden. Erhebe dich aus deinem
Grab; sonst geht alles verloren, was du gewonnen hast.«[10]

Tatsächlich dauerte es nicht lange, bis von Portugals Feinden zum Sturm
auf das Imperium geblasen wurde. Ab 1520 rollten die Angriffe in immer
neuen Wellen, fast so regelmäßig wie bei einer Meeresbrandung.
Zuerst schwoll die Gegenwehr einiger asiatischer Staaten an. Sie hatten den
ersten Schock ihrer »Entdeckung« überwunden. Die größte Unruhe
herrschte im malaiischen Raum. Nicht nur, daß die Portugiesen in unmittelbarer Umgebung Malakkas in einen endlosen Guerrillakrieg verwickelt
waren (sie wurden in Sümpfen ertränkt, von Schlangen gebissen, mit fauli-
gem Wasser ermordet, fielen in Gräben mit vergifteten Spießen); sondern
auch die Nachfolgestaaten Malakkas rüsteten gewaltig auf. Der Herrscher
von Acheh in Nord-Sumatra z. B. hatte sich eine neue Schutzmacht gesucht und sie in den Türken gefunden. Er ließ von ihnen seine Armee und
Flotte modernisieren. Er begann, portugiesische Schiffe zu kapern und
Portugiesen abzuschlachten, die sich zu ihm verirrt hatten, »weil ihre Offiziere besoffen gewesen waren«.[11] Dann schluckte er die meisten Kleinfür-
stentümer Nord-Sumatras. Gab es bei ihnen portugiesische Militärberater,
setzte sie der Sultan von Acheh mit ungewohnten Taktiken außer Gefecht.
Da er sie mit Elefanten nicht fassen konnte, jagte er z. B. eine Herde wilder
Wasserbüffel auf sie. Schließlich griff er 1523 die letzte Bastion Portugals
auf Sumatra, das Königreich Pacem, an, das direkt Malakka gegenüber auf
der anderen Seite der Meerenge lag. Sultan Ali Riayat Shah eroberte zuerst
die Stadt und wandte sich dann zum Fort der Portugiesen. Der Kommandant floh sogleich, »weil er seinen zusammengerafften Besitz retten wollte,
und der Ansicht war, daß seine früheren Waffentaten in Marokko schon
genug Dienst für den König gewesen waren«.[12] Die Soldaten, die noch
nicht ausreichend in Asien verdient hatten, blieben und verteidigten die
Burg. Die Truppen aus Acheh gingen sehr auf die Eigenarten der Portugiesen ein. Weil die Europäer nachts viel Licht brauchten und große Reisig-
feuer abbrannten, um mit ihren Kanonen zielen zu können, stürmten die
Einheimischen nur bei strömendem Regen. Oder die Acheh-Leute bestri-
chen ihre Flöße mit dem heimischen Erdöl, das auch unter Wasser brennt,

und ließen sie auf die waffenstarrende Flotte der Europäer zutreiben. Die Portugiesen gaben das Fort auf. Sie wollten ihre zurückgelassenen Waren und Waffen noch in die Luft sprengen, aber ein Gewitterregen ließ nur einen Teil der Sprengladung detonieren. »Die Unsrigen verloren dabei all die Ehre, die sie bei der Verteidigung der Festung gewonnen hatten. Angst im Gesicht, Schande auf dem Rücken.«[13] Pacem war die erste Festung, die den Portugiesen aus ihrer Stützpunktkette verlorenging.

Ab 1537 griffen die Sultane von Acheh mit ihren Flotten Malakka direkt an. Die zweite Attacke fand bereits 1539 statt. Dann kam Acheh 1547 wieder. Bei dem Überall von 1568 waren mehr als 300 Kriegsboote mit 15000 Soldaten beteiligt. 400 türkische Artilleristen halfen mit 200 Bronzekanonen.[14] Es folgten weitere Angriffe 1573, 1575, 1616. Auch von Java her, besonders aus dem islamischen Bantam, steuerten feindliche Flotten auf Malaya zu, 1513, 1535, 1551 und 1574. Und auch die Sultane in Johore mochten nicht zurückstehen und belagerten das portugiesische Malakka 1551, 1586, 1606 und 1616. Für die Portugiesen war hier die Bedrängung zum Normalfall geworden; und als äußerstes Glück empfand man es, einmal ein paar Jahre hintereinander keine feindliche Flotte am Horizont auftauchen zu sehen.

Vergleichbar hart war der Druck auf die Portugiesen in den Molukken. Hier verdichtete er sich bis zu einer Explosion. »Auf die Molukken haben wir leider die schlechtesten unserer Leute geschickt, die nichts können als betrügen, intrigieren und rauben.«[15] Das Sultanat von Ternate wurde zuschanden regiert, weil die portugiesischen Kommandanten die einheimischen Würdenträger nicht wie Verbündete, sondern wie rechtlose Untertanen behandelten. Als 1535 der oberste islamische Geistliche von Ternate das Lieblingsschwein des Festungskapitäns hatte töten lassen, weil es immer bei seinen Gottesdiensten störte, wurde er ins Gefängnis geworfen. Seinen Bart beschmierte man mit Schweinefett, für einen Moslem eine tödliche Beleidigung. Als die Einheimischen dagegen protestierten, ließ der Kapitän zwei Stadtältesten zur Strafe Hände, Nasen und Ohren abhauen. Dem Bürgermeister wurden die Hände auf den Rücken gebunden und zwei Bluthunde auf ihn gehetzt. Der Bürgermeister wollte sich ins Meer retten, aber die Hunde folgten ihm und begannen ihn zu zerfleischen. Er ertrank beim Kampf. Empört protestierte nun auch der Premierminister von Ternate. Der Kapitän ließ ihn als Verräter öffentlich köpfen.[16] Die Folge war ein allgemeiner Aufstand, bei dem der größte Teil der portugiesischen Besatzung getötet wurde. Erst Ersatztruppen aus Malakka stellten die »Ordnung« wieder her.

Noch konnten die Portugiesen durch das Einsperren oder Absetzen unbequemer Sultane, durch Bestechung und durch Terror ihre Stellung halten.

Aber die Molukker lernten eifrig von ihnen: wie man große Segelschiffe baute, wie Festungen auf portugiesische Art gesichert wurden und wie solche Städte zu stürmen waren. Nach außen hin europäisierten sich die Einheimischen zusehends: Sie trugen bald portugiesische Kleidung und portugiesische Waffen. Sie sprachen gut die portugiesische Sprache. Als 1546 der Missionar Franz Xaver vor den Adligen Ternates einen frommen Vortrag in gebrochenem Malaiisch halten wollte, baten ihn die Zuhörer, doch lieber auf Portugiesisch zu sprechen, weil sie ihn dann besser verständen. [17]

Was sich hier abspielte, war ein bewußtes Aufschließen der Molukker an das Herrschaftswissen ihrer Unterdrücker. Unter dem Sultan Hairun (1563–1570) wandten sie es dann an. Nominell noch unter den Portugiesen, eroberten die Krieger aus Ternate die alte Machtfülle zurück, brachten Dutzende der Gewürzinseln unter sich und setzten sogar auf die Insel Sulawesi über. Erschreckt über diese bedrohliche Mischung aus Ortskenntnis, moderner europäischer Kriegsführung und islamischem Sendungsbewußtsein, ermordeten die Portugiesen Sultan Hairun. Aber ihre Behauptungsversuche griffen nicht mehr. Ein bestens geplanter Gegenangriff brach im selben Jahr, 1570, über sie her und zerstörte mit einem Schlag das Gros ihres hiesigen Gewürzhandels. Molukkische Kriegsschiffe spürten die Portugiesen auch in den entlegensten Buchten des Archipels auf und attackierten sie. Wer entkam, flüchtete sich in die portugiesische Superfestung von Ternate, die etwa fünf Kilometer von der Hauptstadt des Sultanats entfernt lag. Sie wurde über vier Jahre belagert. 1574 stürmten molukkische Truppen die Trutzburg. Alle Portugiesen wurden getötet. Sultan Baab Ullah baute sein nun wieder unabhängiges Reich bis nach Mindanao (in den heutigen Philippinen) und Neu-Guinea aus. Sein Heer bestand aus 130000 Soldaten. 72 Inseln zahlten ihm Tribut. [18] Die »europäische« Epoche schien endgültig überstanden zu sein.

Auf einem beschränkten Teil einer einzigen dieser Inseln hatten sich noch einige Portugiesen festgekrallt, auf Ambon. Nach dem katastrophalen Verlust ihres Einflusses in der Region wollten sie wenigstens noch ein bißchen weiterhandeln dürfen mit Nelken und Muskatnüssen. Sie überlebten in diesem Zipfel der Zentralen Molukken, weil sie darauf achteten, möglichst nicht aufzufallen. Sie überlebten karg. Als 1598 ein Pater Marta nach 55 Jahren Tätigkeit auf den Molukken auf Ambon starb, lautete sein Lebensfazit: »Es war eine Zeit steten Elends, beherrscht vom Hin und Her ewiger Kriege und gar ständigem Mangel an Essen.« [19]

Aber nicht nur im äußersten Osten von Portugiesisch-Asien gingen Territorien und Handelsprivilegien im Ansturm einheimischer Feinde verloren; auch im engeren Verwaltungsbezirk Goas organisierte sich der Widerstand. 1622 holten sich die Perser Hormuz zurück. Als die Araber von Oman

1650 den Hafen Muskat eroberten, erbeuteten sie eine Menge portugiesischer Schiffe – und bauten sie nach. Die portugiesischen Flotten begannen, ihnen ängstlich auszuweichen. Die Omani stießen nach und plünderten 1661 Bombay und 1668 Diu. Schließlich nahmen sie Portugal die ostafrikanische Küste bis nach Sansibar ab. Melinde, wo Vasco da Gama so große Gastfreundschaft gefunden hatte, ging verloren. Im Krieg um Mombassa 1698 starben an die 10000 portugiesische Soldaten.[20]

Die Portugiesen wurden auch die Opfer organisierter asiatischer Piraterie. *Gallivats*, leichte, mit einem dreieckigen lateinischen Segel ausgerüstete Seeräuberschiffe, die für Operationen auf hoher See ungeeignet, in küstennahen Gewässern aber aufgrund ihrer Schnelligkeit ungemein gefährlich waren, blockierten die portugiesischen Hafeneinfahrten und kassierten Weggebühren. Sie raubten vollbeladene Schiffe aus. Sie plünderten portugiesische Ortschaften. Ende des 17. Jahrhunderts begründete der Piratenführer Kanhoji Angré eine regelrechte Dynastie, die in der Nähe von Bombay, in Gheria, ihre feste Hauptstadt hatte.[21] Einige indische Historiker stilisieren heute die Kanhoji-Piraten zu anti-europäischen Freiheitskämpfern[22]. Das waren sie von ihrer Zielrichtung her sicher nicht, aber zweifelsohne handelte es sich bei ihnen um Menschen, die nicht mehr bereit waren, die Oberhoheit der fremden Portugiesen über ihr Leben zu akzeptieren. Sie hatten wirksam auf eine Herausforderung reagiert.

Noch fataler für die portugiesischen Besitzungen in Indien waren die Eroberungszüge eines neuen und sehr aggressiven Hindu-Staats. In Poona hatte sich die *Mahratten* in einer Bewegung religiöser Neubesinnung formiert. Sie kämpften gleichzeitig gegen das islamische Moghul-Reich und das christliche Portugal. 1683 hatte ein Mahratten-Heer fast Goa eingenommen. Schließlich gingen in der Tat die wirtschaftlich so bedeutsamen »Nordprovinzen« Portugiesisch-Indiens verloren. 1737 kapitulierte Baçaim, eine Stadt mit doppeltem Mauerring aus Granitsteinen, die reichste koloniale Stadt Indiens nach Goa. Die Portugiesen waren so stolz auf sie gewesen, daß sie ihren Namen in der Umgangssprache mit einem Adelstitel versehen hatten, *Dom Baçaim*.[23] Jetzt hatte man mit einem Schlag den größten zusammenhängenden territorialen Besitz Portugals in Indien eingebüßt, das Nahrungsreservoir der Hauptstadt Goa und den höchsten Einnahmeposten der Kolonie, über den sie selbständig verfügen durfte. Als innerindische Macht war Goa damit zur Bedeutungslosigkeit geschrumpft.

Bei aller Wirkung, die die Kolonialmacht Portugal schon bei diesen Schlägen erkennen ließ – die heftigste Offensive hatte es von einer anderen Seite abzuwehren, von Europa her. Die relativ friedlichen kommerziellen Beziehungen mit den anderen europäischen Staaten waren in einen rücksichtslosen Konkurrenzkampf übergegangen. Portugals Beharren auf einem Monopol des Asienwandels wurde durch offenen Krieg herausgefordert.

Die Wurzeln dieser Entwicklung reichen bis in die ersten Jahre der kolonialen Eroberungen zurück. Schon König Manuel hatte erkannt, daß Portugal die Früchte seiner Anstrengungen nur würde ernten können, wenn es mit allen Mitteln versuchte, die einzige europäische Macht auf den östlichen Meeren zu bleiben und sich nicht in Preisgefechten und militärischen Nebenkämpfen verzettelte. Er präsentierte seinen potentiellen Mitbewerbern die päpstlichen Besitzbriefe, er drohte mit seiner Seemacht, und für den Fall, daß weder das eine noch das andere genügend abschreckte, nahm er den Konkurrenten die bare Möglichkeit, den Portugiesen nachzueifern, indem er eine rigorose Nachrichtensperre über das östliche Asien verhängte. Fremde Seeleute durften weder die asiatischen Routen und Anlaufhäfen kennenlernen noch die Winde und Untiefen. Sogar die Jahreszeit, in der normalerweise im Chinesischen Meer Taifune zu erwarten sind, im Spätsommer nämlich, wurde bewußt verschwiegen.

All diese Maßnahmen waren anfangs recht erfolgreich. Sie machten die anderen unsicher. Ein Schiff mit französischen Abenteurern, das sich schon 1527 bis an die West-Küste Sumatras vorgewagt hatte, zerschellte an unbekannten Klippen. Und ein zweites französisches Schiff wurde im selben Jahr von den Portugiesen vor dem indischen Diu abgefangen. »Es waren vierzig Banditen (also: Händler) aus Dieppe. Wir fingen sie und schenkten sie unseren indischen Feinden. Ein Teil von ihnen bekehrte sich dort eiligst zum Islam, der Rest wurde verdientermaßen umgebracht.«[24] Ausführliche Berichte von solchen »Unglücksfällen« verbreiteten die Portugiesen in Europa offen als Abschreckung.

Die Abschottung Portugiesisch-Asiens konnte nicht auf Dauer durchgehalten werden. Als erstes wurde das Informationsmonopol durchlöchert. Zu sehr internationalisierte sich die europäische Einwohnerschaft der Kolonien. In Goa lebten z. B. deutsche Kanoniere und Buchdrucker, italienische Juweliere, englische und spanische Missionare. Die Rückkehrer (und oft genug auch die Portugiesen selbst) erzählten, gegen saftige Prämien, »wissenschaftlichen Gremien« in Amsterdam, Kopenhagen oder London von ihren Erfahrungen.

Zusätzliche Nachrichten sammelten Reisende, die nun wieder aus ganz Europa tapfer nach Ost-Asien aufbrachen. Es gab unter ihnen sowohl den verkappten Händler als auch den eigentlichen Touristen, der wie z. B. der Engländer Thomas Coryate »als Erster nur zu Fuß nach Indien wandern wollte, ohne den Rücken von Esel oder Kamel zu benutzen«.[25] In der zweiten Hälfte des 16. Jahrhunderts sickerten schon so viele schriftstellernde Einzelreisende ins portugiesische Asien vor, daß sich ihre Wege vielfach überkreuzten und sie in ihren Schriften Bezug aufeinander nehmen. Sie alle hatten sich persönlich getroffen – oft in einem portugiesischen Gefängnis, wohin man sie als unerwünschte Ausländer nach ihrer Enttarnung gesteckt hatte.

Auch im 16. Jahrhundert war der erste prominente Asien-Reisende ein Venezianer: Cesare Federici. Die Portugiesen hatten die Italiener zwar aus der Spitzenstellung des Gewürzhandels hinausgeworfen; aber es gab immer noch viele italienische Handelskontore im syrischen Aleppo, ägyptischen Alexandrien und selbst im portugiesischen Hormuz, von wo die Landrouten ins östliche Mittelmeer beaufsichtigt wurden. Von solchen Basen aus unternahmen einzelne dann Erkundungsvorstöße in die »rein« portugiesische Sphäre. Federici verließ 1563 Aleppo und besuchte in einer Tour, die 18 Jahre dauerte, Goa, Ceylon, Bengalen und Burma. Sein Buch wurde so berühmt, daß es z. B. in England eine Mode der Indienschwärmerei begründete.[26]. Sogleich machten sich die Engländer selbst auf den Weg. Eine Gruppe von sechs verließ Aleppo 1584. Vier von ihnen wurden gleich in Hormuz von den Italienern an die Portugiesen verraten, verhaftet und nach Goa zur Aburteilung verschifft. Dort befreite sie trickreich ein englischer Jesuit (die Portugiesen hatten schon ihre Gründe, warum sie ausländischen Priestern mißtrauten!). Drei Engländer zogen weiter zur Hauptstadt des Moghul-Kaisers Akbar. Nachdem einer von ihnen dort als Hofjuwelier geblieben war, wollte John Newbery auf dem Landweg zurück nach England (er kam irgendwann, irgendwo in den Steppen Zentralasiens um), und Ralph Fitch reiste zum Himalaja, durchzog das Ganges-Delta und erreichte Burma. Er beschrieb später enthusiastisch den Harem des Königs von Pegu und natürlich die Methode, wie wilde Elefanten gefangen werden – Stereotype, die weniger der Information des Lesers dienten denn als Beweis dafür, daß man wirklich in Asien gewesen war. Fitch gelangte über Goa, wo er sich als Araber verkleidete, Bagdad und Aleppo nach zehn Jahren Reise nach London zurück, zum Entsetzen seiner Verwandten, die ihn bereits beerbt hatten.[27]

Da der Landweg nach Indien offensichtlich zu mühsam war, versuchte es 1591 James Lancaster dann doch über See. Er hatte mehrere Jahre in Portugal gelebt. Fast ohne Ladung, denn er wollte ja nur ausspähen, ging es über das Kap der Guten Hoffnung, das er als erster Engländer umschiffte, nach Sansibar. Hier wehrte Lancaster den ersten Angriff portugiesischer Schiffe ab. Dann segelte er direkt nach Ceylon, und von dort nach Sumatra. An der West-Küste Malayas ernährte er sich erwartungsgemäß von Seeräuberei. In einer Fahrt, der nichts an Desastern fehlte: Meuterei, Hunger, Sturm und Schiffbruch, kehrte er, zuletzt nur an Schiffsplanken geklammert und aufgefischt, mit fünf Prozent seiner Mannschaft nach England zurück. Erst sein Buch über seine Erlebnisse machte dieses Katastrophenunternehmen wieder zum Erfolg, es erweiterte die Weltkenntnisse seiner Landsleute.

Den entscheidenden Dammbruch der Informationen bewirkte jedoch ein Holländer. Jan Huygen van Linschoten war 1579 von Lissabon aus nach Goa gereist und lebte dort 13 Jahre lang, davon sechs als Hausverwalter des Erzbischofs. Er sammelte heimlich jede verfügbare Nachricht über die Aufenthaltsorte und Reisen der Portugiesen zwischen Afrika und Japan. Er erwarb Stadtpläne, Skizzen von Küstenverläufen und Abschriften von *Routeiros*. Zurück in Amsterdam, veröffentlichte er alles 1595 unter dem portugiesischen Titel *Itinerário*, Wegbeschreibung. Das Buch wurde eine Sensation in ganz Europa und sofort ins Lateinische, Französische und Englische übersetzt. Die wichtigsten geographischen, ethnographischen und nautischen Geheimnisse der Portugiesen waren in kompakter Zusammenfassung offengelegt: frei zur nachahmenden Verwertung.[28]

Linschotens Holländisch ist voll von portugiesischen Lehnwörtern: die Namen von Pflanzen, von »Bucht« und »Meerenge« werden direkt übernommen. Er führt sie offen in seinen Text ein: »Auf den Märkten von Goa kann man von den arabischen, armenischen, persischen, nordindischen, bengalischen, burmesischen, siamesischen, malaiischen, javanischen, molukkischen und chinesischen Händlern die Waren kaufen, sobald sie angelandet werden. Sie rufen dann ihre Angebote auf der Hauptstraße der Stadt, der *Rua Direita* aus. Diese Ankündigungen heißen *Leilões*. So ›leilongen‹ sie Goldketten, Perlen, Ringe, Sklaven beiderlei Geschlechts, die in der Epoche der langen Winde, *Monções* genannt, transportiert werden.«[29] So ist Linchotens *Itinerário* ein Kompendium des kolonialen Basiswissens der Portugiesen, eine »Übersetzung«, die nur durch die Verschleierungspolitik Portugals zu einem Originaltext hat werden können. Dieses »Vade-mecums eines jeden zukünftigen Indienfahrers aus Europa«[30] zeigte: In einer ersten Phase der Verdrängung Portugals aus Asien ist für alle anderen unabdingbar eine geduldige Anpassung an die portugiesischen Vorerfahrungen vonnöten gewesen.

Die zweite Phase wird von offenem Widerspruch geprägt. Nach den Geheimdienstlern am Ort preschten die Juristen zu Hause vor. Es galt, die Rechtstitel Portugals auf Alleinnutzung seiner Kolonien abzuwerten, also: die eigenen Hemmungen abzubauen, wenn man einen Mit-Europäer seines Eigentums berauben wollte. Portugal hatte alle asiatischen Gewässer zu einem geschlossenen Meer erklärt, dessen Nutzung nur ihm allein gehöre. Das sei von höchster Autorität bestätigt worden, durch die Bullen, und durch die Halbierung der Welt im portugiesisch-spanischen Vertrag von Tordesillas. In Holland setzte diesem mittelalterlichen (und katholischen) Konzept der berühmteste Völkerrechtler seiner Zeit, Hugo Grotius, eine neue Idee entgegen, die »Freiheit der Meere«. In einer Expertise proklamierte er 1605, daß die Ozeane, da unbewohnt, auch keine Herren haben könnten, daß man daher auf ihnen in seiner Handlungsfreiheit nur durch das eigene Gewissen und das Rechtsempfinden seiner Gemeinschaft eingeschränkt sei. Das Meer gehöre jedem (Europäer!), der es befahre.

Diese These wurde sofort auch von den Engländern, Franzosen, Deutschen und Dänen aufgegriffen. Es war das »Halali« für die Jagd auf Portugiesen und Spanier. 1625 versuchte der Starjurist Portugals, Dr. Frater Serafim de Freitas in einem dicken lateinischen Buch, *Vom gerechten Imperium der Portugiesen in Asien*, noch einmal die alte Auffassung vom Gottesauftrag der Kolonisation nur an Portugal zu retten. Aber er selbst sah ein, daß er auf verlorenem Boden stand. So riet er in seinen Schlußkapiteln den Holländern, sie sollten, wenn es ihnen schon nach eigenen Kolonien gelüste, doch selber unbekannte Länder im großen Süden der Ozeane entdekken, statt die bereits entdeckten Länder anderer Nationen streitig zu machen. Doch genau darum ging es ja den Holländern: Sie wollten nicht ein abhängiges Land an sich, sondern bereits erschlossene Gewinnquellen erwerben.[31]

Bezeichnenderweise hatte den Anstoß zu Grotius' Erfindung der Freiheit der Meere ein sensationeller Piratenakt gegeben. Ein holländisches Schiff war im Jahre 1600 in der Straße von Malakka auf eine »Karracke«, ein portugiesisches Lastschiff, gestoßen, das auf dem Weg von Macau nach Goa war. Die Holländer verteilten die Beute nicht nach altem Brauch sofort unter sich, sondern schafften sie vollständig nach Amsterdam, wo sie sie ganz »offiziell« versteigern ließen. Die holländischen Bürger waren sprachlos, als sie mit eigenen Augen sehen konnten, welche ungeheuren Werte es im Osten zu holen gab. Die Versteigerung der Beute, die zu einem Volksfest geriet, erbrachte einen Gewinn von dreizehn Tonnen Gold. Unter anderem wurden 100000 Stücke wertvollen Ming-Porzellans verkauft (die dann, *Karaakporcelain* genannt, den Grundstock vieler berühmter holländischer Porzellansammlungen bildeten).[32] Einige streng kalvinistische Kaufleute gerieten in einen Gewissenskonflikt: Einerseits war der Profit wirklich zu verlockend, andererseits war er Resultat einer Sünde. Der Jurist Grotius bekam den Auftrag, die Skrupel wegzudiskutieren. Der Weg nach Osten stand nun auch moralisch offen.

Die Entstehungsgeschichte der Parole von der »Freiheit der Meere« zeigt aber auch, wie eng sie mit der Forderung nach einer anderen »Freiheit« zusammenhängt, der der kapitalistischen Unternehmer. Grotius schrieb sein Traktat nicht etwa für einen König oder für Regierungsstellen, sondern für eine Aktiengesellschaft. 1602 war von Kaufleuten die »Holländische Ostindische Kompanie« gegründet worden. Aufgrund der portugiesischen Erfahrungen mit dem Staatshandel war für den Aufbau einer eigenen Kolonialmacht eine »gemischte« Organisationsform gewählt worden. Sie hatte quasi staatliche Autorität: die »VOC« durfte in ihrem Geltungsbereich Kriege erklären, Festungen bauen und selbständig Beamte ernennen.[33] Sie ließ aber auch, als Privatunternehmen, von dem sich der holländische Staat nach Belieben distanzieren konnte, viel Raum für unternehmerische Einzelentscheidungen und gewagte Großstrategien. Vor allem aber garantierte sie den Rückfluß der Gewinne an die bürgerlichen Investoren.

Den Vorwand zum letzten, dem direkten militärischen General-Angriff, bot Portugals Anschluß an Spanien. Mit einem Schlag war ein allseits befreundeter Handelspartner zum Mitläufer einer Macht geworden, die sich mit fast allen Nationen Europas verfeindet hatte. 1588 mußten die Portugiesen, widerwillig, Schiffe für die »Große Armada« von Philipp II. gegen England zur Verfügung stellen, gegen ihren ältesten Verbündeten, mit dem sie seit den Kreuzzügen auf gutem Fuß gestanden hatten. Ab 1585 war auf Befehl des spanischen Königs Lissabon für alle Schiffe aus Flandern gesperrt worden (die Niederlande fochten ihren »Befreiungskampf« aus und galten für Spanien als »rebellische Provinzen«). Portugal verlor dadurch seine wichtigsten Handelsplätze für den Absatz der kolonialen Güter und wurde außerdem vom Nachschub an nordeuropäischem Holz für den eigenen Schiffsbau abgeschnitten. Und jetzt lieferte die Personalunion mit Spanien den potentiellen Überseekonkurrenten auch noch die simple Rechtfertigung, daß der Angriff auf die portugiesischen Kolonien nur Teil eines Verteidigungskrieges gegen die Aggressivität der Habsburger sei.

Erstaunlich ist bei dieser neuen politischen Frontenbestimmung nur, daß es so lange dauerte, bis die Abgrenzung von Portugal auch auf die außereuropäischen Besitzungen angewandt wurde. Es zeigt sich hier deutlich, daß Kolonialbesitz noch als ein Sondertatbestand galt, der nicht »selbstverständlich« ins Kalkül europäischer Politik eingebracht wurde. Erst zwanzig Jahre nach Portugals Unterstellung unter Spanien, erst um 1600, attackierten Engländer und Holländer »offiziell« Portugals Kolonien. Jetzt war die weltweite Ausdehnung der Konflikte europäischer Mächte untereinander zu einem akzeptierten zusätzlichen Kampfmittel geworden. Man wollte die Kräfte des Gegners in Europa schwächen, falls er Truppen nach Übersee schicken mußte – oder man wollte die starke Beanspruchung des Feindes in Europa dazu ausnutzen, um sich unterdessen in den Kolonien an ihm schadlos zu halten. Für beides war Portugal der historische Testfall geworden bis hin zu den Afrika-Feldzügen der Engländer gegen Deutschland im Ersten Weltkrieg.

Hollands erster organisierter Angriff auf Portugiesisch-Asien galt den Molukken. Das war sehr geschickt; denn hier brauchte dem Feind nur noch der Todesstoß versetzt zu werden – und dafür konnte man die Freundschaft der Molukker gewinnen, erste Stufe für ihre Einbeziehung in ein neues eigenes Reich. Im Jahre 1600 schlossen holländische Händler Freundschaftsverträge mit einigen Rajas auf Ambon ab. Sie ließen sich dabei auch das Recht auf den Bau einer Festung geben. Sie wollten hier das Zentrum ihrer Kolonialregierung errichten. 1605 kehrten sie daher mit einer starken Flotte nach Ambon zurück und verjagten die restlichen Portugiesen vollständig. Der erste Stützpunkt in Ost-Asien war gewonnen.

Wenn die Molukker geglaubt hatten, der Austausch eines europäischen Kolonialherrn durch einen anderen brächte ihnen Erleichterungen, wurden sie rasch und nachhaltig enttäuscht. Kaum besaßen die Holländer die unbestrittene Aufsicht über die Insel, als sie für die zentralen und südlichen Molukken ein holländisches Monopol für den Muskatnuß-Export proklamierten. Die Führer der Einheimischen unterschrieben eine entsprechende Knebelverpflichtung – und hielten sich nicht daran. Die Holländische Ostindische Kompanie verschärfte daraufhin den Druck und stationierte 47 Soldaten auf den nahen Banda-Inseln. Die Molukker erschlugen sie. In einer Strafexpedition mit 17 holländischen Großseglern, 26 javanischen Hilfsbooten und tausend Soldaten landete der »General-Gouverneur« Jan Pietersz Coen 1621 auf den Bandas. Er exekutierte zuerst alle 44 Dorfvorsteher. Dann machte er sich an den ersten Völkermord des Kolonialismus in Asien. Wie seinerzeit die Spanier auf den Karibischen Inseln, »befriedeten« auch die Holländer das gewünschte Land, indem sie sämtliche Bewohner niedermetzelten. Es gab keinen Überlebenden: das Banda-Volk ist aus der Geschichte ausgelöscht. Auf den Resten der natürlichen Muskatnußwälder wurden in langen Reihen Plantagen gepflanzt, die jetzt direkt von den Holländern beaufsichtigt werden konnten und auf denen importierte Sklaven arbeiteten.[34]

Die Lage auf Ambon jedoch blieb heikel. Ein Deutscher in Kompanie-Diensten schrieb: »Wiewohl tausend Mann zur Bestrafung solcher treulosen Amboinesen ausgeschickt worden, hat doch endlich nach vielfältiger Einäscherung derer Dörfer, Castellen und Nelckenbäume, auch Hinrichtung vieler tausend treuloser Amboineser, kaum so viel zuwegen gebracht werden können, daß sie sich eine gar kurtze Zeit unterthänig und gehorsam erzeiget, hingegen aber, so bald sie nur in etwas Luft verspüret, sind sie von neuem abgefallen, und ihrer Treulosigkeit boßhaftig verharret.«[35]

Erst um 1670, nach der Entsendung von noch mehr Truppen, war Ambon der VOC wieder sicher. Zur gleichen Zeit etwa hatte sie im Norden die Macht Ternates gebrochen. Der Sultan hatte die Holländer um 1600 mit offenen Armen als Bundesgenossen empfangen. Sie hetzten ihn 1605 auch gleich gegen Tidore, das sich in der Zwischenzeit mit den Spaniern von den Philippinen zusammengetan hatte. Ternate siegte mit der Hilfe seiner neuen holländischen Freunde, aber es war ein Pyrrhus-Sieg, denn 1607 gewann wieder Tidore. Während der Kampf in den folgenden Jahrzehnten über die schmale Meeresenge hin- und herwogte, annektierte die VOC

Insel für Insel. Ewig verfeindet, bestanden die Sultanate Ternate und Tidore sogar noch bis 1945 nominell als eigenständige Staaten. De facto regierte seit 1666 allein die Kompanie.

Mit einer ständigen Molukken-Flotte entwickelte die VOC das berüchtigte *Hongitochten*-System: holländische Patrouillen-Boote beaufsichtigten die Menge der Nelken und Muskatnüsse, und wenn »zuviel« produziert wurde, was preisdrückend wirken mußte, verbrannten sie den einheimischen Bauern ihre Ernte. Die Holländer hatten ihre Monopolpolitik in diesem ersten Kolonialgebiet bis zur Perversion verwirklicht. Sie waren bei der politischen und wirtschaftlichen Kontrolle der Region eindeutig erfolgreicher gewesen als die Portugiesen.[36]

Als für die holländische Kompanie durch diesen entschlossenen Zugriff zum Wesentlichen (obwohl es ja geographisch am weitesten überhaupt entfernt lag) regelmäßige und hohe Einkünfte garantiert waren, machte sie sich daran, Malakka die strategische Schlüsselrolle in Südost-Asien zu bestreiten. Rings um die portugiesische Stadt gründete sie eigene Faktoreien und Stützpunkte. Dann griffen die Holländer vom Meer aus an, zum erstenmal 1606, gleich wieder im folgenden Jahr und 1615. Obwohl sie dabei gemeinsam mit den zahllosen Kriegsbooten von Johore vorgingen (den Sultan, der Alkoholiker war, hatten sie sich durch Schnapsgeschenke gefügig gemacht), fiel Malakka nicht.[37] Die Kompanie legte sich daraufhin – als Zwischenlösung – eine koloniale Kommandozentrale an der Nordküste des nahen Java an. 1610 besetzte sie einen kleinen Fischerhafen, Jakarta, und benannte ihn um in »Batavia«. Es gelang den Holländern, mit viel Drohgebärden die Handelsströme hierher umzulenken. Aus dem Provisorium wurde eine neue europäische Metropole in Asien. Der Krieg um Malakka bekam dadurch eine andere Wendung. Jetzt brauchte es den Holländern weniger darum zu gehen, sich genau dort an die Stelle der Portugiesen zu setzen; sie wollten sie vielmehr, als »Stachel im eigenen Fleisch«, nur noch aus der Nachbarschaft vertreiben. Statt einer Übernahme planten sie die Vernichtung. 1634 wurde dazu eine drastische Blockade der Stadt angeordnet, die sieben Jahre dauerte.

Die Leiden der Portugiesen in Malakka hatten fast unvorstellbare Ausmaße angenommen. Sie fielen entkräftet von den Burgtürmen, spuckten schwarzes Blut, aßen Ratten, kauften verweste Tierkadaver für Beutel von Gold. Die Waffenlager schmolzen zusammen. Die Breschen in den Festungsmauern wurden nur sehr unvollkommen gestopft.[38] Trotz aller Hilferufe bekamen sie von außen keinen nennenswerten Ersatz. Goa war mit seiner eigenen Verteidigung beschäftigt, und der König von Spanien und Portugal steckte mitten in der heißen Phase des deutschen Dreißigjährigen Krieges. Ihn interessierte Nördlingen wesentlich mehr als Malakka.

Man mag sich fragen, warum in einer solch ausweglosen Situation die Portugiesen überhaupt noch weiterkämpften. Sie taten es sicherlich nicht mehr aus ökonomischer, auch schon nicht mehr aus militärischer Berechnung, sondern sie gehorchten einer großräumigen politischen Überlegung. Sie hatten als Erste, und gerade hier in Südost-Asien, die Dominotheorie für kolonialen Einfluß entwickelt: Läßt man einen einzigen zentralen Stein aus seinem Herrschaftsnetz herausfallen, kippen auch die anderen, und zwar in immer rascherer Folge. »Wenn Malakka verlorengeht, verlieren wir auch den Handel in China, Japan und im Südosten. Da sich von diesem die portugiesische Macht in Indien ernährt, verlieren wir Indien. Verlieren wir Indien, gerät Portugal selbst in höchste Gefahr. Deshalb liegt das Heilmittel für unsere Kolonien nur in der Rettung Malakkas.«[39] Die Portugiesen verteidigten also schon mehr ein Prinzip als die konkrete Stadt Malakka: sie hatten den letztmöglichen Beweis für die Lebensfähigkeit ihres Kolonialismus als ein feingesponnenes System von Abhängigkeiten zu erbringen.

Den entscheidenden Angriff auf Malakka starteten die Holländer im Sommer 1640. Sie landeten im Norden der Stadt und bauten ihre Batterien auf. Sie beschossen Malakka ein halbes Jahr lang. Von den Holländern starb die Hälfte an ihren Verwundungen, an Cholera und Malaria, so auch drei Oberkommandierende hintereinander, insgesamt 1500 Menschen. Von den 20000 Belagerten überlebten nur 3000. Am 14. Januar 1641 kapitulierten die Portugiesen. »Die Stadtmauern waren zusammengefallen. Die Burg Famosa sah zerrupft aus wie ein sterbender Rabe. Alle Häuser und Kirchen waren Ruinen und leer. Die Bäume aller Obstgärten waren zerfetzt.«[40] Die Holländer bauten in der Zeit danach die Stadt zum Teil wieder auf. Sie kam aber auch fünfzig Jahre später nur auf 5000 Einwohner, die mehr von Landwirtschaft als von Handel lebten. Die kleine Garnison von 200 Soldaten züchtete Fische im Brackwasser der verfallenden Festungsgräben. Das glorreiche Malakka war eine schäbige holländisch-indische Provinzstadt geworden, mit 137 ziegelgedeckten und 583 palmblattgedeckten Häusern in die exakte Buchhaltung Batavias eingeordnet – und vergessen.[41]

Ganz nach der Dominotheorie fielen wirklich die meisten ostasiatischen Stützpunkte Portugals in die Hände Hollands. Der Feind brauchte nur einzusammeln, von Borneo bis Vietnam und von Sumatra bis zur Südsee. An zwei Punkten gelang den Holländern die Übernahme ehemals portugiesischer Funktionen auf besonders einträgliche Weise, zuerst in Japan, dann auf Sulawesi.

Nachdem sich die Portugiesen durch ihre jesuitischen Missionare zu massiv in der japanischen Innenpolitik engagiert hatten, waren sie ab 1638 vom Shogun, dem Herrscher des geeinten Japan, von jedem Handel ausgeschlossen worden.[42] Die Holländer (»rothaarige Barbaren« im Gegensatz zu den portugiesischen »südlichen« aus Malakka kommenden »Barbaren«) sprangen sofort in die Bresche. Allerdings beschränkten die Japaner, verschreckt durch ihre Erfahrungen, das Handels-Monopol der Europäer auf eine einzige winzige Insel innerhalb des Hafens von Nagasaki. Nur hier durften sich holländische Faktoreiangestellte, und das ohne Soldaten und ohne Frauen, aufhalten und ihre Waren zum Tausch anbieten. Sie blieben bis 1853.

Anlaß für die Vertreibung der Portugiesen von der Insel Sulawesi war der Wunsch der Holländer, ihre Gewürz-Gewinne zu stabilisieren. Der einheimische Staat Makassar war Anfang des 17. Jahrhunderts zu einem blühenden Großreich geworden, weil er sich auf den Schmuggel von Nelken und Muskatnüssen spezialisierte, deren Export die Holländer auf den nahegelegenen Molukken verboten hatten. Die aus Ambon vertriebenen Portugiesen berieten den Herrscher von Makassar gern, wie sich die Gewürze nach Westen transportieren ließen. Um 1630 lebten etwa zweitausend Portugiesen an seinem Hof. Sie trainierten seine Armee und lieferten ihr Gewehre, so daß er große Eroberungen bis zu den Sunda-Inseln und dem molukkischen Ceram machte. Nach dem Sieg in Malakka konzentrierten sich jedoch die Holländer mit aller Kraft auf die Beseitigung der gefährlichen Konkurrenz. Sie brauchten drei Feldzüge dafür. Als sie schließlich 1669 die wichtigste Festung in Makassar, die von Portugiesen entworfene Ujung Pandang, erstürmt hatten, benannten sie sie triumphierend in Fort Rotterdam um.

Den notwendigen Kontakt zwischen dem Oberkommando in Amsterdam und der Kolonialzentrale Indonesien stellte die holländische Kompanie dadurch her, daß sie möglichst genau portugiesischen Spuren folgte. Sie etablierte ihrerseits eine vielgliedrige Stützpunktkette über vier Kontinente. Da die erste Station Portugals West-Afrika gewesen war, setzten sich nun auch die Holländer dort fest, besonders augenfällig in ihrer bewußten Nachfolge 1638 durch die Eroberung der Traditions-Festung São João da Mina im heutigen Ghana. Wie die Portugiesen benutzten sie die Nordost-Nase Brasiliens. Mit einer speziellen »Westindischen Kompanie« eroberten sie zwischen 1630 und 1637 Pernambuco, und der Gouverneur Moritz von Nassau machte aus der Inselstadt Recife ein holländisches Städtchen mit Grachten, Zugbrücken und roten Häusern mit Spitzdächern. Wenn die Portugiesen auf der Reise nach Indien nach der strapazenreichen Südatlantikdurchsegelung sich vor allem in Moçambique für einen Monat erholten, ihren obligaten Skorbut durch frisches Essen kurierten, so taten es die Holländer (die eine weitere Strecke hinter sich hatten) etwas vorher in Kapstadt, 1652 gegründet, mit all den landwirtschaftlichen Produkten aus dem fruchtbaren Hinterland. Nächste Etappe war dann Madagaskar, von dort ging es über Mauritius nach Indien.

Da die Holländer besonders an der Direktroute Madagaskar-Indonesien quer übers Meer interessiert waren, griffen sie mit Vorrang anrainende portugiesische Gebiete an. Besonders Ceylon wollten sie haben als wichtigen Flankenschutz ihrer Flottenwege und natürlich als Großproduzent von Zimt. Der Krieg der Holländer mit ihren jeweiligen ceylonesischen Verbündeten gegen die Portugiesen mit ihren jeweiligen ceylonesischen Verbündeten dauerte von 1637 bis 1658, und er war der bis dahin verbissendste Waffengang zwischen den zwei Kolonialmächten. Die lange Chronik einer qualvollen Niederlage schrieb später ein portugiesischer Veteran, der Kapitän João Ribeiro, *Historische Fatalität auf der Insel Ceylon*. Es gab einen Guerrillakampf auf beiden Seiten, »wo die Soldaten barfuß durchs tropische Dickicht stolperten, durch verschlammte Bäche waten mußten, durch brackige Mangrovengeflechte und Sümpfe voller Blutegeln irrten«.[43] Die Portugiesen waren tief verstrickt in die inner-ceylonesischen Intrigen. Sie unterstützten jeden beliebigen Thronanwärter, sofern er nur behauptete, Katholik geworden zu sein, gegen die Ansprüche seines Vaters oder Bruders. Sie rotteten aus, was ihn störte und köpften manchmal, aus purem Versehen, auch seine eigene Familie. Die Holländer gingen bei ihrer Verbündetensuche seriöser vor und vorausschauender. Sie gaben den Fürsten vorweg eine Liste der Tarife, in der gesondert jede mögliche Hilfeleistung verzeichnet war: Einsatz eines Schiffes pro Tag, Verwendung einer Kanonenkugel (groß / mittel / klein), Kosten eines holländischen Gefallenen, Verstümmelten, Verwundeten (je nach Dienstgrad und Körperteil).[44] 1656 fiel die Festung Colombo in die Gewalt der Holländer. Der Rückzug der letzten Portugiesen aufs indische Festland ging nur meterweise vor sich; er nahm noch zwei ganze Jahre in Anspruch. 73 Soldaten überlebten von den Tausenden: »Viele Krüppel dabei, ohne Bein, ohne Arm – und alle sahen bleich aus wie Tote.«[45]

Die Eroberung Ceylons erlaubte es Holland, sich nun sogar in Indien selbst festzusetzen. Sie rollten die portugiesischen Stützpunkte von Süden her auf. Sie gingen zuerst auf die schwächere Koromandel-Küste im Osten über und etablierten sich 1658 in Negapatam. Dann arbeiteten sie sich die Malabar-Küste entlang, eroberten 1661 Quilon, 1663 Cochin und Cannanore, die beide die ersten kolonialen Niederlassungen Portugals und 160 Jahre lang seine wichtigsten südindischen Verbündeten gewesen waren. Den vorläufigen Schlußpunkt in diesem zielstrebigen Prozeß setzten die Holländer mit Seeblockaden gegen Goa. Ihre Flotten fuhren zwischen 1637 und 1664 sogar in den Mandovi-Fluß hinein und kämpften sich bis auf wenige Kilometer an die Stadt heran. Sie trockneten den verbliebenen portugiesischen Indien-Handel an seiner Wurzel aus. In verzweifelten Energieschüben drängten die Portugiesen die Holländer noch einmal zurück und schufen sich einen letzten Freiraum von vielleicht fünfzig Seemeilen im Umkreis ihrer Hauptstadt.

Wenn Holland mit seiner Ost-Indischen Kompanie auch der bei weitem bedrohlichste europäische Feind war – er blieb keineswegs der einzige Konkurrent Portugals in Asien. Anfang des 17. Jahrhunderts hatte man in Europa Übersee-Handelsgesellschaften fast um die Wette gegründet: im Jahre 1600 in England, 1602 in Holland, 1604 in Frankreich, 1616 in Dänemark, 1649 in Schweden und 1682 in Brandenburg.

Auch die Engländer waren anfangs auf die Molukken fixiert gewesen. Der Seeräuber Drake hatte bei seiner Weltumsegelung 1579 in Ternate angelegt und den Sultan besucht. Er schätzte die englischen Interventionschancen in dieser chaotischen Region für sehr günstig ein.[46] So gründeten seine Landsleute um 1619 eine eigene Niederlassung auf Ambon und auf den Banda-Inseln. Aber sie durchkreuzten damit die Interessen ihres »besten Freunds« in Europa, Hollands. Und wie wenig die kolonialen Holländer hier mit sich reden ließen, zeigt ihre rasche Reaktion: 1623 wurden alle zehn Engländer der Faktorei erschossen. Dieses »Massaker von Ambon« wurde zu einer berühmten Affäre, die hohe Wellen im englischen Parlament schlug und das Verhältnis zu Holland auf Jahre hinaus vergiftete. England war einfach noch nicht in der Lage, mit Holland in Ostasien mitzuhalten.[47]

Tastend suchten die Engländer daher in anderen asiatischen Regionen nach einem Brückenkopf. Und was für Holland Indonesien geworden war, wurde für England Indien: der Brennpunkt, auf den sich alle Anstrengungen bündeln ließen. Die erste englische Niederlassung war das malariaverseuchte Anjengo, etwas südlich des portugiesischen Quilon. Es war ein völlig ungeeigneter Ort, an einem langen Sandstrand ohne gute Ankerplätze auf See und ohne handeltreibendes Hinterland; aber das einzig Wichtige war ja nur, erst einmal da zu sein. Doch dann schwärmten die Engländer aus, an die Koromandel-Küste, wo sie 1636 den Grundstein für das spätere koloniale Madras legten, und nach Bengalen, wo sie mitten im Ganges-Delta ihr Fort Williams 1686 zur Bastion Kalkutta ausbauten. Im Nordwesten Indiens versuchten sie, von der Kleinstadt Surat aus, die Seeherrschaft über den Golf von Cambay zu erkämpfen.

Daß ihnen das schließlich gelang, lag an einem kapitalen Fehler der Portugiesen. Weil Portugal nach seiner Trennung von Spanien 1640 dringend Bundesgenossen in Europa suchte, verheiratete der neue König João IV. seine Tochter Catarina mit dem König von England. Ein Teil der Mitgift war Bombay. Der ortskundige Vizekönig von Goa weigerte sich, den Direktiven aus Lissabon zu gehorchen und diesen Hafen an die Engländer auszuliefern, aber die holten sich 1668 das unverhoffte Geschenk mit Gewalt und bauten es zu einer kolonialen Weltstadt aus. Sie schluckten alle portugiesischen Küstenstädte in der Umgegend, bis in die Nähe Goas.

Die zentrale Stellung Indiens im asiatischen Kolonialreich Englands sollte der drängende Grund dafür werden, daß auch die Engländer eine eigene

Verbindungsreihe von Stützpunkten nach Asien hin errichteten, neben und gegen Holland. Sie vertrieben ihre Rivalen aus West-Afrika und der Kap-Kolonie, aus Ceylon, von der Malabar- und der Koromandel-Küste, schließlich sogar, scharf am uneinnehmbaren Indonesien vorbei, 1795 aus Malakka, dann aus dem Handel vor China und aus Australien. Die Kolonial-Europäer fraßen sich gegenseitig auf, aber immer nach einer ehedem von Portugal erfundenen Speisefolge.

Beigerichte lieferten Franzosen und Dänen. Frankreich klemmte sich an der Koromandel-Küste mit Pondicherry 1672 zwischen das englische Fort St. David und das portugiesische Fort São Tomé und an der Malabar-Küste, nachdem es 1698 Portugal das berühmte Kalikut weggenommen hatte, zwischen Engländer und Holländer. Die wichtigste Funktion solcher Stützpunkte sollte sein, koloniale Mitbestimmungsansprüche zu signalisieren. Der Handelswert war oft Null. Das 1721 von Frankreich eroberte Mahé z. B., das an einer Flußmündung liegt, die durch Felsbrocken von jedem Direktverkehr über See abgeschnitten ist, war nie größer als 500 Meter im Durchmesser und beschäftigte sich ausschließlich mit Zwistigkeiten gegenüber dem nur drei Kilometer entfernten englischen Tellicherry. Die Ambitionen Frankreichs in Indien kamen zu einem schroffen Ende, als französische Truppen gegen englische Truppen aus Anlaß des preußischen Siebenjährigen Krieges in Europa zu mehreren Schlachten im Inneren Indiens antraten und verloren. Ab 1769 bewahrte Frankreich nur noch vier isolierte Küstenfestungen. Der Zugriff nach einem anderen Kolonisierungsgebiet in Asien, nach Indochina, sollte erst wesentlich später, Mitte des 19. Jahrhunderts, unternommen werden, und auch hier unter Ausnutzung portugiesischer Vorarbeiten.

Im Verhältnis zu den üblichen Rücksichtslosigkeiten waren die Dänen die friedfertigsten unter den europäischen Mächten, die sich als Portugals Erben in Asien fühlten. Es war eine Idee des Königs Christian IV., auch Dänemark, das vor allem durch innereuropäische Schiffahrt prosperierte, am Handel nach Übersee teilnehmen zu lassen. Und so befahl er um 1620, überall dort dänische Faktoreien zu errichten, wo bereits andere Europäer anwesend waren. Konkurrenz war als freundschaftliches Hinzugesellen getarnt. Die Dänen handelten auf den Antillen und in Guinea. Ihr asiatisches Zentrum wurde Tranquebar an der Koromandel-Küste. 1624 hatten sie es nach friedlichen Verhandlungen vom portugiesisch-freundlichen Herrscher von Tanjor erhalten. Sie blieben hier in bescheidenem Wohlstand bis 1807. Dann wurden auch die Dänen das Opfer der englischen Monopol-Bestrebungen in Indien. Unter dem Vorwand, Dänemark sei einer der Gegner Englands bei der europäischen Kontinental-Sperre gegen Napoleon, nahmen englische Truppen die Tamil-Bevölkerung und die sechs kolonialen Dänen-Familien Tranquebars ein. In einem kurzen Nachspiel verfügte der Wiener Kongreß die Rückerstattung der Kolonie an Dänemark; aber 1845 kaufte England Tranquebar endgültig auf.[48]

Was ist nun den Begründern und Gestaltern des europäischen Kolonialismus in Asien, den Portugiesen, von ihrem diffizilen Balanceakt geblieben, nachdem sie durch ihre eigene Undiszipliniertheit und die Einmischung asiatischer und europäischer Widersacher ins Schwanken gebracht worden waren? Fünf zum Teil winzige Territorien.

Im Fernen Osten bewahrte sich das eigenbrötlerische Macau. Das erklärt sich aus seinem besonderen Verhältnis zu China. Seine Existenz hing, einmal ausgehandelt, immer von fremdem Wohlwollen ab. Um jeden Preis mußte Ruhe gehalten werden. Der Senat der Stadt, Zusammenschluß der einflußreichsten Kaufleute, hatte nicht einmal die Eingliederung Portugals in die spanische Monarchie mitgemacht, sondern von 1580 bis 1640 weiterhin die portugiesische Flagge über der Stadt wehen lassen. Die Kolonie erhielt dafür später den Ehrentitel: »Stadt der Muttergottes – keine war loyaler«. Auch einen Angriff einer großen holländischen Flotte, die 1622 aus Batavia abgeschickt worden war, wehrten die Bewohner selbständig ab. Ein schießwütiger Jesuit wollte vom höchsten der drei Forts selber eine Kanone auf die Ketzer richten, die am Strand gelandet waren. Sein Sonntagsschuß traf das zentrale Pulvermagazin der sich zur Attacke ordnenden Holländer. Sie waren völlig aus dem Konzept gebracht in einem Tohuwabohu aus Rauch, Leichen und Waffensplittern. Ein plötzlicher Gegenangriff durch die Negersklaven der Portugiesen trieb sie ins Wasser zurück. Es war die größte Niederlage Hollands in Asien. Einen neuerlichen Ansturm konnten in der Folgezeit weder sie noch die durchaus daran interessierten Engländer verwirklichen, weil China zu verstehen gab, daß es von allen europäischen Mächten derzeit nur Portugal einen Sonderstatus zugestehen wolle, denn ein schwächerer Partner ist oft der bessere. Der Gouverneur von Kanton beglückwünschte die Portugiesen zu ihrem Sieg und stiftete 400 Säcke Reis als Belohnung für die tapferen Neger, die sämtlich freigelassen wurden.[49] Zu Macau gehörte nominell auch die indonesische Insel Timor.

In Indien hielt Portugal die halbzerfallene, aber so erinnerungsträchtige Festung auf der Insel Diu und in der äußersten Ecke des Golfes von Cambay das unwichtige Provinzstädtchen Damão. Als letztes Goa.

Aber in was für einem Zustand war die Hauptstadt jetzt! Ein Bewohner schrieb um 1663: »Goa ist sehr, sehr alt geworden in den letzten Jahrzehnten. Die Stadt verfällt wie ein Mensch. Als erstes verlor dieses vergreiste Wesen seine Sehfähigkeit. Es sah keine Flotten mehr, die von hier aus die Meere beherrschten, keine Soldaten mehr, die tollkühn kämpften, keine Offiziere, die klug überlegten, keine große Unternehmungen, die noch Gewinn brächten, keine Triumphzüge nach erfolgreichen Waffentaten, keine Verwalter, die tüchtig für den Staat arbeiteten. Dann verlor Goa seine Hörfähigkeit. Es lauschte nicht mehr fröhlichem Schlachtenlärm, Lobpreisungen der Freunde, Furchtbezeugungen der Feinde, dem Rummel des Handels. Es verlor seinen Geruchssinn. In den Straßen riecht es nicht mehr nach Zimt aus Ceylon, Nelken aus den Molukken, Weihrauch aus Arabien, Baumharz aus Sumatra, Moschus aus China, Bisamduft aus Bengalen oder Ambar aus den Malediven. Goa hat deshalb noch nicht den letzten Hauch von sich gegeben, weil es bislang keine Grabstelle gefunden hat, in die seine ehemalige Größe paßte.«[50]

Pest, Malaria, Cholera, die auswärtigen Kriege und die holländischen Blockaden entvölkerten Goa: Wo 200 000 Menschen gelebt hatten, wohnte um 1685 nur noch ein knappes Zehntel. Die Geschäfte waren zugemacht, Schlangen und Ratten nisteten sich in den verlassenen Klöstern ein. Der Todesstoß kam 1696: Der Vizekönig verlegte seine ständige Residenz in ein Dorf der Nachbarschaft. Die Bevölkerung zerstreute sich in alle Richtungen aufs Land. Das »Goldene Goa« war zu »Alt-Goa« geworden, einer Geisterstadt, die wieder von der Vegetation überwuchert wurde. In wenigen Klöstern verharrten einige Mönche, »Einsiedler« auf dem Gelände der ehemaligen europäisch-asiatischen Großstadt.

Heutzutage ist Alt-Goa, bis auf Archäologenbehausungen, wenige Hütten von arbeitslosen Zuwanderern aus Südindien und ein Altersheim, unbewohnt, ein Ödland. Nicht einmal viele Trümmer gibt es, sie haben sich in Erde aufgelöst. Es stehen noch die Kathedrale, das Jesuitenkolleg mit dem Grab Franz Xaviers, neun weitere Kirchen unterschiedlicher Größe und ein Portalbogen mit der Büste Vasco da Gamas. Gleich hinter einer verstümmelten Säule, an der die Inquisition die Ketzer auszupeitschen pflegte, ist der klägliche Rest des früher gewaltigen vizeköniglichen Palastes zu sehen: in bitterer Ironie ein maurischer Toreingang, der aus einem vorportugiesischen Gebäude mitverwandt worden war.[51] Und die letzten menschlichen Überbleibsel Portugals in Goa liegen in drei Bleisärgen in der Gruft der Caetano-Kirche. Hier waren traditionell die Leichen gefallener Soldaten gelagert worden, ehe man sie zu ihren Familien nach Portugal transportierte. Als 1961 die Portugiesen vor den Invasionstruppen der Indischen Union flohen, blieben die Särge unbeachtet hier zurück.

Kneipen bei der Kirche Bom Jesus in Alt-Goa, der Grabstätte Franz Xavers

Bildnachweis: Autor

Das Überdauern eines Imperiums

Bei solch niederschmetternden Erfahrungen bei der Aufrechterhaltung eines kolonialen Reichs, bei all der Ernüchterung über die Chancen, das einmal Gewonnene auch nutzbringend für den Fortschritt des Mutterlandes einsetzen zu können, kam vielen Portugiesen der Gedanke, daß es besser für die Nation sei, das Engagement in Asien aufzugeben. In einem Text, der sich auf 1542 bezieht, wird von dem unvorstellbaren Reichtum Chinas geschwärmt und dann, in kalkulierter Naivität hinzugefügt, daß die Chinesen durch ihre Beschränkung auf ihr eigenes Territorium so reich geworden seien. Angeblich waren sie auch einmal zwischen 1013 und 1072 die Herren Indiens gewesen, »dann aber gaben sie dieses Land frohgemut und aus freien Stücken auf, weil sie einsahen, wieviel Blut der Ihren sie dort verloren und wie wenig Nutzen sie daraus für sich ziehen konnten«.[1] In der Zeit um 1600 war die Idee, Asien zu verlassen, allgemein verbreitet. »In diesem Königreich Portugal, das davon lebte, daß es andere Königreiche erobert hatte, hört man heutzutage nur noch davon reden, daß wir uns aus Indien fortstehlen sollten, weil wir nichts als Nachteile durch unser Bleiben hätten.«[2]

Es gab eine Diskussion darüber, wie weit man sich zurückziehen sollte. Die herrschende Ansicht war: bis Afrika. Man solle mit dem Geld, das man in Indien spare, neue portugiesische Ansiedlungen sowohl an der Küste des Indischen Ozeans als auch an der des Atlantiks anlegen – und diese dann über Land »durchs Herz der Kafferei«[3] miteinander verbinden; nach dem Desaster des portugiesischen Kolonisierungssystems also das Gedankenspiel mit einer »unportugiesischen« territorialen Eroberung. Die Pläneschmieder hatten auch schon gleich einen neuen Namen für dieses, ganz Südafrika umfassende Reich: sie wollten es »Neu-Portugal« nennen, »so wie die Spanier das ehemalige Aztekenreich Neu-Spanien tauften«.[4] Alle Kaffern würden Christen und lieferten den Portugiesen Weizen, Hafer, Kichererbsen, Gemüse und Fleisch. Und selbstverständlich auch Gold und Kupfer. Denn die Portugiesen hatten die Bergwerke des heutigen Simbabwe und Sambia ausfindig gemacht und seit 1514 mehrmals besetzt. Da die Erze offensichtlich schon anderen Völkern gehörten, glaubten sich die Portugiesen einen besonders guten Anspruch auf sie verschaffen zu können, wenn sie sie als die »Minen des Salomon« interpretierten. Als Christen waren sie die berechtigten Nachfolger der Völker des Alten Testaments; und sie fanden nun ihren ehemaligen Besitz nur »wieder«. (Es wurden aus ähnlichen Gründen Dutzende »salomonischer« Plätze entdeckt, bis hin zu den Salomonen-Inseln im Pazifik.) Aber dann schienen die Bergwerke sich zu erschöpfen, die riesigen Entfernungen machten den Transport zu teuer, die einheimische Bevölkerung verelendete durch Zwangsarbeit und wurde immer aufsässiger – die Idee vom südafrikanischen Kolonialreich als Alternative zu Indien erstarb vorerst.

Während noch über Afrika debattiert wurde, war faktisch ein anderer, bislang weitgehend ignorierter Teil des portugiesischen Imperiums zu einer neuen kolonialen Blüte gelangt: Brasilien. Sein dynamischer Aufstieg hängt eng mit dem gleichzeitigen Niedergang Portugiesisch-Asiens zusammen. Die Besiedelung Brasiliens ging anfangs weniger als direkter Zustrom aus Portugal vor sich als vielmehr durch die Aufnahme »indischer« Rückkehrer, die nach ihrem Dienst in Portugiesisch-Asien auf der Heimfahrt nach Portugal in Brasilien eine Zwischenstation machten – und dort blieben. Den »letztmöglichen Ausstieg« vor der heimatlichen Normalität nutzte im Laufe der zweiten Hälfte des 16. Jahrhunderts eine ansteigende Zahl von Menschen. Nach dem Fall der wichtigsten Stützpunkte in Asien bewegten sich wahre Fluten von Soldaten und Kaufleuten auf Brasilien zu.

Diese Umlenkung der Emigrationsströme wurde schließlich auch von der portugiesischen Krone unterstützt. Da in Portugiesisch-Asien nicht mehr genügend Substanz vorhanden war, aus der man gnadenweise Posten und Monopole verhökern konnte, belohnte der König verdienstvolle Adlige zunehmend mit brasilianischen Prämien. Das konnten naturgemäß keine Handelsvorrechte oder Zolleinnahmen sein; vielmehr verteilte er, was Brasilien in Hülle und Fülle zu haben schien, Land. Und so erhielten die *Fidalgos* »Besitzbriefe«, scharten eine Truppe von Kriegern um sich und machten sich auf den Weg durch den Urwald oder die Kaktuswüste, um »ihre« Parzelle Land aufzuspüren und sie gegebenenfalls den indianischen »Vorbesitzern« abzunehmen.

Wer seine brasilianischen Ländereien schließlich tatsächlich besetzt hatte, mußte sie bewirtschaften – mit neuartigen Produkten, denn sie lagen allesamt in Gegenden, wo es keinen intensiven Handelsverkehr gab und wo Landwirtschaft nur dazu diente, den Eigenbedarf zu decken. Selbstbescheidung war nun aber sicher genau das Gegenteil von dem, was die portugiesischen Neuankömmlinge suchten. Sie setzten, nach dem Vorbild der anderen Europäer im tropischen Amerika, auf Massenproduktion, also Plantagenwirtschaft, und dabei auf Zucker. Zwischen Bahia und Pernambuco entstand um 1600 ein breites Band von Zuckerrohrpflanzungen. Zucker brachte hohe Einkünfte, weil sich die europäische Nachfrage fast unbegrenzt ausweiten ließ: »Die Herstellung von Konfekt- und Konditoreiwaren, die Konservierung von Früchten, das Brauen und Brennen alkoholischer Getränke, all das erforderte Zucker. Kaffee und Kakao mochten einander den Rang ablaufen und mit dem Tee konkurrieren, alle drei waren nach Meinung der meisten Leute ohne Zucker ungenießbar.«[5]

Mit billigen Sklaven aus den portugiesischen Besitzungen in Afrika prosperierte diese »Zucker-Gesellschaft« gewaltig.[6] Als nun die portugiesischen Aristokraten von holländischen Kompanie-Angestellten verdrängt werden sollten, gelang ihnen sogar die Organisation eines effektiven Widerstands. In eigener Initiative verjagten sie 1654 den Eindringling. Nur hier in Amerika war es Portugal in jener Zeit gelungen, einen großflächigen Einfluß entscheidend gegen die Attacken europäischer Mitbewerber zu verteidigen. Das Eigengewicht der »Brasilianer« wurde so stark, daß sie selber eine Flotte von Rio de Janeiro nach dem 1641 holländisch gewordenen Luanda in Angola schickten. Sie wollten sich nach ihren Plantagen auch ihr Arbeiterreservoir zurückerobern. 1648 schon marschierten brasilianische Truppen siegreich in Luanda ein. Ganz in südamerikanischer Manier tauften sie für die Zeit ihrer Besatzung Luanda, das so fürchterlich wie »Holanda« klingt, in São Paulo um.[7] Eine Süd-Süd-Beziehung, ein direkter Kontakt zwischen Südamerika und Afrika unter Ausschaltung einer europäischen Zentrale, war hier zum erstenmal in der Kolonialgeschichte erfolgreich geknüpft worden.

Brasiliens Bedeutung wuchs noch stärker an. Gerade als Portugal vollends bankrott zu machen schien, wurde 1690 Gold im Inneren der Provinz »Minas Gerais« gefunden. Ohne komplizierte Bergwerke errichten zu müssen, meist im Tagebau, konnten auch die Ungeschicktesten Reichtum aus dem Wasser fischen oder ihn sich aus den Feldern ergraben. Allein im Jahr 1712 gab es 14500 (angemeldete) Kilogramm Gold.[8] Einen Fünftel des Werts reservierte sich sofort die portugiesische Krone. Auch wenn in der Folgezeit Unsummen unterschlagen worden sind, die verbleibenden Einkünfte aus Brasilien verschafften der portugiesischen Regierung das ganze 18. Jahrhundert hindurch eine solide finanzielle Basis, welche die Könige wie gewohnt für den Bau neuer und noch größerer Kirchen und Paläste, z. B. des »portugiesischen Versailles« von Mafra, verschleudern konnten. Zumindest der Hof »lebte« ein Jahrhundert lang nur von Brasilien. Das Volk erhielt einige symbolische Zuwendungen: Alle zwei Wochen verteilte König João V. (1706–1750) in einer speziellen Audienz für Bedürftige frische Goldmünzen aus Brasilien.[9]

Dieses zufällige Entkommen Portugals aus einer extremen politischen und ökonomischen Notlage nahm den Druck weg, über Beibehaltung oder Aufgabe der asiatischen Kolonien entscheiden zu müssen. Die Lage Portugals in Asien wurde um 1700 von den Zeitgenossen mit der eines Mannes verglichen, »der bereits auf dem Totenbett liegt und fromm eine Kerze in der Hand hält; aber weil keiner daran interessiert ist, ihm seine Kerze auszupusten, richtet er sich wohlig auf dem makabren Ruheplatz ein«.[10]

Im Kampf gegen äußere Feinde gab es einen Waffenstillstand, denn sowohl die Europäer als auch die unbotmäßigen asiatischen Staaten sahen nun ihren Hauptkontrahenten in England. So stoppten die Holländer ihre Angriffe auf Goa, ja unterstützten es sogar mit Zimt-Lieferungen. Jetzt gingen wieder regelmäßig ein bis zwei Handelsschiffe jährlich nach Lissabon ab (statt der zehn bis zwanzig in den Glanzjahren, aber auch statt der gänzlichen Einstellung des Linienverkehrs in einigen Jahren des 17. und des frühen 18. Jahrhunderts). Goa entwickelte sich in dieser Epoche zu einem friedlichen Zentrum des indischen Diamanthandels mit Europa und löste hierin das englische Madras ab. Selbst die hindustischen Mahratten verzichteten im Jahre 1739, als Goa ihren Heeren schon schutzlos ausgeliefert war, auf eine definitive Eroberung, weil sie die Portugiesen als Gegengewicht für die englischen Bestrebungen, die Malabar-Küste voll zu beherrschen, nicht aus ihrem Kalkül streichen wollten.

Doch England nahm den Portugiesen ihre Besitzungen nicht einfach weg, wie es das mit den holländischen, französischen und dänischen Stützpunkten zu tun pflegte. Portugal sollte im komplexen inner-europäischen Intrigenspiel hautnah auf die Spanier angesetzt werden.

Die Portugiesen gerieten in der Politik um Asien so sehr in einen Windschatten, daß sie sich sogar wieder zu einer (kleinen) Offensive aufraffen konnten. Sie eroberten zwischen 1779 und 1795 einige Ländereien rings um Goa hinzu: eine breitere militärische Schutzzone, ein größeres landwirtschaftliches Anbaugebiet vor allem für Cashew-Plantagen. Stolz wurde dieses Land, im Durchschnitt dreißig Kilometer breit, die »Neuen Eroberungen« genannt, das zusammen mit den »Alten Eroberungen« im Kerngebiet um die Insel von Goa und mit Diu und Damão bis 1961 das Territorium des portugiesischen »Staats von Indien« bildete. Überschwenglich lobten sich die adligen Krieger Portugals wegen ihrer Heldentaten bei der Eroberung Pondás (eines Hindu-Fleckens von etwa tausend Einwohnern), als handele es sich um den Wiedergewinn Malakkas. Ruhm, Orden, Beförderung holte sich die Aristokratie jetzt wieder, in fast grotesk verkleinertem Maßstab, in Indien.[11]

Die Konsolidierung Goas wurde von innenpolitischen Maßnahmen unterstützt. Reformen fanden vor allem in der Regierungszeit des Marquês de Pombal statt, eines Ministers mit diktatorialer Machtfülle, der nach dem berühmten Erdbeben von 1755, das Lissabon zerstört hatte, als »starker Mann« den Wiederaufbau und die Neuorganisation Portugals leitete. Er praktizierte einen aufgeklärten Absolutismus. Pombal wollte so früh wie möglich alle potentiellen Konflikte in Goa entschärfen. Der Unzufriedenheit mit der metropolitanen Verwaltung – »seit Jahrhunderten verbrauchten die Portugiesen ihre Energie dafür, schlechte Regierungen zu überleben«[12] – begegnete er durch eine Ausweitung der kolonialen Selbstverwaltung. Finanzen und Justiz wurden entscheidend von einer lokalen »Junta«

bestimmt. Der bombastische »Vizekönig« wurde, der neuen Situation entsprechend, auf einen »Gouverneur« heruntergestuft. Auch soziale Konflikte sollten vermieden werden. Die Privilegien der Gilden wurden abgeschafft: jeder konnte von nun an jede Tätigkeit frei ausüben. Pombal strich in diesem Zusammenhang auch die Beschränkungen für Nicht-Katholiken. Ein Hindu-Landbesitzer aus Pondá war nun gleichberechtigter Bürger Goas, der ein Geschäft in jeder anderen Stadt des Staates aufmachen konnte.

Pombals Toleranz-Edikte griffen massiv in das traditionelle Selbstverständnis der Kolonial-Portugiesen ein. Wenn auch das Missionspatronat der portugiesischen Krone mittlerweile ignoriert wurde – die Päpste dachten gar nicht mehr daran, bei der Ernennung ausländischer Prälaten für Asien den König von Portugal zu konsultieren –, sah Goa sich weiterhin als das bedeutendste Bollwerk des Katholizismus in Asien. Der Klerus Portugiesisch-Indiens protestierte daher lauthals gegen Pombals Neuerungen.

Pombal schlug zurück. Er verjagte die Wortführer der Proteste, die Jesuiten, aus allen Kolonien. Ausländische Priester wurden abgeschoben, portugiesische Jesuiten zwangs-»zivilisiert«. Der nächste Schlag war 1774 die Abschaffung der Inquisition von Goa. Wenn man bedenkt, daß die Inquisition in Portugal selbst bestehen blieb, wird augenfällig, daß es die Staatsraison war, die Pombal dazu bewog, in den Kolonien, zur Beruhigung der vielen andersgläubigen Mit Einheimischen, solche Gesetze zu verkünden, und nicht nur ein privater Anti-Klerikalismus.

Am Ende setzte sich Pombals Stabilitätspolitik durch. Obwohl nach seinem Sturz (1777) die Inquisition wieder in Goa auftauchte (nach dem Schreck sehr viel sanfter), auch die Selbstverwaltung wieder eingeschränkt wurde und die Gouverneure sich von neuem Vizekönig betiteln durften, wurde die Suche nach Kompromissen zwischen den einzelnen Bevölkerungsgruppen im 19. Jahrhundert zu einem Leitfaden im politischen Leben Portugiesisch-Asiens. Es hatte sehr oft den Effekt, daß sich alle auf die geistloseste Lösung einigten. »Es war ein Kadaver-Königreich, wo Dummheit immer gewann« [13]; aber dieser traurige Rest explodierte auch nicht in tausend Stücke. Es verstummten sogar die Maschinen in den Druckereien Goas. 67 Jahre lang, zwischen 1754 und 1821, gab es nicht ein einziges Stück Papier, das in diesem geistigen Zentrum der asiatischen Kolonien Portugals mit einem gedruckten Text versehen worden wäre. [14]

Die Leistung Portugiesisch-Indiens, die darin bestand, immer noch da zu sein, wurde schließlich durch die Errichtung eines neuen Regierungssitzes demonstrativ unterstrichen. Nachdem die Bevölkerung des verlassenen Alt-Goa sich in alle Winde zerstreut hatte, sammelte sie sich seit 1759 in dem Dorf Pangim. Es lag am Mandovi-Fluß zwischen dem alten Goa und der Flußmündung, militärisch längst nicht so gut geschützt wie die frühere

Hauptstadt, aber – ganz zeitgemäß – mit frischerer Luft und lieblichen Gärten. Pangim wurde zu einer portugiesischen Idylle. Kleine bunte Häuser mit Ziegeldächern reihten sich an gewundene Straßen mit Kopfsteinpflaster auf. Es gab hübsche öffentliche Brunnen auf den verwinkelten Plätzen. Den pompösen rosa Palast des Erzbischofs setzte man etwas weiter weg auf den Kamm eines Hügels; den Vizekönig steckte man in eine alte Fürstenburg aus vor-portugiesischer Zeit, ebenfalls in gewisser Entfernung vom Zentrum. Der Hafen hatte Platz für fünf bis sechs große Schiffe. Insgesamt besaß die Stadt um 1800 zweihundert Haushalte, also ungefähr 2000 Einwohner. Und dieses Pangim bekam 1834 den Namen »Neu-Goa«. Wenn das vergangene Goa von den portugiesischen Dichtern »Königin des Orients« genannte wurde, brachte es das neue Goa immerhin zu dem stereotypen Ehrentitel »Prinzessin des Mandovi-Flusses«. Ein Symbol der Herrschaft war abgelöst worden durch ein Symbol bloßer Präsenz.[15]

Der Kolonialismus hat hier einen äußerst wichtigen Funktionswandel durchgemacht. Der Anfangsimpuls für die europäische Expansion nach Übersee war bestimmt durch den Wunsch, eine konkrete Chance wahrzunehmen. Man wollte beträchtlichen materiellen Nutzen für sich erzielen. Diesen kommerziell fundierten Kolonialismus hatten die Portugiesen auch noch im Visier, als sie schon an allen Ecken ihres Imperiums in eine ruinöse Verteidigungsposition gedrängt waren; sie akzeptierten den Kampf, weil sie hofften, von den so geretteten Territorien aus nach einem eventuellen Sieg die alte lukrative Situation wiederherstellen zu können oder wenigstens einen guten Teil davon. Die Zeit des Niedergangs war immer noch eine Zeit der Hoffnung gewesen, die Vorteile des Alten weiterhin genießen zu können. Davon konnte aber jetzt nicht mehr die Rede sein. Alle Wiedereroberungsillusionen waren zerstoben. Und der Rest Portugiesisch-Asiens brachte nicht nur keinen materiellen Nutzen mehr, er brachte sogar beträchtliche Unkosten. Seit dem 18. Jahrhundert mußte die portugiesische Krone »kräftige Opfer«[16] für den Erhalt Goas, hohe jährliche Subventionen zahlen. Die Portugiesen erlebten als erste, was nach ihnen auch andere Kolonialmächte spüren sollten und was ein französischer Abgeordneter so formulierte: »Kolonialpolitik hat immer zwei Seiten: Zuerst kommt die Freude der Eroberungen und dann die Rechnung.«[17]

Trotzdem wurden die übriggebliebenen Kolonien nicht aufgegeben. Nicht der Kolonialismus selbst verschwindet, als die Fakten, die seine Herausbildung provoziert hatten, sich ins genaue Gegenteil verkehrten; vielmehr werden die Begründungen für ihn gewechselt. Das angestrebte Ziel sollen jetzt nicht mehr die Goldstücke sein; man will psychischen Gewinn. Kolonialismus wird nicht mehr als ein Hilfsmittel zu anderen Zwecken angesehen; er wird zu einer autonomen »historischen Leistung«. In der Erinnerung ist die einstige Herrlichkeit niemals auszulöschen. Sie wird immer vorzeigbar bleiben. Der Kolonialismus wird also nur noch aus »Prestige« betrieben – in Portugiesisch-Asien schon vor rund 250 Jahren!

Ab jetzt sind die ersten Besitzungen in Indien für die Portugiesen »Denkmäler«.[18] Es ist wie mit dem Standesstolz eines verarmten Adligen: selber nicht mehr fähig, Außergewöhnliches zu vollbringen, signalisiert wenigstens sein Name, daß es das Vergangene noch gibt. Und so sprudeln in der portugiesischen Literatur bei der Erwähnung Goas oder Dius immer selbstverständlicher Beisätze hervor wie »ein Werk würdig jeder stolzen Erinnerung«[19]. Das Assoziationsfeld schließt sehr rasch auch religiöse Empfindungen ein.[20] Der Eindruck des »Ewigen«, »Unantastbaren« soll forciert werden. »Diu betritt man wie einen Tempel. Wenn die Religionen ihre Heiligtümer haben, so kann auch ein Vaterland seinen eigenen Altar besitzen. Diu ist Heiligtum und Altar.«[21] Und Manuel Godinho, derjenige Goese, der den Verlust aller Sinneseindrücke seiner vergreisten Heimatstadt so eindringlich beklagt hatte, resümierte: »Vom großen Körper unseres Reichs behielten wir Goa als Reliquie.«[22]

Bei der Überleitung des Kolonialismus von einem Instrumentarium der Eroberung und Geschäftemacherei zu einer kostspieligen Ideologie, die sich am krassesten äußerte, wenn Kolonien weit über ihre profitable Zeit hinaus starrsinnig gehalten wurden, präsentierte Portugal sich einmal mehr als Vorreiter. Holland klammerte sich auch noch nach dem Verlust von Indonesien an das extreme Verlustgeschäft West-Neuguinea (es verlor es widerwillig 1969); Frankreich unterhält heute noch die Karibik-Inseln Martinique und Guadeloupe, indem es mehr als die Hälfte ihrer Etats selber bezahlt. Was Portugal von den anderen Mächten unterscheidet, ist der Stellenwert, den solche Vorzeige-Kolonien im Laufe der Geschichte für die Nation bekommen haben, und damit auch die Bedeutung der Selbsteinschätzung als »Kolonialmacht«. Das Eigengewicht Frankreichs, selbst das Hollands und Englands, ist so stark gewesen, daß auch in dem theoretischen Fall, daß sie keine Kolonien besessen hätten, sie im europäischen Konzert eine wichtige Rolle spielten. Portugal aber definierte sich tatsächlich, nicht nur im eigenen Verständnis, sondern auch in dem der anderen Europäer, seit 1450 als das Land, das auf den Kontakt mit Übersee spezialisiert ist. Portugal ohne Kolonien: das schien ein Nichts zu sein. Die Napoleonischen Kriege machten die Intensität solcher Überzeugungen augenfällig. 1807 fielen französische Truppen in Portugal ein. Der Regent floh nach Brasilien. Zum erstenmal war, wenn auch nur provisorisch, die Befehlszentrale eines europäischen Kolonialreichs nach außerhalb des Kontinents verlegt worden. Rio de Janeiro war Regierungssitz Portugals von 1808 bis 1821. Als sich nun beim Wiener Kongreß alle Feinde Napoleons versammeln sollten, kam auch ein Vertreter des portugiesischen Königs aus Rio.

Aber man wollte Portugal nicht zulassen, weil es eine zu unbedeutende Macht sei. Daraufhin erfand der portugiesische Abgesandte einen neuen Titel für seinen König: »Kaiser von Brasilien«. Nunmehr überzeugt von der realen Bedeutung dieses Monarchen, voll Einsicht in das ideologische Gewicht, das sein Land durch den Kolonialbesitz repräsentierte, akzeptierten Österreich, Rußland, England und Preußen auch Portugal für diesen Kongreß zur Neuordnung Europas.

Da pures Durchhalten über Jahrhunderte kein überzeugendes Programm für eine Weiterentwicklung darstellt, sank Portugals Kolonialreich in der ersten Hälfte des 19. Jahrhunderts auf einen neuen Tiefpunkt hinab. Bei der Rückverlegung des Regierungssitzes von Rio nach Lissabon blieb der Kronprinz von Portugal gleich in Amerika. Er trug der unaufhaltsamen Emanzipation der Kolonie Rechnung, indem er sich 1822 nun wirklich zum Kaiser eines unabhängigen Brasiliens ausrufen ließ. Die fortdauernde Präsenz Portugals in Asien und Afrika ähnelte, trotz der Absicht, sie als aufmunterndes nationales Symbol zu sehen, von nun an noch mehr einer traurigen Schattenwelt. Der angesehenste portugiesische Historiker jener Zeit schilderte die Standardsituation einer kolonialen Festung folgendermaßen: »Mit ungeladenen Gewehren auf den Schultern versuchen unsere Soldaten auf den abbröckelnden Wehrgängen einer Fort-Ruine ihr Gleichgewicht zu halten. Auf der einen Seite liegen ein Verwaltungsgebäude und ein Zollamt, beide schläfrig bedient von schlechtbezahlten Beamten; auf der anderen Seite greifen tagtäglich bestialische Negerhorden an. Drüben auf dem Meer machen Ausländer blendende Geschäfte. Wir sehen dem allen mit gekreuzten Armen zu.«[23]

Gegen 1850 kommt durch einen Anstoß von außen aber doch eine neue Dynamik in die portugiesische Kolonialpolitik. Die europäischen Großmächte, nach dem Wiener Kongreß zu einem neuen Modus vivendi gelangt, intensivierten den schon fast vierhundert Jahre alten Kolonialismus in einem Energieschub so sehr, daß er eine neue weltpolitische Bedeutung gewann. Die Phase des »Imperialismus« war angebrochen. Wenn der globale Kolonialismus von früher vorwiegend *selektiv* vorgegangen war – man bemächtigte sich auf der ganzen Erdkugel nur dessen, was man wirklich für lohnend hielt – war der globale Kolonialismus des 19. Jahrhunderts *total* –, man teilte alles auf: Völker mit und ohne Handelsaktivitäten, uralte Reiche und menschenleere Wüsten. Einer Epoche der Herrschaft über kommerzielle Prozesse folgte im Imperialismus die Vorstellung, möglichst rasch einen möglichst umfassenden Landgewinn zu machen, über dessen eventuellen Nutzen man sich erst später Gedanken zu machen brauchte. Auf den Grundstock der bereits erworbenen Kolonien stapelte man viele neue. Amerika war schon vollständig vergeben. Aber Afrika war noch zu haben. England, Frankreich, Belgien und das neugegründete Deutsche Reich schnitten es sich zu mundgerechten Happen. Asien besaß noch »ungenutzte« Teilregionen. Man holte sie sich: England griff von Indien aus auf Afghanistan und Burma über und gelangte bis Malaya. Frankreich stieg im Nahen Osten und in Vietnam, Laos und Kambodscha ein. Rußland erreichte den Pazifik, schluckte Turkmenen und Mongolen. Alle zusammen zerlegten China in Interessenssegmente. Schließlich warfen sich die Europäer und mit ihnen die gerade erst selbst entkolonialisierten USA auf das noch weitgehend »unberührte« Ozeanien. In einem wüsten Rennen ergatterte jeder für sich in willkürlicher Auswahl Hunderte von Inseln und Inselgruppen. Deutschland verleibte sich z. B. unter anderem den östlichen Teil Neu-Guineas ein und den »Bismarck-Archipel« mit den melanesischen Inseln »Neu-Mecklenburg«, »Neu-Pommern« und »Neu-Hannover«.

Wie additiv die jetzige Zielsetzung für koloniale Neuerwerbungen geworden ist, illustriert eine Episode aus dem Portugal um 1890, als das Land gerade wieder von einer Finanzkrise geschüttelt wurde. Der Marine-Minister wärmte die Idee auf, den östlichen Teil des portugiesischen Imperiums aufzugeben – nun aber, der Zeit entsprechend, als Verkaufsofferte. Den Preis von 625 Millionen französischer Francs errechnete er nach dem aktuellen Quadratkilometerpreis kolonialer Erde, den Deutschland gerade erst Spanien für die mikronesischen Karolinen-Inseln bezahlt hatte.[24]

Was diese Sammlerleidenschaft bedeutet, ist die gewaltsame Anwendung derzeit gängiger europäischer Glaubenssätze auf die ganze Welt. Politik sei Machtpolitik von Nationen, so behauptete man, und sie definiere sich innerhalb räumlich genau bestimmbarer militärisch beherrschter Einflußsphären. Am glücklichen Ende der Geschichte – das »freie, gleiche, gerechte« Bürgertum hatte in den europäischen Staaten endgültig die Macht errungen – mußte man sich nur noch einigen, wer was vom begrenzten, ab jetzt unveränderlichen Kuchen für sich bekam. Die neuen Kolonien waren nicht in erster Linie zur direkten Ausbeutung bestimmt, sie waren nicht als Zuwachs zu den gewohnten Handels-, Siedlungs- oder Plantagenniederlassungen gedacht; sie dienten als »nationale Besatzungszonen« – in Bezug zu den Besatzungszonen der anderen. Man konnte sie als politisches Faustpfand auf die Waagschale einer europäischen Balance legen. So sind sie auch relativ beliebig gegeneinander austauschbar: das »deutsche« Sansibar geht gegen das »englische« Helgoland über den Verhandlungstisch.[25]

Portugal machte mit im Wettlauf der Großen – weil es einfach schon da war, wo die anderen hinwollten. Verblüfft beobachteten die Portugiesen die plötzlichen Aktivitäten der anderen Europäer im jahrhundertelang unbeachteten Inneren Afrikas. Und weil die Neuankömmlinge auch gleich neue Spielregeln der Beschlagnahme von Land aufgestellt hatten – es sollte natürlich nicht mehr dem gehören, der es »entdeckt« hatte, sondern dem, der es »effektiv besetzte« –, schickten die Portugiesen, die doch schon um 1480 hier gelandet waren und an isolierten Flecken immer hier gelebt hatten, atemlos eine offizielle »Erforschungs-Expedition« nach der anderen durch den Südteil des Kontinents, von Angola nach Moçambique und von Moçambique nach Angola.[26] Und da die Ankunft eines Forschers an einem bestimmten Ort schon als Anfang der Besetzung gewertet wurde – so erwarb der amerikanische Journalist Stanley für den belgischen König den Kongo –, blieben auf Beschluß der »Berliner Konferenz« von 1885 der südwestliche und der südöstliche Teil Afrikas portugiesisch. In West-Afrika drängten Engländer, Franzosen und Deutsche die einst so machtvollen Portugiesen in das winzige Sumpfgebiet von »Portugiesisch-Guinea« zurück. Als einziges ihrer vielen ehemaligen Forts beließen sie ihnen die Festung São João Batista da Ajuda. (Erst 1961 tauchte es für einen kurzen Augenblick wieder aus dem Vergessen auf, als Soldaten des unabhängigen Staates Dahomey den einen Hektar großen Einsprengsel in einer Attacke mit Platzpatronen stürmen wollten. Ein immer noch amtierender portugiesischer »Resident« steckte das Fort heroisch in Brand.[27])

Auch in Asien betätigte sich Portugal, angespornt durch das Vorbild der anderen, wie eine imperiale Macht. Während England in den zwei »Opium-Kriegen« zwischen 1839 und 1858 das Chinesische Kaiserreich unter seine Kontrolle bringen wollte, bereinigten die Portugiesen von Macau den legalen Status ihrer Stadt. China hatte die Kolonie fest im Griff gehabt: Es besaß ein eigenes Zollamt, es hatte einen eigenen Mandarin als »Neben-Gouverneur« ernannt, es übte Justizgewalt über alle Chinesen in der Stadt aus.[28] Nun wehrte sich Portugal. In einer Aktion, die wie die Parodie einer mittelalterlichen Rittertat wirkte, sammelte 1849 Leutnant Mezquita 36 Freiwillige um sich, verließ die schützenden Mauern Macaus, führte seine Männer im Gänsemarsch durch die Reisfelder zu den Stellungen der Chinesen, eroberte ihre Zwingfestung (deren Haubitzen nicht funktionierten) und proklamierte die absolute Souveränität Macaus. 1862 wurde dann von Regierung zu Regierung darüber verhandelt; und der chinesisch-portugiesische Vertrag von 1887 sicherte Portugal wirklich die ewige Besetzung Macaus zu.[29]

Als nächstes sah die Kolonie Timor portugiesische Waffentaten. »Um 1860 war der Ostteil der Insel eine wahre Ruine ... Um 1890 rebellierten im Westen der Hauptstadt Dili zwölf Fürstentümer, im Süden sieben. Intensive Landwirtschaft gab es praktisch überhaupt nicht. Steuern waren uneintreibbar. Verbrechen wurden nicht verfolgt. Die Souveränität Portugals reichte nur drei Stunden Fußmarsch vom Regierungspalast entfernt.«[30] So begannen auch hier, ab 1894, zur Sicherung der effektiven Besetzung des Kolonialbesitzes, »Befriedungsfeldzüge«. Mit einer Hundertschaft Soldaten führte der Gouverneur Celestino da Silva einen Einschüchterungskrieg gegen die Bevölkerung, errichtete Militärposten, gleich darauf Missionsschulen und Steuerämter. Das neue flächendeckende Regieren der Kolonie, nach vierhundert Jahren punktueller Aufsicht, brachte Silva die Ehrentitel »Wahrer Eroberer« und sogar »König von Timor« ein. Einer seiner Amtsnachfolger schrieb einen biographischen Roman über ihn und gab ihm dort sinnigerweise den Namen Albuquerque.[31] Aber selbst in der Blütezeit des Imperialismus sind hier die Erfolgs-Maßstäbe aufs äußerst Bescheidene geschrumpft: Statt Albuquerques Portugiesisch-Asien vom Kap der Guten Hoffnung bis zu den Molukken lobt man nun Silvas ärmliches Ost-Timor. Daß Portugal sich am Imperialismus überhaupt beteiligen durfte, hat zwei Gründe. So ging man zum ersten von der einleuchtenden Überlegung aus, daß immer, wenn bei einer begrenzten Menge einer ein Stückchen ergattert, ein anderer das Nachsehen haben muß, und daß man lieber einem Schwächeren das Streitobjekt (für eine Zeitlang) überlassen solle als einem gleichstarken Mitbewerber. Portugal durfte im südlichen Afrika bleiben, weil England und Deutschland vor einer klaren Konfrontation zurückschreckten. Die Endaufteilung ging dann in mehreren Stufen vor sich. Portugal glaubte die breite Landverbindung zwischen Angola und Moçambique sicher zu haben und färbte sie sich schon auf offiziellen Atlanten rötlich ein. Dieser Politik durch Kartographie folgten jedoch die anderen Interessenten nur zögernd. England sprach Portugal in einem Vertrag von 1884 aus dem »rosaroten Plan« nur die Souveränität über das Sambesi-Tal von Moçambique zu, denn die Deutschen näherten sich von Norden her; und es anerkannte 1886 die portugiesischen Rechte bis zum Kongo, als gerade Deutsch-Südwest einen Streifen vom südlichen Angola abzuschneiden begann. Insgeheim aber verfertigten die Großmächte England und Deutschland Protokolle, wo sie sich gegenseitig große Bruchstücke aus dem portugiesischen Territorium überschrieben. Und gleichzeitig schloß jeder für sich mit den Portugiesen Verträge: In dem einen versprach Portugal, bei einem künftigen Verzicht seine afrikanischen Kolonien nur an England weiterzugeben; in dem anderen, daß nur Deutschland sie erhalten würde. Nachdem man sich reihum ausgetrickst hatte, versuchte es England auch mit nackter Gewalt. 1889 stellte London den Portugiesen trocken ein Ultimatum, unverzüglich ihre Truppen aus dem späteren Simbabwe, Sambia und Malawi abzuziehen, sonst gebe es Krieg. Deutschland war, bei aller früheren Großsprecherei, plötzlich neutral, und Portugal mußte gehorchen. Experimente mit ständig wechselnden Fronten und verschiedenen Abstufungen von Pressionen, das war das typische, oft absurde Sandkastenspiel europäischer imperialistischer Politik. Portugal war kaum mehr als ein Zuschauer bei den wirklich wichtigen Entscheidungen über sein Schicksal als Kolonialmacht, Lückenbüßer, wenn die Großen sich blokkierten.

Diese prinzipielle Abhängigkeit vom Willen anderer ist es auch, die den zweiten gewichtigen Grund für die weitere Teilnahme Portugals an der Beherrschung der außereuropäischen Welt darstellt. Portugal war für die Großmächte beliebig manipulierbar. Schon Anfang des 19. Jahrhunderts war es in eine Art Satellitenposition zu England geraten. Bei einem Bürgerkrieg zwischen Liberalen und Konservativen hatte sich England die militärische Unterstützung für die liberale Seite, die dann auch siegte, mit äußerst folgenreichen Knebelverträgen bezahlen lassen. In mehreren Abkommen nach 1836 wurde festgelegt, daß Portugal keinen Schutzzoll auf Manufakturwaren aus England legen durfte. Die billigen Produkte des Industriereisen überschwemmten konkurrenzlos den portugiesischen Markt. Während im übrigen Europa gerade in dieser Zeit die meisten Länder ihre nationale Industrie aufbauen konnten, wurde jeder Ansatz dazu in Portugal abgetötet. Das Land fiel auf den Stand eines ausschließlichen Agrarproduzenten zurück. Bis in die jüngste Vergangenheit blieb Portugal ohne größere Fabriken. Es war, als europäischer Staat, »unterentwickelt« worden. Es hatte außer Rohstoffen nichts auszuführen; nicht einmal sein berühmtestes landwirtschaftliches Erzeugnis konnte es selber verkaufen: Auch alle Portwein-Firmen gehörten Ausländern.

Wie zu Hause, so – in gerader Verlängerung – in den Kolonien. In vielen Fällen durfte Portugal nur als »Statthalter« der Interessen anderer agieren. So wurden schon 1880 in Moçambique hoheitliche Funktionen des Staates an drei Privatgesellschaften mit exklusiv ausländischem Kapital vermietet: Sie allein durften die Titel über Landbesitz regulieren, Steuern kassieren, Handel treiben, Bergwerke errichten, Fischfang-Konzessionen vergeben und alle Beamten ernennen.[32] Von jetzt bis zum Ende seiner Kolonialkarriere war Portugal auf diese Mittelposition festgelegt. Es erhielt materielle Gegenleistungen, weil es den Fremden die völkerrechtlich verbindliche Erlaubnis zu gewinnträchtiger Emsigkeit im fremden Besitz geben konnte; es mußte aber auch gleichzeitig immer ein »entsprechendes Klima« zur Verfügung stellen und für die Ellenbogenfreiheit und das gute Gewissen der Investoren sorgen. Als vom entwickelten Europa und den USA schon längst die eigenen Kolonien in der rauhen Epoche weltweiter Entkolonisierung aufgegeben worden waren, fanden sie hier auf fremdem Territorium, aufmerksam konserviert, vertraute Schutzbedingungen vor. Eine Verlängerung des Kolonialismus, weil dieser Kolonialherr selber Kolonisierter war. Er lief dem Imperialismus nach, um ihn zu imitieren, und seine Vorbilder schluckten ihn. Um 1970 war die Wirtschaft Angolas vollständig von ausländischen Firmen beherrscht. Angola exportierte Diamanten: sie gehörten Südafrikanern und Belgiern. Es exportierte Sisalfasern: sie gehörten Engländern. Es exportierte Eisenerz und Mangan: es gehörte dem deutschen Krupp-Konzern und der amerikanischen Bethlehem-Gruppe. Angola fand

Erdöl: für Gulf Oil und Petrofina. Für Portugal fiel auch etwas ab: Kaffee – denn der Preis des angolanischen Kaffees war höher als der des brasilianischen und konnte so auf dem Weltmarkt nicht konkurrieren. [33]

Der krasseste Fall für die tatsächliche Steuerung einer nominell portugiesischen Kolonie durch andere ist Macau. Die Engländer hatten sich hier schon im 18. Jahrhundert inthronisiert. Sie logierten offiziell als »Untermieter« und gehorchten damit dem chinesischen Gebot, den europäischen Handel nur mit Portugiesen abzuwickeln. In Wirklichkeit aber waren sie die großen Drahtzieher im wichtigsten Geschäft der Stadt, im Opiumschmuggel. Die Vertreter der Ostindischen Kompanie in Macau regulierten den Verkauf in Kanton, den Vertrieb in China und die Anwerbung neuer Süchtiger. Ihr Gehalt wurde mit Anteilen an Opiumladungen bezahlt. Die prächtigsten Kontore am Prunkstrand der portugiesischen Kolonie Macau waren die der englischen Kompanie. Ihr Chef, der »Präsident des Auserwählten Komitees« residierte als mächtigster Mann im größten Palast der Stadt. Das Gebäude, mit klassizistisch-ionischer Säulenfassade, liegt, auf einer Insel voll engster Gassen und dichtest-belegter Häuser, inmitten eines ausgedehnten Parks. »Die Engländer führten sich auf wie ein Kuckuck im fremden Nest. Gegen ausdrückliche chinesische Verordnungen ließen sie ihre Frauen und Kinder nachkommen und lebten ihr Leben nach eigenem Stil, distanziert, viel großzügiger und reicher als die einheimischen Kolonialherren. Sie benahmen sich, als ob es die Portugiesen gar nicht gäbe.« [34] Die lokale portugiesische Verwaltung wehrte sich gegen den Eindruck, daß ihr das Heft aus der Hand genommen wurde, nur mit rührend symbolischen Verboten: Jedem in Macau geborenen Portugiesen wurde 1744 verboten, nach dem Vorbild der englischen Dandies gewellte Perücken und Rüschenkragen zu tragen. [35]

Als die Engländer schließlich 1842 Macau verließen, wurde die Abhängigkeit der Portugiesen von ihnen keineswegs geringer. Denn die Engländer hatten als Ergebnis des Ersten Opium-Krieges, mit dem sie die widerwilligen Chinesen zur legalen Abnahme des Rauschgifts zwingen wollten, fünfzig Kilometer entfernt jenseits des Perlflusses ihre Kolonie Hong Kong gegründet. Macau wurde praktisch zu einem ihrer Vororte. Sie gebrauchten es als ein Ventil für jede Art von Überdruck in der eigenen Kolonie. Überschüssiges, oft kriminelles Kapital legen die Hongkonger bis heute mit Vorliebe hier an, gründen Scheinfirmen, bauen Mietskasernen oder Hochhäuser mit Wochenendappartements für ihre Ausflügler, tätigen illegale Bankgeschäfte. In den 50er Jahren des 19. Jahrhunderts wurde eine Spielbank gegründet, als schnell erreichbarer Ausgleich viktorianischer Kolonialbeamter, die auf eigenem Boden Glücksspiele zu verabscheuen und zu verfolgen hatten. Dieser neue Dienstleistungsstatus Macaus schlug auf Anhieb so gut ein, daß schon im ersten Jahrzehnt das Casino ein Drittel des Etats der Kolonie bezahlte (und heute mehr als die Hälfte).

Je mehr die reale Bedeutung Portugals als Kolonialmacht abnahm, desto unerschütterlicher fühlte sich das offizielle Portugal gerade dazu berufen. Das galt besonders, als sich 1930 ein knochenhart autoritäres, klerikales, rückwärtsgewandtes Regime durchsetzte und mit dem »Salazarismus« seine eigene Variante zum europäischen Faschismus der Zeit beisteuerte.

Die Bedeutung des Kolonialismus für die Diktatur Salazars war zentral. Auch im faschistischen Italien glaubte man ja, durch die Unterwerfung außereuropäischer Völker, Äthiopiens und Libyens, seine völkische Überlegenheit demonstrieren zu können; und auch im nationalsozialistischen Deutschland predigte man pausenlos sein »hehres Recht auf Kolonien« und benutzte seine früheren Erfahrungen in Afrika und in der Südsee für den Entwurf einer »kolonialen« Unterjochung des zu erobernden Osteuropas. In Portugal aber wurden Kolonialherrschaft und Nation identische Begriffe. Wenn seit dem 18. Jahrhundert die »Erinnerung« an die einstige Größe ein Teil der portugiesischen Identität geworden ist, so behaupteten nunmehr die neuen Machthaber verwegen: »Die gloriose Vergangenheit ist unsere sicherste Garantie für eine glückliche Zukunft.«[36] Die verloren geglaubte Herrlichkeit sei lebendige Gegenwart. Und indem mit einem Federstrich 1951 die portugiesischen Kolonien zu »überseeischen Provinzen« gemacht wurden, erscheint diese erweiterte Nation als »das siebtgrößte Land der Welt, nicht weniger als drei Kontinente umfassend«.[37] Hier wird die Noch-Existenz von Kolonien, die auf ideologisch begründete Nostalgie zurückging, zu einem übergroßen Wahngebilde aufgeblasen. Begriffe wie »vaterländische Erde« werden beliebig über Zehntausende von Kilometern verschoben, ungefragt werden Millionen fremder Menschen zu »Portugiesen« gemacht – und das alles, ohne daß sich in der Zwischenzeit Portugals Durchsetzungsvermögen in den »Provinzen« entscheidend verbessert hätte. Die zeitgenössischen Portugiesen sollten sich schon deshalb für geborene Herrschernaturen halten, weil sie immer noch auf einigen Flecken standen, die auch ihre imperialen Vorfahren gekannt hatten.

Der latente Selbstbestätigungsdrang des Salazarismus, der im Grunde nur eine emotionale Aufwertung der jahrhundertelangen Tatenlosigkeit der Portugiesen bedeutete, fand seine augenfälligste Erfüllung in einer Massenproduktion von Denkmälern. Alle Plätze in Portugal und den Kolonien bekamen eine solche moderne Abart von Hoheitspfahl. Es ist immer derselbe Typ: ein wuchtiger Block aus weißem Material, möglichst Marmor, zeigt einen affenhaft gedrungenen Körper, so breit wie hoch, der den jeweiligen lokalen »Entdecker« darstellen soll, in Portugal in seinem Geburtsort, in Übersee an seinem Ankunftsziel. Seine Gesichtszüge weisen starr ins Leere, seine Körperformen sind unter einem massigen Schutzgewand versteckt. Die Statue steht auf einem hohen, entrückenden Sockel. Wer keinen Lokalhelden hatte, stellte Heinrich den Seefahrer auf. Diese Denkmäler machen die komplette Beziehungslosigkeit der neuen Kolonial-Ideologie direkt erfahrbar: Sie sind fast nirgends städtebaulich eingebunden. Das Lissabonner Superdenkmal »Für die Entdecker« steht an der kahlsten Stelle des Tejo-Ufers, weite Pflasterflächen trennen es von jedem Leben.

Der Salazarismus wollte, in willkürlicher Anstrengung, imaginäre Traditionen rekonstruieren. Bei allem, was seine Anhänger als Interpretation der kolonialen Wirklichkeit anboten, jagten sich die Superlative, das Pathetische, das Zeitlose. Wie sieht um 1940 ein portugiesischer Faschist Macau? »Hier hat sich in unerschütterlicher Festigkeit der geistige Expansionswille verewigt, den Jorge Álvares 1513 als der Pate Chinas diesem alten verschlossenen Land in großzügiger Geste anbot. Hier treffen sich, vereinigen sich, erkennen sich im Rahmen der großmütigen portugiesischen Staatsbürgerschaft Menschen verschiedenster völkischer Herkunft und unterschiedlicher Sitten, um einen Schatz zu horten und zu mehren, der die Welt umspannt, unablässig eine Nation formt, welche sich, heute wie immer, als fortschreitend und unteilbar erwiesen hat.«[38] Außenstehende können solche Passagen kaum verstehen, weil sie die wahre Lage Portugals nicht deuten, sondern nur vernebeln wollen. Den realen Schwierigkeiten des Kolonialismus trotzend, behaupten sie ihren Triumph, und findet er auch nur in der Selbstbespiegelung eines längst überfälligen Verwalters statt.
Das ideologiegetränkte Abschotten der portugiesischen Kolonialherrschaft gegen jede Modifizierung des Status quo entwickelte zu jener Zeit Rechtfertigungsschemata auch für die offensichtlichsten Fehlleistungen. Goa war z. B. wirtschaftlich stark unterentwickelt im Vergleich zu der benachbarten britisch-indischen Region. Es gab um 1940 kein einziges großes Handelshaus mehr, gab noch keine Fabrik. Sogar Lebensmittel mußten aus Portugal eingeführt werden. Ein gutes Drittel der Goesen verließ das Land, emigrierte nach Bombay und Ost-Afrika, um überleben zu können.[39] Aber die Salazaristen brachten selbst eine solche Realität mühelos in ihrem prahlerischen Kolonialismusbild unter. In einem damaligen Hirtenbrief an die Pfarrer seiner Diozöse schrieb der Erzbischof von Goa, José da Costa, »Patriarch Indiens«: »Unser großes Kolonisierungswerk ist von gewissen ausländischen und sogar portugiesischen Historikern oder Pseudo-Historikern aus Dummheit und Voreingenommenheit des öfteren angeschwärzt worden. Ich aber sage Euch, meine Mitbrüder, daß Portugal von allen Völkern das meiste für Indien getan hat ... Die anderen entwickelten ihre Besitzungen nur materiell, sie schufen Quellen des Reichtums, beuteten Bodenschätze aus, bauten Fabriken, errichteten Städte und verbesserten den Boden. Nun, ich meine, es ist sehr viel einfacher, einen Wolkenkratzer oder

eine Eisenbahnlinie zu konstruieren, als sich, wie wir es taten, die Wilden zu greifen, uns in ihr Herz zu krallen, ihre Hirne zu erleuchten, ihren Charakter zu bilden, ihnen die Leidenschaften zu besänftigen – und aus diesem tumben Rohmaterial ein Wesen zu machen, das moralisch so viel wert ist wie wir ... Unsere Tradition der Kolonisierung ist daher die bei weitem beste aller in Europa.«[40]

Eine perfekte Mischung aus allen salazaristischen Versatzstücken – den Heroenkult des Spießers, der die Abenteuer seiner Landsleute in der Ferne (von Zeit und Raum) für sich privat bucht; die religiös forcierte Weihestimmung; die moralische Unterweisung der Gegenwärtigen an historischen Vorbildern – findet sich in einer Sammlung von Gute-Nacht-Geschichten, die Marcelo Caetano, der spätere Nachfolger Salazars, um 1940 für die staatliche Jugend-Organisation schrieb. So steht er sinnend vor einem Reiterdenkmal in Moçambique: »Oh, laßt uns unsere Reihen schließen, um mit diesem Offizier zu kämpfen. Wir wollen ihm das immerwährende Weiterleben durch unser aller Leben ermöglichen, seinen Geist überdauern helfen bis in alle Ewigkeit. Sein Beispiel von Vaterlandstreue, seine kultische Ehrfurcht vor der Wahrheit und der Ehre, seine Liebe zur Geschichte, sein Geschmack an konstruktiver Tat, sein Gleichklang von Intelligenz und Wille, seine Verachtung zufälliger materieller Werte, seine koloniale Berufung – in all dem finden wir das Modell wahren portugiesischen Wesens. Einem großen Führer zu folgen, heißt zu siegen.«[41]

Das hieß es auch in Portugal nun gerade nicht. Die Behauptung einer ungebrochenen kolonialen Macht konnte zwar dem faschistischen Regime die Kraft geben, noch die dreißiger, die vierziger und die fünfziger Jahre unseres Jahrhunderts als Kolonialherr zu überdauern, während ringsherum die anderen Europäer sich mehr oder weniger geschickt den veränderten Machtverhältnissen und wirtschaftlichen Opportunitäten unserer Welt anpaßten –; dann aber riß auch für die Portugiesen der hoffnungslos überspannte Bogen zwischen kolonialer Fiktion und der Wirklichkeit.

1961 nahm Indien Portugal Goa ab. Nach der Unabhängigkeit von England im Jahre 1948 hatten die Inder über ein Jahrzehnt versucht, auch die anderen kolonialen Territorien auf der Halbinsel in ihr Reich zu integrieren. Die Franzosen übergaben ihnen 1954 freundschaftlich Pondicherry, Mahé, Karikal und Yanam und durften sie dafür als Ausstrahlungszentren französischer Kultur ausbauen. Salazar weigerte sich strikt, mit Nehru über eine Übergabe Goas auch nur zu verhandeln. Portugiesisch-Indien sei unveränderlich nationaler Boden und dürfe unter keinen Umständen an »Ausländer« ausgeliefert werden. Alle Goesen gäben bei einem eventuellen Kampf ihren letzten Blutstropfen dafür, portugiesisch bleiben zu dürfen.[42] Aber Indien machte die Probe aufs Exempel. Am 18. Dezember 1961 begann die Invasion Goas vom Lande, aus der Luft und vom Meer aus; am 19.

Dezember 12 Uhr mittags kapitulierte die Hauptstadt Pangim. Die portugiesischen Truppen hatten sich in diesen anderthalb Tagen auf die Organisation eines geordneten Rückzugs beschränkt. Eine Handvoll Toter waren die zufälligen Opfer von Warnschüssen oder von Unfällen bei der Flucht. Die Mehrheit der Bevölkerung jubelte den »Befreiern« zu. 450 Jahre Herrschaft zerstoben in ein paar Stunden. Goa wurde zusammen mit Diu und Damão sich selbstverwaltendes Territorium Indiens.[43]

Den zweiten Schock für die faschistische Überschätzung kolonialistischer Rhetorik brachten 1961 die Ereignisse in Angola. Sowohl im wichtigsten Kaffeeanbaugebiet des Nordens als auch in den Elendsvierteln der Hauptstadt Luanda brachen Aufstände gegen die portugiesischen Kolonialherren aus. Von nun an sollte der Guerrillakrieg in den afrikanischen Kolonien das tägliche Brot der portugiesischen Truppen sein. In Angola bilden sich drei verschiedene Fronten entlang allen Landesgrenzen der Kolonie, dazu kommen die Feuerangriffe in den Städten selbst. In Moçambique dringen die Unabhängigkeitskämpfer vom Norden bis zum Sambesi vor, legen Minen, beherrschen ganze Landstriche. In Portugiesisch-Guinea sind die Kolonialtruppen bald nur noch in der Hauptstadt Bissau sicher.

Als Leidtragende dieser Einbrüche harter Realität ins harmonische koloniale Weltbild fühlten sich besonders die portugiesischen Militärs. Es störte sie weniger die Tatsache, daß gerade sie Hunderte, dann Zehntausende von Toten beklagen mußten (das ist Teil des Metiers), sondern daß sie unmöglich die entscheidenden Erfolge bringen konnten. Die Existenzgrundlage eines jeden Militärapparats muß ja Sieg oder zumindest Vermeidung von Niederlagen sein, sonst ist eine Armee per Definition überflüssig. Nun sahen sich aber die Offiziere, auf die sich der Salazarismus als Zwangssystem so nachdrücklich gestützt hatte, von ebendiesem Staat vor die Negierung ihrer Notwendigkeit gestellt. Er stellte ihnen falsche Aufgaben. Sie sollten portugiesisches Land befrieden, aber Millionen Bewohner dieses Landes wollten nichts mit ihnen gemein haben, unterstützten den Gegner, sprachen andere Sprachen, hatten andere Sitten. Die Soldaten verloren nirgends vernichtend, hatten aber auch nie nur den Schimmer eines Endsiegs vor sich.

Sehr konsequent entzogen sich die Militärs ihrer permanenten Frustration, indem sie den Fabrikanten dieses ideologischen Kartenhauses ausmerzten, den salazaristischen Staat. Nicht in den Kolonien, wo Symptome bekämpft wurden, sondern zu Hause, wo das Übel gestiftet worden war, lag die Lösung für die kolonialen Kriege. Die Offiziere putschten am 25. April 1974. Ohne Vermittlungswillen zwischen der früheren Maximalvorstellung, ewig Kolonialherr zu bleiben, und einer jetzt möglichen »vernünftigen« Zielprojektion, die Kolonien behutsam auf die Unabhängigkeit vorzubereiten, brach die Gewalt Portugals über seine Besitzungen praktisch über

Nacht zusammen. Bis zum äußersten strapaziert von den vergangenen Anstrengungen, wollten die Revolutionäre von 1974 sofort Schluß machen mit ihrer Rolle als Kolonialisten.

Die Kolonien bekamen ihre Unabhängigkeit schroff aufgedrängt. Wo bereits eine einheitliche Partei existierte, fand dieser Übergang relativ friedlich statt, in Guinea, auf den Kapverdischen Inseln, in Moçambique. Wo sich eine solche Einigung noch nicht vollzogen hatte, versuchten die Weltmächte in die Macht-Position, die der Platzhalter Portugal innegehabt hatte, nachzustoßen, stritten sich. Die USA und China gemeinsam begegneten in Angola der Sowjetunion. Die von den Sowjets abhängigen Kubaner erstritten hier schließlich den Angolanern eine ebensolche Abhängigkeit. In Ost-Timor gewann die andere Seite, mit der gleichen Stellvertretermethode. Die Unabhängigkeitsbemühungen der angeblich kommunistischen FRETILIN, der »Befreiungsfront von Ost-Timor«, die erst nach der Revolution in Portugal die Chance wahrgenommen hatte, auch hier einen eigenen Staat zu fordern, wurden vom »westlich orientierten« Indonesien unterdrückt. Mit einer enormen militärischen Übermacht überfielen indonesische Truppen 1975 das Land, bombardierten die Städte, räucherten die Dörfer aus, vernichteten die Ernten, vertrieben die widerwilligen Bewohner – und ernannten die Trümmer zu ihrer »27. nationalen Provinz«.[44]

Das Überziehen seiner kolonialistischen Aktionen weit über den historisch angemessenen Schlußpunkt hinaus hatte Portugal damit büßen wollen, daß es sich rücksichtslos eigene Atemluft schuf, endlich einmal, nach einem halben Jahrtausend, nur noch an sich dachte und sich selbst genug war.

Doch eine Pointe fehlt noch in Portugals Karriere als Kolonialmacht. Macau war mit bestem Willen nicht loszuwerden. Die Portugiesen hatten 1974 selbstkritisch China die Rückgabe der Stadt angeboten, über die sie ja nur aufgrund »imperialistischer Verträge« herrschten; aber die Regierung in Peking nahm die Offerte nicht an. Viel realistischer als die Portugiesen schätzten die Chinesen Macau offensichtlich als integrale Dependance Hong Kongs ein, und da sie auf keinen Fall in der englischen Kolonie, die ihnen große wirtschaftliche Vorteile bringt, Unruhe erzeugen wollten, verzichteten sie (vorübergehend) auf ihre Anrechte. Portugal deklarierte ergeben Macau zu einem »chinesischen Territorium unter portugiesischer Verwaltung« und schraubte seine Präsenz so sehr herunter, daß hier auch dem letzten Beobachter klar wird, daß der alte europäische Kolonialismus zu dürren symbolischen Gesten verkommen ist.

Nur noch zwei portugiesische Soldaten gibt es in Macau, die als Ehrenwache ihr Gewehr vor dem rosa Regierungspalast präsentieren. Der Gouverneur »berät« mit den letzten zehn portugiesischen Beamten den chinesisch beherrschten Senat. Vor sich sieht er die Klötze der Hotels und Spielbanken; ohne Baugenehmigung brechen Wolkenkratzer in das Häusergewirr der Altstadt. In der ehemaligen Privatburg der Jesuiten ist die Wetterwarte untergebracht, und hier hat ein weiterer Portugiese einen ruhigen Job, denn Macau hat es noch nicht einmal zu einem kleinen Flughafen gebracht. Auch die ehemalige Klosterschule São José wird nur noch von einem einzigen Portugiesen bewohnt. Sie wurde 1967 im Zuge der Unruhen aus Anlaß der chinesischen Kulturrevolution aufgelöst. In dem wuchtigen dreigeschössigen Steinbau führen breite Korridore, jeder 50 Meter lang, an Fluchten großer Säle vorbei, wo ungenutzte Druckereimaschinen verrosten und die Habseligkeiten verstorbener Mönche vermodern. Barocke Heilige, die um 1600 von japanischen Christen gemalt worden waren, verfaulen in der feuchten Luft. Der alte Priester lebt in zwei Eckzimmern und schreibt zu seinen 60 schon veröffentlichten pro Jahr 2 bis 3 weitere Bücher über die Geschichte der Portugiesen in Macau: das Endspiel eines kolonialen, isolierten Menschen inmitten einer quirligen Stadt von 300 000 chinesischen Einwohnern.

Die meisten Europäer machen sich in der Regel nicht klar, wie sehr ihr Konzept vom Kolonialismus gerade von den Portugiesen geprägt worden ist. Sie waren es gewesen, die das allgemeine Wissen von fremden Ländern in ein System gezielter Beeinflussung überführt hatten. Sie entwickelten als erste das Rezept, kommerzielle Kontakte mit Gewalt durchzudrücken. Sie übten Herrschaft in Übersee aus, indem sie Brückenköpfe nacheinander staffelten. Sie machten den Profit zur nationalen Aufgabe und die Nation zu einem Geschäft von absolutistischen Herrschern. Sie exportierten ihre Probleme und lebten passiv von den kolonialen Importen.
Seit 1415 beobachtete ganz Europa Portugal hierbei, lernte den afrikanischen »Wilden« genau wie die Hochkulturen Indiens, Chinas und Japans durch portugiesische Augen kennen. Man konnte den Portugiesen glauben oder widersprechen: das So-Gesehene war in jedem Fall die Grundlage, mit der man sich auseinanderzusetzen hatte. Man bereitete sich auf ein eigenes Mitwirken im Kolonialismus über das Studium der Methoden Portugals vor. Dann ging man selber zur Tat über, entdeckte auf den portugiesischen Spuren Asien für sich neu. Man nannte Sri Lanka Ceylon, weil es bei den Portugiesen Ceilão hieß; man setzte Bombay neben Goa, Singapore neben Malakka und Hong Kong neben Macau; man verdrängte portugiesische Handelsmonopole durch andere ebenso nationale Allein-Ansprüche. Man ließ Non-Konformisten aller Schattierungen Europa verlassen und die Kolonien sich selbst finanzieren, und »was gut war für die Bilanzen der auserwählten Herren der Ostindischen Kompanien, war gut für das Vaterland«.
Aber Portugal war nicht nur im Vorbildhaften der zentrale Bezugspunkt, auch seine Fehler und Versäumnisse dienten der Perfektionierung des allge-

meinen europäischen Kolonialismus. Der aufsehenerregende Zusammen-
bruch seines Imperiums war geradezu eine Fundgrube für Hinweise, was
man tunlichst bei eigenen Kolonial-Unternehmen vermeiden sollte. Das
spätere Hinterherlaufen der Portugiesen hinter dem Imperialismus produzierte wiederum eine Fülle von plastischen Beispielen, was hoffnungslos
antiquiert wirken mußte und der Weltöffentlichkeit also raffinierter anzu-
bieten wäre. Es zahlte sich für die anderen schon aus, in bewußtem Gegensatz zu Portugal einen Staatsdirigismus durch privatwirtschaftliche Organisation zu ergänzen; reine Kontingenten-Politik zu treiben, aber sie »Frei-
handel« zu nennen; sein Geld eben auch in die Produktion neuer Güter in
den Kolonien zu investieren, und dann statt Sklaven »freie Arbeitskräfte«
für sich schuften zu lassen; und schließlich statt fremde Völker in der politischen Form von Kolonien zu beherrschen, wobei man verantwortlich blieb
für die Bezahlung einer Infrastruktur – für Straßen, Schulen, Hospitäler,
Wasserversorgung, Sozialwesen –, ihnen die »Unabhängigkeit« zu geben
und sie konzentriert durch »partnerschaftliche« wirtschaftliche »Zusammenarbeit« auszubeuten.

Auch unterhalb der hohen Ebene großer politischer und wirtschaftlicher
Entscheidungen beeinflußten die Portugiesen die Herausbildung verbind-
licher Kolonialismus-Muster. Ihre Vor-Erfahrungen sickerten bis in das
tägliche Leben der nachfolgenden Kolonialeuropäer ein. Alle späteren
Führer nannten sich in den Kolonien »Generalgouverneure«, die Hollän-
der in Indonesien, die Engländer in Kanada und die Franzosen in Senegal.
Alle europäischen Kolonialherren in Indien bezogen ihre Dolmetscher,
Zwischenhändler und Kanoniere mit Vorrang aus Goa. Sie vereinten sich
ganz konkret mit den Handlungen, Vorlieben und Verpflichtungen ihrer
Vorgänger.[45]

Und auch ihre außereuropäischen Kontaktpersonen griffen auf diesen gemeinsamen Nenner zurück. Wenn chinesische Händler mit Portugiesen
parlierten, sprachen sie Portugiesisch-Kreolisch; redeten sie mit sprachun-
kundigen Engländern, kreolisierten sie nach diesem Vorbild auch deren
Sprache und machten *Pidgin* aus ihr.[46] Wenn die Bronzegießer im westafrikanischen Benin Europäer darstellen wollten, sah bei ihnen jeder Kolonialist, ob Engländer, Holländer oder Franzose, genauso aus wie die portugiesischen Erstentdecker. Er trägt ein Gewehr, einen Helm und einen Bart aus
dem 15. Jahrhundert. Er wird nicht mehr individuell differenziert. Die
Künstler behandeln alle Europäer als Imitationen des einmal begriffenen
Urbildes.

Der portugiesische Beitrag zum europäischen Kolonialismus war mehr als
nur ein gleichberechtigtes Element neben anderen; er war das Fundament.
Die Portugiesen prägten den Raster der Kontakte, die anderen füllten ihn
aus, wenn auch oft mit viel mehr Material und viel geschickter.

Und die Portugiesen waren es auch, die dafür sorgten, daß der Kolonialismus in der Praxis nicht nur aus einem Katalog von Taten, Organisationsformen und Absichten bestand, sondern daß er auch ganz spezifische Attitüden hervorbrachte. Sie zeichneten mit äußerster Fleißigkeit Meinungen, Sichtweisen, Gefühle und Überzeugungen auf, die ihrer Ansicht nach von der europäischen Expansion nach Übersee provoziert worden sind. Wir können, wie in einem Experiment, gerade bei den ersten Beschreibungen des Aufeinandertreffens von Portugiesen mit Außereuropäern feststellen, wie die Einschätzungen über sich und über die anderen noch vorsichtig tastend formuliert sind. Wir beobachten, wie dann das Unsichere immer mehr zu einer gleichgerichteten Darstellung verdichtet wird und wie schließlich feste Blöcke als verbindliche Denkmuster zur Verfügung stehen.

Der von Portugal initiierte Kolonialismus hatte also zwei große historische Veränderungen hervorgerufen: er hatte intensivere Kontakte zwischen allen Erdteilen verwirklicht; und er hatte Europa für sein globales Engagement mit einem speziellen Interpretationssystem ausgestattet.

Zweites Buch

STRUKTUREN
Der Glaube
an den ewigen Vorsprung
Europas

Eine holländische Kapelle gibt den Papuas in Neuguinea ein Platzkonzert.

Frauen von den Marque-Sas-Inseln singen auf einem französischen Schiff.

Beide Bilder in: Roselene Dousset, Étienne Tallemite, The great Book of the Pacific, Lausanne 1979, S. 27, 133

Erster Teil: KONTAKTE

Über die Mühsal der Europäer, ihrem Willen Recht zu geben

Nur in der allerersten Stunde der Begegnung mit einem fremden Volk war es Europäern möglich, spontan zu reagieren. Für kurze Zeit befanden sich die Ankömmlinge in einem Zustand der Schwebe, ungebunden und geschichtslos. Sie waren, jeder für sich, ängstlich und neugierig zugleich; sie gehorchten beim Zugehen auf die Anderen ihren persönlichen Impulsen.

Als Albuquerques Eroberungsflotte vor Malakka anlegte, stürzten sich alle Soldaten und Matrosen an die Reling ihrer Schiffe und bestaunten die Stadt vor sich. An Land sammelten sich ebenfalls die Volksmassen, um die Portugiesen anzusehen. Zwei lange Reihen von Menschen standen sich so gegenüber, mit aufgerissenen Augen und Mäulern, mit einer Gasse des Nichtabschätzbaren zwischen sich. Für nur wenige Minuten blieb man stehen, dann brach Kriegsgeschrei hervor; Kanonenschüsse und Trompeten signalisierten Drohung; das »normale« Leben nahm seinen Lauf.[1]

In die ersten Augenblicke der Erstarrung springt häufig ein Einzelner hinein, der von sich aus Kontakt haben will mit den endlich gefundenen Fremden. Als die Portugiesen bei ihrer Entdeckung Brasiliens 1500 zum erstenmal an Land gingen, entspannte der Beamte Diogo Dias die Atmosphäre, indem er einen Dudelsackpfeifer aufspielen ließ und wild dazu tanzte. Als er merkte, daß die Indianer wie ein Zirkuspublikum einen Kreis um ihn schlossen, steigerte er sich zu Radschlägen und, als Höhepunkt des Programms, zu einem Salto mortale. Die Zuschauer lachten laut. Diese gemeinsame Freude wich erst, als immer mehr portugiesische Truppen landeten.[2]

Diese Spontanausflüge ins Neue konnten für einige Übermütige auch recht unangenehme Folgen haben. Als die Portugiesen auf ihrer ersten Fahrt zu den Molukken 1512 die Insel Madura, unmittelbar nordöstlich Javas, betraten, rannte eine Gruppe von Soldaten sogleich auf einen Durianbaum zu, um dessen süße, starkriechende Früchte zu essen. Als schon siebzehn Portugiesen in der Baumkrone saßen, beschlagnahmten die Einheimischen ihr Landungsboot und fingen jeden Eindringling ab, wenn er am Stamm herunterrutschte. Der Kapitän António de Brito mußte seine Leute per Lösegeld von den Madura-Bewohnern zurückholen: eine ganz neue Form der Etablierung von Handelsbeziehungen.

Hat man sich allein unter die Fremden vorgewagt, kann es passieren, daß sie sich ihrerseits auf einen zubewegen. Man weiß vorher ja nie, ob es sich um prinzipiell zurückhaltende Menschen handelt, die alles, scheinbar kühl, erst aus der Entfernung begutachten, oder um rückhaltlos Aufdringliche. So etwas wechselt von Insel zu Insel. Ein Dorf auf Timor mag äußerst gelassen reagieren; die Bewohner auf dem nahen Flores dagegen strömen zu Hunderten auf den einzelnen Besucher zu, umkreisen ihn, ohne ihm auch nur eine Handbreit persönlichen Sicherheitsabstand zu geben, und schreien, lachen und tanzen dabei. Den vorschnell mutigen Europäer pflegt dann Panik zu ergreifen. Camões satirisiert in den »Lusiaden« eine solche Situation. Fernão Veloso möchte gern ein Dorf in Angola besuchen. Als ihn gar zu viele Einheimische bedrängen, flieht er und kann gerade noch mit einem Beiboot an Bord des großen Schiffes geholt werden. »Du liefst wohl so schnell«, spötteln seine Kameraden, »weil es bergab, zum Strand hinunter, leichter geht als bergauf?« »Nein, als ich sah, daß es hier so unheimlich viele Menschen gibt, fiel mir ein, daß ihr euch sicherlich ängstigen werdet, weil ich nicht bei euch bin; und so eilte ich euch zu Hilfe.«[3]

Und erste Zusammentreffen konnten auch gleich blutig sein. 1433, bei der ersten Begegnung überhaupt, die die Portugiesen mit unbekannten Völkern hatten, bei der Landung auf den Kanarischen Inseln, war der erste Reflex, als sie neunzehn nackte Menschen sahen, die Attacke: sie verwundeten mehrere Guanches, und auch ein Portugiese wurde verwundet – Auftakt zu einem Krieg, der später alle Guanches vernichten sollte.[4] Auch für die Spanier in der Inselwelt der Philippinen, war der spontane Angriff häufig eine besondere Art, neue Inseln wahrzunehmen. Ohne jegliche Vorwegüberlegung »stiegen sie am Strand aus ihrem Boot und traten mit den Einheimischen in eine Schlacht ein, während der sie viele töteten und nur einen einzigen der Ihren verloren. Dann durchsuchten sie das Dorf, fanden aber nur wenig Lebensmittel. Sie kehrten zu ihrer Flotte zurück.«[5]

Die Zufälligkeiten solcher Kontaktaufnahmen sind Freiräume, die schnell zu Ende gingen. Sofort danach beginnt ein kraftvolles »System der Kontakte«. Eine feste Skala von Methoden der Beziehungsanknüpfung, von Blickwinkeln gegenüber den Anderen, von vorgeprägten Einschätzungen und von bereits erprobten Verhaltensweisen steht zur Verfügung. Auf sie greift jeder Angehörige einer Kolonialmacht fast automatisch zurück. Keiner ist mehr ungebunden in seinem Kontakt zu Außereuropa, auch wenn er behauptet, daß gerade er keine Vorurteile besitze: die jahrhundertealte Image-Verfestigung der außereuropäischen Welt, die Unkenntnis vom afrikanischen, asiatischen und amerikanischen Alltagsleben lassen ihn aus mehreren möglichen Versionen des Verstehens und Handelns mit einiger Sicherheit genau die erwählen, die ihm schon seine Vorgänger suggeriert hatten und / oder die auch sein Nachbar wählen würde.

Diese Zwänge sollen nun beschrieben werden. Wie und zu welchem Zweck entstanden sie? Was garantiert ihnen ihr Überleben? Unsere Abhängigkeit von solchen Zwängen soll aber nicht aufgezeigt werden, um unsere Unentrinnbarkeit aus der Geschichte nochmals zu beweisen, sondern damit wir, durch die kritische Analyse unserer Tradition aufmerksamer geworden, die schmale Chance, nicht weiter vorprogrammiert zu handeln, überhaupt erst wahrnehmen können.

Viele der typischen kolonialen Ideen, Haltungen und Handlungsvorschriften ergeben sich aus einer besonders trennenden Anordnung der Kontaktsituation. Die Europäer betrieben ja das Treffen mit Außereuropa völlig einseitig. Sie brachen in den Eigenbereich der Anderen ein und forderten die Aufnahme von Beziehungen. Es wurde nicht ein einziges Mal ernsthaft gefragt, ob die »Partner« diesen Kontakt wünschten; sie mußten ihn einfach akzeptieren. Die meisten ließen sich denn auch durch das zunächst einleuchtende Argument »Verkehr mit anderen Völkern bringt gegenseitige Vorteile« blenden und duldeten das Kommen der Fremdlinge. Wer trotzdem auf der eigenen Ruhe beharrte, bekam militärische Zusatzargumente für seine »Öffnung« geliefert. Im 19. Jahrhundert noch schickten Engländer, Amerikaner und Russen ihre Kriegsflotten nach Japan, um diese Menschen, die »dumm und boshaft sich von der übrigen Welt abgeschlossen haben und in nationaler Stumpfheit ergraut sind«, »aus ihrer Ungastlichkeit« wieder in den »Schoß der menschlichen Gemeinschaft« zurückzuführen[6]. Waren erst einmal Beziehungen angenommen, entließen die Europäer die Anderen nie mehr daraus. Das mußte als ein »unfreundlicher Akt« gegen die schon bestehende »Freundschaft« gewertet werden.

Die Europäer strömten nach Außereuropa und interpretierten die Kontakte nach ihren eigenen Spielregeln; aber die Völker außerhalb Europas bekamen ihrerseits nie die Möglichkeit, gleichberechtigt in die Kernländer ihrer neuen Bekanntschaften vorzudringen. Kein Inder aus dem Moghul-Reich gründete je eine Faktorei in Lissabon. Man möge sich die Javaner vorstellen, die sich in einem eigenen Vorort in London niederlassen würden, ihre Häuser mit Festungsanlagen schützten und von Türmen aus Kanonenbatterien auf Westminster richteten. Der Kolonialismus hatte von Anfang an eine einzige, nicht umkehrbare Stoßrichtung; er entstand nicht aus Übereinstimmung heraus, sondern als ein isolierter Willensakt der Europäer.

Diese extreme Willkür als Grundlage der Anwesenheit europäischer Kolonialmächte in Übersee gab den Kolonialisten offensichtlich immer das Gefühl, daß es gar nicht so naturgegeben sei, dorthin gereist zu sein. Es störte sie, daß die Anderen es sie spüren ließen, daß sie uneingeladen gekommen waren. Und alles, was man nicht als normal empfinden kann, pflegt man zu »problematisieren« und zu »begründen«.

So produzierten die Europäer pausenlos Rechtfertigungen ihrer Kolonialherrschaft. Der Vertrag von Tordesillas, der die außereuropäische Welt in eine portugiesische und eine spanische Machtsphäre geteilt hatte, war noch vorwiegend auf praktische Planungsprobleme bei der Expansion ausgerichtet gewesen: Die übrigen europäischen Staaten sollten von einer Teilnahme am Vorstoß nach außen abgehalten werden, indem man innerhalb einer gesamteuropäischen Arbeitsteilung die Kolonisation Portugal und Spanien als Domäne zuwies. Jetzt aber, nach der erfolgreichen Besitznahme, fällt dieses zielgerichtete Absprechen mit dem Nebenmann weg. Auslassungen über die Berechtigung der eigenen Herrschaft nehmen immer mehr den Charakter von lauten Selbstgesprächen an. Der scheinbare Adressat ist der außereuropäische Mensch, dem man seine Gegenwart aufgezwungen hat. Von seinen Rechten grenzt man sich ab. Inmitten größter Zweifel und Widerstände probiert man die schlüssigsten Beweisführungen aus.

Zu Meistern in der formalen Argumentation wurden die Spanier. Weil sie Amerika so plötzlich gefunden hatten, konnten sie sich nicht langsam und stufenweise an das Befehlen in Übersee gewöhnen, sondern mußten von einem Tag auf den anderen mit ihrer Rolle als Herrscher fertigwerden. Und nach zwanzig Jahren in Amerika jagte daher eine spanische Groß-Theorie über die Rechtmäßigkeit ihrer Eroberungen die andere.

Es fing ganz primitiv an. Da man in Spanien als eine der sichersten Arten, Eigentum zu erwerben, die Erbschaft ansah, behauptete der Chronist Gonzalo Fernández de Oviedo, daß Amerika schon einmal vor 3193 Jahren der Krone Kastiliens gehört habe. Hespero, der 12. König des alten Hispanien, sei im Jahre 1658 v. Chr. nach Westen gesegelt und habe die Bewohner des »Hesperidischen Indiens« als Vasallen für sich gewonnen. »Nun hat Gott diese Herrschaft mit so altem Recht und nach so vielen Jahrhunderten an Spanien zurückgegeben«[7]. Oviedo forderte die Indianer auf, von neuem ihre Treuepflicht gegenüber ihren uralten Herren aufzunehmen.

Danach gab es die Erklärung vom Eigentums-Vakuum außerhalb Europas und von Europas Verdienst, es ausfüllen zu wollen. Die Eroberung Amerikas erscheint hier als eine Art Finderlohn. Es hätten sich ja auch andere auf den Weg machen können, aber nur Spanien hat es getan. Schließlich kostete die Reise dorthin viele Investitionen und Menschenleben, »Märtyrer«. Die Besitznahme des fremden Landes ist nur der gerechte Ausgleich dafür.

Wenn man Glück und Risikobereitschaft durch »Leistung« ersetzt, kommt man zur Theorie vom gleichberechtigten globalen Wettkampf. Alle Menschen sind Brüder, die ganze Welt unser Haus. Legitimiert, für die Familie zu sprechen, ist der, der sich den Respekt der anderen durch seine Stärke und Intelligenz erwirbt. Für Amerika war das nun einmal Spanien, und so verwaltet es jetzt das Geschick des Kontinents stellvertretend für die Interessen aller Bewohner. Für die Unterlegenen braucht das kein Nachteil zu sein; Spanien wird sich wie jeder gute Erziehungsberechtigte seiner Sorgepflicht bewußt bleiben.[8] Diese Last des Tüchtigeren, »die Bürde des weißen Mannes«, beklagt der englische Imperialismus-Poet Rudyard Kipling noch 400 Jahre später genüßlich.

Aber auch die Moral unterstützt das Recht der Europäer auf ihren starken Einfluß in Übersee. Wer waren denn die Vorbesitzer Perus, die Inka, gewesen? »Fremde Eindringlinge und tyrannische Machthaber. Sie hatten ihre Herrschaft nie durch Erbschaft oder Wahl, sondern durch Waffengewalt aufgerichtet.«[9] Sie zu vertreiben, war eine Wohltat für die einheimische Bevölkerung, ein Akt der Nächstenliebe. Solche Gedankengänge entsprachen genau einem beliebten spanischen Sprichwort: »Wer selber einen Dieb bestiehlt, hat hundertfach Vergebung!«

Bezeichnend für die eigene Verwundbarkeit in diesem Abdrängen von Schuldgefühlen ist, daß viele widersprüchliche Teilerklärungen geliefert wurden, aber niemand ein klares juristisches Gebäude schuf, das alle akzeptieren wollten. Und schließlich wurde die Diskussion um die Berechtigung Spaniens, in Amerika zu herrschen, so konfus, daß sie dem Kaiser Karl V. »schädlich und skandalös« erschien. 1539 verbot er den Dominikanern, deren Theologen besonders eifrig disputierten, jede weitere Auseinandersetzung über dieses Thema und befahl ihnen, alle betreffenden Schriften und Aufzeichnungen dem Staat abzuliefern.[10]

Der Versuch der Kolonialisten, die Durchsetzung ihres Willens als eine Tat hinzustellen, die von einem viel höheren Prinzip, dem »Recht«, abgedeckt war, zielt darauf ab, die eigene Verantwortung für diesen welthistorisch unerhörten Schritt abzuschwächen. Die Möglichkeit der Attacke und Ausbeutung fremder Völker war von einer höheren Instanz bereits angelegt. Die expandierenden Europäer nahmen diese Möglichkeit nur wahr; sie waren Diener einer globalen Harmonie, nicht deren anmaßende Zerstörer.

Diese taktische Unterordnung Europas unter ein angeblich weltweites und allgemeingültiges Recht führte im Grunde zu der Behauptung, daß alles, was Europäern einleuchtet, »objektiv berechtigt« sei. Es verschob allmählich den Kern der Diskussion von der Frage, ob Europäer alles das machen durften, wozu sie in der Lage waren, auf die unverfänglichere Frage, ob sie bei ihrer Herrschaftsausübung immer alle Regeln der Gerechtigkeit beachteten. Die Beurteilung von kolonialen Ausführungsmodalitäten machte die Angst vor der Verurteilung der schwankenden Grundlage des Kolonialismus bald überflüssig. Die hervorragendsten Juristen schwebten schließlich in der Epoche höchster imperialer Euphorie, um 1910, im pompösen Palast des »Internationalen Gerichtshof« von Den Haag als quasi göttliche Instanz über den Geschicken unseres Globus – und sie entschieden, ob ein Stückchen Land in Afrika eher den britischen oder den deutschen Landräubern zuzuschlagen sei. [11]

Auch wenn Recht für die Kolonialherren immer nur Bestätigung ihrer eigenen Rechte war, empfanden sie es erst dann als richtig befriedigend, wenn die vom Recht eingefangenen Anderen es ebenfalls bekräftigten. Das sollte deutlich unterstreichen, daß man nicht willkürlich attackierte und ausbeutete, sondern im Einverständnis mit einer allseits verbindlichen Vernunft.

Das einfachste Mittel, sich positive Resonanz zu verschaffen, bestand darin, europäische Rituale der Herrschaft zu veranstalten und die Neugier der Zuschauer als kritikloses Einverständnis zu interpretieren. Wie wurden die Indianer in Brasilien zu »Mit-Christen« der ersten Europäer? »Bruder Henrique sprach die Messe. Wenn wir uns hinknieten, taten es die Eingeborenen, die um uns herumstanden, auch. Als wir beim Evangelium aufstanden und die Arme erhoben, standen auch sie auf und erhoben die Arme. Ein älterer Mann sprach nach der Messe zu seinen Kameraden, zeigte mit den Fingern auf unseren Altar, und dann wies er auf den Himmel ... Viele, vierzig oder fünfzig, wollten sich Zinnkruzifixe um den Hals hängen.« [12] Über die angebliche Meinung der Anderen befindet also einzig der europäische Beobachter.

Und wie wurden die Molukker in Ternate portugiesische »Untertanen«? »Eines Tages rief der Kapitän der Festung den König zu sich, und er las seinem Gast feierlich ein Dokument vor, nach dem er abdanken und auf all seine Rechte über sein Reich verzichten solle. Von nun an gehöre Ternate nur noch den Königen von Portugal. Sofort danach ernannte der Kapitän denselben König zum Verwalter des Reiches im Namen des Königs von Portugal, mit allen seinen bisherigen Ehren und Befugnissen.« [13] Man möge sich diese Szene aus der Perspektive des Nicht-Portugiesen vorstellen. Er machte einen Höflichkeitsbesuch beim ausländischen Kommandeur seiner Festung. Der las ihm feierlich etwas auf Portugiesisch vor; der König nahm diese Ehrenbezeugungen gelassen entgegen. Die beiderseitigen Kontakte blieben offensichtlich, wie sie immer waren. Und damit soll der Molukker aus eigenem Entschluß besiegelt haben, nur noch Handlanger der Portugiesen zu sein, nicht mehr gleichberechtigter Verhandlungspartner. Die Welt der Europäer ist offensichtlich sehr eigenartig, und ihre juristischen Konzepte sind schlicht unverständlich.

Die gleichen Auffassungsunterschiede werden akut, wenn die Portugiesen eine andere, von ihnen sehr geliebte Form der »Gemeinsamkeit« in Übersee zu praktizieren suchten: den Abschluß von Verträgen. Sie wollten damit bestimmte Machtvorteile, die ihnen der jeweilige Augenblick bot, über eine längere Zeit hin absichern. Aber die asiatischen Herrscher sahen in der »legalen« Festschreibung einer Niederlage keinesfalls eine Verpflichtung. Sie würden die Wünsche der Eindringlinge so lange akzeptieren, wie diese das durchsetzen konnten; aber keinen Tag länger. Es galt, die reale Abhängigkeit zu lösen, nicht, Verträge zu revidieren: Das war nur eine Machenschaft der Europäer.

Wie konnte jemand anders als die Portugiesen auf die rechtmäßige Erfüllung eines Vertrages wie dem von 1607 mit dem südafrikanischen Herrscher Monomotapa Gasa Lusere in Simbabwe pochen, in dem ausnahmslos alle Gold-, Kupfer-, Blei- und Eisenminen des Landes an die Eindringlinge ausgeliefert werden sollten? Gegenverpflichtungen der Europäer gab es keine.[14] Oder wer glaubte ernsthaft, daß sich das Chinesische Kaiserreich an die Bestimmungen des Vertrages von Tientsin (1858) halten konnte, als es Großbritannien u. a. versprechen mußte, elf Häfen für den Handel (mit Opium) zu öffnen, alle Binnengewässer des Landes fremden Kriegs- und Handelsschiffen freizugeben, die Zölle radikal zu senken, die Insel Hong Kong abzutreten und viele Millionen Unzen Silber als Kriegsentschädigung zu zahlen? Die Europäer dagegen hatten aus der chinesischen Unterschrift unter diesem Vertrag die selbstgerechte Schlußfolgerung gezogen, daß die Chinesen volles Bewußtsein von den Risiken einer künftigen Rechtsverletzung haben mußten. Und sie starteten, bei kleinsten Konfliktfällen, ohne noch moralische Skrupel haben zu müssen, ihre rechtlich vereinbarten Strafexpeditionen, überfielen zum Beispiel 1860 Peking und brannten den jahrhundertealten, mit unzähligen Kunstschätzen ausgestatteten kaiserlichen Sommerpalast nieder, plünderten und töteten in der Hauptstadt; die Kolonialoffiziere als Ritter des Leitsatzes »Was man versprochen hat, muß man auch halten!«[15]

Ständige Bekenntnisse zum Recht beeinflußten schließlich auch das alltägliche Leben der Europäer in den Kolonien. Sie verinnerlichten ihre Verteidigungssucht, indem sie permanent Aktennotizen produzierten. Welche Entscheidung auch immer ein portugiesischer Beamter traf, sie wurde offiziell formuliert und abgelegt; was er Wichtiges sagte, was ihm andere erzählten, was er tat, was andere taten, alles gerann zu notariell beglaubigten Dokumenten. Da später nur sehr selten Reaktionen auf solche Aktennotizen verzeichnet werden, scheint das Niederschreiben selbst schon der entscheidende Befreiungsakt gewesen zu sein. Was man meldet, ist abgemeldet; was der Justiz zur Verfügung steht, ist schon außerhalb der persönlichen Verantwortung. So wird selbst offenbares Unrecht bewältigt durch legal vorgeschriebene Beschreibung.

Selbst im kleinen Ternate war ein hauptberuflicher portugiesischer Notar ununterbrochen beschäftigt.[16] Mit gespitzter Feder lauschte er allen offiziellen Gesprächen. Da gab es zum Beispiel einen molukkischen Adligen, der auf Anraten des portugiesischen Kapitäns einen Putsch gegen den König von Ternate inszenieren wollte. Der Plan war, den Palast zu stürmen und dabei solange Hochrufe auf Portugal auszustoßen, bis die portugiesische Garnison zu Hilfe eilen könnte. Diese subversiven Ausführungen notierte sogleich der Notar und machte Abschriften von ihr. Das Original war für die Verwaltung bestimmt, die Kopien für den Kapitän und für den Aufrührer, der somit den Beweis für seinen Verrat gleich mit nach Hause nehmen konnte. Eine weitere Abschrift ging an den spanischen Gouverneur in Manila, noch eine an den König von Portugal. Ergebnis all dieses Aufwandes: Der Verschwörer putschte nicht.[17]

Auch bei Auseinandersetzungen zwischen Portugiesen griff dieses Verlangen nach juristisch einwandfreier Fixierung. Ein *Fidalgo* beleidigte einen anderen; das Opfer veranlaßte eine Aktennotiz. In einer Retourkutsche beschimpfte der Erstbeleidigte seinen Beleidiger; nun war der dran, eine entsprechende Aktennotiz zu schreiben. Beide versöhnten sich, und sie verpflichteten sich dabei per Eid, alle Papiere zu zerreißen, die sie übereinander angefertigt hatten. Da erfuhr der eine, daß der andere eine Notiz nicht hatte verschwinden lassen und sie in Reserve hielt. Der Streit flammte von neuem auf, die alten Vermerke wurden rekonstruiert, neue hinzugefügt: ein Perpetuum Mobile der Rechtssicherheit.[18] Hier wird deutlich, was für eine Bedeutung übersteigerter Legalismus in den Kolonien hat: In einer Umwelt voller fremder Menschen und Sitten garantiert er die Normen, auf die sich die Europäer verlassen können. Er hilft ihnen, sich in ihrer tristen Beziehungslosigkeit zu orientieren, aneinanderzuklammern.

Noch jemand hilft ihnen dabei: Gott. Er ist ein unbedingter Anhänger und Beschützer der kolonialen Expansion. Auf ihn kann man ähnlich vertrauen wie auf die eigenen großen Gesetzeskonstruktionen.

»Gott wollte, daß die Portugiesen mit Gewalt nach Asien vordrangen, mit ihrem Schwert ihrem natürlichen Vorrecht Geltung verschafften, den Arabern die Städte zerstörten, ihre Häuser verbrannten, ihre Frauen und Kinder gefangen nahmen, sich ihres Besitzes und ihres Vaterlandes bemächtigten.«[19] Gott sorgte dafür, daß in einer Schlacht zwar 600 Malaien fielen, aber nur ein Portugiese.[20] Gott machte die Japaner mürbe für den portugiesischen Einfluß, indem er einen Kometen über ihren Inseln abwarf, ihnen Erdbeben schickte und mit einer Flutwelle die Dörfer bis hundert Kilometer landeinwärts zerstörte.[21]

Gerieten die Portugiesen in Bedrängnis, ließ ihnen Gott dadurch Unterstützung zukommen, daß er die angreifende Flotte der Feinde durch einen Sturm zerstreute.[22] Besonders bei den vielen Belagerungen Malakkas war Gott unermüdlich tätig.[23] Er gab einem Soldaten geniale Kriegslisten ein; er schoß zielsicher mit Kanonen auf die Schiffe der Feinde und tötete ihre Besatzungen gleich mannschaftsweise; er lenkte eine Flintenkugel genau auf den Körper des angreifenden Generals der Landetruppen.[24] Und er sorgte dann auch noch dafür, daß in der Zeit nach dem großen Sieg nicht durch den Tod des Festungskommandeurs von Malakka eine neue gefährliche Situation für die Stadt entstehen konnte: Der geeignete Nachfolger war bereits nach Indonesien zum Pfefferkauf weggeschickt worden, von wo aus er direkt nach Portugal reisen sollte; Gott ließ ihn aber keinen Pfeffer finden, so daß er nach Malakka zurückkehren mußte und den Kapitänsposten übernahm.[25]

Gott kämpft auch mit Portugal gegen dessen europäische Rivalen. Er läßt es zu, daß Francisco Serrão in Ternate vergiftet und Magalhães auf der Philippinen-Insel Mactán erschlagen wird: »Gott strafte sie, weil sie Portugal so großen Schaden zugefügt hatten.«[26] Die kolonialen Portugiesen sind voll davon überzeugt, daß gerade sie am genauesten seinen Willen interpretieren können. Sie berufen sich immer auf ihn, wenn sie das realisieren wollen, was sie am meisten wünschen. Der Dienst an Gott ist ein heuchlerischer Zirkelschluß. So ist Gott in der weltweiten Politik wahrhaftig immer Portugiese (so wie er später Engländer, Holländer, Deutscher, U.S.-Amerikaner oder Brasilianer wurde).

Die Beteuerungen der Portugiesen bei ihren Fahrten nach Übersee, daß sie das alles nur täten, um Gott zu gefallen, nicht aus eigener Lust, sondern aus Pflichtgefühl gegenüber dem Weltenlenker, überwuchern die Beschreibungen ihrer Siege und Leiden, ihrer Erfahrungen und Erkenntnisse wie ein Klettergewächs, das auch die auseinanderstrebendsten Extreme immer wieder zu fesseln und zusammenzuzwingen versucht. Jedes Detail kann, religiös gefärbt, sinngebend und heilverheißend werden. Wenn portugiesische Kapitäne als »die Miliz Christi«[27] türkische Schiffe in Piratenmanier überfallen, wollen sie damit nur »ihr Leben für den Heiligen Katholischen Glauben in die Waagschale werfen«, sie üben damit ihren »Dienst an Gott und an seiner Hoheit dem König von Portugal« aus.[28] Der Sklavenhandel in Westafrika wird vornehmlich in Gang gebracht, um die »Seelenrettung« der einheimischen Heiden zu ermöglichen; die riesige Festung São Jorge da Mina, die diesen Sklavenhandel beschützen sollte, wurde denn auch erbaut »als ein erster Stein der Kirche im Orient, welcher König João II. zum Lobe und zur Ehre Gottes dort ein Fundament erschaffen wollte«[29]. Die gewaltigen Flotten Portugals – von den insgesamt 1344 staatlichen Schiffen der ersten Epoche trugen nicht weniger als 1303 einen religiösen Namen![30] – fuhren nach Asien, »um die göttliche Flagge Christi zu zeigen, Zeichen unserer Erlösung«.

Bei so großer Anstrengung, sich klein zu machen zum Nutzen eines höheren Prinzips, darf man selbstverständlich ein wenig Gegenseitigkeit erwarten.[31] Gott möge sich revanchieren, indem er »Erfolg« garantiert. Bleibt der aus, neigt man zu beleidigtem Schmollen gegenüber dem »unerschöpflichen Wesen des Herrn« – ähnlich wie gegenüber den »unergründlichen« asiatischen Königen, die sich nicht an die Vorschriften der Europäer halten wollten und Verträge brachen.[32]

Am raffiniertesten bewegt man Gott dazu, sich erkenntlich zu zeigen, indem man die Verbreitung des christlichen Glaubens unauflöslich mit der Ausbreitung der eigenen Macht verknüpft. »Der Einfluß der Diözese Goa existiert zwischen dem Kap der Guten Hoffnung und China tatsächlich nur dort, wo der König von Portugal Festungen besitzt, und wo Siedlungen der Portugiesen zu finden sind.« Die Religion ist in ihrer Handlungsfreiheit angekettet an die reale koloniale Herrschaft.[33] Daher kann sie oft direkt als Brechstange für politische und wirtschaftliche Machtgelüste eingesetzt werden. Die Riu-Kiu-Inseln zwischen China und Japan sollen zum Beispiel auf folgende Art in den portugiesischen Einflußbereich einbezogen werden: »Man muß Informationen über diese Territorien sammeln, damit dereinst Gott Unser Herr aufgrund dieses Dienstes die portugiesische Nation dazu inspirieren kann, hier seinen heiligen Katholischen Glauben zu verkünden und zu vermehren, und im Anschluß daran, wegen des hohen Profits, den das erwarten läßt, diese Insel zu erobern. Man kann sehr viel bei solchen Entdeckungen und leichten Eroberungen verdienen.«[34] Hier verschwistern sich besonders innig »Gott und Mammon«.

In der Mischung aus hochgestochener Rechtfertigung und krassem Nützlichkeitsdenken hatte die europäische Expansion schon sehr früh ein Argumentationsmodell gefunden. Stimmigerweise nannte der König von Portugal bereits 1457 die Goldmünze, mit der er die Eroberungen außereuropäischer Länder finanzieren würde, »Cruzado«, Kreuzzug[35]. »Gesandt von Gott zu eigenem Nutzen«: Auch der religiös basierte Begründungsentwurf des Kolonialismus ging an den Verstehensmöglichkeiten der Menschen in Außereuropa vorbei. Auch er ist in erster Linie Gespräch der Europäer mit ihren eigenen Vorstellungen gewesen – der Portugiesen mit einem »portugiesischen Gott«, der parteiisch war und unsichtbar für Inder, Chinesen und Malaien.

Der Wunsch nach dem Unter-Sich-Sein

So ist es plausibel, daß auf der Grundlage einer radikal selbstversichernden Begründung des Kolonialismus das erste wichtige Modell zu konkreten Kontakten mit fremden Völkern der »Exklusivismus« war. Die Begegnung führte dazu, weitere enge Begegnungen zu vermeiden. Die Europäer versuchten, sich auch außerhalb Europas möglichst nur um sich selbst zu kümmern.

Betrachtet man die gewaltigen Landmassen Afrikas und Asiens, so nehmen sich die Regionen, die tatsächlich europäisch besetzt waren, wie winzige Inseln aus. Wichtig für einzelne Städte oder Erwerbszweige, aber für die große Mehrheit der Bewohner der betreffenden Länder ohne Belang. Selbst noch um 1880 dürften viele Inder, Malaien oder Indonesier, Bauern, Künstler, ja sogar Fürsten, noch gar nicht wahrgenommen haben, daß sie nach Ansicht der dort sporadisch auftauchenden Europäer dieser jeweiligen europäischen Nation »gehörten«. Kolonialismus ist – auch – aufgeblähter Machtanspruch, der die Zustände in kleinen Enklaven auf die ganze Welt extrapolierte.[1]

In diesen Enklaven aber rückten die Wenigen, die sich als »Herrscher« empfanden, besonders eng zusammen. Ihr Korpsgeist multiplizierte ihre eigene Wertschätzung. Abgekapselt von den Anderen, konnten sie sich unangefochten wichtig fühlen. Immer wieder behaupteten die Portugiesen in ihren Schriften, »klein, aber stark«[2] zu sein. Ihre unbestreitbare zahlenmäßige Unterlegenheit böte geradezu eine Chance, ihre enorme qualitative Überlegenheit zweifelsfrei zu beweisen. Da berichten die Chronisten, wie 1 Portugiese auf 200 Feinde kommt, 120 Portugiesen auf 20000 Feinde.[3] Eine entschlossene Minderheit wehrt unverdrossen Impulse von außen ab und setzt sich trotzdem durch.

Den größten Schutz dabei bietet die unablässige Wiederholung des einmal Eingeübten. So kommen selbst Kolonial-Portugiesen, die zwanzig Jahre ihres Lebens damit verbrachten, zwischen Afrika und China umherzureisen, nicht von der Gewohnheit los, Europa als einzigen Bezugspunkt für die Geographie und Geschichte der Welt anzuerkennen. Camões z. B., der wissen mußte, daß der Indische Ozean seit Jahrhunderten von afrikanischen, arabischen, persischen, indischen, ja sogar chinesischen Schiffen befahren wurde, der die zentrale kommerzielle Bedeutung Indiens für Asien genau kannte, behauptete dennoch: »Wir kamen hierher nach Indien, an diesen weit abgelegenen, entrückten Ort, über Meere, die nie zuvor von anderem Holz durchschnitten wurden.«[4] Der Dichter hatte in Goa viele Nachbarn, die direkt von arabischen Seefahrern abstammten, aber er

Taifun in Hong Kong 1874

Bildnachweis: nach: John Warner, Fragrant Harbour, Hong Kong 1976, S. 98

schrieb: »Niemals war ein menschliches Wesen über diesen Ozean gekommen.«[5] Geschichte darf nur von Europäern gemacht werden; und »weit weg« ist ein außereuropäisches Land immer, auch wenn man schon Jahrzehnte in ihm lebt.

So lassen einen die Scheuklappen des Ererbten die fremden Völker nur wie Schemen der eigenen Vergangenheit sehen. »Kontakt« ist dann Erinnerung an die europäische Tradition.[6] Fassungslos würde der König von Melinde, ein afrikanischer Moslem, reagiert haben, wenn er, nach der Vorstellung Camões', von Vasco da Gama wirklich folgendermaßen begrüßt worden wäre: »Allerhöchster König, dich suchen wir auf, dem das oberste Gesetz die Erlaubnis verliehen hatte, übermütige, wilde Völkerscharen zu zügeln. Der reine Olymp ersah dich dazu.«[7] Kein Wunder, daß knapp dreißig Jahre nach der Abfassung dieses Textes von einem anderen Bewohner der Iberischen Halbinsel erzählt wird, daß er Ackergäule für Kampfrosse, Bauernmädchen für Hohe Damen und Windmühlenflügel für Riesen hielt.

Ihre »eigene Welt« inmitten des grellsten Kontrastes zum üblichen kolonialen Lebensraum zu kultivieren, gelang den Portugiesen besonders eindringlich bei ihren Festen. Da inszenieren sie tatsächlich »Portugal« auch in China. In Liam-po führten sie z. B. bei einer solchen Veranstaltung eine religiöse Prozession durch, feierten ein Bankett, tanzten und organisierten einen Stierkampf. Um zwei Uhr nachmittags (der vorgeschriebenen Zeit!) »versammelte man sich um die Palisaden, die die Arena bildeten. Zehn Stiere wurden besiegt, dazu fünf wilde Pferde eingeritten. Ein Orchester mit vielen Trompeten, Trommeln und Flöten begleitete das Fest zur Freude aller«.[8] Einer der Höhepunkte dieses Festes war die Besichtigung eines hölzernen Ehrenturms, an dem eine ergreifende Szene abgebildet war: Ein Dutzend brutaler Männer in Rüstungen und mit Hellebarden zerstückelten einen Krieger, der hilflos am Boden lag. Oben an den Fenstern beweinten den Mord eine Frau und zwei kleine Knaben. Dieses Tableau wurde als Darstellung der üblichen Hinterlist von Spaniern gegenüber tapferen Portugiesen interpretiert. Auf einer Insel vor der Küste Chinas, jeden Augenblick bedroht von einer riesigen kaiserlichen Flotte, ist die stärkste emotionale Betroffenheit der kolonialen Portugiesen immer noch durch eine Anspielung auf innereuropäische Konflikte zu erzielen![9]

Das erinnert in seiner Abgeschlossenheit an die berühmte Episode vom Streit der neun in Peking gefangenen Portugiesen, die sich nicht einigen konnten, ob die Familie der Madureira oder die Familie der Fonseca besser am Hofe des Königs in Portugal angesehen sei. Sie ohrfeigten sich, hieben sich mit Hellebarden die Arme ab, stachen sich mit Messern ins Gesicht und hätten sich alle umgebracht, wenn nicht die entsetzten Chinesen eingegriffen hätten, sie einkerkerten, auspeitschten und nach Hangtschou verbannten. Eine zusätzliche Pointe liegt darin, daß keine dieser beiden Familien wirklich bedeutend waren: »Die eine wie die andere hatten wenig mehr als gar nichts.« [10]

Auch die Tagträume der kolonialen Portugiesen waren losgelöst von ihrer Umgebung, waren durch und durch »europäisch«. Auf einer indischen Insel (Modell war möglicherweise Bombay [11]) sind es schneeweiße Nymphen, die Vasco da Gama für seine Jungfernfahrt zu belohnen haben. Sie spielen, ganz griechisch, Zither, Harfe und Flöte für ihn. Sie lustwandeln in einer idyllischen, mediterranen Schäferlandschaft, zwischen Apfel-, Kirsch-, Orangen- und Zitronenbäumen, Pappeln, ja sogar Pinien. Hier, voll in den Tropen, plätschert das kühle Wasser lieblicher Bäche durch Wiesen mit Narzissen, Lilien und Veilchen. Den Indischen Ozean vor Augen, singt der Schwan und jubiliert die Nachtigal. Und höfisch elegant gibt sich Tethys, die griechische Göttin, dem portugiesischen Kapitän in einem goldkristallenen Palaste hin, als feiere sie eine aristokratische Orgie in einem Lustschloß bei Lissabon. [12] Der erste Einbruch Europas in Asien wird zu einem Orgasmus der Selbstbefriedigung.

Bei den Portugiesen war die Absonderung nur eine Reaktion unter anderen bei der Begegnung mit außereuropäischen Völkern; bei nachfolgenden Kolonialmächten bekam dieser Zug des Kolonialismus aber zeitweise eine außerordentliche Bedeutung. So gehörte z. B. im 19. und 20. Jahrhundert das »Unter-Sich-Sein« zum obligatorischen Erscheinungsbild englischer Herrschaft in Asien. Die englischen Beamten, Militärs und Händler konzipierten ihre Wohnorte nicht als Kern oder Erweiterung bestehender einheimischer Städte, sondern als weitgehend unabhängige »Außenposten« ihrer eigenen Zivilisation.

In Indien entwickelten sie als ihre typische Siedlungsform die »Station«, »weitläufig angelegte Gärten, durchzogen von einem regelmäßigen Netz gepflasterter Straßen, die mit weitausladenden Bäumen gesäumt sind. Dazwischen dehnen sich sorgfältig gepflegte Rasenflächen, Kricket- und Poloplätze. Unter den Bäumen liegen gleichmäßig aufgeteilte, von Hecken eingefaßte Gärten mit den sauber gekalkten Bungalows und Dienerhäusern der Beamten und Offiziere« [13]. Hier liegen auch Post- und Telegrafenamt, Gefängnis, Krankenhaus, Kasernen und Europäer-Friedhof. Zur jeweiligen indischen Stadt wird demonstrativ Abstand gehalten. Die Entfernung beträgt selten weniger als eine Meile. Es gibt immer zwei verschiedene Bahnhöfe; oft wird das Zwischenterrain von Eisenbahnschienen, Überlandstraßen, Flüssen oder Kanälen durchschnitten. Nur in der sorgfältig kalkulierten Distanz läßt sich die indische »Altstadt« genießen, »eine Art Theaterkulisse, nahe genug, um zu beeindrucken, weit genug aber entfernt, um nicht mit Lärm, Gestank und Schmutz das ästhetische Empfinden der (kolonialen) Gesellschaft zu stören«. [14]

Die englische Station betont alles das, was die indische Stadt nicht hat. Viel

Platz statt dichtgedrängtes Häusergewirr; weites Auseinanderziehen der Nachbarschaft statt Aufeinanderwohnen; runde Säulenvorbauten in Gartenpalästen statt gerader Fassadenstraßen; sehr dicker Stein statt Lehm oder Holz; rotes statt weißes Gemäuer oder, je nach Prägung des indischen Gegenparts, auch umgekehrt – die Farbe ist Trotz, nicht Vorliebe. Statt Tempeln oder Moscheen errichtete man Kirchen in gotischem, romanischem oder klassizistischem Imitationsstil, statt balkonübersäter *Raja*-Schlösser Bürokratiezentralen mit dorischen oder ionischen Portiken.[15] Und alle Europäer trafen sich in den lauschigen Fachwerklandhäusern der Clubs. In die Ferne geworfen, dort auf sich gestellt zum eigenmächtigen Herrschen, akkumulieren die Kolonialherren die unterschiedlichsten architektonischen Requisiten ihrer Vergangenheit. Sie wollen auf einen Schlag die Macht von zweieinhalb Jahrtausenden Tradition dem Fremden entgegenstemmen. Eine Bastion des wirklich Eigenen, von wo aus man den Übergriff aufs Andere um so energischer ausführen kann.

Das Pendant zur kollektiven Isolation ist die individuelle Vereinsamung. »Verlorenheitsgefühl« ist ein sehr häufiges Motiv in persönlichen Berichten aus den Kolonien. Die Emigration reißt den Einzelnen aus seiner selbstverständlichen, aber nie reflektierten sozialen Ordnung heraus. »Zuhause« lebte man in Großfamilien, die bei aller Repression gegen individuelles Abweichen Solidarität in Notfällen garantierten; in Übersee war man beziehungslos. In keinem der vielen Wechselfälle seiner 21jährigen Irrfahrt in Asien konnte Fernão Mendes Pinto Unterstützung oder Trost durch einen Bruder oder Onkel bekommen; Freundschaften dauerten kaum länger als eine gemeinsame Kaperfahrt; Kriege oder rastlose Profitgier verhinderten den Einstieg in einheimische Familien. Der Kolonialismus brachte daher in Außereuropa leistungsorientierte europäische Einzelmenschen schon lange vor der Ära der forcierten Industrialisierung hervor, in der auch in Europa Menschen auf der Suche nach einer veränderten Zukunft in die Städte strömten, die kleinstmögliche Familie die Regelfamilie wurde und jeder für sich sein Leben zu »verdienen« hatte.

Um über die Angst des Individuums, ohne Sinn leben zu müssen, ein philosophisches Gedicht schreiben zu können, verlagerte Camões eine seiner berühmtesten Oden gezielt in eine außereuropäische Szenerie. Er selbst hatte eine Raubreise in die Gewässer vor Arabien mitgemacht, aber er schilderte nun nicht die spannenden Waffentaten, sondern reduzierte alle Erfahrungen auf das eine Erlebnis der Öde. Vom bunten Spektakel des gesuchten Fremden bleibt nur die Selbstversenkung, von der schönsten Landschaft die nackteste Wüste am Kap Guardafu. »Vor einem trockenen, wilden, unfruchtbaren Berg, der unnütz, kahl, entblößt und formlos ist, den die Natur in jedem Punkt verachtet, wo weder Vögel fliegen noch ein Raubtier schläft, wo weder klare Flüsse fließen noch Quellen rinnen, kein grüner

Zweig das süße Rascheln kennt, in diesem ›Glücklichen Arabien‹, so unglücklich von Natur aus«, denkt Camões nach über seine »traurigen, erzwungenen, schlechten und einsamen Tage, voller Schmerz und Mühen.« In seiner Verzweiflung, die »jede Vorstellung in Tränen verwandelt und die Seele in eine offene, pulsierende Wunde«, kann Camões als einzigen Trost nur Erinnerung an die für immer verlorene »Glorie« ausfindig machen. Aber auch darunter versteht er keineswegs allgemeinere, über seine Person hinausweisende Geschehnisse, etwa die nun vermißte nationale Größe, sondern private Wonnen: Liebesblicke, halbvergessene Gefühle, vage Sehnsüchte.[16]

Die Kolonial-Portugiesen versuchten, diese massive emotionale Gefährdung durch die Mitnahme eines Bundesgenossen abzuschwächen. Fast ohne Ausnahme entwickelten sie aus ihrer Einsamkeit heraus ein enges individuelles Verhältnis zu »Gott«. Es ist ein anderer Gott als der, der die Expansion der Staatsmacht begünstigte, einer, der ganz ohne große imperiale Ziele auskommt und einfach als besonders wirkungsvoller Schutzengel agiert.

Der Gott eines einzelnen Portugiesen in Übersee ist in der Regel zuständig für die Extremfälle kolonialen Lebens: »Wir kümmern uns um Gott nur in Zeiten großer Bedrängnis.«[17] Kaum werden portugiesische Seeräuber von Chinesen verhaftet, da bitten sie Jesus »um seiner Wunden willen« um ihre Freilassung.[18] Gellende Hilferufe nach Gott[19] begleiten jeden einzelnen Schiffbruch von Portugiesen: ein obligatorischer Bestandteil dieser Geräuschsymphonie aus dem Heulen des Taifuns, dem Peitschen des Regens, dem Brechen der Masten und dem Wimmern der Verwundeten. »Herrgott, Barmherzigkeit«, schrie der Piratenkapitän und ertrank – ein »guter Christ« war gestorben.[20] Auch nach dem Schiffbruch, wenn die Überlebenden sich am Strande sammeln, bittet jeder für sich Gott um Hilfe, bedauert seine vergangenen »Schwächen« und seinen üblichen »Mangel an Glauben«, und verlangt dann die Chance zu einer Besserung, indem er wieder »heil zurück in von Christen bewohnte Länder« gelangen möchte. Mit »der Hilfe unseres Herrn«, dem Ruf »Jesus, Jesu Namen« auf den Lippen, überfällt er dann ein chinesisches Fischerboot und steuert es, dem »unendlich barmherzigen Herrn« für seine Unterstützung dankend, schnell aufs Meer hinaus. Die dreißig bestohlenen Fischer bleiben laut weinend im Mangrovensumpf, dem Tode geweiht, zurück. »Und jetzt hilft uns Gott, indem er uns frischen Wind voll in die Segel bläst.« Die Flucht ist gelungen. Der Name Gottes verschwindet wieder aus dem Erzählfluß.

Die Zwiesprache mit Gott dient auch der Vorbereitung großer Schlachten. Noch einmal zur Kommunion gegangen, durch eine Generalabsolution beruhigt[21], denkt der Soldat an den Heiland, »der zur Rechten des Ewigen Vaters sitzt und uns mit seiner mächtigen Hand beschützt«.[22] Er brüllt beim Töten, um nicht selbst getötet zu werden, ohne Pause »Christus«, »Im Namen Christi«, er attackiert mit dem altspanischen Kriegsschrei »Santiago«.[23] Und, von Feinden in bedrohliche Enge getrieben, brüllt er sein »Herr, Barmherzigkeit«.

Dieses laute Bitten um die Misericordia wurde sogar zu einem spezifischen Erkennungszeichen der Portugiesen untereinander. Als Fernão Mendes Pinto an der Ostküste Malayas entlangsegelte, sah er ein Floß mit Schiffbrüchigen auf dem Meer treiben. Da wehte ihm der Wind Sprach-Fetzen zu, »Barmherzigkeit, Herrgott«, wie in einer Litanei; und es jagten den Verunglückten sofort Ruderer entgegen, um sie zu retten. Dieselben Rufe machten vor der chinesischen Küste vorbeifahrende Portugiesen darauf aufmerksam, daß tief im Inneren einiger Dschunken portugiesische Gefangene eingeschlossen waren. Die alamierten Seeleute enterten die Dschunken, um ihre Landleute, die aufs Geradewohl geschrien hatten, zu befreien.

Die Begründung, warum man sich bei Gefahr an Gott wendet, wird ganz automatisch mit feststehenden Sprüchen geliefert: »denn Er enttäuscht nie die, die ihm wahrhaftig vertrauen«, »denn Er kann Schlimmes leicht in Gutes verwandeln«.[24] Es sind Formeln aus der Kindheit der Portugiesen. So ist denn auch der Kontakt mit Gott der Rückzug auf das Einzige, was man von zu Hause mitgebracht hat und wirklich jeden Augenblick benutzen kann. Gott schwebt über jedem Europäer, inmitten der fremdesten Menschen, Landschaften und Erlebnisse und kann durch ein Wort sofort herbeigerufen werden. So wenden sich in den Kolonien auch die abgebrühtesten Gauner, selbst diejenigen Portugiesen, von denen sogar die Tataren kopfschüttelnd sagen: »Sie haben weder Respekt vor Gott noch vor den Prinzipien der Menschlichkeit«[25], an ihn als die zuverlässigste Vorstellung einer durch und durch europäischen, portugiesischen, heimatlichen Stütze.

Gott als »bester Kompagnon« wird in den Kolonien immer dann als Zeuge angerufen, wenn es gilt, die Abhängigkeit von konkreten Umweltbedingungen zu leugnen. Wenn ein Händler in Malakka ausdrücken will, daß er seinen Reichtum nicht durch Ausbeutung der Asiaten, Betrug an seinen Kollegen und Bestechung der Staatsbeamten erworben hat, muß er nur seine besondere persönliche Frömmigkeit nachweisen. Er stiftet z. B. mit einem Teil seiner Profite die Kapelle Nossa Senhora do Outeiro. Von nun an bringt ihm diese private Devotion all sein Glück und Vermögen. Und schnell finden sich andere, die gerade dieser Kapelle vor jeder Handels- oder Kaperfahrt Gold und Schmuck schenken: das Angebot eines Tauschgeschäftes.[26] Die Leistungen und Leiden der Einheimischen verschwinden bei diesen Direktabmachungen mit Gott vollständig aus dem Denken der Europäer.

Auch für viele Missionare führte ihre sehr persönliche Gottbezogenheit dazu, daß sie keinen Zugang mehr zu den Einheimischen fanden. Gerade in der ersten großen Missionierungswelle nach dem Konzil von Trient, in der zweiten Hälfte des 16. Jahrhunderts, als sich hochgebildete Priester toll-kühn in die heidnischen Regionen Afrikas und Asiens wagten, war ein wichtiges Motiv für diesen freiwilligen »intellektuellen Abstieg« und für diesen »Mut« der Wunsch, sein individuelles Seelenheil mit aller Sicherheit garantiert zu bekommen. Die Einzelnen suchten oft geradewegs den Mär-tyrertod. Sie überzeugten nicht in erster Linie sanft die Bereiten, sondern provozierten die eindeutigen Gegner. Viele Missionare lehnten es ab, sich überhaupt über einheimische Überzeugungen zu informieren. Sie waren gekommen, um bedingungslos europäische Vorstellungen zu predigen. Sie nahmen dann gern in Kauf (das künftige Grab ein Pilgerziel), in Indochina auf einem hohen Schaffott vor einem kostbar gekleideten, höfischen Publi-kum geköpft zu werden.[27] Nur die Kolonien boten die Chance zu solch grandiosen Spektakeln europäischen Starrsinns. In Europa war Bekenner-mut viel gewöhnlicher. Dort fielen die Märtyrer zur selben Zeit in den gro-ßen Religionskriegen zwischen katholischen und protestantischen Chri-sten auf schrecklich alltägliche Weise und wurden anonym, in Massengrä-bern bestattet.

Was für langfristige Folgen hatte die Selbstabschottung kolonialer Euro-päer für ihre Kontaktfähigkeit zu den Anderen? Bei aller enzyklopädischen Aufmerksamkeit der Portugiesen gab es bestimmte Bereiche, die sie nur oberflächlich wahrnahmen. So gelang es ihnen z. B. lange nicht, andere Religionen ausführlich und korrekt zu beschreiben. Diogo do Couto war fünfzig Jahre in Indien gewesen, aber vom Hinduismus und Buddhismus wußte er nur etwas vom Kastenwesen, einigen religiösen Vorschriften, einigen Legenden und dem Ablauf von Prozessionen zu berichten.[28] Der Glaube der portugiesischen Kolonialherren war so sehr vom Christengott monopolisiert, daß es ihnen auch schwer fiel, sich mit der Kultur und Ge-sellschaft ihres größten weltpolitischen Gegners im 16. Jahrhundert, den Türken, zu beschäftigen. Sie hatten in der Realität die vielfältigsten Kon-takte zum Osmanenreich. Aber da sie ihre Konkurrenz in Asien akzentu-iert ideologisch definierten, blockierten sie ihre eigene Chance, aus einer Analyse des türkischen Herrschaftssystems auch für sich Anregungen zu holen. So ignorierten sie z. B., daß in Konstantinopel die regierende Elite aufgrund allgemeiner Leistungskriterien rekrutiert wurde; die talentierte-sten Jungen aus dem ganzen Reich wurden, ungeachtet ihrer sozialen, eth-nischen oder religiösen Herkunft, systematisch für höhere Aufgaben erzo-gen; der erbliche türkische Adel dagegen war Schmuck, kein Freibrief zum Herrschen. Ob das wirklich funktionierte, hätten die Portugiesen aus eige-ner Anschauung täglich beobachten können; aber sie sahen nicht einmal, daß es das gab.

Borniert zeigten sie sich auch in bezug auf das Erkennen von Individualistischem bei fremden Völkern. Eine autonome Einzelpersönlichkeit zu sein, mit erkennbar unterschiedenem Charakter, das war eine Domäne der Europäer. Die Anderen traten gestaltlos, als Masse, als anonyme Volksgemeinschaft auf. Fast nie gab es in den Reiseberichten unterhalb der Ebene von berühmten Fürsten indische oder malaiische Menschen, die nach ihrem persönlichen Aussehen, Verhalten oder Denken wiedererkannt werden könnten. Sie trugen nicht einmal Eigennamen. Das Klischee von der »blauen Einheitlichkeit der Chinesen«, ihrem »Ameisendasein« hat sich auf derselben Linie bis heute gehalten. In Camões' »Lusiaden« tritt nur ein einziges nicht-europäisches Individuum auf, und dieser Araber Monçaide kommt ursprünglich aus Spanien und wird guten Endes Christ. Er war nichts anderes als ein verkappter Europäer. Das erklärt zur Genüge, warum er von Anfang an so charaktervoll wirkte.[29]

Das Mitnehmen der europäischen Vorstellungswelt hinaus in die entferntesten Kolonien sorgte schließlich auch dafür, daß die Kulturen einiger wichtiger Weltregionen einfach übergangen wurden. Das Hauptinteresse der Portugiesen lag in Westafrika und in den Zonen jenseits Arabiens, in den Gegenden, wo sie Repliken ihrer eigenen Heimat geschaffen hatten. Dadurch fehlen z. B. weitgehend Beschreibungen Ostafrikas. Die gerade damals blühende Suaheli-Kultur mit ihren sehr entwickelten Handelsstädten wie Sofala und Mombassa wird nur oberflächlich zur Kenntnis genommen, nirgends zusammenhängend kommentiert. Man war dort immer auf der Durchreise, »kurz vor dem portugiesischen Goa« oder »endlich auf der Heimreise nach Portugal«. Eigene (christliche) Spuren in diesen Landstrichen hätten vielleicht die Aufmerksamkeit gefesselt (so wie es einige ausführliche Berichte über Äthiopien demonstrieren), aber das Nur-Fremde wird auf einer solch massiv europäisierten Schiffahrtsroute schnell beiseitegeschoben. Ähnlich erging es (anfangs) Brasilien, Südwestafrika zwischen dem Kongo und dem Kap, Mittelasien und Ozeanien. Dieses Aussparen durch die Portugiesen führte dazu, daß es gerade diese Regionen waren, die dann von anderen Europäern im »zweiten Entdeckungs-Zeitalter«, im 18. Jahrhundert, planmäßig »nachgeholt« werden mußten, oder die, wie Kenia, Sansibar und Tanganyika, erst in der Hoch-Zeit des Imperialismus um 1880 gänzlich erschlossen werden konnten.[30]

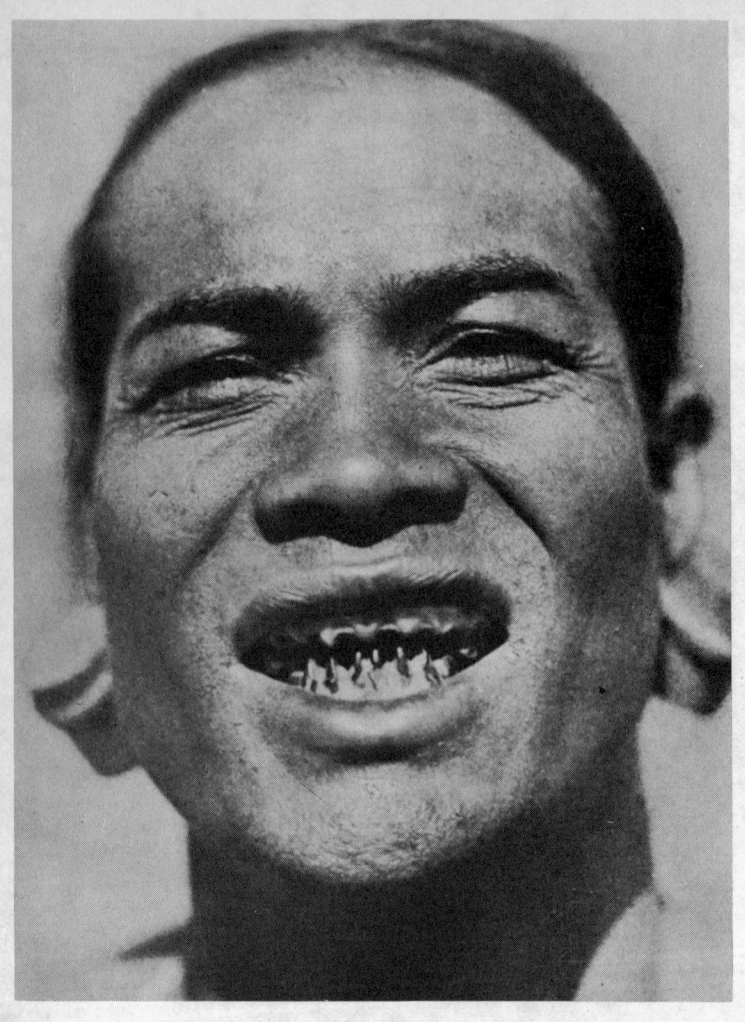

Traditioneller Zahn-Schliff bei dem Biet-Volk in Vietnam

Bildnachweis: Bernatzik, Abb. 206

Die Verewigung von »Oben« und »Unten«

Wenn der eine Reflex europäischer Kolonialherren beim Zusammentreffen mit außereuropäischen Völkern das Einigeln war, so prägten die anderen Muster der Begegnung die praktischen Regeln beim direkten politischen, kommerziellen, geistigen und gefühlsmäßigen Kontakt. Hier steht man dem Fremden von Angesicht zu Angesicht gegenüber und will ein klares Ergebnis dieser Kommunikation haben, den Anderen besser einschätzen und ausnutzen können, ein dazu dienliches Bild von sich selbst wiedergeben. Das häufigste Aktions-Schema dafür ist die Abwertung des Fremden und die Aufwertung des Eigenen.

Um solche Skalen anfertigen zu können, braucht man viel konkretes Material über die anderen Völker. Die eigenen Urteile werden um so effektiver, je mehr stützende Details dazu aus den unterschiedlichen Weltteilen und Lebensbereichen vorgebracht werden können. Die Beispiele müssen auch besonders deutlich sein, leicht zu erinnern, bereits als Andeutung glaubhaft. Den Kompromiß aus realistischer Vielfalt und symbolträchtigem Schlagwort lieferten schon in den Anfangsjahren des Kolonialismus die verkürzten Stereotypen über fremde Völker.

Wir kennen einige von ihnen ja bereits aus den ersten Berichten über Asien: Indien als Land der »Witwenverbrennung« und der »Elefantenjagd«. Auch die Malaien hatten rasch solch ein Instant-Image bekommen: sie seien überaus höflich und liefen bei Ehrenkonflikten »Amok«. Noch im 19. Jahrhundert kondensierte sich das in einer unablässig zitierten englischen Formel für sie: »Nature's gentlemen« (die Gentlemen der Zivilisation waren die Briten selbst).

Zu Beginn des 16. Jahrhunderts entstanden lange Listen von Kurzcharakterisierungen für fast jedes asiatische Volk. Diese Listen beeinflußten in der Folgezeit sehr stark, was in bezug auf Fremdes überhaupt noch zur Kenntnis genommen wurde. Ob einige Länder als eine selbständige Nation anerkannt wurden, hing dann davon ab, ob auch für sie ein spezifischer Satz über eine ihrer Sitten oder Sehenswürdigkeiten geprägt worden war. Einen Burmesen erfaßte man in seiner Eigenart, wenn es ein gängiges Stereotyp für ihn gab, so wie ein Schauspieler als Napoleon identifiziert werden kann, sobald er seine rechte Hand majestätisch in die Weste zwängt.

Die Portugiesen (und ihre europäischen Nachfolger) versicherten immer wieder, daß Chinesen »grausam, feige, intelligent« seien [1], und die Japaner »tapfer und wissensdurstig« [2]. Siamesen zögen von allen Aktivitäten den Beischlaf vor. Siamesische Frauen seien viel schöner als siamesische Männer. [3] Im Inneren asiatischer Länder lebten häufig Kannibalen; und häufig hatten Völker in unwegsamen Gebirgen Tätowierungen auf der Haut. Die Meos im Goldenen Dreieck zwischen Burma, Laos und Siam kombinierten angeblich beide Charakteristika, und so schrieb Camões einen Vers über sie, der ein Meisterwerk an lakonischer Eigenschaftsbestimmung ist: »Das Fleisch der anderen essend, bemalen sie das eigene.«[4] Auch Kuriosa über andere Völker, punktuelle Daten statt Verallgemeinerungen bissen sich unverrückbar fest. Die Portugiesen behielten über Jahrhunderte die Bewohner Pegus im Gedächtnis, weil die Männer kleine Glöckchen am Penis befestigten und den Geschlechtsverkehr bevorzugt in Hundestellung ausübten. Diese Information machte wirklich den Kern der länderkundlichen Schilderung Burmas beim Historiker João de Barros und beim Dichter Luís de Camões aus. Selbst fern in der Heimat Portugal war es das einzige, was Garcia de Resende in einer Zusammenfassung der Weltaktualitäten 1550 bis 1530 über Pegu zu berichten wußte.[5]

Solche Serien-Beteuerungen machten aus Nachrichten geradezu Glaubensgewißheiten, die nie mehr überprüft zu werden brauchten.[6]

Jetzt mußte das definitiv kondensierte Material für eine praxisnahe Handhabung geordnet werden. Dabei ging man von einer eindeutigen Positionsbestimmung aus – und diese bestand in einem radikalen Überlegenheitsgefühl.

Die prinzipielle Selbstüberschätzung europäischer Kolonialherren kommt am deutlichsten in der Besitztitelsucht ihrer Monarchen zum Ausdruck. Der König von Portugal besaß um 1530 neben seiner Erstbenennung »König von Portugal und des diesseitigen und jenseitigen Algarve« (also des einstmals arabischen »Algarve« im Süden Portugals und des »Maghreb« in Nordafrika) die Titel »Herr über Eroberung, Schiffahrt und Handel von Äthiopien, Arabien, Persien und Indien«, »Herr über das Königreich Hormuz«, »Herr über das Königreich Cambaya«, »Herr des Königreichs von Goa« (womit die ganze Westküste Indiens gemeint war, einschließlich der Malediven), »Herr Malakkas« und »Herr der Östlichen Inseln, von Molukken und Banda«. Die Aufreihung der außereuropäischen Territorien neben der Metropole suggeriert einen gleichen Grad an Beherrschung, auch ein gleiches Maß an Einverständnis von seiten der Bevölkerung; sie wird somit schon vergleichbar dem späteren Etikettenschwindel mit den »überseeischen Provinzen«.

Auch Königin Victoria von England war zugleich »Kaiserin von Indien«; und selbst der spöttische Oscar Wilde dichtete ihr zuliebe ernsthaft: »Königin ruheloser Meergezeiten, England, zu deinen Füßen wird die Welt zerstückelt.«[7]

So konnten bei jeder Vergleichsklassifizierung die Nichteuropäer zwanghaft nur unter einem Europäer eingeordnet werden, in Begriffen mehr oder weniger größeren Abstandes. Das häufigste Verfahren dabei war die Polarisierung. Der andere wird zum genauen Gegenteil von einem selbst gemacht.

Da existiert der beliebte Mensch-Tier-Vergleich. Die Europäer sind die »Menschen«, die anderen »Biester« oder »Bestien«. Als auf den Kanarischen Inseln die Portugiesen ein unbekanntes Volk entdeckten, identifizierten sie die weglaufenden Männer zuerst als »Ziegen«. Es war eine symbolträchtige Verwechslung, denn auch nach der Aufdeckung ihres Irrtums hielten sich die Eroberer an die Vorstellung, daß die neuaufgespürten »Weiden« erst von ihren Schädlingen gesäubert werden mußten, ehe sie zum eigenen Nutzen zur Verfügung standen.[8]

Die Einschätzung der anderen als Tiere dient dazu, jede gefühlsmäßige Gemeinsamkeit mit dem Gegenüber auszuschalten, auch jede intellektuelle Kommunikationsmöglichkeit zu leugnen. Für João de Barros sind z. B. die Urbewohner der Molukken deshalb »bestialisch«, weil »sie keine Schrift besitzen«. Hier definiert sich Kultur voll nach den modernen Kriterien Europas, wo Lesen und Schreiben die Nagelprobe zum wirklich Menschlichen darstellt. Das Analphabeten-Pack auf den Molukken aber »hat Notizen vom Vergangenen nur in einigen seiner Lieder«. Der Historiker Barros wendet sich mit Grausen ab.[9] Und so danken die Menschen in Portugiesisch-Asien offen Gott, »daß er sie nicht wie diese schmutzigen Tiere gemacht hat«.[10]

Ein anderer populärer Gegensatz ist das Paar »Europäer – Eingeborener«. Ein genau erkennbarer »Portugiese«, »Spanier« oder »Holländer« steht der breiig-gleichförmigen Masse aller anderen Bewohner der Welt gegenüber. »Eingeborener« ist noch heute der Indianer in den Anden-Ländern ebenso wie der Ureinwohner in Australien und der südafrikanische Schwarze. In der Realität gibt es riesige Unterschiede in Herkunft, Kultur und Aussehen zwischen ihnen: Doch das einzig Verbindende, nämlich nicht aus Europa zu stammen, reicht, um sie in einen Topf zu werfen. Die immer Mobilen gegen die stumpf Ansässigen. Als sich in dem nordamerikanischen Film über den Gorilla mit dem Eingeborenen-Herzen, »King-Kong«, 1933, das Schiff einer unbekannten, offensichtlich tropischen Insel nähert und das übliche Trommeln und unverständliche Geschrei der Bewohner zu hören ist, wird der Kapitän mit folgenden Worten an die Reling geschickt: »Sir, hören Sie doch mal zu, was die Leute rufen; Sie haben doch Erfahrungen mit der Sprache von Eingeborenen!«

Ähnlich global sind die vielen Polarisierungen, die anhand berühmter Antagonismen aus Werken der europäischen Literaten angestellt werden. Hier identifizierte man z. B. Ariel, »die alleskönnende, beschwingte, edle Lichtgestalt« des Dieners vom Herzog von Mailand aus Shakespeares »Sturm«, mit dem typischen Europäer; und sein Gegenspieler Caliban, der »ungestaltete, bewußtseinsdumpfe, triebgesteuerte Rohstoff des Lebens, unfähig zu freier Selbstbestimmung und daher wesensmäßig dazu ausersehen, beherrscht und benutzt zu werden«[11], wurde gleichgesetzt mit dem Menschen, der seine Wurzeln außerhalb Europas hatte. So sollte auch »poetisch« die essentielle Überlegenheit der Europäer bewiesen werden.[12]

Die weitaus größte Zahl aller Gegensatz-Definitionen läßt sich jedoch, diese Zone des Ausschnitthaften oder Vagen verlassend, zwei großen, zusammenhängenden Kategorisierungsfeldern zuordnen, der Ästhetik und der Ethik.

Die Vorwegsetzung alles typisch Europäischen als Inbegriff der »Schönheit« macht Außereuropäisches dann »häßlich«, »ekelhaft«, »formlos«. Das fängt schon mit dem Aussehen an. Die Europäer übertreiben geradezu hemmungslos die Kontraste von Gesichtszügen und Körperbau zwischen ihnen und den Anderen. Bereits Marco Polo intonierte dieses Leitmotiv, als er die Insel Sansibar (wohin er in Wirklichkeit nie gekommen war) beschrieb: »Die Menschen dort sehen außerordentlich abscheulich aus. Sie haben ein riesiges Maul mit fetten Lippen. Sie haben dicke, flache Nasen, so plattgedrückt, daß sie in jedem anderen Land der Welt für Teufel gehalten würden. Die schweren Brüste der Frauen sind viermal länger als normal.«[13] In der Epoche des Kolonialismus wird diese Einzel-Äußerung zum Chor. Jeder Afrikareisende, auch wenn er es besser wissen müßte, ekelt sich vor den Hängebrüsten, die dort angeblich alle Frauen haben. Jedes einzelne Merkmal der Afrikaner wird mit einer Fülle negativer Überzeugungen assoziiert. »Am meisten Anstoß erregten wohl die vollen Lippen der Schwarzen, die man allgemein als Zeichen einer ausschweifenden Sinneslust deutete. Die plattgedrückte Nase schien einen Hinweis auf die träge Stumpfheit des Geistes zu geben; manche Reisende fühlten sich an die Nüstern von Tieren erinnert und erblickten etwas Hündisch-Kriechendes im Ausdruck des Gesichts.«[14] Und so ruft der schändliche Franz Moor in Schillers »Räubern«: »Warum gerade mir die Lappländernase? Gerade mir dieses Mohrenmaul? Diese Hottentottenaugen? Wirklich, ich glaube, die Natur hat von allen Menschensorten das Scheußlichste auf einen Haufen geworfen und mich daraus gebacken.«[15]

Aber nicht nur der Afrikaner ist Opfer europäischen ästhetischen Widerwillens, weil gerade ihn viele bis heute als Antithese unserer Schönheit verstehen; auch die Völker der anderen Kontinente traf die Abwertung. Der Indianer wurde seinerseits wegen seiner »starren und tierischen Augen«, »der niedrigen und eingedrückten Stirn, des platten Gesichts, der dünnen Augenbrauen und aufgeworfenen Lippen und der Bartlosigkeit«[16] getadelt. Und ehe die französischen Rokoko-Reisenden bei den Südsee-Insulanerinnen den Körperbau der Nymphen der griechischen Mythologie zu entdecken glaubten, galten auch sie schlankweg als »häßlich«: »Sie haben unordentliches, gekräuseltes Haar, lange Mähnen, sind mager, die Stirn flieht nach hinten, so daß ihr Gesicht zu groß aussieht, ihre Zähne sind schwarz und spitzgefeilt, die Ohren durchlöchert. Es sind Inseln voller Monströsitäten«[17].

Aber die Menschen außerhalb Europas sehen nicht nur selbst fürchterlich aus; auch ihre eigenen bildnerischen Darstellungen (Statuen, Götterbilder) sind scheußlich und verzerren die »normalen« Physiognomien. Sogar in Südostasien muß man wieder »Kaffernhaare, aufgeblähte, übergroße Nasenlöcher und dicke Lippen« entdecken.[18]

Schlimmer noch ist es mit ihrer Musik, bei der nicht einmal mehr ein spontanes Wiedererkennen von Melodien möglich ist. Die Eingeborenen mögen sich ja anstrengen, aber »ihre Musik ist von äußerst rauhem Ton, horrend das Gehör verletzend; Rundtrompeten machen, ohne jedes Zusammenspiel, schrecklichen Krach«.[19] »In ihrer üblichen Kleidung, also teuflisch abstoßend, machen sie, nach der Sitte ihres Landes, Musik, klopfen so barbarisch und durcheinander auf die Instrumente, daß es einem fast das Fleisch erzittern läßt. Dazu ein Geschreie, das klingt, wie Höllenmusik klingen dürfte, falls es in der Hölle Musik gibt«.[20] Das erste Zitat beschreibt die arabische Musik der Suaheli in Ostafrika, das zweite die raffinierte Hofmusik Tibets. Beide Musikkulturen werden rücksichtslos heruntergeputzt. Das Gefühl, das Gehörte mit den bekannten ästhetischen Normen nicht fassen zu können, führt dazu, den anderen sogar das bloße Vorhandensein eigenständiger künstlerischer Regeln abzustreiten. Was sie machen, ist ganz simpel »verstimmtes Zeug«.[21]

Einen weiteren wichtigen polarisierenden Konfliktstoff stellt das Essen dar. Daß die Grundlage der Ernährung z. B. in Afrika Hirse und Wasser ist statt Brot und Wein, empörte die Portugiesen zutiefst.[22] Sie sahen es als einen Affront an, wenn man ihnen einen solchen »Fraß« anbot. Ihren spezifischen, mühsam seit der Kindheit eingeübten kulinarischen Stil überall anzutreffen, war für sie eine Frage der selbstverständlichen Schönheit des Lebens und des Anstands. Die eigenen Mahlzeiten sind immer appetitlich – die der anderen zum Kotzen. So wurde aus einer stark empfundenen Unbefriedigtheit heraus die Errichtung von Kornmühlen und Bäckereien und der Anbau von Reben, wo immer es möglich war, zu einem Markenzeichen der portugiesischen Kolonisation auf allen Kontinenten. Wenn außereuropäische Völker eine betont bodenständige Eßkultur besaßen, wurden sie der Barbarei bezichtigt. Die Portugiesen mokierten sich über das, was sie nicht probieren wollten, zum Teil sehr phantasievoll: sowohl in Indien als auch in Äthiopien gebe es Leute, »die Ausgespucktes, verfault und grünlich, Hühnerdreck und Heuschrecken essen. Andere mögen geronnenes Blut von Menschen, die zur Ader gelassen werden«.[23]

Spezifisch für das Leben der Menschen in Außereuropa ist dann auch noch Lärm, Staub, Dreck – und immer wieder »bestialischer Gestank«. Die

Überzeugung, daß es bei einem selbst gut riecht und bei den anderen nicht, ist so verbreitet, daß der Vorwurf des Stinkens beliebig einem fremden Volk angeheftet werden kann; er wird schon stimmen. Garcia de Resende behauptet von Lissabon aus, daß »in Celebes die Leute, um zu demonstrieren, daß sie eine große Dienerschaft ihr eigen nennen, vor ihren Türen die Fäkalien ihres ganzen Haushalts sammeln. So können sie erkennen, wo der bedeutendste Herr mit der größten Autorität wohnt, denn dort gibt es den höchsten Haufen. Sie wetteifern miteinander, wer am meisten bringt: wer sich anstrengt, wird geachtet, wer am schmutzigsten ist, als der Reinste angesehen«.[24] Das ist eine plumpe Falschmeldung, aber die reale Nachprüfbarkeit solcher Szenen spielt offenbar keine Rolle. Es geht hier schlicht darum, den ganzen unterbewußten Bereich ästhetischen Empfindens dazu einzusetzen, Distanz gegenüber dem Fremden zu schaffen.

Bei all diesen Verunglimpfungen findet daher nie tatsächlich ein Vergleich zwischen sich und dem Gegenüber statt, denn sich selbst hat man ja aus jeder Vergleichsmöglichkeit herausgehalten; man prüft nichts, was eindeutig europäischem Idealdenken entspricht, noch einmal an der eigenen Person nach. Auch heutzutage wird ein fetter, kurzbeiniger, kahler europäischer Tourist, mit abstehenden Ohren, unmusikalisch, Schweißdünste ausstoßend, nur Hamburger mit Ketchup essend, eine Gestalt also fernab den gängigen Schönheitsvorstellungen seiner Kultur und Zeit, sich immer das Recht herausnehmen, von seiner Hotelterrasse in Mombassa oder Bangkok herab die Einheimischen »nach seinem Bild« zu taxieren; er wird feste Meinungen über den Kunstwert ihrer Produkte und über den Wert ihres Essens äußern. Gerade die bedingungslose Absetzpose vom Außereuropäisch-Fremden macht ihn zum rechtmäßigen Vertreter eines ganzen Kontinents, des unvergleichlichen Europa.

Natürlich sind nicht ausnahmslos alle Äußerungen über die ästhetische Welt nichteuropäischer Völker so einseitig. Und oft gibt es solche Reaktionen auch schon gegenüber dem engsten Nachbarn in Europa. Aber wenn »Schönheit« im Hinblick auf Außereuropa angesprochen wird, besteht doch ein sehr drängender Trend dazu, das Andere zu »verhäßlichen«. Es ist wie mit einem langen Stecken, den man an einer beliebigen Stelle durchschneiden möchte: das Messer rutscht ab in die schon vorhandene Kerbe; man ist so erfreut, daß es schon Vorarbeiten gab, oder man ist so träge, daß man nicht anderswo nach einer geeigneteren Stelle suchen will – und so schnitzt man genau hier weiter. Daher mag ein Autor in der Realität gern die indische Küche essen, genüßlich am Curry-Huhn nagen, aber er erzählt vornehmlich von ihren Scheußlichkeiten: Sein Text gehorcht den psychischen Bedürfnissen der Kolonialisten.

Auch im Ethischen placiert man die Völker Außereuropas weit weg auf der Gegenseite: Sie sind Exponenten der Unmoral.

Oft schon in den ersten Stunden des Kontakts merken die Europäer, daß die Anderen abgrundtief schlecht sind, »denn sie respektierten nicht unser Eigentum«. Hier brachen Welten auseinander, wenn »Eingeborene« neugierig auf das Schiff ihrer »Entdecker« stiegen, die unbekannten Objekte anfaßten, sie wohl auch mitnehmen wollten, um sie den Freunden an Land zu zeigen oder um sich im eigenen Haus an ihnen zu erfreuen. Das brachte jeden Europäer zur Weißglut. Er war ja zu seiner Bereicherung in diese Fernen gereist. Nun seinerseits beraubt zu werden, schien ihm die ganze Reise sinnlos zu machen. Wie wenig die wahre Bedeutung dieser »Diebstähle«, die in vielen Regionen nur als Angebot zu gegenseitigem Tausch gedacht waren, von den Europäern erkannt wurde, zeigen viele Passagen im Tagebuch des Südseefahrers James Cook. Er galt in seiner Zeit als besonders verständnisvoll gegenüber den Einheimischen. Aber beim Eigentum hörte der Spaß auf: »Wir hatten Mühe, die Tahitianer vom Schiffe fernzuhalten, sintemalen sie in der Kletterkunst den Affen ebenbürtig sind. Doch war es noch schwerer, sie von dem Diebstahl aller Gegenstände abzuhalten, welche in ihre Reichweite kamen; denn aufs Stehlen verstehen sie sich trefflich. Trotz all unserer Vorsicht wurden Dr. Solander und Dr. Munkhouse bestohlen; den einen brachte man um sein Fernglas, den anderen um seine Schnupftabakdose. Der Häuptling, den wir Lycurgus nannten, bot uns zum Ausgleich alles an, was sich in seinem Hause befand; wir lehnten jedoch ab und bedeuteten ihm durch Zeichen, nur das Gestohlene wiedererlangen zu wollen. Alsbald brachten sie das Gesuchte zurück.« Die Europäer brachen ohne zu fragen in fremdes Land ein, taten, was sie wollten, aber hielten die Einheimischen von ihren kuriosen Geräten weit weg. Der Konflikt eskalierte. »Wir hatten eben erst den Fluß überquert, als Mr. Banks drei Enten auf einen Schuß erlegte, was die Eingeborenen so entsetzte, daß die meisten von ihnen niederfielen, als seien sie selbst getroffen. Ich hatte Hoffnung, dies werde gute Wirkung auf sie erzielen, doch meine Hoffnung trog; denn wir hatten uns noch nicht lange von dem Zelt entfernt, als sich die Eingeborenen erneut darum zu sammeln begannen, und ihr Waghalsigster brachte einen der Wächter zu Boden, wand die Muskete aus seiner Hand und machte sich davon.« Cook notierte ungerührt die Konsequenz: »Der Maat befahl seinen Männern, das Feuer zu eröffnen, und der Räuber der Muskete wurde zu Tode getroffen.« [25]

Es ist nur allzu verständlich, daß bei einer solchen Konfrontationspolitik auch die Verursacher selbst zu Opfern werden konnten. Cooks Tod auf Hawaii 1779 war die unmittelbare Folge eines ganz ähnlichen Vorfalls: Ein Beiboot des Schiffes »Discovery« war entführt worden; bei den Verhandlungen darüber wurde ein hoher hawaiianischer Führer von den Engländern getötet. Cook, wild um sich schießend, wurde daraufhin von den Einheimischen erschlagen.

Die moralische Empörung der Entdecker über die Räubereien, die die anderen ausübten, kam bis in unsere Tage hinüber durch die Namen einiger Inselgruppen. So heißen z. B. die kleinen Inseln in der Mündung des chinesischen Perlflusses unweit Hong Kongs, Ladrones-Islands, was vom portugiesischen Wort für Diebe, »Ladrões«, stammt. Auch im heutigen Mikronesien liegen die »Ladronen«. Hier hatten die Leute Magalhães' auf der ersten spanischen Expedition in den Pazifik die neugierig auf sie zupaddelnden Einwohner zusammengeschossen. »Lautes Wehklagen begleitete uns bei unserem Abschied von den Diebes-Inseln. Es kam von den Weibern in den Booten, die weinten und sich an den Haaren zogen, aus Liebe um die Männer, die wir getötet hatten.«[26]

Die Abwertung der Anderen als Diebe war aus einer konkreten und engen Berührung zwischen unvereinbaren traditionellen Verkehrsformen entstanden; die übrigen Distanzierungen entstanden eher aus einer abstrakten Generalbeurteilung des Fremden. Von außerhalb gesehen erschienen die Gebräuche und Taten der Afrikaner, Asiaten, Amerikaner und Ozeanier allesamt als bar jeder »Menschlichkeit«. Alles, was in Europa (theoretisch) als menschenunwürdig und böse geächtet wird, gibt es außerhalb unseres Kontinents angeblich in Hülle und Fülle.

Da ist als einer der häufigsten Anlässe des Entsetzens der Kannibalismus. Die Autoren bevorzugen eindeutig die spektakulärsten Fälle. So weiß Diogo do Couto von den Molukken zu erzählen, daß es dort viele Völker gebe, bei denen die Kinder ihre Eltern auffräßen, sobald diese zu alt geworden seien.[27] Auch die minutiöse Schilderung, wie »Eingeborene« ausgerechnet gefangene Europäer verspeisten, gehört zum üblichen Repertoire solcher Darstellungen. So gibt es in der berühmten Kupferstichserie des Niederländers Theodore de Bry über die »Entdeckung Amerikas« von 1598 ein Blatt mit folgendem Begleittext: »Die Indianer zu Neid und Zorn gegen die Spanier bewegt, so viel sie deren lebendig fingen, fürnehmlich die Hauptleut, denen bunden sie Händ und Füß, und warfen sie auf die Erden nieder, und gossen ihnen zerschmeltzt Gold ins Maul, und rupfeten ihnen ihren Geiz mit solchen Worten aus: Iß Gold, iß Gold, du unersättiger Christ. Ja, zu größerer Marter und Schmach schnitten sie ettlichen also lebendig mit scharpfen Instrumenten aus Steinen gemacht, die Arm, ettlichen die Schultern, ettlichen die Bein ab und legten sie auf die Kohlen, brieten und aßen sie.« Und auf dem Bild sieht man, wie ein Rumpf mit nur noch einem Bein neben einem Grill liegt, und das andere auf dem Feuer über der Glut gedreht wird.[28]

Solche Illustrationen waren bei Berichten über Brasilien geradezu ein Muß.

Da verteilen sich die abgeschnittenen Gliedmaßen über jeden freien Fleck im Bild, da hängen einzelne Beine in tropischen Vorratshütten, als handele es sich um eine europäisch-dörfliche Räucherkammer. Und immer steht ein großer Topf brodelnd auf einem großen Feuer, unerläßliches Requisit, wichtigstes Erkennungszeichen noch heute bei jedem Menschenfresserwitz.[29]

Mit diesen »Wilden« hat der Europäer nichts mehr gemein, sie gliedern sich durch ihr Tun selbst aus der menschlichen Gesellschaft aus. Und gerade die Kannibalen wurden dann ja auch überall auf der Welt gründlich von den europäischen Kolonialherren ausgerottet. In Brasilien macht der Anteil der Indianer an der Gesamtbevölkerung des Landes heute nur noch ein einziges Prozent aus. Bereits um 1525 war die Küste Pernambucos »menschenfresserfrei« gemacht worden: durch Abbrennen ihrer Dörfer und durch das Töten jedes Einwohners, der aus den Flammen fliehen wollte.[30]

Fast genauso schlimm wie Kannibalismus ist in der Vorstellung Europas das »Menschenopfer«. Die Zeremonien der Azteken auf den Pyramiden des mexikanischen Tenochtitlán – die Priester rissen die Herzen aus den aufgeschnittenen Brustkörben, um mit ihrem Zucken und ihrem Blut den reibungslosen Weiterlauf der Welt zu garantieren – gab den empörten spanischen Konquistadoren das Bewußtsein, im Namen der Menschlichkeit völlig zu Recht diese Stadt bis zu den letzten Grundmauern zerstören zu dürfen. Und die Gewohnheit der Völker Nord-Borneos, die Köpfe ihrer Feinde abzuschneiden und mit sich nach Hause zu nehmen, damit ihnen dort der Geist des Getöteten dienend beiseite steht, überzeugte den englischen Privatkrieger James Brooke 1841 von seiner Pflicht, hier ordnend einzugreifen und die Gegend zu seinem persönlichen (profitablen) Herrschaftsbereich zu machen. In einem eigenen Staat »Sarawak«, der bis 1947 nur seiner Familie gehörte und dann dem englischen Commonwealth »geschenkt« wurde, jagte er als »Weißer Raja« Kopfjäger und Piraten.

Auch bei Menschenopfern und Kopfjägerei sahen die Europäer den dicken Balken in den Augen der Anderen und proklamierten unablässig ihre eigene moralische Unantastbarkeit – zugleich priesen sie aber z. B. die Wonnen des christlichen Märtyrertums, und sie geleiteten 1548 in einer feierlichen Prozession als heilige Reliquie den abgeschnittenen, mumifizierten Kopf einer der 11 000 Jungfrauen von Köln ins Jesuiten-Kolleg von Goa.[31]

Es ist also ein »typisches« Kennzeichen der Anderen, »unvorstellbar grausam« zu sein. Bei den in jener Zeit sehr üblichen Berichten von Kriegsgreueln, vom Töten eines jeden Menschen, der einen störte, als ehrbares Handwerk, spielen die Nicht-Europäer in der Regel die Rolle, diejenigen zu sein, die nun aber wirklich jenseits aller Vorstellungskraft morden. So werden gerade sie als Spezialisten im Foltern gebrandmarkt. Das Kapitel »Exotische Strafen« ist unerschöpflich. Da werden die Menschen lebend durchgesägt, erst an den Händen und Füßen, dann an den Schultern und Hüften. Andere wirft man in nur mäßig heiße Öfen, damit sie besonders langsam zugrunde gehen. Eine Königin, die im Krieg besiegt wurde, wird nackt auf dem Marktplatz ausgepeitscht, blutend durch die Straßen geschleift, dann, schon tot, an den noch zuckenden Körper ihres Mannes gebunden und mit ihm zusammen in einem Fluß ersäuft.[32]

Da gibt es Hinrichtungsorgien z. B. in Burma von 160 000 Opfern pro Tag, mit langen schon ausgehobenen Bestattungsgräben, blitzschnell funktionierenden Galgen und der Durchnumerierung der Kontingente, die zuerst umgebracht werden sollen. »Für diese Justiz-Maschinerie war die ganze Infanterie eingesetzt worden. Ihr halfen 200 Elefanten und 2000 Reiter. Insgesamt waren 12 000 Mann damit beschäftigt.«[33]

Im 19. Jahrhundert konzentrierten sich solche Szenen auf China. Europäische Zeitungskorrespondenten hatten von den dortigen öffentlichen Hinrichtungen berichtet, die zum Teil im langsamen Zerstückeln der Opfer bestanden, Fingerglied um Fingerglied, Hautstreifen um Hautstreifen. So publizierte denn auch der Franzose Octave Mirbeau 1899 den Roman »Der Garten der Qualen«, der sich sadistisch ausführlich mit den Foltern in einem chinesischen Gefängnis beschäftigte. Er schilderte z. B. wie ein Verurteilter dadurch zu Tode gebracht wird, daß man ihn als Schwengel einer großen Glocke einsetzt. Die Tonschwingungen werfen sein Fleisch zu ringförmigen Wülsten auf, lassen sein Inneres dann buchstäblich zerspringen. Dieses brutale Raffinement kann natürlich nur »asiatisch« sein: »Wir waren mit Teetrinken gerade zu Ende. Durch die offene Tür gegen Norden sahen wir die langen Stengel gelber, purpurgestreifter Schwertlilien, die sich aus einem Becken erhoben, in dessen Umkreis Störche in dem sanften, malvenfarbenen Schatten schliefen.«[34] Mord als selbstverständliche Ergänzung phantastischer Exotik.

Bei ihren Bemühungen, die außereuropäischen Völker als durch und durch verroht darzustellen, lassen die europäischen Autoren keinen dramaturgischen Trick zur Provokation von Empörung aus. Sie lassen bevorzugt »unschuldige Kinder, 3000 von ihnen zusammengefesselt« auspeitschen.[35] Danach werden ihre Leichen zu Mehl verrieben, mit Blättern und Reis gemischt und hungrigen Elefanten zum Fraß vorgeworfen.[36] 140 vornehme Frauen, alle sehr schön, alle zwischen 17 und 25 Jahre alt, mitten in Südostasien »von sehr weißer Hautfarbe und mit Locken blonden Goldes«, werden zur Hinrichtung getrieben. Eine »Prinzessin« singt dabei eine »Litanei« mit dem verblüffend katholischen Inhalt: »Du, Allmächtiger, laß unsere Werke wirken, damit wir in Deiner Gerechtigkeit aufgehoben werden.«[37] Der Autor, Mendes Pinto, und sicherlich jeder seiner Leser, ist zu Tränen gerührt: voller Solidarität mit den Geschundenen, die den Europäern so ähneln, voller Abscheu gegen die Fremden, die so etwas zu machen pflegen.

Schließlich ist Außer-Europa Auffangbecken auch für all die anderen Eigenschaften und Verhaltensweisen, die in Europa zu dem diffusen Bereich des »Unmoralischen« gezählt werden. Wo immer sich eine passende Gelegenheit ergibt, wird dem Fremden plötzlich vorgeworfen, prinzipiell »geil« zu sein oder »homosexuell«.[38] Überall wittert man das Gegenteil zu dem, wie man sich vorstellt, selbst zu sein. Entsetzt zeigt man mit den Fingern auf die, die ausgerechnet »Vielmännerei« treiben[39], oder die nicht vor dem »Inzest« zurückweichen.[40]

Bei den Portugiesen hat dieses moralisch Ganz-anders-Sein vorwiegend sexuelle Hintergründe; bei anderen europäischen Kolonialherren steht oft wirtschaftliches Nützlichkeitsdenken im Mittelpunkt der Verurteilung. So findet sich z. B. bis weit ins 19. Jahrhundert hinein in portugiesischen Äußerungen nie der Vorwurf, alle Eingeborenen seien »faul« – der woanders die Auseinandersetzung mit Außereuropa geradezu monopolisierte. Die Briten fanden beispielsweise in Malaya die Einheimischen »von angeborener Trägheit«, »mit einer Abneigung gegen harte und geregelte Arbeit«, »Champions des Müßiggangs«.[41] Die Spanier hielten die Filipinos für »hoffnungslos indolent«.[42] Die Holländer stellten fest, »daß die Javaner so faul waren, daß sie sich nur so viel erwirtschafteten, wie sie selber brauchten«.[43] Am patzigsten argumentierten die Deutschen in Ostafrika. Sie kritisierten das »Eingeborenenschlaraffentum«, ihr »Schmarotzen und Herumlungern« und begründeten die Besitznahme fremden Landes ausdrücklich damit, diesen »Menschenzweigen«, die von den unsrigen ganz divergent sind, eine »Erziehung zur Arbeit« zu ermöglichen.[44]

Die Erfindung des »Faulheits«-Syndroms zeigt deutlich, wie zielgerichtet Vorurteile über außereuropäische Völker entwickelt worden sind. Die Portugiesen hatten diesen angeblich grundlegenden Charakterzug der Eingeborenen überhaupt nicht wahrgenommen, weil sich ihre koloniale Ausbeutung der Kolonien auf Handelsbeaufsichtigung und direktes Erpressen und Wegnehmen konzentrierte. Die Engländer, Spanier, Holländer und Deutschen aber wollten Plantagenwirtschaft in ihren Kolonien etablieren, waren auf viele und billige Arbeitskräfte angewiesen. Ihr Unmut über die Einheimischen ist also ein Reflex des Ärgers darüber, daß diese sich nicht so willig wie erhofft unter die Fron der neuen Herren begeben haben. Er dient aber auch dazu, den ideologischen Vorwand zu liefern, sie aus »allgemein einsichtigen ethischen Gründen« zu eben diesem selbstverständlichen Fleiß zu zwingen. Die Europäer des aufgeklärten 19. Jahrhunderts, auch noch des 20., beschließen für ihre Kolonien härteste Gesetzesmaßnahmen zur »Arbeitspflicht«. Legalisierter Zwang gewöhnte dann auch die Außer-Europäer, die nominell keine Sklaven waren, an eine »anständige Lebensführung«, unterbezahlt und überfordert. Aus ihren Dörfern herausgerissen, in »Arbeitersiedlungen« zusammengepfercht, von Stacheldraht bewacht, rackerten sie zwölf Stunden täglich auf den Gummi-, Tabak-, Kokos- und Sisalpflanzungen europäischer Großgrundbesitzer. Gleichzeitig tobten in Java, auf den Philippinen, in Ostafrika Hungersnöte, weil nicht mehr genügend Kraft für die Produktion von Reis, Mais oder Hirse, der Ernährungsgrundlage des Volkes, zur Verfügung stand. Dieselbe harte Tätigkeit brachte wachsenden Reichtum für die einen und zunehmende Verelendung für die anderen.[45] Die Kolonialisten hatten schon recht: Es gab keine Gemeinsamkeit zwischen Europäern und Einheimischen.

»Nie fehlt uns der schändliche Feind«, schreibt Luís de Camões[46], und zweifellos ist dieses Aufstellen eines »Feindbildes«, die Beschwörung einer Atmosphäre der ständigen Bedrohung, der Kern aller Polarisierungs-Anstrengungen. Das Außereuropäisch-Andersartige: Es wird immer als militanter »Gegenspieler« Europas verstanden. Ringsum Feindschaft; wir selbst tun nichts, als uns zu verteidigen. Die Formulierung von Devisen wie »Viel Feind, viel Ehr'«[47] illustriert auch die Unfähigkeit der Europäer, freiwillig Kompromisse zu schließen. Sie denken an die Alternative »Frieden« nur, wenn sie die Anderen durch Gewalt nicht bezwingen können.

Und so sind die ahnungslosen Bewohner einer Insel vor der Westküste Siams für vagabundierende Portugiesen automatisch »Feinde«. Sie selbst können sich dazu gar nicht erst äußern.[48] Und alle Könige in Indien sind (versteckte oder offene) Feinde[49], die malaiischen Rajas, alle Javaner, Araber und Türken. Und wer Feind der Portugiesen ist, wird sofort entlarvt als »Tyrann, der sich vom Blut seiner Untertanen ernährt«.[50] Ein Feind hat meist enge Kontakte mit »der falschen Sekte« der Moslems; beraubt als »Korsar« die Europäer; hält sich »hinterlistig« nicht an die Verträge mit Europäern; ist gut informiert durch den »Teufel«; er ist »schmierig«, »verräterisch«, »lügnerisch«, »aufdringlich«, »unverschämt«, »giftsprühend«, »aggressiv«, »haßerfüllt«, »böswillig«, »dumm« und »lasterhaft«.[51] Die Feinde Portugals »erkennen keine menschlichen oder göttlichen Gesetze an«.[52] Sie stehen außerhalb der (europäischen) Weltordnung.

Die nach der Polarisierung wichtigste und genauso wirkungsvolle Abwertungsmethode gegenüber außereuropäischen Völkern ist die Hierarchisierung. Hier wird der Vergleich nicht in Positiv-Negativ-Kategorien durchgeführt, sondern durch eine Positionsbestimmung auf einer längeren Skala. Oben, an ihrem sonnigen Ende, stehen natürlich die Europäer. Aber dann können sich schon kurz darunter Nicht-Europäer befinden. Schritt für Schritt geht es mit ihnen abwärts, weg vom Ausgangspunkt bis zu einem Stellplatz, der dann schon fast wieder einem Gegenpol entspricht. Diese stufenweise Unterordnung kann manchmal auch in eine gleitende Bewegung übergehen. Nicht-europäische Individuen, soziale Gruppen oder ganze Völker bewegen sich langsam auf die Position der Europäer zu.

Solch ein »dynamisches« Hierarchiemodell ist der Erwachsenen-Kind-Vergleich. Er geht von der Überzeugung aus, daß nur die Europäer eine »Vollkultur«[53] besitzen, nur sie die gottgewollte »Reife« bereits erreicht haben. Die anderen sind wie Kinder oder Jugendliche, die zu der Weisheit des Alters aufschauen müssen.

Der Europäer kann sich nun aus seiner Überlegenheit heraus zu den Noch-nicht-so-Weiten niederbeugen und ihnen helfen, einmal ähnliches zu tun wie er. Er glaubt, daß deren Wandel allein davon abhängt, daß er ihnen von seinen Vorzügen und Errungenschaften freimütig erzählt. Er kommt dadurch in die Position des »Lehrers«.

Oder er überläßt das Fortschreiten der anderen dem »natürlichen« Gang der Dinge. Seit dem 18. Jahrhundert hatte sich im Zuge der Aufklärung die Meinung durchgesetzt: Jede »zivilisierte« Gesellschaft hat sich aus einer »primitiven« Gesellschaft entwickelt. Wir sehen also bei den heutigen Wilden das Bild unserer eigenen Vorgeschichte. Mannesalter (in Europa) und Kindheit (besonders in der »neuentdeckten« Südsee) existieren nebeneinander. Diese Theorie der »Kulturstufenleiter« propagierte in Deutschland Georg Forster, der an Cooks zweiter Weltreise, 1772–1775, teilgenommen hatte.[54] Hierdurch wird der Europäer zum »Repräsentanten einer (endgültigen) Zielkultur«.

Beide Versionen behandeln die nichteuropäischen Völker häufig mit viel Sympathie, sehen Gemeinsames zwischen sich und den anderen und wollen es vergrößern. Aber beide sind sich auch im klaren darüber, daß der kindlich Unterwiesene nie so alt und so gut werden kann wie man selbst. Der Europäer als Lehrer hebt die außereuropäischen Völker nur bis zu einem gewissen Grad, unterhalb des seinen, an; und während er dies tut, lernt er selbst eifrig weiter und entfernt sich wieder. Der Europäer als Endzeitprodukt kann per Definition nicht übertroffen werden. Beide Sichtweisen gewähren Solidarität, aber sie weisen dem Anderen zwanghaft die ewige Position des Juniorpartners zu.

Daß Alter, Klugheit, Würde und Autorität ureuropäische Charakteristika sind und die verschiedenen Stadien von Unreife, Ungebärde, Unwissenheit und Zügellosigkeit regelmäßig bei außereuropäischen Völkern gefunden werden können, ist zu einem unantastbaren Glaubenssatz Europas geworden. Schon die legendären »Drei Könige« wurden zu Beginn des »Entdeckungs-Zeitalters« nach diesem Schema differenziert. Auf den Gemälden des 15. Jahrhunderts erscheint Kaspar als Europäer gekleidet, er ist der Älteste und Wortführer der Gruppe; Balthasar ist ein Orientale, er hat ein mittleres Alter und hält sich zurück; und Melchior ist Afrikaner, ein junger, linkischer Spund, halb von den beiden anderen verdeckt.[55] Als sich Papst Alexander III. um 1170 mit einem Brief an »Priester Johannes«, den weit im Osten vermuteten christlichen Herrscher, wenden wollte, griff er zu der

Anrede: »Meinem geliebten Sohn Johannes, dem hohen und ruhmreichen König von Indien«, um so die angemessene Hierarchie sofort festzumachen.[56] Und jeder katholische Missionar trat später mit diesem selben Anspruch auf. Als »Pater«, Vater, drängte er die fremden Männer, die innerhalb ihrer eigenen Kultur bei tapfer überwundenen Reifungszeremonien die Fülle des Wissens, der Fähigkeiten und der Autorität erreicht hatten, wieder in die Lage unfähiger und vormundsbedürftiger Kinder zurück. Sie müssen ihm lange lauschen, um von neuem einen angesehenen, aber von nun an immer untergeordneten Rang in ihrer Gesellschaft einnehmen zu können. Sie gehören jetzt nicht mehr sich selbst, sondern einem neuen »Mutterland« in Europa. Dieses Zum-Kind-Machen Außereuropas findet auch noch nach der Dekolonisierung seinen Ausdruck, wenn wir von den »jungen Staaten in Afrika und Asien« sprechen, als hätten sie erst mit ihrer Aufnahme in die UNO angefangen zu existieren. In einem Länderlexikon von 1979, das »Die neuen Staaten dieser Erde« heißt, gehören sogar die Volksrepublik China und Korea zu diesem Kreis aufstrebender Jugendlicher.

Daß Europa Lehrmeister der ganzen Welt zu sein hat, ist eine tiefe Überzeugung bei den Europäern geworden. Welchem Leser von Daniel Defoes »Robinson Crusoe«, 1719, fiel es schon auf, wie unwahrscheinlich es ist, daß ausgerechnet ein schiffbrüchiger Schotte dem Wilden Freitag beibringen kann, auf welche Weise es sich auf einem pazifischen Eiland unter natürlichen Bedingungen leben läßt? Und warum war nicht Robinson gezwungen, die Sprache Freitags zu lernen, die für seine Umwelt gemacht war, sondern Freitag mußte sich als Grundlage einer hier funktionslosen Zivilisierung das fremde Englisch aneignen? Viele Fragen – die immer ungefragt blieben.[57]

Der Prototyp eines statischen Hierarchiemodells, einer Unterordnung also, die starr jedem den Platz für immer zuweist, ist das »Rassenmodell«. Zu Beginn ihres Kolonialismus hatten die Portugiesen zur Grobeinteilung von Außereuropäern vornehmlich deren Religion benutzt. Von den Rückeroberungskämpfen auf der Iberischen Halbinsel waren sie es gewöhnt, daß den Christen immer nur Moslems gegenüberstanden. Sie wurden *Moros*, also Mauren, genannt. Und so steckten die ersten europäischen Seefahrer in Afrika und Asien jedes islamische Volk, das sie trafen, in die Kategorie »Mauren«. Damit bezeichneten sie ohne weitere Unterschiede die Marokkaner, die islamisierten Völker Westafrikas, die Suaheli in Ostafrika, die Türken, Araber, Perser, die islamischen Inder, die Malaiien und die Völkerschaften Indonesiens.

Wer nicht »Christ« und nicht »Maure« war, eine Erweiterung, die seit den Entdeckungen nach 1450 nötig geworden war, hieß »Heide«. Diese Kategorie reichte von Naturreligionen bis zum Hinduismus, Buddhismus und

Konfuzianismus. Indien z. B. war demgemäß in der Vorstellung vieler Portugiesen von nur zwei unterschiedlichen Völkern bewohnt: »den Mauren und den Heiden.«[58] China war das größte heidnische Volk der Welt, mit einigen Mauren-Bewohnern.[59] Auch als die Spanier die Philippinen eroberten, konnten sie nur solch großflächige Einteilungen vornehmen: Es gab dort islamische Völker, also Mauren, und es gab die Heiden. Noch heute bezeichnen sich im Süden die aufständischen Moslems, die gegen den inzwischen christlichen Staat kämpfen, als *Moros*; sie haben den Sammelbegriff ihrer Feinde als Eigennamen angenommen.

Das Zusammenfassen der Anderen in Großkategorien hatte die Funktion, sich selbst zweifelsfrei gesondert von ihnen zu sehen. Man wollte eine Abgrenzung der eigenen Ansprüche und Privilegien vornehmen können. »Du bist eindeutig Maure, du mußt in Goa mehr Steuern zahlen als ich, der eindeutige Christ.« Doch je länger sich die Portugiesen in ihren Kolonien aufhielten, desto wackliger wurden diese rasch zusammengezimmerten Trennwände. Viele afrikanische, indische, indonesische Einheimische waren nun auch Christen geworden und forderten die ihnen offensichtlich zustehenden Anteile am Kuchen der Portugiesen. Die Kinder der Portugiesen mit einheimischen Frauen sickerten in die Gruppe der *Casados* ein. »Christen« waren sie alle sicherlich, aber sollten es auch wirklich gleichberechtigte Kolonialherren werden, genauso Herrscher über die Handelswege Asiens wie die aus Portugal Zuwandernden? Nein, sagten die Alt-Christen, die »authentischen« Portugiesen und bisher alleinigen Nutznießer der Kolonisation.

Man brauchte also außer dem Kennzeichen der Religion zur Bestimmung eines Herrenmenschen individuell unveränderliche, eben biologische Merkmale. Es fiel auf, daß die echten Portugiesen sich von all den Nachrückern in der Macht Portugals durch eine hellere Hautfarbe unterschieden. So machten sie dies zum alles entscheidenden Prüfstein, um das Wesentliche des Andersartigen neu zu definieren. Damit hatte man den indischen Tamil, der sich in diesen Zeiten der energischen Massen-Missionierungen hatte taufen lassen, wieder genauso in die Außenseiterposition gedrängt wie seinen heidnisch gebliebenen Dorfnachbarn: Er ging zwar in dieselbe Kirche wie die Portugiesen, er war stärker einsetzbar für die eigenen Interessen geworden; aber er war ungefährlich als Rivale, da andersfarbig, also ungleichwertig.

Der Vorteil der Hautfarbendifferenzierung war, daß die Hierarchisierung schon beim flüchtigsten persönlichen Kontakt greifen konnte, nämlich beim allerersten Blick. Um die Aufmerksamkeit zu schulen, entwickelten die Europäer eine breite Skala von »Weiß« bis »Schwarz«.

Die ersten Entdecker aus Portugal waren sich noch gar nicht so sicher gewesen, daß sie wirklich unveränderlich hell waren. Sie hielten es für möglich, daß auch Europäer, die sich lange genug in den Tropen aufhielten, schließlich so dunkel würden wie die Afrikaner.[60] Aber als die portugiesischen Afrika-Veteranen zwar braungebrannt zurückkehrten, dann aber immer wieder zu ihrer Grundfarbe abbleichten, setzte sich die Erkenntnis durch, daß die persönliche Färbung vorgegeben und im Prinzip unveränderlich sei. Im Kontrast zu den sehr dunklen Afrikanern, den »Negern«, empfand man sich schließlich als »Weißer«.

Im Weißsein erkannte man, um 1500, noch keine besonderen Vorteile; es war einfach eine zusätzliche Nuancierung. Man hätte wohl auch ein »Rosa« oder »Rötlich« akzeptiert, so wie heute noch die Europäer von Ostasiaten begriffen werden. Dann aber, beim weiteren Vordringen nach Osten, wurde das Weiße zu einem allgemeinen Charakteristikum von herrschenden Völkern. Man erkannte als »weiß« die Araber, Türken und Perser.[61] Die damals sehr bewunderten Chinesen (die »gelb« erst seit dem 19. Jahrhundert aussehen) wirkten sogar »schneeweiß«, weißer als die Portugiesen. Schließlich entdeckte man bei Völkern von real dunkler Hautfarbe immer Weißes dann, wenn es sich um Repräsentanten herrschender Schichten handelte. Dann ist sogar bei den negroiden Papuas in Neuguinea von den Häuptlingen als Hellhäutigen, »weiß wie Deutsche«[62], die Rede.

Die Beherrschten werden dagegen zunehmend schwärzer. »Schwarze« waren schon immer alle Afrikaner, alle Südinder, alle gewöhnlichen Papuas. »Schwarz« werden nun für die Portugiesen aber auch die (eher braunen) Bewohner Sumatras, Vietnams, der Molukken und der Philippinen, der kolonialistisch unterjochten Regionen der Welt.[63] »Schwarz« sind dann ganz einfach all die Leute, die den Portugiesen den Weg durch den Urwald bahnen oder die die Waren am Hafen ausladen. Und »schwarz« sind natürlich alle Arbeitssklaven, ob aus Afrika oder Asien.

Doch dieses anfängliche Schwarz-Weiß-Raster mit seiner Tendenz zum Entweder-Oder war zu ungefüge, um diejenigen ausschalten zu können, die konkret die größte Bedrohung der eigenen Überlegenheit darstellten: die Mischlinge und andere aufmüpfige Untergebene. Und so verfiel man um 1530 auf eine Zusatzkategorie: die »Farbigen«.[64] Sie füllte den ganzen Zwischenraum zwischen dem klar Weißen (das sich jetzt per Definition nur auf die Europäer verengen ließ) und dem äußerst Dunklen aus. Das ermöglichte es, sogar von milchgesichtigen Mestizen abzurücken. Es erlaubte zudem, die ehemals gleichgestellten Araber oder Chinesen, wenn notwendig, in die gemäßigte Zone von Farbigkeit zu versetzen. Es trug auch durch die vielerlei Schattierungen von »Braun« und »Grau« und »Gelb« und »Rot« der eindeutigen Vielfalt des menschlichen Aussehens viel überzeugender Rechnung. Diese lückenlose Ausfüllung eines breiten Systems Weiße/Farbige/Schwarze wurde zum entscheidenden Fund für

die Durchsetzung der Völkerkunde als Farbenlehre. Das Rassenschema war
für das praktische Leben verwertbar gemacht worden.

Was wir heute »Rasse« nennen, körperliche Merkmale, die eine bestimmte
Gruppenzugehörigkeit signalisieren, in Außereuropa meist auf die Hautfarbe reduziert – »Und es begegnete ihnen 'ne neue Rasse, 'ne braune oder
blasse, da machen sie vielleicht daraus ihr Beefsteak Tartar«[65] – wurde von
den Portugiesen in der Anfangsphase ihrer Kolonialherrschaft *Casta*, Kaste,
genannt. Ein solcher Start ist enthüllend. Denn er zeigt, daß diese Einteilung
das Unverrückbare schlechthin bezeichnen soll. So wie bei den Hindus ein
jeder Mensch für ein ganzes Leben in eine Kaste hineingeboren wird, die
seinen Beruf, seine gesellschaftliche Funktion und sein Verhalten begrenzt,
so sollte in der Konzeption der kolonialen Portugiesen auch derjenige, der
von ihnen einer bestimmten Bevölkerungsgruppe zugewiesen wurde, dieses
Etikett widerspruchslos respektieren.

Alle europäischen Reisenden hatten gerade das indische Kastenwesen mit
besonderem Interesse erläutert. An der Westküste Indiens, die die Portugiesen am besten kannten, gab es, nach ihrer Zählung, fünf Hauptkasten. Da
waren an der Spitze die Brahmanen, die die hinduistischen Priester zu stellen
hatten (*Brahmin* heißt übrigens auf Sanskrit »Weiß«: so unterschieden sich
schon die helleren arischen Eroberer des Subkontinents von den dunklen
dravidischen Vorbewohnern, die sie nach Süden verdrängten.). Dann
folgte die Krieger-Kaste, die in der Nähe von Goa *Chardos* hieß. Die *Vaysias*
waren Kaufleute und Bauern, die *Sudras* Handwerker. Während der Bodensatz der land- und besitzlosen Bevölkerung als »Unberührbare« von den
Indern selbst außerhalb aller Kasten plaziert wurde, berechneten die Portugiesen diese Menschen noch als die fünfte und unterste Kaste der *Farazes*[66].

Nach dem Vorbild dieses Gebäudes stellten die Portugiesen in ihren Kolonien ein eigenes Machwerk her. Auch ihre Konstruktion bestand aus fünf
Etagen. Das höchste Niveau hatten alle Portugiesen inne, die noch im Mutterland geboren waren: eine solche Person hieß *Reinol*, dem Königreich
Portugal entstammend. Darunter kamen die schon in Indien geborenen
Kinder rein portugiesischer Eltern. Darunter wieder die Kinder eines portugiesischen Vaters und einer zu gleichen Teilen portugiesischen und asiatischen Mutter. Alle, die immer noch mehr von Europäern als von Einheimischen abstammten, nannte man *Castiços*, einem reinen Kern entsprungen.
An vierter Stelle wurden diejenigen eingeordnet, die genau gleichmäßig
gemischt waren, oder mit einem leicht überwiegenden asiatischen Anteil: sie
hießen *Mestiços*, Zusammengemischte. Und die fünfte und in der portugiesischen Zählung unterste Stufe war en bloc das gesamte indische Kastenwesen,
alle »Nur-Inder« vom Brahmanen bis zum Faraz vereinigend. Sie mochten
sich für ihren eigenen Gebrauch vehement differenzieren; den Portugiesen
war das egal.

Wir haben es hier also mit einem Aufeinandertürmen von Unterscheidungssystemen zu tun, wobei das Europäisch-Koloniale dem Fremden dadurch zwanghaft übergeordnet ist, daß eine Verschmelzung seiner untersten Kategorie mit dem Gesamten vorausgesetzt wird. Dadurch blieben »unterhalb der Portugiesen« die traditionellen sozialen Klassifizierungen unangetastet. Die Kolonialherren zogen eine fremde Ordnung bei weitem der möglichen Unruhe eines von ihnen gelenkten Wandels vor. Und so hielt sich selbst unter den schon seit Jahrhunderten christlichen Indern Goas das Kastensystem bis in unsere Tage. Die Missionare hätten ja theoretisch gerade das Christentum als große freiheitliche Alternative zu versteinerten Festlegungen des Hinduismus anpreisen können, aber sie taten es nicht. Der Disziplinierungsvorteil des Vorgefundenen wurde als zu verlockend eingeschätzt, als daß man sich nicht selbst seiner bemächtigt hätte. Und so durften auch unter der Herrschaft des Christentums wieder nur die Brahmanen-Söhne zu katholischen Priestern geweiht werden. Und so verzichtete man auf die Bekehrung der Unberührbaren von Goa, »damit sie das Prestige der Kirche in den Augen der anderen Gläubigen nicht gefährden«. Und so traten in der überwältigenden Mehrheit aller Fälle auch vor einen katholischen Altar immer nur Brautleute derselben Kaste. Der Kolonialismus zeigt weitherzige Toleranz gegenüber eindeutig nichteuropäischen Gebräuchen immer dann, wenn auf diese Weise interne Konflikte der beherrschten Bevölkerung viel wichtiger erscheinen als eine Frontstellung gegenüber den Besatzern.

Waren einmal die Kriterien für die Einordnung der verschiedenen »Eingeborenen« formuliert, gab es Ruhe für immer. Denn keiner, der erfaßt worden ist, konnte vernünftigerweise »heller« werden: Er mußte sich mit seinem Status bis an sein Lebensende begnügen. Und so entwickelten die Beamten des Kolonialismus Ausführungsbestimmungen zum Erkennen des Farbgrades ihrer Untertanen. Ihre Position »oben« mußte auch mit dem Anschein von »Recht« bestätigt werden. Der Augenschein wurde bürokratisiert. Es wurde im portugiesischen Kolonialreich die Postierung eines Menschen innerhalb der Spanne zwischen Weiß und Schwarz von einem Faktor abhängig gemacht, den man »Blutmischung« nannte. Die Rasse ergibt sich aus der Position zwischen den Endpunkten: »Reinheit des Bluts« (das ist volles Europäertum) und »verdorbenes Blut« (das sind die anderen).[67] Die Spanier haben in Amerika für diese schwierige Aufgabe Tabellenbücher aufgestellt mit Zeichnungen, die die Farbschattierung eines jeden Mischungsverhältnisses wiedergeben sollen. Sie bekamen unterhalb des Idealfalles »Spanier« 16 verschiedene Kasten mit jeweils unterschiedlicher sozialer Position heraus. Beachtet werden mußte dabei auch noch, daß Abkömmlinge afrikanischer Völker weniger galten als die von Indianern und daß die Erbkraft eines Mannes immer höher anzusetzen war als die einer Frau.

Wie solche Listen und ihre malerischen Rassebezeichnungen aussahen, zeigt ein Beispiel aus dem Peru des 18. Jahrhunderts: »1. von Spanier und Indianerin: Mestize; 2. von Mestize und Spanierin: Castizo; 3. von Castizo-Frau und Spanier: immer noch Spanier; 4. von Spanierin und Neger: Mulatte; 5. von Spanier und Mulattin: Moriske; 6. von Moriskenfrau und Spanier: Albino; 7. von Spanier und Albino-Frau: Torna-Atrás (»Kehr um«); 8. von Indianer und Torna-Atrás-Frau: Lobo (»Wolf«); 9. von Lobo und Indianer-Frau: Zambaigo (eine Affenart); 10. von Zambaigo und Indianerfrau: Cambujo (»schwarzbraun« für Tiere); 11. von Cambujo und Mulattin: Albarazado (»bunt«); 12. von Albarazado und Mulattin: Barcino; 13. von Barcino und Mulattin: Coyote; 14. von Coyote und Indianerin: Chamiso (»halbverkohlt«); 15. von Chamiso und Mestizin: Mestizencoyote; 16. von Mestizencoyote und Mulattin: Ahí-te-estás (»so weit ist es mit dir gekommen«).«[68] Andere Einteilungen arbeiten mit »Viertelmenschen«, »Achtelmenschen«, ja sogar mit »Fünftelmenschen«.[69]

Gemeinsam haben alle diese Differenzierungen, daß »Abstammung« hier nicht, wie bei Adelsfamilien in Europa, die Vererbung einer Kategorie vom Vater zu den Kindern sein soll; sondern die gemischte Herkunft verleiht einem, im Gegensatz zur Position des Vaters, eine neue, nur für einen selbst (und seinesgleichen) zutreffende Plazierung. Das »farbige« Individuum steht immer nur in Spannung zu dem gleichzeitig existenten Ideal des reinblütigen Europäers. Es kann sich nicht mehr in einer langen historischen, vielleicht durch die Taten der Ahnen überaus verdienstvollen, Entwicklungslinie sehen. Der Kolonialismus hat es vereinzelt und unbeweglich gemacht.

Nun ließe sich ja die Unterscheidung der anderen in Rassengruppen als hochmütig, aber im Grunde »harmlos« abhaken, als Selbstbefriedigungsakt der Europäer. Doch das Rassenschema war von viel gefährlicherer Bedeutung. Seine Vervollkommnung war ja von vornherein darauf angelegt worden, eine handfeste Diskriminierung konkreter Menschen zu ermöglichen. Das Erkennen von Rassen schlug konsequent in Rassismus um.

Er entstand überall da, wo ein langer und enger Kontakt zwischen Eroberern und fremden Bevölkerungsgruppen bestand und wo die Funktionsbestimmungen von Oben und Unten durch dieses alltägliche Zusammenleben ins Schwimmen gerieten. In der Regel konzentriert sich der Rassismus eben nicht auf die Abwehr anderer, die in ihrem Anderssein unbestritten sind, also z. B. nicht auf den »Hottentotten-Stamm«, der sich in den eigenen Kolonien im Rückzugsgebiet der Kalahari-Wüste aufhält. Und der Rassismus greift auch nicht bei ersten oder flüchtigen Kontakten: Dann sieht man im farbigen Fremden oft noch das Individuum, mit dem man durchaus sympathisieren kann, das man freundlich behandelt.

Rassistische Diskriminierung ist immer der Versuch, die anschwellenden

Ansprüche, die im eigenen Haus gegen die Verewigung eines übergeordneten Status erhoben werden, abzublocken. Sie bezieht sich immer auf die Bedingungen, wie »unter uns« weiterhin Arbeitsplätze, Reichtum und Macht verteilt werden können. Und so sind die Berichte über krasse Diskriminierung Andersrassiger in den portugiesischen Kolonien von Anfang an fast ausnahmslos Leidensschilderungen aus dem Leben einheimischer Christen und der Mischlinge, die mitten in den großen Kolonialzentralen oder im innersten Ring der europäischen Festungen wohnten.

Wichtigste Waffe war die Berufsbeschränkung. Die Handwerker-Gilden von Goa z. B. weigerten sich strikt, Kollegen aufzunehmen, die nicht die »Reinheit ihres Blutes« nachweisen konnten.[70] Als geschickter indischer Goldschmied durfte man für wenig Lohn als Geselle in der Werkstatt eines Portugiesen arbeiten; Meister konnte man nie werden. Selbst wenn ein Einheimischer als Händler viel Geld verdient hatte, gelangte er kaum in den engen Kreis der städtischen Honoratioren: Die »Brüderschaften«, gesellige Christenvereine mit hohem sozialem Prestige, nahmen ihn nicht auf. In die lokalen Regierungskammern konnte er ebensowenig gewählt werden. In Bahia und Rio de Janeiro, in Goa und Macau, inmitten eines Meeres von Schwarzen, Roten, Gelben und ihren Vermischungen, hielten sich diese Bürgervertretungen über 200 Jahre lang völlig »weiß«.[71]

Genauso blieben alle mittleren und höheren Verwaltungs- und Militärposten Reservat der »echten« Portugiesen. In Brasilien wurden für besonders tapfere dunkelhäutige Milizsoldaten in den Zeiten des Kampfes gegen die holländischen Invasoren eigene Kompanien gebildet, damit nicht etwa schwarze Offiziere weiße Rekruten befehligen konnten. Gab es doch gemischt-rassige Truppen, erhielten die portugiesischen Soldaten höheren Sold. Farbige bekamen selbst nach 18 Jahren Dienst keine Regelbeförderung.[72]

Die königliche Gesetzgebung dazu war ein ständiges Pendeln zwischen realistischer Herrschaftssicherung und theoretischem Humanismus. Da wurden z. B. 1561 und 1671 Gesetze erlassen, die mit klaren Worten jedem verbieten, in den Staatsdienst einzutreten, wenn sein Blut auch nur geringfügig mit dem anderer Rassen vermischt sei. 1761 dagegen gab es ein Edikt, in dem der schöne Satz stand: »Seine Majestät unterscheidet unter seinen Vasallen nicht nach ihrer Hautfarbe, sondern nach ihren Verdiensten.«[73]

Aber in der Praxis pflegte sich die harte Linie durchzusetzen. So veröffentlichte z. B. der Vizekönig von Goa gar nicht erst diese Aufforderung zur Toleranz. Er bekam eine strenge Ermahnung deswegen, doch er tat es wieder nicht. Selbst 1774 war noch kein einziger Schritt unternommen worden, die Rassendiskriminierung in Portugiesisch-Indien abzuschwächen. »Wir lassen uns nicht verbieten, die Eingeborenen unserer Kolonie ›Neger‹ oder ›Straßenköter‹ zu rufen und sie dementsprechend zu behandeln.«[74]

Die Katholische Kirche spielte bei der Abwertung fremder Rassen kräftig mit. Auch für die Missionare hatte nur der Weiße »die Farbe des hellichten Tages«[75]; alle anderen waren »unwürdig, unzuverlässig, niedrigen Charakters«, wie ein päpstlicher Delegierter 1550 nach Hause schrieb. »Sie sind begriffsstutzig, im Geist genauso schmutzig, wie es ihre Haut vermuten läßt.«[76] Und so sorgten die einzelnen Mönchsorden in Asien verbissen dafür, daß bei ihnen die Europäer unter sich blieben. Die Jesuiten nahmen während der gesamten Zeit ihrer Missionstätigkeit im portugiesischen Patronat, also bis zu ihrer Ausweisung 1773, nur einen einzigen Inder als Priester in ihren Orden auf (und das war natürlich ein Brahmane). Das Von-sich-Weisen Andersrassiger nahm schließlich groteske Formen an. Franziskaner verweigerten um 1630 auch reinblütigen Portugiesen, die in der Nähe von Bombay geboren waren, den Eintritt in ihren Orden, weil diese doch sicherlich an den Brüsten schwarzer Ammen gesaugt hatten und damit ihr Blut für immer vergiftet worden war.[77]

Fromme Inder versuchten, etwas mehr Einfluß in ihrer Kirche zu erreichen, indem sie sich zu weltlichen Geistlichen weihen ließen. Einer von ihnen, Mateus de Castro, brachte es 1635 wirklich bis zum Bischof. Aber nicht im heimatlichen Goa, wo man seine Anstellung verhindert hatte, sondern in Rom; und er bekam die Phantom-Diözese von Chrysopolis, die zuletzt vor 1000 Jahren von Christen bewohnt gewesen war, jetzt aber im Land der Moslems lag. Der Jesuit Afonso Mendes, der weiße Patriarch von Äthiopien, nannte diesen seinen Kollegen weiterhin »halbnackter Neger«.[78] Erst im 19. Jahrhundert setzten sich die einheimischen Priester in Indien stärker gegen die winzige weiße Minderheit im Klerus durch, und erst nach 1961, nach der Kolonialherrschaft, konnte ein Inder auch katholischer »Patriarch Indiens« werden.

Da es also bei rassistischer Argumentation stets darum geht, die Anzahl sozial Bevorzugter so klein wie möglich zu halten, kann die Waffe der Diskriminierung manchmal auch die eigenen Rassengenossen treffen. Dann nämlich, wenn sie den Berechtigtenkreis zu vergrößern drohen. Konkret passiert das immer, wenn sie einheimische Frauen legal heiraten wollen. Damit würde eine komplette indische oder afrikanische Familie in einen portugiesischen Verwandtschaftsverband einbezogen werden. Es würden zusätzliche Mischlingskinder mit unangreifbaren Erbansprüchen produziert werden.

Die kolonialen Europäer pflegten darauf mit der Methode der Stigmatisierung zu reagieren. Der Betroffene wird geschnitten, übergangen; oder man zeigt verächtlich mit dem Finger auf ihn. Albuquerque konnte noch aus staatspolitischen Überlegungen heraus seine Soldaten bewegen, einheimische Frauen aus Goa zu heiraten (wobei er allerdings auch schon marktschreierisch die hervorstechende »Weiße« der dortigen Maurinnen preisen mußte[79]); in späteren Zeiten hatten die meisten Militärs, die noch an ihre Karriere glaubten, die größte Scheu, einen solchen Schritt zu machen. Er vernichtete ihre persönliche Zukunft. So blieben sie lieber, entgegen den expliziten Vorschriften ihrer Religion, in »wilder Ehe« mit einer oder mit mehreren Frauen, mit »Freundinnen« oder »Dienerinnen« zusammen, mit einer wahren Heerschar unehelicher Kinder, und waren hochangesehen, als daß sie sich mit einer Inderin kirchlich trauen ließen und dann als Ausgestoßene existieren mußten. So beklagten sich um 1660 einige Kolonialoffiziere aus Ceylon, die in Portugal geboren und sogar Adlige waren, daß sie trotz ununterbrochenen, härtesten Kriegsdienstes jedes Jahr von neuem erleben mußten, daß Neuankömmlinge sie bei den Beförderungen überholten. Ihr Fehler war gewesen, daß sie vornehme singhalesische Frauen geheiratet hatten.[80]

Durch eine so starre Hierarchisierung konnten die Kolonialherren wirklich ihre massenhafte farbige Nachkommenschaft gesellschaftlich, politisch und wirtschaftlich in Schach halten. Daß es in einer Stadt wie dem brasilianischen Bahia im 17. Jahrhundert neben 20000 Weißen und 50000 Schwarzen immerhin schon 10000 Mulatten gab[81], brauchte keinen Portugiesen mehr zu beunruhigen.

Die Beliebigkeit von Regeln

Die Bahnen, in denen sich unter den Bedingungen des Kolonialismus die Auseinandersetzung zwischen Europa und den überseeischen Völkern kanalisierte, sind keineswegs immer so linear, so breitschneisig und so gleichmäßig fließend gewesen. Es gibt, neben dem Sich-Entziehen und der Abwertung der anderen, ein drittes Muster der Begegnung, das mal mit dikkem Strich quer über alles Bekannte Zick-Zack-Linien malt, dann wieder feine Kurven zieht, hier abbricht, woanders mit einem dicken Klecks weitermacht. Es gibt einen großen Bereich von Kontaktbewältigung, dessen Klammer darin besteht, daß seine Details alle miteinander unvereinbar zu sein scheinen.

Schon bei den Methoden der ersten Eroberung, Besetzung und Bewahrung kolonialer Territorien, vermerkt der Beobachter, wie unterschiedlich die ersten Kolonialisten vorgingen. Da fallen sie mit Riesenflotten in die Märkte Indiens ein; da paddeln sie einsam auf den immensen Strömen Kanadas, um ein Jagdgebiet in Besitz zu nehmen, das größer ist als ganz Europa. Sie zerstören, wie in Mexiko, gewaltige Städte, und bauen auf den Trümmern die gleiche Stadt wieder auf; sie besetzen sumpfige, öde Inseln wie Singapur und machen einen Welthafen daraus. Sie brechen in die alten Handelsströme ein; aber wenn sie in einem neuentdeckten Land den erhofften Reichtum nicht finden, kommt ihnen auch nicht in den Sinn, daß sich damit ihr Bleiben erübrigt hätte: Sie suchen dann nach anderen Verwertungsmöglichkeiten, erfinden neue Arbeitsmethoden und neue Produkte. Einmal etabliert, verteidigen Kolonialherren ihr Stückchen Erde furios gegen jeden anderen europäischen Konkurrenten und zwacken diesem wiederum etwas ab, wann immer es günstig erscheint. Aber es gibt auch die Fälle, wo die verschworensten Feinde einem Rivalen, der in tödliche Gefahr geraten ist, zu Hilfe eilen, um ihm das Eigentum zu bewahren. So boten sogar die Franzosen den Engländern bei der berühmten »Meuterei« von 1857 brüderliche Unterstützung bei der Niederwerfung indischer Truppen an.[1]

Dieses Uneinheitliche im Kolonialismus[2] läßt sich aber dennoch auf einen gemeinsamen Nenner zurückführen. Es ist ein konsequenter »Opportunismus«. Wirklich alles darf eingesetzt werden, sofern es nur wirksam dazu beiträgt, das betreffende Gebiet in den eigenen Machtapparat einzugliedern. Dabei gibt es durchaus eine europäische Solidarität. Ehe ein überseeisches Land für Europa ganz verlorengeht (und damit die universale Idee des Kolonialismus gefährdet), gönnt man es selbst dem intimsten Feind. Da die entscheidende Aufgabe des Kolonialismus vom eigenen Willen ja

Die Freiheitskämpfer der Pariser Kommune von 1871, die nach dem »französischen« Neu-Kaledonien verbannt worden waren, halfen 1879 in einer Sondertruppe, einen Aufstand der Einheimischen niederzuschlgen. Für 100 »Europäer« mußten 1500 »Kanaken« sterben.

Bildnachweis: Pacific Book

bereits gesetzt wurde – Kontakt zu erzwingen und zum eigenen Nutzen zu gestalten –, steht das Zusammentreffen mit Anderen auch nie mehr zur Disposition. Der Rahmen, die Expansion Europas über die Welt, kann nicht mehr weiterentwickelt werden, nur noch die Techniken, wie er am schnellsen und prallsten zu füllen ist. Ständige Flexibilität im Instrumentarium, Unbeugsamkeit nur im Endziel. Das opportunistische Verhalten der Europäer in Übersee ist Taktik, einer viel weitergreifenden Strategie untergeordnet.

So fallen denn verbale Verkündigung und tatsächliches Handeln in aller Regel weit auseinander. Die Leiteigenschaft kolonialer Kontakte ist die Heuchelei. Sie infiltrierte schon die vollmundigen Deklarationen über die Absichten des Kolonialismus. Einige Entscheidungsträger formulierten ihre Ziele noch unverblümt, so der nüchterne König Manuel von Portugal, als er mit einer Rede Vasco da Gama nach Indien verabschiedete: »Ich möchte den Besitz meines Landes vergrößern, damit ich meinen Schutzbefohlenen mehr Belohnungen zukommen lassen kann. Indien ist nämlich reicher als Fes in Marokko. Ich will den Reichtum des Orients, das Geschäft, das bislang nur Venedig, Genua und Florenz machen.«[3] Meistens aber wird dieser (wahre) Impuls sorgsam verschleiert, denn es darf weder der Außereuropäer sofort erkennen, daß er sich massiv wehren sollte, noch der Mit-Europäer, daß hier Genuß ohne Reue gesucht wird.

Zuerst wurde, von Frommen wie von gotteslästerlichen Plünderern, behauptet, daß das »Christentum« den wichtigsten Anstoß zur Expansion gegeben habe. Der Europäer ging nur nach Übersee, um ein »Geschenk« zu überreichen, den alleinseligmachenden Glauben.[4]

Nach der Religion bot der Europäer seine »Zivilisation« an. Wissenschaftler wie Geschäftemacher glaubten, aus humanitärer Verantwortung heraus allen anderen erzählen und an praktischen Beispielen demonstrieren zu müssen, zu welch außergewöhnlichen Kenntnissen und Fertigkeiten Europa gelangt sei. Man griff sich Kinder aus den Dörfern Asiens und Afrikas heraus, gab ihnen »anständige« europäische Namen, steckte sie in Hosen, Hemden oder Kleidchen, pries ihnen Europäisches in der Schule, machte sie zu Lehrlingen und Domestiken, half ihnen mit effizienteren Medikamenten bei ihren Krankheiten und mit noch effizienteren Waffen bei ihren Kriegern.[5] Die »Sklaven« waren abgelöst worden von »farbigen Untertanen«, auch sehr gehorsam – und vor allem dankbar.

Noch etwas später kam der Europäer, um seine außereuropäischen Schützlinge an den Segnungen der »modernen Technik« teilhaben zu lassen. Jetzt ging es um das Verkaufen besonders nützlicher oder auch nur angenehmer Geräte und, zum Abtransport des Gegenwertes, um die notwendigen Häfen und Eisenbahnlinien. In einer Einheitsfront von naturwissenschaftlich völlig unbegabten Diplomaten und übermäßig teuren Fachleuten prescht eine neuartige dynamische Eroberungsarmee vor. Die ehemaligen »Untertanen« waren zu »Schuldnern« geworden – dadurch weiterhin Marionetten, wie ihre Vorfahren.

Diese Varianten vorgeschobenen Sendungsbewußtseins sind nicht etwa unterschiedliche nationale Ausprägungen: Sie wurden allesamt auch von ein und derselben Nation benutzt, je nachdem, wohin sie wann paßten. Portugal gebärdete sich vorwiegend christlich in Goa, zivilisatorisch in Brasilien und modernisierend in Angola. Auch Frankreich, das oft die Verbreitung seiner Kultur als wichtigsten Hebel zur kolonialen Beherrschung einsetzte, fiel zum Beispiel 1858 in Vietnam unter dem Banner christlicher Missionierung ein.[6] Und das imperialistische Deutschland, das im europäischen Konzert allgemein als radikaler Wortführer der »Suche nach Absatzmärkten« galt, schmückte sich bei der Besetzung Ostafrikas mit der Gloriole des Zivilisationsspenders.[7] Es ist das gleichzeitige Vorhandensein aller Argumentationsfelder, das es einem erlaubt, im jeweiligen Augenblick das Passende vorzutragen.

Der Kolonialismus hat sich daher auch auf der Ebene des Alltäglichen als unendlich fruchtbarer Produzent von »Vorwänden« herausgestellt. Ob bei einer bestimmten Aktion die Kolonialherren den Einheimischen überhaupt eine Erklärung gaben, und worauf diese Erklärung basierte, das wechselte von Einzelsituation zu Einzelsituation.

Die Europäer inszenierten ganze Argumentationssalven. So erläuterte 1522 der portugiesische Kapitän Jorge de Brito seinen Überraschungsangriff auf die Hauptstadt des sumatrischen Acheh-Reiches damit, daß ein dortiger großer heidnischer Tempel sein religiöses Empfinden belästige; der Tempel müsse zerstört werden. Doch nur wenig später modifizierte Brito die Interpretation seiner Motive. In diesem Tempel gebe es sehr viel Gold, und Portugal brauche gerade jetzt große Mittel, um die Verteidigung Malakkas zu finanzieren. Er versuchte es noch mit einer dritten Version: Der Sultan von Acheh habe eine Reihe hochentwickelter europäischer Kanonen erbeutet; das gefährde die natürliche Überlegenheit der Portugiesen in diesen Gewässern und damit die Sicherheit der ganzen Region. Doch nicht genug damit; ein vierter Vorwand für den Angriff wird produziert: die Acheh-Bewohner hätten mehrfach portugiesische Händler beraubt; man müsse ihnen daher durch eine Strafexpedition wieder Respekt vor fremdem Eigentum beibringen.[8] So lieferte Brito wahrhaftig jedem, der in der Geschichte nach verständlichen Beweggründen des Handelns sucht, Material, das seinem individuellen Geschmack entspricht.

Durch ein solches Vorgehen wurden die Europäer für außereuropäische »Partner« unkalkulierbar. Je unterschiedlicher sie sich aufführten, desto kompletter verwirrten sie. Ihre Geschmeidigkeit ist beträchtlich gefährlicher für die anderen als hochmütige Distanz oder offene Abscheu. Das anfängliche Sich-einlassen auf einheimische Höflichkeits-Riten zum Bei-spiel suggerierte eine Bereitschaft der Europäer, sich ans Denken des Gegen-übers zu gewöhnen. Doch dann kommt im unerwartetsten Moment eine rüde Verweigerung von seiten der Kolonialisten: Sie packen zu, sacken ein. Die einfachsten Regeln der Kausalität bleiben bei diesem grundsätzlichen Opportunismus auf der Strecke; nicht einmal sie sollen dem Opfer Orien-tierung bieten. Ein sehr beliebter Vorwand des Kolonialismus zur Erobe-rung fremder Länder ist die Behauptung, die Einheimischen seien von sich aus unfähig, die Grundnotwendigkeiten menschlichen Lebens, nämlich »Frieden«, zu garantieren. Die Europäer müßten ihnen, schon aus Mitleid, dabei helfen. Die »Pazifizierung« der außereuropäischen Welt soll eine der großen Wohltaten des Kolonialismus sein.

Und so griffen die Portugiesen auf den Molukken in die Fehden zwischen Insel und Insel ein, um angeblich dem täglichen Foltern und Kopfabschnei-den ein Ende zu setzen. Sie eroberten zu diesem Zweck um 1545 einen Großteil der berüchtigten Insel Halmahera und zwangen der Bevölkerung ihren Glauben des Friedens und der Sanftheit auf. Kaum waren die Men-schen bekehrt, da schwenkte die Pression der Kolonialherren in eine völlig andere Richtung. Jetzt wurde argumentiert, daß der Todfeind eines jeden Christen jeder Moslem und jeder Heide sei. Jesuitische Missionare lande-ten auf Halmahera und hetzten in den Dörfern (die früher wenigstens ge-eint ihre vielen Kleinkriege gegen andere Dörfer durchgeführt hatten) die neuen Christen gegen ihre heidnisch oder moslemisch gebliebenen unmit-telbaren Nachbarn und Verwandten auf. »Der Pater fing an, die Menschen zu trennen, Christen, Heiden und Mauren für sich. Er entriß die Frauen ihren Ehemännern, die Männer ihren Frauen, die Kinder ihren Eltern und die Eltern ihren Kindern.«[9] Ein gewaltiges Wehklagen erfüllte die Dörfer, dann folgte ein Abschlachten der Andersgläubigen.

Aber selbst in dieser neuen Situation allgemeinen Aufruhrs fanden die Eu-ropäer nur Positives: Nun hätten die Molukker eine günstige Gelegenheit, als Märtyrer das ewige Leben zu gewinnen. Sie berichteten von einem Neu-Christen namens Dom João, dessen Fort von einem Moslem-Raja belagert wurde. Als er sah, daß er sich nicht würde halten können, erstach er seine Frau und alle seine Kinder. Entsetzt fragte ihn später sein islamischer Be-zwinger, warum er diese Unmenschlichkeit vollbracht habe. Er antwor-tete: »Es ging mir nur um die Rettung der Seelen meiner Lieben. Ich be-fürchtete, daß sie aus Schwachheit dem Glauben an Jesus Christus, in dem allein Erlösung ist, wieder abschwören würden. So bewahrte ich sie vor einem Abfall.« Der sonst alles andere als devote Historiker Diogo do Couto kommentierte: »Diese Standhaftigkeit eines Barbaren-Christen, der 1000 Meilen entfernt von der Römischen Kirche geboren wurde, sollte uns Christen Europas in unserer Kleinmut beschämen.«[10]

Jedes Wirken der Europäer in Übersee wird dadurch in ihrem eigenen Verständnis und meist auch in dem der fremden Völker doppelbödig, widersprüchlich. So waren sogar die »Opium-Kriege« in China in der Interpretation der Zeitgenossen Kriege zu Ehren Gottes. Der von den deutschen Protestanten als »Erster China-Missionar« gefeierte Karl Gützlaff schrieb: »Der Sieg Englands ist ein Traum, den selbst die stärkste Einbildungskraft feuriger Hoffnung nie hätte hervorrufen können. Mein Herz bebt mir vor großer Freude, daß nun der Weg nach China offen steht.«[11] Wieder andere sahen in Chinas Niederlage vor allem den lange überfälligen Eintritt dieses ehemals großartigen Reiches in den Kreis »zivilisierter« (also europäisch beeinflußter) Völker. Europäische und nordamerikanische Industrielle schließlich witterten ein großes »Chinageschäft«: es gab (damals) 200 Millionen Kunden auf nur einem einzigen Markt.[12] Kolonialismus: für jede Ambition, jeden Sprecher, jedes Publikum, jede Okkasion das maßgeschneiderte Image!

Auch fundamentale Haltungen gegenüber fremden Völkern gerieten dabei in den Bannkreis des Opportunismus. Keiner wird z. B. den Holländern bei ihrem Kolonialgeschäft abstreiten wollen, daß sie rücksichtslos selbstgerecht waren. Sie zerstörten die indonesischen Reiche ohne den Schimmer von Selbstzweifeln und benahmen sich wie die Rüpel an den vornehmen Höfen javanischer Fürsten. Aber gerade diese Holländer praktizierten in Ostasien Akte extremer Unterwürfigkeit. Für die Ausnahmeregelung, als einzige Europäer mit Japan handeln zu dürfen, schickten sie einmal im Jahr eine Abordnung nach Yedo (dem späteren Tokio), um dem Machthaber »Geschenke zu übergeben, Tribut zu zahlen, ihren Respekt zu erweisen und Befehle zu empfangen«.[13] Diese Vertreter europäischen Überlegenheitsgefühls paßten sich perfekt an. »Als wir eine gute Stunde im Wartesaal des Palastes gesessen hatten, holten die Japaner unseren Residenten ab und führten ihn zu dem Audienzsaal. Kaum, daß er eingetreten sein mochte, gab eine überlaute Stimme mit ›hollanda capitain‹ das Zeichen, daß er sich nähern und seine Ehrerbietung ablegen sollte, worauf er zwischen dem Orte, wo die Geschenke nach der Ordnung lagen, und dem hohen Sitzplatz der Kaiserlichen Majestät, auf Händen und Füßen herbeikroch, das Haupt, auf den Knien liegend, bis zum Boden neigte und sich ganz stillschweigend wie ein Krebs kriechend zurückzog.«[14] Danach ließ der Shogun, durch leichte Reismatten dem Blick der Europäer entzogen, seine Gäste zu seinem Spaß Holländisch und Deutsch reden und schreiben, hin- und herspazieren, ihre Mäntel aus- und anziehen, Arien singen und betrunkene Männer mimen: »Affenpossen.«[15]

Daß die Holländer das alles mit sich machen ließen, mißverstanden die Japaner als Unterordnung unter ihre Souveränität. Die Holländer jedoch spielten diese Demonstration von Selbstbescheidung mit, weil sie nur auf diese Weise den Fuß in der fast zugeschlagenen Pforte zum Reichtum und zur Herrschaft in Japan behalten konnten. Lieber scheinbar demütig mitmischen, als stolz ausgeschlossen sein. Ein ihrer inneren Überzeugung viel adäquateres Auftrumpfen hätte in der gegebenen Kräftekonstellation Europa die Chance zu stärkerem Einfluß in dieser Region der Welt völlig genommen. So aber spionierte man, profitierte – und lauerte. Der Erfolg bei der »Öffnung« Japans 1854 durch den »Westen« gab dieser beharrlichen Taktik triumphal recht. Der amerikanische Flottenkommandeur Perry konnte die Japaner durch sein unzeremonielles Auftreten – er zeigte, bei Verhandlungen demonstrativ aufrecht stehend, offen seine Verachtung für das »Japsengesindel« – dermaßen verunsichern, daß sie unglaubliche Knebelverträge unterschrieben. Ihr eigenes Oben-Unten-Weltbild war völlig durcheinandergeraten. Und siehe da, jetzt konnten übergangslos die Holländer ihre Zähne zeigen. Sie holten sich 1858 mit einer Kriegsflotte ihren Anteil an der Beute. Die Grundeinstellung der Europäer (und ihrer Ableger in Nordamerika), immer allen anderen Völkern überlegen zu sein, war unangetastet geblieben. Nicht einmal Jahrhunderte stärkster Verhehlung hatte sie abschwächen können. Und mitten in der Epoche des heftig anschwellenden Nationalismus in Europa war außerhalb Europas unbestritten, daß alle Europäer etwas vom Kuchen abbekommen müssen. Als Vertreter des Norddeutschen Bundes schloß sogar Hamburg einen ungleichen Vertrag mit den Japanern ab.[16]

Scheinbar hielten die europäischen Kolonialisten auch das übliche »Schlechtmachen« überseeischer Völker nicht immer durch. In vielen Fällen zeigten sie sich bereit, die anderen positiv zu sehen. In welchen Fällen? Gute Eigenschaften wurden z. B. Personen und Völkern angeheftet, die mit Portugal verbündet waren. Da gab es sogar einen tapferen und ehrlichen Chinesen; kein Wunder, wenn er »portugiesische Gebräuche liebte und portugiesische Kleidung trug und portugiesische Soldaten zu seinen Piratenfahrten aufstellte, die er sehr bald sehr reich machte«.[17] Da war ein Sultan in Ternate gerecht, geduldig, bescheiden, großzügig und fromm: Er führte nämlich die Portugal-freundliche Partei in seinem Lande an.[18] Und da wurden zwei molukkische Soldaten als Helden gepriesen, als Ritter in Kraft und Geschick: Der eine metzelte 25, der andere 30 Feinde der Portugiesen nieder.[19] Und der König von Melinde, der Vasco da Gama unterstützte, war gar ein Ausbund an »Güte, Freigebigkeit, Ehrlichkeit, Menschlichkeit, Großartigkeit«.[20] Da fehlte nur noch, daß auch die Hautfarbe der Freunde Portugals mit dem Grad des politischen Zusammenrückens immer blasser wird: Als die Portugiesen mit den Burmesen gemeinsam Krieg führten, lobten sie an deren braunen Frauen die Weiße Ihrer Haut – und die blonden Haare![21]

Dieses Wohlwollen gegenüber einigen Nicht-Europäern ist entweder eine bewußte Lüge, die als Schmeichelei gedacht war, oder eine, meist ebenso bewußte, Abart der Selbstbeweihräucherung. Man hält sich für so außergewöhnlich, daß die freundliche Berührung eines Abhängigen auch ihm einen Abglanz von Wichtigkeit verleiht. Der Selbstwert der Mächtigen färbt ab auf ihre Untertanen. Deshalb behaupteten die Portugiesen in Bahia, die Franzosen auf Martinique und die Deutschen in Togo, daß gerade »unsere Neger die besten« seien. Selbstverständlich bedeutete das nicht, daß sie den Herren dadurch tatsächlich näherrückten; ihr Abstand blieb gleich. Es tat sich nur ein Abgrund zu denjenigen Leidensgenossen auf, die nicht das Glück hatten, diesen Herren zu dienen.

Und so ist auch die Tugend, die die Kolonialisten an Nicht-Europäern am höchsten schätzen, die »Treue«. Die Bereitschaft der anderen, sich in jeder Lage zum Vorteil des Europäers einsetzen zu lassen, bringt die Kolonialherren nur zu gern dazu, auf ihre angeblich ewig gültigen ethischen und ästhetischen Werte zu verzichten. Da mögen die Männer aus einem Volk wie den Jaga in Angola um 1680 nach den Aussagen von Portugiesen Menschen jagen, weil sie sich vorwiegend von deren gekochtem Fleisch ernähren, ihre eigenen Kinder ermorden, um leichtfüßiger Kriege führen zu können, regelmäßig spezielle Vergewaltigungs-Touren durch die Dörfer ihrer Nachbarn führen, weil sie die eigenen Frauen schon zuschanden gequält haben, und auf Ackerbau und Viehzucht vollständig verzichten, weil sie sich nur durch das Rauben fremder Vorräte ernährten – sofern diese Terroristenbande nur weiterhin den Portugiesen bei ihren Sklavenzügen behilflich war, ihnen Kriege als Stillvertreter abnahmen, sie bei vergnüglichen Großwildjagden unterstützten, galten sie als »treue Freunde der Weißen«.[22] Die Portugiesen beschützten ihrerseits bereitwillig diese entsetzlichen Verbündeten.

Wie grundsätzlich labil aber solche Hinwendungen zum Andersartigen waren, wie situationsbedingt, zeigte der Ablauf einer frühen »Freundschaft« der Portugiesen mit einem einheimischen Prinzen an der westafrikanischen Küste. Portugal benötigte Ende des 15. Jahrhunderts auf dem Vorstoß nach Indien dringend einen sicheren Stützpunkt zwischen dem Fort Arguim (in Mauretanien) und dem Kongo. So unterstützte es in einem innerafrikanischen Konflikt um die Thron-Nachfolge im Wolof-Reich einen der Anwärter. Er ließ sich taufen und erhielt von seiten seiner neuen europäischen Freunde die größten Ehren; sogar ein authentischer portugiesischer Adelstitel wurde ihm zuerkannt. Doch als der Kapitän der portugiesischen Hilfsflotte in Afrika feststellen mußte, daß die Stelle, die man ihm gegenüber als geeignet für die Errichtung einer neuen portugiesischen Festung bezeichnet hatte, sumpfig und fieberverseucht war, schlug die demonstrative Höflichkeit sofort in Unmut um. Den verbündeten Dom João

Bemoij jetzt für überflüssig haltend, stach der Kapitän ihn eigenhändig mit einem Dolch ab. Lässig verkündete er, damit sei er nur einem möglichen Verrat des Schwarzen zuvorgekommen. Immerhin: Noch waren die Portugiesen in der Kontakt-Praxis des Kolonialismus, »erlaubt ist, was opportun ist«, emotional noch nicht so fest eingeübt: »Der König zeigte sich sehr unzufrieden mit dem Mord.«[23]

»Statue des Fortschritts« im Königspalast zu Ife / Nigeria

Bildnachweis: Autor

»Der typische Kolonialist«

Diese Leitschnüre des kolonialen Denkens und Handelns orientierten und begrenzten ein großes Kollektiv, die Gesamtheit der Kolonialeuropäer. Wie aber gelang es der kleinsten Einheit einer solchen Masse, dem »kleinen Mann« mit seinem »beschränkten« Überblick, mit ihnen umzugehen? Durch Augenzeugenberichte läßt sich auch das Bild dieses anonymen Kolonialeuropäers rekonstruieren.

Da gerät ein junger Portugiese, 20 Jahre alt, nach Asien. Völlig durcheinander von den Erlebnissen der letzten Monate – die halb widerwillige, halb ersehnte Abreise aus Lissabon, die verwirrende Vitalität des Fremden in den Hafenstädten, die Erfahrungen mir Piraterie, Hunger, blutigem Streit – alles sind isolierte Punkte für ihn, die nicht zusammenpassen. Seine Freunde von der Überfahrt verstreuen sich in Goa in alle Winde. Ohne noch zu wissen, wie das aussieht, wo er ist, muß er schon über sich entscheiden. Und jetzt faßt er einen Entschluß, dem er bis an sein Lebensende treu bleiben wird. Er hat sich nicht in dieses existentielle Abenteuer gestürzt, um in den Kolonien behäbig genau dasselbe zu tun, was er in Portugal hätte machen können. Er will das Besondere versuchen, auf alle Fälle reich, berühmt, mächtig, glücklich werden. »Es muß etwas passieren.« Und so beginnt er, nach einem Ziel für seinen aufgestauten Tatendrang zu fahnden. Er ist in der Anfangsphase seiner kolonialen Karriere überneugierig. »Mit wachem Geist will er immer alle Dinge wissen.«[1] Er steckt seine Nase in alle Töpfe, in die seiner Landsleute und in die der »Eingeborenen«. Er streunt durch die Häuser und Hütten und lernt bei Besäufnissen die Prahlereien der Veteranen auswendig. Er steigt auf die Gipfel von Bergen, »um zu sehen, wo er ist« und verfolgt Flüsse durch Schluchten, in die nicht einmal die Anwohner steigen.

Tritt er mit Einheimischen in Kontakt, um, wie er meint, »geheime« Informationen zu erhalten, hat er die Tendenz, hierarchisch so weit oben wie möglich einzusteigen. Ob Bauernsohn aus der Provinz oder Adliger aus Lissabon, jeder beliebige Portugiese verlangt sofort, mit einem Raja, einem Sultan, ja sogar mit dem mächtigsten Feudalherrn Japans[2] konferieren zu können. Sehr oft gelingt es ihm durch diesen patzigen Hochmut wirklich. Und wenn er nicht bis zur Spitze vordringt, wertet er einfach seinen Gesprächspartner bis zum erwünschten Grad auf. So gab es z. B. in Brasilien kaum einen Kolonial-Portugiesen, der zugab, mit gewöhnlichen Indianern zu verkehren; es handelte sich um »Prinzen« und »Prinzessinnen« (also Kinder von Dorfvorstehern). Als Weißer unter Farbigen fühlte man sich stets als offizieller Repräsentant seines allen überlegenen Königs und Volkes und seiner Spitzenkultur. Je weiter man von zu Hause weg war, desto umfassender wurde die heimatliche Gruppe, die man darzustellen gedachte. Auf den Inseln der Südsee war der Portugiese im 16. Jahrhundert zu »Europa« schlechthin geworden.

Die allseitige Aufnahmebereitschaft unseres »typischen Portugiesen« für alle Eindrücke aus der neuen kolonialen Umwelt bricht jäh ab, wenn er ein Objekt ausfindig gemacht hat, von dem er glaubt, daß sich seine Eroberung lohnt. Nun bündelt er alle Ambitionen, seinen ganzen Wissensdurst, auf diesen einen Punkt; das andere wird als unnützer Ballast abgeworfen. Jetzt, und vielleicht nie wieder, kann er mit einem gelungenen Coup von einem Niemand zu einem wirklichen Herrn werden, die Fahrt nach Asien sich nachträglich als glückliche Chance herausstellen.

Der Einzelne versucht nicht, in den Kolonien den Wahrscheinlichkeitsgehalt seiner persönlichen Pläne abzuklopfen. Die Geschichte der Expansion hatte gezeigt, daß Begriffe wie »möglich« oder »unmöglich« immer erst geklärt werden konnten, wenn das Vermutete ausprobiert worden war. Die aztekische Inselstadt Tenochtitlán war nur als phantastische Vision angekündigt worden, und die Spanier trafen sie im Hochland Mexikos tatsächlich an. »El Dorado« jedoch, der goldstaubbedeckte König in einem Reich nie endenwollenden Wohlstands, konnte auch nach jahrzehntelangen Expeditionen quer durchs Amazonas-Gebiet nicht gefunden werden. Was individuelle Aktivität in Gang bringt, ist daher nicht die sichere Überzeugung von einer Wahrheit, sondern die banale Erkenntnis, daß sich nur das einverleiben läßt, mit dem man konkret konfrontiert ist. Es wirkt ein unwiderstehlicher Drang, persönlich anwesend zu werden in den ersehnten Regionen unbegrenzter Möglichkeiten.

Dazu muß man ohne Zaudern vorgehen. Die typische Tat eines Kolonialisten findet ohne Rückendeckung statt. Die Anekdote über den Außenseiter, der bei der Landung auf dem mittelamerikanischen Festland seine Schiffe verbrennen ließ, damit der Blick nur noch nach vorn gerichtet werden konnte, trifft diese Haltung genau. Ein Portugiese bricht von Bengalen nach seinem Wunschland Tibet auf, ohne auffällige Vorbereitungen zu treffen und ohne seine Bekannten zu benachrichtigen. Er will, da er zufällig eine Truppe islamischer Soldaten des Moghul-Kaisers getroffen hat, eine solch einmalige Gelegenheit nicht verpassen, will auf jeden Fall vor anderen Landsleuten dort ankommen. Die Tatsache, daß nur ein minimaler Aufwand für die größten Unternehmungen eingesetzt werden muß, erleichtert es jedem, der fest zum Desertieren oder Privatisieren entschlossen ist, wohlgemut wegzumarschieren. Und so zieht er los, weiß nicht, ob ihn seine Weggenossen verlassen oder totschlagen werden, wie er die Reise finanzieren kann, wo er unterwegs wohnen wird, was er in Tibet machen wird, wie er zurückkommt, wohin er zurückkommt. Er hat keine Mittlerpersonen, keine Zwischensicherungen, die die Reise von Etappe zu Etappe weiterbringen, dann aber auch den Verzicht auf den weiteren Weg erlauben würden. Entweder er ist total erfolgreich, oder er geht zugrunde.[3] Von den meisten hört man nie wieder. Nur von den wenigen Erfolgreichen gibt es lange Berichte für die Nachwelt.

Die Tollkühnheit, ein typisch ritterlicher Wert, wird in den Kolonien zu einem klassenunabhängigen nationalen Attribut. »Portugiesische Tapferkeit, portugiesischer Wagemut, wilde portugiesische Entschlußfähigkeit«, diese Ausdrücke dekorieren die vielen Schlachten-Beschreibungen. »Portugiesisch« wird dabei mit großem Anfangsbuchstaben geschrieben.[4] Koloniale Portugiesen vollbrachten wahrhaftig die außergewöhnlichsten Taten. So wollte Diogo Botelho unbedingt mit dem König in Lissabon sprechen, um sich von Verleumdungen reinzuwaschen. Der Vizekönig von Goa verbot ihm die Heimfahrt. Da bemannte Botelho mit nur fünf Männern sein Segelboot, eine Fuste von sieben Metern Länge, und legte im September 1555 von Dabul ab, überquerte den Indischen Ozean, umrundete Afrika, gelangte über St. Helena und São Tomé halbverhungert bis zu den Azoren, entfloh dem mißtrauischen Zugriff des dortigen Gouverneurs, kam im Mai 1536 bis Portugal und segelte auch noch den Tejo hinauf zum derzeitigen Aufenthaltsort des Königs João III. »Eine endlose Reihe von Bewunderern, Portugiesen wie Ausländer, pilgerte zum Flußufer, um diese Fuste zu besichtigen. Daraufhin ließ der König sie verbrennen, damit nicht alle Welt glaube, daß man mit so kleinen Booten bis nach Indien segeln könne.«[5]

Unbedachte Zielstrebigkeit pflegt auf Widerstände zu prallen.[6] Meistens hindern einen die Völker, die schon lange haben, was man für sich begehrt, an der eigenen freien Entfaltung. Sofort greift dann der Grundsatz: prompt reagieren! Die Portugiesen gingen in Asien so häufig unvermittelt in ungestüme Attacken über, daß das in zeitgenössischen europäischen Handbüchern sogar als eine für kolonialistische Zwecke entwickelte Kriegstechnik behandelt wurde. Eine portugiesische *Arremetida*, ein Ansturm, beginnt, indem viele kleine Boote von ihren Schiffen absetzen und wie ein Schwarm an die Küste streben, die für feindlich gehalten wird. Nach der Landung wird kurz Ausschau nach dem Gegner gehalten. Wenn er nicht allzu weit entfernt entdeckt wird, läuft jeder einzelne Portugiese in diese Richtung. Er wartet nicht etwa, bis auch die anderen Kameraden an Land sind, er formiert sich nicht zu einem geordneten Stoßtrupp, sondern er führt quasi ein individuelles Wettrennen gegen den Nächstbesten neben ihm aus. Er schreit dabei aus voller Lunge und schwingt drohend seine Waffen. Er persönlich ist es ja, der sich hier bewähren will, wieder hat er das Gefühl von der einmaligen Chance, die nicht verpaßt werden darf.[7]

Diese Methode kriegerischer Kontaktaufnahme hatte für die Portugiesen durchaus ihre taktischen Vorteile. Der Feind war oft so überrascht, daß er sich nicht mehr zu disziplinierter Gegenwehr sammeln konnte. Er floh. Er konnte auch schlecht die wahre Zahl und Stärke der Angreifer ausmachen, und so überschätzte er häufig die Portugiesen. Hätten sie sich langsam in Schlachtenreihen aufgestellt, wäre ihre numerische Unterlegenheit offensichtlich geworden. Das unsystematische Drauflosrennen der Portugiesen irritierte besonders die feindlichen Truppen, die diszipliniert ausgebildet worden waren. Die indischen Bogenschützen-Kompanien z. B. waren verzweifelt bei diesem Durcheinander, denn man hatte ihnen das Zielen und Schießen in regelmäßigen Salven beigebracht.[8] So setzten sich die wenigen wild angreifenden Portugiesen gegenüber großer Übermacht häufig genug durch. Ein Angriff auf Pacem in Sumatra ähnelte »dem Öffnen einer riesigen Schleuse. Das Gewicht der Wassermassen brach sich seine Bahn über alle Hindernisse hinweg. Der Flutwelle konnte niemand widerstehen. Nicht einmal die hölzernen Palisaden brachten sie zu einem Halt.«[9]

Später kopierten auch andere Kolonialmächte diese Technik. Die Engländer nahmen noch 1843 die Festung Padeh auf Borneo durch »das plötzliche Loslaufen und Losdreschen« ein. »Das erschien unseren Feinden so unverständlich, daß sie sich stracks in den Dschungel davonmachten. Selbst unsere schnellsten Läufer konnten nur noch mit Mühe die Hacken dieser Schurken ausmachen.«[10]

Aber diese europäischen Sprintattacken hatten auch gravierende Nachteile. Wenn die Feinde nicht in Panik davonliefen, kamen gerade die eifrigsten Portugiesen in völlig ausgelaugtem Zustand bei ihnen an. Sie hatten zwar den Wettlauf gewonnen, waren nun aber zu erschöpft, um ihre Waffen zu gebrauchen. Sie konnten auch keine Hilfe von ihren Kameraden erwarten, denn die gelangten ja alle erst viel später ans Ziel. Und so wurden die portugiesischen Einzel-Avantgardisten niedergemacht.

Wieder einmal blitzschnell auf die neue Situation eingehend, pflegten in solchen Situationen die Langsameren stehenzubleiben, sich umzudrehen und zurückzulaufen. Diogo do Couto kommentierte, daß rasanter als eine Attacke von Portugiesen nur noch ein Rückzug von Portugiesen sei. Oft machten sich dabei die Soldaten von ihren schweren Waffen und Rüstungen frei und kamen halbnackt bei ihren Booten am Strand an. Allerdings mußten sich ihre Feinde auch dann noch davor hüten, das Verhalten der Portugiesen für kalkulierbar zu halten. Oft versuchten sie selbst nach eklatanten Mißerfolgen denselben wüsten Ansturm im unerwartetsten Augenblick noch einmal.[11]

Die stete Unrast fällt bei jedem Kolonialeuropäer auf. »Portugiesische Überhastung«, vermerkten die Chronisten.[12] Wie kann auch jemand, der nur auf Zeit in einem fremden Land lebt, die zwanghaft »ausgefüllt« werden muß, Muße haben, um über das wirklich Vernünftige nachzudenken?

In der Literatur über die Bürgerkriege im Japan des 16. Jahrhunderts z. B. fällt auf, wie behutsam die feudalen Kampfhähne dort ihre Intrigen spannen, wie sie über Jahrzehnte, über die eigene Generation hinaus, ihre Ziele planten. Unter den kolonialen Zuwanderern aus Europa mögen allenfalls einige Vizekönige längerfristige Strategien verfolgt haben (und auch hier, bei den Dreijahres-Beschränkungen der Regierungsperioden, nur die wirklich Selbstlosen); der einzelne Kolonialist will ausnahmslos die »Ergebnisse schnell auf den Tisch« haben. Er schnappt hier und da zu, unermüdlich, halbblind, und zufallsgetrieben, aber grundsätzlich unbefriedigt.

Deshalb ist der typische Portugiese in den Kolonien, bei Zehntausenden von Seinesgleichen, »allein«. Jeder Mitmensch steht störend zwischen dem, was man ist, und dem, was man werden will. Ein paar Freunde kann man zeitweilig als Helfer tolerieren, aber die Masse, das sind die potentiell Flinkeren, »Egoisten«, »Verräter«. Und so verkündete gerade in einer der heißesten Schlachten ein Offizier trocken: »Jetzt mache jeder für sich das Beste aus der Sache! Santiago!«[13] Und daraufhin starb jeder Portugiese allein, jeder Portugiese plünderte allein, und der Feldherr errang allein den großen Sieg von Pago (Malaya) 1519.

Diese Konzentration auf sich selbst hält einen Portugiesen in den Kolonien fast immer davon ab, bedingungslos einem Führer oder abstrakten Idealen zu folgen. In Europa mag es eine selbstverständliche Pflicht gewesen sein, als Soldat auch einen unvorsichtigen Fähnrich geschlossen in den Tod zu begleiten; in den Kolonien ist ein solcher Fall von Kadavergehorsam die große, extra erwähnenswerte Ausnahme.[14] Hier lehnt man es ab, für kollektive Werte wie Vaterland, nationale Ehre oder gar für die Interessen eines adligen Befehlshabers sich und alle seine Zukunftsaussichten zu ofern. Was zu Hause aus jahrhundertealter Tradition heraus akzeptiert wird, erscheint weit entfernt von Europa unpassend und sinnlos. Für Afrika und Asien gibt es keine Erzählungen davon, wie ganze Kavallerie-Regimenter befehlsgemäß auf den Feind zuritten, um seine Munition zu erschöpfen. Da greift kein Krieger, wenn man ihn dazu auffordert, in die Masse der feindlichen Lanzen und lenkt sie gebündelt auf seine Brust. Koloniale Soldaten meutern, wenn sie für chancenlose Unternehmungen eingesetzt werden sollen. Koloniale Soldaten weigern sich weiterzumarschieren, wenn man ihnen nicht überzeugend erklärt, worum es bei der nächsten Aktion gehen soll. Koloniale Soldaten sind grundsätzlich »frech und aufsässig«, wenn man ihnen Gefahren zumuten will, bei denen der Eigennutz nicht offensichtlich ist.

So hatten sich unter den Portugiesen in den Kolonien informelle und sich nur bei Bedarf bildende Spielarten einer »inneren Demokratie« durchgesetzt. Vor allen größeren direkten Aktionen bildeten sich *Conselhos*, Räte. Hierzu berief in der Regel der höchste anwesende Militär oder Beamte ein. Es wurden die Vertreter aller wichtigen (europäischen) sozialen Schichten in kleinen Ortschaften oder auf Schiffen, oft auch die Gesamtheit aller Portugiesen eingeladen. Es gab keine ständigen Mitglieder solcher Räte; sie mußten immer so zusammengesetzt sein, daß ihre Entscheidungen später von der öffentlichen Meinung respektiert wurden.

Zu Beginn einer Sitzung wird das Problem kurz dargestellt, und dann kann jeder frei diskutieren. Dabei kann es z. B. um die Frage gehen, ob einem quengeligen Nachbar-Staat der Krieg erklärt werden soll.[15] Oder Schiffbrüchige debattieren nach dem ersten Schock, in welche Richtung sie sich bei der Suche nach Rettung wenden sollen. Soldaten überlegen, ob sie nach einem Angebot einer saftigen Bestechungssumme wieder einmal die Fronten wechseln sollen.[16] »Und da sich viele zu Wort meldeten, gab es sehr unterschiedliche Ansichten.« Der Verlauf solcher Sitzungen ist meist chaotisch. »Einmal vorgebrachte Meinungen unterteilten sich immer weiter, und jeder beharrte fest auf seinem Standpunkt.«[17] Jeder befürchtet nämlich, von den anderen übervorteilt zu werden, da diese nur ihr eigenes Interesse im Auge haben. Es ist ein stetes gegenseitiges Belauern: die Ritualisierung des Konkurrenzprinzips, aber auch das letzte Auffangnetz vor der völligen Zersplitterung.

Ratsversammlungen enden mit Kompromissen, denen dann alle zähneknirschend zustimmen. »Ich bitte euch, meine Herren, sehr, sehr herzlich, ab jetzt nicht mehr zu widersprechen.«[18] Oder es kommt zu Mehrheitsbeschlüssen.[19] Dabei kann dann sehr wohl auch der Kapitän überstimmt werden, und es bleibt ihm nichts anderes übrig, als gute Miene zu machen.[20] Oft aber bricht auch eine Minderheitsfraktion aus dem beschlossenen Vorgehen aus. Dann argumentiert z. B. ihr Sprecher, daß man es mit seinem Gewissen nicht vereinbaren könne, so eindeutig falsch zu handeln, und daß man daher auf eigene Faust die Stadt angreifen, abbrennen und plündern wolle.[21]

Ein »typischer Portugiese« in den Kolonien ist immer bereit, sich um seine vermeintlichen Rechte zu streiten. Die Abhaltung von Ratsversammlungen nimmt einen Teil seiner Befürchtungen, immer ginge es nur ihm allein an den Kragen, weg. Gerade der weniger Privilegierte hat das Gefühl, notwendige Einschränkungen würden dadurch gleichmäßiger verteilt. Aber es bleibt noch ein großer Aggressionsvorrat erhalten: Der Einzelne fühlt sich in seinen Aufstiegsansprüchen nie genügend gefördert. In Burma gab es z. B. die Möglichkeit zu einem sehr lukrativen Geschäft. Aber es konnte nicht wahrgenommen werden, weil kein Portugiese einem anderen einen solchen Vorteil gönnte. Dieser Glückspilz würde dann ja vielleicht vom König von Portugal zum Marquês ernannt werden; wie hätte man dann selbst noch eine Chance, eine solche Position zu erringen? »Babylonien mit seiner Sprachverwirrung war nichts gegen das gegenseitige Angeifern der Portugiesen.« Sie beschimpften sich, sie schlugen sich, sie brachten sich wechselweise ins Gefängnis, sie vergifteten sich.[22]

Da stritten sich zwei Adlige darum, wer in Malakka das Sagen hätte. Javaner griffen die Stadt an, aber die beiden Edelleute dachten gar nicht daran, mit ihren Querelen aufzuhören. Im Gegenteil, jetzt konnte einer von ihnen beweisen, daß er der Einflußreichere war: Er weigerte sich, dem Rivalen Pulver auszuliefern. Die Portugiesen erlitten verheerende Verluste.[23]

Portugiesen zankten miteinander vor einem Geschäft,[24] bei seiner Abwicklung und bei der Verteilung des Profits, vor einer Schlacht,[25] bei der Schlacht und sogar noch nach der Niederlage.[26] Der Hochadel prügelte sich genauso wie die Matrosenschaft. Die Pose, das Schwert zu ziehen, auf den Gegner zu stürzen und darauf zu vertrauen, daß einem die Freunde gerade noch rechtzeitig in den Arm fallen, wurde in den Rittersälen von Schlössern in gleicher Perfektion vorgeführt wie in Gefängnissen.[27] »Dom Jorge war ein starker Mann, und er schlug wild mit den Armen um sich, und er verteilte Fußtritte, und er biß, wen immer er erwischte, und er schrie: Verräter, tötet mich, aber beleidigt mich nicht.«[28] Auch Brüder verfeindeten sich: »Er brach mit seinem Bruder, weil dieser ihn angeblich unter dem Deckmantel freundlichen Betragens um seine Festung bringen wollte.«[29] Portugals Kolonialreich im Alltagszustand: ein eindringliches Panorama von den Schwierigkeiten individuellen Strebens nach höchstem Erfolg, wenn es zuviele Bewerber gleichzeitig gibt.

Der Preis für die Eroberung und Beherrschung fremder Länder ist die Einsamkeit. Den Fremden gegenüber bleibt man distanziert, weil man sie immer auf die Stufe der Schwächeren drücken muß; von Seinesgleichen setzt man sich ab, weil der neue Status zu unsicher ist, um ohne Mißtrauen mit den ehemaligen Freunden geteilt zu werden. Einsamkeit wirkt in kolonialisierten Ländern noch über viele Menschenalter hinaus. Bis heute, so meint der mexikanische Schriftsteller Octavio Paz in seinem Essay »Das Labyrinth der Einsamkeit«, 1950, haben die Mexikaner die unerwartete Vergewaltigung der indianischen Vorbesitzer ihres Landes durch die europäischen Eroberer nicht verwinden können; sie finden keine Möglichkeit, sich uneingeschränkt entweder selbstbestätigend, mit den hochmütigen Herren, oder selbstbemitleidend, mit den sympathisch duldenden Opfern zu identifizieren. Sie verlieren sich in einer Zwischenzone der Abwehr nach beiden Seiten. Auch für den Kolumbianer Gabriel García Márquez, Autor des erfolgreichsten lateinamerikanischen Romans aller Zeiten, »Hundert Jahre Einsamkeit«, ist die absurde Turbulenz einer typisch lateinamerikanischen Familie – der Ur-Patriarch José Arcadio Buendía zettelt 32 Aufstände an und zeugt mit 17 Frauen 17 Söhne – von den Zeiten der spanischen Kolonialherrschaft bis zum Anfang unseres Jahrhunderts über sieben Generationen hinweg nicht anderes als Verzweiflung. Der Kolonialismus scheint die Fähigkeit, eine klare Beziehung zur Welt und zu den Mitmenschen herzustellen, nachdrücklich zerstört zu haben. Der Entschluß, hinauszufahren in alle Welt und alle anderen Völker zu unterjochen, stellt sich als kaum noch abzuschüttelnde Erbsünde dar.

Der Kolonialist im portugiesischen Asien des 16. Jahrhunderts versucht, sich vor dieser Leere in Selbstgesprächen zu retten. In den Chroniken jener Zeit gibt es nur selten wörtliche Rede, aber in bestimmten Situationen taucht sie fast sicher auf: Wenn bei einer Katastrophe die Geschichte kurz vor dem Nichts steht, richtet sich ein Einzelner auf und deklamiert eine kernige Phrase. »Was ist das Leben anderes als das Abhaken von Stunden?« oder »Wo ich bin, ist der Sieg«. Mancher versucht sich in rüdem Galgenhumor: »Basta mit den Bestien!« oder »Was denn, darf man nicht einmal mehr kacken?«[30] Das nimmt Zitate aus Ritterromanen, Heldengedichten nach antikem Muster und aus dem Umgangs-Slang auf. Durchs Sprücheklopfen sieht sich der Einzelne statt in einer trostlosen Wirklichkeit in einer wohldefinierten, gar nicht so ernsten Rolle: Er ist zum literarischen Akteur geworden, zu einem abstrakten Abbild seiner selbst.

Wie typisch dieser Portugiese nicht nur für die Kolonialherrschaft seiner Nation, sondern für die Lebensbedingungen eines einzelnen »Weißen« in jeder Kontaktsituation in Übersee ist, mag ein Beispiel aus einem anderen Land und aus jüngerer Vergangenheit illustrieren. In den 30er Jahren entstand in Hollywood als ein Untergenre von Abenteuerfilmen der »Südseefilm«. Die USA hatten sich zwar 1898 durch die Eroberung der Philippinen, 1900 durch die Annexion Hawaiis und nach 1918 durch die vom Völkerbund beschlossene Übernahme ehemals deutscher Territorien wie West-Samoa und der Marianen im Pazifikraum immer massiver in die prestigeträchtige Position einer Kolonialmacht hineingedrängt; sie waren aber auch, durch ihre eigene geschichtliche Erfahrung, ideell Gegner des europäischen Kolonialismus. Trotz dieser Zwiespältigkeit in der Realität laufen in der künstlerischen Verarbeitung die Begegnungen zwischen Amerikanern und ozeanischen Völkern eindeutig ab. Sie sind exakte Abbilder der Reaktionen kolonialer Portugiesen, Spanier oder Engländer.

Ein einzelner Amerikaner, der als Privatmann auf eine Hollywood-Südsee-Insel gerät, die regelmäßig nicht als Kolonie, sondern als noch unabhängiges Staatswesen präsentiert wird, handelt völlig in traditionellen Bahnen. Ganz allein bricht er in die fremde Gesellschaft ein, ohne Brücken zurück, ohne Zweifel, daß er auch ohne Geld, Unterkunft und Sprachkenntnisse in den Tropen sein Glück machen wird. Er trifft sofort auf die einzige Tochter des Königs, die sich in seine schönen, blauen Augen verliebt. Aber bevor der Held der westlichen Welt Nutzen daraus ziehen kann, muß er Zeuge der absurden Eigenständigkeit einer fremden Kultur werden. Die Insulaner wollen einige besonders hübsche Jungfrauen in den Krater eines Vulkans werfen, um durch dieses Opfer den drohenden Ausbruch zu verhindern. Unser Amerikaner greift mit Hilfe eines treuen einheimischen Dieners, der sich freiwillig in seine Dienste begeben hat, die Insulaner frontal an, schaltet sie zu Dutzenden aus, rettet die schon angeketteten Jungfrauen und tötet die teuflischen Medizinmänner. Er zerstört ihre Tempel mit all dem Hexenzeug und bekehrt die Prinzessin, deren Freundinnen und seinen Diener zum Christentum. Er hält seine Privatmission für ganz selbstverständlich, und auch ihr reibungsloser Erfolg verblüfft ihn nicht im mindesten. Nun muß er nur noch seinen bösen Rivalen, einen Mit-Amerikaner, der sich ebenfalls in die Angelegenheiten dieses fremden Volkes einmischen will, ausschalten. Der Streit endet mit dem gräuslichen Tod des anderen. Dann stirbt der König, und in der weiblichen Erbfolge der Insel wird die Prinzessin Nachfolgerin – damit ist der Eindringling zum uneingeschränkten Herrscher des Staatswesens geworden. Dieser Film ist die Kompaktausgabe aller Träume des Kolonialismus, so wie sie sich seit über fünf Jahrhunderten der kleine João, Juan, Jean, John und Hans, kurzum die Europäer in Übersee zusammenbasteln.

Illustration zum Mauritius-Roman
Paul und Virginie von Bernardin de Saint Pierre, 1787.

Bildnachweis: Ile Maurice, ancienne isle de france, Verona 1979, S.66

Tragik als Endresultat kolonialer Herrschaft

Aber die Realität kolonialer Kontakte kennt ein »Happy end« fast nie. Das gibt es in heroischen Trotzgedichten wie den »Lusiaden«, aber schon nicht mehr in der Geschichtsschreibung, nicht in den wissenschaftlichen Bilanzen jener Epochen, in den Berichten über Irrfahrten oder in Autobiographien. Wer, vom Willen getrieben, etwas unternimmt, riskiert das Scheitern. Und dieses Thema wurde zu einem immer gewaltiger tönenden Leitmotiv in der Auseinandersetzung mit der Expansion Europas nach Übersee.

Tatsächlich war die Wahrscheinlichkeit, in den Kolonien zu allererst den Tod zu finden, außerordentlich groß. Nur etwa zehn Prozent der Tausenden von Portugiesen, die pro Jahr ihre Heimat verließen, kehrten jemals zurück. Sicherlich, viele wollten das auch nicht; aber diese Verlustquote ist doch zum größten Teil das Ergebnis von Schicksalsschlägen außerhalb persönlicher Einflußmöglichkeiten. Seit 1520 blieb nämlich die »reinblütige« portugiesische Bevölkerung in Asien für 200 Jahre konstant. Der Zustrom frischen Blutes wurde durch ständige Blutopfer voll aufgewogen.[1] Die Kolonien wurden zu einem Riesenfriedhof der Europäer. So kamen dort sogar von den 28 ersten wohlumsorgten Vizekönigen und Generalgouverneuren Indiens nicht weniger als 13 um, unter ihnen Francisco de Almeida, Afonso de Albuquerque und Vasco da Gama.[2]

Der unerwartete Tod als unwiderruflicher Zerstörer aller Hoffnungen begleitete schon die Anreise zu den fernen glückverheißenden Ländern. Manche Flotten verloren auf einer einzigen Reise nach Indien die Hälfte ihrer Besatzungen und Passagiere. 1571 gingen in Lissabon 4000 Menschen auf die Schiffe, knapp 2000 kamen in Goa an. In der Zeit zwischen 1629 und 1634 erreichten von 5228 in Lissabon registrierten Kolonialsoldaten nur 2495 Indien.[3]

Auf überladenen Schiffen, auf durchnäßten Decks zusammengepfercht, mit verdorbenen Speisen karg versorgt, starben die Menschen. Sie bekamen Amöben-Ruhr und Cholera. Ihre Münder, dann ihr ganzes Inneres, verfaulten an Skorbut, Folge des Vitamin-C-Mangels. Das Aufplatschen der Seesäcke, in die die Leichen eingenäht worden waren, begleitete eine Seereise in gleichmäßig ruhigem Rhythmus. Ein einziges Mal, 1529, kam eine portugiesische Flotte in Asien an, ohne daß einer »vorzeitig« gestorben wäre. »Ich habe nie wieder etwas so Wunderbares gesehen«, kommentierte der Historiker Castanheda.[4]

Die gefürchtetste Gefahr des Meeres waren die Stürme. »Kein Leiden kann schlimmer sein«, schrieb Camões, »fürchterlich diese abscheulichen Gewitter, Blitze, die die Luft in Brand stecken, schwarze Regenschauer, pechdüstere Nächte mit Donnergegroll, das die Erde spalten will.«[5] Tropische Wirbelwinde mit Gewalten, die die europäischen Abenteurer nie zu Hause erlebt hatten, erwischten ihre Schiffe. »Dieser Sturm, den die Chinesen Tufão, Taifun, nennen, kam mit so viel Wasser und Wind, daß wir ihn nicht mehr für ein Ereignis von dieser Welt halten konnten. Es fehlten uns Taue, denn die meisten rissen sofort, so daß wir alles an Deck über Bord warfen. Aber der Südostwind jagte uns auf dem schäumenden Kamm gewaltiger Wellen so rasch auf das Land zu, daß wir die Masten kappen mußten, das ganze hohe Heck zusammenschlugen, alle Segel und die Holzreste ins Meer warfen. Wir trugen das Oberdeck ab, ließen an den Ankern beidseitig die schweren Kanonen herab, um das Schwergewicht des Schiffes unter die Wasserlinie zu verlagern. Aber nichts konnte uns retten.«[6] Nach solchen Unwettern liefen nur noch erbärmliche Überbleibsel von Flotten in die Häfen von Portugiesisch-Asien ein.[7]

Die Angst vor Schiffbrüchen war eine tagtägliche Sorge bei der portugiesischen Expansion. Camões dichtete: »Immer seht ihr vor Augen den Verlust jeglichen Glücks, Schiffbrüche, bei denen der Tod noch das kleinste Übel ist.«[8] Jeder Historiker des Kolonialismus dokumentierte ihre erschrekkende Häufigkeit. Im Register zu João de Barros' »Dekaden« sind 84 Einzelberichte über Schiffbrüche aufgeführt, und es handelt sich dabei nur um Unglücksfälle, an denen bedeutende Fidalgos beteiligt waren.[9] Es grauste dem Seefahrer-Volk der Portugiesen sehr eindringlich vor der See.[10]

Aber auch an Land nahmen die konkreten Gefahren für die Kolonialherren keineswegs ab. Mendes Pinto kondensierte einen Großteil Asiens zu einem »Dickicht, das so dicht war, daß kein Vogel, und sei er noch so klein, durch die Dornen dieses Urwalds hätte hindurchfliegen können. Hier war alles sumpfig, die Flüsse voller Krokodile und Schlangen, und wir selbst bis zum Hals untergetaucht in brackigem Wasser, um den Moskitos zu entgehen, die unsere Körper blutig stachen.«[11] Barros bestätigt, wie schwer das Entrinnen aus dieser fremden, feindlichen Welt ist: »Wer gesund war, wurde krank, wer seine Kräfte verlor, starb – dieses Land, Malaya, brauchte immer frische Menschen: Es lebte davon, daß es sie verschlang.«[12]

Dieses gängige, schon antike Bild von Außereuropa als eines menschenfressenden Molochs soll unterstreichen, wie wenig der eigene Wille gegen die übermächtige Willkür außereuropäischer Natur ausrichten kann. Da ist eine deutliche Leidensherausforderung für die Eroberer. Sie projizieren die Gefahr, ausgelöscht zu werden, auf einen Popanz, der außerhalb ihres eigenen Einflusses existiert.

In erster Linie sind es die tropischen Krankheiten, vor denen sich die Vertreter des Kolonialismus in Übersee fürchten. Pest und Cholera nahmen die Europäer noch achselzuckend in Kauf, sie kannten sie zur Genüge von zu Hause. Aber ohne Möglichkeit des Verstehens standen sie den »Fiebern« gegenüber, womit sie en bloc die Anfälle von Malaria und Gelbfieber bezeichneten, gegen die sie nicht ausreichend immunisiert waren.

Zu ihrem Pech tobten die Fieberepidemien immer an den Orten, die für ihren Handel und ihre Herrschaft besonders wichtig waren. Es trafen in Asien die Europäer auf eine ununterbrochene Kette des Todes, von West nach Ost. Auf der ersten obligaten Zwischenstation der Portugiesen im Indischen Ozean, in Moçambique, starben allein zwischen 1518 und 1558 über 30000 Mann an Malaria.[13] Etwas weiter nördlich, im Fort Mombassa, starben in nur zwei Jahren, um 1697, 1000 Portugiesen.[14] An der Westküste Indiens tobte das Fieber mit besonderer Intensität in Goa. Von den Kranken, die zwischen 1600 und 1630 in das Königliche Hospital für Soldaten eingeliefert worden sind, überlebten 25000 ihre Fieberattacken nicht.[15] Und ein Jahrhundert später hieß es auch bei den Engländern in Bombay: »Two monsoons are the life of a man« (zwei Jahre hier sind also der sichere Tod).[16]

Die »Fieber von Malakka« wurden sprichwörtlich.[17] Die Lage der Stadt zwischen mehreren Sümpfen machten Malakka zu einem »Brutkasten für Krankheiten, verderblich für Ausländer«. Immer waren mehr als die Hälfte der ansässigen Portugiesen fiebernd, sie litten »unter dem Gestank eines permanenten Pesthauchs«.[18] Bei Operationen in der Gegend von Singapur um 1525 starben den Kapitänen die Schiffsmannschaften weg wie die Fliegen. Auf manchen Schiffen gab es soviele Tote und Sterbende, daß sie manövrierunfähig wurden und ziellos auf dem Wasser umhertrieben.[19]

Auch auf den Molukken herrschte akute Malaria. Fieber auf den Banda-Inseln ließ zeitweise den Muskatnußhandel zusammenbrechen.[20] Und selbst in China war gerade der Perl-Fluß »feindlich gegen uns, machte uns krank«: Der erste portugiesische Faktorei-Vorsteher in Kanton starb sofort am Fieber, zusammen mit acht Kameraden.[21]

Die Portugiesen, und nach ihnen alle anderen Kolonialherren, wußten nicht, was sie gegen diese Krankheiten machen konnten. Sie erkannten nicht in den Moskitos die Erreger; sie schoben die Schuld auf die Ausdünstungen stehender oder nur schwach fließender Gewässer. Da sie aber gerade solche Buchten und Lagunen für ihre Exporthäfen brauchten, resignierten sie, blieben dort auch im vollen Bewußtsein der Gefahr. Nur in besonderen Glücksfällen gab es in den Kolonien fieberfreie Orte. Einer davon war das schäbige Buenos Aires an der La-Plata-Mündung. Die Spanier nannten es nicht »Gute Lüfte«, weil es sich in dieser schwülen Stadt so angenehm leben ließ – »gut« war lediglich die schiere Abwesenheit von Fieber. Aber dies reichte schon, um aus dem trockenen Flecken mit dem schlechten Hafen die Hauptstadt Argentiniens und die größte Metropole der südlichen Halbkugel zu machen.

Wer es in den Kolonien mit Mühe geschafft hat, alle Krankheiten zu überstehen, hatte erst die Anfangshürde genommen; er mußte sich jetzt noch mit den direkten Feinden europäischer Expansion messen, mit den zu Erobernden, Auszubeutenden, zu Beherrschenden. Und natürlich endete nicht jede koloniale Attacke mit einem Sieg. Bei jedem Gefecht, bei jeder Plünderung, bei jedem Kampf mit Piraten, bei jedem Patrouillengang in Guerrilla-Regionen wurde ein weiterer Europäer getötet. Der Kontakt mit den anderen mündete in die eigene Vernichtung.

Es eröffneten sich im Laufe der Jahrhunderte für sehr viele Europäer fürchterliche »Nebenschauplätze des Leidens«. Sie, die gekommen waren, um sich fremde Völker zu Willen zu machen, wurden selbst unter zermalmenden Druck gesetzt. Die Feinde kreisten sie z. B. ein und hungerten sie aus. »Die Portugiesen konnten nicht einmal mehr die Arme heben. Sie aßen Abfall und starben. Sie aßen Unkraut, Katzen, Hunde, Mäuse und verendeten auf den Straßen. Sie aßen die Leichen auf und fielen gleichfalls tot neben ihnen nieder. Mütter warfen ihre Kinder in den Fluß, weil sie keine Milch mehr hatten. An keinem Tag starben weniger als 100 Personen.«[22]

Viele Europäer gerieten in Gefangenschaft. Einen Großteil seines Aufenthalts in Übersee verbrachte Mendes Pinto in Kerkern. Eine seiner vielen Gefängniserlebnisse schildert er folgendermaßen: »Sie ohrfeigten und prügelten uns. Dann warfen sie uns in eine Zisterne verschlammten Wassers, das uns bis an die Taille reichte. Es gab unendlich viele Blutegel darin. Die zwei Tage, die wir hier zubrachten, kamen uns wie 100 Jahre Höllenqual vor, denn wir konnten vor Schmerzen und Hunger keinen Augenblick Ruhe finden.«[23] In den meisten Fällen endete die Haft von Europäern mit ihrer Hinrichtung. In Pacem wurde ein Portugiese, der vom Raja eine prompte Bezahlung seiner privaten Dienste verlangt hatte, vor dem Königsthron langsam von den Adligen mit geschweiften Messern zu Tode gestochen.[24] In China wurde ein Verwandter Tomé Pires', als er in einer Provinzstadt angeblich gegen den Kaiser Unruhen angezettelt hatte, zu einem doppelten Tod verurteilt: zuerst wurde er, als Landräuber, gehängt, dann, als Verräter, verbrannt. Etwas später wurden 23 andere Portugiesen zerstückelt: Erst wurden ihnen die Füße abgeschnitten, dann die Hände, die Beine, die Arme, dann wurde der Rumpf mit einer Kanonenkugel in die Luft geschossen.[25]

So gibt es denn in den Berichten der Portugiesen über ihre Herrschaft in Asien endlose Listen von Menschenverlusten. »Bei 80 Soldaten gab es 15 Tote und 54 Verletzte, 9 davon blieben für immer Krüppel.« »Von 28 Passagieren ertranken 23 in weniger Zeit, als man für ein Credo braucht.« »Vier Schiffe mit 300 Personen gingen verloren. 70 der Toten waren Portugiesen.« »36 Leichen von Kameraden schwemmten an Land. Sie waren aufgedunsen und stanken unerträglich, so daß wir mit den bloßen Händen Löcher auskratzten, um sie zu begraben.« »Sieben Dschunken, mit mehr als 600 Personen, davon 140 Portugiesen, die alle reich und ehrenhaft waren, gingen unter.«[26] Manche Flottenunternehmungen Portugals wurden zu Katastrophen unvorstellbaren Ausmaßes. So kamen von den 1000 Portugiesen der Flotte von 1520, die mit 17 Schiffen von Indien nach Sumatra geschickt worden war,[27] nur 100 nach Indien zurück, und nur 20 überlebten dann noch die Heimreise nach Portugal, ganze zwei Prozent.[28]

Darum wird auch immer erzählt, daß die Jugend das Bild kolonialer Städte bestimmte. Abgesehen von wenigen sehr hoch gestellten und von einigen seit langem etablierten *Casados* gab es nur junge Männer, etwa ab 16 Jahre. Wir müssen uns die üblichen Entdeckertrupps und Eroberkommandos als einen Haufen von Jugendlichen vorstellen, wo selbst der Kommandant selten älter als 25 war. Dadurch wurde der Kontakt mit den Europäern aus dem Blickwinkel der Einheimischen natürlich noch ein Stück abstruser. Hier kamen fremde Leute mit einem Befehlsgehabe an, das in Asien höchstens dem verehrten Alter zugebilligt wurde. Die Europäer wirkten wie ein Volk von gefährlichen Kindern.

Selbst einige der berühmtesten Helden der Kolonialgeschichte waren erst seit sehr kurzer Zeit erwachsen. So wurde Dom Lourenço de Almeida im Alter von nur 18 Jahren zum »General-Kapitän aller indischen Gewässer« ernannt; er »entdeckte« Ceylon, und schon mit 21 fiel er in der Schlacht von Chaul, 1508.[29] Dom Henrique de Meneses gelang es gar 1524, mit 28 Jahren General-Gouverneur ganz Portugiesisch-Indiens zu werden. Auch prominente britische Kolonialherren waren sehr jung gewesen. Sir Robert Clive, der Begründer des groß-indischen Imperiums der Ost-Indien-Kompanie, war 26 Jahre alt, als er 1751 die Franzosen vom Subkontinent zu vertreiben begann. In den sieben folgenden Jahren eroberte er dann einen Großteil des Mahratten-Reiches im Westen und Bengalen im Osten für seinen Arbeitgeber. Er war es, der 1758 Kalkutta zur Kolonialzentrale Englands in Asien machte.[30]

Junge Leute füllten auch jeden der immensen Europäerfriedhöfe. Allein an englischen Gräbern gab es z. B. in Indien um 1897 anderthalb Millionen.[31] Auf den wuchtigen Grabsteinen steht »John Winter, 18 Jahre alt, Matrose, fiel vom Schiff und ertrank. – Peter Haggard, 21 Jahre alt, starb den Heldentod im Gefecht gegen indische Meuterer. – W. F. Schnitgers, geboren in Plön / Deutschland 1773, starb 1807 in Macau nach langem Leiden an einer unbekannten Krankheit.« Die Friedhöfe wurden teilweise größer als die europäischen Viertel der Lebenden – und stellten sich oft als wesentlich haltbarer heraus. Noch heute kann man in Kalkutta durch die nicht endenwollenden Reihen des South Park Cementery gehen. Es gibt eine prächtige »Hauptstraße« und viele Seiten-Avenues. Gewaltige Kuppelgräber, Obelisken, Pyramiden und Marmorplatten beweisen noch Jahrhunderte später:

Hier ist die wahre, die wirklich solide Heimstatt des Kolonialismus.[32]

Und so prasseln denn auch von den portugiesischen Kolonial-Schriftstellern Dutzende von Negativ-Vokabeln und Negativ-Einschätzungen auf diese Epoche der Desaster herab. »Ich will euch mein Leben erzählen«, beginnt Mendes Pinto, »und das heißt: die großen Leiden und Unglücksfälle, die über mich hinweggingen. Mit Recht kann ich mich übers Schicksal beklagen, das mich mit besonderer Ausdauer verfolgte und quälte.«[33] Nur über das Negative lassen sich all seine Erfahrungen zusammenfassen: »Armut, Elend, Lebensgefahr, Aufregung, Verluste, Häßlichkeit, Tyrannei, Angst, Erschöpfung.«[34] Selbst João de Barros, der Meister der Schönfärberei, beklagte den permanenten »Hunger, Durst, die Kälte, die berechtigte Furcht vor so vielen Gefahren und den Mangel an allem Lebenswichtigen«.[35] Er gibt zu, daß in den Kolonien »das portugiesische Volk umkommt durch das Schwert, durch Fluten, durch Krankheiten und tausend andere Leiden«.[36] Vor allem die Molukken seien eine »Pflanzschule des Bösen«.[37] Diogo do Couto intensiviert diesen Mißmut[38]: »Das Leben hier ist eine einzige Strafe Gottes: soviel Miserables, daß man gar nicht alles erzählen kann.«[39] Auch Camões stimmt in den Chor der Empörten ein: »Oh große, schwer erträgliche Leiden! Oh Lebensweg ohne jede Sicherheit. Setzt man die Hoffnung auf ein Ziel, erreicht es das Leben fast nie! Auf dem Meer, soviel Sturm und soviel Schaden, so oft den Tod vor Augen; an Land, soviel Krieg, soviel Betrug, soviel scheußliches Elend! Wo kann sich ein schwacher Mensch verstecken, um sein kurzes Leben zu erhalten, ohne daß der Himmel sich über ihn ärgert und ihn, dieses winzige Erdengetier, bekämpft?«[40]

Die kolonialen Portugiesen reagierten auf solche Einsichten oft genug damit, daß sie psychisch und physisch zusammenbrachen. Das ist besonders erstaunlich, da in Europa zu jener Zeit eine stets würdige, beherrschte Haltung vorgeschrieben war.[41] Ein regelrechter Ritus des Jammerns hatte sich entwickelt. Nach einem Schiffbruch z. B. kauerte sich ein Portugiese an den Strand und gab sich laut schreiend, »wie ein Verrückter, wie jemand ohne Hirn«, eine Ohrfeige nach der anderen. Einen ganzen Tag lang schrie er sein Unglück hinaus, schluchzte und heulte immer wieder auf.[42] Die Portugiesen weinten oft und viel. Die Formel »mit Tränen in den Augen« begleitet jeden Unglücksfall, jede Schlacht und jede Entscheidung mit ungewissem Ausgang.[43] »Alle gemeinsam beweinten wir unser Pech.«[44]

Bald an diese kolonialen kollektiven Gefühlsausbrüche gewöhnt, weinten die Portugiesen endlich auch, wenn sie vor der Küste Chinas, so weit entfernt von zu Hause, von einem Chor niedlicher einheimischer Knaben ein gesungenes Hochamt hörten. Da brachen bei ihnen, »völlig außer sich«, die Schleusen der Verlorenheit auf.[45] Auch im Stereotypenschatz späterer Kolonialvölker wird es solche Situationen erlaubter Selbstbemitleidung geben, bei den Deutschen in Togo z. B. »Heiligabend in den Tropen«, mit improvisiertem Weichnachtsbaum und den heimatlichen Liedern.

Wer sein ganzes Leben in die Waagschale wirft, um außerhalb des zu Hause Üblichen Erfolg zu haben, will selbstredend nach einer gewissen Zeit Bilanz ziehen. Die Frage »Hat sich das alles gelohnt?« wird, wenn sie in bezug auf Einzelpersonen gestellt wird, äußerst skeptisch angegangen. Entsprachen sich Aufwand und Endergebnis?

Meistens war dem nicht so. Beispiele besonders krasser Diskrepanzen werden klar bevorzugt. Da raffte der Vizekönig Matías de Albuquerque in sechs Jahren (1591–1597) ein ungeheures Vermögen zusammen.[46] Er hatte das geschafft, wozu der Kolonialismus entwickelt worden war. Aber auf eben dem Schiff, mit dem er das Gold im Werte von anderthalb Millionen Cruzados nach Hause transportieren wollte, brach auf der Reede von Cochin ein Feuer aus. Der Erlös seiner »Arbeit« war vollständig dahin. Matías de Albuquerque stand entsetzt am Strand; er fühlte sich wie der leibhaftige Hiob.[47]

Es gab notorische Pechvögel des Kolonialismus. Sie rappelten sich immer wieder auf und verloren immer wieder. Dom Álvaro de Ataíde, Kapitän der Molukken, hatte bereits auf der Hinfahrt Schiffbruch erlitten und gerade noch sein Leben gerettet. Dann strandete er an derselben Stelle, als er Ternate verlassen wollte, mit all seiner erwirtschafteten Habe. Er blieb daraufhin auf den Molukken, um den Verlust wieder wettzumachen. 1575 belud er von neuem ein Schiff für die Heimfahrt. Ein Sturm riß es aus dem Hafen los und schleuderte es gegen ein Riff. »Das nun war für ihn das Ergebnis von drei Jahren Aufenthalt in Ternate. Er hatte ununterbrochen Krieg zu führen gehabt, grausige Hungerzeiten durchgemacht, unerträgliche Leiden überstanden, enorme Verluste an Menschen und Gütern hingenommen, so daß man sagen kann, daß er nicht hierhergekommen war, um Wohlstand zu erwerben, sondern alles menschenmöglich Miserable auszuprobieren, um alle Strafen durchzumachen, die uns Gott schickte.«[48]

Solche exemplarischen Entäuschungen verstärkten bei vielen Portugiesen das Gefühl von der Sinnlosigkeit ihrer Anstrengungen. Der einzelne konnte noch so heroisch und von noch so gutem Charakter sein, im Endeffekt war sein Scheitern fast unausweichlich. Die Portugiesen spürten als Wegbereiter des Kolonialismus auch als erste massiv die Spannung zwischen der persönlichen Lebenserwartung, die an ihn geknüpft war, und dem tatsächlichen Lauf der Geschichte. Sie empfanden sie intensiv als »Tragik«.

Über der ganzen Expansion Europas nach Übersee schwebte nun für sie der Schleier »tragischer Schwärze«.[49] Zwischen dem »Strand der Tränen« in Lissabon und dem »blut- und kapitalsaufenden Indien« spielte sich eine einzige »tragische Seefahrts-Geschichte« ab.[50] Die kolonialen Portugiesen erstickten in der »Beklemmung durch die konkrete Realität«; in der »harten Verzweiflung ihres Lebens« wußten sie, daß der Aufbruch zu neuen Eroberungen für die meisten »der Weg zum nahen Tod« war.[51] Die Willensentscheidung, neue Aufgaben für das eigene Volk zu schaffen, indem man fremde Völker findet und zu beherrschen sucht, hatte, nach diesen Interpretationen, in eine ausweglose Situation geführt. »Der Wille war nun selbst gefesselt, weil er nichts anderes mehr wahrnehmen konnte, das ihm lieber war.«[52]

Daß der Kolonialismus ein »tragisches Unterfangen der Europäer« sei, diese Schlußfolgerung mag sehr verblüffend sein. Denn sein ganzer Entstehungsprozeß, die Logik seiner Ausprägung war ja darauf ausgerichtet gewesen, gerade den Europäern Erfolg und Nutzen, gesteigerte Befriedigung, zu verschaffen. Wenn es aber, trotz aller subtilen Rechtfertigungen für ihn, trotz effektiver Methoden der Wissensansammlung, trotz breitester Skalen für seine reibungslose Anwendung in allen denkbaren Situationen gegenüber ungewohnten Lebensbedingungen in fremden Ländern, gegenüber den fremden Erscheinungsformen und Verhaltensweisen fremder Völker ein so weit verbreitetes Gefühl von Unzulänglichkeit gibt – dann kann daraus gefolgert werden, daß während der langen Geschichte des Kolonialismus bei dem Teilbereich »Kontakte« immer noch nicht die reale Komplexität von Kulturberührungen zwischen Europa und all den anderen Lebensformen der Welt adäquat erfaßt worden ist. Da muß es immer noch Fehleinschätzungen unsererseits geben, die so grob und einseitig sind, daß sie »selbst bei bestem Willen« immer nur den Kontrast zum tatsächlichen Ablauf von Kontakten spürbar werden lassen. Auf der Schiene der Interpretation eines Mit- und Gegeneinander von Europa mit der übrigen Menschheit, einer Verflechtung durch den Kolonialismus, gelangten die Europäer zu keinen begeisternden neuen Erkenntnissen über ihre Rolle in der Welt.

Vielleicht gelang ihnen das, wenn sie die immens erweiterte Kenntnis über andere Lebensformen wieder auf sich zurücklenkten und die Expansion nach außen auch als einen Ansatzpunkt zur Selbsterfahrung und zu einer inneren Revision nahmen?

Zweiter Teil: SELBSTERFAHRUNG

Die Entdeckungsreise ins »Neue«

Fremdes zu verstehen, hatte in der europäischen Neuzeit immer zwei gleich starke, aber oft getrennt nebeneinander herlaufende Erkenntnisinteressen. »Wie werde ich diesen zusätzlichen Informationen in ihrem Eigenwert gerecht?« und »Wie verändert die Konfrontation mit dem Fremden bisherige Weltschau?« Im ersten Fall liegt der Schwerpunkt der Auseinandersetzung außerhalb der jeweiligen Person. Man umkreist das Fremde in einer gleichsam experimentellen Begegnung, bis man den adäquaten Abstand zur eigenen Position hat definieren können, ordnet es durch das Einweisen in irgendeine Zwischenstufe zwischen Distanz und Integration. Im zweiten Fall bemächtigt sich der Europäer der frischzugegangenen fremden Eindrücke, um nur sich selbst, seine innere Entwicklung weiterzubringen. Er sucht im unbekannten Anderen auch Antworten auf Probleme, die nicht erst durch die Kontaktaufnahme entstanden sind, sondern die ihn und seine Gesellschaft schon lange vorher beschäftigten. Er sucht abweichende Formen des Erlebens, um zu begreifen, wie breit wirklich die Möglichkeiten des eigenen Lebens sind.

Und so wurde der Übergriff nach Übersee auch zu einem großen Abenteuer Europas zur Schaffung eines »kompletten« (europäischen) Menschen. Jahrtausendealte Fesseln des Wissens und Fühlens sollten fallen. Die Buchweisheit der alten Autoritäten war als läppisches Gestammel entlarvt worden[1] Die »neue Welt«, das war nicht nur nüchtern das bisher Nichtgewußte: Es war das Versprechen einer neuen Freiheit. Zuerst war das Asien jenseits von Indien, jenseits »der Länder, die Ptolemäus beschrieben hatte«[2], »Neue Welt« genannt worden. Dann wurde daraus sehr rasch im Volksmund ganz Europas Amerika, schließlich, im 18. Jahrhundert, war es Ozeanien. Es waren immer die »neuen Meere«, »neuen Länder«, »neuen Völker«[3], die als letzte berührt worden waren. Solange sie noch unerforscht blieben, versprachen sie, ein kostbares Universum so neuer Lebensweisen, Genüsse und Kenntnisse zu sein. Europa kannte man durch und durch, all seine Sackgassen, Falschheiten, seinen für unvermeidlich gehaltenen Niedergang. Wer es hinter sich gelassen hatte, atmete »neue Lüfte«[4]: Nicht in Europa zu sein, war anfangs schon Befriedigung genug. Man konnte sich, wenn man wollte, in die Illusion unbegrenzter Zukunftsentwicklung steigern. Die gewaltige geographische Ausdehnung des eige-

Dodo aus Mauritius, im 16. Jahrhundert von Europäern zum erstenmal gesehen, im 17. Jahrhundert ausgerottet.

Bildnachweis: Ile Maurice, ancienne isle de france, Verona 1979

nen Handlungsraumes gab auch das Gefühl einer unendlichen Anzahl von neuen Handlungschancen.

Eine Euphorie des »Entdeckens« ergriff die Europäer in Übersee. Man variierte nicht mehr ausschließlich dieselben Gedankenspiele; man traf jetzt auf die »Wirklichkeit«, enthüllte das real vorhandene »Verdeckte« und »Versteckte«[5] auf dieser Erdkugel. Der Weg nach Indien war noch ein Akt des »Suchens und Findens«, der Bestätigung, gewesen. Ab 1498 kommt der Durchbruch zu vorbildlosem Verhalten und mit ihm der Siegeszug der Bezeichnung »Entdeckung«.[6] Außerhalb Europas gab es augenscheinlich eine immense Anzahl neuer Realitäten. Sie waren, obwohl kraftvoll lebendig und von beträchtlicher wirtschaftlicher und politischer Bedeutung, von einem dichten Schleier europäischer Unkenntnis bedeckt gewesen. Er mußte Stück für Stück, durch Handel und Krieg, aufgehoben werden. Entdeckung war nun der feste Glaube an großartige Überraschungen.

Die Portugiesen »eroberten« Afrika und Indien, aber sie »entdeckten« zum Beispiel Neuguinea, Sulawesi, Japan und Tibet.[7] Christoph Kolumbus, Amerigo Vespucci und John Cabot hatten in diesem Sinne verwundert Amerika »entdeckt« (wenn auch Hernán Cortés Mexiko und Francisco Pizarro Peru »eroberten«). Später »entdeckte« James Cook wie ein Sammler möglichst vieler Schmetterlingsarten Insel auf Insel in der Südsee. Und im 19. Jahrhundert fühlte sich als »Entdecker« schon jeder Europäer, der angeblich als erster Weißer in einem afrikanischen Dorf auftauchte. Oft mußte sich der betreffende Ort dann sogar nach diesem Zufallsbesucher umbenennen, z. B. in Brazzaville. Und die Sehnsucht nach unvorhersehbaren Erstabenteuern in ferner Fremde überlebte sogar die Epoche der Totalerfassung unseres Globus' um ein volles Jahrhundert: Noch heute machen Reisebüros absurderweise mit wohlorganisierten »Entdeckungs-Expeditionen« Profit.

Daß das Entdecken in der Tat eine unabdingbare Vorstufe zu einer späteren Inbesitznahme außereuropäischer Völker darstellte, erklärt noch nicht ausreichend das ungeheure Hochwertempfinden, das die Europäer dabei verspürten. Es war eine außergewöhnliche Kombination von Lustgefühlen. Einerseits konnte sich jeder, der Erster geworden war, unwiderlegbar und unwiderruflich für einmalig halten; er hatte sein persönliches Mal im bislang Unberührten hinterlassen; er war der »Entjungferer« par excellence; er hatte in das Land eine Bresche geschlagen, es »weit geöffnet« für die Welt, für die Nachfolgenden.[8] Der Entdecker als aktiver, vollkommen männlicher Jäger! Andererseits durfte der Kolonialist mit diesem Urerlebnis auch in der scheinbar ausweglosesten Situation konfrontiert werden; ein elender Schiffbruch – und schon trieb man als Erster auf Japan zu. Da war man in der ständigen Erwartung solcher Gnaden. »Es gibt auf dieser Welt so viele Ländereien, die noch nicht entdeckt sind. Die Zeit kommt, daß sie sich zeigen werden.«[9] Die kühne Fahrt aufs Geratewohl in den freien Raum und die Treibgut-Haltung: Beide verschmolzen die konkrete koloniale Expansion Europas mit dem Wunsch des europäischen Individuums nach extremer Bewußtseinserweiterung.

Damit das neuentdeckte Fremde zu Hause auch als ernsthafter Konkurrent gegenüber den althergebrachten Auffassungen anerkannt werden konnte, mußten die Autoren, die sich mit kolonialen Themen beschäftigten, das Eigengewicht des Neuen sehr herausstellen. Das Europäische galt von vornherein als selbstverständlich; das außereuropäisch Unbekannte sollte nun diese Weihe »natürlicher« Existenz dadurch erhalten, daß man unablässig seine massive Verbreitung, seine unbestreitbare Akzeptanz durch die Mehrheit der außereuropäischen Völker und seine Dauerhaftigkeit unterstrich. Die Texte der Europäer über die anderen Kontinente sind in der Regel durchflochten von einem dichten Netz auftrumpfender Wahrheitsbeteuerungen. Die fremde Welt muß beschrieben werden, indem jedes Detail so belegt wird, daß der nichtreisende Besserwisser daheim andersartige Lebenszustände nicht mehr leugnen kann. Betont eindeutige Aussagen wie »Die Lehmhäuser in Arabien besitzen, wie ich selbst habe feststellen können, bis zu acht Stockwerken«[10], räumen nicht nur Zweifel weg, daß so etwas technisch möglich sei; sie etablieren auch die Größe und Schönheit einer fremden Stadt. Die Durchschlagskraft des Wahren ist es, der »Beweis« von der grenzenlosen Vielfalt unserer Welt, die (später) die Möglichkeit eröffnet, bei Diskussionen über neue Menschenbilder frei auch auf alle Beispiele aus Afrika, Asien, Amerika und Ozeanien zurückzugreifen. Die penibel durchgeführte Detailerfassung der überseeischen Länder und Völker soll, neben anderem, auch ein Arsenal für Argumente liefern.

So sichern sich die Autoren bei kolonialen Informationen besonders durch Hinweise auf unantastbare Quellen und Augenzeugen ab. João de Barros z. B. beruft sich bei seiner Darstellung Chinas ausdrücklich auf eine chinesische Landkarte, die in seinem Besitz sei (und die sich daher jeder Zeitgenosse bei Bedarf selbst ansehen könne).[11] Bei der Beschreibung der Magalhães-Expedition zitiert er wörtlich seitenlang aus dem authentischen Tagebuch des Bord-Astrologen. Über Gujerat informierte sich Barros durch einen seiner Sklaven, der Gujerati war, und – Gipfel der Glaubwürdigkeit – ein Adliger dazu.[12] Diogo do Couto dagegen liebt es, sich auf seine vielen Nachbarn in Goa zu berufen. Er benennt sie namentlich, zum Wiedererkennen durch die rotskundigen Insider.[13]

Vielleicht auch, um besser bluffen zu können. Denn diese Pose des gewissenhaften Federfuchsers, der nur schreibt, was ihm andere beschwören, ist genauso willkürlich wie jede unbelegte Behauptung eines Autors. Nur er selbst stellt ja das Maß seiner Zuverlässigkeit dar. Mendes Pinto war ein besonderer Könner im Verfassen von Wahrheitsfloskeln: »Ich erzähle jetzt nur wenig von Peking. Aber selbst dabei habe ich große Furcht, es zu erzählen. Nicht, weil die Großartigkeiten dieses Reiches nicht interessant wären, sondern weil das Wenige, das ich berichte, für diejenigen, die nur ihre beengte Heimat kennen, zu großartig erscheinen mag. Sie zweifeln dann und glauben das nicht, was sie mit ihrer geringen Erfahrung und ihrem geschlossenen Horizont nicht kennen.«[14] Das Geschilderte präsentiert Mendes Pinto im folgenden als die Erkenntnis von nicht weniger als neun Portugiesen, alle per Namen bekannt. Eine markige Demonstration von kollektiver Wahrheit. »Und das hat sich wirklich und wahrhaftig so abgespielt.«[15]

Den Eindruck felsenfester Authentizität vermitteln darüber hinaus im 16. Jahrhundert vor allem die exakten Zahlenangaben. Eine Masse Leute als genaue Zahl charakterisiert, schon ist es eine unbezweifelbar reale Menge geworden. Bei einem Straßenaufruhr in einer äthiopischen Stadt um 1537 wurde ein einheimischer Beamter geviertelt, seine Habe vollständig gestohlen und, so berichtet der portugiesische Autor, seine sieben Frauen und neun Söhne wurden ins Meer geworfen. Es sind gerade diese Zahlenangaben, die das Ereignis plastisch werden lassen. Und ganz ähnlich ist es mit der »exakten« Beschreibung des Heerlagers eines Batak-Herrschers. »Tuban war ein Ort 90 Kilometer von Acheh entfernt. Der König hatte 15 000 Leute bei sich, davon waren nur 8000 Bataks, die anderen waren Hilfstruppen aus Minangkebau, Luzon, Andraguir, Jambu und Borneo. Er konnte weiterhin 40 Elefanten ins Feld führen und 12 Geschütze. Darunter waren zwei große Kanonen und ein Geschütz mit dem Wappen von Frankreich, das von einem Schiff stammte, das 1526 vor Sumatra aufgetaucht war.«[16] Wer mag da an der Realität einer solchen Schlacht zweifeln, von der heutige Historiker keineswegs wissen, ob sie tatsächlich stattgefunden hat?[17]

Demonstrative Wahrhaftigkeit vermitteln auch Dokumentationseinschübe über außereuropäische Tiere, Pflanzen und Völker, deren Genauigkeit der Leser aufgrund seiner Vorinformation abschätzen kann. So werden inmitten der Beschreibung einer Irrfahrt z. B. »Krokodile« beschrieben.[18] Sie kannte der Leser schon seit Mandeville, er kannte die vielen Buchillustrationen darüber. Er erfuhr in Indien-Berichten über das »Nashorn« genau in dem Augenblick, als ein ebensolches Rhinozeros von König Manuel von Portugal auf eine Europa-Tournee geschickt worden war, die bis nach Rom und Wien führte, riesige Zuschauermassen angezogen hatte und, u. a. 1515 in einer Darstellung Dürers, als Flugblatt-Abbildung berühmt geworden war.[19] Liebstes Einverständnisobjekt zwischen Autor und Leser blieb jedoch der »Elefant«, noch bis ins 19. Jahrhundert vielhundertfach beschrieben und wiedererkannt.[20] Bei der Flora war die »Kokospalme« der Favorit. Kokosnüsse waren in Portugal schon seit Mitte des 15. Jahrhunderts auf den Märkten zu haben. Wie sie in ihren Ursprungsländern auf den Bäumen wuchsen, was alles mit ihren Fasern, ihrer Schale, ihrer Milch, mit den Palmwedeln und den Stämmen von den Einheimischen hergestellt werden konnte,[21] das blieb interessant bis zum 20. Jahrhundert (als es zur Domäne der »Kulturfilme« wurde).

Die bewußte Verwendung detailverliebter Sachlichkeit machte während der ersten beiden Jahrhunderte der Expansion dem phantastischen Element in der kolonialen Literatur immer mehr den Garaus. Früher konnte gerade das geographisch Unentdeckte der Schlupfwinkel für jede Art von Wundern und Wahngebilden bleiben; nun schrumpften diese Verstecke rapide.

Zwar wollten anfangs noch nicht alle Autoren auf so sichere Publikumsrenner verzichten, wie sie Stories über Schluggen darstellen, die schon durch ihren bloßen Hauch die Menschen töteten[22], oder über Bäume, deren Schatten, kam er von Westen, jeden Schutzsuchenden erschlug.[23] Doch bald hatten auch die »laut wiehernden chinesischen Seepferde«[24] und die »über 30 Meter langen, geflügelten See-Monster, die aus Spaß ganze Schiffe hochheben«[25], realen Lebewesen Platz gemacht. Sogar die freigiebig mit allerlei malerischen Figuren ausgestatteten Landkarten der Epoche bildeten nun vorwiegend tatsächliche, »typische« Tiere ab: Giraffen in Afrika, Tiger in Asien und Truthähne in Amerika.

Auch die vielen »Riesen«-Völker verschwanden. Ab und zu gab es noch einen Bericht über gewaltige Fußabdrücke an der äußersten Spitze Südamerikas (»Patagonien«: das Land der Großfüßler) und über die kreisrunden, behaarten Extremitäten tibetischer Giganten (das ist 1546 die Ersterwähnung des immer noch berühmten Himalaya-Schneemenschen gewesen[26]), aber bei den meisten Autoren siegte doch die Einsicht, »daß fremde Völker im wesentlichen aussehen wie wir selbst«.[27]

Nur ein Reservat bekam das absurd Unbeweisbare noch einmal in der kolonialen Berichterstattung. Als in der zweiten Hälfte des 16. Jahrhunderts die christliche Missionierung in Asien forciert wurde und nun Priester in beträchtlicher Zahl in die Kolonialgebiete strömten, verstärkte sich für eine gewisse Zeit der traditionalistische Wunderglaube. Die Missionare hatten die bewährten Vorstellungen, all diese fleischgewordenen Symbole für das Schwererklärliche der eigenen Wirklichkeit, von zu Hause mitgebracht und unverdrossen auf die neue, ebenfalls so sperrig erscheinende Umgebung projiziert. Wo in Indien oder in Malaya ein Jesuit auftaucht, passieren prompt Wunder. So sollen kurz vor 1570 die islamischen Krieger Ternates auf einer Insel östlich Ambons bei einer haßerfüllten Razzia auf alle Portugiesen einen christlichen Einheimischen gefangen haben, der seiner neuen Religion nicht abschwören wollte. Sie banden ihn nach altrömischer Manier an einen Marterpfahl und schnitten nach Kannibalen-Sitte ein Stückchen Fleisch von ihm ab und verspeisten es vor seinen Augen. Der zukünftige Märtyrer bliebt völlig ungerührt. Er aß sogar mit und forderte seine Peiniger heraus, indem er behauptete, daß das Bratfett seines Fleisches auch noch 24 Stunden nach seinem Tode wie herrlichstes Parfüm duften werde. Genauso geschah es. Die portugiesischen Priester konnten nun überall im Archipel von diesem überdeutlichen Zeichen Gottes erzählen.[28]

Phantastische Geschichten wurden aber auch zur magischen Einschüchterung Andersgläubiger verwandt. So beschrieb der Jesuit João de Beira, was sich 1553 auf der Molukken-Insel Tolo zugetragen hatte. Ein Bewohner, der ehemals Christ gewesen und dann zu seiner Ursprungsreligion zurückgekehrt war, habe mutwillig eine Abbildung Unserer Lieben Frau in Stücke zerbrochen. Gott bestrafte ihn mit einer Lähmung beider Arme. Innerhalb eines Jahres verstarb die gesamte Familie des Übeltäters. Der letzte Sohn wurde von einem Schwertfisch durchs Auge hindurch erstochen. In der Zeit danach verschwand die gesamte Ortschaft von der Erdoberfläche.[29] Dieses »Tolo-Wunder« wurde berühmt bis nach Europa und zu einer bevorzugten Episode in religiös geprägten Asien-Büchern.[30]

Wie naiv christliche Priester die Aufnahmebereitschaft für alles Phantastische zu fördern suchten, zeigt die Schilderung einer Seejungfrau durch den Franziskaner Gaspar de São Bernardino, der 1611 ein »Itinerarium des Landwegs von Indien nach Portugal, Jerusalem berührend« veröffentlicht hatte. Der Autor traf dieses Wesen, das der biologischen Gattung der »Sirenoiden« zugeordnet werden könne, vor der persischen Küste. »Der Kopf, etwas stromlinienförmig, hat die Proportionen einer normalen Frau, ist allerdings ohne Haare, mit sehr kleinen Schuppen. Die Augen sind perfekt, ohne Wimpern und Brauen. Die Stirn ist breit, die Nase groß, ihre Flügel wie die eines Kalbs. Der Mund ist voll von Zähnen, von denen vier eine ganze Handbreit vorragen. (Man kann sie, gemahlen, gut gegen Krankheiten, vor allem die des Blutes, verwenden.) Die Lippen sind dick, etwas vorstehend, so daß man immer das Zahnfleisch sieht. Sie hat kein Kinn. Sie hat keine Arme, sondern lange und breite Flossen. Bis zum Bauch sieht ihr Körper wie der einer jeden Frau aus, mit großen Brüsten für die Milch. Der Bauch ist weiß und von weicher Haut. Der Rücken ist jedoch rauh und weitporig. Der Rest ist vollständig wie ein Fisch. Sie kann nicht sprechen. Zum Sterben geht sie an Land, wo sie dann sehr eindrucksvoll zu stöhnen beginnt. Ihr Tod dauert länger als der anderer Fische.«[30]

Der Mehrheit der Autoren war es jedoch bis 1650 gelungen, auch Überseeisches auf die Ebene des solid Glaubhaften zu heben. Die meisten Vorstellungen über Außereuropa waren überprüft, dann entweder bestätigt oder widerlegt worden. »Tatsachen verdrängten Fabeln.«[31] Tomé Pires' skeptische Einschätzung gegenüber Informationen – Erzähltes ist erst einmal nur Erzähltes – hatte sich durchgesetzt. Er hatte Gerüchte über ein »Frauenvolk« auf der Insel Nias, westlich Sumatras, durch Zusatzbefragungen von Reisenden als falsch entlarvt und kam zu dem Schluß: »Die Menschen in diesem Teil der Welt haben eben für sich genauso eine eigene, nur ihnen gehörige Meinung erschaffen, wie sie einige Leute bei uns besitzen. Auch in Europa gibt es ja Menschen, die an die Existenz von Amazonen glauben, und auch im alten Rom hielt man die Sibylle für wirklich.«[32] Die Kolonialliteratur hatte somit die Unabhängigkeit des Fremden von europäischen Vorurteilen bewiesen.

Dieses Schaffen eines Freiraums für ein Leben, das anders ist als das europäische, wurde oft mit der Haltung des entschlossenen »Objektivierens« angegangen. Hier sollte es dann keine kämpferische Polarisierung, sondern verstehende Toleranz geben. Eine typische Vorbemerkung ist: »So wie ehedem die Griechen alle anderen Nationen für Barbaren gehalten hatten, so sagen auch die Chinesen, daß allein sie beide Augen zum Verstehen aller Dinge offen hätten. Wir aus Europa, da wir nun mit ihnen Kontakt aufgenommen haben, seien einäugig, und alle übrigen Völker blind. Und in der Tat, wer sich die Regeln ihrer Religion betrachtet, ihre heiligen Tempel, die Mönche in ihren Klöstern, ihre Art zu beten, zu fasten und zu opfern, ihr Studium aller Natur- und Moralwissenschaften, ihre Vorkehrungen gegen die Korruption, ihre Buchdruckerkunst, die lange vor der unsrigen erfunden worden ist, und ganz besonders ihre Regierungsform und ihre Produktionsformen für Metalle, Ton, Holz, Leinen und Seide; der wird bei diesen Heiden alles wiederfinden können, was sonst so sehr an der europäischen Antike gelobt wird.«[33] Also: auch die Chinesen sind »in ihrer Art« perfekt. Keineswegs ist ihre Gesellschaft deckungsgleich mit den Normvorstellungen eines christlichen Europäers, aber ihr reibungsloses Funktionieren muß anerkannt werden.[34]

In einer Welt sehr verschiedener Lebenskulturen – es flimmern vor den Augen des Europäers z. B. Bilder von der Anbetung von Kühen in Indien, von Riesenstädten auf schwankenden Flußbooten in China, von hektischen Hahnenkämpfen in Malaya[35] – wird die Eigengesetzlichkeit des Außereuropäischen bevorzugt in der Zusammenfassung solcher Eindrücke zu »Inszenierungen« wahrgenommen. Das authentische Leben fremder Völker wird für den Europäer leichter verständlich in der Form einer theatralischen Großveranstaltung.

Es häufen sich die Beschreibungen von Festen, Umzügen oder Staatsakten in der Kolonialliteratur. Hier wird die stets schon vor der Ankunft der Europäer institutionalisierte Form der Selbstdarstellung als eine Gelegenheit verstanden, in den Kern des Fremden auf eine relativ mühelose Weise vorzudringen. Es wird mit äußerlichem Bestaunen bedacht. So registrierte Mandes Pinto interessiert das Spektakel des Empfangs eines tatarischen Gesandten durch den Schwager des Königs von Cochinchina (im Süden

Vietnams): »Der heimische Fürst kam in einem dreirädrigen Wagen ange-
rollt, der vollkommen mit Silber belegt und dessen Verzierungen dick vergoldet waren. Um diesen Wagen bildeten 60 Männer zu Fuß in Zweierrei-
hen einen Kreis. Sie waren in grünes Leder gekleidet. Alle trugen Zöpfe bis
auf den Rücken, die eingeflochtenen Bänder waren aus Gold. Daneben
standen zwölf Keulenträger in Jacken und Hosen aus grüner und silberfar-
bener Seide. 30 Schritt entfernt wurden 80 Elefanten postiert, die Stoß-
zähne durch Kriegseisen verstärkt, mit riesigen Glocken um den Hals.«[36]
Da solche Züge, wie kurz darauf von demselben Autor geschildert, auch in
anderen südostasiatischen Staaten, in Burma, Martaban, Pegu ganz ähnlich
abliefen[37], muß der wahre Experte besonders aufmerksam die national differenzierenden Feinheiten herausbekommen – hier eine andere Farbnuance
der Uniformen, dort eine andere Gruppierung der Elefanten. Viele koloniale Portugiesen hatten einen geschärften Blick für so etwas, weil ja in
jener Zeit auch in Europa die Machthaber ihre »Verbundenheit« mit dem
Volk dadurch demonstrierten, daß sie sich, gleichsam stellvertretend für die
behauptete nationale Größe, öffentlich vorführten. Festliche Staatsumzüge
waren seit dem hohen Mittelalter ein großer und kostenloser Spaß für die
Verarmten und Entrechteten.[38] Hier wird Zuschauern Mitbeteiligung vor-
gegaukelt, in der Klassengesellschaft daheim – und im Festkalender für
Touristen in Übersee. Beide Male glauben die prinzipiell Ausgeschlossenen
fest daran, daß alles nur zu ihrer direkten Befriedigung unternommen worden ist.
Bei der Zurschaustellung des dramatisch Fremden treten die Darsteller mit
spezifischen Rollenbezeichnungen ins Rampenlicht. Sie werden in ihrer
eigenen Sprache präsentiert. Immer häufiger nennen die Portugiesen, in
den »verständnisbereiten« Passagen ihrer Texte, einen malaiischen Flotten-
führer nicht mehr Admiral, sondern, auf Malaiisch, Laksamana, ein Kapitän wird auf die gleiche Weise zum Nakoda, ein Hafenverwalter ein Benda-
hara und ein angesehener Ältester ein Tuan.[39] Das berühmteste Beispiel für
diese Belassung fremder Ehrenbezeichnungen, als Zeichen der Anerkennung für ihren Eigenwert, wurde das chinesiche Mandarin, das einen Siegeszug durch alle europäischen Sprachen antrat.[40]
Die Nichteuropäer artikulieren sich in einer charakteristischen Weise. Ihre
Reden und schriftlichen Äußerungen werden gern von kolonialen Autoren
zitiert und nachgeahmt. Es gibt dabei verschiedene Stufen der vorgegebenen dokumentarischen Treue.
Zuerst wird in wörtlicher Wiedergabe gesprochen, aber wir lesen das in
einer portugiesischen Übersetzung. So wendet sich ein Abgesandter der
Königin von Onor, eines indischen Stadtstaates, an den Oberbefehlshaber
einer portugiesischen Flotte: »Dir zu sagen, Herr Kaptän, wie niederge-
schlagen und traurig die Königin ist, wegen des Todes deines Sohnes und

der übrigen Portugiesen, die gestern im Kampf gegen die türkischen Feinde gefallen sind, ist eine unmögliche Aufgabe. Ich schwöre dir, bei meinem Leben und bei meiner Abstammung als Brahmane, daß sie so entsetzt war, als zwänge man sie an diesem Tage, vor der Hauptpforte der Pagode, in der ihr Vater begraben liegt, das Fleisch von Kühen zu essen.«[41] Hier spielt offensichtlich ein Inder vor einem europäischen Publikum einen »Inder«. Diogo de Couto zitiert dafür auch direkt einheimische literarische Äußerungen. Der Sultan von Dekhan (im Inneren Südindiens) deklamiert eigene Verse: »Mit den Großen des Reiches bin ich streng, aber sanft zu den Kleinen. Den Großen gebe ich das Meinige, denn die Kleinen geben mir das Ihre.«[42]

Die zweite Version, die Fremden in der ihnen gemäßen Art zu Wort kommen zu lassen, besteht darin, ihre Sprachweise nachzuahmen. Wenn in Situationen, die dem Handelnden (und dem Nacherzählenden) eine Atempause des Besinnens schenken, in Friedenszeiten z. B., die Figuren freundlicher Einheimischer auftauchen, so reden sie allesamt, als seien sie direkt aus »1001 Nacht« entsprungen. Die orientalischen, übers Arabische vermittelten Märchen haben in Europa vom Mittelalter bis in unsere Tage dafür gesorgt, daß »Orientalen« sich vornehmlich in blumigen Bildern, verziert mit Spruchweisheiten, verständigen. Selbst im Schriftverkehr unter malaiischen Rajas soll es auf solche Weise zugegangen sein. Diogo do Couto kommentiert: »Sie schrieben ihre Briefe in dem Stil, in dem sich alle diese Könige des Orients zu äußern pflegen: Alles sagen sie durch Metaphern.«[43] Und so wird Malakka zum »frischausgesäten Feld«, der Nachschub aus Goa zum »befruchtenden Regen«, der Krieg zur »Dürre«.[44]

Die nächste sprachliche Verselbständigung ist das Zitat in der fremden Sprache. Couto präsentiert z. B. ein malaiisches Vierzeilengedicht, das in Malakka sehr beliebte Pantun: »Capitão D. Paulo, Baparam de Pungor, Anga dia malu, sita pa tau dor«; und er übersetzt: »Kapitän Dom Paulo kämpfte in Pungor, eher wollte er sterben, als einen Fußbreit zurückzuweichen.«[45] Der malaiische Text ist reichlich ungenau wiedergegeben, aber in den Grundzügen erkenntlich. Da jedoch mit solchen Passagen vornehmlich das Staunen über die Eigenarten fremder Völker gestützt werden soll (und die globale Kompetenz des Autors), gehen sie oft in bloße, nicht mehr rekonstruierbare Lautmalereien über. »Suqui hamidau nevanquao lapapoa dagatur«: Das soll Chinesisch sein und bedeuten: »Töte uns nicht ohne Grund, denn sonst wird Gott unser Blut von dir zurückfordern, weil wir arme Leute sind.«[46] Auf ähnliche Weise wurden auch die Beispiele fernöstlicher Schriften, »seriöse« Nachzeichnungen des Chinesischen z. B., mit sinnlosen Zeichen gemischt.[47]

Den Extremfall solch europäischer Konstruktionen außereuropäischer sprachlicher Autonomie stellen die lautlichen Wiedergaben dar, von denen selbst der Autor eingesteht, daß er nicht weiß, was sie bedeuten, ja nicht einmal, welcher Sprache sie zuzuordnen sind. So sprechen die Menschen eines »wilden« Volksstammes an der südchinesischen Küste »mit sehr knarriger Stimme: quiteu parāo fau fau«. Der absolut unverständliche Text läuft, zur Verwunderung der europäischen Leser, unverdrossen in stabreimendem Originalton weiter: »Pur pacam pochy pilaca hunangue doreu; cur cur hinau falem; vumguahileu opomguapau lapāo lapāo lapāo.«[48]

Nur schwer noch läßt sich in Europa leugnen, daß das Neue in der ungeheuren Ausdehnung des endlich entdeckten Erdballs es wahrhaftig wert ist, in all seinen realen Manifestationen und Suggestionen ausgeleuchtet, in die Überlegungen zur eigenen Standortbestimmung immer stärker einbezogen zu werden.

Portugiese in Rüstung

»Eingeborene« Frauen als erotische Staffage

nach: F. P. Marjay

Die Autonomie des Fremden

Bei der Sichtung der außereuropäischen Realitäten trafen die Europäer auf eine Reihe von Phänomenen, die sie zur gleichen Zeit abstoßend und anziehend fanden. Die ersten Reisenden in China verdammten allenthalben die heidnischen Darstellungen von Drachen, aber sie konnten nicht umhin, »sich dann wieder beeindruckt so grandios naturgetreuen Idolen zu nähern«.[1] Auf den Aberglauben der Inder und Chinesen ließ sich nur mit mißbilligendem Kopfschütteln reagieren, aber im selben Atemzug möchte man exakt wissen, wie ihre Zauberer die schwarze Magie handhaben und was für Erfolge sie dabei verzeichnen können.[2]

Immer wieder sind die Portugiesen hin- und hergerissen: Sie finden Pegu unübertrefflich »in seiner Brutalität und Majestät«[3]; die Frauen von Ambon erscheinen ihnen »wunderschön und abscheulich unanständig«[4]; alle Helden des englischen Kolonial-Romanciers Joseph Conrad lieben die Dschungel Südostasiens, von denen sie haßerfüllt wissen, daß sie in ihnen krepieren werden.

Und so führte die punktuelle Faszination der Europäer angesichts des jetzt bekannt werdenden Fremden zu einer neuen Sichtweise. Man suchte in der Welt, die man durch seine koloniale Herrschaft kennengelernt hatte, nach Vorkommnissen, Sitten und Meinungen, die »attraktiv« wirkten. Man wollte sie registrieren, auch wenn man sich vieles weder emotional noch rational erklären konnte. Man wollte sich dabei noch nicht festlegen, z. B. keinesfalls das Fremde explizit loben oder einen entsprechenden Mangel bei sich offen bedauern. Die Absicht war, das weite Hintergrund-Panorama, das die Bedingungen des eigenen Lebens plastischer hervortreten lassen konnte, wirksamer, also: farbiger und differenzierter zu machen. Ein Wechselspiel von Eindrücken sollte möglich werden. Die durch den Kolonialismus gemachten Erfahrungen wurden eingesetzt zum Bau eines weltweiten Bezugssystems.[5]

Bei der Berichterstattung über auffällig originelle Ausprägungen des Lebens außerhalb Europas steuerte man rasch auf zwei offensichtlich besonders faszinierende Themenkreise zu. Es verstörte und verzückte vor allem die fremde Sexualität und die fremde Gesellschaftsorganisation.

Einer der aufwühlendsten Kulturschocks der ersten europäischen Entdecker war es, feststellen zu müssen, daß es ganze Völkerscharen gab, die nackt umherliefen. Das Anschauen unbekleideter Frauenbrüste, männlicher und weiblicher Geschlechtsteile war bei ihnen zu Hause zu einem Musterbeispiel verbotenen Tuns emporstilisiert worden. Die Verdeckung, ja Verleugnung der Instrumente körperlicher Lust war in Europa vorbeugend gegen diese Lust überhaupt deklariert worden. Und jetzt prallen die solcherart geprägten Menschen frontal auf andere Menschen in Übersee, die alles zeigen, was sie sind. Die Portugiesen und Spanier, die kalvinistischen Holländer und die puritanischen Engländer sind gezwungen, hinzusehen und ganz unbefangen zu tun, denn sie erwarten ja von den anderen Vorteile für sich, Information, Waren, Allianzen.

Schon in den ersten Tagen des ersten Zusammentreffens von Portugiesen mit Indianern in Brasilien im Jahre 1500 kann sich der Chronist Pero Vaz de Caminha nicht satt genug sehen an den vielen nackten Männern und Frauen. Besonders den Frauen: »Am Strand gingen drei oder vier junge Mädchen vorbei, sehr jung und sehr hübsch. Ihre Geschlechtsspalten begannen so hoch zwischen ihren Beinen, waren so schmal und eng zusammen und so ganz ohne Haare, daß wir alles sehr gut erkennen konnten.«[6] Der Autor mußte stets von neuem versichern, daß die Frauen tatsächlich vollständig nackt waren: »Eine junge Frau hatte ein Baby, das an ihrer Brust saugte, mit einem großen Tuch um den Leib gebunden. Aber dieses Tuch war so gewickelt, daß bei der Frau die Beine und der ganze Rest unbekleidet blieben.«[7]

Auch andere Autoren spickten ihre Erstberichte mit solchen Bemerkungen. In Pigafettas Beschreibung der Reise Magalhães' fangen Passagen über neuentdeckte Völker fast schon stereotyp mit dem Satz an: »Sie gehen nackt«, oder mit unverhohlener Bewunderung: »Sie sind nackt und schön.«[8] Die Verwunderung, in bestimmten Regionen der Erde solche Menschen zu treffen, wurde sehr rasch zur festen Erwartung. Selbst König Manuel von Portugal behauptete 1505 in einem Brief an den spanischen König schlankweg: »Bei den Süd-Indern gehen die Frauen genauso nackt wie die Männer, und sie haben sehr schöne, offene Haare.«[9]

Wer in Europa unbekleidete Körper in einer künstlerischen Reproduktion einem größeren Publikum zeigen wollte, konnte nun Menschen darstellen, die keinen antiken oder religionsgeschichtlichen Illustrationsvorwand mehr brauchten, sondern konkrete lebende Menschen waren. Besonders die Kupferstecher, die im 16. und 17. Jahrhundert zuständig waren für alles Aktuelle, produzierten nun Akte *en masse*, zuerst in vorsichtiger Rückenansicht, dann auch frontal mit biblischem Zweig vor den wesentlichen Teilen, und schließlich die Männer mit Penis und die Frauen mit Brüsten. Einige Mutige zeigten sogar das Geschlechtsdreieck von Frauen. Über den Umweg über Außereuropa machten die Europäer die unverdecken Formen ihres Körpers, die seit dem Niedergang des heidnischen Altertums für sie selbst verlorengegangen zu sein schienen, wieder zu einem zeitgenössischen Faktum. Als »Indianer«, »Afrikaner« oder »Asiate« konnten in Buchillustrationen, auf allegorischen Gemälden, Triumphbögen, Ornamenten aller Art wieder Muskelpakete in griechischer Fülle schwellen, üppige Brüste und Hüften reizen.[10] Die Darstellung eines nackten (europäischen) Menschen in außereuropäischer Vermummung setzte sich letztendlich so komplett durch, daß sogar 1690 auf den Bronzeplatten des monumentalen Grabaufsatzes des Heiligen Franz Xaver die exquisitesten Barockkörper unverhüllt den Rahmen fast bis zum Sprengen bringen. Diese galant nackte und äußerst wohlgenährte Gesellschaft soll angeblich die Gefolgschaft des Missionars auf den Molukken gewesen sein.[11]

Eine eng geknüpfte Assoziation mit Außereuropa erlaubte dann auch in der damaligen Belletristik, verstärkt »nackte« Motive einzusetzen. So kann in Camões' »Lusiaden« die göttliche Beschützerin der Portugiesen, Venus, nackt erscheinen: »Mit zitternden, milchweißen Brüsten; mit bebenden, glatten Beinen; mit kaum verhüllten Schamteilen; rosa Lilien werden sichtbar, mit ihrem Anblick nicht geizend.«[12] Und die Art der Belohnung, die Vasco da Gama und seine Begleiter auf der Insel des Ruhmes empfangen dürfen, kündigt sich durch die hübschen Mädchen an, die »nackt in den Teichen baden«, »nackt am Strand spazieren«, »nackt durch die Haine wandeln«.[13] Die Kombination: »Schauplatz Außereuropa« und »Ein außergewöhnlicher Schritt vorwärts in der kolonialen Expansion« ließ sogar dem bigotten Hof in Lissabon solche Szenen in einem Nationalepos erträglich erscheinen.

Was aber das Thema »Nacktheit« bei den Tatsachenberichten aus Übersee noch explosiver machte, war die Entdeckung, daß es Menschen nicht nur möglich ist, ihr ganzes Leben unbekleidet unter Verwandten und Freunden zu verbringen, sondern daß sie auch gegenüber Fremden keine Scham kannten. Das sachliche Verhalten dieser »Wilden« stellte die feste Überzeugungen der Europäer auf eine irritierende Weise auf den Kopf. Nicht diejenigen, die sich entblößt hatten, waren verwirrt, sondern die Angezogenen fühlten sich unwohl. »Die Männer streckten sich einfach unter uns aus und legten sich zum Schlafen auf unsere Matten, ohne in irgendeiner Weise zu versuchen, ihre Schamteile zu bedecken. Wir warfen eine Decke über sie«, schrieb Vaz de Caminha.[14] »Die jungen Frauen hatten in koketter Weise ihren Körper schwarz und rot in Streifen und Quadraten bemalt und sahen sehr gut aus. Ihre Schamteile waren so nackt, und sie öffneten ihre Beine mit so viel Unschuld, daß offensichtlich war, daß sie sich überhaupt nicht schämten.«[15] »Als wir einem Mädchen zum Hören der Messe ein Tuch übergelegt hatten, streckte sie sich in einer Weise hin, daß man doch wieder alles sehen konnte.«[16] Und der publikumsgewandte Pigafetta illustrierte ganz Ähnliches in seinem Weltumsegelungs-Bericht durch eine pralle Anekdote: »Eines Tages kam eine wunderschöne junge Frau auf unser Flaggschiff, wo auch ich mich gerade aufhielt. Sie sah sich um, und ihr Blick fiel auf den Werkzeugraum, wo sie einen Nagel entdeckte, der länger als ein Finger war. Mit sichtbarem Vergnügen hob sie ihn vorsichtig auf und stach ihn dann durch ihre Schamlippen. Sie benutzte ihn als Schmuck.«[17] »So groß«, resümierte Caminha die europäischen Erfahrungen, »ist die Unschuld dieser Menschen, daß, was die Scham betrifft, Adam nicht hätte anders sein können.«[18]

Das ist ein Gedanke, der die Europäer noch bis weit ins 18. Jahrhundert beschäftigen sollte. Bewies die selbstverständliche Nacktheit einiger Völker Außereuropas, daß der Sündenfall, der zur Vertreibung Adams und Evas aus dem Paradies und zu ihrer Schamhaftigkeit und der ihrer jüdischen und christlichen Nachkommen geführt hatte, nicht gültig war für alle Menschen? Gab es Völker, die noch ohne Schuld, ohne Buße, in paradiesischen Zuständen verharren durften? Waren es nicht doch die Europäer, die das wirklich Menschliche korrumpiert und verschüttet hatten?

Das Thema des »Naturzustands« speiste nachdrücklich die Diskussion über die prinzipielle Einheit dieser Welt.[19] Wenn wir alle gleich erschaffen sind, dann müßten auch die unterschiedlichen Verhaltensweisen frei unter uns ausgetauscht werden können. Nicht, daß die Europäer damals selbst nackt herumlaufen wollten – aber wie konnte ein in Europa so unüberwindbar erscheinendes, wirklich verinnerlichtes Verbot dermaßen leichthin von anderen übertreten werden? Das Gefühl von der allesumfassenden Überlegenheit Europas bekam einen harten Schlag versetzt.

Sicherlich beeindruckte das Fehlen von Kleidung auch so sehr, weil man hier ein Indiz für weitergehende Freiheiten vermutete. Es schien der äußere Beweis eines unheimlichen Abgrundes von Sinnlichkeit zu sein. Und in der Tat, als Kapitän Cook 1769 vor Tahiti ankerte, sah er sich bald in seinen schlimmsten Befürchtungen, die ihm gekommen waren, als ein Schwarm nackter Menschen fröhlich auf sein Schiff zuschwamm, bestätigt. In seinem Tagebuch hielt er ein schockierendes Erlebnis fest: »Dieser Tag schloß mit einem sonderbaren Schauspiel am Tor des Forts, an welchem ein junger Bursche, etwa 6 Fuß hoch, ganz öffentlich bei einem Mädchen lag, welches 10 oder 12 Jahre zählen mochte, und waren einige unserer Leute und eine Anzahl Eingeborener zugegen. Ich erwähne dies, da solches Tun hier mehr allgemeinem Brauch als der Liederlichkeit zu entspringen scheint, denn mehrere Frauen waren zugegen, insbesondere Obariea und andere der höheren Schichten, und diese waren so weit davon entfernt, ihr Mißfallen kundzutun, daß sie das Mädchen sogar anwiesen, wie es seinen Part zu erfüllen hätte.«[20] Für Cook spielte sich hier eine Serie fast unglaublicher Verstöße gegen die gewohnte Sexualmoral ab: öffentlicher Geschlechtsverkehr zwischen unverheirateten Kindern, von Erwachsenen, ja sogar adligen Frauen wohlwollend kommentiert.

Der Umgang mit der eigenen Sexualität war für die Europäer, die an der kolonialen Expansion teilnahmen, ein Problem, das sie nur sehr schwer in den Griff bekamen. Ihre eigenen, starren Traditionen und die neuartigen

Bedingungen, unter denen sie in den Ländern in Übersee lebten, fanden in den meisten Fällen einfach nicht zusammen. Sexualität, das war in der kolonialen Welt fast regelmäßig ein konfuses Gemisch aus Unsicherheit, Brutalität, Ekel und Verzweiflung.

Es begann damit, daß in der portugiesischen und spanischen Kolonisation der Europäer als »Soldat« nach außen ging. So war der Dienst in Asien oder Amerika alles andere als eine Familienreise. Wer dennoch seine Frau nach Goa mitnehmen wollte, hatte nicht nur die Passagekosten selbst zu tragen, sondern er mußte sich auch noch von der Krone eine Garantieerklärung verschaffen, in der der König versprach, daß er notfalls selbst den Aufenthalt der Frau in Indien standesgemäß finanzieren werde. Nur selten war die Lissabonner Verwaltung zu einer solchen Selbstverpflichtung bereit. So wurden während der ersten zwei Jahrhunderte sogar die portugiesischen Generalgouverneure auf ihrem Weg nach Indien nicht ein einziges Mal von ihren Ehefrauen begleitet. Der erste derartige Fall 1750, als die Marquesa von Távora in Goa eintraf, war eine Sensation.[21]

Die vollgepackten Schiffe nach Asien waren also fast reine Männergesellschaften. Die Kapitäne transportierten gegen hohe Bestechungsgelder nur wenige Frauen nach Indien, meist Abenteurerinnen, die sich dort verheiraten wollten. Die Schiffsbesatzungen schmuggelten Prostituierte und von zu Hause weggelaufene Mädchen. Diese schwarzen Passagierinnen mußten ihre Passage durch Sexualverkehr mit sehr vielen Männern bezahlen. Ab 1545 durften einige Waisenmädchen, zwischen 5 und 15 pro Jahr, im offiziellen Auftrag des Königs in die Kolonien ausreisen, zur Entlastung der Staatsschatulle daheim und zur »Verbesserung des Blutes« in der Fremde.[22] Auf durchschnittlich 800 Männer pro Schiffahrt kamen daher, Illegale und Legale zusammengenommen, höchstens 15 Frauen. In Goa trafen wahrscheinlich im gesamten 16. Jahrhundert nicht mehr als zwei- bis dreitausend europäische Frauen ein. In Angola und Brasilien lagen die Zahlen relativ höher, weil Portugal sein Zigeuner-Problem dadurch löste, daß es zwangsweise Zigeunerinnen dorthin verschickte.[23]

Theoretisch hätten die jungen Männer nach ihrer Ankunft in Portugiesisch-Asien eine einheimische, christliche Frau heiraten können. Aber: Die meisten rechneten anfangs damit, bald erfolgreich nach Hause zurückzukehren; sie wollten sich hier nicht durch eine Heirat binden. Weiter: Selbst, wenn sie bereit waren, gaben die Behörden nicht so rasch die notwendige Erlaubnis dazu; die Kapitäne brauchten allzeit bereite Kämpfer. Weiter: Auch eine Erlaubnis war noch nicht der Freibrief zur Ehe; eine Hochzeit kostete gewöhnlich sehr viel Geld. Und schließlich: Wer eine einheimische Frau geheiratet hatte, war sozial gescheitert. Für mehr als 90 Prozent aller Portugiesen war damit klar: Ihr Wunsch, mit Frauen zusammenzukommen, mußte auf anderen Wegen befriedigt werden.

Mit den letzten Ersparnissen kauften sie sich auf dem riesigen Menschenmarkt Goas eine Sklavin. »Lieber verzichtete ein Portugiese in Indien auf das tägliche Brot, als daß er seinen großen Haushalt mit Sklavenmädchen aufgeben würde. Er kaufte sich Frauen der unterschiedlichsten Herkunft. Unter ihnen waren Inderinnen, Indonesierinnen, Chinesinnen, Siamesinnen, Japanerinnen, Malaiinnen und Afrikanerinnen.«[24] Endlich gab ihnen ihre Position als Teilhaber einer Kolonialherrschaft auch individuell Gelegenheit, Macht auszukosten. In Macau besorgten sich die Portugiesen in den umliegenden chinesischen Dörfern so rücksichtslos Mui-tsai – das waren Mädchen, die in China von Eltern, die zu arm waren oder keine Töchter haben wollten, für 40 Jahre als Hausdienerinnen an Fremde vermietet wurden –, daß sogar die Kantoner Mandarine, die normalerweise alles andere als frauenfreundlich waren, einschritten. Sie protestierten dagegen, daß Mädchen sogar gegen den Willen ihrer Eltern gekidnappt wurden und außer im Haushalt auch in Bordellen arbeiten mußten.[25]

In Indien trugen finanzstarke portugiesische Kolonialverwalter dazu bei, daß hinduistische Tempeltänzerinnen, die früher durch den Geschlechtsverkehr mit Priestern und freigiebig opfernden Gläubigen die ekstatische Vereinigung des Menschen mit der kosmischen Schöpferkraft der Götter feierten, im Laufe des 17. Jahrhunderts immer mehr, auch unter ihren Landsleuten, in den Ruf bloßer Prostituierter gerieten. Die Europäer hatten durch Zahlungen großer Summen an die Brahmanen die geübten Körper der Tänzerinnen zu ihrem Privatbesitz gemacht. Trotz strenger Gesetze gegen diese ketzerischen Beziehungen zu Dienerinnen einer rivalisierenden Religion schliefen die hohen Beamten Portugiesisch-Indiens offen mit ihren gemieteten Geliebten, ein Dauerskandal für die kolonialen Klatschmäuler. Vom obersten Befehlshaber aller Flotten Portugals in Asien, Francisco Pereira da Silva, weiß man, daß er es 20 Jahre lang so trieb, von 1696 bis 1716. Einer seiner Nachfolger, António de Figueiredo de Utra, soll sogar, um 1732, den Bau neuer Hindutempel und die Neuausstattung von Götterstatuen bezahlt haben.[26] Das portugiesische Wort für Tänzerin, Bailadeira, hat als Bajadere bis weit ins 19. Jahrhundert hinein in ganz Europa seinen auf den sinnlichen Orient verweisenden Reiz behalten.

Während diese Art von Frauenbeschaffung in einem sehr weitgefaßten Sinne noch als »friedlich« bezeichnet werden kann, so bemächtigten sich die Kolonialherren der einheimischen Frauen regelmäßig auch durch Gewalt. Die portugiesischen Soldaten gingen in den Straßen von Ternate auf Mädchenjagd und vergewaltigten, wer ihnen in die Quere lief.[27] Offiziere drangen in Goa in die Häuser schutzloser Witwen ein und entjungferten deren Töchter.[28] Nicht anders verhielten sich die privaten Portugiesen. Der Augustiner-Bischof Sebastião Manrique war in einem bengalischen Hafen mitten in der Nacht geweckt worden, um einem schwerverletzten Portugiesen die letzte Ölung zu geben. Auf dem Weg zu dessen Haus hörte er ein lautes Stöhnen und ging auf einen Pulk Männer zu. Manrique sah, daß dort eine Inderin auf dem Boden lag. Ihre Hände waren auf dem Rücken zusammengebunden. Portugiesische Händler waren dabei, sie zu vergewaltigen. Der Bischof lief weiter zu seinem Notfall. Er erfuhr, daß auch dieser Portugiese gerade versucht hatte, eine indische Frau, die Gattin eines angesehenen Moghul-Adligen, zu überfallen. In ihrer Verzweiflung hatte sie ihm die Zunge abgebissen; in dicken Strömen quoll ihm das Blut aus dem Mund. So entdeckte Manrique durch Zufall, was alles sich hier nachts, im Verborgenen, abzuspielen pflegte. [29]

Noch radikaler veränderte sich das Leben für die Frauen, die von den Kolonialeuropäern verschleppt wurden. Der Frauenraub war eine übliche Praxis portugiesischer Präsenz in Asien, von den meisten Autoren nur mit selbstverständlicher Beiläufigkeit erwähnt. »Sie fanden auf dem überfallenen malaiischen Schiff drei Mädchen und übernahmen sie.« [30] »Wir enterten eine Dschunke vor Brunei. Drei Frauen reservierten wir, um sie daheim der Königin zu schenken. Aber dann behielt sie der Kapitän João Carvalho für sich persönlich.« [31] Der Pirat António de Faria bemächtigte sich in einer chinesischen Flußmündung auf einem festlich geschmückten Boot einer ganzen Hochzeitsgesellschaft. Er wollte mit ihr Lösegeld erpressen; aber dann beschloß er, nur die Braut und ihre beiden kleinen Brüder zurückzuhalten, außerdem zwanzig dringend benötigte Hilfskräfte für seine Schiffsbesatzung. »Die alten Frauen, die zu nichts mehr taugten, schickte er an Land zurück.« Die Braut war sehr »weiß« und sehr schön, ihr zukünftiger Mann wartete für immer vergebens am Ufer auf sie. [32]

Es gibt keine Notizen darüber, was aus all diesen verschleppten Frauen geworden ist, ob sie getauft und verheiratet, versklavt und prostituiert wurden, ob sie irgendwann wieder zurückkehren konnten. Sobald sie gefangengenommen worden sind, zur vollen Verfügung der Europäer standen, endet ihre Geschichte. Sie haben, in der Interpretation der kolonialen Männer, ihre eigentliche Bestimmung damit erreicht.

Daß die gewaltsame Verfügung über Frauen geradezu als ein Recht des Kolonialherrn angesehen wurde, demonstriert Luís de Camões, der sonst ein sehr sensibles Gerechtigkeitsbewußtsein besaß. Eine einzige Tat gibt es, die er Albuquerque vorwirft. Der General-Gouverneur ließ einen jungen Fidalgo hinrichten, weil er die Gewohnheit entwickelt hatte, »gefangene Muselmaninnen zu beschlafen«. [33] Die Inder hatten sich beschwert, daß ihre Töchter in Goa ungestraft entführt und vergewaltigt werden konnten. Diese Strenge Albuquerques findet Camões »grausam, verdammenswert, übertrieben«. In Zeiten des Hungers, des Kampfes, drohender Krankheiten und des Schlachtentodes müsse der Schwachheit menschlichen »Liebesbedürfnisses« stärker Rechnung getragen werden. Camões stellt ausführlich in fünf Strophen eine Entschuldigungskette zusammen, die typisch ist für die Interpretation von Sexualverbrechen in einer kolonialen Situation. Hätte es sich bei dem erzwungenen Geschlechtsakt um einen Inzest gehandelt oder um die Vergewaltigung einer reinen Jungfrau oder um einen Ehebruch (im Klartext: um Verbrechen gegenüber den Rechten anderer Portugiesen), so hätte man die Entscheidung Albuquerques akzeptieren können. Aber es handelte sich um »dreckige, schwarzhäutige und geile Sklavinnen«. Hier fallen die krassesten Distanzierungen mit der Behauptung zusammen: die Zügellosigkeit der außereuropäischen Frauen sei es, die Kolonialeuropäer provoziere.[34]

Das Motiv: »Die Frauen überall in der Welt gieren nach uns«, kommt in den Texten portugiesischer, spanischer, französischer und selbst englischer Kolonialautoren bis weit ins 20. Jahrhundert hinein vor. Die frühen Reisenden in der Karibik und in Brasilien berichteten geschmeichelt, wie die Indianerinnen sich an die europäischen Männer schmiegten, sie auf sich zogen und dann die auffällige Größe ihrer Glieder lobten. Pigafetta schrieb über die Teilnehmer der Magalhães-Reise, daß die Frauen auf den Philippinen »uns sehr viel mehr liebten als ihre eigenen Männer«.[35] In bezug auf den Senegal behauptete ein Jesuit, daß die Frauen auch dort »die portugiesischen Männer besonders gern hätten« und ihnen beim Liebesgeflüster oft die Kriegsgeheimnisse ihrer Ehegatten verrieten.[36]

Hier ordneten die europäischen Männer sowohl die erzwungene Liebesbereitschaft außereuropäischer Frauen als auch die bisweilige Konfrontation mit Völkern, wo es den Frauen keineswegs verboten war, neugierig die neuen fremden Männer sexuell kennenzulernen, in ein Gedankengerüst der Ausschließlichkeit an. Wenn sie mit indianischen, philippinischen oder afrikanischen Frauen schliefen, sollten diese danach ihre Erfahrungen mit den eigenen Männern nur noch als minderwertig einstufen. Sexueller Genuß mit Europäern nähme den einheimischen Männern zwangsläufig jeden weiteren Einfluß auf ihre Frauen, markiere einen endgültigen Besitzwechsel.

Diese europäische Selbststilisierung zum »unwiderstehlichen Liebhaber« blieb den betroffenen Kolonisierten nicht verborgen. Und so charakterisierten z. B. die Malaien in einem ironischen, erzählenden Gedicht des 18. Jahrhunderts, im »Sha'ir Sinyor Kosta«, im Gesang über den Senhor Costa, einen Portugiesen genau dadurch, daß er immer wieder amouröse Abenteuer bestehen will: Er entführt in einer typischen Kolonialstadt einem Chinesen dessen burmesische Geliebte.[37]

Bei aller Fixiertheit der Kolonial-Portugiesen auf die Sexualität – Freude, Erfüllung oder langes Glück schienen sie dabei fast nie zu verspüren. Die Chance zum Verstehen, die ein so intimer Kontakt zu anderen Menschen potentiell bietet, wurde offenbar vertan, eine wirklich dauerhafte Verbindung zwischen europäischen und nichteuropäischen Partnern als eine unlösbare Konfliktlage empfunden. Der Kolonial-Europäer geriet in ein regelrechtes Dilemma. Nach den Vorschriften seiner Ursprungsgesellschaft war das öffentliche Zusammenleben mit einer Frau nur in einer offiziellen Ehe möglich. Aber er mußte hinnehmen, daß sie (und in anderer Graduierung auch die Kinder) immer als minderwertig angesehen wurde. Akzeptierte der Europäer die christliche Heirat nicht und ging zum Volk der Frau über, war er es, der zum *Outcast* wurde. Ein Gutteil der ziellosen Hektik, der gehetzten Unzufriedenheit, die die Einheimischen bei den Kolonialherren feststellten, mag auf diese Unmöglichkeit zurückzuführen sein, stets eins mit seinen (auch sexuellen und emotionalen) Ansprüchen zu bleiben. Die Atmosphäre, in der man fremden Völkern gegenübertreten konnte, war durch permanente Frustrationsgefühle vergiftet.

Ein Araber wie Ibn Battuta hatte da ganz anders im fremden Asien leben können. Der Islam erlaubte es ihm, überall, auch für eine befristete Zeit, eigene Familien zu gründen. Wenn Ibn Battuta vorübergehend in Delhi bleiben wollte, heiratete er mehrere indische Frauen. Wenn er auf den Malediven als Richter arbeitete, heiratete er selbstverständlich auch dort. Er blieb seinen heimischen Moralvorstellungen ebenso treu wie den Erwartungen im Gastland. Er blieb Araber und nahm dennoch als anerkanntes Mitglied an einem normalen indischen oder maledivischen Familienleben teil. Er sah die bereisten Länder nicht nur als rastlos Suchender; er machte mit, was die Einheimischen auch am Privatesten und Erregendsten taten. Und wenn er sich von seinen Frauen nach der vereinbarten Zeit getrennt hatte, konnte er ohne Gewissensbisse bei späteren Reisen zurückkommen und allüberall Söhne, Töchter, Schwiegerväter begrüßen. Er war fast immer »bei sich«.

Die Europäer wollten nach Aufrichtung ihrer Kolonialherrschaft auch gern einbezogen werden in das, was die Anderen wußten, fühlten, taten – es gelang ihnen jedoch nur sehr selten. Trotz aller politischen Macht und persönlichen Gewalt mußten sie sich unbeteiligt fühlen. Die direktesten Kontakte, die freiwilligen sexuellen Beziehungen, waren ihnen in Jahrhunderten europäischer Entwicklung durch einen äußerst bedrohlichen Apparat von Verdrängung, Anschwärzung und Bestrafung verleidet worden. Der Kontrast zwischen einem islamischen Schriftsteller des 14. Jahrhunderts, der schreiben konnte: »Aus der Kokosnuß stellt man auf den Malediven Milch, Öl und Honig her. Aus dem Honig fertigt man süße Backwaren. Von dieser Nahrung erhalten die Bewohner eine unvergleichliche Kraft bei der Ausübung des Beischlafs. Ich selbst hatte in diesem Land vier rechtmäßige Frauen, von den Konkubinen ganz abgesehen. Jeden Tag war ich für alle potent und brachte außerdem die ganze Nacht bei der zu, die gerade an der Reihe war;«[38] und ein panisch alles Sexuelle verleugnender portugiesischer Text des 16. Jahrhunderts kann kaum krasser sein: »Was die Chinesen, diese bestialischen und teuflischen Götzenanbeter miteinander sündigen, das näher zu erzählen, sei mir erspart; denn christlicher Verstand hält so etwas nicht aus. Nie kann die Vernunft es zulassen, daß man Zeit und Worte für so niedrige und verabscheuungswürdige Dinge verschwendet.«[39] Ein portugiesischer Autor rettete sich aus der Verlegenheit, eine nackte chinesische Götterstatue, die das Gute repräsentiert, beschreiben zu müssen,[40] indem er sie europäischen mittelalterlichen Engeln anpaßte; er ließ ihre Vagina verschwinden: »Sie schwitzt ihre Kinder aus, denn sie besitzt keine Stelle am Körper, wo sie sie sonst hätte gebären können. Sie hat nicht diesen Teil, den die irdischen Frauen aus Strafe für ihre Sünden haben, diesen dreckigen und stinkenden Teil, den ihnen Gott für ihre Verderbtheit gegeben hat.«[41]

Daß Menschen, denen jegliche Erwähnung von Sexuellem so sehr zuwider ist, überhaupt nur an geschlechtslose Wesen denken mochten, ist einleuchtend. »Jungfräuliche Reinheit« wird für sie zur höchsten aller Tugenden. Und es ist kein Zufall, daß die Jungfrau Maria mit Abstand die verehrteste Heilige im portugiesischen Asien und im spanischen Amerika geworden ist. Das wichtigste christliche Fest z. B. in Macau ist das Marienfest »der unbefleckten Empfängnis«.[42] Sexualität ist »Sünde«.[43] Bei solchen mental tiefeingebohrten Verdammungen mußten sich die Kolonial-Europäer unablässig schuldig und unwohl fühlen. Unsicher, wie sie sich wehren sollten, verfielen sie in die Rhetorik wilden Frauenhasses. Ein Augustiner aus Manila schrieb: »Die Frau ist das monströseste Tier in der ganzen Natur. Wo immer eine Frau ist, scheint es unmöglich zu sein, Ruhe und Frieden zu haben.«[44]

Für die, die noch nicht genügend verschreckt waren, gab es die Androhung konkreter Strafen. So wurde die Moral auf der Südatlantik-Insel São Tomé 1559 durch königlichen Erlaß geregelt. Es sollte Strafen geben für unehelichen Geschlechtsverkehr, für wilde Ehen, für unanständige Bekleidung; Geldstrafen, Kerkerhaft, Auspeitschungen, Deportationen.[45] Die Katholische Kirche operierte darüber hinaus mit Exkommunikationen (was für einen Beamten das Ende seiner Karriere war). Da dieser offizielle Druck das Sexuelle in den meisten Fällen nur noch stärker in die Sphäre des Heimlichen trieb, blendeten einige Kolonialschriftsteller versichtshalber Exempel überirdischer Justizakte ein. Da befindet sich in Diu ein portugiesischer Wachsoldat »in bösem Tun« mit einer unverheirateten Frau, und schon bricht in ebendiesem Zimmer ein Brand aus, der das ganze Munitionsdepot in die Luft gehen läßt: »eine Strafe Gottes für diese Beleidigung.«[46] Aber auch, wer jahrzehntelang unbehelligt geblieben ist, jeder Katastrophe entkam, kann noch im hohen Alter für seine Jugendsünden belangt werden.[47]

Ein *Fidalgo*, der sehr lustig »in den Genüssen und Geilheiten Indiens« aufgewachsen war, verendete deswegen elendiglich als alter Mann, als ihm Mäuse den Fuß abfraßen.[48]

Bei diesem konfusen Ausgangspunkt – ein Knäuel aus Aufdringlichkeit, Sehnsucht nach harmonischer Teilnahme und extremer Berührungsangst – liegt es auf der Hand, daß einige einen Blick über die eigenen Schranken warfen. Sie wollten erkunden, wie andere Gesellschaften in ihrem spezifischen Lebensraum ihre Sexualität gebrauchten.

So interessierte sie zum Beispiel sehr die unterschiedliche Einstellung einiger Völker zur Jungfräulichkeit. In Europa herrschte im allgemeinen die Auffassung, daß ein Mann nur dann mit einer Frau vertrauensvoll zusammenleben könne, wenn er sexuell der erste bei ihr gewesen sei. In Übersee aber gab es Bräuche, die geradezu verhindern sollten, daß es der zukünftige feste Partner war, der zum erstenmal mit dem Mädchen schlief. Hier wurde das Jungfernhäutchen nicht als kostbare Trophäe des Einmaligen gewertet, sondern bloß als das letzte Hindernis auf dem Weg zu ungestörter, normaler Sinneslust. Seine Zerstörung war eine unangenehme, da mit Schmerzen verbundene, Pflichtübung. »Diese bestialischen Indianer in Peru halten die Jungfräulichkeit für einen störenden und schimpflichen Zustand.«[49]

Entgeistert und gebannt zugleich, erwähnte Duarte Barbosa, daß die weiblichen Verwandten der Könige von Kalikut, sobald sie zwischen 12 und 14 Jahre alt waren, einem ausgesucht hübschen und vornehmen Knaben für einige Tage übergeben wurden, um entjungfert zu werden. Die Jugendlichen zogen sich dabei in ein entlegenes Dorf zurück. Bei der Rückkehr in die Hauptstadt trennten sie sich für immer. Die Prinzessin schlief dann mit so vielen Männern, wie sie wollte, bis sie Kinder bekam.[50] Weniger hochstehende Familien konnten zur Defloration die Hilfe von Priestern erbitten.[51] Aber auch wenn keine anderen Männer zur Verfügung standen, legte man, z. B. im südindischen Vijaynagar-Reich, Wert darauf, daß ein Mädchen vor ihrer Heirat die körperliche Sperre ihrer Jungfräulichkeit verlor. So wurde im Rahmen eines fröhlichen Familienfestes die Braut mit nacktem Oberkörper, nur mit einem weiten Rock bekleidet, auf die Deichsel eines schön geschmückten Karrens gesetzt. An der Deichsel waren zwei spitze Eisenhaken angebracht. Sie wurden genau vor der Geschlechtsöffnung des Mädchens postiert – und mit einem kräftigen Ruck hebelte sich der Balken hoch. »Dort oben schwebte jetzt das Mädchen, und das Blut lief ihr an den Beinen herunter. Aber sie zeigte keinen Schmerz, sondern schwenkte lustig einen Dolch in ihrer Linken. Zum Glückwunsch wurden Zitronen auf den anwesenden Bräutigam geworfen.«[52]

Auch die Entjungferungen in hinduistischen Tempeln beschrieb Barbosa minutiös. In der Mitte großer steinerner Penis-Skulpturen gab es ein Loch, in das ein langes, spitzes Holz gesteckt wurde. Das Mädchen klammerte sich an die Skulptur und entjungferte sich selbst. Das Blut, das an der Skulptur, dem *Lingam*, herabtropfte, wurde als hochgeschätztes Opfer an die Götter angesehen.[53] In Berichten (und Nachdichtungen) späterer Autoren[54] gibt es darüber immer wieder fassungslose Kommentare: »Und so opfern selbst die adligen Frauen ihre Ehre, weil kein Ehrenmann sie sonst heiraten würde. Gäbe man ihm auch alles Geld dieser Welt, er lehnte es ab, denn er fühlte sich gar zu entehrt.«[55]

Das zweite als sehr rätselhaft empfundene Phänomen war die Tatsache, daß außerhalb Europas auch die Frauen großen Spaß an Sexuellem hatten. Ja, sie forderten ihre Männer direkt zu häufigem und raffiniertem Geschlechtsverkehr auf. Das paßte nicht in den europäischen Glauben an die prinzipielle, biologisch begründete Passivität der Frauen.

Die Spanier der Magalhães-Reise trafen auf den Visaya-Inseln wahrhaftig ein Volk, wo alle Frauen ab sechs Jahren beginnen, ihre Scheiden systematisch zu weiten, um so früh und so oft wie möglich die Penisse ihrer Männer, aller Männer im Dorf und der vorbeikommenden Reisenden dazu, in sich aufnehmen zu können. Um sich noch mehr Genuß bei diesen Sexualakten zu verschaffen, haben sie die Glieder ihrer Männer unterhalb der Eichel durchbohrt und dort einen Metallbolzen aus Gold oder Zinn durchgesteckt. Er ist so lang wie ein Gänsefederkiel. Pigafetta schreibt: »Ich habe oft junge und alte Männer darum gebeten, mir ihren Penis zu zeigen, weil ich es nicht glauben konnte. Aber der Nagel, oft noch mit Sporen versehen, war immer da.« Es sind die Frauen, die zum Geschlechtsverkehr das Glied in die Hand nehmen und es, im weichen Zustand, langsam mit diesem Bolzen in ihre Scheide schieben. Innen verkantet sich die Spitze des Metalls, und die Frauen können das Glied sehr lange in sich behalten. Erst wenn es wieder ganz weich ist, besteht die Möglichkeit, es zu entfernen.[56] »Wenn diese Menschen sich dem Laster des Fleisches hingeben, sind die Frauen die schlimmsten.«[57]

Die Forderung von Frauen an die Männer ihres Volkes, daß auch sie den vollen Genuß beim Sexualakt haben wollen, wirkte auf die Europäer auch deswegen so bedrohlich, weil sie im Zusammenhang damit beobachten müssen, daß die Männer zu vielerlei mechanischen oder chemischen Hilfsmitteln griffen. Die behauptete sexuelle Überlegenheit der Männer schien sich im ernsthaften Experiment als Illusion herauszustellen. In den tropischen Dörfern Amerikas rieben die Indianerinnen die Penisse ihrer Partner mit einer Salbe ein, die sie zum übermäßigen Schwellen brachte. In Burma waren es metallene Glöckchen, die den gleichen Effekt zu vollbringen hatten. Die Männer brachten sie an der Vorhaut an. Barbosa schreibt: »Sie tragen bis zu fünf davon, einige sind aus Gold, andere aus Silber oder auch, bei Männern niedrigeren Standes, aus einfacherem Metall. Sie klingeln laut, und je lauter beim Spaziergang oder beim Beischlaf sie klingeln, desto größer ist die Ehre für den Mann.«[58] Tomé Pires hatte noch eine malerische Variante für dieses Glöckchengeläut zu bieten: »Die Aristokraten des Landes tragen bis zu neun goldene Glocken, so groß wie Pflaumen, die wunderschön auf einen Dreiklang abgestimmt sind.«[59] In jedem Fall: »Den Frauen bereitet diese Erweiterung einen solchen lieblichen und süßen Genuß, daß sie mit keinem Manne schlafen, der ohne Glocken ist.«[60] »Die Frauen haben die meiste Freude an diesem bestialischen Brauch.«[61]

Isolierte Detailbeobachtungen werden schließlich zu größeren Einheiten fremder sexueller Praxis verknüpft. Man wollte wissen, wie das gesamte System der Beziehungen zwischen Männern und Frauen in überseeischen Gesellschaften abläuft. Man hielt Ausschau nach Systemen außerhalb des europäisch Üblichen. Insbesondere wollte man eine Antwort auf die Frage: Wie organisieren sich Völker jenseits der Institution der Einehe? Denn gerade die (theoretisch) äußerst starre Beschränkung auf nur einen Partner wurde als die entscheidende Basis der eigenen Lebensform, der Kern der europäischen Sexualität erkannt.

Das erste, was einem einfiel, wenn man außerhalb Europas nach abweichenden Eheformen suchte, war die Vielweiberei. Die Kolonial-Autoren besprachen sie, wenn sie in außerordentlicher Massierung auftrat. Sie strichen dann die vornehme Würde der mehr als 1000 Ehefrauen des Monomotapa-Herrschers im heutigen Simbabwe heraus.[62] Sie schilderten den Haushalt der Könige von Vijaynagar in Südindien, der ausschließlich aus Frauen bestand: sehr vielen Ehefrauen, sehr vielen Konkubinen und sehr vielen Dienerinnen, die unter den schönsten Mädchen im Lande ausgewählt wurden. »Sie alle singen, spielen Instrumente und machen dem König tausenderlei Freuden. Sie baden den ganzen Tag in vielen Becken, und der König sieht ihnen dabei zu. Welche ihm am besten gefällt, die nimmt er mit auf sein Zimmer.«[63]

Bei solchen auffallend wohlwollenden Passagen spielen die Wunschvorstellungen der europäischen Männer kräftig mit. Man schreibt zwar über erklärtermaßen Fremdes; aber hier dürfte die Identifizierung der Autoren und Leser über Geschlechterrollen stärker ablaufen als über die Kulturzugehörigkeit. Zumal bei den Portugiesen in den Kolonien die Tendenz bestand, sich auf der Grundlage der Sklavenhalterei ebenfalls eine Art Harem zuzulegen. Zu verlockend wirkte da die Aussicht, ihn auf eine so konfliktlose Weise zu vergrößern, wie es angeblich die Regierenden in Arrakan (im Inneren Burmas) taten. In jeder der zwölf wichtigsten Städte würden pro Jahr zwölf neugeborene Mädchen, Töchter der angesehensten und schönsten Frauen, in Staatsobhut genommen, ernährt, bekleidet und in allen Künsten unterwiesen. Nach zwölf Jahren gingen sie alle zur gleichen Zeit in die Hauptstadt. In Anwesenheit des Herrschers zögen sie sich aus und übergäben ihre durchgeschwitzten Kleider an ihn. Nach dem jeweiligen

Duft, der anzeigt, wie gesund und kräftig sie sind, behält der Herrscher einige Mädchen für sich und verteilt die anderen unter seinen Verwandten, die Provinzgouverneure und die persönlichen Vasallen. »Die Menschen hier brauchen keinerlei Gesetze, Heiraten betreffend: Sie bekommen viele schöne junge Frauen frei aller Verpflichtungen.«[64]

Das Riesen-Harems-Ideal ist für die meisten Männer eine allzu irreale Vision. Von der Natur seiner Organisation her steht es nur mächtigen Staatsoberhäuptern und den Führern reichster Familien zur Verfügung. So wird die Bewunderung immenser Vielweiberei oft gekoppelt mit einem jähen Wechsel auf den weiblichen Standpunkt. Es entsteht dann das Motiv: Wie bedauerlich unausgefüllt ist die Existenz einer Frau im Harem orientalischer Potentaten! Jeder Mann möchte dann, ganz monogam, nur eine einzige Frau aus dem Serail entführen.

Diese latente Einsicht in den Sonderstatus umfassender Polygamie ließ die Kenner außereuropäischer Realitäten zunehmend zu anderen Beispielen greifen. Sie präsentierten Gesellschaften, in denen das sexuelle Verhalten auch ganz verschieden von dem europäischen war, aber so, daß es alle Mitglieder erreichte. Die Musterfälle wiesen eine bemerkenswerte Gemeinsamkeit auf: Eine freiere Sexualität, außerhalb der Einehe, wurde dann tatsächlich möglich, wenn es die Frauen waren, die ihre Partner auswählen durften. Die Kolonial-Autoren mußten konstatieren, daß nicht nur die Frauen selbst größere Befriedigung daraus zogen, sondern daß auch für die betroffenen Männer die Chance, mit unterschiedlichen Frauen in häufigen Kontakt zu treten, viel größer war als in Gesellschaften, wo ausschließlich sie solche Initiativen zu ergreifen hatten.[65]

Zum berühmtesten Beispiel für eine offensichtlich ausgezeichnet funktionierende Gemeinschaft, in der die Frauen sich sexuell ungezwungen bewegten, wurde die der Nayar an der indischen Malabar-Küste.[66] Das hielt schon König Manuel von Portugal in seinem Brief an den König von Spanien 1505 für erwähnenswert; das diskutierten sehr ausführlich die Geheimdossiers Tomé Pires' und Duarte Barbosas. João de Barros und Diogo do Couto verfaßten ganze Aufsätze über die Nayar. Und selbst im 19. Jahrhundert noch glaubte der Indien-Reisende Ignácio de Andrade, in seinen Erbauungsbriefen an die keusche Gattin in Portugal auf eine kondensierte (und kastrierte) Zusammenfassung der sensationellen sexuellen Gebräuche dieser Eingeborenen nicht verzichten zu dürfen.[67] All diese Abhandlungen konstatierten: »Die Nayar heiraten nicht. Je mehr Geliebte eine Frau hat, desto bedeutender ist sie.«[68] Sobald ein Nayar-Mädchen entjungfert ist, hängt sie sich eine Goldkette von einer bestimmten Form um den Hals, was bedeuten soll: Jetzt ist sie auf der Suche nach Männern. Im allgemeinen hat sie drei oder vier feste Freunde. Jeder von ihnen hilft ihr durch Geschenke, den Lebensunterhalt zu sichern. Der jeweilige Geliebte darf vom Mittag des einen bis zum Mittag des folgenden Tages bei ihr bleiben. Damit nicht der Nächste unvermittelt in das Zusammensein hineinplatzt, läßt jeder Liebhaber seinen Dolch oder seinen Schild an der Pforte liegen, als Stopp-signal. »Und all dieses Sicheinanderabwechseln geht mit so viel Gelassen-heit ab, daß man bei ihnen noch nie von Zankereien gehört hat.« Auch für problemlose Scheidung wird gesorgt. Wenn ein Partner keinen Spaß mehr am anderen hat, »hört der Mann auf zu kommen, oder es sagt die Frau: Bitte geh.«[69]Dann ruft sie einen Neuen herbei, um immerfort ihre Lust zu befriedigen und sich, bei Wunsch, schwängern zu lassen.«[70]

Eine solche sexuelle Praxis verlangt selbstverständlich die Veränderung ei-ner ganzen Serie von sozialen Institutionen. Das Erbrecht z. B. muß ganz anders aussehen, »wenn die Frucht auf dem Feld nicht weiß, aus welchem Korn sie entsprungen ist«.[71] Da Sicherheit über die Abstammung nur über die weibliche Linie gewährleistet ist, über die Verwandtschaft zur Schwe-ster z. B., geht die Vererbung von Besitz und Ehrenämtern auch stets nur von einem Onkel mütterlicherseits auf den Neffen über, unter Ausschluß des (vermeintlich) eigenen Sohnes. Das gilt auch für die Königsfolge.

Die persönlichen Meinungen der europäischen Autoren über die Nayar-Gemeinschaft sind sehr unterschiedlich. Sie reichen von schroffer Abwehr bis zu offener Sympathie. Das alles ist zu unerhört, um gleich mit einer festen Formel beantwortet werden zu können.

Da hält der eine Portugiese den Ausschluß des leiblichen Sohnes von jeder Nachfolge für »eine dumme und brutale Sitte«. Wer aus einem Land kommt, wo jeder zuerst nach dem eingeschätzt wird, was sein Vater war – das portugiesische Wort für Adliger, *Fidalgo*, kommt von *filho de algo*, Sohn von Jemandem – kann schwer verstehen, daß sich auch ein Nayar als Aristokrat fühlt, wo doch »ein Nayar weder Vater noch Sohn besitzt«.[72] Bei genauerer Überlegung jedoch, so stellt ein anderer Portugiese fest, ist gerade die Onkel-Neffen-Erbfolge bei den Königen »von großer Weis-heit«,[73] denn es könne derjenige unter den vielen Neffen bevorzugt wer-den, der in der Lage sei, dem Reich den größten Nutzen zu bringen.[74]

Auch das freiwillige Teilen einer Frau mit vielen anderen Männern wird kontrovers behandelt. Während Diogo do Couto als wahren Grund dafür vermutet, daß jeder Nayar im geheimen sehr arm sei und nicht für sich allein den Reis für die Ernährung einer Frau aufbringen könne, zieht Luís de Camões den Schluß, daß es neben der europäischen auch gänzlich an-dere Mentalitäten gebe: »Glücklich solche Lebensbedingungen, glücklich solche Menschen, wo niemals Eifersucht sich Opfer sucht.«[75]

Die Entdeckung der Sexualität fremder Völker (und ihre wahrheitsgetreue Abbildung) half in Europa, Breschen zu schlagen in alte Moralbarrieren. Wenn sich hier früher Unmut nur ganz nebulös äußern konnte, so gab es jetzt ein großes Arsenal an unwiderlegbaren Fakten. Durch Nachrichten aus Außereuropa erfuhr der Europäer, was noch alles in ihm stecken könnte. Und so diskutierten z. B. in der französischen Aufklärung selbst so überzeugte Stubenhocker wie Denis Diderot begeistert die Erfahrungen der zeitgenössischen Entdeckungsreisenden, interessierten sich bei den Beobachtungen des Weltumseglers Bougainville insbesondere für seine Informationen über die »freie Liebe« in Tahiti. »Was sollen wir machen, ebenfalls Wilde in der Südsee werden oder Mönche in Frankreich bleiben? Wir werden so lange gegen sinnlose Vorschriften reden, bis man sie reformiert.«[76]

Das Wissen über all die Varianten des Fremden wurde schließlich im 19. Jahrhundert institutionalisiert, als die Beschreibung außereuropäischer Gesellschaften zu einer speziellen Sammlerwissenschaft geworden war, zur »Völkerkunde«. Da sie vor allem das »Ursprüngliche« suchte, nicht Entwicklungstendenzen, hatten in ihrem Material Sexualsitten und die damit zusammenhängenden verschiedenen Familienformen ein großes Gewicht. Und seitdem greifen Wissenschaftler, die für eine Entideologisierung der Sexualität plädieren, beliebig nach solchen relativierenden Beispielen. Sigmund Freud verwandte in »Totem und Tabu« Informationen aus Polynesien, um ganz allgemein die psychologischen Techniken der Entstehung von Sitten- und Moralverboten zu erläutern. Die Biologen Cellan Ford und Frank Beach stützten ihre Katalogisierung aller »Formen der Sexualität« durch Bezüge auf 190 außereuropäische Völker.

Aber auch in einem populären Rahmen stellte die Sexualität, die fern von Europa verwirklicht wird, den Tiefenraum dar, durch den sich die Europäer selbst begreifen konnten. Auch in den Perioden ihrer Geschichte, wo eine besonders starke Repression gegen alles Sexuelle herrschte, waren völkerkundliche Werke in der Regel davon ausgenommen: Hier gab es immer, als trockene Wissenschaft geschont, voreheliche oder außereheliche Geschlechtsverkehr, Entjungferungsriten und Fruchtbarkeitsfeste. Zeichnungen, später Fotos, dann Filme sorgten dafür, daß der Anblick des menschlichen Körpers auch in diesen Zeiten der Vermummung nie in Vergessenheit geriet.

Über die Beschäftigung mit der differenzierten Organisation von Lebensformen, die nicht an die strikte Einehe gebunden waren, kamen die portugiesischen Kolonial-Autoren sehr schnell zu einem weiteren großen Themenkreis erstaunlicher Andersartigkeit. Sie schilderten die soziale, politische und wirtschaftliche Gesamtorganisation bestimmter fremder Gesellschaften. Gewissermaßen eine Abstraktionsstufe höher ansetzend als beim Blickpunkt Sexualität, wollten sie dabei Phänomene finden, die alte europäische Vorstellungen sprengten. In Europa, und viel eindeutiger noch: während der europäischen Expansion nach Übersee wurde besonders der gelobt, der ständig von neuem eine Initiative ergriff, aber er mußte auch ständig bereit sein, sich zu rechtfertigen. Geforderte Unruhe und der gleichzeitige Widerstand dagegen zermürbte viele Kolonial-Europäer, und so kam die Sehnsucht auf nach Gesellschaften, die bereits an einem Ziel angelangt waren und die sanft von allein liefen.

Solche »Idyllen« machten die Portugiesen in Afrika, Amerika und Asien aus, vor allem aber in der Inselregion Südostasiens und Ozeaniens. Eine kleine Insel eignet sich wohl als Standort dieser Gemeinwesen vorrangig, weil hier die neidischen Nachbarn geringere Einflußmöglichkeiten besitzen. Der Organisationsapparat braucht auch nicht allzu riesig und damit störanfällig zu sein. Auf einer Insel zu leben, unterstreicht außerdem die fundamentale Eigenständigkeit der Bewohner: Begrenzung und zugleich totale Ausfüllung des Vorhandenen.

Diese geschlossenen Gesellschaften befinden sich zumeist in einer Naturumgebung, die so mild und schön ist, daß sie dem Leser sofort wie eine Oase in dieser Welt steter Agitation erscheinen muß. Landschaften, Fauna und Flora spielen auf die Ideal-Panoramen in den zeitgenössischen Gemälden an. »Die Insel ist bedeckt mit frischen Hainen. Durch die Wälder fließen die hübschesten und sanftesten Bäche, die man sich auf der Welt vorstellen kann. Ihr Wasser geht höchstens bis an die Brust eines Mannes, und die Strömung ist ruhig, weich und anmutig. Die Baumgipfel neigen sich über ihren Lauf. Diese Wälder sind ausschließlich Wälder mit Fruchtbäumen. Ihre Früchte schmecken herrlich.«[77] Ein anderer malt eine andere Insel mit genau demselben Pinselstrich: »Es ist die frischeste und hübscheste Insel, die je ein Auge genießen konnte. Sie besitzt einen Kranz von Ebenen, die voller Laubwerk sind. Wenn die Bäume blühen, erhebt sich, zusammen mit dem Geruch der Blumen und Kräuter zu ihren Füßen, eine Duftkomposition, die unvergleichbar ist. Hinter anmutigen Hängen erhebt sich ein kleines Gebirge, ein wenig steil, von dem Bäche in die Ebenen herabströmen. Hier flattern Papageien und andere Vögel von mannigfaltigster Gestalt, Farbe und Sangeskunst.«[78]

In diesem paradiesischen Ambiente müssen sich auch die Menschen voll paradiesischer Unschuld bewegen. Wenn die europäischen Entdecker eine solche Insel zum erstenmal besuchten, dann waren diese Menschen, Melanesier z. B., »kräftige, untersetzte Männer und Frauen, ohne jedes Anzeichen von Krankheiten, von absoluter Selbstsicherheit. Sie kamen, obwohl sehr erstaunt, sofort auf uns zu, ohne Aufregung oder Gekreische. Sie machten den Eindruck, als hätten sie noch nie schlechte Erfahrungen mit Fremden gemacht, noch nie Schaden durch sie erlitten. Sie waren von simpler Aufrichtigkeit.«[79] Sie glichen den Vögeln in Neuseeland, die die Fähigkeit wegzufliegen verloren hatten, weil es keine räuberischen Feinde für sie auf dieser Insel gab. Vertrauensvoll liefen sie auf die Neuankömmlinge zu.

Es war eine Begegnung noch vor dem Sündenfall, aber nicht einer Sünde von seiten der Einheimischen, sondern der Neuankömmlinge. Paradoxerweise sollten gerade sie, die das Paradiesische an dem Neuentdeckten in seinem ganzen Wert einschätzen konnten, es durch ihr Eintreffen zugrunderichten. Begeistert von der Idylle Melanesiens, bemächtigen sie sich ihrer, pfropften ihr ihre koloniale Herrschaft auf, um teilzunehmen, und erledigten sie damit. Reale »glücklichere« Gemeinschaften als die eigene überdauerten eben nur, wenn die Europäer die große Distanz zu ihnen beibehielten: eine Erfahrung, die einen verzweifeln läßt.

Bei der Zustandsbeschreibung fremder autonomer Inselgesellschaften schälten sich vier Prinzipien heraus, die ihre innere Organisation zu strukturieren schienen. Solche Völker waren »friedlich«. »Sie liebten die Frauen und trieben Ackerbau.«[80] Sie gingen Konflikten untereinander aus dem Weg. »Sie lebten in Einigkeit miteinander. Es gab weder Haß noch Feindschaft unter ihnen.«[81] Und so erübrigte sich hier die Schaffung einer eigenen Kriegerkaste. Bei Angriffen von außen können alle Bewohner selbst zu ihren (einfachen) Waffen greifen. Dafür braucht das Recht zur Gewaltanwendung nicht auf bestimmte Personen konzentriert und delegiert zu werden. Manche portugiesische Chronisten dürften diese Beobachtung nicht nur naiv dokumentierend, sondern gezielt agitierend weitergegeben haben. Frieden und Zufriedenheit in einigen Regionen Außereuropas – das Schmarotzertum der Krieger in der europäischen Heimat: Da mußte nicht viel ausgesprochen werden, der Kontrast sprach für sich.

Das zweite bestimmende Charakteristikum idyllischer Gesellschaften: Sie waren »wohlhabend«. Und zwar in der Wirklichkeit auch dann noch, als man alle Legenden über die »Goldinseln« in fernen Meeren durch die Erforschung der Welt Schritt für Schritt beiseitegeräumt hatte.

Es war ein mühsamer Erleuchtungsprozeß gewesen. Zu blendend erschien über mehr als ein Jahrhundert die Erwartung, irgendwo in den noch verborgenen Weiten ein Stück Materie zu finden, das ohne Mühe der Prospektion, Extraktion und Bearbeitung vollständig aus Edelmetall bestand und damit dem glücklichen Entdecker von einer Minute zur anderen Reichtum auf ewig verschaffen konnte. König Manuel von Portugal hatte 1512 den schriftlichen Befehl gegeben, dieses Gold auf den Riu-Kiu-Inseln zwischen China und Japan zu suchen.[82] Noch König João III. ernannte 1542 einen eigenen Festungskapitän für eine »Gold-Insel«, die westlich der Südspitze Sumatras, rund 800 Kilometer entfernt, liegen sollte, riffe- und lagunenumsäumt, palmenbestanden, hügelig und von »Schwarzen« bewohnt. Die Expedition endete, als die Matrosen meuterten und den Kapitän gefesselt in Ceylon ablieferten. »Die Insel geriet in Vergessenheit, zum Nachteil Portugals.«[83] Ähnliche Gerüchte gab es über Sulawesi, Borneo und isolierte Bergregionen in Hinterindien.[84]

Doch die Realität in Asien hatte sich als eine andere herausgestellt. Es gab keine fertigen Schatzkammern von »Gold, Diamanten, Rubinen, Silber, Kupfer, Zinn und Blei«[85]; der dortige Reichtum war in der Regel ein Produkt des Fleißes der Einheimischen, von Industrie, Landwirtschaft und Handel. »Wo kein Gold wächst, muß eben gearbeitet werden«, stellte João de Barros lakonisch fest.[86] Wenn es also dennoch verbreiteten Wohlstand in einigen asiatischen Ländern gab, so war er auf die gute Organisation von Arbeit zurückzuführen. Auf den autonomen Inseln hieß das, daß die Arbeit gering blieb, die Erträge aber gewaltig waren. Das war den Menschen dadurch gelungen, daß sie die Vielfalt der tropischen Natur geschickt einsetzten, ihre Gärten differenzierten, ihre Tierhaltung erweiterten. »Es gibt einen Überfluß an Muskatblüten, Nelken, Zimt, Nüssen, Ingwer, Pfeffer, Bernstein, Moschus, Aloe, Sandelholz und Kampfer, Reis, Weizen, Palmen, Zuckerrohr, Obst, Fische, Hühner und Elefanten. Dieser Überfluß läßt sie ohne Sorge reichlich und gesund leben.«[87] Es ist eine Wohlhabenheit mit viel Muße, die auf den täglichen Kampf ums Überleben, um Kleidung und Nahrung, wie man ihn aus Europa kennt, verzichten kann. Es ist aber auch eine Sorgenfreiheit, die sich nicht nach einem schlaraffenland-ähnlichen Saus und Braus sehnt. Wer Mangel nie kennengelernt hat, besitzt offensichtlich keine besonderen Besitzansprüche. Er provoziert weder Eroberungskriege gegen fremde Völker noch Grenzkonflikte mit den unmittelbaren Nachbarn. Er verkauft weder Haus noch Frau, um die Handelsgüter der Europäer zu erwerben. Die europäischen Autoren nehmen sehr aufmerksam zur Kenntnis, wie Wohlbefinden schon erzeugt werden kann durch ein sicheres, reichliches Essen, z. B. durch »Sago, eine sehr gesunde Speise, die satt macht ohne zu überfüllen, mit Gemüse eingenommen und Hühnerfleisch, oder mit Wildschwein oder exzellenten Fischen.«[88]
Drittens: Viele Kleingesellschaften in Übersee funktionierten auf eine auffallend »gerechte« Weise. Ihre Gerechtigkeit bestand aber weniger darin, bestimmte Verteilungskriterien des Wohlstandes genau einzuhalten, also z. B. jedem nur das zuzuweisen, was ihm aufgrund seiner Arbeitsleistung oder aufgrund des gewohnheitsmäßigen Anteils seiner Familie zustand, sondern darin, daß »keiner ausgeschlossen wurde«. In der Regel waren die meisten Bewohner an der Produktion von Reichtum direkt beteiligt und konnten auch seine Vorteile direkt wahrnehmen; aber auch wenn das in Einzelfällen nicht der Fall war, wurde allen die Gelegenheit gegeben, »preiswert gut zu essen, gesund, kräftig und reichlich zu leben«.[89] Für João de Barros existierte auf der lieblichen Hauptinsel der Banda-Gruppe in den südlichen Molukken der Prototyp einer solchen gerechten Gemeinschaft (es handelt sich genau um die Menschen, die 1619 von den Holländern bei ihrer Einführung lukrativerer Plantagenwirtschaft restlos ausgerottet werden sollten). Er beschreibt sie in seinen »Dekaden« über vier Seiten lang.

»Die Fruchtbäume, von denen die Bevölkerung der Insel lebt, gehören dem ganzen Volk. Zur Erntezeit, zwischen Juni und September, erhält jeder Weiler und jeder Ort einen Bereich zugewiesen.« Den Kern des sozialen Verhaltens dieser Gesellschaft bringt Barros wie einen Merksatz: »Jeder arbeitet, soviel er will; jeder bekommt, soviel er braucht.«[90] Ein Gedanke, der die Europäer noch Jahrhunderte später aufrührte.

Viertens: Genausoviel potentiellen Sprengstoff barg die Beobachtung, daß es außereuropäische Völker gab, deren Mitglieder es als ihr Prinzip ansahen, einander »gleich« zu sein. Keiner sollte vor dem anderen bei den Rechten und Pflichten in der Gesellschaft eine Vorgabe haben.

Die europäischen Entdecker hatten sich an die Vorstellung gewöhnt, daß es überall auf der Welt eine einzige Form der Gesellschaftsorganisation gab: die Monarchie. Wohin sie auch kamen, beim Erstkontakt forderten sie, schleunigst zum Herrscher des jeweiligen Volkes geführt zu werden, und (fast) immer wurden sie dann tatsächlich zu einem besonders großen Haus oder Palast gebracht, wo ein einzelner Sultan, Raja, Zamorin, Hidalkan, Sohn des Himmels oder Tenno die oberste Instanz der Regierung repräsentierte. In den meisten Fällen war er in diese Position als Abkömmling einer »königlichen« Familie gelangt. Solche Parallelen waren ein großes Band zwischen den unterschiedlichen Staaten der Erde, eine epochale Gemeinsamkeit. Bis in äußere Einzelheiten hinein, etwa Begrüßungszeremonien (wo der Besucher seine Unterwerfung unter die Hoheit des Herrschers dadurch ausdrückte, daß er sich tief verneigte), wurde der Eindruck verfestigt, daß es sich bei diesem Zeitphänomen um eine »natürliche« Art sozialer Strukturierung handele. Auch die pyramidenförmige Schichtung von Gesellschaften, die sich dadurch ergab, daß zwischen »Herrscher« und »Volk« Gruppen mit Vermittlerfunktionen eingeschaltet wurden, zählte man zu den unbestrittenen Selbstverständlichkeiten.

Bald aber fanden die Europäer bei ihrer kolonialen Expansion Völker, bei denen die Lenkungsbefugnisse eines Monarchen sehr beschränkt erschienen. Berichte tauchten auf, wonach z. B. in Hormuz, im Persischen Golf, die Herrscher, wenn sie bei der Regierung ihres Staates mitreden wollten, geblendet und abgesetzt wurden. Die Portugiesen sollen im Gefängnis der Insel fünfzehn ehemalige Könige mit ausgestochenen Augen gefunden haben.[91] Und im Komorinreich, an der Südspitze Indiens, wußten die Herrscher schon im voraus, daß sie sich nach jeweils 14 Jahren Amtsausübung selbst zu töten hatten.[92] »In Pacem auf Sumatra gibt es einen einzigartigen Brauch. Niemand möchte hier König werden. Läßt sich jemand auf dieses Amt ein, hat er sein Leben praktisch schon verwirkt. Das Volk beginnt, über den unglücklichen Erben einer solchen Ehre Wetten abzuschließen, wann exakt er sterben werde. Das kommt daher, daß das Volk, wenn es Wahnsinn oder Wut befällt, auf die Straßen der Hauptstadt stürzt und anhebt zu singen: ›Der König muß sterben.‹ Es gibt keinen, der diesen Stimmen widerspricht, natürlich mit Ausnahme des Königs selbst. In der kurzen Zeit, in der z. B. Peres de Andrade in Pacem war, wurden zwei Könige totgeschlagen, und keiner in der Stadt regte sich darüber auf. Die Leute glaubten, daß sich dieser Brauch, den sie für sehr positiv hielten, dadurch erklären ließ, daß Gott doch die Eliminierung eines so großen Menschen, wie es ein König ist, nur dann zuließ, wenn er auch mit der Beseitigung dieses Menschen einverstanden war. Keiner hätte es gewagt, den König zu töten, wenn es Gott nicht erlaubt hätte. Läßt sich also ein König totschlagen, hat er wohl genügend Sünden verübt, um es zu verdienen.« Hier existiert offenbar, und nicht schlecht, ein Volk, das zu seiner Staatsführung keine übermächtige Königsdynastie benötigt.

Schließlich erreichte die Entdeckungswelle Völker, die gar nicht erst einen Monarchen hatten. Zuerst hielten die Europäer solche Länder für bloßes Niemandsland (*isento*, unbesetzt, nannten es die iberischen Juristen), aber dann stellten sie fest, daß es doch eine strukturierte, und vor allem leistungsfähige, Gemeinschaft ohne Könige geben konnte. Auf den Banda-Inseln bestimmten z. B. andere staatliche Konstruktionen das Geschick der Bewohner. »Ohne daß man übergeordneten Herren zu gehorchen hatte, hing das Regieren ab von einem Rat der Ältesten.«[93] Hier gab es also in der Realität Republiken, wie man sie sonst nur aus idealisierenden Schriften der Antike kannte. Republiken, die nicht (wie Venedig) von Patrizierfamilien oder Heerführern beherrscht wurden, sondern von gewählten Männern, die durch besondere Erfahrung oder Weisheit dazu befähigt waren.

Die reale Überflüssigkeit von Monarchen schien aber auch noch andere Dinge, die die Gesellschaften europäischer Monarchien kennzeichnete, überflüssig zu machen. In den iberischen Texten werden solche überseeischen Kleinrepubliken in der Regel mit der Formel *sem rei nem lei*, ohne König und ohne Gesetz, bezeichnet. Das geschah sicher nicht nur wegen des gelungenen Doppelreims, sondern, weil wahrgenommen wurde, daß ein Herrschaftssystem der Gleichheit auf wesentlich mehr Zwangsmaßnahmen verzichten konnte als ein Herrschaftssystem, das auf harte Befehlserteilung von oben nach unten basierte. »Kein Gesetz zu haben«, bedeutete in der Sprache europäischer Untertanen konkret, daß diese anderen Menschen befreit waren von einer ganzen Reihe »normaler«, in Europa beklagter, aber bislang als notwendig hingenommener Beschränkungen: keine Steuern und Abgaben, keine Zwangsarbeit und Schuldnerschaft, kein erpreßter Kriegsdienst, keine staatliche (Zensur-, Polizei- oder Moral-) Überwachung.

Nicht eingeengt zu werden vom starren Raster althergebrachten Gesetzes, das bezog sogar religiöse Praktiken ein. Die Portugiesen glaubten, in Amerika und Ozeanien auf Völker gestoßen zu sein, »die keinerlei Glauben besaßen«.[94] Das war eine der ungeheuerlichsten Entdeckungen für sie, etwas, was man vorher als gänzlich unmöglich eingeschätzt hatte. Und das Verwirrendste daran war, daß diese Völker, die die absolute Gleichheit verwirklicht hatten, indem sie sich nicht einmal einem Gott unterordneten, offenbar sehr glücklich lebten. Obwohl die europäischen Neuankömmlinge bei ihnen weder Berufspriester noch Tempel, weder Götterfiguren noch Gebete, weder eine ausgefeilte Theologie noch öffentliche Bekenntnisriten ausfindig machen konnten, herrschte unter ihnen keineswegs Mord, Anarchie, Elend oder persönliche Gewissenspein. »Diese Menschen sind gut.«[95]

Nicht sofort konnte und wollte man in Europa das Kennenlernen dieser anderen Welt als Impuls zur Änderung der eigenen Lebensweise verwenden. Man legte sich erst Kuriositäten-Kammern zu. Aber im Laufe der Zeit wurde dann immer stärker beim Nachdenken darüber, in welche Richtung die Weiterentwicklung der eigenen Gesellschaft gehen sollte, aus diesem Fundus des Fremden geschöpft. Da gab es massenhaft Anregungen: für die Freunde der Sinnlichkeit und die Opfer der Einehe, wie eine sexuelle Liberalisierung tatsächlich aussehen könnte; für Bourgeois und später für Proletarier, wie Gesellschaften auch ohne Privilegien für bestimmte Klassen existenzfähig waren; für die Gegner des Wettbewerbs-Fetischismus, wie der Schutz der Schwachen höher bewertet werden könnte als die Belohnung nur nach meßbarer individueller Leistung. Und allen gab die immense Bandbreite außereuropäischer Beispiele die nie sterbende, schöne Hoffnung, daß es irgendwo auf dieser Welt das Ideale tatsächlich gab.

Die Nützlichkeit von Vergleichen

So, wie es den Europäern bei der Regelung ihrer Kontakte mit den Einheimischen in den kolonialen Gebieten auch nicht möglich gewesen war, immer nur exklusiv für sich zu bleiben, so konnten sie auch die Beobachtung des Fremden nicht stets als bloßes Sichinformieren betreiben – sie mußten in den direkten Vergleich eintreten. Denn sie studierten ja die Anderen nicht aus selbstlosem Wissensdurst. Sie wollten genau wissen, was für Konsequenzen die Kenntnisse des Neuentdeckten für ihre eigene Stellung in der Welt hatten.

Um das herauszubekommen, mußte ein klares Bezugssystem zwischen dem Eigenen und dem Fremden etabliert werden. Auf einer sehr niederen Ebene der Abstraktion machte das keine Schwierigkeiten. Damit ein europäischer Leser z. B. die Bedeutung Kantons einschätzen kann, setzt es der Berichterstatter mit Lissabon gleich. Damit die Größe einer bestimmten chinesischen Kleinstadt verständlich wird, sagt der Autor: »Nouday ist in Bezug zu Kanton noch kleiner als das Dorf Oeiras zum benachbarten Lissabon«[1]. Außer geographischen Daten[2] sind auch einige gesellschaftliche Tatbestände leicht vergleichbar. Es existieren religiöse Institutionen in China, die »Klöstern« und »christlichen Laienbruderschaften« entsprechen.[3] Es gibt gemeinsame Probleme, zum Beispiel Verständigungsbarrieren zu ethnischen Minderheiten; die Sprachen im Reiche des Sultans von Ternate sind vom Malaiischen so weit entfernt »wie das Baskische vom Kastilischen«.[4] Am häufigsten werden die Währungs-Äquivalenzen erwähnt: Zum Bau der Chinesischen Mauer habe der Kaiser 10000 Säcke Silber zur Verfügung gestellt, »jeder im Werte von 1500 Cruzados nach unserer jetzigen (um das Jahr 1540 gültigen) Währung.«[5]

Diese Dimensionenvergleiche taugen aber nicht dazu, Besonderheiten zu erfassen, die Mischgebilde aus Kontrasten und Übereinstimmungen sind. Hierbei darf man nämlich nicht mehr neutral zwischen beiden Seiten stehen, sondern muß sich auf eine der beiden schlagen. Von diesem festen Standpunkt aus kann dann, mit den dort vorgegebenen Kriterien der Wertigkeit, jede »wichtige« Nuance des Andersartigen entdeckt und beschrieben werden. Man mißt also entweder das Fremde am Eigenen oder das Eigene am Fremden.

Wo man das Fremde ausschließlich nach europäischem Maßstab beurteilte, konnte man mit einiger Sicherheit erwarten, daß das Ergebnis traditionelle Selbstbilder bestätigen würde. Denn bekommt jemand die Chance, selbst den Standard für eine Zensurengebung zu bestimmen, dürfte er sich allein als den Klassenbesten herausstellen. Eurozentrismus beruhigt. Der Kon-

*Der Fula-König Mamadu Alfa
aus Guinea-Bissau im Gespräch
mit einem portugiesischen
Beamten ...*

takt mit Übersee bringt den bisherigen Gewißheiten keinerlei Abstriche.
Dieser Konservatismus bei Direktvergleichen mit Übersee rastet sehr wohl
auch bei Personen ein, die nicht zufrieden sind mit dem (derzeitigen) Zustand ihrer Gesellschaft. Aber bei der Alternative, weiterhin mit vertrauten
Gegnern zu kämpfen oder sich auf gänzlich unbekannte Bündnisgenossen
einzulassen, siegt häufig die Bequemlichkeit.

Um im direkten Vergleich mit dem Andersartigen die Vollkommenheit der
europäischen Kultur schlagend beweisen zu können, greifen Autoren gern
auf das Motiv »Despotie der Asiaten« zurück. Despotentum hatten schon
die Griechen ihren persischen Feinden vorgeworfen. Deren Herrscher re-
giere nicht zum Nutzen seines Volkes, erläutere ihm nicht wie ein Katalysa-
tor die tieferen Absichten der Götter – sondern er gehorche nur persönlichen Trieben, sei selbstsüchtig, frevelhaft und unberechenbar. Dieselbe
Konstellation wurde im Zeitalter des Kolonialismus auf den Gegensatz Europa – Ferner Osten übertragen. Die horrend ausgemalte, ungezügelte
Machtfülle asiatischer Herrscher sollte die Europäer zufrieden sein lassen
mit den vergleichsweise gemäßigten Launen ihrer Könige. »In Asien ist
alles übertrieben; es fehlt die grundlegende Ausgeglichenheit.«[6]

Ein typisches Beispiel dafür ist die Amtsführung eines Herrschers von
Burma in der Schilderung Diogo do Coutos. Der Monarch hatte nach dem
Tode eines Sohnes von allen Untertanen verlangt, daß sie ihre Trauer zur

*... und mit seinen
Untergebenen*

Bildnachweis: Emmy Bernatzik,
Afrikafahrt, Bochum o. J.
Deutscher Buchklub;
Abb. 90 + 91

Schau stellten. Wer nicht traurig sei, würde hingerichtet. Heimlich feierte dennoch in Pegu ein Paar seine Hochzeit. Der Herrscher ließ den gesamten Volksstamm des Brautpaares verhaften und mit Brandmarken als seine Sklaven kennzeichnen. Er verbot, zwei Jahre lang die Felder zu bestellen. Wenn sich jemand nicht daran hielt, wurden seine Frauen und Kinder getötet. Tausende starben vor Hunger. Periodisch fielen Truppen in alle Ortschaften ein, die so viele Lebewesen wie möglich zu ermorden hatten – Männer, Frauen, Kinder, Hunde und Katzen. Die Häuser und oft auch Reihen bis zu 3000 Menschen, deren Hände aneinandergebunden waren, wurden mit Heu bedeckt und dann in Brand gesteckt. Priester wurden zusammen mit ihren Götterbildern im Meer versenkt. Die Flüsse waren rot vor Blut. Die Überlebenden begannen, sich gegenseitig aufzufressen. Es gab schließlich offiziell Märkte, die Menschenfleisch verhökerten; und statt Brennholz, das fehlte, wurden Menschenschädel zum Feuermachen benutzt. Couto läßt dieses Schreckensbild in einer totalen Apokalypse enden: Wilde Tiere überfallen Pegu, Erdbeben erschüttern das Land, ein sintflutartiger Regen fällt, es kommt die Pest. »Was ich erzählte, möge allen Kaisern dieser Welt das Fleisch erzittern lassen: Übermut kann dazu führen, in der Erinnerung nur noch als Schande der Menschheit zu gelten.«[7]
Der französische Philosoph Montesquieu, der nie in Asien gewesen ist, glaubte exakt aufzählen zu können, welches die wichtigsten Aspekte des

»asiatischen Despotismus« waren: In seiner berühmten Schrift »Vom Geist der Gesetze«, 1748, behauptete er, daß die »systematische Willkür extrem absoluten Regierens«, die kein Mitleid und kein Verzeihen kennt, zwangsläufig Völker hervorbringen müsse, die ängstlich, ungebildet, kriecherisch und gleichförmig seien. Es herrsche dort ein Geist der Unterwürfigkeit, der sich von einem Sklavendasein kaum unterscheide. Montesquieu nennt als Beispiele dafür die Türkei, Persien, das Indien der Moghul-Kaiser, das tatarisch beherrschte China, Korea und Japan.[8]

Solche Vorstellungen wurden noch im 19. Jahrhundert für bare Münze genommen. Sogar Marx arbeitete mit dem Bild gehorsam schuftender asiatischer Massen in despotischen Staaten. Und er versuchte, eine materialistische Erklärung für diesen Unterschied zwischen Asien und Europa zu finden. Die großen Staaten dort seien nur lebensfähig durch große Bewässerungsanlagen gewesen. Sie zu organisieren, konnte allein eine straffe, oft tyrannisch zwingende Zentralgewalt leisten.[9] Es entstand so in der marxistischen Diskussion die Idee einer besonderen »asiatischen Art« von Gesellschaft und Produktion, die in das sonst universale Raster Sklavenhalterschaft – Feudalismus – Kapitalismus nicht hineinpasse.[10] Wie stark bei diesen Differenzierungen emotionale Distanzierungen mitspielen, zeigen in unserer Gegenwart die Vorwürfe z. B. Rudi Dutschkes an die sowjetischen Kommunisten, den Sozialismus in der »asiatischen«, also nicht in der europäisch-humanistischen, Tradition aufbauen zu wollen.[11]

Nun gäbe es für alle Merkmale despotischer Herrschaft wahrlich genügend europäische Belege. Die Liste wäre überaus lang, vom Wahn der Cäsaren bis zum völkermordenden Napoleon. Und auch in den kolonisierten Gebieten Außereuropas führten sich die europäischen Herren alles andere als bedachtsam auf; sie waren autoritäre Terroristen. Aber beim Vergleich von Kulturen tendiert derjenige, der hinaus ins Andere geht, stets dazu, die fremde Praxis mit der bei ihm zu Hause propagierten Theorie zu vergleichen. Konkretes steht Idealem gegenüber.

Auch das Suchen nach Vergleichsobjekten im religiösen Bereich war auf eine solch unausgewogene Konfrontation abgestellt. Die christlichen Autoren krallten sich z. B. in bezug auf den Hinduismus und den Buddhismus an seinen volkstümlichen Manifestationen in Indien fest. Die unterschiedliche Wertigkeit des Einzellebens in diesen Religionen (als nur ein Glied in einer langen Serie von Wiedergeburten) äußerte sich fast ausschließlich in schauerlichen Bildern der Selbstkasteiung und Selbsttötung. Über die übliche Witwen- und Asketenverbrennung hinaus schilderte man ausführlich das Leben und Sterben von »Fakiren« und »Yogis«.

Da soll es Männer gegeben haben, die in fensterlosen Häusern dahinvegetierten und nur so wenig Erbsen, Bohnen und wilde Früchte aßen, daß sie langsam verhungerten. Andere nahmen nur verdorbene Speisen zu sich, um dadurch aufgeschwollen zu verenden. Wieder andere schlugen sich Tag und Nacht mit den Fäusten auf den Mund. Wenn sie vor Erschöpfung keine Luft mehr holen konnten, erstickten sie. Dann gab es noch Männer, die sich in ein Haus einsperrten und einen Haufen grüner Zweige anzündeten: sie starben in dem dichten Rauch. Und schließlich gruben sich Männer in den Boden ein, bis nur noch Kopf und Hände herausschauten. Die Augen waren unbeweglich zum Himmel gerichtet, auch tagsüber, und so verbrannten sie. Bis zu ihrem Tode, der oft Jahre auf sich warten ließ, ernährten sie sich von Fliegen, Ameisen, Skorpionen und Spinnen.[12]

Selbst für die Europäer des 16. Jahrhunderts, die in ihren Ländern einiges gewohnt waren an fanatischem Fasten, an Selbstgeißelungen und Enthaltsamkeits-Opfern, handelten diese asiatischen »Märtyrer des Teufels«[13] über jedes vertretbare Maß hinaus jenseitsbezogen. »Blind« war die europäische Standardbezeichnung für diese Praktiken.[14]

Der Europäer konnte aufatmen, daß er Anderes glauben durfte.[15] »Und so können wir nur vor Entsetzen weinen, wenn wir sehen, mit welch offensichtlichen Lügen der Teufel diese Menschen betrügt, Menschen, die sich gewaltig anstrengen können und die in anderen Dingen doch so einsichtig sind. Unser Herr hat sie mit vielen materiellen Gütern grandios ausgestattet. Man hätte fast neidisch werden können, wenn man nicht gleichzeitig ihre immense Finsternis erkennen könnte.«[16]

Bisweilen fanden Europäer, auch wenn sie das Fremde an ihren guten Vorstellungen vom Eigenen maßen, Positives in der Ferne. Oft konnten sie dann nicht der Versuchung widerstehen, es durch direkte europäische Einflüsse erklären zu wollen. So behauptete z. B. der spanische Dominikaner Bernardino de Escalante 1577 in seiner »Darstellung der Großartigkeit des chinesischen Reiches«, daß es der Apostel Thomas persönlich gewesen sein müsse, der, nach der Missionierung Süd-Indiens, bis nach China vorgestoßen sei. Europäische Reisende hätten materielle Beweise für diesen Einfluß gefunden. »Auf einer Flußinsel vor Kanton steht eine hochaufragende Kapelle, die sehr schön gefertigt und mit goldenen Gittern versehen ist. In ihr ist die Statue einer Frau von wunderbarer Vollkommenheit. Sie umfängt einen kleinen Jungen. Lampen sind vor ihr zur Verehrung aufgestellt.«[17]

Ganz klar: Das ist Maria. Und ebenso wird Maria von anderen Autoren im Inneren Chinas wiedergefunden; der Heilige Thomas war angeblich auch in Burma und Tibet; die Sitte des Sich-Bekreuzigens kam schon bis Pegu. Das Beste am Buddhismus, das Klosterleben, stelle eine eindeutige Imitation christlichen Brauchtums dar.[18]

Gegebenenfalls bietet diese Behauptung über ein europäisches Restwissen in Übersee sogar eine zusätzliche Rechtfertigung für Unterdrückungsaktivitäten. Die Europäer sagen nach ihrem Einbruch in ein fremdes Land, sie hätten ihm nunmehr den alten, hohen (europäisch geprägten) Standard zurückgegeben. Kolonialherrschaft, Ausrottung einheimischen Widerstandes verkleidet sich als großzügige Restauration verschollener »Kultur«. Auf diese Weise geriet z. B. das koptisch-christliche Äthiopien in die Fänge katholischer Kolonialgönner, von den Portugiesen im 16. bis zu den Italienern im 20. Jahrhundert.

»Das Wiedererkennen des Eigenen im Fremden« ist aber durchaus auch ein Scharnier zwischen der radikalen Europabezogenheit und dem Zweifel daran, daß Europa im Konzert dieser Welt der perfekteste Kontinent sei. Oft kann ein und dieselbe Beobachtung in Übersee, direkt in Beziehung zu einer europäischen Realität gesetzt, vollkommen gegenläufige Interpretationen provozieren.

Da taucht z. B. in einem Text von Mendes Pinto der oberste buddhistische Priester der Tatarei auf. »Er ist das, was bei uns der Papst ist.« Bei dem pastoralen Besuch einer mongolischen Stadt ernennt er sofort, gegen entsprechende Bezahlung, jeden zum Bonzen, der es gern möchte. Außerdem kaufen die Gläubigen ihm eine Art von Kreditbriefen ab, die auf Erden ausgestellt, aber im Himmel zum Nutzen der bereits verstorbenen Verwandten eingelöst werden können. Und er verleiht einem Adligen das Recht, sich gegen hohe Gebühren viele neue Verwandte zuzulegen, die alle auch seinen Adelstitel tragen dürfen.[19] Nun könnte ein frommer Portugiese auf dieses Panorama totaler Kommerzialisierung des Religiösen dadurch reagieren, daß er sagt: Ich habe es von diesen Heiden nicht anders erwartet; sie sind Gauner bei allem, was sie machen. Und da man den Glauben der anderen immer ungerührt besonders nüchtern angeht (»Alle ihre Heiligen-Geschichten sind absurde Phantastereien«), kann man über die Asiaten »nur das Maul aufsperren bei soviel Quatsch«.[20]

Ein Leser kann diesen Text aber auch anders verstehen. Er vergleicht die Geschäftstüchtigkeit der buddhistischen Priester mit der Verschacherung von Pfründen und Titeln und dem Ablaßgeschäft im zeitgenössischen Katholizismus. Auch er greift nun die Tataren an, meint damit aber zugleich die bedauerlichen Auswüchse in seiner eigenen Gesellschaft. Das abschreckende außereuropäische Exempel unterminiert in erster Linie die Sicherheit seiner selbst.

Diese Möglichkeit, zwei unterschiedliche ideologische Positionen einzunehmen, ist hier von Mendes Pinto klar forciert worden, so durch eine fingierte Predigt des tatarischen »Papstes«, in der Sätze im angeblich originalen Mongolisch lateinische Endungen und Litanei-Rhythmen aufweisen. Aber in anderen Fällen kann das Wiedererkennen eigener Zustände oder Überzeugungen im Gewand fremder Sitten auch unverhofft passieren. So berichtete Diogo do Couto aus Pegu, auf welche Weise die dortigen Astrologen ihre königlichen Kunden systematisch betrogen. Er tat dies ohne gezielte Anspielungen auf zu Hause. Die Astrologie war aber im Europa der damaligen Zeit ein beliebter Zeitvertreib der Intellektuellen.[21] Plötzlich mußte hier ein Leser, der vielleicht mit ihren Prinzipien sympathisierte, die ganze Maschinerie der Täuschung durchschauen lernen. Die krasse Verfremdung brachte eine kritische Aufmerksamkeit mit sich, die in der Geborgenheit des heimisch Gewohnten nur mühsam aufzubringen gewesen wäre.

Das schier Normale wird normalerweise nicht wahrgenommen; es kann also in der Regel nicht kritisiert und verbessert werden. Aber in der Verkleidung, durch die es plötzlich durchscheint, oder als Verzerrung wird es wieder zum Thema. So ermöglichte die Auseinandersetzung mit Außereuropa den Europäern auch eine Überprüfung ihrer eingespieltesten Verhaltensweisen und Meinungen. Selbst wenn in Extremfällen die Beschreibung alltäglichen Lebens in Außereuropa, z. B. der ganz gewöhnlichen Brutalität einer Diktatur in Lateinamerika, dem europäischen Leser wie ein böser Spuk vorkommen mag, der ihn glücklicherweise nichts angeht; er erkennt gerade auch in der Fratze eines haitianischen Möchtegern-Königs dieselben Züge wieder, die er für die hehren Charakterzüge Napoleons gehalten hatte. Die koloniale Welt entwickelte sich in der Tat in vielen Bereichen zu einer grellen Karikatur typisch europäischer Elemente.[22]

Wer in Europa offen verkündete, er wolle nach der Hinzuentdeckung von vier Fünfteln der Erde nun auch einmal den Standpunkt der Anderen einnehmen, Europäisches an Afrikanischem, Amerikanischem, Asiatischem und Ozeanischem messen, meinte damit vor allem, daß er das Außereuropäische nach seinen evidenten Vorzügen durchforschen wollte. Er kann (und will) nicht in ihre Haut schlüpfen; sein Wissen über ihr Wissen, besonders, wenn er selbst Europa nicht verlassen hat, bleibt zwangsläufig bruchstückhaft und schief. Aber da hilft ihm ein wenig seine trotzige Parteilichkeit. Er projiziert seinen guten Willen auf die Anderen und bevorzugt – ein Spiegelbild zum Eurozentrismus – das (vermutete) Ideal des Fremden gegenüber der eigenen (verschmähten) Praxis. Er spielt den Advokaten des Teufels, wobei ihm, solange es beim Plädoyer bleibt, dieser Teufel mit Abstand der sympathischste aller Akteure ist.

Liebstes Vergleichobjekt ist China. Dieses Land allein ist schon so vielfältig, daß sein Gegenüber nicht ein isolierter europäischer Staat sein kann, sondern es Europa insgesamt sein muß. Ein Einzelstaat entspräche höchstens einer chinesischen Provinz.[23] »China möge den christlichen Staaten als Vorbild dienen«, schrieb Mendes Pinto. »Bei meiner Pilgerreise durch einen großen Teil Asiens sah ich das Grandioseste hier, so eine Üppigkeit und Variationsbreite gibt es in diesem unserem Europa nirgends.«[24]

Es waren die Portugiesen, die das Fundament für die China-Begeisterung legten, die Europa für drei Jahrhunderte erfassen sollte. Der erste lange im Druck erschienene Bericht war ein Brief eben dieses Mendes Pinto, 1555 in

Coimbra veröffentlicht. João de Barros' China-Kapitel in seinen »Dekaden« erschien 1563, und 1570 kam Gaspar da Cruz' »Traktat, in dem äußerst ausführlich die Dinge Chinas erzählt werden« heraus. Diese Texte (und Passagen aus Jesuiten-Briefen) verarbeitete der Spanier Juan González de Mendoza zu einem »Chinabuch«, das 1585 zu einem europäischen Bestseller wurde. Seitdem, bis Leibniz und Voltaire, erschien China den Europäern als eine Art perfekter Gottesstaat auf Erden.[25] Ein portugiesischer Reisender erklärte noch 1843: »Wer China sieht, sagt Gutes. Wer in Europa schlecht von China schreibt, war nicht da.«[26] Erst im späten 19. Jahrhundert, als die siegreichen europäischen Opiumhändler und die nordamerikanischen Missionare zu den wichtigsten Informanten wurden, wandelte sich das Bild vom »typischen« Chinesen: An die Stelle eines würdigen Mandarins in langem Seidenmantel trat ein dünner, zappeliger, dummer Kuli, mit Babygesicht und Zopf im Nacken.

Was den ersten portugiesischen Beobachtern so sehr am China der auslaufenden Ming-Periode gefiel, war beispielsweise die Fähigkeit, alle Bedürftigen voll in die Gesellschaft zu integrieren. In Zeiten, wo viele Kolonial-Portugiesen selbst im »reichen« Orient in harscher Armut lebten, ohne Unterstützung vom Staat, nur in Extremfällen, kurz vorm Sterben, von den kirchlichen »Barmherzigkeits«-Instituten betreut, hat China mit seiner offiziellen Armen-, Arbeitslosen-, Gefangenen- und Behindertenhilfe einen aufreizenden Kontrast dargestellt. »Es muß einfach den Europäern kundgetan werden, mit welch großartiger Ordnung und herrlicher Präzision dieser chinesische Heidenkönig für Mittel sorgt, damit die arme Bevölkerung keine Not leidet.«[27]

Es gibt keine Hungersnöte. Denn die Regierung hat im ganzen Land 14 000 Speicher errichtet. Durch ein besonderes Kreditsystem sind sie immer mit frischem Getreide gefüllt. Jede Familie, die Bedarf hat, bekommt eine gewisse Menge überreicht; nach der Ernte gibt sie die gleiche Menge plus sechs Prozent an den staatlichen Speicher zurück. Bei Mißernten gibt es auf diese Weise eine große Reserve. »Der König peinigt das Volk auch nicht, wie es in anderen Ländern ohne große Voraussicht geschieht, durch Abgaben, die aufs Getreide gelegt werden, oder durch Tributlieferungen.«[28]

Wenn ein Chinese dennoch kein ausreichendes Einkommen erarbeiten kann, sein Feld oder seine Arbeitsstätte verliert, wird er mit anderen Leidensgenossen in bestimmten Stadtteilen angesiedelt. Hier bekommt er entweder eine Unterstützungszahlung, die die Justiz durch Geldstrafen erwirtschaftet hat, oder Arbeitsaufträge durch die Regierung.[29] Die Folge: »Es gibt keinen Armen in China, der betteln muß.«[30]

Waisenkinder leben in gesonderten Quartieren, wo sie beköstigt, im Lesen und Schreiben – in China für die Karriere sehr wichtig – unterwiesen werden und einen Handwerksberuf erlernen können. Auch für arme Frauen, für Verwitwete und für altgewordene Prostituierte, gibt es ein spezielles Arbeitsprogramm. Und wer mit der Justiz in Konflikt geraten ist, kann in sauberer Umgebung bei reichlichem Essen durch ein gezieltes Schulungsprogramm rehabilitiert werden.[31]

Selbst die Behinderten werden vom chinesischen Staat nicht vergessen. Schon als Kinder werden sie eingesammelt und mit gesunder Ernährung aufgezogen. Dann trennt man die Jugendlichen jeweils nach ihren Gebrechen. Blinde werden z. B. Müller, weil Mahlmaschinen mit konstanter Gleichförmigkeit betätigt werden können. Behinderte werden voll mit Geld entlohnt, damit sie sich ein relativ eigenständiges Leben leisten können.[32]

Solch (geschönte) Lobpreisungen sozialer Errungenschaften in China mußten die Selbstachtung der damaligen Europäer hart treffen. Denn »Caritas«, selbstlose Nächstenliebe, war ein Kernstück christlicher Doktrin. Durch sie bestärkten sich die Christen in ihrer moralischen Überlegenheit über andere Religionen, welche sie nicht ausdrücklich vorschrieben. Und gerade für die Katholiken in den Zeiten der Gegenreformation war Nächstenliebe von plakativer Bedeutsamkeit, denn so konnte der Vorrang seligmachender Taten vor dem bloßen, protestantischen Glauben vorgeführt werden.

Doch die Berichte aus China stoppten diese Selbstüberschätzung. Ohne jedes ideologische Gerüst schafften es die Chinesen anscheinend, daß das Elend nicht nur, wie in Europa, gelindert, sondern ausgerottet wurde. Die Spannung zwischen dem Wunsch nach allgemeiner Gerechtigkeit und dem Fortdauern schreienden Unrechts war ausgerechnet »von diesen Heiden« beträchtlich entschärft worden. Erschüttert mußte man zugeben: »Die Anderen sind doch die besseren Christen.«[33] Ohne Anleitung durch eine Kirche zeigt sich ein (idealer) chinesischer Würdenträger in vorbildlicher Weise »verständnisvoll, mildtätig, tolerant und genügsam«.[34] Diogo do Couto kommentierte dies mit dem Stoßseufzer: »Was für eine Schande für uns Christen!«[35]

Daß China den Zuschlag des Wohlwollens bekommt beim Vergleich zwischen europäischen und chinesischen Lösungen sozialer Probleme, bringt in Europa eine neue Debatte um bessere Gesellschaftsformen auf. China, so interpretieren einige, habe so eindrucksvolle Erfolge erzielen können, weil es gleichsam technokratisch an die sozialen Aufgaben herangegangen sei. Da eine große Bevölkerungsmasse, die unzufrieden ist, den Bestand des Staates permanent gefährde, hätten die Chinesen die adäquatesten Organisationsformen ausprobiert, die die Befriedigung der dringendsten Bedürfnisse des Volkes ermöglichten. In Europa dagegen sei man nicht pragmatisch, sondern ideologisch verfahren. Gegen die ebenfalls erkannte Benachteiligung des größten Teils der Bevölkerung sei man nur durch den Appell an die Opferbereitschaft und das »Gewissen« einiger privilegierter Individuen vorgegangen. Hier versteckten sich dann aber die angesprochenen Einzelpersonen oft hinter einer anonymen Gemeinschaft: Die Krone werde das schon regeln. Die Gegenüberstellung Chinas und Europas legte also nahe, es bei der Behandlung gesellschaftlicher Konflikte auch bei uns mit »vernunftgelenkter« Planung und neutralen Experten zu versuchen.

Und je mehr Einzelheiten man über das Thema »Staatliche Administration« in China erfuhr, desto verlockender wurde diese technokratische Perspektive. Da gab es z. B. die Rekrutierung der Staatsbeamten. Chinas »Mandarin-System« bestand darin, daß jeder Chinese, gleich welcher Herkunft, an einer Kette von Examen teilnehmen konnte. Bestand er eines, befähigte ihn das automatisch für die entsprechende Stufe des Staatsdienstes. Da vor allem kulturelle Fragen gestellt wurden, waren die höchsten Beamten gebildete Intellektuelle.[3] Man kann sich vorstellen, wie sehr das den meisten europäischen Berichterstattern zusagte. Bei ihnen zu Hause hatte bei der Bestallung von Beamten allerersten Vorrang die Klassenzugehörigkeit; an zweiter Stelle kamen die guten Beziehungen. Es entstand eine Situation, bei der es für talentierte Einzelne aus den falschen Familien kaum eine Einstiegschance gab. Die Beamtenschaft der europäischen Staaten vegetierte dahin in Vetternwirtschaft, müder Routine und Korruption.

In China konnte nach den rosaroten Beobachtungen der europäischen Kenner Korruption gar nicht erst aufkommen. João de Barros erzählt die Geschichte von vereidigten Kontrolleuren des Kaisers, die inkognito durchs ganze Land reisen und die Amtsführung aller Mandarine überprüfen. Einmal im Jahr werden die Beamten dann in den jeweiligen Zentren der Verwaltung zusammengerufen, und jetzt trägt ihnen der Geheimagent öffentlich seine Beanstandungen vor. Er kann sofort befördern oder strafversetzen.[37]

Besonders segensreich soll sich die große Kompetenz der chinesischen Beamtenschaft im Justizwesen ausgewirkt haben. Die Gerichts-Mandarine sprechen so unbeirrt Recht, daß Mendes Pinto voll Bewunderung nur von ihrer »Santa Justiça«[38], ihrer heiligen Gerechtigkeit, spricht. Da kann noch nicht einmal der Kaiser in ihre Urteile hineinreden, und auch »Reichtum schützt vor Strafe nicht«.[39] »Anders als bei uns befragen in einem Prozeß die Richter dieser Barbaren beide Seiten mit gleicher Objektivität. Sie wissen nicht vorher schon, wen sie am Schluß begünstigen werden.« Nie lassen sie sich schmieren.[40] »Nur klare Beweise und zuverlässige Zeugen kommen zur Sprache.«[40]

Mit all diesen Berichten wird dem Leser eingeprägt: Die Verwaltung in China funktioniert nicht deshalb so gut, weil die Chinesen einen besseren Charakter haben, sondern weil sie ihren Staat besser zu organisieren verstehen.[41]

Offensichtlich sind viele dieser detaillierten Informationen über fremde Völker reine Positivwendungen eigener Negativbeobachtungen in Europa. Ein holländischer Utopieforscher, der die Verschiebung des »Paradieses auf Erden« nachverfolgt, von seiner Plazierung zuerst in graue Vorzeiten (»es ist vorbei«), dann als Idealgesellschaft in Übersee (»weit weg von uns«), schließlich als Hoffnung auf eine bessere Zukunft (»es ist noch nicht erreicht, aber es kommt«), spricht von einer ausgeprägten »Xenophilie« Europas, einer Fremdenliebe. Und Fremdenliebe sei die exakte Entsprechung des derzeitigen Abscheus vor sich selbst.[42]

Das ist so global sicher nicht zutreffend. Die betreffenden europäischen Intellektuellen haßten sich nicht. Sie hatten als Feindbild die herrschende Ideologie und die Praxis des Herrschens. Dazu brauchten sie beim Aufbau einer Gegenwelt außerhalb Europas oft keine gründliche Analyse des Fremden, sie wollten die Funktion des Anderen keineswegs aus den inneren Bedingungen der anderen Gesellschaft heraus begreifen; das Fremde war vielmehr eine kraftvolle Waffe, die man aus der Ferne nach Hause holte, um sie als überraschende Verstärkung im internen Kampf einzusetzen.

Die taktische Hinzunahme neuartiger Perspektiven brachte in der europäischen Literatur eine Mode des »Mit-fremden-Augen-Sehens« hervor. Der Blickwinkel wird umgekehrt: Außereuropa redet von Europa. Dadurch soll die verschiedene Tradition und Mentalität des außereuropäischen Handlungs- oder Diskussionsträgers deutlich werden, vor allem aber relativiert die Sichtweise des Fremden die eigenen Verhältnisse. Der parteiische Kulturenvergleich hat hier seine angemessene (und unterhaltende) Technik der Darstellung gefunden. Schauplatz dieser Konfrontation kann sowohl ein Kolonialgebiet als auch Europa selbst sein.

So unterhält sich zum Beispiel in dem Buch »Reisen in Nordamerika«, 1705, der Baron de la Houtan mit einem (fiktiven) kanadischen Huronen. Scheinheilig verteidigt er die europäische Kultur, während der Indianer mit seinem gesunden Menschenverstand den Staat, die Gesellschaft und Kirche Frankreichs in all ihren Verirrungen auseinandernimmt. »Der Europäer, der auszog, Barbaren zu belehren, fühlt sich selbst belehrt«.[43] Wenigstens für die Dauer einer Buch-Lektüre rücken damit die Europäer aus dem Mittelpunkt der Welt. Ganz plötzlich werden im »Fernen Osten« die Portugiesen zu verlorenen Außenseitern. Die Tataren tuscheln miteinander und sagen: »Das sind Menschen vom Ende der Welt, aus einem Land, dessen Namen man nicht kennt.«[44] Und indem in einem nichteuropäischen Bewußtsein nun Europa an die Peripherie lebenswerten Lebens rutscht, werden auch seine Bewohner abgewertet. »Sie sind unwissend, begriffstutzig, eben tierisch.«[45] »Diese bärtigen Menschen mit ihren barbarischen Waffen haben kaum eine eigenständige Existenz.« Für die Chinesen waren sie noch »unentdeckt«; und die Japaner hielten die Portugiesen, nach einem ersten Treffen mit einem solchen Exemplar, für »scheue Wilde«, die man ganz behutsam an sich gewöhnen muß.[46]

Diese Urteile könnten nun theoretisch sowohl zu guten als auch zu schlechten Ergebnissen kommen. Doch von den vielen wörtlich wiedergegebenen Äußerungen über die Portugiesen ist nur ein geringer Teil wohlwollend (und auch dann nur als nostalgisch mahnender Rückblick: »Wie gut waren jene Zeiten«, seufzt ein Herrscher von Cochin, »als die Portugiesen noch die Wahrheit sprachen, militärisch überlegen waren und mit echtem Gold bezahlten«[47]). Das entspricht zwar voll der Absicht, die Anderen sagen zu lassen, was man selbst meint, aber es ist in dieser Radikalität auch ein Reflex auf den realen »miserablen Ruf«, den die Portugiesen in Afrika und Asien hatten. Nicht einmal Luís de Camões kam darum herum, in seinem Epos die fremden »Verleumdungen« zu vermelden, die in allen Portugiesen Räuber, Mörder, Kidnapper und Betrüger sahen.[48]

Mendes Pinto hat in seine »Pilgerfahrt« drei Szenen eingebaut, in denen Asiaten den Portugiesen unverblümt die Leviten lesen. In der ersten Episode entlarvt ein entführter chinesischer Junge die Diskrepanz zwischen dem hohen moralischen Anspruch der Portugiesen und ihren tatsächlichen Taten. Er wendet sich mit Tränen an den Himmel: »Gelobt sei Deine Geduld, Herr, daß Du Menschen auf der Erde beläßt, die immer nur gut von Dir reden und Dir dennoch nicht gehorchen. Diese Niederträchtigen und Blinden glauben, Dir mit Gebeten und Diebstählen ebenso gefallen zu können, wie es ihnen bei den mächtigen irdischen Fürsten gelingt.« Der angesprochene Seeräuber António de Faria staunt und fragt den Jungen, ob er Christ werden wolle. Er will nicht![49]

In der zweiten Episode werden einige Portugiesen, nachdem ihr Piratenschiff an der Küste zerschellt ist, in Peking wegen Raubes angeklagt. Der Staatsanwalt erklärt, sie seien Verbrecher, weil sie nicht wissen, daß sie mit ihren Händen vernünftig arbeiten könnten. Die beantragte Strafe, Abhakken der Hände und der langen Nasen, sei gottgewollt, »die Früchte ihrer schlechten Werke«.[50]

In der dritten Episode endlich spricht ein weiteres Gericht, diesmal auf den Riu-Kiu-Inseln, das Totalurteil über das Verhalten der Portugiesen in Übersee aus. Sie sind angeklagt, sich als Schiffbrüchige getarnt zu haben, um das Land besser ausspionieren zu können. Aber die Richter erkennen, daß die Portugiesen nicht so schlecht sind, weil jeder einzelne von ihnen einen schlechten Charakter hätte, sondern weil sie sich gemeinsam dem Großunternehmen des Kolonialismus angeschlossen haben. »Wer erobern will, raubt auch. Wer Gewalt anwenden will, tötet auch. Wer herrschen will, unterjocht auch. Wer reich werden will, stiehlt auch. Wer Druck ausüben will, tyrannisiert auch.« Logische Folgen eines Anfangsimpulses. »Würdet ihr Portugiesen, die ihr aus der Hand Gottes hinaus aufs Meer entschlüpftet, dort allesamt ersaufen: Es wäre nicht ein sinnloses Unglück, es wäre die blanke Gerechtigkeit.«[51]

Die Wiedergabe solcher Anschuldigungen, auch wenn sie scheinbar nur die Meinung eines fremden Volkes sind, stachelt den Autor zu immer größerer Aggressivität an. Er nennt den Adressaten. Zuerst verhohlen, durch den Mund eines weisen Chinesen: »Wenn es bei euch, liebe Brüder, keine Gerechtigkeit und keine unparteiische Justiz gibt, dann fürchtet euch vor den Folgen. Denn Gott kennt keine Nacht, in der er zum Schlafen die Augen schließen müßte, wie es die Könige der Erde tun, die allesamt unvollkommen sind, denn sie sind Menschen wie wir.«[52] Dann verläßt Mendes Pinto seine schützende Verkleidung und schleudert dem König von Portugal seine Anklage in direkter Verantwortung ins Gesicht: »In China wird das Volk nicht durch seinen König gequält – wie es in anderen Ländern mit Herrschenden, denen gewissenhafte Vorausschau fehlt, zu geschehen pflegt.«[53]

Mit einigen Jahrzehnten Verzögerung ist damit der heftige Non-Konformismus, der so beflissen exportiert worden war, wiederaufgetaucht.[54] Der Kolonialismus hatte in Europa und in den Kolonien den Willen zur Erneuerung in Staat und Gesellschaft gedämpft; jetzt bewog das Gewinnen von neuen Kenntnissen und Erleuchtungen doch wieder eine wachsende Anzahl von Europäern zu Überlegungen, wie das Leben der übergroßen Mehrheit der Menschen im Mutterland verändert und verbessert werden könne. Die intensive Auseinandersetzung mit dem real Autonomen in fremden Völkern, dann der direkte Vergleich mit dem Anderen verhalfen dazu, die Richtung, in die diese Verbesserungen gehen könnten, klarer abzustecken. So zeichnete sich z. B. die Notwendigkeit einer entschlossenen Opposition gegen den Absolutismus der europäischen Monarchen ab, gegen die unbeweglichen Klassenpyramiden der Gesellschaften, gegen die leistungshemmenden Privilegien der Adligen und des hohen Klerus, gegen die ungleiche Verteilung nationalen Einkommens, gegen die schlechte Organisation von Verwaltung und Staatswirtschaft, gegen die Übermacht des Glaubens über die Vernunft.

Diese Anstöße kommen selbstverständlich nicht nur aus den Erfahrungen mit dem weltweiten Kolonialismus Europas. Daten aus Übersee sagten oft, was man gleichzeitig und unabhängig auch in Europa wahrnehmen konnte. Die Einbeziehung der anderen vier Kontinente hob die Erneuerungs-Diskussionen auf eine entscheidend höhere Ebene – qualitativ: bislang ungeahnte Optionen standen zur Wahl; quantitativ: die eventuell eingeschlagene Richtung betraf eine immens erweiterte Menschenmenge. Die europäische Selbsterfahrung war sowohl im Selbstverständnis der Europäer als auch in ihren tatsächlichen Auswirkungen auf Außereuropa ein Entwicklungsfaktor globalen Ausmaßes geworden.

Für die Vorreiter dieses Prozesses, die Portugiesen, brachte das allerdings keine praktische Revitalisierung, keine Verbesserung des abgesackten Lebensstandards und des allgemeinen intellektuellen Niveaus. Dieser Staat hatte sich unwiederbringlich in eine Sackgasse manövriert. Mutige Denker blieben isolierte Reformatoren des Wortes, Prediger in einer Wüste. Was sie sagten, wurde in anderen europäischen Nationen fruchtbar, dann, wenn andere Autoren dort dasselbe sagten – in Nationen, die durch eine koloniale Expansion wesentlich weniger von ihrer Substanz hatten abgeben müssen, zum Beispiel in England und Frankreich. Vieles in der europäischen »Aufklärung« ist eine Variation von dem, was die portugiesischen Kolonialautoren mit gleichem Elan, tief mit ihrem Volk eingetaucht in die Welt jenseits der Grenzen unseres Kontinents, schon zweihundert Jahre eher formuliert hatten.

Die Tradition kolonialer Selbstkritik

Härteste Selbstkritik ist ein Moment im Verhalten der europäischen Völker, das sie von allen anderen bedeutenden Eroberervölkern unterschied, von den Makedoniern in der Antike ebenso wie von den Mongolen Dschingis Khans. Für die Anderen waren ihre Taten uneingeschränkt Ruhmesblätter ihrer Geschichte gewesen. Die Selbstkritik der Portugiesen, und nach ihnen aller anderen Kolonialherren aus Europa, traf dagegen nicht nur die Zustände im eigenen Land, das durch den gewonnenen weiten Überblick so irritierend in seinen Beschränkungen geworden war, sondern auch die konkrete Ausformung der Expansion und Herrschaft in Übersee. Ja, sie wandte sich sogar gegen die koloniale Unterwerfung an sich.

Bei der Auseinandersetzung mit den Begleiterscheinungen des Kolonialismus tritt die Unrechtserkenntnis vor allem dann auf den Plan, wenn es über »Exzesse« zu reden gilt. Da findet man auf Schritt und Tritt die Spuren selbstfabrizierter Ungeheuerlichkeiten. Da hatte man sich bei den ersten Kontakten mit den fremden Völkern in Übersee dadurch von ihnen zu unterscheiden geglaubt, daß sie diejenigen waren, die wie Unmenschen marterten, mordeten, tyrannisierten, – jetzt mußte man feststellen, daß genau dasselbe auch von den Europäern praktiziert worden war, und zwar so massiv, daß es auch die diskretesten Chronisten nicht als Ausrutscher einiger irregeleiteter Tunichtgute beiseiteschieben konnten.

Auch die portugiesischen Kolonialherren folterten ihre Kriegsgefangenen zu Krüppeln oder bis zum Tode. Geiseln – Männer, Frauen, Kinder, Greise – wurden grundlos niedergemetzelt. Portugiesische Kinder durften sogar zum Spaß Geiseltöten spielen. Aufbegehrende wurden verstümmelt, kastriert, ersäuft. Selbst in Friedenszeiten wurden wehrlose Dörfer angezündet. Bei der Eroberung fremder Städte sammelten portugiesische Krieger die abgehauenen Köpfe ihrer Feinde in eigens dafür bereitgestellten Karren, entwickeln eine Technik des Köpfens, die der asiatischen ritueller Kopfjägerei in nichts nachstand. Sie schändeten Leichen, sie vergewaltigten Achtjährige. Bei Verhandlungen mit den Würdenträgern einheimischer Satellitenstaaten verprügelten sie die Angehörigen der Königsfamilie, warfen Minister aus dem Fenster eines hohen Turmes und erstachen die Königin, um die Ernsthaftigkeit ihrer erpresserischen Forderungen zu unterstreichen.[1]

Der tatsächliche Gleichlauf portugiesischer Untaten mit den Untaten der Anderen reicht bis zu der Kategorie des religiösen Fanatismus. Selbst wenn man von der Inquisition in Goa absieht, die ja nur Ausläufer dersel-

Die komplette Ausrottung der Bewohner Tasmaniens als Herrensport Mitte des 19. Jahrhunderts.

Bildnachweis: Pacific Book

ben Einrichtung zu Hause gewesen ist, gab es in den Kolonien genügend Fälle lokal erfundener Intoleranz. Ein berühmtes Beispiel, das derzeit die Volksmeinung Indiens und Südostasiens zum Kochen brachte, war 1561 die Zerstörung eines Buddha-Zahnes auf Befehl des Vizekönigs Constantino de Bragança. Die Portugiesen hatten diese Reliquie aus einem Tempel in Jaffna auf Ceylon gestohlen und nach Goa gebracht. Hier forderten die katholischen Prälaten die sofortige Vernichtung des Zahnes, »weil nur Gott angebetet werden darf und kein Teufelsidol. Es wäre das Ende des Staates von Indien, der ganzen Welt.« Der buddhistische Herrscher von Pegu ließ über seine Gesandten 300 000 Cruzados Lösegeld bieten. Aber schon hatte der Erzbischof den Buddha-Zahn in einen Mörser geworfen und eigenhändig zerrieben. Der Staub wurde dann in einer Kohlenschüssel verbrannt und in den Mandovi-Fluß geworfen. Da brandete die Kritik von seiten der ansässigen Portugiesen schon am selben Tag auf (und nicht erst Jahre später in wohldurchdachten Reaktionen sonst unbeteiligter Schriftsteller): »Sie murmelten sehr gegen den Vizekönig«, und sie verglichen ihn in höhnischen Liedern mit den idiotischen Tyrannen des Alten Roms.[2] Und selbst 1943 noch beklagte ein portugiesischer Wissenschaftler diese »Übertreibungen im Bekehrungseifer«: Sie stellten »einen Schatten im sonst strahlenden Bild portugiesischer Expansion« dar.[3]

Die meisten Verbrechen der Portugiesen in den Kolonien wurden aber aus ganz simpler »Habsucht« verübt. *Cobiça* – Habsucht, Gier, Besitzneid –, das ist für alle portugiesischen Autoren, sobald sie selbstkritisch zu reflektieren beginnen, das Schlüsselwort. Es handele sich um eine charakterliche Deformation, die vom Kolonialismus zwangsläufig hervorgebracht worden sei. Die klarste Auswirkung portugiesischer Herrschaft in Asien? »Viel Habsucht, wenig Bereitschaft der Kolonialherren, dem Recht zu gehorchen.«[4] Der Kolonialismus machte hier Adel und Bürgertum nicht nur in der Aktion, sondern auch in der tiefsten Überzeugung einander gleich. Die (adlige) Beutegier und das (bürgerliche) Profitdenken treffen sich harmonisch im »kolonialen Nutzbarmachen« aller aufgespürten Reichtümer. Wenn der Weg dorthin über Leichen geht, so ist das kaum mehr als ein Schönheitsfehler.

Daß skrupellose Habgier ein wichtiger Bestandteil des portugiesischen Kolonialismus war (und dabei sehr viel mehr ein hochgeschätztes, helfendes Werkzeug als ein bloßes Beiwerk), das beweist die Reaktion des Königs auf Meldungen über Exzesse. Er tut in der Regel nichts. Er tadelt erst, wenn schon alle anderen am Hof und in der Kolonie von einem unerträglichen Skandal sprechen. Und für Delikte wie z. B. Mord beim Plündern verteilt er prinzipiell keine Strafen. So konnten Exzesse jeder Art in Portugal sprichwörtlich zu »indischen Sünden« werden.[5] Die allgemeine Devise in den Kolonien ist laut Camões: »Dem Gemeininteresse und dem des Königs stelle man sein eigenes Interesse voran, Feind sei man dabei des göttlichen und menschlichen Gesetzes.«[6]

Solche eine bewußte Habgier traf selbstverständlich nicht allein die kolonisierten Völker, sondern schuf sich Handlungsraum auch im internen Verkehr. Wenn ein Kapitän in Malakka eine eigene Währung erfand und eigene Münzen prägte, so schadete er damit nicht nur dem König, der um die Verdienste seines Münzmonopols gebracht wurde, sondern auch seinen Untergebenen, die er mit diesem künstlichen Geld bezahlte, ohne daß sie es wieder loswerden konnten.[7]

Selbst Afonso de Albuquerque geriet in den Verdacht, ein großes Gaunerstück versucht zu haben. Er soll den Untergang seines Schiffes bei der Rückkehr von Malakka nach Indien als Vorwand dafür benutzt haben, die kostbarste Beute, die er bei der Eroberung Malakkas gemacht hatte und die eigentlich dem König zustand, beiseitezuschaffen. Er behauptete nämlich, alle Schätze seien auf dem gesunkenen Schiff gewesen, alle Edelsteine ebenso wie die berühmten Eisenlöwen, die der Kaiser von China einst dem Sultan von Malakka geschenkt hatte. Es fiel dann nur als befremdlich auf, daß Albuquerque aus eben diesem »verlorenen« Schatz dem damaligen Hauptchronisten in Lissabon, Rui de Pina, mehrere Rubine und Diamantenketten schenkte, damit er besonders Gutes über seine Taten schreiben könne. Dieser Fehler fiel Albuquerque siedendheiß selbst auf, und er schickte den Geschenken an Pina einen Brief hinterher: Der Chronist solle doch bitte bei der Erwähnung der Heldentaten Albuquerques die Rubine und die Diamantenkette nicht bei den Beutestücken aus Malakka aufzählen.[8]

Solches und ähnliches Verhalten gefährdete außerordentlich die Stabilität der Kolonialherrschaft. Wenn es stimmt, daß »in Portugiesisch-Indien übermütige Blindheit viel mehr regiert als das Licht der Vernunft«[9], dann kann Portugal dadurch in Asien in schlimmste Abenteuer geraten. Bissige Kritik am Vorgehen der Portugiesen wird auch deshalb vorgetragen, damit in der Zukunft die Unterdrückung asiatischer Völker schneller, problemloser und dauerhafter bewältigt werden kann. Kritik am Kolonialismus kann also auch aus der besonderen Begeisterung für ihn erwachsen. Diogo do Couto zählte in seiner Streitschrift »Der erfahrene Soldat« über hundert Seiten lang koloniale Mißstände auf, um dann zu dem Schluß zu kommen, daß man nur die gröbsten von ihnen abstellen müsse, und dann sei es auch um 1600 noch möglich, »innerhalb von vier oder fünf Jahren wieder die Kontrolle über die ganze Malabar-Küste« zu gewinnen.[10]

Und wie die allgegenwärtige portugiesische Habgier in der Tat die Fundamente der Herrschaft Portugals ins Wanken brachte, dieses Lehrmaterial konnten die portugiesischen Chronisten zuhauf vorlegen.

»Die tyrannische Korruption der Kapitäne und Beamten in Malakka, die

alles nur für sich haben wollten, skandalisierte die (einheimischen und portugiesischen) Kaufleute so sehr, daß sie diese Stadt nicht mehr anliefen. Sie suchten die anderen malaiischen Häfen im Herrschaftsbereich des vertriebenen Sultans von Malakka auf, wo sie mehr Mäßigung antrafen.«[11] Auf den Molukken waren die Folgen noch ärger. Um ihre wirtschaftlichen Ansprüche leichter durchsetzen zu können, hatten die Portugiesen in Ternate einen 12jährigen adligen Jungen zum Marionettenkönig ernennen wollen. Die Mutter wehrte sich mit Händen und Füßen gegen diesen Beschluß, der ihr als verdammenswerte Willkür von Besatzern erschien. So töteten die Portugiesen die protestierende Frau. »Diese Unmenschlichkeit und Brutalität wurde auf allen Inseln so empört aufgenommen, daß alle Herrscher miteinander Kontakt aufnahmen. Die meisten von ihnen hielten es für unerträglich, diese Leute, die sie so freundlich aufgenommen hatten und denen sie umsonst Land zum Festungsbau zur Verfügung gestellt hatten, weiterhin zu erdulden. Der Hochmut, der Machtmißbrauch, die Arroganz der Portugiesen hatte überhandgenommen. Auf den Molukken trat daher die gefährlichste Situation ein, die man sich vorstellen konnte. Weder über See noch über Land kam Nachschub.«[12]
Dennoch hielten sich die Portugiesen keinesfalls zurück. Zur gleichen Zeit erkundeten sie mit ihren Schiffen die südlichen Philippinen und schlossen Verträge mit einheimischen Herrschern. Aber der Führer dieser Expedition war so habgierig, daß er neugierige Insulaner, die sein Schiff besuchten, unter Deck festhalten ließ, um sie später privat als Sklaven zu verkaufen. »Aber Gott ließ es zu, daß einer der Gefangenen entkam und an Land schwamm.« Sofort widerriefen die einheimischen Herrscher die »Freundschaftsverträge«. Die Portugiesen auf den Molukken hatten nun auch eine Kriegsfront nach Norden hin.[13] »Vielleicht lassen sich all unsere gegenwärtigen Verluste, in Asien wie in Afrika, als Reaktion auf unsere übergroße Schuld zurückführen«[14].
Die Kritik am Kolonialismus geht aber auch über das bloß Kosmetische oder bloß Reparierende weit hinaus: sie wendet sich radikal gegen die gesamte Expansion. Bei solchen Erörterungen wird die klare Frage gestellt: »Bringt der Kolonialismus Portugal nicht mehr Nachteile als Vorteile?«
Zweifel an der tatsächlichen Nützlichkeit eines staatlich geförderten Übergriffs auf Afrika und Asien hatten viele Portugiesen schon geäußert, als die koloniale Herrschaft zu einem ernsthaften Wirtschaftszweig des Landes zu werden begann, als die Schiffe Heinrich des Seefahrers mit ersten Gewinnmeldungen von den Kanarischen Inseln und aus Westafrika zurückkehrten.
João de Barros ließ diese Kritiker ausführlich und in wörtlicher Rede zu Wort kommen. Zusammengefaßt war ihr Gedankengang folgender: Die erhofften Früchte all dieser Anstrengungen müssen in Bezug gesetzt wer-

den zu den bislang schon beobachteten Folgen im Mutterland. Es sind viele Seeleute umgekommen, die viele Witwen und Waisen zurückgelassen haben. Andere stürzten ihre Familien durch den Einsatz ihrer ganzen Habe ins Elend. Der unsichere Profit dort draußen bringt sichere Armut zu Hause. Portugal sei den Portugiesen von Gott gegeben, damit sie sich auf ihr eigenes Land konzentrierten – und nicht, damit sie es verlassen und sich mit ihrer dafür ungeeigneten weißen Haut der Tropen-Sonne aussetzen. Es gibt genügend Land in Portugal selbst. Zur gleichen Zeit, wo Portugiesen aufs Meer fahren und untergehen, bemüht sich der König von Portugal um Menschen aus anderen Ländern in Europa, die neue Siedlungen in Portugal anlegen möchten. Gerade erst hat der Vater Prinz Henriques aus Deutschland den Lambert von Lorch mit seinen Leuten kommen lassen, um brachliegendes Land fruchtbar zu machen. Es scheint, als habe Portugal einen geeigneteren Boden für Landwirtschaft als die bisher gefundenen Kolonien. Da mag sich wohl auf den Kanaren eine ausgesetzte schwangere Häsin in wenigen Tagen ungeheuer multiplizieren (»es ist eben eher Weideland für Tiere als Aufenthaltsort für wahre Menschen«), aber Ackerfrüchte gibt es dort nicht in ausreichender Menge. Wenn solche Länder von Portugal beherrscht würden, werden die Portugiesen am Ende noch die Einwohner dort unterstützen müssen. Geld fließt nicht nur nach Portugal herein, es fließt auch, und vielleicht stärker, hinaus. Im übrigen sind z. B. die Konsequenzen, die der verstärkte Zustrom von farbigen und heidnischen Sklaven nach Portugal (»auch all diese hungrigen Münder müssen gestopft werden«), noch überhaupt nicht in ihrer Tragweite für den nationalen Zusammenhalt abzuschätzen.[15]

Diese scharfsinnigen Bedenken wurden dann auch mit Nachdruck auf den *Cortes*, den Ständeversammlungen Portugals, zwischen 1437 und 1449 vorgetragen. Es hatte sich um den Prinzen Pedro, einen Bruder Henriques, eine Anti-Expansions-Partei gebildet. Sie wollte Portugal durch planmäßige Förderung der eigenen Ressourcen weiterentwickeln und stärker in die innereuropäische Politik einsteigen. Nach zwei bürgerkriegsähnlichen Auseinandersetzungen verlor sie 1449 ihren beherrschenden Einfluß. Sie konnte im folgenden nur noch aus der Opposition heraus ihre Stimme erheben, dann verschwand sie als konkrete Vereinigung völlig.[16] Aber ihre Formel »Portugiesen zurück nach Portugal; Europa, kümmere dich um europäische Angelegenheiten«, tauchte immer wieder in den kommenden 200 Jahren in Diskussionen auf.[17]

Der »Indienplan« als offizielle Politik Portugals blieb trotz seiner spektakulären Erfolge ein Unternehmen, das die Regierenden immer gegen den Widerstand ganz anders denkender Portugiesen begründen, verteidigen, anpreisen mußten. Die Haltung der Bevölkerung zum Kolonialismus-Abenteuer war zwar beträchtlich positiver geworden, die organisierten Reklamezüge mit Kongo-Prinzen und wilden Tieren trugen ihre Früchte, aber auch diese mehrheitliche Zustimmung war stets mit kritischen Haken und Ösen versehen.

Als Barros von der Abreise Vasco da Gamas aus Lissabon berichtet, also von einem Höhepunkt kolonialen Elans, muß er darauf verweisen, daß die Stimmung der Portugiesen, die die Schiffe verabschiedeten, alles andere als euphorisch gewesen war. Die Ratgeber Manuels verwiesen ihn auf die Gefahr, daß sich Portugal damit übernehme. Vielleicht könne Indien noch erobert werden, aber halten ließe es sich auf Dauer kaum. Portugal selbst ginge daran zugrunde. Außerdem müsse bedacht werden, daß zuviel Aktivität in Indien die Flanke zum gefährlichsten Feind des Landes, zu Spanien, entblöße und man leicht eine Beute des Nachbarn werden könne. Und schließlich provoziere ein eventueller großer Erfolg den Neid der anderen europäischen Staaten, die schon nach den vergleichsweise geringen Beispielen von portugiesischem Profit an der barbarischen Guinea-Küste ihre Mäuler hungrig aufsperrten.[18] Manuel hält diese Argumente für wenig stichhaltig. Den Lesern späterer Zeiten, die wissen, daß alles genauso eingetroffen ist, erscheint die mild herablassende Ironie Barros', als er die Ausführungen der Expansionsgegner wiedergibt, ihrerseits ein gelungenes Beispiel für eine noch höher postierte »Ironie der Weltgeschichte«.

Camões dokumentierte in seinen »Lusiaden«, der Vergötterung des portugiesischen Kolonialismus, in nobler Geste auch diese latente Abwehrstimmung im portugiesischen Volk gegen den Überfall außereuropäischer Völker. Wieder bei der Abreise Vasco da Gamas darf ein würdiger Greis, idealer Repräsentant von Klugheit und Lebenserfahrung, den Seeleuten die wichtigsten Punkte einer Anti-Expansions-Kritik zurufen. Dieser »Alte vom Restelo-Strand« ist bis heute einer der populärsten Gestalten aus dem Nationalgedicht. »Oh, diese Sucht, herrschen zu wollen, oh, eitle Habgier … wieviele Tode, wieviele Gefahren, wieviele Stürme, wieviele Grausamkeiten werdet ihr nach euch ziehen!« Der Alte ist skeptisch gegenüber den großartigen Versprechungen für die Zukunft: »Große Worte für künftige Desaster.« Den Werten »Gold, Herrschaft über fremde Königtümer, Ruhm« setzt er die Realitäten »Verbannung, Einsamkeit, Lebensüberdruß« entgegen. Und auch hier gibt es wieder die Rückverweisung auf die fürs ganze Volk profitableren und moralisch einwandfreieren Aufgaben der Portugiesen im eigenen Land. »Unsere Heimat wird entvölkert, die Menschen in die Ferne geschleudert. Gibt es nicht tausend Orte bei uns selbst, endloses, nicht ausgenutztes Land, potentiellen Reichtum hier? Vor der Haustür werden die alten Feinde groß, während man weit nach draußen zieht, um nach neuen Ausschau zu halten.« Der aufsässige Alte gibt seinem ruhmsüchtigen König eine schallende Ohrfeige: »Die Sache lohnt sich nicht, nur damit du dich großspurig ›Herr über Indien, Persien, Arabien und Äthiopien‹ nennen kannst.« Die (derzeitige) politische Schwachheit dieser Fundamentalkritik führt zu pathetischen Abschlußversen: »Armseliges Schicksal! Seltsame Verirrung!«[19]

Es hielt sich wacker eine Opposition gegen jeden Kolonialismus, auch als für die Regierung mit der Eroberung des Indienhandels endgültig die Würfel gefallen waren. Sie protestierte z. B. nach der Reise Cabrals heftig dagegen, daß nun auch Brasilien besetzt werden sollte.[20] Und zu den Warnungen, immer neue Eroberungen vorzunehmen, kam die Forderung, so schnell wie möglich das schon Besetzte wieder aufzugeben. Bei den *Cortes* von 1562 erklärten die Sprecher des »Volkes«, Gegner des indientrunkenen »Adels«: »Indien muß verlassen werden! Die Zinsen dieses Besitzes decken nicht einmal die einfachsten Ausgaben für ihn«.[21]

Diese unablässige Selbstkritik an der Rolle als Kolonialmacht macht deutlich, daß die Entscheidung Portugals für eine Ausdehnung der Herrschaft nach Übersee von vielen der direkt Beteiligten keineswegs als eine zwangsläufige Entwicklung angesehen wurde. Sie sahen diesen Schritt als einen Versuch der Tat an, zu der es immer genauso realistische Alternativen gab. Es spielte viel Zufall mit, warum sich gerade die Expansionspartei durchgesetzt hatte und nicht die andere. Und selbst hundert Jahre später hielten viele Portugiesen den Entschluß für den Kolonialismus noch für revidierbar. Die Diskussion über ihn war nicht als bloßes Wortgeplänkel gemeint. Erst nach 1600, jetzt politisch Spanien untergeordnet, das von Südamerika lebte, und mitten hineingeschoben in eine Globalpolitik der anderen europäischen Staaten, die ihre Rivalitäten um die überseeische Dimension erweitern wollten, war die Bestimmung Portugals als Kolonialmacht definitiv besiegelt. Alle im Land akzeptierten sie aus nationalem Trotz heraus, als Mitläufer in einem Rennen, das man schließlich erfunden hatte. Später siegte die Macht der Gewohnheit.

Selbstkritische Reflexion über den Kolonialismus war den Europäern zusätzlich noch in einem übernationalen Bezugsfeld möglich. Die einzelnen Kolonialmächte spürten die Fehler der anderen europäischen Konkurrenten auf und malten sie genüßlich aus. Sie wollten ihre Mitbewerber an ihren schwächsten Punkten treffen, und sie trafen damit in der Regel auch die schwächsten Punkte des kolonialen Systems. Manche Autoren nutzten die Situation, daß freie Kritik an ausländischer Expansion nicht nur von der Zensur erlaubt, sondern sogar staatlich gefördert wurde, dazu aus, um von den Konkurrenten zu reden und dieselben Perversionen in der eigenen Nation zu meinen.

So zogen die Engländer mitleidlos gegen die Portugiesen vom Leder. Sie kritisierten die schlechte Organisation der Verwaltung, die sich immer neue Schikanen ausdenke, um Portugiesen und Einheimische bis aufs Blut auszusaugen. Sie kritisierten, aus ihrer protestantischen Distanz heraus, daß die katholischen Missionare behaupteten, den fremden Völkern das Seelenheil zu bringen, in Wirklichkeit aber diese Menschen unter die eigene Fuchtel zwingen und dann ökonomisch ausplündern wollten. Sie kritisierten das Zusammenspiel des offiziellen Portugal mit den privaten Piraten. Sie kritisierten die Klüngelwirtschaft in den Kolonien, die Vetterngeschäfte des Adels, die religiösen Bruderschaften der reichen Honoratioren. Jeder »ehrliche Mann« werde dadurch von den Vorteilen der Kolonialherrschaft ausgeschlossen. Als der Weltreisende Peter Mundy nach einer besonders frustrierenden Konfrontation mit kolonialem Filz das Regierungsgebäude in Macau verließ, belegte er den General-Kapitän mit den beiden gängigsten Schmähworten jener Zeit: »Pfaffensohn und Hurensohn«.[22]

Vertreter anderer europäischer Kolonialmächte kritisierten andere Rivalen mit durchaus unterschiedlichen Zielvorstellungen. Als z. B. französische Reisende im 18. Jahrhundert die spanischen Philippinen besuchten, um herauszufinden, ob hier auch für sie etwas zu holen wäre, griffen sie die Spanier besonders wegen ihrer ökonomischen Untätigkeit an. Das Reservoir an hervorragendem Land, an Bodenschätzen und an »Menschenmaterial« sei nicht im geringsten in all seinen Möglichkeiten für den Nutzen der Europäer eingesetzt worden. Hier müßten energischere Kolonialisten mit besseren Techniken der Ausbeutung heran.[23]

Nun mag ein Leser diese ausländischen Vorwürfe an die Adresse der Portugiesen und Spanier für sehr gerechtfertigt halten, mag sie auch gerade von den Engländern und Franzosen, die zwischen 1600 und 1800 als »fortschrittlich« auftraten, in dieser Form erwartet haben; aber es findet hier in Wirklichkeit keineswegs eine Überwindung überholter historischer Etappen statt, sondern eine sehr konventionelle Kabbelei. Denn hier gibt es keine festen Fronten, alle attackieren sich wechselseitig, und jede gerade unbeteiligte Kolonialmacht hält es schadenfroh mit dem Angreifer.

So kritisierten die Portugiesen mit gleicher Überzeugungskraft die Engländer, nachdem diese in Indien und China Kostproben ihrer Variante des Kolonialismus gegeben hatten. »Der Wohlstand Indiens zur Zeit der Moghul-Kaiser war nicht nur auf den Reichtum des Bodens, der handwerklichen Fertigkeit und des Fleißes seiner Bewohner zurückzuführen, sondern auch darauf, daß die einheimischen Fürsten die Menschen nie zu arm werden ließen. Wenn sie viel forderten, so gaben sie auch wieder viel im Lande aus. Der jetzige wirtschaftliche Niedergang Indiens hat daher seinen Ursprung in der wachsenden Wohlhabenheit der Englischen Kompanie. Sie will lieber viel in wenig Zeit zusammenstellen, als gemäßigten Gewinn für immer erzielen. Einmal im Jahr müssen die Steuereintreiber in Kalkutta ihre Rechnungen begleichen. Als Gegengabe plündern sie ohne jede Störung die indischen Bauern aus. Wenn die Tribute geringer und gerechter verteilt wären, würde auf dem Lande sehr viel mehr angebaut werden. Es gäbe preiswertere Lebensmittel. Die Menschen in den Manufakturen könnten sich besser ernähren und produzierten ihrerseits mehr. Aber die Kompanie zerstört die Gegenwart der Inder, und damit auch die eigene Zukunft. Der Mangel an vernünftigen Gesetzen soll durch verstärkten Einsatz von rüder Gewalt ausgeglichen werden. Die Engländer verbrennen Felder und Fabriken und vernichten Menschen. 200000 von Henkern befehligte Hilfssoldaten treiben sich unablässig in Indien herum und bestrafen die Armen, weil sie zu arm sind, um die Reichen zu bezahlen. 20 Millionen Cruzados an Waren gehen jährlich nach England ab; die Militärs holen ihre Gehälter voller Habgier aus dem Lande heraus; die indischen Fürsten müssen Schmiergeld auf Schmiergeld häufen; englische Agenten betätigen sich hemmungslos als Piraten: England saugt Indien zu Tode. Und schließlich müssen die Inder auch noch den Hochmut der Engländer ertragen. Ich traf einen englischen Barbier. Er erlaubte es keinem Eingeborenen, gleich wie groß dessen Reichtum, dessen Tugend sein mochte, in seiner Anwesenheit Platz zu nehmen. Wie häßlich ist die Realität hier in Kalkutta, der Hauptstadt des englischen Indien.«[24]

Die Einzelverurteilungen des jeweils anderen europäischen Kolonialismus ergänzen sich gegenseitig und bilden erst in ihrer Summe ein lückenloses Panorama des kolonialen Gesamtunternehmens. Die Fragwürdigkeit der Herrschaft Europas über den Rest der Welt wird grell deutlich. Da gibt es kaum einen Punkt, gleich in welcher Epoche, gleich in welchem überseeischen Territorium, gleich von welchem Kolonialherrn zu verantworten, der nicht mit überzeugenden Argumenten als verwerflich oder unnütz entlarvt worden wäre.

Die Auseinandersetzung der Befürworter des Kolonialismus mit kritischen Äußerungen aus dem eigenen Lager und dem europäischen Ausland führte dazu, daß sie fortwährend auf der Hut bleiben mußten. Sie verteidigten ihre Position, indem sie versuchten, den Kritikern den Wind aus den Segeln zu nehmen. Sie schliffen die störendsten Kanten kolonialer Machtausübung ab, sie schufen ein »Kolonial-Ethos«, ein Pflichtbewußtsein für erhöhte Effektivität, für langfristig hohe Gewinnspannen, für größeres Geschick bei der Beilegung von Konflikten mit den kolonialen Untertanen.[25] Seit 1793 nannte sich z. B. die englische Kolonialverwaltung in Asien »Civil Service«, wörtlich »staatsbürgerlicher Dienst«.

Die Kritik, und gerade die ganz konkrete, Ursachen und Namen nennende, half damit, den europäischen Kolonialismus immer mehr zu »verbessern«. Er verfolgte seine Ziele, um die Mäkler zu verwirren, nunmehr drei-, vier- oder fünfgleisig. Er verband seine Aggressivität mit demonstrativer »Nichteinmischung«, wofür er z. B. so raffinierte Lenkungsmethoden wie das »Indirekte Regieren« erfand. Offiziell hat dabei der einheimische Herrscher nur einen einzigen, ihn beratenden Europäer zur Seite. Er

»regiert« allein. Aber bei Aufmüpfigkeit kommt eine europäische Militär-Intervention: Er wird abgesetzt. So folgt er lieber in der Regel sklavisch den »Vorschlägen« des kolonialen Residenten.

Der Kolonialismus profitierte von der Kritik auch dadurch, daß sie ihm als ein Alibi dienen konnte. Die Tatsache, daß in Europa nie eine Kolonial-macht versucht hatte, rigoros gegen jede Kritik am Kolonialismus vorzuge-hen, verschaffte ein ungetrübtes gutes Gewissen. Wurde man in bestimm-ten Fällen von Außereuropa her für Ungerechtigkeiten, Exzesse und rück-sichtslose Ausbeutung verantwortlich gemacht, und wurde die Empörung in den Kolonien zu stark, als daß man sie auf normalem, repressivem Weg ausschalten konnte, so verwies man stolz auf die heimischen Stimmen de-rer, die diesen Stein des Anstoßes auch schon wahrgenommen hatten. Der antikoloniale Stoß traf dann nicht mehr den Kolonialismus insgesamt, son-dern nur den Teil, »der, wie wir selbst erkannt haben, nicht richtig funktio-niert hat«.

Auch heftigste Anti-Expansions-Kritik kann somit von den Verteidigern des Kolonialismus benutzt werden. Der Hinweis auf die Existenz jahrhun-dertealter anti-kolonialistischer Tendenzen im eigenen Land hilft parado-xerweise Engländern und Franzosen, Nordamerikanern und Deutschen, ihren Einfluß in den »entkolonisierten« Ländern Afrikas und Asiens bis in unsere Gegenwart hinüberzuretten. Die Kombination »Wir passen unser koloniales Herrschaftssystem allen fundierten Erfordernissen und Forde-rungen an« und »Für jeden eventuellen Wechsel halten wir schon einen Wortführer parat«, verschaffte dem Kolonialismus das lange Leben von bisher einem halben Jahrtausend. Diese Verbindung von utilitaristischer Praxis und idealistischer Theorie brachte ihn heil über den zeitweiligen Niedergang im frühen 18. Jahrhundert hinweg, sie führte ihn sicher in die Hohe Zeit des Imperialismus im 19. Jahrhundert, und sie steuert ihn jetzt, über das Ende des »klassischen« Kolonialismus hinweg, geradewegs in un-sere »Epoche der Partnerschaft«.

Bildnachweis: aus: Ou-Mun Kei-Lèck, von Lán-Kuóng-Lám und Tcheong-U-Lam, S. 130, 136, 146, 152

Portugiesische Jesuiten (1), Dominikaner (2), Franziskaner (3) und Augustiner (4) in einem chinesischen Buch über Macan aus dem 18. Jahrhundert.

Zwangsläufige Entfremdungen

Die Erfahrungen mit Außereuropa brachten den Europäern ein Selbstbewußtsein ein, das sich entscheidend von dem der meisten Völker auf der Erde unterscheidet. Es wurde seit Beginn der »Entdeckungen« ein Charakteristikum europäischer Kultur, daß man bis in die kleinsten Verzweigungen hinein fremde Kulturen studieren konnte – ohne dadurch weniger »Europäer« zu sein! Es wurde nicht als gefährlich für den Bestand der eigenen »Identität« angesehen, sich mit vielerlei Varianten und Alternativen zur eigenen Lebensform auseinanderzusetzen. Die Europäer verloren trotz ihres gesteigerten Interesses an Fremdem nicht die Überzeugung, daß ihre Formen des Denkens und Handelns einen solch hohen Wert darstellen, daß sie unbedingt erhalten werden müssen.

Auf der Gegenseite, bei den Nichteuropäern, war die Reaktion auf den Kontakt mit der europäischen Kultur in der Regel blanke Angst. Der Einfluß des Anderen schien die eigene Kultur zu bedrohen. Die Identität wurde in eine Richtung hin verändert, die man selbst nicht wollte, und die auch nicht korrigiert werden konnte.

Der allgemeine Ausdruck in Außereuropa für diese Verformung der nationalen Substanz, »Verwestlichung«, macht klar, daß das alles eine direkte Folge der ersten kolonialen Konstellationen ist. Denn wenn sich Afrikaner »verwestlicht« fühlen, obwohl die gemeinten Einflüsse aus dem Norden stammen, und wenn auch die Filipinos von einer 400jährigen Tradition der »Verwestlichung« sprechen, obwohl diese Tradition ihnen stets aus Osten, aus dem spanischen Südamerika und später aus den USA, zuflossen – so deshalb, weil der bahnbrechende Stoß des Kolonialismus Asien meinte und für Asien aus dem »Westen« gekommen war.

Europa konnte so selbstbewußt mit fremden Fakten umgehen, weil es mit ihnen von Anfang an in der Pose des Eroberers zu tun hatte. Die vorweggesetzte politische, militärische und ökonomische Vormachtstellung erlaubte bei Bedarf auch das Eingehen auf die sozialen, kulturellen und religiösen Auffassungen der Beherrschten. Ein weiterer Pluspunkt für die Europäer war, daß sich die heikle Anfangsphase der Kontakte immer im Territorium der fremden Kultur abspielte, man also selber stets über die Voraussetzungen beider konkurrierender Kulturen informiert war, der Kontrahent aber nur das wußte, was man bereit war, über sich zu erzählen.

Dadurch konnte sich in Europa (und in der europäischen Ablegerkultur Nordamerikas) dieser Trend zum Universalismus durchsetzen. Die Europäer glauben, stellvertretend für alle Menschen zu denken. Da sie, als Folge ihres weltweiten Kolonialismus, die einzige Kultur besitzen, die in der Tat weltweit mit allen anderen Kulturen Beziehungen aufgenommen hat, gehört es zum gesicherten Fundus europäischer Selbsteinschätzung, daß vor allem die Europäer die großen Linien der Weltentwicklung erkennen können, sie deshalb auch die meiste Verantwortung für die Gegenwart und die Zukunft der Menschheit tragen. Sie kümmern sich um die »wichtigsten« Probleme in jedem Staat der Erde. Sie sind es auch, die die anderen Nationen in immer neue Gruppen zusammenfassen, zum Beispiel in der »Dritten Welt« (wobei nicht weniger als zwei, die beiden restlichen Welten, europäischen Ursprungs sind), oder in den »Süden« als Gegensatz zum industrialisierten »Norden«. Und die Europäer bestimmen dann auch gleich, nach welchen Spielregeln sich diese Gruppierungen untereinander auseinanderzusetzen haben. Es sind ohne Ausnahme europäische Regeln, auf Globalformat transponiert, parlamentarische (UNO), ökonomische (Weltbank), gesellschaftliche (internationale »Konferenzen«), kulturelle (aufs »Schriftliche« fixierte Programme der UNESCO) Traditionen Europas. Insofern haben die kolonialen Experimente einiger europäischer Staaten allen Europäern einen andauernden, beträchtlichen Vorteil in ihrem Selbstwertgefühl verschafft.

Der Kontakt mit außereuropäischen Realitäten hatte oft unversehens in die Sackgasse des Tragischen geführt; aber auch das Gefühl der Europäer, sich durch die Einverleibung fremder Impulse eine »vervollkommnete« Kultur ausgearbeitet zu haben, brachte schließlich schockierende Negativerlebnisse. Es erreichte, in Teilbereichen, exakt das Gegenteil des Gewollten. Die Tolerierung fremdartiger Ideen provozierte nämlich auch Kräfte, die zu jähem Machtverlust in den Kolonien Anlaß gaben.

So wurde zuerst das Verhältnis zwischen den Europäern im Mutterland und den Europäern, die in den Kolonien lebten, irreparabel gestört. Die Lage beispielsweise der Kolonialisten in Portugiesisch-Asien war seit Anbeginn ihrer Herrschaft heikel genug gewesen. Sie mußten auf einem schmalen Grat zwischen ihren Verpflichtungen gegenüber der europäischen Heimat und der Notwendigkeit balancieren, sich auf die Bedingungen Asiens einzustellen. Sie waren immer doppelt bezogen, portugiesisch und lokal. Sie schafften die Gewürze nach Europa, und sie lebten zugleich vom Zwischenhandel von einem asiatischen Hafen zum anderen. Der König von Portugal befahl ihnen Kriege, Entdeckungen, zusätzliche Erweiterungen des Handels; sie verwalteten sich in ihren eigenen Städten selbst. Diese Zweigleisigkeit umfaßte auch das Sprachverhalten (Portugiesisch für den direkten Kontakt mit dem Mutterland, am Ort Kreolisch oder eine einheimische Sprache), das Sexualleben, die Kleidung oder den Tagesrhythmus (weiterhin Mittagstermine für offizielle Sitzungen, sonst ausgedehnte Tropen-Siestas). Dieses »Sowohl-als-auch« im kolonialen Leben öffnete eine Kluft zwischen den alteingesessenen Europäern und den frischnachströmenden. Schon tauchten Einschätzungsmuster auf, die auf unverhohlene gegenseitige Abneigung zusteuerten. Die Mutterland-Portugiesen hielten die Kolonial-Portugiesen für schwächlich (»sie waren allzu lange in diesem unerträglichen Klima«), für übervorsichtig im Krieg (»sie denken an ihre einheimischen Frauen und ihre Bastarde«), und für wenig glaubensstark (»gerade die, die hier geboren sind, haben die lokale Häresie mitgeerbt«).[1] Die Kolonial-Portugiesen hielten die Mutterland-Portugiesen für lächerlich eitel, grundlos hochmütig, vor allem aber für dumm und ungeschickt. Sie verständen die List der asiatischen Feinde nicht. Daher – so erzählen die Kolonial-Veteranen – werden die malaiischen Rajas auch erst unruhig, wenn sie bei einer Attacke Ortsansässige erkennen. Einmal war ein feindlicher Heerführer so mitleidig entsetzt über die Unfähigkeit der Portugal-Portugiesen, daß er höflichst den Malakka-Portugiesen in einem Brief vorschlug, doch lieber mit ihm gemeinsame Sache zu machen.[2]

Die Mutterländler werfen also den Kolonialbewohnern vor, daß sie keine »echten« Portugiesen mehr seien, und die Kolonialbewohner tadeln an den Mutterländlern das inkompetente Regieren der Kolonien, weil sie keine »echten« Bindungen zu Asien hätten. »Was ich nicht kenne, juckt mich nicht. Und so lassen sich diese angeblichen Herren Indiens die Schnauze einschlagen und geben trotzdem an, als hätten sie die ganze Welt zerstört. Sie prahlen, machen ungerührt Quatsch und hauen dann auf Nimmerwiedersehen möglichst reich nach Portugal ab. Wir müssen hierbleiben und mit den Scherben fertigwerden, die diese Leute, ohne rechtes Gefühl für dieses Land, uns hinterlassen haben.«[3]

Zum kritischsten Streitpunkt im Verhältnis der beiden Europäerlager zueinander wurde jedoch die Standortbestimmung gegenüber den Einheimischen. In den Anfangszeiten der Kolonisation waren die Europäer, die in Asien bleiben wollten, vornehmlich damit beschäftigt, ihre Landsleute, die direkt aus Europa kamen, zur Mäßigung in ihrer Aggressivität gegenüber den Einheimischen anzuhalten. Sie wollten, daß sich nicht ein Brutal-Image für ihre Nationen durchsetzte, sondern das geschäftsfördernde Bild vertraueneinflößender Senior-Partner. Von den Philippinen gibt es z. B. Briefe ansässiger Spanier in die alte Heimat, wo sie sich bitter darüber beschweren, daß die Neuankommenden »als erstes ihre Arroganz an den Einheimischen« beweisen wollen, daß sie sich wie Götter und tyrannische Könige aufführten. »Sie sind in einem fremden Land und behandeln dessen Besitzer fast wie Sklaven. Daher haben wir hier so viele Aufstände.«[4]

Doch nach 100 oder 150 Jahren, als sich die Kolonial-Europäer darin beruhigt fühlen konnten, daß ihre Herrschaft aus dem Stadium des Experimentierens mit zweifelhaftem Ausgang in einen nicht umkehrbaren Dauerzustand übergegangen war, wurden sie es, die alle Distanzierungstechniken gegenüber der einheimischen Bevölkerung mit Inbrunst praktizierten. Die nun schon seit Generationen eingeübten, im kolonialen Elternhaus von der Wiege an erlernten Mechanismen des Abschottens, Polarisierens und Hierarchisierens beherrschten die Asien-Portugiesen um 1650 wesentlich geschickter als ihre Landsleute aus Portugal.

Diese Wende fand gerade in dem Augenblick statt, als in Europa die Auseinandersetzung der Kolonialismus-Freunde mit ihren Kritikern *de facto* zu dem historischen Kompromiß geführt hatte, daß die »Kolonialherrschaft nicht aufgegeben, dafür aber, in einem allgemein humanitären Sinne, verbessert werden solle«. Es sind jetzt die zeitweiligen Besucher aus Europa, die das harsche Verhalten der Kolonial-Europäer gegenüber ihren einheimischen Untertanen zu geißeln beginnen. Das aktuelle Unrechtsempfinden, das sich in Europa sprunghaft weiterentwickelt hatte, stößt sich an der eigenen Unsensibilität aus früheren Zeiten.

So sind im aufklärerischen 18. Jahrhundert die Berichte von »Visitatoren«, die im Auftrag der Regierung in die Kolonien fahren, um nach dem Rechten zu sehen, endlose Beschwerden über die ansässigen Landsleute und lange Listen »empörender Fälle schlechter Eingeborenen-Behandlung«. In Lissabon wurde die Abscheu über den Terror der Portugiesen in den Kolonien so sehr Allgemeinmeinung, daß sogar Volksbücher und fliegende Blätter darüber veröffentlicht wurden. In einem Text von 1764 wird die Willkür, der in Brasilien alle »Farbigen« unterworfen sind, als unvereinbar mit der Menschenwürde, sowohl des Peinigers als des Opfers, angesehen. Wer die Abhängigen in seinem Hause nur strafe, um sie zu disziplinieren, sei selbst ein »Verbrecher, ein Gottesverächter, ein Kerl mit bestialischem Herzen, nur von Habgier getrieben.«[5]

Der Regierungschef, Marquês de Pombal, reagierte auf diese Klagen. 1774 gab er dem Vizekönig von Indien u. a. folgende Instruktionen auf den Weg: »Eure Exzellenz hat dafür zu sorgen, daß die Einheimischen nicht durch Ausschluß von bestimmten Ämtern, Ehren und Berufen diskriminiert werden. Das göttliche und das Naturrecht, sowie die menschlichen Gesetze verlangen, daß jemand, der auf einem bestimmten Boden geboren ist, nicht von all seinen Früchten getrennt werden darf. Ganz berechtigt würde er uns dafür unversöhnlich hassen.«[6]

Wer daraufhin die Portugiesen in Portugal wirklich haßte, waren die kolonialen Portugiesen. Sie fühlten sich vom Mutterland im Stich gelassen. Sie, die das ganze Risiko vor Ort zu tragen hatten und die als einzige wirklich wußten, wie man die so ganz andersartigen Eingeborenen zu behandeln hatte, sie, die vom Reichtum der Kolonien freiwillig abgaben, um den Reichtum des fernen Portugal zu vergrößern, wurden von der Zentrale zu Prügelknaben gemacht. Das war nicht mehr das heroische Portugal, das sie als ihr Vaterland angesehen hatten. Das war ein dekadentes, prinzipienloses, heruntergewirtschaftetes Zerrbild. Und so sahen die europäischen Bewohner der Kolonien zwar weiterhin voll patriotischen Pathos' ihre jetzigen Wohnorte als integrale Ausläufer der Metropole in Europa an, aber mehr einer imaginären als tatsächlichen Metropole, eines Mutterlandes aus einer längst entschwundenen Epoche.

Die Entfremdung von »daheim« entfachte einen trotzbestimmten Enthusiasmus für die »neue Heimat«. »Bei uns in Indien gibt es die reinste Luft der ganzen Welt. Da gibt es Wasser von Quellen und aus Flüssen, wie sie besser und gesünder nirgendwo auf dem Erdball gefunden werden. Es gibt so viel Brot, Hafer, alle Gemüsesorten, eine solche Menge von Groß- und Kleinvieh, daß alle Menschen in dieser Welt davon leben könnten. In allem ist Indien das Herrlichste.«[7]

Es entsteht eine eigenständige Literatur in den Kolonien. Die außereuropäischen Territorien sind nicht mehr nur ein Materialsteinbruch unter anderen in den Texten fernab wohnender Poeten, nicht mehr nur bestaunenswertes Untersuchungsobjekt für Durchreisende. Autoren, die im Lande selbst geboren sind (und die aus eigener Anschauung meist nur ihre Region und nicht Europa kennen), beginnen, Eigenproduktionen zu veröffentlichen. Ganz am Anfang ahmten sie noch beflissen ihre Vorbilder aus Portugal nach. Fernão Álvares do Oriente (1540–1595) zum Beispiel profilierte sich ausgerechnet in »Schäfer-Idyllen«. In Goa lebend, ließ er neckische Hirtenpaare über die Blumenwiesen hüpfen, von denen angeblich der Tejo-Fluß umsäumt ist.[8] Aber andere frühe Autoren wie Melchior de Figueiredo (1529–1607), der außer in Goa auch auf den Molukken, in Japan und in China lebte, gehen schon ausschließlich koloniale Themen an. Sie denken z. B. über die Zukunftschancen des Christentums in Asien nach und erzählen dazu von eigenen Erlebnissen und Gesprächen.[9]

Das beherrschende literarische Thema wird jedoch seit dem 17. Jahrhundert die Aufzählung der Vorzüge der jeweiligen Kolonie gegenüber Europa. Im portugiesischen Amerika schrieb z. B. ein Anonymus 1618 die »Dialoge über die Großartigkeiten Brasiliens«; im spanischen Amerika veröffentlichte Bernardo de Balbuena schon 1604 ein langes Gedicht über die Großartigkeit Mexikos. In Indien sind diese Lobpreisungen auf eine sehr bezeichnende Weise gleichzeitig Verteidigungen eines äußerst konservativen Kastengeistes. Die unvergleichliche Süße des tropischen Klimas und die Freude, befehlen zu dürfen, habe Gott den Portugiesen geschenkt, damit ausschließlich sie es im Verein mit den Christen aus den (beiden höchsten) Kasten der Brahmanen und Chardos genießen können. Ein solches Traktat von Miguel da Purificação (1589–?) ist eine einzige Attacke auf alle Versuche Portugals, sich in dieses festgefügte Kolonial-Establishment einzumischen. Der Text hat seinen Höhepunkt in einem drohenden Satz: »Ich habe gezeigt, daß die Söhne Indiens, die von portugiesischen Eltern abstammen, bislang ihr Land sehr gut regiert haben, und daß sie auch fähig sein werden, in wirklich allem komplette Regierungsgewalt auszuüben.[10] Die Kolonial-Portugiesen können über dieses freche Pack, das sich aus Europa nach Goa verirrt, nur noch die Nase rümpfen. Selbst der Adel in Portugal ist nicht mehr das, was er früher war. »Nur wir in Indien haben Stil und Haltung, die *Fidalgos* aus Portugal sind mit uns verglichen nur blasse Schatten«[11].

Dieser Bruch zwischen den Portugiesen in den Kolonien und im Mutterland fiel auch anderen Europäern auf, als sie nach Asien kamen. 1642 schrieb der holländische General-Gouverneur aus Batavia: »Die meisten Portugiesen halten Asien für ihr eigentliches Vaterland. Sie denken gar nicht mehr an Portugal. Sie wollen nicht einmal mehr Handel mit ihm treiben, sondern sich ihr Leben hier verdienen, ganz so, als seien sie Eingeborene, ohne ein eigenes Land in Europa.« Die Holländer nahmen als aufmerksame *Newcomer* auch die Auswirkungen dieser Haltung auf den kolonialen Alltag der Portugiesen wahr. »Wenn wir irgendwo hinkommen«, so schreibt Johann Saar aus Ceylon, »dann wollen wir unsere sechs Jahre abreißen und dann nichts wie weg nach Europa, aber die Portugiesen hier wollen nie mehr nach Portugal zurück«, und so hackten die Holländer damals noch bedenkenlos die schönsten Bäume in ihren Siedlungen ab, hockten in häßlichen und verfallenen Buden, krochen dicht aufeinander; während die Portugiesen viele neue Obstbäume pflanzten, Blumengärten anlegten, langfristige Ziegenzucht betrieben, schöne Steinhäuser bauten und sie alljährlich mit frischen bunten Farben anmalten.[12] Die Asien-Portugiesen richteten sich im eigenen Haus ohne die Spekulation auf eine »Heimkehr« ein: definitiv für sich und alle Nachkommen.

Die geistige Trennung zwischen Kolonien und Mutterland konnte unter geeigneten Umständen zu einer politischen Trennung werden. Anfang des 19. Jahrhunderts machte sich das ganze kontinentale Mittel- und Südamerika von seinen iberischen Herren »unabhängig«. Die *Criollos*, die im Lande aufgezogenen Menschen europäischer Abstammung, entzogen sich der Oberaufsicht durch die *Godos*, die Goten, die Eroberer von jenseits des Meeres. Aber sie trennten sich nicht *en bloc* von ihrer Befehlszentrale, sondern jede größere Provinz machte sich selbständig. Politische »Freiheit« bedeutete für die separatistischen Kolonial-Europäer, die durchweg der Oberschicht angehörten, in erster Linie eigenverantwortliche, also zuverlässigere Absicherung all ihrer traditionellen, provinziell beschränkten Privilegien. So entstanden 16 neue Staaten im ehemals spanischen Amerika, allesamt von einheimischen Europäern, meist diktatorial, beherrscht.

Die meisten iberoamerikanischen »Unabhängigkeits-Revolutionen« waren vergangenheitsbezogen. Verbale Radikalität vermengte sich mit tatsächlichem Konservatismus. Sie richteten sich oft sogar ausdrücklich gegen das

Mutterland, weil dort, im Gefolge der Napoleonischen Kriege, liberale, reform-einsichtige Politiker an die Macht gekommen waren. Unabhängigkeit in Amerika wurde dadurch zu einem patriotischen Akt gegen die Vaterlandsverräter in der alten Heimat. Als der Pfarrer Moreno 1810 in Mexiko versucht hatte, mit Hilfe einer Volksbewegung, die bei den mestizischen und indianischen Bauern Gehör finden wollte, die Ablösung von Spanien zu erkämpfen, ging er kläglich zugrunde; als 1821 der General Iturbide die Truppen der *Criollo*-Großgrundbesitzer zur Absetzung einer liberalen Kolonialverwaltung ins Feld führte, siegte er triumphal und ließ sich gleich zum »Kaiser von Mittelamerika« krönen.

Auch das portugiesische Amerika brachte es 1822 zur Proklamation eines Kaisers, und hier war der monarchistische Konservatismus, mit seinen verinnerlichten Reflexen von Unterordnung, in der herrschenden Schicht so erfolgreich, daß die im Grunde schon weit auseinander entwickelten Einzelprovinzen Brasiliens in einem Einheitsstaat verbunden blieben.

Es hatte auch in allen anderen portugiesischen Kolonien Loslösungs-Bestrebungen gegeben. Nur ganz lokale Gründe waren es, die die Unabhängigkeit eines weiteren portugiesischen Territoriums verhinderten. Der Wille war da, aber die ersehnte Gelegenheit kam nicht.

So versuchten Anfang des 19. Jahrhunderts z. B. auch die Kolonial-Europäer in Angola, sich von Portugal zu trennen. Es gab bewaffnete Aufstände in den Städten Luanda und Benguela. 1822, noch vor der Unabhängigkeit Brasiliens, gelang einigen Luanda-Portugiesen ein Putsch. Sie bildeten eine siebenköpfige »provisorische Regierungs-Junta«. Sie schwankten, ob sie sich als eine Zusatzprovinz Brasilien anschließen oder allein unabhängig bleiben sollten. Drei Jahre lang hielten sie die faktische Trennung von Portugal aufrecht, aber sie konnten ihr spezielles Dilemma nicht lösen – auf der einen Seite mußten sie bei einem Bund mit Brasilien befürchten, auf die Dauer nur einen Kolonialherrn durch einen neuen ausgetauscht zu haben; auf der anderen Seite grauste es den wenigen Europäern in Luanda (etwa 1500), mit den Massen der Afrikaner alleingelassen zu werden. Sie kehrten 1825 reuig in den Schoß Portugals zurück, blieben, enttäuscht von sich selbst, bis 1896 ruhig.[13]

In Moçambique hatten sich schon im 17. Jahrhundert im Tal des Sambesi große landwirtschaftliche Betriebe portugiesischer Abenteurer zu praktisch unabhängigen Kleinstaaten entwickelt. Theoretisch war es die Krone, die die Besitzrechte dieser *Prazos*, Pachtländer, für jeweils drei Generationen vergab. In Wirklichkeit aber vererbten die Besitzer ihre riesigen Ländereien ungehindert weiter, hatten Privatarmeen bis zu 30000 Mann, führten Kriege untereinander und gegen benachbarte afrikanische Völker, zahlten weder Steuern noch gehorchten sie portugiesischen Gesetzen. Daß es nicht zu einem unabhängigen Staat Moçambique kam, lag am Individualismus der *Prazeiros*. Sie schlossen sich nie zusammen. Und so konnte Portugal bis Ende des 19. Jahrhunderts (als es als imperialistische Macht von neuem mit Nachdruck militärisch und ökonomisch intervenierte) die Oberhoheit über das Land durch seine paar an der Küste verstreuten Beamten unauffällig behaupten.[14]

Eine ähnliche Kombination von tatsächlicher politischer Freiheit und völkerrechtlicher Unterordnung hatte sich in Macau ergeben. Die wirtschaftliche Macht und die meisten Posten in der kolonialen Verwaltung waren im 17. Jahrhundert in die Hände der lang ansässigen Portugiesen übergegangen. Portugiesen aus Portugal durften durch ihre Anwesenheit nur noch die fortdauernde Gültigkeit des Exklusivvertrages mit China über den chinesisch-europäischen Handel demonstrieren und Nachwuchs für den Klerus und das hier relativ unwichtige Militär stellen. Diese geschlossene Schicht der Macau-Portugiesen nannte sich *Macaenses*, und sie sprachen ein eigenständiges Kreolisch, *Macaísta*. Sie vermischten sich mit Chinesinnen, auch mit indischen, malaiischen, vietnamesischen, philippinischen und japanischen Frauen. Es gibt heute noch etwa 8000 *Macaenses*. Sie gehören durchweg zur höheren Gesellschaftsschicht, sind im Staatsdienst, als Ärzte, Rechtsanwälte oder Hotelbesitzer beschäftigt. Da all ihre Kinder zur portugiesischen Schule gehen, verschwindet ihre *Macaísta*-Muttersprache seit Beginn des Jahrhunderts stetig, wird durch das »korrekte« Portugiesisch ersetzt oder, seit 1945, durch Englisch. Daneben sprechen alle Kantonesisch. Wenn sie ihr Universitätsstudium in Lissabon oder Coimbra absolvierten, war Kantonesisch dort ihre verbindende Heimatsprache. So haben die *Macaenses*, am offiziellen Kolonialismus vorbei, ihre eigene Identität entwickeln können, fühlen sich als »die« Bewohner Macaus. Sie haben die Entfremdung vom Europa ihrer Väter und vom Asien ihrer Mütter in ein selbstgenügsames Positivum überführt. Nur, wenn diese halb europäisch, halb asiatisch aussehenden *Macaenses* ins nahe Hong Kong ziehen, erreicht sie wieder ihre Geschichte: Dort heißen sie glatt »die Portugiesen«.[15]

Auch in Goa hatte sich eine neue Bevölkerungsgruppe konstituiert. Sie nannten sich *Goesen*. Das waren anfangs die *Casados*, ihre Nachkommen und die einheimischen Christen zusammen. Sie fochten seit dem 18. Jahrhundert für ihre Unabhängigkeit von Portugal. Und weil sie das mitten in der Hauptstadt Portugiesisch-Asiens taten, dem allerheiligsten Symbol des portugiesischen Kolonialismus, wurde es ein blutiger und langer Kampf.

Die erste Verschwörung gegen die Kolonialherrschaft 1787 wurde noch relativ problemlos unterdrückt, aber die selbst damals aufsehenerregende Brutalität bei der Bestrafung der Schuldigen zeigt die wachsende Nervosität der Herren an. »Die Verurteilten wurden an Pferden durch die Stadt geschleift. Bevor die Männer starben, schlug man ihnen die Hände ab, nach ihrem Tod den Kopf. Die Leichen wurden geviertelt und auf hohen Pfählen auf den Plätzen ausgestellt«[16].

Als in Portugal um 1821 bürgerkriegsähnliche Unruhen zwischen Liberalen und Konservativen ausbrachen, versuchten auch die Portugiesen Goas wieder, gegen das Mutterland zu rebellieren. Sie putschten. Sie setzten den Vizekönig ab und regierten sich selbst mit einer provisorischen Junta. Sie beschäftigten sich danach jedoch vornehmlich mit Fraktionskämpfen. Die Anhänger des faktisch schon unabhängigen Goa brachten sich gegenseitig durch Attentate und Straßenterror um. So protestierte kaum noch ein *Goese* dagegen, als der König von Portugal fünf Jahre später einen neuen Vizekönig schickte.

1834 wurde die Gelegenheit, Goa definitiv unabhängig zu machen, ebenso definitiv verspielt. König Pedro IV. von Portugal ernannte zum ersten Mal in der Geschichte mit Bernardo Peres da Silva einen »Sohn Goas« zum Vizekönig von Indien. Eine grenzenlose Begeisterung ergriff das Land. Aber der »Washington Goas« blieb nur 15 Tage im Amt. Dann griff das Heer ein, setzte ihn ab und deportierte ihn nach Bombay. Die Reaktion der Portugal-Portugiesen hatte gesiegt. Von nun an gab es praktisch eine Militärdiktatur in Goa. 35 Jahre lang taten die Soldaten, was sie wollten, fünfmal – 1838, 1846, 1854, 1870, 1871 – führten sie Terrorkampagnen gegen die Bevölkerung durch, verbrannten Dörfer, ermordeten Protestierende. Das Volk dichtete Vierzeiler wie: »Hochmütig strecken diese Militärs die Sexorgane frech nach vorn, rauben, töten wie gewohnt, rotten alles aus, was hier noch wohnt!«[17]

Innerhalb der herrschenden Schicht der goesischen Gesellschaft hatten die *Descendentes*, die direkten Nachkommen portugiesischer Einwanderer und die christlichen Inder keinen Modus finden können, wie sie den Kuchen unter sich aufteilten. Die *Descendentes*, die ihre Machtbasis auf Posten im Heer gestützt hatten, drohten an, vielleicht doch mit den Waffenbrüdern aus Europa das Heft ganz in die Hand zu nehmen; die indischen Christen winkten mit der möglichen Hilfe der vielen »heidnischen« Inder. Portugal spielte daher beide Gruppen gegeneinander aus. Erst setzte es auf das Heer und versprach den *Descendentes* die alte Macht und Herrlichkeit. Als bei den folgenden Orgien der Repression der Siedepunkt der Unzufriedenheit bei den anderen *Goesen* erreicht war, lösten die Portugiesen 1871 eben diese Armee in einem Überraschungscoup auf. Es waren nun die »rassenfremden« Brahmanen und Chardos, die vom »Mutterland« kaltschnäuzig mit frischimportierten Truppen unterstützt wurden. Jetzt nannten nur noch sie sich *Goesen*, und sie blieben in Goa, mit nur ganz wenigen Ausnahmen, Portugal treu bis 1961.

Der zweite Grund für das Scheitern der goesischen Unabhängigkeitsbewegung war vielleicht noch gewichtiger als die innere Zwietracht. Während aller Auseinandersetzungen schwebte über den Separatisten die Furcht, daß bei einem eventuellen Erfolg die Engländer eingreifen würden. Das indische Kolonialreich Englands strebte gerade seinem Höhepunkt zu. Immer schneller und routinierter wurde ein einheimischer Herrscher nach dem anderen um sein Land gebracht, erobert, entmündigt, ausgekauft. In dieser Situation mußte das Entstehen eines neuen Staates in Indien, der aus einem Sieg gegen eine europäische Kolonialmacht hervorgegangen war, wie eine Provokation wirken. England unterstützte daher stets Portugal; im schlimmsten Fall wäre es unverzüglich bereit gewesen, Goa selbst zu schlucken.

»Die anti-kolonialistische Bewegung in Indien startete in Goa«, vermeldet stolz eine Festschrift der »Vereinigung aller Goesen in Europa und Bombay« von 1974.[18] Sicherlich, aber das war noch eine Auseinandersetzung zwischen den Regisseuren des Kolonialismus gewesen, zwischen Europäern, die sich in 300 Jahren verschiedener Existenzbedingungen auseinandergelebt hatten. Die endgültige »Befreiung« sollte 150 Jahre später unter ganz anderen, akzentuiert nicht-europäischen, Vorzeichen erfolgen.

Das Ende einer direkten europäischen Kolonialherrschaft durch die Proklamation eines neuen Staates hatte in einer ersten Etappe, der der »weißen« Unabhängigkeit, langfristig nur Nord- und Südamerika, Südafrika, Australien und Neuseeland erfassen können. Es war ein großer Schock für Europa gewesen, daß vornehmlich aufgrund des Fortschreitens seines globalen Verantwortlichkeitsgefühls und seiner Selbstkritik solche Rückschläge stattgefunden hatten. Der Kolonialismus so schien es, hatte selbst seine Zersetzer und Zerstörer hervorgebracht.

Aus der Warte einer späteren Zeit scheint es allerdings eher so gewesen zu sein, daß die Entstehung neuer dekolonisierter Staaten mit europäisch geprägter Bevölkerung oder von Staaten mit europäisch geprägten Herrenklassen das Überleben der Expansion Europas wirklich auch in den äußersten Ecken der Welt garantiert hat. Es waren diese Entfremdungen »der eigenen Leute in der Ferne« gewesen, so bitter sie auch von denen, die auf ewig das einzige Vorbild bleiben wollten, empfunden werden mußten, die am Ende verhindert hatten, daß auch diese Territorien in den Sog neuartiger Unabhängigkeitsbewegungen gezogen wurden. Als nun Afrikaner und Asiaten in einer zweiten Etappe der Entkolonisierung ebenso auf sich anwenden wollten, was einst die rebellischen Kolonial-Europäer gefordert hatten, waren wenigstens einige Reservate in Übersee davor geschützt, in dieser Rücklaufwelle unterzugehen. Die alten Kolonialmächte und die neo-europäischen Staaten Amerikas, Afrikas und Ozeaniens verdrängen in der praktischen Politik ihre damaligen gegenseitigen Vorwürfe; sie besprechen jetzt gemeinsam ihre künftige Arbeitsteilung, bezeichnen ihre geographischen, wirtschaftlichen und politischen Spezialaufgaben.

Dritter Teil: FÄLLE

Über das Machtstreben als Grundstruktur des Kolonialismus

In unserer Gegenwart, die als Phase eines großen historischen Übergangs im Verhältnis der Weltteile zueinander erscheint, wo der klassische Kolonialismus Europas abgeschlossen ist und die verschiedensten neuen Formen von Einwirkung auf die »unabhängigen« Staaten Außer-Europas ausprobiert werden; in unserer Zeit, wo das Schwankende, Wechselnde, Sich-Weiterentwickelnde zu dominieren scheint, wo es in Übersee offen europäische Enklaven gibt oder verdeckte, einheimisch verwaltete Satelliten, wo die Anstrengung Europas, Nordamerikas, Anglo-Ozeaniens und Südafrikas zur Beherrschung der übrigen Welt mit so komplex verwobenen Methoden arbeitet, daß man um mehrere Ecken und in mehreren Ebenen denken muß, um herauszubekommen, wer dabei tatsächlich den Löwenanteil des Nutzens hat; in diesen Zeiten flexibler Machtpolitik, wo die Allianzen ständig wechseln; in dieser Epoche auch der heftigsten verbalen Verurteilung der Vergangenheit, des Anti-Kolonialismus, Anti-Imperialismus, Anti-Neo-Kolonialismus, Anti-Peace-Corps-Interventionismus – ein Bruchstück von Kontinuität hält sich bei alledem offensichtlich unverwüstlich über Wasser: Die Spuren der Portugiesen, die vor fast fünfhundert Jahren der Globalstrategie des Kolonialismus den ersten Schwung gegeben hatten, befinden sich immer noch, mit direkter Anschaulichkeit, in Asien. Und nicht nur in der Kolonie Macau oder in den bis vor kurzem noch portugiesischen Städten Goa, Damão und Diu, sondern auch in Regionen Südostasiens, die seit Jahrhunderten weitab von ihrem Verwaltungseinfluß liegen.

Da gibt es die Überbleibsel von Forts, Handelshäusern und Kirchen, verfallen oder zu anderem Zweck umgebaut, die überall auf den Inseln Indonesiens anzutreffen sind wie römische Bauwerke in den Außenregionen des Römischen Reiches. Daß ein altes Gemäuer immer »portugiesisch« ist, hat sich z. B. bei den Einwohnern Ambons so festgesetzt, daß sie auch jedes holländische Haus von mehr als hundert Jahren so benennen. Ganz allgemein sind Dinge (von Musikinstrumenten bis zu Kochutensilien), die offensichtlich nicht ursprünglich molukkisch waren, aber schon sehr lange hier sein müssen, Produkte der sagenhaften »portugiesischen Epoche«.[1]

Aber es gibt vor allem auch Menschen, die überlebten. In Malakka, das 1641 endgültig an die Holländer verloren ging, existiert heute, 340 Jahre später, immer noch eine Gruppe von Einheimischen, die sich »Portugiesen« nennen. Im Osten Indonesiens gibt es vier Inseln mit »portugiesischen« Bevölkerungssprengseln: Flores, Adonara, Solor und Timor. Auf Java, das nie von Portugal beherrscht war, gibt es ein Dorf, Tugu bei Jakarta, das von »Portugiesen« bewohnt ist. Und auch in der modernen Handelsmetropole Südostasiens, in Singapur, weiß jeder Einheimische von seinen »portugiesischen« Mitbürgern. Die zeitlich und räumlich zusammenhängende Kette der Herrschaft Portugals in Asien mündete in kleine »zeitlose« geographische Fragmente: Strandgut des Kolonialismus.

Es sind nur etwa 100000 Menschen in einer Region von 200 Millionen. Aber um so erstaunlicher ist es, wie sich diese Wenigen, die seit Jahrhunderten von einem »Mutterland« getrennt sind, in ihrer Selbsteinschätzung haben behaupten können. Hier lassen sich Mutmaßungen darüber, welches die stärksten Triebfedern der Expansion Europas waren, an lebenden Menschen überprüfen.

Im 15. und 16. Jahrhundert hatten die Portugiesen ein dickes Bündel an Handlungsmotivationen und Verhaltensweisen geschaffen, mit dem sie ihre Herrschaft in Außer-Europa aufrichten wollten. Im Verlauf der Kolonialgeschichte wurde die breite Vielfalt dieser Vorschläge durch die praktische Erfahrung in eine Skala der Durchsetzungsfähigkeit einsortiert, in besonders wirksame und weniger wirksame Elemente unterteilt. Wenn die »Portugiesen« in Malakka, auf Flores, in Tugu und Singapur sich immer noch voller Stolz einen Lebens- und Denkstil aufrechterhalten, der sie zu krassen Außenseitern in ihrer Heimat macht, müßte das, was sie als Eigendefinition angeben, ein außergewöhnlich effektives Element des Kolonialismus gewesen sein.

Welches genau war der Energie-Kern, mit dessen Hilfe sie über Jahrhunderte der Auflösung in ihre Umgebung widerstreben konnten? Das einzig Gemeinsame zwischen den heutigen »Portugiesen« in Südostasien, die unter gänzlich verschiedenen Lebensbedingungen existieren, in kleinen Dorfgemeinschaften, in Vorstädten oder im Zentrum einer Millionenstadt, als Bauern oder als Ärzte, isoliert »am Ende der Welt« oder *up-to-date* als Mitglieder einer weltweiten Informationsgemeinschaft, ist das Absichern einer gesellschaftlichen »Dominanz«. Sie erheben den Anspruch auf einen politischen und sozialen Sonderstatus. Der reale Einfluß, den ihnen ihre Selbstdefinition gibt, stände ihnen in ihrer Umgebung als »Nicht-Portugiesen« auf keinen Fall zur Verfügung. So konzentriert sich ihr ganzes Bestreben darauf, den anderen zu signalisieren, daß sie, die »Portugiesen«, von vorneherein eine Vorrangstellung verdienen.

Die Formel, die diese Nachkommen längst vertriebener Kolonialherrscher für sich aus allen Erfahrungen mit typisch »europäischen« Verhaltensweisen herauskristallisiert haben, ist: »Der Europäer ist zum Herrschen geboren«. Wenn irgendmöglich, herrscht er allein; ist er einem fremden Herrn untergeben, so hat er eine Favoritenrolle, steht privilegiert etwas abseits der normalen Hierarchie; ist seine Macht noch stärker abgesunken, so nimmt er wenigstens in seiner Ebene und nach unten hin eine stolze Stellvertreterfunktion für die aktuell Mächtigen ein. Bis zum Boden eines Herrschaftssystems in Außer-Europa fällt ein »Europäer« nie: Dann verschwindet er, fährt ab, macht Selbstmord, wird ermordet – oder »totgeschwiegen«.

Die Europäer hatten vor allem in Asien ein Gespür dafür, daß ihre Kolonialherrschaft hier nur möglich war, wenn sie ihre prinzipielle Dominanz deutlich hervorstrichen, wenn sie unmißverständlich ihr Bild als natürliche Machthaber propagierten. Sie wollten gewisse Schwachstellen ihrer tatsächlichen Überlegenheit durch Prestige ausgleichen. So ist denn die augenfällige Demonstration der eigenen Herrscherposition einer der wichtigsten Bereiche in den Kontakten Europas mit seinen Kolonien, wo die Europäer ohne Zögern in traditionelle Differenzierungsstrukturen außereuropäischer Völker einstiegen. Ohne Schau spielten sie hier die fremden Riten von Aufplusterung und Unterwerfung nach. Sofort ließen sich in Goa die Portugiesen, gleich welcher sozialen Klasse, in den indischen Sänften der einheimischen Mächtigen transportieren. Die höheren holländischen Beamten auf Java versäumten es nicht, sich bei ihren öffentlichen Auftritten unter großen goldenen Sonnenschirmen zu präsentieren, dem althergebrachten Zeichen königlicher Legitimation und Herrscherwillens. Die Engländer verlegten die Hauptstadt ihres indischen Kolonialreiches 1911 vornehmlich deswegen von Kalkutta nach Delhi, weil Delhi zwischen 1200 und 1700 das einzige Regierungszentrum Indiens von kontinentaler Bedeutung gewesen war. Es ließ sich so klarmachen, daß die Engländer altindische imperiale Größe, eine nationale Herrlichkeit legendären Ausmaßes, in gerader Linie fortführten. Daß man in Übersee als Europäer seinen Anspruch auf höchste Dominanz voll auszureizen hat, das lernten im 19. Jahrhundert sogar die europäischen Staaten, die in Asien keine eigenen Kolonien hatten. So fuhr zum Beispiel 1944 ein US-amerikanisches Kriegsschiff, die »Constitution«, drohend vor der Reede Bruneis auf, eines unabhängigen Sultanats an der Nordküste Borneos, und erzwang einen Vertrag über Sonderhandelsrechte, obwohl es überhaupt keinen Handel zwischen den USA und Brunei gab. Er wurde auch später nie in Anspruch genommen. Noch absurder demonstrierten zu derselben Zeit und in derselben Region Italiener den Allmachtsanspruch Europas. In der Nähe Bruneis, mitten in dicht von Malaien bewohntem Gebiet, hielten sie mit ihrem Weltumsegler-Schiff »Principessa Clotilde« nach einem geeigneten Terrain Ausschau, wo eine Strafgefangenen-Kolonie angelegt werden könnte. Sie wollten ihre heimischen Revolutionäre, ihre Mörder und Räuber zur Gaya-Bucht, gegenüber der Insel Labuan, schaffen. Da ganz selbstverständlich die ganze Welt jedem Europäer zur Verfügung steht, gab die italienische Regierung völlig ernsthaft 1873 bekannt, daß sie nun doch von diesem »Verbrecher-nach-Asien«-Plan Abstand nehmen wolle. Die große Entfernung mache die Deportationen zu kostspielig.[2]

Die Bekräftigung von Dominanz, die sich auf hohem, staatlichem Niveau abspielte, ist hinlänglich bekannt und aus den historischen Gesamtdarstellungen des Kolonialismus herauslesbar. Auch Belege darüber, wie sich diese Haltung konkret bei einzelnen Europäern in den Kolonien äußerte, gibt es viele. Beim offiziellen wie beim privaten Strang zeigen charakteristische Episoden oder Lebensbeschreibungen, wie die Menschen mit dem Status ihres Europäertums pokerten, und meistens gewannen. Die heutigen »Portugiesen« in Südostasien fallen aber in keine der beiden Kategorien. Sie befinden sich in einer bislang wenig beachteten Mittelposition.

Dennoch kann gerade die Untersuchung von ihnen besonders interessant werden. Denn hier haben sich Gruppen gebildet (viele Menschen zusammen, aber immer noch überschaubar), bei denen sich koloniale Kulturkontakte zu einer kollektiven Selbsterfahrung entwickelten, die sehr eng auf die lokalen Bedingungen einging. Das Ergebnis hatte sich dann verselbständigt. Die betreffenden Gemeinschaften bekamen einen unabhängigen Eigenwert. Sie haben sich als lebensfähig auch außerhalb des ursprünglichen, direkt machtausübenden Rahmens herausgestellt. Die Existenz ganzer Landstriche und vieler Generationen konnte erfolgreich auf diesen einen Punkt »feste, subjektive Plazierung innerhalb des Bezugssystems Europa/Außer-Europa« aufgebaut werden.

Jede der vier Gruppen der »Portugiesen« hat denn auch versuchen müssen, in ihrer asiatischen Umgebung, mit ihrem Bezug auf eine (tatsächliche oder auch nur angebliche) portugiesische Lokalgeschichte, ohne eigenen (portugiesischen) Kolonialismus auszukommen. Sie hatten Erfahrungen zu sammeln mit den verschiedenen Kolonialherren, die sich in ihren Wohngebieten ablösten; sie erlebten auch die Entkolonisierung und die Gründung neuer Nationalstaaten mit. Sie sind daher Beispiele, prall mit Leben gefüllt, von der Anpassungsfähigkeit der Herrschaftsmechanismen, die von den allerersten Kolonialisten entwickelt worden waren. Herausgesprengte Splitter, die, auch allein gelassen, explosiv bleiben. Diese de-facto-Asiaten, die noch heute den europäischen Besucher wie Ihresgleichen behandeln, vergegenwärtigen mit der Natürlichkeit ihres alltäglichen Daseins die andauernde Resistenz Europas dagegen, einmal Erobertes aufzugeben. Sie zeigen sich mit jahrhundertealter Patina und zukunftssicher zugleich. Eine oder zwei dieser selbständigen »portugiesischen« Gemeinschaften in Südostasien mögen verlöschen; die anderen sehen sogar eine Chance, noch stärker zu werden als jetzt.

Die folgenden Fallstudien sollen als (ergänzungsfähige) Muster zeigen, wie das Bild vom dominanten Europa, geschickt eingesetzt, außereuropäische Realität werden konnte.

Seit 1511 »portugiesisch«: Malakka

Für die Portugiesen in Südostasien ist Malakka eine Heimatstadt voll mythischer Bedeutung geworden. Hier wollten sie aus vollem Herzen hingehören. Wenn sie nach Sumatra oder China reisten, sagten sie bald nicht mehr: »Ich komme aus Portugal«, sondern: »Ich komme aus Malakka.« In dieser Stadt wollte jeder sein Haus bauen, seine Geschäftszentrale errichten, eine (zusätzliche) Familie haben. Hierher sehnten sie sich zurück, wenn sie auf den Molukken Geld verdienten oder wenn sie erzählen wollten, daß sie im Osten Australiens neue Inseln entdeckt hatten. Für die Malaien hatte vor dem Eintreffen der Europäer schon die Herkunftsbezeichnung »Orang Melaka«, Mann aus Malakka, als Ehrentitel gegolten; die Portugiesen nahmen die nationale Zentrierung auf diese Stadt auf und benutzten in ganz Südostasien die gleiche Wendung mit dem gleichen Stolz: »Homens de Malaca«.

Als Dank dafür, daß die Portugiesen 1641 vor den belagernden Holländern kapituliert und ihnen die »uneinnehmbare« Zwingburg Malakkas übergeben hatten, gab der neue Kommandant schon am Tag der Eroberung die Erlaubnis, daß frei ein Schiff aus dem Hafen auslaufen könne. Auf ihm durften sich die 250 wichtigsten Persönlichkeiten Portugiesisch-Malakkas in Sicherheit bringen, mit aller Habe, die sie mitnehmen wollten. An Bord gingen alle Portugal-Portugiesen, alle wohlhabenden Händler, die meisten Priester und Mönche und die jungen einheimischen Portugiesen, die noch eine Zukunft vor sich glaubten. Das Schiff »Bredamme« mit dem portugiesischen Kapitän Lopes de Melo segelte ab nach dem portugiesischen Teil Ceylons.[1]

Die Menschen waren vertrieben; jetzt zerstörten die Holländer auch die steinernen Denkmäler der Kolonialherrschaft Portugals. Mit Ausnahme einer Kirche, die sie kalvinistisch umwidmeten und der sie statt des Namens »Unserer lieben Frau der Gnade« den militanten des »St. Paul« gaben, machten sie jedes der rund zwei Dutzend portugiesischen barocken Gotteshäuser dem Erdboden gleich. Sie vernichteten die Kathedrale und zerstreuten ihren Schatz in alle (nordeuropäischen) Winde: Sie ließen das Jesuitenkolleg verschwinden, das einen Turm von mehr als 30 Metern Höhe hatte, einen großen doppelgeschossigen Kreuzgang und Gemüse- und Ziergärten; und sie trugen das Franziskaner-Kloster so vollständig ab, daß seine ungefähre Lage erst um 1960 wieder durch modernste archäologische Technik ausfindig gemacht werden konnte.[2] Die Holländer wollten Portugal in Malakka vollständig auslöschen.

Aber sie waren nicht stark genug, um die Rolle der Portugiesen in Malakka auszufüllen. 130 Jahre lang diese asiatische Handelszentrale gehalten zu haben, das hatte den Portugiesen bei den Völkern der Nachbarschaft ein solides Prestige verliehen. Sie waren Attacken, Belagerungen, vielerlei Geschäftsschädigungen ausgesetzt gewesen, aber sie hatten sich als zähe Burschen durchsetzen können. Sie waren oft clever und tapfer, manchmal auch zuverlässig gewesen. Es schien was dran zu sein an dem prinzipiellen Herrschaftsanspruch dieser Leute. Die neuen Herren jedoch hatten ihre Hauptstadt, Batavia, woanders; in Malakka agierten sie mißmutig oder gleichgültig. Beamte, die ungeduldig auf eine Beförderung zu besseren Posten auf Java warteten, begannen hier keine neuen Projekte. Den Holländern fehlte das demonstrative Herren-Verhalten.

In dieses Vakuum von Ansehen und diesen Mangel tatsächlicher Machtanwendung stieß daher eine bestimmte Sorte malakkischer Einwohner. Die Kategorie »Portugiesen« war verwaist – aber es gab noch viele Menschen, die mit den ehemaligen Kolonialherren zusammengelebt und zusammengearbeitet hatten. Da waren die Sklaven und Freigelassenen, die Diener der Kaufleute und Militärs, die Hausmädchen, die Handwerker, die ihnen zulieferten und die sie ausstatteten. Und da waren auch heruntergekommene »echte« Portugiesen, die die Reichen nicht auf ihrem Fluchtschiff haben wollten, und Portugiesen, denen es mit ihren einheimischen Frauen unter allen Umständen hier besser gefiel als in Colombo oder Goa. Es gab die vielen Mischlingskinder der Geflohenen, und es gab die vielen verlassenen Frauen, Freundinnen, Konkubinen und Sklavinnen. Dieser konfuse, teils asiatische, teils europäische, teils gemischte, ehemalige Unterbau der portugiesischen Herrscherkaste Malakkas, behauptete nun gegenüber den neuen Herren, daß sie die natürlichen Erben der Portugiesen seien. Ja, sie seien sogar die »Überlebenden«, die letzten Portugiesen. Sie erkannten ihre Niederlage bereitwillig an, sie wußten, daß nun uneingeschränkt die Holländer regieren mußten. Aber ein bißchen Achtung und Mitbestimmung hatte man doch wohl verdient.

Diese Malakker boten den Holländern, die sich zuerst, ein wenig unsicher, in den ungemütlichen Kasernen der zerbombten Festung eingerichtet hatten, unter dem Etikett »Portugiesen« Erinnerungen an die gemeinsame Heimat Europa und ihre Dienste an. Sie kochten mehr oder weniger europäisch für sie, schneiderten europäisch anmutende Kleider. Mit besonderem Erfolg wiederholten die Frauen mit den Holländern, was im Bett den Portugiesen gefallen hatte. Nur wenige Jahre nach dem »Machtwechsel« in Malakka gab es kaum einen holländischen Beamten oder Soldaten, der nicht in seinem Haus mit einer Mehrheit von ›portugiesischen‹ Bediensteten lebte, eine ›portugiesische‹ Freundin oder auch eine zum Kalvinismus bekehrte Ehefrau hatte und der eng mit ›portugiesischen‹ Schreibern, Dolmetschern und Zwischenhändlern den größten Teil seiner amtlichen Zeit verbrachte.

Die Holländer konnten es sich auch kaum leisten, nicht auf diese neue Bevölkerungsgruppierung zurückzugreifen. Diese Leute wußten z. B. alles über die bestmögliche Eintreibung von Hafengebühren und über die Bestechungsraten benachbarter Rajas. Außerdem: Von allen Ansässigen konnte man ihnen noch am meisten vertrauen. Man hatte ja doch mit ihnen mehr gemein als z. B. mit den Chinesen. Immer häufiger wurden auch direkte verwandtschaftliche Beziehungen.

Die »Portugiesen« drangen kräftig in die neue Verwaltung vor. Schon der erste holländische Gouverneur Johann van Twist, der von 1642 bis 1646 in Malakka war, gab von den sieben höchsten Posten in der Stadtregierung drei den einheimischen »Portugiesen«. Sousa, Mendes und Pingueiro waren für den Wiederaufbau der Stadt, den Hafen und die Beziehungen zu den Malaien im Umland zuständig.[3] Die Benennung von »Portugiesen« für hohe Ämter wurde so selbstverständlich, daß sich in Malakka während der gesamten Holländer-Zeit nie die holländischen Amtsbezeichnungen haben durchsetzen können. Selbst solche Ressorts wie »Finanzverwaltung« und »Justiz« behielten ihre alten portugiesischen Namen.[4]

Wer zwischen 1660 und circa 1800 in Malakka die tatsächlichen Träger der europäischen Herrschaft treffen wollte, konnte gar nicht anders, als verwundert die reale Dominanz der »Portugiesen« festzustellen. Die theoretisch über allem thronenden Holländer wechselten alle zwei bis drei Jahre; die »Portugiesen« blieben für immer, und in einem Netzwerk alter gegenseitiger Loyalität. Die Holländer kapselten sich hochmütig von der Bevölkerung ab; die Portugiesen aber waren auch in einem gemeinsamen Gremium mit den anderen Völkergemeinschaften Malakkas. Es gab eine Art niederer Selbstverwaltung in dieser »Stadt der vier Rassen«.[5] Jeweils ein »Kapitän« vertrat die Interessen der Gemeinschaft der Chinesen, Javaner, Inder und eben auch der »Portugiesen« bei der Organisation öffentlicher Arbeiten, bei der Festsetzung von Abgaben, bei der Vorbereitung von Festen und ähnlichen Aufgaben. In den Treffen zwischen diesen Ältesten hatten die Vertreter der »Asiaten« Vertrauen zu ihren »europäischen« Kollegen: Ein deklassierter ehemaliger Herr ist viel verständnisbereiter als ein ungefährdeter aktueller Machthaber.

Wo immer ein Bewohner Malakkas Kontakt mit dem Staat aufnahm, er geriet an »Portugiesen«. Und so verwundert es nicht, daß die Gruppe der »europäischen Eingeborenen« zahlenmäßig anschwillt. Wer in dieser Stadt bleiben, relativ gut leben, sie mitverwalten möchte, geht, egal ob Europäer, Mischling jeder Art, Inder oder Javaner, zu der neuen Kategorie über. So saugt diese Gemeinschaft auch holländische Goonting, Minjoot, Cornelis, Frederik, Spykerman und Danker auf. Sie alle gelten von jetzt an in Malakka als »Portugiesen«.

Eine Volkszählung von 1678 stellte für die rund 5000 Bewohner der Stadt folgende »ethnische« Zusammensetzung fest: Es gab 145 Holländer (Beamte, Soldaten, Seeleute, zum Teil auf der Durchreise), 588 Malaien, 547 Inder, 426 Chinesen, 102 Bugis (Söldner aus Sulawesi), 1607 unspezifizierte »Sklaven« – und 1469 »Portugiesen«. Das ist fast ein Drittel der Gesamtbevölkerung. Wie disparat das Äußere dieser Gruppe den Volkszählern erschien, zeigt ihre hilflose Zusatzerläuterung zur Definition einer Person als »Portugiese«: »Das sind Nachkommen der alten Portugiesen und auch die Menschen mit schwarzer Haut.«[6]

Dennoch gelang es den »Portugiesen« Malakkas, eine einheitliche, für alle verbindliche Kultur aufzubauen. Gegen Ende des 17. Jahrhunderts hatten sie sich einen Verhaltenskodex und einen allseits akzeptierten Traditionsfundus angelegt, die im wesentlichen bis heute gültig geblieben sind. Sie entwickelten ein Selbstverständnis, das sie deutlich von allen anderen Bevölkerungsgruppen in Malakka abhob und das ihnen inneren Zusammenhalt gab.

Zum zentralen Definitionspunkt wurde die Religion gemacht. Die »Portugiesen« fühlten sich als Katholiken. Die holländischen Sieger hatten ihren heimischen Horror vor papistischem Pomp und Heiligenverehrung nach Südostasien mitgebracht, und so wollten sie auch in Malakka den Katholizismus zu Tode bringen. 1666 forderte der Gouverneur Bolt alle Bewohner Malakkas auf, dem katholischen Glauben abzuschwören. Wer sich weigerte, sollte verhaftet und bestraft werden. Messen oder andere kirchliche Handlungen wie z. B. die Beichte wurden zu Staatsverbrechen erklärt.[7]

Aber hier hörte die Kompromißbereitschaft von Malakkas »Portugiesen« auf. Diejenigen unter ihnen, die schon als Katholiken aufgewachsen waren, wollten ihre festeingefahrenen Überzeugungen und liebgewonnenen Rituale keinesfalls aufgeben. Aber auch die anderen, die frischbekehrten Überläufer, waren für Widerstand. Sie waren der Ansicht, daß jetzt eine günstige Gelegenheit gekommen war, durch die man sich als Gruppe offen von den Holländern abgrenzen konnte. Den Spitzen der Regierung sollte signalisiert werden, daß es Sektoren im Leben dieser Mit-»Europäer« gab, über die nur sie allein bestimmen wollten. Dem Rest der Bevölkerung Malakkas wurde klargemacht, daß die »Portugiesen« sich doch nicht absolut mit den Interessen der herrschenden Holländer (und vor allem nicht mit ihren eventuellen politischen Fehlgriffen) identifizierten. Auch sie litten unter ihrer Willkür, und das bei einer von den lokalen Moslems besonders hoch eingeschätzten Sache, der Religion.

»Was verfolgt wird, überdauert«, heißt ein Sprichwort bei den »Portugiesen« in Malakka. Zum heimlichen Lesen ihrer Messen wichen sie auf das Land rings um Malakka aus, denn dort wohnten keine Holländer. Sollten doch einmal Truppen aus der Stadt geschickt werden, hatten die Gläubigen ihre Treffen längst beendet. Diese taktische Zerstreuung der Katholiken führte dazu, daß noch heute im weiten Kranz um Malakka, bis hinein in die Nachbarprovinzen christliche Enklaven existieren, zurückgelassene »Portugiesen«.[8] Gleichzeitig verstärkten sie ihre Laienorganisationen, die »Brüderschaften«. Es waren früher die Clubs der Notablen gewesen, die gemeinsam den Rosenkranz beteten oder Patronatsfeiern vorbereiteten. Jetzt wurden sie zu einer Art von Ersatz-Klerus, und sie stellten bald auch das Gerüst für die innere Organisation der gesamten Gemeinschaft dar, Besprechungsort für alle Probleme, Nachrichten- und Befehlszentrale. Die Illegalität schärfte ihre Disziplin und ihren Hingebungswillen.[9]

Die dritte Maßnahme, um den Holländern ihre (teilweise) Ohnmacht zu beweisen, bestand darin, massiert zu den gemeinsamen christlichen Festen in der Öffentlichkeit zu erscheinen. Zu Ostern gab es große Umzüge von eindeutig katholischen Menschen-Blöcken, dazu ihre lauten Gebete und Lieder. Wer kann in einer solchen Situation, am Sonntagmittag, seinen Soldaten den Befehl geben, diese fromme Versammlung aufzulösen oder niederzuknüppeln?

Die Portugiesen hatten sich durchgesetzt. 1702 wurde in Malakka die Freiheit der Religion proklamiert. Die derzeitige Politik in Europa half der Toleranz der Kolonial-Holländer etwas nach. Gerade hatten sich nämlich die Niederlande im spanischen Erbfolgekrieg mit dem katholischen Frankreich verbündet. Die Konkurrenz zwischen Kalvinisten und Katholiken in Malakka mündete in einen gewaltfreien, propagandistischen Wettkampf. Zum 100. Jahrestag der Eroberung Malakkas durch die Holländer, also 1741, beschloß der Gouverneur, mitten im Zentrum der Stadt, am Rathausplatz, eine neue Kirche zu errichten, einen protestantischen Saalbau, schlicht, holländisch rotverputzt, ohne prunkenden katholischen Turm. 1753 konnte die »Christ-Kirche« eingeweiht werden.[10] Die »Portugiesen« wiederum hatten schon um 1710 nördlich des holländischen Zentrums eine neue katholische Kirche erbaut. Bei ihrer Namensgebung unterstrichen sie ihre Papsttreue durch ein trotziges »São Pedro«. In den Turm hängten sie eine Glocke aus Goa.[11]

Auch die offizielle Hierarchie der Katholischen Kirche kam zurück nach Malakka. 1641 hatte sich der Bischof von Malakka mit seinem Gefolge nach Makassar auf der indonesischen Insel Sulawesi abgesetzt. Seit 1710 durfte der Erzbischof von Goa wieder portugiesische Priester nach Malakka senden. Er tat es bis 1886, dann ging die Verwaltung der portugiesischen Mission auf den Bischof von Macau über. So stammen die von außen eintreffenden katholischen Geistlichen aus drei verschiedenen Kulturen: Es waren Portugiesen aus Portugal (meist aus einem einzigen, auf Asien-Missionierung spezialisierten kleinen Ort aus der abgelegenen Provinz Trás-os-Montes[12]), Inder und Chinesen.[13]

Die Assoziierung der »Portugiesen« mit dem Katholizismus wurde auch von den anderen Bewohnern Malakkas so eng gesehen, daß sich unter den Malaien als Name für sie das Wort *Serani* durchsetzte. Es kommt von »Nazarener« und bedeutet »Christ« (und »Christ« heißt für die Malaien in Malakka »Katholik«; so wenig hatten im Endeffekt die Holländer mit ihrer protestantischen Militanz überzeugen können). Auch die Bezeichnung der Malakka-»Portugiesen« für ihre Sprache nahm Bezug auf ihre Religion: sie sprachen *Cristão*, christlich.

Diese Sprache ist der zweite Eckpfeiler ihrer spezifischen Kultur. Es ist das übliche portugiesische Kreolisch, das an den asiatischen Handelsplätzen und Niederlassungen gesprochen wurde, mit starken lexikalischen und grammatikalischen Einflüssen aus dem Malaiischen. Es ist den »Portugiesen« nur in mündlicher Form bekannt; Informationen, daß das europäische Vorbild ihrer Muttersprache auch, wie z. B. das Malaiische, Chinesische oder Englische in Schrift umgesetzt werden könne, nehmen sie noch heute mit Erstaunen zur Kenntnis.

Das *Cristão* wurde während der Holländerzeit so ausschließlich im internen Verkehr der »Portugiesen« verwandt, daß es bald auch zum bevorzugten Vehikel des Kontakts mit den anderen Einwohnern der Stadt wurde. Als erstes »portugiesierten« sich die holländischen Haushalte. Da die holländische Sprache traditionsgemäß von den Ibero-Romanen für schlechterdings unerlernbar gehalten wurde, während die Holländer, wegen des praktischen Nutzens, das Portugiesische relativ bereitwillig erlernten, war die Umgangssprache in den Häusern der obersten Kolonialherren in Malakka das portugiesische Kreolisch. Nur noch unter sich griffen sie aufs Holländische zurück. Auch Malaien, Inder und Chinesen, die privat oder geschäftlich mit den »Portugiesen« zu tun hatten, lernten ihre Sprache. Bis in die 30er Jahre unseres Jahrhunderts redeten die Kinder im Vorort Tranquerah, wo viele »Portugiesen« wohnten, untereinander beim Spielen vorwiegend *Cristão*, auch wenn sie zu Hause Tamil oder Teochew sprachen. Auch in unseren Tagen noch kann ein Hokkien-Händler, der Fische von »portugiesischen« Booten kauft, um sie an die chinesischen Restaurants zu liefern, seine Verkaufsverhandlungen fließend in »Portugiesisch« führen, und auch noch einen Nachbarn, der sonst die Sprache der chinesischen Insel Hainan spricht, in dieses Gespräch mit einbeziehen.

Die Verbindung von praktischem Expertentum und einer einleuchtenden Eigeninterpretation über eine begrenzte Anzahl kultureller Werte erlaubte es den »Portugiesen« auch, ungerührt dem Wechsel in der Kolonialspitze von den Holländern zu den Engländern zuzuschauen. Als die Holländer, in Zusammenhang mit den Napoleonischen Kriegen in Europa, Malakka verlassen mußten, blieben außer ihren Gebäuden keine Spuren von ihnen zurück. Obwohl sie mit rund 170 Jahren Herrschaft in Malakka noch um einige Jahrzehnte länger als die Portugiesen hier gewesen waren, verschwanden ihre Religion, ihre Sprache, ihre Literatur, ihre Musik und ihre Verwaltungstechnik sofort mit ihnen selbst. Sogar ihre unehelichen Kinder waren in einer anderen Gemeinschaft untergetaucht, mit anderer Konfession und Sprache.

Bei der Ankunft der ersten Engländer in Malakka sah es nicht so aus, als könnten sie auf die Bevölkerung einen tieferen Eindruck als ihre Vorgänger machen. Der Malaie Abdullah erinnert sich: »Wir hielten sie wegen ihres schlechten Betragens und ihrer Angriffslust für Tiger. Wenn ein oder zwei englische Schiffe in Malakka ankerten, schlossen alle Leute ihre Türen ab. Betrunkene Matrosen wankten die Straßen entlang und schlugen die Haustüren ein. Sie liefen den Frauen hinterher. Sie prügelten sich untereinander, bis sie sich im Gesicht verwundet hatten. Sie grölten. Jedermann war entsetzt über sie. Zu jener Zeit habe ich nie einen Engländer kennengelernt, der ein weißes Gesicht hatte. Alle waren vom Alkohol aufgeschwemmt. Weinenden Kindern wurde von ihren Müttern gedroht: ›Sei ruhig, oder der betrunkene Engländer kommt.‹« [14]

Unter den Engländern wurde die relative Bedeutung Malakkas noch geringer. Für das große und mächtige Britisch-Indien konnte um 1800 diese Stadt draußen an der Peripherie keine Funktion mehr erfüllen. Die Engländer waren nur hierher gekommen, um anderen die Möglichkeit zu nehmen, die direkte Seeroute zwischen Indien und China zu stören. Diesen Zweck konnten sie natürlich auch erreichen, wenn sie die Stadt vollkommen auslöschten. Um 1807 dachten sie in der Tat ernsthaft daran, Malakka zu verbrennen und die Bevölkerung nach der Insel Penang zu verschleppen. Penang am Nordeingang der Meeresstraße von Malakka hatte inzwischen eine wichtige strategische Lage, weil es als Sprungbrett für imperiale Eroberungen sowohl in Malaya als auch in Siam oder Sumatra benutzt werden konnte. Erst 1810 entschied der englische General-Gouverneur von Indien, Lord Pinto, nach einer persönlichen Ortsbesichtigung, daß Malakka weiterexistieren dürfe, angeblich aus Sentimentalität gegenüber der vergangenen Größe und der Schönheit der friedlichen Landschaft (ein zeitgemäßer Sieg romantischer Empfindsamkeit auch in den Tropen). [15]

Die Festung Famosa allerdings mußte in die Luft gesprengt werden. Malakka sollte nie mehr militärisches Bollwerk für eventuelle Feinde werden können. »Die Leute sagten: Das Fort zu zerstören wird lange dauern; endlich werden wir reich werden, weil wir ein ganzes Leben lang Steine abtragen können. Hunderte von Arbeitern aller Völker begannen zu schuften. Die Männer spuckten vor Anstrengung Blut. Viele starben plötzlich. Nach drei Monaten Unfällen und Tod sollte ein langes Loch unter die Festung gebohrt werden. Der gesamte Pulvervorrat wurde dort deponiert. Am nächsten Morgen um 8 Uhr wurde die Lunte gezündet, und zehn Minuten später explodierte die Festung mit einem Donnerschlag. Steinbrocken, so groß wie Elefanten, flogen in die Luft, fielen ins Meer und über den Fluß hinweg auf die Behausungen am anderen Ufer.« Die Trümmer der Burg Albuquerques dienten in den folgenden Jahren als Baumaterial in der ganzen Region, bis hin zu den Riau-Inseln und nach Batavia. Abdullah resümierte: »Das Fort war der Stolz Malakkas gewesen. Nach seiner Zerstörung hat diese Stadt viel von ihrer Glorie verloren.«[16]

Englischen Besuchern fiel denn auch in der Folgezeit vor allem die Beschaulichkeit auf, wenn sie nach Malakka kamen. 1845: »Das merkwürdigste Charakteristikum der Bewohner ist, daß sie offensichtlich nichts zu tun haben. Ich habe wirklich in der ganzen Zeit, in der ich in Malakka war, keinen einzigen Menschen arbeiten sehen.« 1875: »Malakka ist versonnen und verträumt. Es ist ein Ort, wo Müßiggang vor jedermanns Hauseingang zu sitzen scheint. Alles ist geruhsam wie die ruhige See, behäbig wie die riesigen Palmen, deren breite Blätter über den alten, gemütlichen, verwitterten Häusern wippen.«[17]

Im Klartext hießen diese gar nicht so freundlich gemeinten Bemerkungen: Die Kolonie bringt nichts ein. Es ist zwar ein alter Wunschtraum der meisten Kolonial-Europäer gewesen, auf der Veranda eines großen Hauses die laue Tropennacht zu genießen, mit luftigen, breiten Fächern an der Decke, die ein Diener, hinter der Wand verborgen, in Bewegung hält – aber die Mittel dafür soll gefälligst das kolonisierte Land selbst aufbringen, und nicht etwa die Kolonialzentrale. Empört schob die Ostindische Kompanie diesen Platz an den Staat weiter. 1867 wurden die *Straits Settlements*, die englischen Siedlungen in der Straße von Malakka, Penang im Norden, Malakka in der Mitte und Singapur im Süden, Kronkolonien. Es war nun die Aufgabe der englischen Steuerzahler, den Teil »Verluste« im großen kolonialen Unternehmen zu tragen.[18]

Die Irritation gegen das unnütze Malakka wurde von englischen Durchreisenden auch auf die ansässigen Europäer übertragen – aber nicht auf ihre Landsleute, sondern auf die »Portugiesen«. Man warf, stellvertretend, ihnen vor, nicht dem Idealbild europäischer Dynamik zu entsprechen. Schon 1839 schrieb der Kolonial-Politiker Newbold: »Die Portugiesen sind zum größten Teil degeneriert. Sie sorgen nicht für die Zukunft. Sie haben viel vom Stolz ihrer Vorfahren behalten, aber nichts von deren Fleiß und Energie.« Das vernichtende Endurteil lautet daher: »Sie scheinen ein leichtherziges, glückliches Völklein zu sein.«[19] Diese Art von Charakterisierung schnappte fest ein im Geist der Engländer und wurde zum Stereotyp im ganzen 19. Jahrhundert. In ihrem Reisebericht »Die Goldene Halbinsel«, 1883, fauchte Isabella Bird die »Portugiesen« folgendermaßen an: »Diese vermischten Nachkommen der Portugiesen sind, ganz allgemein gesprochen, faul. Sie sind degradiert worden durch diese Degradierung, die aus

Stolz entsteht. Sie waren eine Art Piraten, jetzt sind sie Träumer.«[20] Und auch der Romancier Joseph Conrad machte mit in diesem Chor. In »Der Verdammte der Insel«, 1896, ließ er eine »Sirani-Frau« namens Joanna Da Souza auftreten, »aus diesem von allen verachteten Volk, den degenerierten Nachkommen portugiesischer Eroberer«.[21]

In der Realität mochten die englischen Kolonialherren in Malakka ihre »portugiesischen« Untertanen ausgesprochen gern. Verantwortliche administrative Positionen, die nicht von ihnen selbst ausgefüllt werden konnten, wurden in der Regel den »Portugiesen« übertragen. So füllte sich auch im 19. Jahrhundert diese Bevölkerungsgruppe mit Neuzugängen auf. Es kamen die unehelichen Kinder der englischen Besatzer hinzu, die dann zu katholischen, *Cristão*-sprechenden »Portugiesen« mit Namen wie Cooper oder Stagg wurden. Es integrierten sich Einwanderer aus Ceylon und dem britischen Fernen Osten, zwischengelandete Wanderer auf den weiten Wegen des britischen Imperiums. Alle, die sich entwurzelt fühlten, aber bereit waren, sich anzupassen, konnten hier aufgenommen werden. Schon der ersten Generation nach ihnen wurde die unterschiedliche Herkunft nicht mehr angekreidet.

Die Schlüsselstellung der »Portugiesen« in Malakka blieb auch außerhalb des englischen Kolonialreiches nicht unbeachtet. Die Franzosen überlegten, ob das ihnen nicht Vorteile bei ihrer weltweiten Rivalitätspolitik gegen die Engländer verschaffen konnte. So bewogen sie 1841 den Vatikan, von nun an französische Bischöfe nach Malakka zu schicken. Bald unterstanden die meisten katholischen Kirchen Malakkas der kirchlichen Verwaltung Pondichérrys, der größten Kolonie Frankreichs an der Ostküste Indiens. Die französischen Bischöfe in Malakka sollten dem beabsichtigten Vorstoß Frankreichs nach Hinterindien Flankenschutz geben; sie konnten gegebenenfalls auch als Vorwand für den Übergriff auf Malaya dienen.[22]

Die Engländer forderten die Beibehaltung wenigstens eines Teil der Diözese unter portugiesischer Leitung. Sie erinnerten die Katholiken an den Fortbestand des »Patronats« der Könige von Portugal für jede Missionierung in Asien, und sie bezahlten aus eigener Tasche katholische Priester aus Goa und Macau. Da die Engländer in Malakka nicht selbst missionieren wollten,[23] schürten sie die Konkurrenz der Katholiken untereinander. Noch heute sind sich beide Lager, die »Portugiesische Mission« mit ihrem Sitz in der Kirche São Pedro, mit vier weiteren Gotteshäusern und einem Frauenkloster, und die »Pariser Ausländische Mission«, die immer noch den Bischof stellt, spinnefeind.[24]

Die Intensivierung kolonialer Aktivitäten in der Zeit des Imperialismus erhöhte auch im malaiischen Raum den Bedarf Englands an erfahrenen Kolonialverwaltern. Ende des 19. Jahrhunderts fielen in Malaya die unabhängigen Staaten in die Fänge der Engländer, und sie mußten viele neue Befehlszentralen mit ihren Vertrauensleuten besetzen. Dazu griffen sie auf die »Portugiesen« aus Malakka zurück. So half z. B. Tertullian Skelchy, trotz seines römischen Vor- und seines keltischen Familiennamens als »Portugiese« 1869 in Malakka geboren, dabei mit, Kuala Lumpur, ein winziges Provinznest, zur Hauptstadt Malayas auszubauen. Schon 1891 trat er in die Dienste der Kolonialregierung von Selangor und wurde der Chef der Finanzabteilung.[25]

Bei solchen Höhenflügen begann die Gemeinschaft der »Portugiesen« in zwei ungefähr gleich große, deutlich getrennte soziale Klassen zu zerfallen. Diejenigen, die sich eng der neuen kolonialen Expansion der Engländer angekoppelt hatten, wurden nicht nur mächtige, sondern endlich auch gut bezahlte Beamte; sie setzten ihr Geld für Investitionen in profitablen Wirtschaftszweigen in ganz Malaya ein. Sie wurden Besitzer von Sägemühlen. Sie ließen Fabriken zur Palmölproduktion errichten. Sie traten sogar gegenüber ihren »portugiesischen« Mitbürgern in Malakka als Unternehmer auf: Sie vermieteten ihre Boote an arme Fischer und erhielten zwei Drittel eines jeden Fanges.[26]

Der Wohlstand erlaubte diesen Familien, ihre Kinder auf höhere Schulen und einige auf die Universitäten zu schicken. Und so besteht ihre zweite Generation schon zu einem großen Teil aus Lehrern und Technikern; in der dritten gibt es Ärzte, Zahnärzte, Rechtsanwälte und Diplomingenieure.

Währenddessen hatte die andere Hälfte der »Portugiesen« Malakkas ihren alten Lebensstil beibehalten. Das heißt, die meisten hatten eine Stelle im kolonialen Dienst, aber sie vermieden es, zu hektisch zu arbeiten. Die Männer waren z. B. Angestellte bei der Post oder im Hafenamt, Chauffeure oder Boten. Es war um 1920 noch so wie ein Jahrhundert zuvor: »Sie schreiben etwas in den Büros oder sie betreuen die englischen Gentlemen.«[27] Die Frauen arbeiteten oft im Hospital als Krankenschwestern; einige von ihnen waren Sekretärinnen. Dazu gab es eine beträchtliche Anzahl von »Portugiesen«, die keine Anstellung suchten, sondern sich vom Fischen und etwas Landwirtschaft ernährten.

Die beiden Klassen von »Portugiesen« rückten auch räumlich auseinander. Die »besseren Kreise« wohnten anfangs vorwiegend in der westlichen Vorstadt »Kampung Serani«, dem Christendorf. Hier war früher das Viertel der Handwerker und der guten Geschäfte gewesen, hier standen jetzt solide, große Familienhäuser, die sich von der Straßenfront aus über mehrere Höfe hinweg in die Tiefe erstreckten. Dann sickerten immer mehr Chinesen in diesen Stadtteil ein, und die »Portugiesen« wichen aus. Die noch bestehende »Jalan Portugis«, die Portugiesenstraße, ist heute eine verfallene Gasse, mit vielen öden Terrains. Die »Portugiesen« wohnten nun in den Gartenhäusern des Vororts Tranquerah, weiter im Westen. Und Teile von ihnen nutzten jede moderne Erweiterung des Stadtgebiets aus, um ihre

Bungalows in neuen »Urbanisationen« bauen zu können. Sie wanderten aus den lauten Zentren weg. So gibt es jetzt einen Kranz von Vorort-Siedlungen mit Häusern wohlhabender »Portugiesen«.[28]

Die »ärmeren Portugiesen« hielten sich an die Küstenlinie. Die Kette ihrer Häuser begann acht Kilometer nordwestlich von Malakka, am »Tanjung Kling«, dem Kap der Inder, und führte den Strand entlang, den Kern der Stadt überspringend, bis zur östlichen Vorstadt Bandar Hilir. Vor ihnen war immer die Meeresstraße von Malakka, der Hafen, und ihre Fischgründe. Am »Felsen des Franz Xavier« soll der Missionar voller Verwünschungen den Staub des gottvergessenen Malakka von seinen Füßen geschüttelt haben, und seitdem wurde der Steinbrocken von keiner Flut mehr überschwemmt. Im Hinterland von Bandar Hilir bebauten einige »portugiesische« Familien ihre Gemüsefelder, genau da, wo es ihre »Vorfahren« schon einmal um 1600 versucht hatten.

Das soziale Zurückbleiben einiger einheimischer »Portugiesen« gefiel den Engländern überhaupt nicht. Es berührte sie peinlich, daß Menschen, die sich als Europäer bezeichneten, auf den ersten Blick gar nicht von der armen malaiischen Bevölkerung zu unterscheiden waren und damit die angeborene Fähigkeit der Europäer zum Dominieren fraglich erscheinen ließen. So ergriff der britische Resident Reginald Crichton um 1930 eine Initiative, um den essentiellen Unterschied zwischen armen »Portugiesen« und armen Asiaten wieder deutlich zu machen. Er schlug vor, die bedürftigsten Familien, vor allem, diejenigen, die verstreut an der Nordküste lebten, in einer neuen Siedlung zusammenzufassen, wo man ihnen verhältnismäßig ansehnliche Wohnbedingungen schaffen würde. Hinter dem Strand von Praya Lane, dem mehrheitlich »portugiesischen« Fischerdorf von Bandar Hilir, kaufte die Regierung Malakkas ein Stück Sumpfland und begann 1933 mit der Errichtung eines *Portuguese Settlement*.

Auch die wohlhabenden »Portugiesen« fanden diese Idee gut. Während die englische Kolonialregierung die allgemeine Verbundenheit aller Europäer unterstreichen wollte, war für die »portugiesische« Oberschicht die Bildung einer Sammelsiedlung für »portugiesische« Unterschichtsangehörige die beste Gelegenheit, sich von diesem Teil ihrer Gemeinschaft zu distanzieren. Früher wurde man als »Portugiese« oft mit den armen Fischern in einen Topf geworfen, nach Entstehen des *Portuguese Settlement* war es bei Adressen außerhalb Bandar Hilirs klar, daß man einer respektierlichen Gesellschaftsschicht angehörte.[29]

Zur internen Verwaltung des *Portuguese Settlement* griffen die Bewohner auf Formen zurück, die die *Casados* während der portugiesischen Kolonialherrschaft praktizierten. Das »Volk«, die Gesamtheit der Männer, wählt einen *Regidor*, einen Regierenden. Er vertritt die Interessen der Bevölkerung gegenüber der Regierung Malakkas; er ist kein Exekutivbeam-

ter, der auch die Wünsche der Regierung gegenüber der Siedlung durchzusetzen hätte. Er verhandelt über die Höhe der Pacht, über die Versorgung
mit Wasser und Strom und über Busverbindungen. Der *Regidor* kann jederzeit abgewählt werden, aber wenn er sich bewährt hat, kann er dieses
unbezahlte Ehrenamt auch für Jahrzehnte ausüben. Seit 1975 ist ihm noch
ein von der Regierung Malaysias gefordertes Komitee beigegeben. Jeder
Straßenzug wählt für zwei Jahre einen Vertreter in den Rat, der nun aus
zehn Honoratioren besteht und im »Balai Raya«, dem Volkshaus, tagt.

Die 2000 Menschen im *Portuguese Settlement* haben sich gut eingelebt.
Man ist hier unter sich, hat viele Freunde nebenan. »Es ist ein glückliches
Volk.«[30] Aber diese permanente Selbstbestätigung im Ghetto hatte auch die
Konsequenz, daß die »Portugiesen« sich noch weniger als vorher Mühe
gaben, ihre gegenüber den anderen Einheimischen Malakkas privilegierte
Position durch kräftig zupackende Arbeit für das Wohl der Stadt zu rechtfertigen. Im Notfall würde immer noch die Kolonialregierung einspringen.
Dabei hätten die »Portugiesen« (beider Klassen) gerade in der ersten Hälfte
des 20. Jahrhunderts besonders wendig reagieren müssen. Der Kautschuk-
Boom brachte Malakka einen rapiden Wandel. Die Plantagen der Umgebung belieferten die größten Autoreifen-Fabriken (z. B. Firestone) in England und den USA. Massen von Arbeitern wurden durch die Stadt
geschleust. Massen von Geschäftsleuten, die wußten, daß bei einem Gold-
rausch immer der am meisten verdient, der ihn nicht mitmacht, sondern im
Hintergrund das Lebensnotwendigste zu Luxuspreisen verkauft, etablierten sich in Malakka.

Es waren vor allem Chinesen, die hierherströmten. Malakka hatte eine
lange Tradition chinesischen Einflusses. Schon kurz nach der Gründung
Ende des 14. Jahrhunderts lebten hier chinesische Kaufleute. Ein damaliger
häufiger Gast, Admiral Cheng Ho, war so populär, daß sein Geist noch
heute von den Malakka-Chinesen in einem speziellen kleinen Tempel verehrt wird. Er ist zum Schutzpatron der »Reisenden in fremden Ländern«
geworden.[31] Wo die ahnenbewußten Chinesen längere Zeit im Ausland leben, pflegen sie großflächige Grabanlagen zu errichten. Der Friedhof auf
dem »Bukit Cina«, dem Chinesenhügel Malakkas, soll nicht nur der größte
seiner Art in Malaya, sondern der ganzen Welt außerhalb Chinas sein.
Auch der Cheng-Hoon-Teng-Tempel in der chinesischen Altstadt Malakkas kann mit einem Superlativ aufwarten: Er ist mit einem Alter von 300
Jahren »der älteste und schönste Tempel Malayas«.[32]

Aber während es in den vergangenen Jahrhunderten vor allem begüterte
chinesische Händler waren, die sich in Malakka niederließen, kamen nun
Kulis, ungelernte Arbeiter, hierher. Die Malayen weigerten sich, in ihrem
eigenen Land Sklavendienste für Fremde zu verrichten. Und so heuerten
die Engländer verzweifelte, hungrige Menschen in den Provinzen Südchi-

nas an. Für lächerlich geringen Lohn brachten sie sie nach Malaya und hielten sie fünf Jahre auf der Pflanzung fest. Wenn die Kulis überlebten, waren sie danach frei. »Nanyang«, die tropischen Länder im »Südlichen Meer«, nahmen zwischen 1900 und 1930 den Löwenanteil an der weltweiten Elendsemigration der Chinesen auf. Malaya wurde schließlich bevölkerungsstatistisch zu einer Dependance Chinas. Die einheimischen Malaien mußten befürchten, gegenüber den Einwanderern zur Minderheit zu werden.

In Malakka war diese Situation schon um 1910 eingetreten. Und sie intensivierte sich. Nach der Volkszählung von 1957 war in der Stadt Malakka bei 80 000 Einwohnern der Anteil der Chinesen auf 76,1 Prozent gestiegen, und die Malaien stellten nur noch 13,4 Prozent.[33] Dazu kamen 7 Prozent Inder, denn wenn China einmal nicht genügend Arbeitskräfte liefern konnte, mußten die Engländer aus Indien ihren Komplizen auf den malaiischen Großplantagen helfen; die Kolonialverwaltung in Delhi exportierte freigiebig Landarbeiter aus dem Süden, schwarzhäutige Tamilen.

In diesen Einwanderungsmassen schienen die Portugiesen mit ihren damals 3000 Leuten, das waren etwa 2 Prozent der Stadtbevölkerung, unterzugehen. Bislang hatten sie sich vornehmlich in ihrem Verhältnis zu den Kolonialherren definiert; nun wurde es dringlich, auch ihre Berührungspunkte mit den nicht-europäischen Gemeinschaften präziser zu fassen. Es empfahl sich, das vor allem auf einer Argumentationsbasis von »Gemeinsamkeiten« durchzuführen. Gegenüber den Europäern in der Regierung mußte man seinen spezifischen Charakter herausstellen, gegenüber den Asiaten, die noch fern von der Macht waren, konnte man auf das Verbindende verweisen. Keinem ganz zuzugehören, aber von allen das Beste zu haben: Das war eine Formel, mit der die eigene Sonderstellung zu retten war. Es ist kein Zufall, daß jetzt in offiziellen Verlautbarungen immer häufiger statt von »Portugiesen« von »Eurasiern portugiesischer Herkunft« die Rede ist. Das unterstellt nicht nur eine rassische Mischung von Europa und Asien, sondern auch eine besondere Mischkultur, mit Anteilen aus beiden Herkunftskontinenten.

Außerhalb von Religion und Kunst war die Übereinstimmung der »Portugiesen« Malakkas mit ihren Nachbarn tatsächlich beeindruckend. Wie die Chinesen Malayas bereiten die »Portugiesen« ihr Lieblingsgericht *Feng* zu: zerhacktes Schweinefilet wird mit Leber, Zunge, Herz und Bauchfleisch in einer scharfen Gewürzsauce geröstet. Dazu wird die »Nyonya«-Suppe (aus Nudeln, Reis, Hühnchenfleisch und Kokosnußmilch) gereicht. Während die »portugiesischen« Männer in der Regel europäisch gekleidet sind, besteht die traditionelle Tracht der Frauen (die jetzt allerdings nur noch von den Alten in den reicheren Familien getragen wird) aus »Sarong und Kebaya«, einer engen chinesischen Jacke über einem malaiischen Wickelrock.

In den kunstvoll hochgeschlungenen Haaren – die Locken sind stets nach innen gedreht – stecken goldene, chinesische Nadeln. Daß leidenschaftlich Mahyong, das chinesische Domino, gespielt und wild gewettet wird, führte viele Familien in den Ruin. Genauso gefährlich für die Finanzen ist die Verpflichtung, Beerdigungen auf chinesische Weise durchzuführen. Es muß eine Woche lang jeden Tag eine große Trauergemeinde großzügig beköstigt werden. Wie bei den Chinesen dauert die Trauerzeit mindestens ein Jahr, dann erst darf z. B. wieder Rot gezeigt werden, die (chinesische) Farbe der Freude. Der »Portugiese« hat außerdem panische Angst davor, »sein Gesicht zu verlieren«. Wenn er nicht so viel Geld für ein Fest ausgibt, wie man es von ihm erwarten darf, wenn er nicht alle seine Bekannten einlädt (und dabei den fünfzig, die von auswärts kommen, das Hotel bezahlt), wenn er Einladungsbriefe falsch formuliert, wenn seine Tochter bei der Hochzeit nicht mehr Jungfrau ist; in all diesen Fällen befürchtet er, daß die anderen ihn schneiden werden.

Die besondere Auswahl dieser Sitten, die aus dem Fundus der gesamt-chinesischen Kultur herausgepickt wurden, entsprechen den Lebensgewohnheiten einer fest etablierten chinesischen Subkultur, der *Straits' Settlements Chinese*, der Chinesen aus den Siedlungen an der Straße von Malakka. Diese Verhaltensweisen hatten sich seit Anfang des 19. Jahrhunderts unter den reicheren Chinesen herausgebildet. Auch wenn sie aus unterschiedlichen Gegenden Chinas stammten, hier in Malaya paßten sie ihr Essen, ihre Kleider, ihre Sprache und ihre Gewohnheiten an die neuen Bedingungen an. Sie »tropikalisierten« sich.[34] Die Kultur der chinesischen *Baba* und *Nyonya* steht ungefähr in einem solchen Verhältnis zu der Kultur Chinas, wie der europäisch geprägte Teil der Kultur der »Portugiesen« Malakkas zu der in Europa.

Auch mit den Malaien gibt es sehr enge Verflechtungen. Früher trafen alle Mitglieder einer »portugiesischen« Familie einmal am Tag um 18 Uhr zum gemeinsamen Gebet zusammen: Es ist genau die Zeit, zu der die islamischen Malaien ihr wichtigstes Gebet abhalten. Einmal im Jahr, zu Weihnachten, statten die Jüngeren den Älteren der Gemeinschaft »ihren Respekt« ab, sie bitten um »Vergebung für eventuelles Fehlverhalten«: bei den Malaien ist das der wichtigste Teil ihres Zeremoniells beim *Hari Jaya Puasa*, an ihrem Neujahrstag. Für die Malaien ist die Hochzeitsfeier ihre Gelegenheit für Pompentfaltung. Die »Portugiesen« machen mit; und »deshalb leben die Geldverleiher so gut in Malakka, und deshalb wird ein Portugiese nie steinreich«. Die Hochzeit kann (in der Oberschicht) bis zu zwei Wochen dauern. Die Trauung findet in der Regel samstags statt. Am Donnerstag davor wird – wie bei den Malaien – das Ritual des »Brautbett-Aufdeckens« vorgenommen. Am Freitag – wie bei den Malaien – werden die Küche und die Dekoration für die FeSträume vorbereitet. Dann kommen die vielen Gelage, bei denen – wie bei den Malaien – das Brautpaar, als lebender Vorwand, still am Ehrentisch sitzt. Was aber die »Portugiesen« an den Malaien am meisten fasziniert, ist deren Vertrautheit mit der Magie. Da wird eine lange Liste von Tabus übernommen. Während der Schwangerschaft seiner Frau darf z. B. ein Mann keinen Nagel einschlagen – er würde das Baby töten. Die »Portugiesen« lernen von den Malaien, wie man mit den vielen *Hantu*, den Geistern, umgeht. Die meisten haben solche Begegnungen schon hinter sich. Beliebt ist der Erlebnisbericht, wie man auf einer Jagd einen Tiger erschossen hat, und als man zu seiner Beute hinlief, lag dort ein toter Mensch; es handelte sich um eine tropische Abart des Werwolfs. Die »Portugiesen« bitten um malaiische Zaubermittel, um Krankheiten für die Nachbarn, vergifteten Kaffee für Familienangehörige – und natürlich um Liebe von den schönsten Männern oder Frauen.

Wenn man die »Portugiesen« fragt, wie sie gefühlsmäßig die verschiedenen asiatischen Bevölkerungsgruppen Malakkas einschätzen, kommen die Chinesen am besten weg. Die meisten seien höflich und hilfsbereit. Die besondere Geschäftstüchtigkeit, über die sich gewöhnlich die Nicht-Chinesen beschweren, stört die »Portugiesen« offensichtlich nicht. So wird z. B. im *Portuguese Settlement* als positiv vermerkt, daß ringsum Chinesen mehrere Kramläden und Karren mit Süßigkeiten und Getränken aufgestellt haben: »Dadurch braucht keiner von uns einen Laden aufzumachen.«

Die Malaien »sind wie wir, aber leider keine Christen«. Die Religion hat auch im alltäglichen Leben tiefe Gräben aufgerissen: Wer auf *Cristão* über »wichtige« Themen spricht, versucht, jedes »heidnische« Lehnwort, das aus dem Malaiischen stammt, zu vermeiden. Die missionarische koloniale Distanzierung zeigt sich auch in der gängigen Bezeichnung für Malaien: *Nativo*, immer noch: Eingeborene.

Mit den Indern haben die »Portugiesen« wenig zu tun – und sie wollen es auch nicht. Diesen Späteinwanderern war in Malaya die dreckigste Arbeit zugeteilt worden, die Arbeit, die nicht einmal die chinesischen Kulis machen wollten. Die Inder gelten als hinterhältig. Wie die Malaien und Chinesen zitieren auch die »Portugiesen« den Spruch: »Wenn dich gleichzeitig eine Schlange und ein Inder angreifen, töte zuerst den Inder; die Schlange ist längst nicht so tückisch.« Die Abneigung gegen die Inder wird bei den »Portugiesen« noch durch den traditionellen Namen geschürt, mit denen sie sie bezeichnen: Es sind die »Mauren« (wohl in Erinnerung an die islamischen Händler aus Gujerat, die Albuquerque hier angetroffen hatte).

Die Bereitschaft der »Portugiesen«, sich mit den anderen Gruppen durch Heirat zu verbinden, gehorchte der gleichen Beliebtheitsskala. Am häufigsten kamen in der ersten Hälfte des 20. Jahrhunderts Hochzeiten mit chinesischen Partnern vor. Das wurde auch dadurch erleichtert, daß sich die Engländer in China zunehmend Christen für den Transport nach Malaya aussuchten. Nach Malakka kamen 15 000 Katholiken aus der Umgebung der Hafenstadt Amoy. Wenn ein »Portugiese« einen Chinesen heiratete, so ging in der Regel der Partner, egal ob Ehemann oder Ehefrau, zu den »Portugiesen« über. Sogar der *Regidor* des *Portuguese Settlement* während der 70er Jahre war ein angeheirateter Chinese. Selbst wenn der »portugiesische« Partner in das chinesische Haus zog, so »portugiesierte« sich langfristig diese Familie mit all ihren direkten Nachkommen. Hier wird durch die Richtung der Anpassung deutlich, ein wieviel höheres Prestige die »einheimischen Europäer« in Malakka hatten.

Auch mit den Malaien kamen viele Heiraten zustande, und auch hier setzte sich das »portugiesische« Element durch. Meist waren es »portugiesische« Männer, die die malaiischen Frauen heirateten; aber es gab auch Fälle, wo malaiische Männer es wagten, Portugiesinnen zur Frau zu nehmen. Sie verspielten ihre Reputation durch den Abfall vom Islam und mußten sich als »Portugiesen« ein neues Leben aufbauen. Aber dadurch war ihnen auch der Weg z. B. zu einer sicheren Beamtenlaufbahn offen.

Die Tradition, daß die paar Tausend »Portugiesen« in Malakka »etwas zu sagen hatten«, überstand fossilienhaft die Anfangsphase des Übergangs von einer verschlafenen Kleinstadtgesellschaft zu einer nervösen Großstadt. Dann kam für die »Portugiesen« die erste der beiden historischen Katastrophen in diesem Jahrhundert. Der Zweite Weltkrieg konfrontierte in Asien die Briten mit den Japanern. Um die »Festung« Singapur einzunehmen, stießen die Japaner in den Rücken der Stadt vor. Sie besetzten in einem Blitzüberfall Malaya und eroberten die Insel Singapur von Norden her. Auch Malakka fiel am 10. Januar 1942.[35] Die »Portugiesen« galten nun als verbrecherische Kollaborateure der englischen Besatzer. Die Führer ihrer Gemeinschaft wurden umgebracht, die Priester wurden nach Singapur transportiert und starben dort im Gefängnis.[36] Das *Portuguese Settlement* war zu einem streng bewachten Lager geworden, wo Kinder und Frauen an Hunger starben. Viele »portugiesische« Jugendliche und Männer, die fliehen konnten, gingen in den Widerstand. Als die Engländer gegen Ende des Krieges auch in Malaya wieder reguläre Truppen zum Kampf gegen die Japaner aufstellen konnten, gab es eigens eine Kompanie »D« für die »Eurasier«. Die Ehrentafel der Gefallenen, die später am Rathaus Malakkas angebracht wurde, zeigt, daß ein gutes Zehntel aller Toten zur Gemeinschaft der »Portugiesen« gehörte.

Aber der Krieg hatte den Bewohnern Malayas deutlich gemacht, wie verwundbar die angeblich unüberwindliche Kolonialherrschaft der Europäer war. An zwei Fronten begann eine Unabhängigkeitsbewegung. Vorwiegend von Chinesen unterstützt, versuchten es Guerillatruppen militärisch. Von Malaien favorisiert, machten sich einheimische Politiker daran, die Engländer mit historischen und ideologischen Argumenten davon zu überzeugen, daß sie freiwillig die Regierungsgewalt abgeben sollten. Das komplizierte, nicht immer beabsichtigte Wechselspiel zwischen beiden oppositionellen Lagern hatte schließlich Erfolg: 1957 bekam Malaya die komplette politische Unabhängigkeit.

Um diesen Staat, der während der englischen Kolonialherrschaft zu einem Vielvölker-Konglomerat gemacht worden war, überhaupt in eigener Regie führen zu können, einigten sich die beiden größten, etwa gleich großen Bevölkerungsgruppen, die Malaien und die Chinesen, auf eine Arbeitsteilung. Die Malaien sollten das Schwergewicht in der Politik und die Chinesen in der Wirtschaft des Landes haben. Selbstverständlich versuchten die Malaien nun über die Politik, durch Spezialgesetze, die nur zu ihrem Nutzen entstanden, stärker an die großen Futtertröge der Nation zu kommen; und die Chinesen ärgerten sich, daß sie als wirtschaftliche Riesen für immer hin- und hergestoßene politische Zwerge bleiben sollten. Es kam zu blutigen Unruhen, in denen jeweils die eine Gruppe die andere ausrotten wollte, sie blieben jedoch meist auf die Hauptstadt Kuala Lumpur begrenzt. Das faktische Stillhalteabkommen scheint im wesentlichen zu funktionieren – aber es ist nur eine Ruhe des Abwartens, der unermüdlichen Bereitschaft sowohl zur Verteidigung als auch zur plötzlichen Attacke. Für zusätzliche Bevölkerungsgruppen hat dieses System wenig Platz gelassen. Allenfalls den Indern mit ihren fast 1 000 000 Menschen wurde noch eine geringe Quote sowohl der politischen als auch der wirtschaftlichen Mitbeteiligung zugebilligt. Dafür müssen sie strikt neutral bleiben. Durch sie hält man sich für alle Eventualitäten eine Instanz für Vermittlungen bereit.

Wie Goa im unabhängigen Indien wegen seiner besonderen historischen Stellung zu einem eigenen politischen Gebilde wurde, so war auch Malakka mit seinem unmittelbaren Umland im unabhängigen Malaya zu einem eigenen Kleinstaat geworden. Neben der Briten-Insel Penang ist es der einzige Staat des Landes, dem kein malaiischer Sultan vorsteht.

Trotz dieser, ja auch auf *ihre* Existenz zurückgehende Sonderbehandlung Malakkas saßen die »Portugiesen« unversehens zwischen allen Stühlen. Sie hatten nie mit dem Weggehen der Engländer gerechnet, die gerade ihren Dschungelkrieg gegen die »kommunistische« Guerilla gewonnen zu haben schienen. Malakka war als erste Region Malayas zur »Weißen Zone« ernannt worden, zum befriedeten Gebiet, das keinen Ausnahmezustand mehr brauchte. Entsetzt, ohne den Rat der »anderen« Europäer, blieben die »Portugiesen« nun zurück. Sie hielten den Mund, als es um das Erstreiten eines neuen Status für sie hätte gehen müssen. Wie sollten in einer sogenannten Stimmenzahl-Demokratie »Portugiesen« argumentieren, die in ganz Malaya zwanzig-, höchstens dreißigtausend Menschen ausmachten? Eine Bevölkerungsgruppe, die sich bislang stets als Subjekt politischen Handelns gefühlt hatte, wurde eine »winzige Minderheit«, die von den neuen Machthabern als Objekt behandelt wurde.

Das war so ungewohnt, daß auch die jetzt Herrschenden, die Chinesen und Malaien, voller Unsicherheit schwankten, welche Einstellung sie gegenüber den Lieblings-Klienten ihrer ehemaligen Kolonialherren einnehmen sollten. Die Chinesen tendierten zuerst dazu, sie schlankweg zu ignorieren. Die »Portugiesen« hätten sich selbst überlebt; ökonomisch spielten sie in der Stadt keine unersetzliche Rolle. Die traditionsbewußten und sentimentalen Malaien waren freundlicher. Sie dachten sich sogar eine nette Geste für ihre »portugiesischen« Nachbarn aus. Da das *Portuguese Settlement* nicht den malaiischen Vorstellungen von einem hübschen Dorf entsprach, boten sie Land im Inneren an, wo sich ordnungsgemäß Reisfelder bepflanzen und Kokosnüsse ernten ließen.[37] Voller Horror lehnten die »Portugiesen« ab. In 450 Jahren hatte sich für sie ein ganz anderes Heimatbewußtsein gebildet. Was für die Malaien ihr schmuckes Holzhaus in einem üppig blühenden Garten oder auf einem fruchtbaren Feld war, was für die Chinesen ihr Geschäft darstellte – das war für die »Portugiesen« das Gefühl, immer ihrer Stadt Malakka und dem Meer nahe zu sein.

Die konkreten Probleme, die sich für die »Portugiesen« aus der Beendigung der europäischen Kolonialherrschaft ergaben, fangen schon mit der Frage der Staatsbürgerschaft an. Gesetzlich ist ein vollwertiger Bürger nur ein *Bumipatra*, ein Kind des Bodens. Er muß aus diesem Lande stammen, er muß sich voll seinem Gewohnheitsrecht verpflichtet fühlen; kurz: er muß Malaie und Moslem sein. Diese Spitze, die die gesetzgebenden Malaien den Chinesen auf die Brust setzten, trifft auch die »Portugiesen«. Sie wehren sich: »Wir sind hier seit Jahrhunderten, als es Kuala Lumpur, wo die malaiischen nationalistischen Politiker wohnen, noch gar nicht gab.« Viele behaupten sogar, daß Malakka erst von Albuquerque gegründet worden sei. Daß es sich hier um eine genuin portugiesische und nicht malaiische Stadt handele, beweise ein Vergleich mit den anderen historischen Zentren Malayas. Überall, wo die Malaien große Ortschaften gegründet hatten, sind diese Holzstädte spurlos verschwunden. Aber als die Europäer aus Stein bauten, da blieb der Ort, Malakka, auf ewig. Im übrigen seien es doch gerade die Malaien, die immer damit prahlten, aus Sumatra zu stammen (das Ur-Malaya liegt dort) oder gar aus Arabien (Koketterie mit dem Zentrum des Islam). Die einzigen echten *Bumiputra* Malakkas seien deshalb einwandfrei die »Portugiesen«.

Diese Diskussion, die auch für Malaien recht überzeugend klingt, findet indessen immer wieder ihr abruptes Ende, weil die zweite Bedingung für die Landeskinder-Definition, der Islam, auf keinen Fall durch Rhetorik ausgeschaltet werden kann. Zwar gibt es immer häufiger Versuche, durch eine Heirat mit Malaien wenigstens den Kindern die Möglichkeit zu bieten,

Bumiputra zu werden; aber diese Selbstaufgabe ist kein Weg für das Gros der Gemeinschaft. Die »Portugiesen« kommentieren mokant: »Die zugewanderten Malaien machen ausgerechnet uns in Malakka zu quasi-Ausländern.«

Der harte Kern dieses Unbehagens rührt daher, daß die »Portugiesen« keine angemessenen Beschäftigungen mehr finden können. Wer bereits vor der Unabhängigkeit in der Verwaltung oder in Staatsbetrieben gearbeitet hatte, durfte seine Stellung behalten. Aber es strömt nun eine große Anzahl aus dem Reservoir der anderen Bevölkerungsgruppen nach. Die »Portugiesen« verloren ihren entscheidenden Griff bei der Vorbereitung wichtiger politischer Maßnahmen. »Wenn zehn gleich gute Bewerber kommen, und unter ihnen ist ein einziger Malaie, hat er jetzt den Posten sicher, und nicht wir.« Aber auch weniger angesehene Jobs gehen weg, ohne daß die »Portugiesen« berücksichtigt werden. Es entstand eine hohe Jugendarbeitslosigkeit vor allem im *Portuguese Settlement*.

Ins Hintertreffen zu geraten, müssen die »Portugiesen« auch auf dem Bildungssektor befürchten. Alle sind alphabetisiert worden, was vor der Unabhängigkeit bei weitem nicht der Fall war. Aber sie müssen dann neben ihrer Muttersprache *Cristão* auch das Englische, das sie auf der Schule als ihre erste Sprache angeben, in allen Feinheiten beherrschen – und das Malaiische dazu. Englisch bewältigen sie in der Regel. Auch Malaiisch sprechen sie fließend und akzentfrei. Aber die Schulverwaltung schraubt die Ansprüche für das Malaiische so hoch und wertet gerade dieses Fach so übermäßig, daß nur die Malaien selbst hier Erfolg haben können. Als besondere Schikane wird von den anderen Bevölkerungsgruppen empfunden, daß Malaiisch, in diesen Zeiten stärkerer islamischer Militanz, außer in lateinischer auch in arabischer Schrift gelernt werden soll. So fallen, spätestens auf der Sekundarstufe, die »Portugiesen« aus dem Kampf um eine Mitbeteiligung bei Positionen, die einen bestimmten Schulabschluß voraussetzen, vorzeitig aus. Nur eine Handvoll erreicht gegenwärtig die Hochschulreife.

In den siebziger Jahren haben sich drei Arten der Reaktion auf die neue Lage als Minderheit, die zwischen zwei übermächtige Kampfhähne eingezwängt ist, herausgebildet.

Die erste ist eine verstärkte Auswanderung. Während früher vor allem die Oberschicht außerhalb Malakkas nach Wirkungsmöglichkeiten suchte, strömen nun Arme wie Reiche weg. Sie ziehen zu den Verwandten und Bekannten in anderen malaiischen Städten. Sie bevorzugen die Regionen mit hohem wirtschaftlichem Wachstum, wo die Konkurrenz der Großen nicht so verbissen ist, wo sich dadurch wieder Nischen auch für sie öffnen können. Es gibt bereits »portugiesische« Siedlungsgebiete in Kuala Lumpur, in Ipoh (der Industriezentrale des Nord-Staates Perak) und auf der

Touristeninsel Penang. Wenn die »Portugiesen« Malakkas ganz außer Landes gehen, wandern sie nach Singapur oder nach Australien aus.

Wer in Malakka bleibt, muß Ausschau halten nach einer ganz neuen wirtschaftlichen Basis. Die zweite Reaktion auf die neue Zeit ist daher der Versuch, eine »portugiesische« Freizeit- und Tourismus-Branche zu begründen. Zentrum dafür wird das *Portuguese Settlement*. Schon in den letzten Tagen der englischen Herrschaft wurde es wie ein Freilicht-Museum zur Kolonialgeschichte Malakkas behandelt. Gäste wie die Herzogin von Kent besuchten es als Teil ihres offiziellen Programms. Jetzt werden auch normale Touristen dazu aufgefordert, diesem »bezaubernden Flecken aus der Alten Welt« einen Besuch abzustatten.

Der dritte Bereich in der Gegenwartsbewältigung der »Portugiesen« ist die direkte politische Aktion. Die Mehrheit der Gemeinschaft hat ihre Stimme 1978 bei der Wahl zum Parlament des Staates Malakka auf einen überzeugten »Portugiesen« gebündelt, der dadurch tatsächlich Abgeordneter wurde. Geschickt assoziierte er sich vorläufig mit der lokalen chinesischen Regierungspartei. Die Chinesen waren aus propagandistischen Gründen an diesem Einzelkämpfer interessiert; sie konnten ihn als Alibi dafür benutzen, daß ihre anti-malaiische Haltung kein bloßer, völlig isolierter, ethnischer Egoismus sei. Die Malaien, die auf der Ebene der Nation das Sagen haben, wollen ihn, aus sehr ähnlichen Überlegungen heraus, nun dem chinesischen Gegner abwerben. Von jedem der beiden Mächtigen will der »portugiesische« Abgeordnete das einfordern, was sie tatsächlich geben können. Mit den Chinesen will er gemeinsame Betriebe einrichten, also an ihrer wirtschaftlichen Prosperität teilhaben; von den Malaien will er die Anerkennung als *Bumiputra*, politische Chancengleichheit. Beide Herren-Gruppen zusammen sollen darüber hinaus einen speziellen »Ausbildungs-Fonds« finanzieren, der talentierten jungen »Portugiesen« durch gezielte Unterstützung helfen soll, in größerer Zahl die Klippen der Schulausbildung zu überwinden. Für das Studium an den Universitäten soll es Darlehen geben.

Die Gegengabe der »Portugiesen«? Sie bieten ihr Prestige an, das sie sich in Malakka über so lange Zeit als loyale Verwalter der Macht hatten erwerben können. Wenn eine Bevölkerungsgruppe, die traditionell schlafwandlerisch sicher wußte, von wo wahre Dominanz ausging, jetzt auf die Seite der Chinesen oder auf die Seite der Malaien übertritt, könnte das in Malakka als ein wichtiges Indiz für die definitive Machtverteilung verstanden werden. Die »Portugiesen« jonglieren hier schon nicht mehr mit einer realen Schlüsselposition; aber sie probieren es noch ein weiteres Mal, ob die wichtigste Erfahrung ihrer Geschichte auch dieser Realität standhält: Überleben heißt, sich anzupassen.

Die Chancen der »Portugiesen«, die Stadt Malakka, Symbol ehemaliger kolonialer Allmacht in Südostasien, als Heimat auch über das fünfte Jahrhundert hinaus behalten zu können, stehen nicht schlecht. Eine neue Welle der Vitalität hat sie ergriffen. Selbst im *Portuguese Settlement*, über Jahrzehnte Abstellplatz der sozial Schwächeren unter ihnen, trägt die Notwendigkeit, sich gegen lebensbedrohende Veränderungen wehren zu müssen, erste Früchte. Der Lebensstandard steigt. Die ärmeren »Portugiesen« wohnen nun auch in steinernen Häusern, fahren Motorrad, manche schon Autos, kaufen elektrische Geräte. Es wird, im Konsumrausch, eine neue Einigkeit geben mit den reicheren »Portugiesen«. Sie werden sich insgesamt weniger katholisch fühlen, sie werden mehr Englisch statt *Cristão* sprechen; aber auf ihrer Ausnahmestellung in der Gesellschaft, wie immer sie sich auch wandeln wird, werden sie unbeirrt beharren. Sie wollen einen politischen, sozialen und wirtschaftlichen Einfluß, der weit über das ihnen quantitativ Zustehende hinausgeht – deswegen sind sie ja »Portugiesen«.

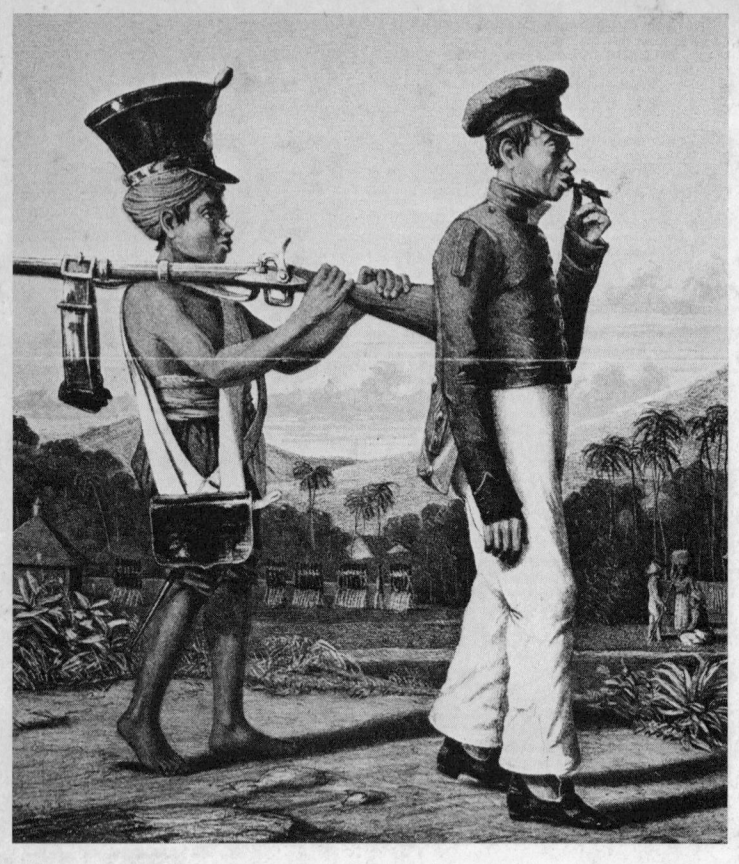

Mardijker mit javanischem Diener

Bildnachweis: ›De Schutter‹, Coloured Lithograph in A. van Pers Nederlandsch-Oostinische Typen, The Hague, 1853–1862
Publ. des Katalogs Ge Nabring & Son, Old & Modern Books, Amsterdam

Der gerade Weg vom Asiaten zum Europäer: Tugu

In Malakka hatte sich die Bevölkerungsgruppe, die sich »Portugiesen« nannte, bei ihrer Annäherung an gesellschaftliche Dominanz auch der portugiesischen Sprache bemächtigt und sie verbreitet; auf Java dagegen geschah es, daß der schon gängige Gebrauch der portugiesischen Sprache zur Konstituierung einer neuen Bevölkerungsgruppe führte.

Als Batavia 1619 die Hauptstadt des holländischen Kolonialreiches »auf den Inseln Indiens« wurde, war es selbstverständlich, daß das Portugiesische, »diese asiatische Kommunikationssprache bei jedem Zusammentreffen von Europäern mit den Eingeborenen der vielen unterschiedlichen Länder«[1] auch hier eingeführt wurde. Damit besaßen die Holländer für Verhandlungen mit den ansässigen Sundanesen und Javanern eine Zwischensprache, auf die beide Seiten zurückgreifen konnten, ohne Furcht haben zu müssen, an Prestige zu verlieren.

Aber das Portugiesische wurde nicht nur die Verbindungssprache zwischen »Europa« und »Asien«, oder zwischen »Oben« und »Unten«: Es war auch das übliche Verständigungsmittel zwischen den Asiaten selbst, die nach Batavia als neues Machtzentrum Südostasiens strömten. Die Menschen, die weder zum inneren Kreis der Kolonialherren noch zu den Alteingesessenen gehörten, deren Geburtsorte vom holländisch berührten Madagaskar bis zu den holländisch eroberten Molukken reichten, die Muttersprachen hatten, die zur nord- und südindischen, malaiischen, polynesischen, mongolischen oder japanischen Sprachfamilie gehörten; sie alle einigten sich im Gespräch untereinander auf das Portugiesische. Portugiesisch zu sprechen hieß, sich in Batavia frei bewegen zu können, sich integrieren zu dürfen. Spezielle Sprachlehrer brachten z. B. um 1645 allen asiatischen Zureisenden, die im Auftrag der Holländischen Ostindien-Kompanie nach Batavia gekommen waren, als erstes die portugiesische Sprache bei. Falls sie für immer in Batavia blieben, falls sie sogar Partner aus einer anderen ethnischen Gruppe heirateten, wurde das Portugiesische nicht nur bei der Arbeit oder auf der Straße benutzt, sondern auch im eigenen Haus. Oft war es bereits in der zweiten Generation zu einer Muttersprache geworden.

Mit »Portugiesisch« war in der Regel Portugiesisch-Kreolisch gemeint. Wie diese Sprache in Batavia klang, wissen wir heute noch aus den damaligen Gerichtsakten. Die Bewohner Batavias prozessierten sehr eifrig gegeneinander, und der beliebteste Anklagepunkt war »persönliche Beleidigung«. Der Richter mußte also herausbekommen, was beim Streit wirklich gesagt wurde, und so sind die Aufzeichnungen voll portugiesisch-kreolischer Zitate. Da verklagt z. B. ein António seine Nachbarin; er hatte ihr aus Unachtsamkeit unter die Veranda gespuckt, da war sie auf ihn zugestürzt und hatte ihn wild beschimpft: »Du Teufel mit dem Pißpottgesicht« (dieser Ausdruck ist im Original ein holländischer Einschub), »du Kackmaul« (jetzt wird es wieder portugiesisch), »hol drei Wassereimer und schrubbe deinen Dreck weg, du Oberschmutzfink«.[2]

Immerhin wird der Zusammenhang dieser Umgangssprache mit dem Portugiesischen aus Portugal noch so eng eingeschätzt, daß man auf dessen Grammatik und Orthographie zurückgreift, sobald eine schriftliche Äußerung notwendig ist. Als z. B. 1747 eine »Ordnung für die Stadtteil-Meister« bekanntgegeben werden sollte, geschah dies durch Anschlag von gedruckten Plakaten in »korrektem« Portugiesisch. Der angesprochene Personenkreis – die Aufgabe der *Wykmeesters* war u. a., für die richtige Straßenbeleuchtung zu sorgen und eine jährliche Volkszählung durchzuführen – hätte die Paragraphen in der Amtssprache Holländisch kaum ausreichend verstanden. Auf Portugiesisch konnten sie sie eher entziffern.

Das Portugiesisch-Kreolische wurde so in Batavia zur Klammer für drei Groß-Gruppen unterschiedlicher Herkunft. Ein Teil der Menschen, die Batavia bevölkerten, waren Hilfstruppen, die die Holländer bei ihren Fahrten von Europa nach Indonesien im Westen der Region aufsammelten und mitbrachten. Sie kamen vornehmlich von der Malabar- und Koromandelküste und hatten ihre Familien bei sich. Sie beschützten die Stadt gegen Revolten der Einheimischen. Sie waren eine mobile Einsatzarmee im ganzen Kolonialreich, kehrten aber immer nach Batavia zurück. Sie hatten das Privileg, keine Abgaben leisten zu müssen, und so nannten sie sich *Mahardhika*. Das ist ein Sanskrit-Wort, das in Indien diejenigen hinduistischen Priester bezeichnete, die keine Steuern zahlten.[4] Diese Soldaten, Leibwächter und ihre Nachkommen wurden in Batavia zu *Mardijkers*. Sie wohnten massiert im Osten der Stadt, wo auch die großen Kasernen der Besatzungsmacht standen.

Das zweite große Bevölkerungskonglomerat mit einer eigenen Sammelbezeichnung waren die »Sklaven«. Die Holländer hatten sie eingefangen, wann immer sie neue Schiffsbesatzungen, Hilfsarbeiter für Festungsbauten oder frisches Kanonenfutter brauchten. In Batavia wurden diese Sklaven an Land gebracht, gehortet für einen weiteren Einsatz oder zu Straßenarbeiten eingesetzt. Viele von ihnen gaben die Hoffnung auf, in ihre Heimat zurückzukehren und paßten sich »fleißig« den Vorstellungen der Holländer an. Oft wurden sie dann freigelassen und siedelten sich in Häusern verstreut über ganz Batavia an.

In der kommerziell ausgerichteten Atmosphäre holländischer Kolonialherrschaft konnte es dazu kommen, daß *Mahardhika*, die Abgaben-Befreiung, mit »Freiheit« allgemein gleichgesetzt wurde.[5] Sklaven, die »freigelassen« wurden, bekamen ebenfalls das Etikett *Mardijkers*, auch wenn sie Steuern zahlten. Es waren eben *Mardijkers* zweiten Grades. Dieser Bedeutungswandel sollte später dazu führen, daß in Indonesien auch die politische Unabhängigkeit des ganzen Staates, 1949, *Merdeka* genannt wurde.

Die »Sklaven« stammten vor allem von den Molukken. Aber es gehörten zu dieser Gruppe, die unter sich durchweg, wie es unter den Holländern in Batavia hieß, das *Basterd-Portugeesch* sprach, auch Kontingente aus Borneo, selbst aus Timor und Neuguinea.[6]

Die dritte Zuwanderungswelle von Asiaten fand wegen des Zusammenbruchs des portugiesischen Kolonialreichs in Südostasien statt. Händler und Handwerker, die im Umfeld von Malakka gelebt hatten, waren entweder schon während der steten geschäftsschädigenden Belagerungen oder unmittelbar nach dem Fall der Stadt ins prosperierende Batavia gezogen. Hier konnten sie alles, was sie im Kontakt mit den Europäern gelernt hatten, weiterverwenden. Sie fanden den Zugang zu den neuen Kolonialherren mit ebensolchem Geschick wie ihre Verwandten im nun holländischen Malakka; allerdings waren sie noch viel näher an wahrer Macht und echtem Reichtum. Die »Leute aus Malakka« wurden Beamte, Geschäftsinhaber, Angestellte in den Handelskontoren von Batavia. Zu ihnen stießen dann nach der Eroberung Ceylons durch die Holländer in den 1650er Jahren weitere ehemals portugiesische Untertanen. Auch aus Cochin und Kalikut, portugiesisch beherrschten Städten an der Malabar-Küste, die holländisch wurden, kam Verstärkung.[7] Sie wurden allesamt, sehr bezeichnend, *Burghers* genannt. Sie wohnten in der Nähe des Zentrums von Batavia, auf der anderen Seite des Großen Kanals. Noch heute heißt die Hauptstraße des Viertels: Malakkastraße.

Diese ursprünglich ziemlich unterschiedlichen Bestandteile der portugiesisch-sprachigen Einwohnerschaft Batavias wurden im Laufe des 17. Jahrhunderts zu einer einheitlichen Gemeinschaft. Was den Fusionsprozeß ermöglichte, war die Verknüpfung der Sprache mit der Religion. Wieder funktionierte in einem konkreten Fall der Plan des Kolonialismus, Loyalitäten durch Missionierung zu erreichen. Aber der übliche Zusammenhang zwischen allem Portugiesischen und dem Katholizismus ist hier aufgelöst worden. *Mardijkers*, Sklaven und *Burghers* wurden zum Kalvinismus bekehrt, dem in der Praxis offiziellen Bekenntnis der Holländischen Ostindischen Kompanie.

Sie bildeten die protestantische »Portugiesische Gemeinde« Batavias. Noch um 1791 standen ihnen von den vier Steinkirchen der Stadt zwei zur Verfügung. Es gab die »Kastels-Kerk«, die Kirche in der Festung, und die »Hollandsche Kerk« für den Gottesdienst auf Holländisch. Und es gab die »Portugeesche Binnen-Kerk«, die Kirche im »Inneren der Stadt«, 1673 geweiht, parallel zur Malakkastraße, und die »Portugeesche Buiten-Kerk«, die Kirche »außerhalb der Stadt«, 1695 geweiht, nahe der *Mardijker*-Kasernen im Osten, in denen auf Kreolisch-Portugiesisch gepredigt und auf »Hoch«-Portugiesisch gebetet wurde. Berühmte Redner auf ihrer Kanzel waren der portugiesische Konvertit Ferreira de Almeida und der deutsche Theologe Engelbrecht. In dieser »Portugiesischen Gemeinde« wurden »zwischen 1688 und 1708, also in 20 Jahren, 9578 Personen, Erwachsene wie Kinder, getauft; die Gemeinde hatte 4426 Mitglieder«.[8]

Wie wurden die Holländer damit fertig, daß in ihrer Kolonial-Hauptstadt die holländische Sprache sogar von ihren engsten Helfern nicht gesprochen wurde? Bei einer Umfrage von 1713 stellte man fest, daß in Batavia nur 3 Prozent der *Mardijkers* Holländisch verstanden.[9] Und auch die Ehefrauen der hohen Beamten, immer nur von kreolischen Dienern, Ammen und Köchen umgeben, sprachen bei offiziellen Empfängen ungehemmt »dieses verdorbene Portugiesisch; sie belegten sich gegenseitig mit Namen wie ›Negerhure‹, ›abgetakeltes Frauenzimmer‹ und mit weit Schlimmerem«.[10]

Einige General-Gouverneure versuchten, den Einfluß des Portugiesischen durch Teilverbote (bei militärischen Übungen) oder durch Erziehungsratschläge (ernstes Tadeln) zurückzudrängen – aber diese Maßnahmen blieben allseits unbeachtet. Es wurde zu einem müden Routineakt der holländischen Verwaltung, einige anti-portugiesische Edikte immer wieder ins Gedächtnis zurückrufen zu müssen.[11]

Sicherlich blieb nicht nur deswegen, weil die anderen in der Stadt keine Lust hatten, Holländisch zu lernen, diese Sprache auf die kleine Schar der Holländer selbst beschränkt; im Grunde wollten die Kolonialherren gar nicht auf Holländisch angesprochen werden. Sie wollten unter sich bleiben, und sie zeigten das in einer für Indonesien sehr verständlichen Form. Es ist auf allen Inseln üblich, daß die herrschende Kaste eine andere Sprache spricht als die Kasten darunter. Auf Java und Bali z. B. gibt es nicht nur eine Grobeinteilung in eine Sprache von Höhergestellten und von Niedriggestellten, sondern auch komplizierte Differenzierungen innerhalb der höheren Sprachstufe. Ein Brahmane auf Bali verständigt sich in einer Sprache, die zu einem hohen Prozentsatz auf das Sanskrit aus Indien zurückgeht, ein normales Mitglied der Volkskaste spricht eine stark malaiisch geprägte Sprache.

So konnte das Holländische als Herrschaftssprache *par excellence* eingeordnet werden. Die neuen Herren aus Europa waren gern bereit, die Mühsal auf sich zu nehmen, in Batavia Portugiesisch und auf dem Land Malaiisch zu lernen, wenn damit eine sehr wirksame Herrschaftsgeste zelebriert werden konnte. Noch um 1900 weigerten sich holländische Beamte, sich mit Einheimischen, die schon an europäischen Universitäten studiert hatten, auf Holländisch zu unterhalten. Wenn einer der javanischen Intellektuellen sie in ihrer, und nur ihrer, Sprache anredete, konterten sie, indem sie stur auf Malaiisch antworteten.[12]

Das Schema des Sprachengebrauchs in Batavia war ein Schema der gesellschaftlichen Position des Sprechenden. Oben einsam das Holländische. Darunter, in gewisser Distanz, viel breiter schon angelegt, das Portugiesische. Etwas zur Seite versetzt, auch breit, aber ein Stückchen tiefer, war das Malaiische. Es war die Verkehrssprache all der auswärtigen Zuwanderer, wie Getreideverkäufer und Schiffsbauer, die wenig mit der Kolonialherrschaft direkt zu tun hatten. Erst darunter wurde dann das Sundanesische der »Ur-Einwohner« eingeordnet: Sie waren schon vor dem Kolonialismus da, und sie wurden dementsprechend als Bodensatz angesehen.

Da die Verwendung des Portugiesischen also (auch) die Funktion hatte, die den Holländern unmittelbar nachfolgende Kaste zu bezeichnen, die »Mittelschicht« zwischen souverän Herrschenden und rechtlos Beherrschten, nahmen diejenigen, die diese Sprache benutzten, auch in allem anderen die Rolle der »Europäer-Nahen« an. Sie begannen, sich »Portugiesen« zu nennen. Das bedeutete Ende des 17. Jahrhunderts, daß man einsah, nicht mehr direkt dominieren zu können, aber daß man durch Arrangements mit den neuen Herren Einfluß auf die Modalitäten der Machtausübung nehmen wollte. Die »Portugiesen« in Batavia posierten, nach oben und nach unten, als »ärmere Verwandte« der Holländer.

So fühlten sich Menschen, die keine Spur europäischen Blutes in ihren Adern hatten, die vielleicht noch nie in ihrem Leben einen Portugiesen aus Portugal gesehen hatten und die Kalvinisten waren (»Ketzer« nach allgemeiner portugiesischer Auffassung), in Batavia als eine so europäische Gemeinschaft, daß sie auch ein markant europäisches Äußeres zur Schau trugen.[13] Nur sie von allen Einheimischen durften statt des bunten Batik-Kopftuches einen schwarzen hohen Hut tragen; nur sie liefen nicht barfuß, sondern in Socken und Schuhen. Der Übertritt von Asien nach Europa war damit schon auf weite Entfernung feststellbar. Sundanesen und Javaner nahmen die Selbstdefinition der einheimischen Christen bereitwillig an: Bald firmierten bei ihnen sogar die versklavten, dann freigelassenen Balinesen, die gerade erst auf dem Areal von Depok vor den Augen aller Bewohner Batavias angesiedelt worden waren, schlicht als »Portugiesen«, also Asiaten in der Gnadensonne der Kompanie.[14]

Etwa ein Jahrhundert lang konnte diese Gemeinschaft ihre Sonderstellung in Batavia halten. Dann bröckelte ihre partielle Beteiligung an Verwaltungs- und Wirtschaftsmacht ab. Das hängt eng mit der Expansion Hollands im indonesischen Raum um 1800 zusammen. Bis dahin hatte sich die Ostindische Kompanie vor allem um die Sicherung der Molukken, die Ausschaltung des Konkurrenzreiches Makassar in Süd-Sulawesi und um die Eroberung ganz Javas gekümmert. Sowohl die Molukken als auch Makassar waren Gebiete, wo Holland in die Fußstapfen der portugiesischen Herrschaft trat, Elemente portugiesischer Kontakt- und Unterdrückungsmethoden also geradeweg übernahm. Eine eigene Schicht von »Portugiesen« als Mittler und Handlanger zu haben, war von großem Vorteil dabei gewesen. Noch heute tragen ja z. B. Mitglieder der Südmolukken-Organisationen in den Niederlanden, die als treueste Verbündete Hollands nach der Unabhängigkeit Indonesiens ihre Heimat verließen, portugiesische Namen. Nach 1800 aber wollten die Holländer restlos die indonesische Region ausfüllen, der Imperialismus mit seiner Idee der Totalokkupation kündigte sich an: Sie drangen in Sumatra und Borneo ein; sie eroberten die gesamte Insel Sulawesi und vereinnahmten die Kleinen Sunda-Inseln bis nach Neuguinea.[15] Das alles ist das Einflußgebiet der Verkehrssprache Malaiisch. Und so wurde als Mittelstück zwischen den holländischen Herren und all den einheimischen Völkern die malaiischsprechende Bevölkerungsschicht Batavias immer wichtiger. Die Verwaltung der »Eingeborenen« spielte sich für das ganze Reich um 1850 nur noch auf Malaiisch ab.

Die »Portugiesen« konnten ihre Arbeitsplätze in der Armee oder der Verwaltung nur halten, wenn sie sich diesem neuen Trend anpaßten. Da auch vorher ihr Bekenntnis zur europäischen Herkunft nur aus sozialem und politischem Kalkül abgegeben worden war, machte es ihnen wenig Schwierigkeiten, sich nun auch als Muster-»Malaien« zu präsentieren. Fast vollständig ging die Gemeinschaft der »Portugiesen« zu dem neuen Sub-Herrschaftsblock über und machte dadurch das Malaiische zu der Muttersprache Batavias (die es bis heute, im Gegensatz zur sundanesischsprachigen Umgebung, geblieben ist). Die »Identität« dieser Schicht im kolonialen Kraftfeld Europa–Asien schwankte je nach Opportunität.

Als erster hatte James Cook schon 1767 festgestellt, daß die »Portugiesen von Batavia« mehr Malaiisch als Portugiesisch sprachen.[16] Ab 1807 nahmen die Notare keine Texte mehr auf Portugiesisch in ihre Akten, und ab 1815 wurde auch der kalvinistische Katechismus nur noch auf Holländisch oder Malaiisch gelehrt, nicht mehr auf Portugiesisch. 1816 schließlich gab die »Portugiesische Gemeinde« ihre Selbständigkeit auf und wurde Teil der »Malaiischen Gemeinde«. Das letzte Zeugnis über eine lebendige Verwendung des Portugiesischen in Batavia ist eine Annonce in der Zeitung »Courant« vom 28. Juni 1823: Zwei holländische Husaren teilten ihren Freundinnen in der Stadt mit, daß sie den Befehl erhalten hätten, die Stadt zu verlassen; sie bedankten sich und wünschten den Zurückbleibenden viel Glück für die Zukunft.[17]

Eine kleine Enklave aber im Territorium der Malaien hat den alten Zustand, »Portugiese« zu sein, bis in unsere Gegenwart konserviert. Hier war ein Teil der ehemaligen Gemeinschaft aus Batavia ausgelagert worden. Auf dem Lande haben sich die »Portugiesen« ungestörter halten können, als es in dem Regierungszentrum der Holländer, das sich sensibel auf alle Veränderungen im Kolonialreich einstellen mußte, möglich sein konnte.

Das Dorf Tugu liegt 20 Kilometer von Alt-Batavia entfernt, im Osten der Metropole Jakarta, jenseits des modernen Hafens Tanjung Priok. Von dort fährt stündlich ein Bus durch die übervölkerten Vorstädte, durch Industrieanlagen und durch Trockenreis-Felder, in deren Mitte wie ein Wildwest-Fort die hölzerne Kaserne der lokalen Freudenmädchen steht. Zehn weitere Minuten Fußmarsch führen an gewaltigen Mangobäumen vorbei nach Tugu, das inmitten üppigster Palmen- und Obstbaumvegetation liegt. Die turmlose, kräftige, weißgetünchte und rotziegelgedeckte Kirche nimmt das Zentrum des Dorfplatzes ein. Auf der einen Seite der Friedhof, auf der anderen die neue Schule. Im Norden sind Gärten, in denen kleine, viereckige Steinhäuser mit großen Veranden, über und über mit Blumen bedeckt, stehen, und ein Bach, fast ganz durch Sumpfpflanzen zugewachsen. Im Osten befindet sich das Gros des Dorfes mit etwa 30 Häusern, die hintereinander mehrere Reihen bilden. Im Süden schließt ein anderes, ein »islamisches« Dorf an. Im Westen sind die Trockenreis-Felder Tugus. Zwei Kilometer entfernt, in nordwestlicher Richtung, liegt der (chinesische) Fischerort Cilincing, wo die Tugu-Dörfler ihre Boote liegen haben.

Dieses Gebiet wurde 1661 einer Gruppe von *Mardijkers* für ihre guten Dienste, die sie geleistet hatten, geschenkt. 23 Familienoberhäupter, die aus Bengalen und von der Koromandelküste stammten, nahmen das Land in Gemeinschaftsbesitz. 1676 wohnten hier bereits 50 Familien, und eine Zählung von 1735 verzeichnete dann als Einwohner »134 erwachsene Portugiesen«. Ihre Zahl stieg bis zum Beginn des 20. Jahrhunderts auf knapp 1000 an. Ab 1678 hatte der Ort eine eigene große Kirche mit 400 Sitzplätzen. Auch die erste Schule, wo vor allem Portugiesisch und Religion unterrichtet wurden, stammt aus diesem Jahr.[18]

Im weiten Umkreis verdankten die Bewohner Tugus ihr besonderes Ansehen allein dem Umstand, daß sie »Portugiesen«, fast Europäer, waren. Für ihr Image entwickelten sie im Laufe der Jahrhunderte ein festes ideologisches Gerüst. Sie perfektionierten ihr »Anders-Sein« gegenüber den Einheimischen und gegenüber den Holländern.

Da war selbstverständlich zuerst die Sprache. Obwohl alle im Dorf Malaiisch und Sundanesisch genauso gut wie ihre Nachbarn sprachen, setzten sie ihren Stolz daran, innerhalb der Familie nur Kreolisch zu sprechen. Sie nannten es *Portugis* oder auch, wie in Malakka, *Cristão*. Das Vokabular ist ziemlich reduziert auf den häuslichen Bereich, auf Ausdrücke für den menschlichen Körper (wieder mit einer Fülle von Wörtern, die für das Ohr eines Portugiesen aus Portugal »unanständig« klingen), auf Viehhaltung, Landwirtschaft und Naturbeobachtung. Sprache ist so sehr lokal definiert, daß sogar die Himmelsrichtungen nur von Tugu aus zu verstehen sind: *men mar*, zum Meer, heißt Norden, *men serra*, zum Gebirge, heißt Süden.[19] Anders als Einheimische und Holländer wollten die Leute aus Tugu auch in ihren Namen sein. Sie nannten sich de Silva, da Costa, de Mayo, Caldero oder vollmundig Domingo de Villa Nova. Aber auch wenn sie de facto holländische Nachnamen trugen, behaupteten sie von ihnen, daß sie typisch »portugiesisch« seien. Auf den Grabsteinen des Friedhofes gibt es viele Cornelis, Jans, Salomons, Andries und Koeyko (auch »romanisiert« als »Quicko«): »alles Portugiesisch«.[20] Bei der Wahl von Vornamen bevorzugen sie auch heute noch Fernando, Alberto und Eduardo.

Die »Portugiesen« von Tugu konstruierten sich, als ein weiteres Element ihrer Besonderheit, eine »andere«, ihre ureigene Geschichte. Es gibt unter ihnen zwei Versionen über den Ursprung ihrer Gemeinde – einen »wissenschaftlich« gefärbten und einen offenen Mythos. Die seriöse Abart erfundener Geschichte präsentierte z. B. der Bürgermeister Jacob Quiko in einem Aufsatz von 1970: Die Bewohner von Tugu seien die direkten Nachkommen portugiesischer Kriegsgefangener, die 1641 beim Fall Malakkas von den Holländern nach Batavia verschleppt und dort »freigelassen« worden sind. Sie vermischten sich dann vornehmlich mit den Leuten von den Banda-Inseln. Beide Teile der Gruppe, Portugiesen und Bandanesen, waren nur ungern mit den Holländern liiert, und deshalb nahmen sie gern die Gelegenheit wahr, sich außerhalb Batavias ihre eigene Heimat zu schaffen. Der Name Tugu bedeute zwar »Grenzpfahl«, aber einige ältere Männer leiteten ihn auch von PorTUGUese ab.[21]

Die verbreitetere Variante des Volkes ist noch wesentlich stolzer auf die europäische Abstammung und attackiert viel direkter den Hochmut der holländischen Herren. Die »Portugiesen« von Tugu seien die Nachfahren der Portugiesen, die bereits vor den Holländern in Java gelebt hätten. Im 16. Jahrhundert seien sie hier zusammen mit den Indern (die den Hinduismus brachten) und den Arabern (die den Islam brachten) die Herrscher gewesen. Das hätten ihnen die Holländer nicht gegönnt, sie hätten Streit gesucht und dann unglücklicherweise die Portugiesen besiegt. Die ehemals Herrschenden mußten sich in geschützte Orte zurückziehen, nach Ambon auf den Molukken, nach Dili in Ost-Timor – und eben nach Tugu. Somit seien die jetzigen Bewohner eine lebende Erinnerung an die altehrwürdige Macht der ersten Europäer in Indonesien.

Aus der definitionsgemäß unauflöslichen Verbindung von Europäertum und politischer Dominanz ergab sich für die Bewohner Tugus selbstverständlich ein besonderes Status-Verhalten. Sie legten Wert darauf, wie die Holländer von allen anderen Einheimischen mit *Tuan*, Herr, angeredet zu werden. Bis zum Zweiten Weltkrieg hatten sich alle Nachbarn strikt an diese Weisung gehalten. Aus dieser Herren-Position entwickelten sich konkrete Vorteile, denn ein *Tuan* ließ andere für sich arbeiten. So erzwangen die Bewohner Tugus von den Bauern der umliegenden Dörfer kostenlose Hilfeleistungen auf ihren Gemüse- und Reisfeldern. Sie wurden mit wenig eigener Anstrengung in der Tat reicher, als es die untergeordneten »asiatischen« Nachbarn waren.

Portugiesische Abstammung und Wohlstand – die Leute in Tugu unterschieden sich dementsprechend auch in ihrer äußeren Erscheinung. Sie wiesen auf ihre angeblich ausgeprägt europäische Physiognomie hin, vor allem auf die schmalere, längere Nase. Sie trugen selbstverständlich, bis 1945, immer einen Hut. Die Männer besaßen breite Reithosen, eine Weste über dem Hemd und eine weite Jacke. Die Frauen hatten einen, meist weißen, Rock, der sorgfältig gebügelt und oft knochenhart gestärkt war; darüber trugen sie eine kurze Bluse. Zur Ausstattung der Männer gehörte als das wichtigste Stück ein Gewehr. Kein »Eingeborener« durfte es besitzen. Und so war seine Präsenz in jeder Hinsicht die letzte Vollendung hochherrschaftlichen Auftretens in einer europäischen Kolonie.[22]

Die Sitten und Gebräuche der *Portugis Tugu* betonten ebenfalls ihren großen Abstand zu den Menschen der Umgebung. Mit ihren Gewehren jagten sie, als es noch dichte Wälder nahebei gab, Wildschweine – ein Horror für gläubige Moslems. Sie schnitten das Fleisch in lange Streifen, trockneten es auf dem Hauptplatz des Dorfes und verdienten gut am Verkauf dieses Leckerbissens, der »Tugu-Fleisch« genannt wurde, auf den Märkten Batavias.[23] Ihr Sortiment erweiterten sie durch Fische, die sie in ihren Bächen oder im Meer bei Cilincing fingen und dann trockneten. In schroffem Gegensatz zu den Moslems standen auch ihre Freizeit-Vergnügen. Sie organisierten Feste, wo nicht Männer und Frauen getrennt auftraten und unterschiedliche Tänze tanzten, sondern wo paarweise getanzt wurde. Ja, oft faßten sich dabei der Mann und die Frau sogar an. Und ganz regelmäßig tranken die Männer im Überfluß Alkohol. Sie waren sehr stolz darauf, wenn sie davon viel vertragen konnten.

Die »essentiell« anderen Charaktereigenschaften der Bewohner Tugus leiten sich zum Teil direkt von solchen Gewohnheiten ab. Der Genuß von viel Schweinefleisch und von harten Getränken soll die Dörfler, nach ihren eigenen Aussagen, »heißblütig« gemacht haben. Im Kontrast zu ihren ausgeglichenen und leisen Nachbarn seien sie echte Temperamentbolzen, lachen schallend, regen sich fürchterlich auf und schluchzen bei jeder Enttäuschung. Über Fremde können sie sich sehr rasch ärgern, und so sei eine zünftige Keilerei eine ihrer Lieblingsbeschäftigungen. Wenn aber Blut geflossen sei, söhnten sie sich auch schnell wieder mit den Opfern aus den Nachbar-Dörfern aus. Ihr draufgängerisches Wesen sei auch der Grund dafür, warum bis zu 50 Prozent der Jungen es wage, zur See zu gehen. Für einen »Portugiesen« aus Tugu gehört es zum normalen Reifungsprozeß, für einige Jahre Matrose gewesen zu sein und Südostasien, manchmal sogar Europa und die USA, gesehen zu haben. Die Landwirtschaft ist eher eine Aufgabe für die 40- bis 60jährigen.

Schließlich zeichnen sich die Bewohner Tugus durch eine eigenständige Kunst aus. Sie haben sich fast völlig auf die Musik konzentriert. Weit über das Dorf bekannt wurden ihre »Kroncong«-Bands. Zwischen 9 und 17 Musikanten spielten in diesen Gruppen kleine Gitarren, Mandolinen, Geigen, Flöten und Tamburins. Die Instrumente wurden in Eigenbau hergestellt, und einige Exemplare sollen mehr als 150 Jahre alt sein. Zu jedem Orchester gehörte ein Sänger oder eine Sängerin. Das Repertoire geht von einem Grundstock von portugiesisch-kreolischen Tanzliedern aus. Das beliebteste, »die Hymne von Tugu«, ist »Moresco«, der Mauren-Tanz. Die Geliebten sind voneinander getrennt und sehnen sich danach, wieder gemeinsam Moresco tanzen zu können. Die altportugiesische Thematik zeigt, daß dieses Lied aus der ersten Etappe der portugiesischen Expansion stammt. »Kafrinhu«, ebenfalls sehr populär, ist ein Liebeslied an ein (afrikanisches?) Mischlingsmädchen in Goa. Darüber hinaus gibt es auf Portugiesisch-Kreolisch eine Handvoll weiterer Liebeslieder, ein Wiegenlied und Gelegenheits-Stücke (wie z. .B. »Jan Kagaleti«, Jan hat Dünnschiß).[24] Die Melodien erinnern an gefühlvolle Weisen aus Portugal, die metallene Vortragsweise der Sänger an arabischen Gesang. Das Tempo ist sehr langsam und getragen.[25]

Bei so viel Aufmerksamkeit für den Kroncong gerieten die beiden anderen musikalischen Genres von Tugu in Vergessenheit. So hatte es bis zum Zweiten Weltkrieg die »Tanjidor«-Orchester gegeben, die auf Blechmusik, mit Hörnern, Trompeten, Kesselpauken und Glockenbäumen spezialisiert waren. Sie leiteten sich klar aus der holländischen Militärmusik ab, demonstrierten noch einmal die Verbindung der »Portugiesen« Batavias zur Kolonialarmee.[26]

Einzeln trugen portugiesische Spielleute selbstverfaßte Vierzeiler vor. Dieser Sprechgesang, meist von einer Geige begleitet, war noch bis 1953 in den Restaurants von Batavia zu hören, Ausläufer traditioneller europäischer Tradition, 15 000 Kilometer von ihrem Ursprung entfernt.[27]

Auch bei diesen beiden Musik-Aktivitäten zeigt sich, wie in bezug auf die herrschende Kultur der Holländer die »Portugiesen« die Randbereiche auszufüllen hatten: als Verstärkung der kriegerischen Macht oder als Animateure bei den Gelagen der Herren.

Das Bemühen der »Portugiesen« Tugus, als wohlprotegierte Anhängsel der Holländer Vorteile zu genießen, wurde der Gemeinde im Zweiten Weltkrieg zum Verhängnis. Wie in Malakka behandelten die Japaner nach ihrer Eroberung Javas 1942 auch die »Portugiesen« in Tugu so, wie sie früher gern gesehen werden wollten – als »Europäer«, als koloniale Herrscher. Sie wurden ausgehungert, getötet, unauffindbar in Arbeitslager verschleppt.

Nach dem Wegzug der Japaner 1945 wurde die Lage jedoch keineswegs besser. Der alte Zustand konnte nicht restauriert werden. Die Holländer waren nach ihrer peinlichen Niederlage nicht imstande, von neuem Fuß zu fassen auf Java. Die Mehrheit der Einheimischen wollte den Kolonialismus komplett ausmerzen. Der bewaffnete Kampf um die Unabhängigkeit Indonesiens begann. Jetzt konnten die jahrhundertelang gedemütigten Nachbarn der »Portugiesen« von Tugu versuchen, alte Rechnungen zu begleichen. »Im Dezember 1945 wollten unverantwortliche Unruhestifter das ganze Dorf mit seiner Kirche niedermachen und alle Bewohner töten. Sie belagerten Tugu.« Zum Glück der »Portugiesen« eilte ein Kommandant der regulären Unabhängigkeits-Truppen herbei und befahl den lokalen Guerillatruppen den Rückzug. Er sagte: »Das sind Indonesier wie wir.« Die Bewohner Tugus erinnern sich noch heute an seinen Namen: Haji Maasum.[28] Aber die tödliche Bedrohung war weiterhin so akut, daß das Dorf evakuiert werden mußte. Anfang 1946 zogen die »Portugiesen« mit ihrer persönlichen Habe und mit dem Silberschatz der Kirche in ein Lager bei Pejambon. Tugu brannte.

Eine Gemeinschaft von »Portugiesen« war überflüssig geworden. Sie begann sich aufzulösen.

Der größte Teil floh zusammen mit den ehemaligen Kolonialherren nach Holland. Sie wohnen jetzt in bestimmten Vierteln von Amsterdam und Rotterdam. Sie kennen sich alle untereinander, und sie heiraten auch meist untereinander. Wer immer es sich leisten kann, besucht alle zwei Jahre die alte Heimat, glücklich, wenigstens zeitweilig »die gute Luft Tugus« atmen zu können. Aber viele hielten die Gesellschaft (und das Klima) Hollands für so unerträglich, daß sie nach einigen Jahren weiterwanderten. So gibt es einige Hunderte von ehemaligen »Portugiesen«, die in Surinam in Südamerika leben. Sie gehen dort in der Mehrheitsgruppe der »Javaner« auf, werden mit ihnen zu Herren in dem unabhängigen Staat. Wieder mischen sie mit, wenn es um politische und soziale Dominanz geht. Dieselben Menschen, die es einst als »Europäer« versuchten, erfinden sich nun ihre Identität als »portugiesische« Javaner, in ganz anderer Situation, durch denselben Überbau von differenzierenden Namen, Attitüden und Sitten.

Einige wenige Familien kehrten 1947, als es im Umkreis Jakartas ruhig geworden war, nach Tugu zurück. Gegenwärtig bezeichnen sich noch 18 Familien mit etwa 200 Mitgliedern als »Portugiesen«. Aber das ist de facto weniger ein Überlebenswille als eine Erinnerung an einen endgültig vergangenen Zustand. Sie spielen noch »Kroncong« (die Nachfrage von außen ist allzu groß, als daß man darauf verzichten könnte), aber sie sprechen kaum noch *Cristão*. Neue Muttersprache ist die offizielle indonesische Variante des Malaiischen. Der Bürgermeister Jacob Quiko, der 1978 starb, versuchte als letzter, die »portugiesische« Sprache der Vorfahren zu fördern. Er gab 1972 auf der Veranda seines Hauses einen Abendkurs für das Kreolische. 20 Personen hatten daran teilgenommen, aber nach vier Monaten war das Interesse erlahmt. Heute kennen die Einwohner nur noch isolierte Vokabeln. Sie sind Kleinbauern geworden wie ihre Nachbarn, viele gehen für immer in das unaufhörlich näherrückende Jakarta. Ihre Zugehörigkeit zur vergangenen Herrschaft der Europäer verblaßt zur Kuriosität. Sie haben Poster von spanischen Stierkämpfern an ihre Wände geklebt und sagen: »Das waren unsere Ahnen.« Die Kirche Tugus wird von der Stadtregierung Jakartas unter Denkmalschutz gestellt, das Dorf bekommt den Status eines »nationalen historischen Monuments«.

Der indonesische Staat hat aus ideologischen und machtpolitischen Gründen (eine verfassungsrechtlich forcierte »Einheit« soll das Auseinanderstreben der vielen Inselvölker verhindern und die Hegemonie der Javaner über alle anderen verewigen) keinen besonderen Status für »Minderheiten«, keine Unterstützung oder auch nur Duldung. Und daher gilt für die Bewohner Tugus, »daß wir uns bereits völlig in unserem Aussehen und unserer Art den anderen Bürgern unseres Staates angepaßt haben. Wir sind Christen und sie Moslems; aber auch das ist bedeutungslos, wir alle glauben an den einen Gott«.[29]

Hier auf Java hat die politische Unabhängigkeit die Machtverhältnisse so radikal verändert, daß nach 350 Jahren mit der portugiesisch-kreolischen Sprache auch die Bevölkerungsgruppe der »einheimischen Europäer« verschwindet. Die Auseinandersetzung zwischen Asien und Europa, Kolonialisten und Abhängigen, spielt sich im heutigen Indonesien auf höheren, weniger idyllischen und alltagsbezogenen Ebenen ab. Sie bestimmt die Kontakte von indonesischen Generälen und Unternehmern mit den Ölbossen, Industriellen und Wirtschaftspolitikern aus Holland, Deutschland und den USA. Da zählen gegenwärtig Milliarden von Dollars und nicht die 150 Millionen indonesischen Menschen (und schon gar nicht die paar Hundert »falschen« Portugiesen).

»Portugiesische« Macht ohne Portugal: Larantuka

Die Menschen, die sich in Malakka und Batavia »Portugiesen« nannten, stammten ethnisch in den meisten Fällen nicht von Portugiesen ab, verwendeten aber die portugiesische Sprache als wichtiges Bestimmungsmoment für eine gesellschaftlich dominante Position. Die Herren von Larantuka auf der ost-indonesischen Insel Flores haben dagegen sehr wohl portugiesisches Blut in ihren Adern, verbreiteten aber als Herrschaftssprache gerade nicht das Portugiesische, sondern das Malaiische aus Malakka.

Als die ersten portugiesischen Flotten vom neueroberten Malakka aus zu den Gewürzinseln fuhren, bogen einige Schiffe auf der Höhe der Banda-See scharf nach Süden ab. Die Kapitäne hatten erfahren, daß es dort eine Insel geben sollte, wo kostbares weißes Sandelholz in üppiger Menge wuchs. Diese Variante des Sandelholzes war gut für den innerasiatischen Handel zu gebrauchen, denn die Chinesen liebten sie über alles für ihre Räucherstäbchen, Parfüme und für die Herstellung duftender Särge.[1] Wer auf der Insel Timor Sandelholz einkaufte, konnte es in Kanton leicht für das Dreifache loswerden: ein hervorragender Schnitt für eine nach neuen europäischen Maßstäben nicht allzu weite Seereise.[2] So steuerten die Portugiesen schon ab 1515 regelmäßig Timor an. Als Pigafetta 1522 auf der »Ersten Weltumsegelung« hier Station machte, konnte er berichten, daß diese Insel bereits von den Portugiesen mit Syphillis verseucht worden war.[3]

Die Bewohner Timors, die seit langem an asiatische Kaufleute gewohnt waren, erlaubten jedoch keinem Fremden, auf ihrem Land feste Siedlungen zu errichten. Die Besucher durften an bestimmten Handelsplätzen landen, ihre Tauschwaren abliefern, das Sandelholz einladen nach einem Preis, den die Timorenser festsetzten – aber dann mußten sie wieder weg, durften erst im nächsten Jahr wiederkommen. Da die Insel relativ stark bevölkert war und die Besucher aus verschiedenen Nationen miteinander zu konkurrieren hatten, konnten die *Liurai*, die Führer der 62 einheimischen Kleinstaaten, ihre Oberaufsicht über den Sandelholz-Handel auch wirklich durchsetzen. Dabei half ihnen ihr sorgfältig aufgebautes Image als Kopfjäger. Sie standen in dem Ruf, daß sie bei jedem Fremden zuerst taxierten, ob sein Schädel gut geeignet für das von ihnen geliebte Fußballspiel war.[5] Von allen Besuchern ihrer Insel redeten sie nur mit verächtlicher Miene. Das Wort »Malaie« (nach der weitestverbreiteten vorkolonialen Handelssprache) wurde zu einem Synonym für »ausländisches Pack«: Und so hießen bei ihnen die Kaufleute aus China »chinesische Malaien«, die aus Java »javanische Malaien« – und bald gab es auch »portugiesische« und »holländische Malaien«.[6]

Die Portugiesen fühlten sich unwohl dabei, daß sie an das weiße Sandelholz nur durch so gefährliche Stippvisiten auf Timor herankamen. Zudem konnte es ihnen passieren, daß sie diesen ganzen Reichtum in der ungünstigsten Zeit nach Malakka oder Macau transportieren mußten (wenn Taifune anstanden oder Krieg herrschte mit Staaten, an denen sie vorbeizusegeln hatten). So gründeten sie schließlich doch eigene Stützpunkte in der Region, in gebotenem Abstand von Timor, auf einer Nachbarinsel im Norden.

Flores lag nur zwei Tage entfernt. Hier konnten die Güter, die zum Tausch bestimmt waren, in Ruhe auch länger gelagert werden, ehe man nach Timor segelte. So ganz nebenbei wurde die – ja auch militärische – Anwesenheit ein immer stärkeres Argument der Portugiesen beim Feilschen um die Sandelholz-Preise.

Es gab zwei Plätze, die für eine Niederlassung auf Flores gut geeignet waren. Die Portugiesen besiedelten beide. Die Bucht von Ende liegt auf der Südseite, genau in der Mitte. Eine kleine, relativ flache Insel in der Bucht erlaubte eine leichte Verteidigung. Hier erbauten die Portugiesen ein Fort aus Korallengestein. Auf dem Höhepunkt seiner Blüte hatte der Ort drei Kirchen. Von der Hauptinsel her strömten die Bewohner nach Ende und gründeten im Dunstkreis portugiesischen Handels-Aufschwungs mehrere Dörfer.[7] Doch die Herrschaft der Europäer endete um 1630 abrupt. Wahrscheinlich gab es einen Volksaufstand. Die lokale Version ist anders. Der portugiesische Kapitän der Festung hatte sich in ein einheimisches Mädchen verliebt. Die Sache schien glatt zu verlaufen, bis ein tückischer Rivale auf der Szene erschien. Ein Dominikaner-Pater machte dem Mädchen ebenfalls den Hof. Abgewiesen, vergewaltigte er es. Der eifersüchtige Kapitän massakrierte daraufhin alle Priester Endes und alle Einheimischen, die den Priestern zu Hilfe kamen. Dann starb er an gebrochenem Herzen. Auch das Mädchen, das sich auf die Hauptinsel zurückzog, erlag ihrem Liebeskummer. Die Bewohner von Ende verehren heute noch ihr Grab. Als der nationalistische Politiker Sukarno, der später der erste Präsident Indonesiens werden sollte, in den 30er Jahren von den holländischen Kolonialherren nach Flores verbannt worden war, gefiel ihm die Geschichte vom Untergang Portugiesisch-Endes so gut, daß er ein »Sandiwara«, ein Theaterspiel mit Gesang und Tanz, darüber schrieb. Liebeswahn und Brutalität entsprachen zu genau der Meinung der Asiaten über den Charakter der Portugiesen.[8]

Die zweite portugiesische Gründung war erfolgreicher. Die äußerste Ostspitze von Flores stößt auf eine weite Bucht, die von zwei kleineren Inseln umfaßt ist. Genau gegenüber, nur drei Kilometer entfernt, ist die Insel Adonara; weiter im Süden, in einem Abstand von zehn Kilometern, liegt Solor. Es ist ein hervorragender natürlicher Ankerplatz, von allen Seiten gegen Stürme geschützt. Die Küsten sind fruchtbar. Der Mais, den die Portugiesen hier einführten, gedieh außerordentlich gut. Die Bucht ist voller wohlschmeckender Fische. Der dreifache Zugang machte einen eventuellen Seekrieg zum geistreichen Versteckspiel. Sollte ein Feind alle Notausgänge abriegeln wollen, blieb den Verteidigern immer noch der Landweg zum jenseitigen Ufer der nächsten Insel. Die Orte, die die Portugiesen hier gründeten, haben denn auch nie auf längere Zeit von ihren Gegnern erobert werden können.

Die erste Festung wurde 1566 auf Solor gebaut. Dafür verantwortlich waren die Dominikaner, die sich 50 Jahre nach der »Entdeckung« im Auftrag des Königs von Portugal auch auf diesen Inseln ernsthaft um eine Missionierung kümmern wollten. Sie umbauten die Hütten der portugiesischen Händler und ihres Personals mit einer hohen, massiven Steinmauer und postierten an die 50 Kanonen auf den Ecktürmen. Viele Bewohner von Solor und den Nachbarinseln ließen sich daraufhin bekehren. Die Dominikaner behaupteten, 100000 Christen bis zum Jahr 1613 gewonnen zu haben; die Holländer, wie immer exakte Buchhalter, zählten zur selben Zeit nur 12250 einheimische Katholiken. Wie auch immer, den Dominikanern war es offensichtlich gelungen, mitten im Gebet von Moslems und Heiden eine christliche Enklave mit einer beträchtlichen Anzahl von Gläubigen zu schaffen. Als ausdrücklichen Dank an die Einheimischen für ihre Bereitschaft, dem portugiesischen Heil zu folgen, schenkten die Missionare ihnen eine Lateinschule, und sie exkommunizierten feierlich alle Tiger, die es auf Christenfleisch abgesehen hatten.[9]

Die auftrumpfende Inbesitznahme eines bislang zwischen Asiaten und Europäern nie umstrittenen Landstriches – man hatte friedlich nebeneinander gelebt; beide Gruppen beschränkten sich auf ihre Metiers, die einen auf die Landwirtschaft, die anderen auf den Fernhandel – führte zu einem Eklat innerhalb der portugiesischen Gemeinschaft. Die Missionare wollten den Einfluß der Kaufleute für weitere Bekehrungen einsetzen; sie sahen sie als ihre Hilfstruppen an. Die Kaufleute dagegen wollten die Missionare so zügeln, daß sie nur nach kaufmännischer Opportunität vorgingen, also manche Völker christianisierten, aber andere völlig unberührt ließen. Beide Parteien bekämpften sich, nach alter portugiesischer Kolonialtradition, zuerst mit einer Flut von Anklagebriefen nach Goa und Lissabon.[10] Am Ende blieb nur noch der gewalttätige Bruch. Kurz vor 1600 zogen die Kaufleute aus Solor aus, überquerten die Bucht und ließen sich auf der Insel Flores in dem Ort Larantuka nieder. So gab es jetzt zwei portugiesische Hauptquartiere. Die Priester saßen geschlossen und allein in den Mauern ihrer Burg; und zwei Ruder-Stunden entfernt bauten sich die Sandelholzhändler ihre eigene Stadt, ganz unkriegerisch mit Hafenkais, hohen Lagerhallen und großen Wohnhäusern inmitten offener Gärten. Auch der offizielle Kapitän

Portugals war nach Larantuka gegangen, so daß er nun als Festungskommandant weitab von seiner Festung wohnte.[11]

In die Eigenwelt portugiesischer Intimfeindschaften kamen periodisch, wie Gewitterfronten, Störungen von außen. Kriegerische Horden aus Java und Sulawesi machten seit Jahrhunderten Beutezüge durch den Archipel. Mit Schwärmen von Schiffen überfielen sie die Inseln und stahlen alles, was sie für brauchbar hielten. Aber es waren eng befristete Raubzüge. Nachdem sie die Lebensmittel und Wertgegenstände auf ihre Schiffe gebracht und einige Dörfer, deren Bewohner in die Berge geflohen waren, in Brand gesteckt hatten, zogen sie wieder ab.[12]

Da waren die Überfälle der Holländer nach 1600 viel gefährlicher, denn hier kamen Feinde, die dasselbe zentrale Interesse an Sandelholz in Timor hatten, und denselben Willen, für immer in dieser Region zu bleiben. Schon die erste Attacke der Holländer auf die Festung von Solor 1613 brachte ihnen einen überraschenden Erfolg. Die portugiesischen Priester kapitulierten sofort und stiegen mit 1000 Gefolgsleuten auf ihre Boote und ließen sich nach Larantuka rudern. Auf unerwartete Weise waren damit alle portugiesischen Kampfhähne miteinander vereint. Solor wurde für die Holländische Ostindische Kompanie ein geradezu verhexter Ort. In mehrfachen Anläufen hatten sie blendende Anfangserfolge – und dann kam genauso regelmäßig ein vernichtender Rückschlag. Der Kommandant ertrank 1615 beim Baden. Die holländischen Soldaten ließen daraufhin Solor im Stich. 1618 wurde die Burg von neuen Truppen der Kompanie ein weiteres Mal eingenommen. Viel zu schwach, um profitabel in den Sandelholzhandel einsteigen zu können, immer das emsige Larantuka der Portugiesen vor Augen, mit seinem steten Schiffsverkehr und mit seinem weiten Hinterland – 1625 konnte der holländische Kommandant das alles nicht mehr ertragen und lief zu den Portugiesen über. Er wurde katholisch, Kaufmann, und er nahm sich sofort eine Frau. Die Holländische Kompanie schickte einen neuen Kommandeur nach Solor. 1629 meldete auch dieser Offizier sich bei den Portugiesen in Larantuka, heiratete und wurde reich. Die Regierenden in Batavia ließen Solor evakuieren; die Dominikaner konnten zurückkehren. All diese Vorkommnisse erschienen den Holländern als so peinlich, daß sie noch einmal ihre »Ehre« als energische Kolonialherren wiederherstellen wollten. 1646 tauchte ein Expeditions-Corps vor Solor auf; die Festung wurde zum dritten Mal holländisch und sogar in Fort Henricus umbenannt. Sie blieb es bloß zwei Jahre. Der erste Kommandant heiratete sogleich eine Einheimische – die Kompanie setzte ihn, Schlimmeres befürchtend, sofort ab. Sein Nachfolger forderte, in Heldenpose, zur endgültigen Regelung der holländisch-portugiesischen Rivalität in dieser Region seinen portugiesischen Amtskollegen aus Larantuka zum öffentlichen Duell heraus – und er wurde von seinem Gegner erschlagen. Als 1648 ein

Erdbeben Solor zerstörte, nutzte Batavia die Chance, es einfach in seinen Ruinen liegenzulassen, es klammheimlich aufzugeben. Die Holländer kamen 200 Jahre lang nicht mehr hierher zurück. Die Dominikaner bauten unverdrossen Solor wieder auf. 1662 schlossen Portugal und Holland einen formellen Friedensvertrag.[13]

Larantuka befand sich zu dieser Zeit in einem großen wirtschaftlichen Boom. Es wurde die Handelszentrale für den ganzen Südosten Indonesiens. Auch chinesische Händler liefen den Hafen an. Larantuka war der Zufluchtsort von Deserteuren aller Nationen, von Javanern bis zu Japanern: eine echte Frontier-Stadt.

Zwei große Einwandererwellen brachten weiteren Aufschwung. Als Malakka 1641 aus den Händen der Portugiesen in die der Holländer überging, waren die vielen portugiesischen Einzelschiffe zwischen China und Australien und die vielen einzelnen (offiziellen wie privaten) Portugiesen, die sich hier festgesetzt hatten, abgeschnitten von ihrem wichtigsten Bezugspunkt. Sie hatten das Bedürfnis, enger zueinanderzurücken. Und so strömten aus allen Meeren des Fernen Ostens die übriggebliebenen Portugiesen auf zwei Punkte zu: im Norden auf Macau und im Süden auf Larantuka.

Die Bevölkerung wuchs um ein Vielfaches, und so wurde ein Teil des Zuzugs nach zwei portugiesischen Neugründungen in der Umgebung der Bucht abgelenkt. Schräg gegenüber der Stadt, jenseits der schmalen Meerenge, die die Insel Adonara von Flores trennte, entstand der Ort Wureh; auf Flores selbst, 20 Kilometer südlicher, der Ort Konga.[14] Als 1660 die Holländer Makassar attackierten, kam auch der größte Teil der dortigen Portugiesen nach Larantuka, das, sowohl geographisch als auch kulturell, ihrem bisherigen Wohnsitz viel näher lag als das chinesische Macau.

Die alteingesessenen Portugiesen und die Neuzugänge verschmolzen zu einer einzigen Gemeinschaft. Sie vermischten sich mit den Frauen der Region. Aber sie achteten strikt darauf, daß auch in den kommenden Generationen die portugiesische Abstammung deutlich festgeschrieben, der Ursprung aus Europa im Gedächtnis blieb.

Es entstand im 17. Jahrhundert eine im Physischen erstaunlich gleichförmige, neue Bevölkerung, für die es galt, eine neue Benennung zu finden. Der erste Name, der den Bewohnern von Larantuka, Wureh und Konga gegeben wurde, war *Topasses*. Schon in Indien waren europäisch-asiatische Mischlinge (oder auch nur einheimische Klienten der Europäer) so genannt worden. Die Sprachwissenschaftler streiten sich darüber, ob dieser Name vom Hindi-Wort *Topi*, Hut, stammt oder vom Tamil-Wort *Tuppasi*, Dolmetscher.[15] In der kolonialen Praxis wären beide Bedeutungen angemessen gewesen, denn die Gruppe zeichnete sich sowohl durch ihr Privileg, einen europäischen Hut tragen zu dürfen, als auch durch ihre Fähigkeit aus, sich in der Lokalsprache verständigen zu können.

Aber *Topasses* war ein zu breiter Begriff für die besonderen Bedingungen Larantukas. Er geriet in Vergessenheit. Die Holländer versuchten, mit der Bezeichnung *Zwarte Portugeesen* die Tatbestände genauer zu fassen. Da die Bevölkerung in dieser Region sehr dunkelhäutig, oft tiefschwarz ist, hat sich bei der Mischung mit den Portugiesen wirklich ein sehr dunkler Farbton durchgesetzt. Eine fast schwarze Hautfarbe und dazu portugiesische Gesichtszüge, oft auch blaue oder grüne Augen, kennzeichnen bis heute die Bewohner der Bucht. Aber die Bezeichnung »Schwarze Portugiesen« war von den Holländern mit einem beträchtlichen Schuß Verachtung geprägt worden; sie sollte von vornherein abwerten und diskriminieren. Und so waren diejenigen, um die es ging, auf keinen Fall einverstanden mit dieser Etikettierung.

Sie selbst setzten durch, daß man sie *Larantuqueiros* nannte, ganz einfach: die Leute aus Larantuka. Nur hier war ihr Platz, nur durch sich selbst wollten sie sich erklärt wissen, und hier waren sie die Herren. Denn die *Larantuqueiros* hatten inzwischen einen eigenen, relativ losen, aber doch mächtigen Staat errichtet, der weit über ihre eigenen Siedlungen hinausstrahlte. Larantuka war eine Hauptstadt geworden. Und eine Hauptstadt übertrug traditionell im malaiischen Südostasien dem ganzen Reich ihren Namen (Malakka, Makassar).

Die Kernzelle des Staates blieb der »Dreierbund« von Larantuka, Wureh und Konga. Die kleineren Orte Wureh und Konga wurden von einem Rat aller portugiesischen Familienoberhäupter verwaltet. In der Stadt Larantuka gab es einen blutigen Kampf um die Macht zwischen zwei großen Familien. Auf der einen Seite standen die da Costa (Nachkommen von wahrscheinlich jüdischen Portugiesen und von adligen Timoresern) und auf der gegnerischen Seite die de Hornay (ihr Stammvater war einer der desertierten holländischen Kommandanten aus Solor).[16] Sie hatten keine unterschiedlichen Ziele oder Programme; sie gönnten sich gegenseitig nur nicht den Reichtum, den die Führung eines solchen Staates einbrachte. Über 100 Jahre lang beraubten und ermordeten sich ihre Angehörigen und Parteigänger. Erst um 1750 einigten sie sich auf ein genau bestimmtes Rotativsystem.[17]

Der Drei-Einigkeit von Larantuka, Konga und Wureh gesellte sich der Verband der *Lima Panti*, der Fünf Wohnstätten, zu.[18] Es handelte sich um die Ortschaften Adonara, Lamahala und Terong auf der Insel Adonara und die Ortschaften Lawayong (dem Burg-Platz) und Lamakera auf der Insel Solor. Ihre Bewohner befanden sich auf der Integrationsleiter eine Stufe tiefer als die *Larantuqueiros*: Sie waren allesamt Christen, aber in der Regel nicht portugiesischer Abstammung; sie verwalteten sich selbst, aber bei bedeutenden Fragen hatte der Dreierbund der *Larantuqueiros* Einspruchsrecht; sie wurden bei Kriegsberatungen gehört, aber eine endgültige eigene Entscheidung konnten sie nicht treffen. Sie waren Freunde in einer Satelliten-Position. Sie selbst hatten zwei Vorteile davon. Erstens garantierte ihnen die Allianz mit den *Larantuqueiros* großen Einfluß auf die Inseln weiter im Osten – Lomblen, Pantar und Alor. Sie traten hier wie Sub-Kolonialherren auf. Zweitens halfen ihnen die *Larantuqueiros*, die Bergbewohner in ihrem Hinterland, die sehr aggressive Krieger waren und despektierlich *Moros*, Mauren, genannt wurden, in Schach zu halten. Uralte Konflikte, die aus den Zeiten der Erstbesiedelung der Inseln stammten, wurden so in die Organisationsstruktur des neuen Staates eingebaut.

Ein weiterer Bestandteil der Macht der *Larantuqueiros* waren ihre »Verbündeten« im Inneren von Flores. Diese dichtbevölkerte Insel (heute 1 Million Einwohner) ist von sieben verschiedenen Völkern bewohnt. Sie sind nur entfernt miteinander verwandt: Neben malaiisch-indonesischen Völkern leben auch papua-ähnliche Gruppen hier, die den Ureinwohnern Neuguineas ähneln. So gibt es in den meisten Sprachen der Bewohner Flores' nicht einmal einen zusammenfassenden Namen für die Insel: In ihrem Verständnis besteht das Territorium aus vielen isolierten Flecken, und nur diese Einzelteile lassen sich benennen.

In Nord-Süd-Streifen reihen sie sich aneinander. Larantuka grenzt an Sikka, dann folgen Lio, Ende, Nage-Kao, Riung, Ngada und schließlich an der Westspitze Manggarai. Und streifenweise schnitten sich auch die *Larantuqueiros* die Länder ab. Zuerst brachten sie Sikka in ihre Abhängigkeit, dann Lio, dann Ende. Das Muster der Eroberung war immer dasselbe. Der angesehenste Raja wurde so lange militärisch unter Druck gesetzt, bis er sich zum Katholizismus bekehrte. Dann schwor er einen Treueeid auf den König von Portugal und wurde daraufhin feierlich in seinem Amt bestätigt. Er bekam den portugiesischen Hochadelstitel »Dom«. Der Raja konnte innerhalb seiner Gemeinschaft, die meist auch ihre Religion behielt, weiterhin autonom regieren, hatte aber die Aufsicht über alle Außenkontakte an Larantuka abgetreten. Bei Kriegen außerhalb der Insel mußten Hilfstruppen gestellt werden.[19]

Das Ritual der Unterwerfung der Völker von Flores unter die Herrschaft Larantukas hat sich bis heute im Bezirk Sikka erhalten. Wenn nach dem Tod eines Raja sein Nachfolger inthronisiert wird, bekommt er einen goldenen portugiesischen Helm aufgesetzt, trägt zwei goldene Ketten und ein Szepter. Dann deklamieren seine Freunde feierlich Worte, die keiner von ihnen mehr versteht, die aber höfisches Portugiesisch sind: »Lang lebe der Allerhöchste Herr, Dom Alexius Alex Ximenes da Silva! Möge er guter Gesundheit bleiben! König im Reiche von Sikka, unter Lissabon gestellt!«[20] Die dazugehörige Festveranstaltung, ein portugiesisches Liebesdrama mit Gesang und Tanz, voller »Grafen«, »Händler«, »Piloten«, »Spieler«, »Trunkenbolde«, »Goldschmiede« und einer »Prinzessin«, deren Standardspruch ist: »Ich will nur einen Ehemann, wenn er genug Geld hat, um mir alle Wünsche zu erfüllen«, wird jedes Jahr zu Weihnachten vor der Kirche von Maumere wiederholt.[21]

In der Theorie unterstand der gesamte Herrschaftsbereich der *Larantuqueiros* der Souveränität Portugals. In der Praxis war dieses Staatsgebilde unabhängig. Schon auf der untersten Ebene, der Verkehrsverbindung, bestand kein Kontakt mehr zwischen »Kolonialzentrale« und »Kolonie«. Im 17. und 18. Jahrhundert segelten nur zwei sogenannte »Versorgungsschiffe« von Goa nach Larantuka.[22] Und es kam in dieser Zeit nicht ein einziger Beamter.

Die Regierung in Lissabon wollte das Defizit an Einfluß in »ihrem« Territorium dadurch kaschieren, daß sie offizielle Ernennungsbriefe an namentlich bekannte Einwohner von Larantuka versandte. Aber die Empfänger solcher Schreiben gaben sie gleich an die wahren Machthaber in ihrem Staat weiter, die sie in ihren Archiven begruben. Frustriert veränderten Portugals Kolonialpolitiker daraufhin die Taktik des schönen Scheins. Sie steckten in ihre Briefumschläge Bestallungsurkunden, auf denen der Platz für einen Namen frei blieb. Die *Larantuqueiros* sollten dann selbst eintragen, wer die Vertrauensleute des portugiesischen Königs in ihrem Land sein würden.[23]

Die Briefe, in denen die Regierung Portugals ihre eigenen Vorstellungen über die Zukunft der »Kolonien« im Osten Indonesiens äußerte, sind Dokumente offener Ohnmacht. Da wird geraten, die Holländer an jedem Handel mit Sandelholz zu hindern – »wenn das gemacht werden könnte«; da wird martialisch verkündet, daß jeder Rebell sterben müsse – »wenn die Umstände es erlauben«.[24] Die *Larantuqueiros* führten keine Steuern an Portugal ab. Wenn doch einmal, mit grandioser Geste, António de Hornay dem Vizekönig von Goa einige Säcke Goldstaub überreichen ließ, wurde das als »Geschenk« von Freund zu Freund deklariert. Warum bekannten sich die *Larantuqueiros* überhaupt noch zu Portugal? Die Antwort ist einfach: Sie hatten keine Nachteile dadurch, eher Vorteile. Eine formelle Unabhängigkeitserklärung hätte lästige neue Zwänge geschaffen. Man wäre verpflichtet gewesen, sich eigene Symbole der Macht zuzulegen. Es hätten alte Loyalitäten in neue Formen gegossen werden müssen, in einem schwer kontrollierbaren Umlernprozeß. All das ersparte man sich durch die Beibehaltung seiner Lippenbekenntnisse zum »Mutterland«. Der König von Portugal war für die *Larantuqueiros* eine Gestalt von religiöser Unwirklichkeit: Er eignete sich hervorragend für inbrünstige, aber folgenlose Verehrung. Die nominelle Unterordnung Larantukas unter Portugal brachte dem Staat auch politisch-militärische Vergünstigungen. In Europa arbeitete um 1700 Holland auf einen Frieden mit Portugal hin. Das hielt die Ostindische Kompanie zwar nicht davon ab, den Portugiesen in Afrika oder Asien überall dort Beute abzujagen, wo es für sie ungefährlich war, aber bei Aussicht auf auffälligere Konflikte, wie sie z. B. um Larantuka zu erwarten gewesen wären, schaltete sie zurück. Ein Reich portugiesischer »Rebellen« wäre von Holland sicherlich heftiger attackiert worden. So spielten die *Larantuqueiros* geschickt mit ihrer faktischen Freiheit und den Traditionen Portugals als Kolonialmacht.

Daß die einheimischen Portugiesen und ihre Nachkommen in Larantuka die alleinige Herrschaftsbefugnis besaßen, bestimmte stark ihr Sprachverhalten. Im offiziellen Leben, bei Ratsversammlungen, Hoheitsakten, bei Verträgen, in der Kirche, sprachen sie Portugiesisch, und das wahrscheinlich in einer Form, die dem Schrift-Portugiesischen Portugals nahe war. Aber im Kontakt mit den nicht-europäischen Einheimischen, mit den Nachbarvölkern und auch mit ihren eigenen Frauen und Kindern gingen sie auf das Malaiische über. Das Portugiesisch-Kreolische, das in den übrigen europäischen Kolonien Südostasiens diese Funktion der Kontakt- und Alltagssprache ausgefüllt hatte, wurde von den Portugiesen Larantukas bewußt nicht verwandt, weil es eine soziale Bewertung erlangt hatte, die hier vermieden werden sollte. Das Portugiesisch-Kreolische war zur »Ersatz-Sprache« geworden, welche zwar eine Beteiligung an der Macht signalisierte, aber auch eine prinzipielle Abhängigkeit von höheren Instanzen. Die *Larantuqueiros* jedoch repräsentierten in Personalunion die Position von Herrschern und die Position von Vermittlern zu den einheimischen Asiaten. Ihr Herrschaftsanspruch war durch die rituell praktizierte Herrschaftssprache des »klassischen« Portugiesisch ausreichend abgedeckt; für die Beziehung zu den untergeordneten Schichten konnten sie, frei von weiteren Prestige-Entscheidungen, nach dem sprachlichen Instrument greifen, das die überzeugendsten Vorteile bot. Das Malaiische war bei den Reisen auf Sulawesi und auf Timor von höchstem Nutzen gewesen; alle Völker von Flores verstanden es und benutzten es im gegenseitigen Verkehr, es war der kleinste gemeinsame Nenner.

Für wie bedeutsam die Einheimischen die Verwendung des Malaiischen durch die Portugiesen von Larantuka, Wureh und Konga hielten, beweist der gängige Name für diese Orte: Bis in die Gegenwart wird der Dreierbund »Kampung melayu«, die malaiischen Dörfer, genannt.

Die *Larantuqueiros* hatten in ihrem Freistaat eine solche Machtfülle errungen, daß sie nun doch glaubten, auf dem Territorium Timors die Chance zu haben, den Handel mit Sandelholz zu monopolisieren. Der erste Spähtrupp setzte sich um 1640 in Lifau, an der Nordküste der Insel, fest. Die fruchtbare Küstenebene versorgte die Besatzung mit Lebensmitteln. Durch ein Flußbett konnten die Soldaten leicht ins Innere gelangen, wo es in unmittelbarer Nähe große Sandelholz-Vorkommen gab. Und die hohen Berge schützten vor Angriffen durch die Timorenser. Sowohl die Familie der Hornays als auch die der Costas zwangen mit starken Truppenverbänden die *Liurais*, die Fürsten, zu Verhandlungen. Es gelang ihnen tatsächlich, durch eine Kombination von nackter Gewalt und der Lieferung hochgeschätzter Musketen, das Gros der alljährlichen Sandelholz-Produktion in ihren Besitz zu bringen. Sie verkauften es zu Wucherpreisen nach Macau und Batavia. Um 1675 nannte sich António de Hornay »Ungekrönter König von Timor«: so willkürlich konnte er den Fluß von Sandelholz nach außen erhöhen oder stoppen, verteuern oder ganz unerschwinglich machen.[25]

In dieser Epoche war es schon üblich geworden, daß jede neuartige Bewegung, die eine europäische Kolonialmacht in Asien durchführte, ein Mitziehen ihrer Konkurrenten provozierte. Auch wenn der Imitator nicht die gleiche Durchschlagskraft wie der Initiator aufbringen konnte, so wollte er wenigstens in der Nähe sein. So etablierte sich England in Nord-Borneo, als das indonesische Kolonialreich der Holländer begonnen hatte, flächendeckend zu werden. So sicherte Frankreich sich Vietnam, als England energisch in China vorstieß. Und so machte sich auch die Holländische Ostindische Kompanie sprungbereit, als sie erfuhr, daß die *Larantuqueiros* auf Timor gelandet und entschlossen waren, für immer dort zu bleiben. Als das Gerücht aufkam, daß noch ein weiterer Ort, Kupang an der Westküste der Insel, besetzt worden sei, rüstete die VOC eine große Eingreiftruppe aus und eroberte ihn 1653 ihrerseits.[26] Es stellte sich heraus, daß die vermeintliche neue Festung der *Larantuqueiros* aus einem Haus mit vier Leuten bestand. Aber die Holländer blieben und erbauten eine Burg, die sie aus unerfindlichen Gründen Fort Concordia nannten. Es blieb ihr Hauptsitz auf Timor bis 1949. Der Ort war gänzlich ungeeignet für eine größere Ansiedlung: Er lag am Rande einer unfruchtbaren Steppe (Timor gehört ökologisch schon zu Australien); die begehrten Sandelholzanpflanzungen waren weit entfernt im Innern der Insel; und die Völker um Kupang galten als besonders unruhig und »unzuverlässig«. Aber da »Dabeisein« alles ist und die *Larantuqueiros* keinesfalls die einzigen Kolonialisten auf Timor sein durften, hielten die Holländer auch einen solchen Flecken unter hohen Kosten am Leben.

Doch nicht nur die VOC wollte ein Gegengewicht zum anwachsenden Einfluß Larantukas bilden, noch eine Kolonialmacht intervenierte direkt. Es war Portugal – und besser läßt sich die tatsächliche Unabhängigkeit der *Larantuqueiros* nicht dokumentieren. Die Portugiesen aus Portugal wußten, daß sie nicht den geringsten eigenen Nutzen davon hatten, daß die *Larantuqueiros* in ihrem Namen Timor besetzen wollten. 1702 sollte der General-Kapitän António Coelho Guerreiro Macau mit 650 Soldaten verlassen. Aber er bekam nur knapp 100 Mann zusammen. Guerreiro hatte vor, sich ebenfalls in Lifau festzusetzen; er verwies auf die Order des Königs von Portugal. Doch der dortige *Larantuqueiro*-Chef Domingos da

Costa ließ ihn abblitzen. Nur mit größter Mühe gelang es den portugiesischen Militärs, in der Mitte des Strandes einen schützenden Erdwall aufzuschütten, auf den sie ihre Kanonen stellten. Das war die »Stadt der weißen Portugiesen«, die feindliche Schwesterstadt Lifaus.

Domingos da Costa zog auf Timor den Trennungsstrich zu den portugiesischen Kolonialherren mit aller Deutlichkeit, klassifizierte sie genauso als unerwünschte Eindringlinge wie die Holländer. Er verhängte über das Lifau Portugals eine Blockade. Zwei Jahre lang mußten Guerreiros Männer »Pferde, Hunde, zerriebene Häute, zerkleinerte Knochen, Würmer und anderes dreckiges Getier verspeisen. Viele wurden krank und starben.«[27] Der Vizekönig von Goa ließ seinem belagerten Offizier einen Trostbrief zukommen: »Wenn das Unglück Euer Ehren zu kräftig zusetzt und es gar keine Möglichkeit gibt, den Gehorsam der Anwohner zu erzwingen, so befehle ich Euch, daß Ihr Euch zurückzuziehen versucht und dann hierher reist, wo es an Beschäftigung für Euch im königlichen Dienst nicht fehlen wird.«[28] 1704 muß Guerreiro kapitulieren; er wird, wie versprochen, in Goa zum General-Kapitän der reichen Provinz Sambésia in Ostafrika ernannt, will aber, voll exzessiver Ehrhaftigkeit, diesen »unverdienten« Belohnungsposten nicht antreten und stirbt in ärmlichen Verhältnissen.[29]

Trotz dieses Scheiterns hatte Guerreiro Nachfolger. Was Portugals Niedergang als Kolonialmacht in Asien so besonders charakterisiert, ist die konstante Weigerung, eindeutige Niederlagen als realitätsgemäß anzuerkennen. Fast 70 Jahre lang versucht ein portugiesischer General-Kapitän nach dem anderen, nach Lifau zu gelangen, um von dort aus in Timor mitzumischen. Es gibt Zehntausende von Toten dabei; Hunderte von Dörfern werden niedergebrannt; Seuchen wie Pest und Pocken jagen über das Land. Die innere Ökonomie der Insel bricht zusammen – das einst blühende Land wurde bis in unsere Tage zum »unterentwickeltsten« des ganzen Archipels. Schließlich zerstörte der Raubbau am Sandelholz auch den Außenhandel.

Dieses Chaos spielte sich im Kraftfeld vier unterschiedlicher Gruppen ab. Es standen sich *Larantuqueiros*, »weiße Portugiesen«, Timorenser und Holländer gegenüber, wobei jeder mit jedem koalitionsfähig war. In der Regel verbündeten sich zwei oder drei Parteien miteinander und fielen über den Rest her. Nach einem Sieg schlugen sie dann aufeinander los.

Die *Larantuqueiros* versuchten, sich vor allem die Einheimischen Timors zu verpflichten. Sie stießen direkt in die Führungsspitze der betreffenden Völker vor. Sie heirateten »Prinzessinnen«, und da die Erbfolge hier oft über die weibliche Nachkommenschaft lief, waren es die *Larantuqueiros* selbst, die nach dem Tode eines Liurai seine Würde wahrnehmen durften.[30]

Die Anpassung der neuen Herrscher an ihre Untertanen ging teilweise sehr weit. Vor Schlachten wurden z. B. Tieropfer zelebriert, und damit besonders viele »weiße Portugiesen« getötet werden könnten, tranken auch die christlichen Liurais ausgiebig Blut von weißen Hunden.[31]

Um nicht allzu sehr ins Hintertreffen zu geraten, mußten die »weißen Portugiesen« ebenfalls intensiv um die Timorenser buhlen. Da sie als Zeit-Beamte nicht wie die *Larantuqueiros* über Generationen planen konnten, machten sie attraktive Fertigangebote. Sie schmeichelten der Eitelkeit der einheimischen Liurai, indem sie mit viel Brimborium prächtige Orden, Standesbanner und Ehrentitel verteilten. Schon der General-Kapitän Guerreiro hatte 20 timorensische Führer mit dem Rang eines *Coronel*, Obersten, ausgezeichnet, und er gab ihnen dazu passende, sehr bunte Uniformen.[32] In der Folgezeit wurden auch untergeordnete Chargen mit portugiesischen Titeln wie *Capitão* oder *Feitor*, Faktoreiverwalter, beschenkt. Sie alle haben sich bis heute als *Kolnel, Kapitan* und *Fettor* gehalten. Besonders mächtige Atoni-Fürsten nennen sich gegenwärtig gar *Kolnel-Rai*, Oberst-König.[33] Auf diese Weise folgten timorensische Heere oft in portugiesischer Verkleidung ihren »Oberkommandierenden« aus Portugiesisch-Lifau.

Trotz allem konnten weder *Larantuqueiros* noch »weiße Portugiesen« den Timorensern trauen, die während der ständigen Wirren formidable eigene Streitmächte aufgestellt hatten. Die 46 Völker des östlichen Teils der Insel, die sich in einem lockeren »Bund der Bellos« zusammenfanden, konnten bis zu 40000 Krieger auf einmal aufbieten; die 16 Völker des westlichen Teils, die *Servião*, hatten 25000. Mehrere tausend Soldaten bedienten Feuerwaffen.[34] Plötzlich konnten Teile dieser Truppen, wenn sie sich nicht untereinander stritten, ohne Vorwarnung die *Larantuqueiros* angreifen. Dann hieben sie über 1000 von ihnen die Köpfe ab,[35] oder sie töteten ihre europäischen Verbündeten. Die Timorenser waren für ihre Partner ein Vabanque-Spiel.

Das schwächste Element im Viererkreis der Timor-Kämpen stellten die Holländer dar. Sie waren vornehmlich damit beschäftigt, hungernd, krank und immer besoffen ihren Stützpunkt Kupang gegen die Attacken der anderen zu verteidigen.[36] Aber kaum hatten sie eine Atempause, intrigierten sie eifrig mit. So verbündete sich z. B. 1758 der damalige Kommandant der Holländer, von Pluskow, mit einigen Antoni-Völkern, um den *Larantuqueiro*-Liurai von Noimuti auszuschalten. Es gelang ihm. Sieben Jahre später vergifteten ihn dafür die Portugiesen in Lifau: ein sinnloses Hin-und-Her.[37]

1769 stand dem General-Kapitän der »weißen Portugiesen« in Lifau, José Telles de Menezes, diese koloniale Überanstrengung seines Landes bis zum Hals: Er stieg buchstäblich aus. Wieder hatten ihn die *Larantuqueiros* in seiner Festung belagert; er mußte 1200 Flüchtlinge ernähren und hatte nur

150 Säcke Reis, etwas Sago und ein paar Kokosnüsse, die ganze Garnison bestand aus 15 portugiesischen Soldaten; der Nachschub war vom See her abgeriegelt. In der Nacht vom 11. zum 12. August segelten die Portugiesen heimlich aus Lifau ab. Portugal hatte die Kolonie aufgegeben. Menezes suchte für seine jämmerliche Schar eine Zufluchtstelle. Er fand sie in Dili, auch an der Nordküste Timors, aber viel weiter im Osten. Es war ein scheußlich schwüler Platz, von Sümpfen umgeben, es war auch kein Sandelholz in der Nähe; Malaria und Gelbfieber würden hier wüten, materielles Elend würde herrschen – »aber der Ort hatte den großen Vorzug, ganz schön entfernt zu sein von den Gebieten, die die ›Schwarzen Portugiesen‹ von Larantuka und Lifau kontrollierten«.[38]

Dili blieb portugiesischer Kolonialbesitz bis 1975. Und Dili blieb im wesentlichen der einzige Ort, der im sogenannten Portugiesisch-Ost-Timor stärkerem europäischen Einfluß ausgesetzt war. Die Portugiesen hatten genug von Siedlungs- und Missionierungs-Abenteuern im Inneren der Insel. Nach der Statistik von 1970 gab es in der gesamten Kolonie nur 1463 »Europäer« (Zeitbeamte, Militärs, Kapverdianer und goesische Inder mitgezählt). Die Einheimischen verteilten sich in phantastischer Diskrepanz auf 1541 »Zivilisierte« und 434907 »Nicht-Zivilisierte«. Es gab nur zwei Timorenser, die auf einer europäischen Universität studiert hatten, Pharmazeutik und Waldwirtschaft. Darüber hinaus lebten in Dili etwa 20000 Chinesen, die 98 Prozent des internen und 75 Prozent des (minimalen) Außenhandels der Kolonie beherrschten.[39] Ernüchtert muß selbst ein überzeugter Verteidiger des portugiesischen Kolonialismus feststellen: »Der westliche Impakt auf die Kultur der Timorenser war bedeutungslos.« Kopfschüttelnd stellt er fest, daß »nicht einmal das Konzept des Privateigentums und die Idee, daß man Arbeit gegen Bezahlung verrichtet, zur vollen Entfaltung gekommen sind«.[40] Dili hatte sich sowohl von der äußeren Welt als auch vom Inland abgeschottet.

Damit die Portugiesen aus Portugal nach ihrem Wegzug aus Lifau wirklich für sich bleiben konnten, verkauften sie ihre nominellen »Rechte«, die sie nach europäischer Auffassung auf allen Inseln der *Larantuqueiros*, also auf West-Timor, Flores, Adonara, Solor, Lomblen, Pantar und Alor besaßen, an den holländischen Staat. Der General-Gouverneur von Dili, Lopes de Lima, setzte sich 1854 mit der Regierung von Batavia in Verbindung und offerierte ihr, gegen die Zahlung von 200000 Gulden und die Anerkennung Ost-Timors und der Enklave Oi-Kussi als ewiges Territorium Portugals, die Hoheitsrechte über das Reich von Larantuka. Die Holländer griffen bei einer so unerwarteten Gelegenheit, ihren indonesischen Besitz zu arrondieren, sofort zu. Sie gaben dem portugiesischen Gouverneur eine erste Rate von 80000 Gulden direkt in die Hand. Und daraufhin durften sie sogleich die Inseln »provisorisch verwalten«.

Die Auslieferung der *Larantuqueiros* an die holländische Kolonialmacht war nun aber auch nach dem Geschmack der Regierung in Portugal zu würdelos abgelaufen. Lissabon protestierte gegen die Besetzung von West-Timor und Flores. Aber angeblich konnte es die 80 000 Gulden Vorauszahlung, die es hätte zurückgeben müssen, nirgends auftreiben. Und so wurde der »Schandvertrag« 1859 offiziell ratifiziert.[41] Im Dunstkreis der beginnenden Epoche des Imperialismus hatte Portugal außereuropäisches Land, das ihm real nicht gehörte, ohne Skrupel innereuropäisch verhökert. Selbst weitgehend ohne Macht in dieser Region, hatte es damit einen unabhängigen Staat mit über 200 Jahren Tradition praktisch liquidiert.

Der erste Eindruck, den man in Larantuka von der Wiederkehr europäischer Kolonialherren hatte, war, daß die Holländer behutsam vorgehen wollten. Sie schickten ein kleines, mehr symbolisches Kontingent von Soldaten, die auf einem Hügel oberhalb der Stadt vier eingeschossige Holzhäuser bauten und sie Fort nannten. Der holländische Militär-Kommandant, der von einem zivilen Verwaltungsbeamten, einem Arzt und einem Ingenieur begleitet war, beschränkte sich in den ersten Jahren darauf, anwesend zu sein. Er vertrieb sich die Zeit, indem er seinen europäischen Rekruten Disziplin beizubringen versuchte: Zum Erstaunen der Einheimischen verurteilte er sie unablässig zu Prügelstrafen. Die Holländer hielten sich gegenüber den Gefühlen der Bevölkerung so sehr zurück, daß z. B. noch Ende des 19. Jahrhunderts in Sikka die altgewohnte portugiesische Nationalflagge gehißt werden durfte.[42]

Das Land war wirtschaftlich nicht mehr lukrativ. Nach dem Ende der Sandelholz-Euphorie mußten die *Larantuqueiros* dazu übergehen, sich und die angrenzenden Gebiete durch eigene Landwirtschaft zu ernähren. Sie wurden, immer noch relativ wohlhabend, Besitzer von Maisplantagen und Kokospalmenhainen. Sie forcierten die Fischerei. Sie begannen, bei Konga Tabak anzupflanzen. Aber bis auf einen geringen Versorgungshandel mit Makassar erstarben die Außenkontakte. Das ehemalige Abenteurer-Reich war in selbstgenügsame Schläfrigkeit gesunken.

Genau um diese Zeit, 1863, besuchte ein deutscher Professor, Eduard von Martens, die Bucht von Larantuka. Wir hätten erwarten können, durch seine Tagebuchaufzeichnungen, die sogar von der Berliner Gesellschaft für Erdkunde veröffentlicht wurden, Aufschlüsse über die damaligen politischen und gesellschaftlichen Zustände zu erhalten; aber Martens war Spezialist für ostasiatische Landschnecken. Schon bei seinen vorherigen Aufenthalten auf Timor, in Dili und Kupang, war er nicht dazu gekommen, sich diese Städte anzusehen, weil er stracks an der Bevölkerung vorbei in schlammigen Tümpeln und auf kahlen Berghängen Schnecken suchte, »die vor mir nirgends in Indien existiert haben«.[43] Auch in Larantuka lebte er ohne Ahnung von der reichen Geschichte der Menschen. Aber er gibt einige Äußerungen des katholischen Pfarrers von Wureh auf Adonara wieder. Er sagte, daß er gegenwärtig der einzige Zuständige sei für »alle die Orte, wo noch irgend Spuren der von den Portugiesen eingeführten Katholischen Religion vorhanden sind«.[44] Er beschwerte sich über »die Eingeborenen, welche sich allemal unchristlich betragen; sanfte Verweise fruchten da gar nichts«.[45] Sie seien unmoralisch, ungehorsam, betrieben Magie.

Die Schwierigkeiten des Priesters rühren daher, daß die *Larantuqueiros* mit der Religion ebenso verfahren waren wie mit ihrer portugiesischen Nationalität: Sie stützten sich nur auf eigene Interpretationen. Alles, was sich aus ihrem überzeugten Bekenntnis zum Katholizismus ableiten ließ, also die Praxis religiösen Lebens, war schon im Laufe des 17. Jahrhunderts den offiziellen Missionaren aus den Händen geglitten und in die Kontrolle starker Laien-Organisationen übergegangen. Wie in Malakka herrschten hier vor allem die »Brüderschaften« der Honoratioren. Es gab viele von ihnen in Larantuka, in Wureh und in Konga. In der Hauptstadt war die mächtigste die *Confraria da Rainha do Rosário*, die Brüderschaft der Rosenkranz-Königin. Sie besteht, wie einige andere, bis heute und besitzt eine komplette (republikanische) Regierungsstruktur mit Präsident, Sekretär, Schatzmeister, Ratsversammlungen und Mehrheitsbeschlüssen. Sie führt Patronats-Feste und große Prozessionen durch. Am aufwendigsten ist die Karfreitags-Veranstaltung. Auf einer Sänfte wird die Holzstatue von Christus mit dem Kreuz vorweggetragen. Henkersknechte mit den hohen Kapuzen der Inquisition folgen ihrem Opfer. Männer mit weißen, weiten Umhängen, Reminiszenz an die portugiesischen Ordensritter, präsentieren die alten Schätze der Bruderschaft, barocke Heiligenfiguren, Madonnenbilder, Silbermonstranzen, Szepter aus Elfenbein, goldene Pokale und Halsketten. Sie waren teils direkt aus Portugal importiert, teils im 18. Jahrhundert von chinesischen Kunsthandwerkern im Ort selbst nachempfunden worden. An jeder Leidensstation wird ein Lied gesungen oder eine kleine Szene aufgeführt.[46] Die Frauen hatten sich in der Vereinigung *Maman Muji*, Mütter des Gesangs, organisiert. Auch sie existiert noch. Jeden Freitag treffen sich diese Frauen in der »Kapela Maria« und singen Litaneien.

Während im Laufe der Jahrhunderte die portugiesische Sprache völlig aus dem üblichen Leben der *Larantuqueiros* verschwunden ist – im 19. Jahrhundert wird das Malaiisch des Dreierbundes auch bei offiziellen Anlässen und in Schriftstücken verwandt –, hat sie sich im religiösen Bereich bewahrt. Alle Gebete und Dialogformeln während der Messe, alle religiösen Dramen-Fragmente werden bis in unsere Gegenwart auf Portugiesisch zelebriert. Das Portugiesische ist für die *Larantuqueiros* in der gleichen Weise zu einer Kult-Sprache geworden wie für die Europäer des frühen Mittelalters das Lateinische. Die heiligen Texte sind in einer Form überliefert worden, in der sie genauso an die kommenden Generationen weitergegeben werden müssen; bei absoluten Wahrheiten hat kein Mensch das Recht, Änderungen vorzunehmen. Man versteht nicht mehr exakt, was man sagt, aber man rettet damit die Aura einer eigenständigen, ruhmreichen und gottgefälligen Geschichte.

Doch gerade dieser religiöse Traditionalismus der *Larantuqueiros* sollte Ende des 19. Jahrhunderts den Vorwand für einen heftigen allgemeinen Entwicklungsschub für die Region liefern. In Holland waren katholische Missionsvereine auf eine bislang kaum beachtete Klausel des holländisch-portugiesischen Vertrages von 1859 aufmerksam geworden. Holland hatte nämlich ausdrücklich »der in den betreffenden Gebieten lebenden katholischen Bevölkerung volle Freiheit bei der Ausübung ihrer Religion« garantieren müssen.[47] Uberall in Außer-Europa waren in der Woge imperialistischer Durchdringung neue Missions-Stationen gegründet worden. Europäische Kolonialpolitiker waren sich darin einig, daß die Christianisierung, gleich, um welche Konfession es sich handelte, erfreuliche Pazifizierungs-Effekte hervorrief.[48] Aber im holländischen Kolonialreich waren die Protestanten von der Regierung bevorzugt worden. Ihnen sollten alle verbliebenen »Heiden« Indonesiens gehören. Kalvinisten und Lutheraner tauften und beaufsichtigten die Bevölkerung auf den Molukken ebenso wie im Batak-Land von Sumatra. Sie brachten die »Steinzeitmenschen« auf der weit im Westen liegenden Insel Nias von der Religion ihrer Ahnen ab und die Papuas in Neuguinea. Der Vertrag von 1859 gab endlich auch den Katholiken Hollands die Chance, ihre Fähigkeit zur Kolonialarbeit zu beweisen. Sie wollten hier im Südosten Indonesiens ein katholisches Reservat errichten.

Es reisten nach 1881 die katholischen Priester in Hundertschaften nach Flores.[49] Zuerst etablierten sie sich in Larantuka, Wureh und Konga. Sie erbauten ein doppelgeschossiges Pfarrgebäude mit mehr als 20 Zimmern in der höchstgelegenen Lage Larantukas; es ist das imposanteste Bauwerk der Stadt, größer als das Palais der lokalen Regierung. In einer ersten Kampagne wurden die *Larantuqueiros* re-katholiziert. Sie mußten sich wieder den orthodoxen Formen ihres Glaubens anpassen, lernen, daß z. B. das Sakrament der Ehe nur mit einer einzigen Frau geschlossen werden kann oder daß ein Krokodil nicht als Totemtier verehrt werden darf. Die Priester, die laut Vertrag hierher gekommen waren, um die europäische Religion der Bewohner bewahren zu helfen, mußten in der Realität überhaupt erst einen europäischen Standard herstellen. Sie zerstörten das Vorhandene.

Danach gingen sie an die Betreuung der Alt-Christen in Ost-Flores. Nominell waren ja die führenden Familien der Völker, die einst in einem Vasallenverhältnis zu Larantuka standen, Katholiken. In den Reichen Sikka und Lio brachten Missionare seit 1885 auch Bekehrungen beim Rest der Bevölkerung zustande. Neue religiöse Zentren wurden Maumere im Norden und Lela und Ende im Süden.[50]

Stufe drei dieser Offensive war der Versuch, die animistischen Völker im Westen der Insel Flores zu bekehren. Seit 1887, und besonders massiv seit 1914, stießen katholische Missionare bis zu den Manggarai vor, erreichten Länder, die selbst von den *Larantuqueiros* unberührt geblieben waren.[51]

Der Erfolg dieser Anstrengungen war durchschlagend. Überall prägen hohe Kirchen in nordeuropäischem Backsteinstil das Bild der Dörfer. Um 1972 galten mehr als zwei Drittel der Bewohner als katholische Christen. Dieses Verhältnis ist um 600 Prozent günstiger als in Ost-Timor, das zu dieser Zeit noch Kolonialbesitz des klerikalen Portugal war. Weil 10000 Nachkommen von Portugiesen sich in der Mitte des 19. Jahrhunderts Katholiken nannten, sind 1,15 Millionen zusätzliche Bewohner in der weiteren Nachbarschaft dazu gebracht worden, es zu werden.[52]

Aber Katholik im äußersten Osten Indonesiens zu sein, bedeutet auch die Einbindung in ein dicht geknüpftes Netz »weltlicher« Institutionen. Die Katholische Kirche füllte hier das Machtvakuum, das die holländischen Kolonialherren hatten entstehen lassen, entschlossen aus. Sie schuf in eigener Regie eine bestimmte Infrastruktur für diese Region und hält sie unter fester Kontrolle.

So wird zu fast hundert Prozent das Schulwesen von ihr geleitet. Die Kirche baute und unterhielt Grundschulen, Sekundarschulen, Berufsschulen und Internate. Selbst für die Mädchen steht ein Ausbildungsgang bis zum Abitur zur Verfügung.[53] Neben den katholischen Schulen fristen nur ein paar Koranschulen mit sehr reduziertem Lehrstoff ein ärmliches Dasein.

Ähnlich sieht die Situation im Gesundheitswesen aus. Wenn es überhaupt Ärzte in diesem unterversorgten Gebiet gibt, sind es Ärzte im Dienst der Katholischen Kirche. Der größte Krankenhauskomplex in diesem Teil Indonesiens ist das katholische Hospital von Lela (an der Südküste von Flores). Die »Gesundheitsstationen« in den einzelnen Orten, ambulante Praxen und Entbindungssäle, unterstehen zumeist direkt dem Pfarrer. Medikamente werden nur von der Kirche importiert und verkauft.[54]

Auch die großräumigen Verkehrsverbindungen haben die Missionare in ihre Hand genommen. Der Linienschiffsverkehr zur holländischen Zeit und der reguläre Flugverkehr seit Anfang der 70er Jahre reichten bei weitem nicht aus, um die Kontakte zwischen den einzelnen Inseln zu sichern. Die Katholische Kirche kaufte drei Schiffe in Hamburg, die »St. Theresia«, die »Stella Maris« und die »Ratu Rosari« und monopolisierte mit ihnen den Güter- und Massenverkehr zwischen Timor und Flores und zwischen der ganzen Region und dem Versorgungszentrum Surabaya auf Java. Diese Schiffe sind die einzigen, die versuchen, einen Fahrplan einzuhalten. Sie bringen Reisende tatsächlich an den Ort, wohin sie wollen, und sie garantieren den Export von Tabak und Palmöl innerhalb kalkulierbarer Fristen. Auf dem Lande sind die Missionare die einzigen, die mit ihren eigenen Jeeps auf den katastrophalen Wegen zu jeder Zeit zu jedem Ort vordringen können. Darüber hinaus übernahm die Kirche einen wichtigen Teil der Postzustellung. Sie fängt Briefe und Pakete in den größeren Städten auf und leitet sie an ihre Gläubigen am Ort oder auf den Dörfern weiter. Auf Flores oder Solor oder in weiten Teilen West-Timors ist es unmöglich, »zeitgemäß« zu leben oder mit der Außenwelt kommunizieren zu wollen, wenn man keine gute Beziehungen zur Katholischen Kirche unterhält.

Warum ließen es sich die Regierungszentralen, die holländischen Verwalter in Batavia und dann die Minister des unabhängigen Indonesien in Jakarta, gefallen, daß hier ein Staat in ihrem Staate operierte und das tat, was vornehmlich ihre Aufgabe sein mußte?

Für die Kolonialherren stellte die Eigenmächtigkeit der Missionare kein Problem dar. Da sie keine ökonomisch attraktive Verwertungsmöglichkeit für diese Region entdeckten, war es ihnen gleichgültig, ob das Land so blieb, wie es war, oder ob es in irgendeiner Weise weiterentwickelt wurde. Hauptsache, die holländische Regierung mußte so wenig wie möglich draufzahlen. Auch Befürchtungen, daß die politische Oberaufsicht über das Gebiet geschwächt werden könnte, hegten die Verantwortlichen in Batavia nicht. Kein einziges Mal bis 1949 mußten sie sich darüber beklagen, daß ein Missionar nicht loyal ihrer Kolonialherrschaft gegenüber gestanden hätte. Die Kirche überzeugte die Einheimischen durch den »europäischen« Anstrich ihrer »Wohltaten«, daß es ratsam sei, sich mit dem Kolonialismus abzufinden. Und die Holländer hatten noch einen dritten Grund, warum sie nicht gegen die kraftvolle Fixierung der Katholischen Kirche waren. Sie paßte in einen politischen Globalplan. Das Kerngebiet ihres asiatischen Großreiches waren Java und Sumatra, und hier hatten sie die größten Schwierigkeiten, die Bevölkerung niederzuhalten. Um diese beiden Inseln wurde nun ein Sicherheitskranz gelegt. Die Holländer stachelten die anderen Völker des Archipels zu einer Konkurrenzposition gegenüber den Javanern, Sundanesen und Malaien auf, und sie verschärften diese Feindschaft durch das Ausheben eines religiösen Grabens. Den Moslems Javas standen überall am Rande Indonesiens Christen gegenüber. Die Saat der Kolonialisten ging auf. In den Molukken z. B. brach sogleich nach der Unabhängigkeit Indonesiens ein separatistischer Aufstand aus. Flores und West-Timor konnten als ebenso sicherer Wall gegen Java angesehen werden. Der Katholizismus machte die Bewohner immun gegen aufrührerische Impulse.

Für die Herrschenden im Indonesien nach der Unabhängigkeit war die Tolerierung der katholischen Macht im Osten ihres Einheitsstaates naturgemäß schwieriger. Aber selbst sie machten schließlich ihren Frieden mit der von ihnen vorgefundenen Situation. Anders als die Holländer, wären sie durchaus daran interessiert gewesen, mehr Einfluß auf die Entwicklungsziele dieser Region zu gewinnen. Was man in den Schulen lehrt, zu welcher Art von Berufen die Kinder ausgebildet werden, wie das Verhältnis der Bevölkerung zur Geburtenkontrolle gelenkt wird – alle Steuerungsmechanismen, die die Zukunft der Menschen entscheidend verändern können, waren in fremder Gewalt. Doch gegen den Aufbau eines nationalen Konkurrenzsystems sprach die finanzielle Situation Indonesiens. Die Aussicht, daß die Katholische Kirche ihren quasi-staatlichen Apparat auch in Zukunft selbst bezahlen würde, war allzu verlockend. Und so blieben Entscheidungen über die Entwicklung der Region auch nach der nationalen Freiheit allein den ansässigen Europäern überlassen.

Ob sich die ausländischen Missionare auch zum neuen indonesischen Staat loyal verhalten würden, war eine bange Frage. Die Kirche besänftigte solche Befürchtungen auf geschickte Weise. Schon sehr früh, seit 1917, hatte sie die Missionierung »internationalisiert«. Bis dahin waren nur holländische Jesuiten nach Flores geschickt worden; dann aber bekam die Steyrer Missions-Gesellschaft (mit Sitz in Niederösterreich) die Federführung. Sie berücksichtigte außer Holländern zunehmend andere Nationen, Deutsche, Österreicher, Amerikaner. Nach der Unabhängigkeit Indonesiens wurde die Palette der Herkunftsländer der Missionare propagandistisch wirkungsvoll noch weiter diversifiziert (keiner sollte glauben, durch den Katholizismus könnten die alten holländischen Kolonialherren ins Land zurück kommen): Die derzeitigen 25 ausländischen Missionare auf den Inseln östlich Larantukas kommen aus 15 verschiedenen Nationen Europas, Nordamerikas und Ozeaniens. Und sie mußten darüber hinaus die indonesische Staatsbürgerschaft erwerben. Die Politiker in Jakarta mögen ihre Zweifel darüber gehegt haben, ob bei einem wichtigen Streit diese scheinbar bunt zusammengewürfelte Schar von Neu-Indonesiern nicht doch einen festen »europäischen« Block bilden würde; aber sie akzeptierten die Geste des guten Willens. Sie lassen ihre katholischen »Landsleute« frei gewähren.

Die Einheit des Staates stellte sich dagegen wirklich als sehr brüchige Idee heraus. Die Menschen in Ende oder Larantuka sahen in jedem Beamten, der aus der Hauptstadt der Nation zu ihnen geschickt wurde, in erster Linie einen Handlanger des Islam, einen »fremden«, java-hörigen Besatzer. Viele indonesische Beamte waren tatsächlich dumm und korrupt genug, um dieser Erwartung zu entsprechen. Die Regierungsorgane in Jakarta fühlten sich versucht, mit der ungeheuren zahlenmäßigen Überlegenheit Javas (1979: 100 Millionen Einwohner) den Widerstand der Außenzonen ihres Reiches niederzuwalzen. Daß es auf Flores und West-Timor nicht, wie auf anderen indonesischen Inseln, zu einem blutigen Eklat kam, ist darauf zurückzuführen, daß man auf Java um 1966 andere innenpolitische Buhmänner gefunden hatte: Chinesen und Kommunisten. Jetzt entschied nicht mehr der Gegensatz zwischen Islam und Christentum über die wahre Staatsräson, sondern der Gegensatz zwischen patriotischer Gottgläubigkeit und vaterlandslosem Atheismus. Und die Katholiken waren als besonders heftige Gegner von Freidenkertum bekannt. Alle früheren Bedenken wurden aufgegeben.

Welche konkreten Auswirkungen hatte der Übergang der faktischen Macht von den *Larantuqueiros* über die Holländer zu den katholischen Missionaren für den »normalen« Bewohner dieser Region gehabt? Es gab einen starken zivilisatorischen Wandel und eine Kontinuität in der gesellschaftlichen und politischen Abhängigkeit. Der Einzelne mochte persönliche Fortschritte gemacht haben: Er wurde von lebensbedrohenden Krankheiten geheilt, alphabetisiert, als Handwerker ausgebildet, der bessere Verdienstmöglichkeiten hat; er brauchte keine Angst mehr vor Hungersnöten zu haben. Aber mit seinem Volk zusammen war er nach wie vor in einer eindeutig kolonialen Situation. Immer mußte er sich anpassen, sich bedanken, mußte nacheifern, imitieren – und trotzdem würde er nie erreichen, was die anderen durch ihren Status als Europäer von vornherein besaßen. Ihre plakative Güte und ihre Effizienz machten jeden eigenen Weg in die Zukunft zur Sackgasse. Noch prallt die Genugtuung, seine Grundbedürfnisse befriedigt zu sehen, nicht mit dem Wunsch, neue Ziele selbst zu formulieren, zusammen. Unter den »normalen« Einheimischen herrscht Ruhe.

Eine Bevölkerungsgruppe jedoch sorgt dafür, daß das nicht für immer so bleibt. Die *Larantuqueiros* sind wieder auf dem Vormarsch. Obwohl sie nur 30000 Menschen unter 1,5 Millionen stellen, übernehmen gerade sie jetzt die wichtigsten wirtschaftlichen, sozialen und politischen Schaltstellen. Bei der Auslieferung an die Holländer waren sie ins Hintertreffen geraten und mundtot gemacht worden. Auch als die katholischen Missionare kamen, durften sie nur die zweite Geige spielen. Aber sie machten das Beste daraus, daß die Europäer immer noch ihnen eher vertrauten als der gänzlich asiatischen Einwohnerschaft. Sie stiegen zu den Lieblingsschülern der ausländischen Priester auf. Sie stellten das Gros der Lehrer und begründeten so auch bei den anderen Völkern ihren Ruf, besonders intelligent zu sein. In ihrem Tatendrang suchten sie nach neuen Beschäftigungen. Verwaltungsposten gab es nur wenige, und die Holländer füllten sie mit ihren eigenen Leuten aus. Da konzentrierten sich die *Larantuqueiros* auf den Kommerz. In der Holländer-Hauptstadt Kupang waren sie die einzigen, denen es gelang, mit den Chinesen zu konkurrieren. So waren am Schluß der Kolonial-Ära fast alle intellektuellen und akademischen Berufe – den Lehrern folgte eine Generation von Ärzten und Ingenieuren

– in den Händen von *Larantuqueiros*, und auch ein Gutteil der wirtschaftlichen Potenz auf Flores und West-Timor gehörte ihnen.

Die Unabhängigkeit Indonesiens brachte keinen Rückschlag. Im Gegenteil, unter dem Deckmantel einer gründlichen Nationalisierung des Landes waren vor allem die *Larantuqueiros* die Nutznießer. Wenn es um Spitzenpositionen in der Verwaltung ging, die einen Einheimischen erforderten, erschienen den Javanern die *Larantuqueiros* immer noch indonesischer als die nationalisierten Priester. Dazu kam, daß die *Larantuqueiros* besonders gut für die Propagierung der neuen nationalen Einheitssprache geeignet waren. So wie sie einst ihr Malaiisch als einigende Grundlage ihres Staates verwendeten, proklamierte der neue Staat Indonesien eine alle Völker verbindende Sprache »Indonesisch«. Und es war im wesentlichen die gleiche malaiische Hochsprache, wie sie in der Bucht von Larantuka zur Muttersprache geworden war. Während die Lio oder Manggerai erst mühsam Indonesisch lernen mußten, beherrschten es die *Larantuqueiros* von klein auf.

Und so wurden in der indonesischen Provinz »Nusa Tenggara Timur«, den Inseln des äußersten Südostens (die ungefähr den Herrschaftsbereich des historischen Reiches der *Larantuqueiros* umfaßt), wieder die de Hornay und da Costa, die Ribeiro, Alves, Dias, da Cunha, Pareira, Fernandes, de Vasconcelos, Rodrigues, Gomes, da Gama, de Santo, de Silva, Carvalo und Gonsalves zu Bürgermeistern, Bezirksvorstehern und Militärkommandanten. Auch die Vertreter dieser Provinz im Parlament in Jakarta sind *Larantuqueiros*. Sie beginnen sogar, in die höchste kirchliche Hierarchie vorzudringen und so, auf längere Sicht, wieder die gesamte Herrschaft über die Region zu erringen. Um 1970 konnte z. B. die Familie der Manteiro zur gleichen Zeit den obersten Beamten des Bezirkes Larantuka, den Vorsitzenden des Rates aller Bezirke von Flores in Ende und den katholischen Bischof in Kupang auf Timor stellen. Die neue einheimische nachkoloniale Elite steht bereit: Es ist die alte aus der Zeit der früheren Unabhängigkeit. Und wenn der Vielvölker-Staat Indonesien in der Zukunft doch einmal aus seinem Zwangsrahmen platzen sollte, wären diese *Larantuqueiros* sofort die Träger der neuen Autonomie.

Die Bewohner von Larantuka, Wureh und Konga, Nachkommen von Portugiesen, haben hier in Südostasien sogar unter den Bedingungen eines ausgedehnten Flächenstaates demonstrieren können, was alles ein unbeirrtes Streben nach Dominanz, als Haupterbe des europäischen Kolonialismus, möglich werden läßt. Sie sind ein aufregendes Exempel für die Überlebenskraft typisch »kolonialistischer« Verhaltensweisen und Strukturen: immer noch zu Eruptionen fähig, noch längst kein erloschener Vulkan.

Die »Eurasier« im Herzen einer Metropole: Singapur

In Singapur gelang es den »Portugiesen«, sich auch mit einer hochmodernen Großstadt-Gesellschaft zu arrangieren. Sie sind wichtiger Bestandteil einer Stadt geworden, die längst nicht mehr nur mit ihren Billiglöhnen Handlangerdienste für europäische und nordamerikanische Industrielle leistet, die ihr Kapital auch ohne Mitwirkung einer heimischen Arbeiterschaft wuchern lassen möchten. Singapur hat eigene »Zukunftsindustrien« aufgebaut, in der Mikroelektronik, der Chemie und Erdölverarbeitung. Singapur ist zum Bankenzentrum Südostasiens geworden. Singapur hat, nach »westlichen« Maßstäben, beinahe die Stufe oberster wirtschaftlicher »Entwicklung« erreicht, steht in gleicher Linie mit Taiwan und Hong Kong, ist vielleicht sogar etwas mit der Nase vorn, noch näher an Japan heran. Die City lebt im Rausch der Wolkenkratzerrekorde. Da übertrumpfen sich die Unternehmer und Bankiers, wer beim nächsten Bau in diesem ehemaligen Sumpfgelände noch ein Stockwerk mehr verkraften kann. Auf einer Insel, ungefähr so groß wie West-Berlin, leben auch ungefähr so viele Menschen; 1978 waren es 2,3 Millionen.

Die »Portugiesen« waren in Singapur von Anfang an dabei. Am 6. Februar 1819, als Stamford Raffles dem hoffnungslos überforderten Vorsteher eines malaiischen Dorfes das »Recht« abluchste, hier einen Hafen für Englands Macht in Asien zu errichten, stand neben ihm ein Tomás Ferrão. Er bewog seine Verwandten aus Malakka und Penang, hierher nachzukommen. 1829 gab es schon 200 »Portugiesen« in Singapur, 1832 waren es 300 und 1849, nach der ersten exakten Zählung, 922, knapp 2 Prozent der Bevölkerung.[1] Die »Portugiesen« waren durch das 19. und die erste Hälfte des 20. Jahrhunderts hindurch in gleichmäßiger Stetigkeit nach Singapur eingewandert. Sie brachten immer ihre Familien mit. Sie kamen in den meisten Fällen aus freiem Willen, weil Singapur schon sehr bald als eine »Stadt mit großer Zukunft« galt. Sie hofften, daß deren Aufschwung auch sie selbst mit nach oben reißen würde. Die »Portugiesen« waren also eine entschlossen seßhafte Gruppe, die kontinuierlich, auch durch die natürliche Eigenvermehrung, wuchs. Bis heute ist es die einzige »ethnische« Gemeinschaft Singapurs, die genauso viele Frauen wie Männer hat.

Die Chinesen und Inder jedoch waren als Hafen-Kulis in deutlich markierten Einwanderungs-»Schüben« gekommen. Zehntausende trafen auf einmal ein, dann viele Jahre niemand. Sie hatten sich nur auf eine bestimmte Zeit verpflichtet; die meisten gingen danach in ihr Heimatland zurück. Sie hatten sich in der Regel aus der Verzweiflung der Armut heraus in diese Situation begeben; sie erwarteten von Singapur nicht viel mehr als das

Überleben. Sie brachten kaum Frauen mit; entweder hatten sie keine eigenen Familien, oder sie konnten sich die Mitnahme nicht leisten. Die chinesische und indische Immigration war ein an- und abschwellender Korpus, immer auf dem Sprung woanders hin, mit einem extremen Männerüberschuß.

Statistiker würden aufgrund solcher Faktoren nur die »Portugiesen« als »typisch einheimische Bevölkerung« bezeichnen wollen, und alle anderen, die übrigen 98 Prozent der Menschen Singapurs, wären dann als »vorübergehend Ansässige« zu klassifizieren. [2] Genauso empfinden es die »Portugiesen« selbst. Sie fühlen sich als die »Ureinwohner« Singapurs, als die einzigen, »die hier wirklich zu Hause sind«. In Malakka war noch politisches Kalkül dabei gewesen, als sich dort die »Portugiesen« gegenüber den Malaien als die wahren *Bumiputra*, die Söhne des Bodens, bezeichneten; hier in Singapur war es historische Realität.

Und da Singapur von seiner einheimischen, also »portugiesischen«, Bevölkerung her somit als ein Ableger Malakkas, als der Zentrale »portugiesischen« Einflusses, erscheint, tauchen soziale Phänomene von dort auch hier wieder auf. So ist die »portugiesische« Bevölkerung schroff in zwei unterschiedliche Klassen getrennt.

Die »portugiesische« Unterschicht, die in Singapur *Gerago* genannt wird (kleine, schmackhafte Krabben aus Malakka), wohnte vor allem in Katong, fünf Kilometer östlich des Zentrums. Sie überdauerte sämtliche historischen Wandlungen des Quartiers. Zuerst arbeiteten die ärmeren Portugiesen in einer großen Baumwoll-Plantage (daher der Name Katong vom englischen »Cotton«), die Thomas Owen Crane mit seinem Partner José d'Almeida 1836 hier angelegt hatte. Dann wurde der Ort wegen seines (damals) schönen Strandes zu einem beliebten Ausflugsziel für die Singaporeaner und zu einem bevorzugten Residenzviertel. Die »Portugiesen« begannen, als Domestiken und kleine Zulieferer zu arbeiten. 1923 wurde ihnen von ihren englischen Herrschaften eine eigene katholische Kirche gestiftet.

Die Küste verlandete, viele Vornehme zogen weg. Der größte Teil Katongs wurde zu einem *Squatter*-Gebiet, zu einem illegalen Stadtteil aus Bretter-, Papp- und Blechbuden. Wie nach allen zeitgenössischen Metropolen Außer-Europas strömten auch nach Singapur die Bewohner des umliegenden Landes, die durch den Kontakt mit »westlicher«, technischer, Zivilisation neue Erwartungen auf ein besseres Leben entwickelt hatten, in fast unvorstellbaren Massen. Ein Kranz von *Squatters* um den Kern der Stadt herum fing sie erst einmal auf und machte sie mit dem großstädtischen Leben bekannt. Hier, durch die Begegnung mit den Vorhergekommenen, wurden die Menschen entweder zu hilflosen Ausbeutungsobjekten verformt, oder sie lernten, durch welche Tricks man weiterkommen, ins Innere der Stadt vorstoßen kann. Sie erfanden Selbsthilfeorganisationen und bauten eine Gesellschaft mit eigenen Charakteristika auf. Die »Portugiesen« in den

Squatters von Katong, die in Singapur nostalgisch *Kampung*, Dörfer, genannt werden, wohnten zusammen in drei, vier parallelen Straßen. Sie beschäftigten sich als Gelegenheitsarbeiter in nahegelegenen Autowerkstätten, als Nachtwächter, Barmädchen, Aushilfsmusiker in einer Hawaii-Band oder Teilzeit-Dienstmädchen in einem chinesischen Haushalt.[3]

Seit den 60er Jahren will die Regierung Singapurs das *Squatter*-Problem durch ein Einheits-Behausungs-Programm lösen. Das Endziel ist, 80 Prozent der Bevölkerung in Hochhausblöcken zwischen 12 und 30 Stockwerken in standardisierten, »menschenwürdigen« Eigentumswohnungen unterzubringen. Wie eine Riesen-Armee in Reih und Glied okkupierten die vom Staat gebauten Wohnsilos die Sümpfe und Wälder der Umgebung und das alte Stadtviertel im Zentrum. 1978 lebten bereits 60 Prozent der Singaporeaner in solchen Wohnungen. Die Bulldozer waren auch nach Katong gekommen und hatten die *Squatters* planiert. Ihre Bewohner waren dann tatsächlich in die Neubauten verpflanzt und nicht, wie in anderen Großstädten üblich, aus dem zerstörten Elendsviertel in ein abgelegeneres vertrieben worden. Auch in den *Flats* leben die Unterschichts-»Portugiesen« noch massiert in Katong, wenn auch nicht in derselben Dichte wie früher. Das Wohnen in Hochhäusern vereinzelt sogar Gemeinschaften, die auf eine Tradition zurückblicken können, die so alt ist wie die Stadt selbst.

Die »Portugiesen« der Oberschicht, die mittleren und höheren Führungskräfte im Dienste der englischen Kolonialherren, hatten sich bevorzugt im Zentrum der Stadt, in der Nähe ihrer Büros niedergelassen. Als die Pionierepoche um 1890 zu Ende ging, der Elan zur Aufbauarbeit durch den Wunsch nach permanenter Erholung ersetzt wurde, zogen auch viele »Portugiesen« als quasi-Kolonialherren mit den Engländern in die *Tanglin Area*. Es ist ein Gebiet nördlich der City, in einem Hügelland, wo der ehemals dichte malaiische Urwald zu einem Englischen Park in den Tropen ausgedünnt wurde. Hier, in luftigen Bungalows mit kühlenden Doppeldächern und weiten Veranden, umgeben von Hecken aus Orchideen, stellten die »portugiesischen« Beamten um die Jahrhundertwende immerhin fast 4 Prozent der Bevölkerung. Sie waren die einzigen, die hier leben durften, ohne »Voll-Europäer« zu sein.[4]

Sie selbst nannten sich weiterhin »Portugiesen«, aber unter ihren englischen Herren hatte sich die Gruppenbezeichnung »Eurasier« durchgesetzt. Zum ersten Mal soll dieses Wort um 1820 vom General-Gouverneur von Britisch-Indien, dem Marquis of Hastings, für »europäisch-asiatische Mischlinge« verwandt worden sein. Er wollte damit den Kindern seiner englischen Landsleute, die damals je nach Belieben »Anglo-Indians« oder »Indo-Britons«, »Nachkommen von Europäern« oder sogar »Christliche Eingeborene« genannt wurden, eine eigene feste Kategorie geben, die unmißverständlich ihre Mittel-Position zwischen der unantastbaren europäischen Spitze und der unberührbaren asiatischen Masse anzeigte. Doch in Indien fand der neue Kastenname keinen großen Anklang. Dafür bürgerte er sich in Südostasien und im Fernen Osten ein. Ab 1870 ist er zwischen Burma und Hong Kong der übliche Begriff für Menschen von gleichzeitig europäischer und asiatischer Herkunft, und er wird auch als Sammelbezeichnung in den Volkszählungen verwandt.[5]

Für Singapur stellte sich diese weitgefaßte Mischlingskategorie als sehr unscharf heraus. Mit ihr war wohl die erste Generation der Abkömmlinge von Engländern zu fassen, die genau überprüft und mit Dokumenten versehen wurde; aber die Mehrheit der hiesigen »Eurasier«, bis zu 80 Prozent, leitete ihre europäische Abkunft unbelegt aus undefinierten Vorzeiten ab. So zerfiel die neu konzipierte Bevölkerungsgruppe in der Praxis in zwei Unterabteilungen, die kaum etwas miteinander gemein hatten: in die »Anglo-Eurasians« und in die »Portuguese Eurasians«. Die englischen Kolonialherren nahmen zu ihnen auch eine völlig unterschiedliche Haltung ein. Die Anglo-Eurasier wurden durchweg negativ behandelt, die portugiesischen Eurasier zumeist positiv.

Von allen bedeutenden europäischen Kolonialherren spielten die Engländer den gemischtrassigen Untertanen, die sie selbst gezeugt hatten, am übelsten mit. George Orwell schilderte in seinem kritischen Kolonialroman »Burmesische Tage«, 1934, wie die Engländer in Burma ihre Eurasier behandelten: »Sie sind Outcasts. Eigentlich sollte man sich davor hüten, mit ihnen zu sprechen. ›Guten Morgen‹ ist schon das Äußerste. Nicht einmal mit einem Stock kann man sie berühren. Sie dürfen auf keinen Fall in den Kolonialdienst übernommen werden, und sei es auch nur auf der untersten Stufe. Die Eurasier werden in die Basare verstoßen, wo sie ohne Erziehung aufwachsen. Anschließend leben sie vom Schmarotzen. ›Sie sehen fürchterlich degeneriert aus, nicht wahr? So dünn, langaufgeschossen und kriecherisch zugleich.‹ ›Ja, sie sind degeneriert. Ich habe gehört, daß Mischlinge immer das Schlechteste von beiden Rassen erben.‹«[6] Eine große Portion heuchlerischer Prüderie steckt in solchen Äußerungen. Durch viktorianische Moral verschreckt, sehen die Engländer gerade in den Anglo-Eurasiern die Beispiele eigener »Sünden«-Fälle, eine unbestreitbare Schande für die ganze Nation. Ein beliebter Kolonialspruch lautete: »Gott erschuf die Weißen; Gott erschuf die Schwarzen; aber der Teufel erschuf die Mischlinge.« Wie ein verderbendes Krebsgeschwür müssen diese Auswüchse vom eigenen, reinen Leib entfernt werden.

Zur moralischen kommt die gesellschaftliche Distanzierung. Nicht genug, daß sich ein Europäer auf diese Weise wie ein Eingeborener verhalten hatte; die Produkte daraus haben auch die Dreistigkeit, öffentlich mit den Herren etwas gemein haben zu wollen. Sie rücken ihnen auf den Leib, imitieren sie, »sie tragen Tropenhelme, um zu beweisen, daß alles Europäische auf ihre europäischen Schädel paßt«.[7] Die Engländer aber lieben in den Kolonien eher die absolute Einsamkeit des Herrschens. Sie hassen aufdringliche Menschen – besonders, wenn diese mit ihrer legalistischen Argumentation recht haben.

Die portugiesischen Eurasier sind da in den Augen der Engländer Singapurs andersartig. Wenn auch sie aus der »Sünde« heraus geboren sind, so war es die Schuld katholischer Südeuropäer, von denen man nichts anderes erwartet – Mischlingskinder von solchen Vätern sind eher »Opfer«, denen man dann freundlich zu Hilfe kommen muß.

Zwar sind auch portugiesische Eurasier durch ihr europäisches Blut einem Engländer in gewissem Grad »ähnlich«; aber da eine direkte Abstammung fehlt, werden diese Mischlinge nie so verwegen sein, ganz an einen heranreichen zu wollen. Sie halten schon von sich aus die erwünschte Distanz.

Die Voreinstellung der Engländer in Singapur gegenüber dieser guten Sorte von Eurasiern wurde so rundum wohlwollend, daß für sie sogar in gewissen Fällen die sonst strikt aufrecht erhaltene Rassenschranke beiseitegeräumt wurde. Sicher, diese Menschen hatten eine (teilweise sehr) dunkle Hautfarbe. Aber wie alle wissen, und besonders die Engländer, sind auch die Portugiesen viel dunkler als die Nordeuropäer. Und so war denn allen einsichtig, daß die Hautfarbe der portugiesischen Eurasier nicht etwa der der Malaien oder Inder ähnelt, sondern »mediterran« ist. Die portugiesischen Eurasier Singapurs konnten Gäste bei »nur-weißen« Veranstaltungen sein, entsprechende Stadtviertel bewohnen, Ehrenämter wie z. B. das eines »Friedensrichters« verwalten.

Diese unterschiedliche Behandlung rief bei den betroffenen Eurasier-Gruppen auch ein unterschiedliches Selbstwertgefühl hervor. Die Anglo-Eurasier pflegten unter ihrer Herkunft wie unter einem Schicksalsschlag zu leiden. Sie leben in der Regel voneinander isoliert, denken unablässig darüber nach, wohin sie wirklich gehören, und sie neigen dazu, ein Elternteil zu verleugnen. Sie schreiben dann Bücher über »das Problem, Eurasier zu sein«.[8] Die portugiesischen Eurasier leben dagegen innerhalb einer festen Gemeinschaft, mit einem großen Verwandtschafts- und Freundschaftsnetz. Sie sind, ohne weitere Reflexionen, stolz auf ihren Status. Sie fühlen sich »als gelungenes Endergebnis einer jahrhundertealten Entwicklung«.

Da die portugiesischen Eurasier Singapurs ihre exakte Herkunft nicht beweisen können, muß die Frage auftauchen, aufgrund welcher Kriterien ein Individuum überhaupt Aufnahme findet in diese Gemeinschaft. Ein praktikables Erkennungszeichen könnte z. B. die Existenz (oder Übernahme) eines portugiesischen Nachnamens sein. Immerhin ist dies die heutige Interpretation der *Larantuqueiros*. Doch in Singapur funktioniert das überhaupt nicht. Viele Eurasier heißen tatsächlich d'Sousa, Pereira oder d'Albuquerque, aber genauso viele anerkannte Mitglieder ihrer Gemeinschaft tragen, wie in Malakka, holländische, englische oder sogar chinesische Nachnamen. Auf der anderen Seite gibt es Zehntausende von Nicht-Eurasiern, die einen portugiesischen Familiennamen haben. Es handelt sich dabei um eingewanderte katholische Südinder, die traditionsgemäß bei ihrer Taufe ihren alten, »heidnischen« Namen ablegen und einen »christlichen« Namen annehmen mußten.[9] Da die taufenden Priester dem offiziellen Patronat Portugals unterstanden, setzten sie zumeist christlich mit portugiesisch gleich. Aber auch rund 5000 Chinesen heißen in Singapur z. B. Fernandes oder Machado. Es sind Neubekehrte aus der »Portugiesischen Mission« Singapurs, die 1922, von Macau aus gelenkt, hier ein eigenes Christianisierungszentrum errichtet hat. Die hinzugewonnenen Gläubigen erhielten in der Regel den Namen ihres Paten, also beispielsweise eines macaensischen Missionars.[10]

Da eine bloß formale Definition nicht ausreicht, muß ein tiefergreifender Absatz gefunden werden. Vielleicht lassen sich die portugiesischen Eurasier von Singapur doch über ihre Abkunft definieren? Auch wenn die meisten nicht alle ihre Ahnen kennen, könnte ja schon das Vorhandensein eines einzigen portugiesischen Elements Grundlage genug für eine Selbstfestlegung bieten. Die Probe aufs Exempel bringt jedoch keine Bestätigung dafür. Je nachdrücklicher man sich die Familiengeschichten von heutigen Portugiesischen Eurasiern ansieht, desto zwingender wird der Eindruck, daß der portugiesische »Blut«-Beitrag eine Schimäre ist. Es gibt Portugiesische Eurasier, die überhaupt keine europäischen Ahnen haben und z. B. zu hundert Prozent von Chinesen, Indern oder Filipinos abstammen.[11]

Als die Behörden Singapurs nach 1965 Personalausweise an ihre Bürger ausgaben, in denen nach *Ethnic Groups*, nach Volkszugehörigkeit, unterschieden wurde, versuchten sie die konfusen Eurasier bürokratisch eindeutig zu machen. Sie bestimmten, daß jeder Singaporeaner nach der Ethnie seines Vaters zu klassifizieren sei. Aber bei der Kategorie »Eurasier« führte das zu verwickelten Absurditäten. So war das uneheliche Kind einer Eurasierin mit einem Chinesen, das ausschließlich bei seiner englischsprachigen Mutter lebte, plötzlich »Chinese, Dialektgruppe: *Hakka*«. Und das Kind einer Eurasierin mit einem Europäer, das nun tatsächlich Eurasier war, galt statistisch wieder als Europäer. All diese »Chinesen« und »Europäer« von Amts wegen wollten jedoch keinesweg in die entsprechenden ethnischen Schulen gehen; sie fühlten sich nur untereinander verbunden. Lernfähig, bereinigte die singaporeanische Bürokratie diese Angelegenheit, indem sie 1970 eine Ersatzkategorie »Andere« einführte, in die sie dann die einheimischen »Eurasier, Europäer, Araber, Japaner, Nepalesen, Thai und Juden« zusammenstecken konnte.[12]

Ganz wie ehedem in Batavia, sind die »Portugiesen« auch in Singapur essentiell ein soziales und politisches Phänomen, und nicht eine biologische

Realität. Die eigene Entscheidung zählt sehr viel mehr als das Faktum, ein Halb- oder Achtel-Europäer zu sein. Die Gruppe entstand in einer kolonialen Situation, wo eine Polarisierung zwischen Europäern und Asiaten immer auch die Polarisierung zwischen Dominierenden und Beherrschten bedeutete. Der demonstrative Hinweis einiger Einheimischer auf eine eigene europäische Abstammung wurde daher in erster Linie als eine rückhaltlose Parteinahme für die europäischen Machthaber gewertet. Als »Eurasier« bekundet man, daß man es ablehnt, sich mit der Masse der anderen Einheimischen solidarisch zu fühlen und in ihr aufzugehen. Man legt ein Treuebekenntnis zu Europa ab; man ist ein Überläufer.

Bei den portugiesischen Eurasiern Singapurs wirkte diese Selbstfestlegung besonders echt. Objektiv aus so verschiedenen Bausteinen zusammengesetzt, von vielerlei Chinesen bis zu »reinen« Malaien, mußte gerade diese Gemeinschaft auf einen einigenden, subjektiven Faktor großen Wert legen. Was sie zusammenschweißte, war das Streben nach größtmöglicher Machtnähe. »Europa« war die fast abstrakte Chiffre für »Dominanz«. Niemand von den Eurasiern in Singapur interessiert sich konkret für Europa, geschweige denn für Portugal; niemand nimmt die Gelegenheit wahr, bei ausländischen Besuchern Näheres über die Heimat der angeblichen Urväter zu erfahren. Nicht einmal Höflichkeitsfragen werden über portugiesische Kultur oder über die Eigenarten Lissabons gestellt. Die Berufung auf die historische Macht des portugiesischen Kolonialismus dient hier als bloßer Hebel zur Herrschaftsausübung.

Diese Strategie hat sich während der Kolonialzeit Singapurs als äußerst erfolgreich herausgestellt. Die englischen Kolonialherren zogen die Eurasier dicht zu sich hoch. In allen ihren Verlautbarungen, wo die Bevölkerung der Kronkolonie nach Volksgruppen aufgeschlüsselt wurde, verfuhr man in folgender Reihung: zuerst kamen die sehr wenigen »Europäer«, gleich danach die wenigen »Eurasier«, als nächstes die vielen »Chinesen«, nach ihnen die »Malaien«, und am Schluß die »Inder«.[13]

Die Engländer honorierten die ideelle Unterwerfung der portugiesischen Eurasier unter ihr Diktat mit hohen materiellen Prämien. Um 1930, zu einer Zeit, als in Singapur eine feste Arbeitsstelle als Glücksfall angesehen werden konnte, hatten nicht weniger als 42,7 Prozent der Eurasier (wobei auch ihre Unterschicht mitgerechnet wurde) krisensichere Posten bei Regierungsbehörden und europäischen Handelshäusern inne. Das war ein Traumergebnis, zumal die Eurasier dabei auch noch die höheren Niveaustufen besetzten.[14]

Ihre Kinder erhielten die Gelegenheit, die teuersten und leistungsfähigsten Schulen Singapurs zu besuchen. Sie bekamen viel öfter als alle anderen Einheimischen eine komplette englische Ausbildung. Weit mehr eurasische Schüler als es ihrem Anteil an der Bevölkerung entsprach, bezogen »King's

Scholarships«, Regierungsstipendien für das Studium an englischen Universitäten.

Zwischen 1920 und 1940 waren über 50 Prozent der Ärzte in Singapur Eurasier. Auch bei den Tiefbau-Ingenieuren stellten sie die Mehrheit. Die meisten nicht-englischen Armee- und Polizeioffiziere kamen aus der eurasischen Gemeinschaft. Ab 1918 gab es eine spezielle Eurasische Elite-Kompanie. Ein beträchtlicher Teil der eurasischen Frauen übte einen Beruf aus. Typisch waren Krankenschwestern und Lehrerinnen. Viele Chinesen, Malaien und Inder Singapurs haben ihr Englisch in der Schule durch Eurasierinnen gelernt.[15]

Die Eroberung Singapurs durch die Japaner 1942 konnte die soziale Stellung der Eurasier nicht nachhaltig gefährden. Wer von den Höhergestellten unter ihnen nicht in der Stadt hatte untertauchen können, wurde zwar zusammen mit den Europäern Singapurs in japanischen Lagern auf dem malaiischen Festland interniert, aber nach Kriegsende standen ihnen in der wiederauflebenden Engländer-Metropole die alten Positionen von neuem zur Verfügung.

Die Portugiesischen Eurasier hatten ihre Konstituierung als eine besondere einheimische Schicht Singapurs durch eine Reihe von deutlichen Gemeinschafts-Signalen bekräftigt. So erschien z. B. 1870 die erste »Portugiesische Zeitung« Singapurs. Sie wurde wöchentlich publiziert und war zweisprachig (das Erbauliche auf Portugiesisch; die Facts und die Annoncen auf Englisch). Bis 1919 folgten acht zusätzliche portugiesische Periodika. Danach integrierten die eurasischen Journalisten und Leser sich in den englischen Zeitungsmarkt; sie wirkten bei der »Straits' Times« mit.[16] Es wurde auch, 1883, ein eurasischer Club im Zentrum der Stadt gegründet, der »Singapore Recreation Club«, in der Waterloo Street. Er bot einen britisch distinguierten Rahmen für Zeitungslektüre und Kricket-Spiele.[17] In späteren Zeiten organisierte sich das gesellschaftliche Leben der Eurasier in lokkereren Formen, in Kirchen-Kreisen und Berufsvereinigungen.

Die Nagelprobe, ob es den asiatischen »Portugiesen« wirklich gelungen war, sich in ihrer Gesellschaft einen dauerhaften, relativ dominanten Platz zu erkämpfen, mußte in Singapur ebenso wie in den anderen Siedlungsgebieten Südostasiens während der Loslösung von den europäischen Kolonialherren geleistet werden. 1963 erhielt Singapur die politische Unabhängigkeit innerhalb der Föderation »Malaysia«, zu der auch Malaya und die Staaten Sarawak und Sabah in Nord-Borneo gehörten. 1965 verließ Singapur nach permanenten Querelen diese Misch-Nation und wurde ein souveräner Stadt-Staat. Rund 75 Prozent der Bevölkerung werden von den Chinesen (aus sechs verschiedenen »Dialekt-Gruppen«) gestellt, 15 Prozent von den Malaien und etwa 8 Prozent von den Indern (aus Dutzenden verschiedener Völker).

Die Eurasier machen nur 0,5 Prozent der Bevölkerung aus. Und trotzdem profitierten gerade sie von der Unabhängigkeit in einem Maße, wie es sonst nur die *Larantuqueiros* schafften. Sie überstanden wesentlich eleganter als ihre Mit-»Portugiesen« in Malakka oder gar in Tugu die heiklen Machtumwälzungen. Nach 15 Jahren kann gesagt werden, daß es ihnen voll gelungen ist, die Erschütterung ihres Selbstverständnisses in engen Grenzen zu halten. In der heißen Phase um 1965 erschien vielen portugiesischen Eurasiern die Zukunft alles andere als rosig. Sie glaubten, daß die neuen Machthaber rigoros alle »europäischen« Spuren aus Singapur ausmerzen würden. Die Gemeinschaft der Eurasier würde ins Leere fallen. Die Reaktion kam sofort. Erstmals seit 1819 stieg in der Bevölkerung Singapurs die Zahl der Eurasier nicht mehr an. Da das so plötzlich passierte, entstand ein großes Durcheinander in der amtlichen Statistik. Die Regierungs-Mathematiker hatten nach der letzten Volkszählung von 1957 in ihren jährlichen Schätzungen auch für die Kategorie »Eurasier« eine bestimmte Portion für den üblichen »natürlichen Zuwachs« hinzugerechnet. So waren sie von 11382 Personen auf eine geschätzte eurasische Bevölkerung von 19600 für das Jahr 1969 gekommen. Aber im ersten Zensus nach der Unabhängigkeit, 1970, gaben nur noch 11122 Singaporeaner an, Eurasier zu sein. Das war ein Defizit gegenüber dem Vermuteten von 8678.

Was war geschehen? Viele, vielleicht ein Drittel, waren schleunigst ausgewandert. Lieblingsziel wurde, solange man noch einen britischen Paß hatte, Australien. Vor allem nach Perth, Standort schon der Malakka-»Portugiesen«, drängten die singaporeanischen Eurasier. Es kam damals die Anekdote auf, daß man jemanden, der in Singapur umziehen wolle, fragen müsse: »... und wohin in Perth?« Die meisten anderen Eurasier aber, die aus der Statistik »verschwanden«, waren keineswegs ins Ausland abgewandert; sie hatten sich in der Stadt selbst verflüchtigt. Die Bevölkerungs-Statistiker hatten die entscheidende sozialpolitische Note des Eurasiertums nicht beachtet: Wer sich als Eurasier bezeichnete, hoffte auf eine konkrete gesellschaftliche Vorzugsstellung: bestand nun keine Aussicht auf sie, war man bereit, sogleich wieder »Chinese«, »Malaie« oder »Inder« zu werden. Wenn es sich nicht mehr lohnt, Eurasier zu sein, hört man tatsächlich auf, sich so zu nennen.

Der verbleibende Rest der Gemeinschaft der portugiesischen Eurasier, der sich bei etwa 10000 stabilisierte, hatte jedoch in der Folgezeit allen Unkenrufen zum Trotz viel Fortüne. Im unabhängigen Singapur versuchte die neue herrschende Bevölkerungsgruppe der Chinesen, die meisten wichtigen Posten aus ihrer eigenen Elite zu rekrutieren. Um die anderen Gemeinschaften zu besänftigen, wurden, freiwillig, auch Malaien und Inder berücksichtigt. Doch der Weggang der Europäer hatte Lücken gerissen, die auf diese Weise nicht vollständig wiederaufgefüllt werden konnten. Hier stießen nun die ehemals Zweiten der Kolonialepoche, die Eurasier, kräftig nach. Durch ihre gute Schul- und Berufsausbildung und ihr Training in der Bürokratie hatten sie einen unschlagbaren Erziehungs- und Erfahrungsvorsprung. Außerdem sprachen sie als einzige ein akzentfreies, für alle anderen verständliches Englisch, das Amtssprache blieb. So stiegen die Eurasier im günstigsten Moment, als alle technischen Grundlagen für das unabhängige Staatswesen Singapur festgelegt und verfestigt wurden, auf hoher Ebene in die Verwaltung ein. Sie setzten sich in den Ministerien, im staatlichen Gesundheitswesen, in der Armee und in der Polizeiführung fest. Sie bekamen sogar Funktionen, die früher die Europäer nur für sich reserviert hatten. Die neuen chinesischen Herren waren selbstsicher genug, um die Eurasier, die wegen ihrer geringen Zahl ungefährlich erschienen, fast völlig frei gewähren zu lassen.

Nach der Unabhängigkeit Singapurs änderte sich die Zusammensetzung der Gemeinschaft Portugiesischer Eurasier radikal. Da diejenigen, die ausgewandert waren oder ihren ehemaligen Status als »Eurasier« verleugnet hatten, zum überwiegenden Teil aus der »portugiesischen« Unterschicht stammten, tendiert die Gruppierung jetzt dazu, eine sozial homogene Gemeinschaft zu werden. Sie wird ausgesprochen »bürgerlich«. Ihr Selbstverständnis ist schon jetzt so eindeutig fixiert, daß auf die Frage, welche Schichten der Bevölkerung Singapurs in der eurasischen Gemeinschaft vertreten seien, regelmäßig die Antwort kommt: »Alle«, und dann die Erläuterung: »Es gibt bei uns Ärzte, Rechtsanwälte, Universitätsprofessoren, Staatssekretäre und leitende Angestellte in Privatfirmen.« Von Gärtnern, Industriearbeitern oder gar von Fischern ist nie mehr die Rede. In bezug auf die Selbstbezeichnung als »Portugiesischer Eurasier« haben sich die Kausalbeziehungen umgedreht: Man nennt sich nicht mehr so, um einen bestimmten, möglichst hohen gesellschaftlichen Status zu erreichen; sondern eine bestimmte, hohe gesellschaftliche Position erlaubt es einem, sich weiterhin voller Würde als Eurasier zu fühlen.

Der zweite wesentliche Wandel innerhalb der Gemeinschaft ist die Schrumpfung ihres Aktionsradius. Die Eurasier haben ihre jetzige Macht allein der Tatsache zu verdanken, daß sie die Freiräume zwischen den anderen ausnutzen. Sie können das nur weiterhin tun, wenn sie niemals die Grenzen zu den Kern-Terrains der übrigen Asiaten Singapurs zu überschreiten drohen. Die Chinesen gelten als Monopolisten der Industrie und des Großhandels. Seit 1959 gibt es nicht einen einzigen Eurasier, der eine eigene Firma gegründet hätte; ja, die schon bestehenden Unternehmen in eurasischem Besitz wurden sämtlich aufgegeben.[18] Die Inder haben eine starke Stellung im Bankwesen. Es gibt keinen selbständigen Bankier, der Eurasier wäre; und das, obwohl viele Eurasier in den Banken Singapurs in leitenden Positionen beschäftigt sind. Die Malaien spezialisieren sich auf die Produktion von Nahrungsmitteln und auf ihre Vermarktung. Die Eurasier machen ihnen nicht die geringste Konkurrenz dabei. Sie haben sich vom Wettkampf mit den anderen zurückgezogen, damit die anderen auch sie nie mehr unter Druck setzen, ihnen »ihr eigenes Haus« garantieren.

Der repräsentative »Portugiese« im Singapur von heute ist ein Arzt im Alter zwischen 30 und 40. Er arbeitet im Militärkrankenhaus als Chirurg. Er ist in Großbritannien ausgebildet worden. Er besucht internationale Kongresse. Er ist mit einer Lehrerin verheiratet und hat höchstens zwei Kinder, so wie es die Regierung in ihrer Dauerkampagne gegen die Überbevölkerung vorschreibt. Er wohnt in einer Siedlung in der Nähe der Tanglin Area, die mit einem Eisenzaun gegen die Außenwelt abgeschirmt ist. Sie war in der Kolonialzeit von der englischen Regierung für ihre hohen Offiziere gebaut worden. Der Besucher gelangt zu den Wohnhäusern über weite, immer gepflegte Rasenflächen. Das Portal ist von dorischen Säulen flankiert. Von der großen Empfangshalle aus führt eine weiße, steinerne Freitreppe ins Obergeschoß. Die Höhe der Räume und ein großer Ventilator an der Decke sorgen für Frische. Im Haushalt arbeiten zwei malaiische Dienstmädchen, im Garten ein Inder.

Die Bewahrung eines solch gediegenen Wohlstandes absorbiert die gesamten Kräfte des Eigentümers. Über seine Berufsarbeit hinaus hat er keine anstrengenden Interessen. So ist im Laufe der letzten 15 Jahre der Fundus traditioneller Kultur, der allen Menschen, die sich in Südostasien »Portugiesen« nannten, als ein einheitliches Paket zur Verfügung gestellt wurde, in Singapur kräftig entschlackt worden. Jedes Einzelelement wurde auf seine praktische Nützlichkeit überprüft. Alles bloß Schmückende wurde weggeworfen.

Vom »portugiesischen« Geschichtsbewußtsein blieb z. B. nur noch die rituelle Berufung auf Malakka als »Mutter von uns allen« übrig. Nähere Einzelheiten aus der Kolonialgeschichte Portugals, und sei es auch nur den Namen Afonso de Albuquerques, kennt ein singaporeanischer Eurasier in der Regel nicht. Malakka hält sich weiterhin in der Erinnerung, weil es in einem Vielvölker-Staat wie Singapur immer wichtig ist, zu Beginn von Gesprächen auch Informationen über den Ursprung des Partners zu erhalten. Man muß sich gegenseitig nach seinem kulturellen Hintergrund einschätzen können. Selbstverständlich macht ein Eurasier in Singapur dabei deutlich, daß seine Familie nicht aus dem »Portuguese Settlement« in Malakka stammt, sondern aus der lokalen Oberschicht.

Von der Sprache der »Portugiesen«, dem *Cristão*, haben in Singapur nur wenige Bruchstücke überlebt. Vorbei sind die Zeiten, als jeder Eurasier mit einem anderen Eurasier Kreolisch sprach; vorbei sind auch die Zeiten, als es in Singapur einen eigenen englischen Dialekt der »Portugiesen« gab, voll direkter Übertragungen aus dem *Cristão*, mit kreolischer Phonetik und der typischen singenden Intonation. Jetzt ist die alleinige Muttersprache der Eurasier das Englisch, das Standard-Englisch britischer Schulen. Vom *Cristão* kennt die mittlere Generation nur noch einige Phrasen. Die Zweitsprache war bislang das Malaiische; jetzt lernen die eurasischen Kinder in der Schule vor allem das Mandarin, die Einheitssprache der Chinesen Singapurs. Einige Eurasier können auch schon auf Hokkien oder Kantonesisch Konversation machen.

Mit der Sprache verschwindet in Singapur auch die »portugiesische« Literatur. Für einen rein instrumentell denkenden Menschen haben »Geschichten von König und Königin« keine Daseinsberechtigung. Allenfalls weiß man noch den Text von zwei oder drei Liedern, der »Gingli, Nona« z. B., weil sie zum Hochzeits-Ritus gehören. Aber nicht einmal mehr für eigene Musik haben die Eurasier Bedarf. Sie tauchen in den singaporeanischen Mainstream ein. Sie machen ihre kulturelle Silhouette stromlinienförmig, ohne jede nostalgische, sperrige Verschnörkelung.

Bei so viel Sachlichkeit bleibt fürs Gemüt nur noch der »portugiesische« Hang zum »Aberglauben«. Und hier werden denn auch die modernsten Eurasier inkonsequent. Freitags oder am Dreizehnten eines Monats bewegen sie sich nur äußerst behutsam. In der extremen Leistungsgesellschaft Singapurs benötigt offensichtlich jeder einzelne noch einen ganz direkten Draht zu Höheren Mächten. Ihr Funktionieren ist unverständlich, aber ein eventueller Einfluß auf die eigene Zukunft kann nicht gänzlich abgestritten werden. So gibt es neben den vielen malaiischen, indischen und chinesischen Wahrsagern, Medien und Heiligen in Singapur auch spezielle »Bomohs«, Magier, für Portugiesische Eurasier. Sie sind auf Karriere-Beratungen spezialisiert. Sie stellen die günstigsten Tage für Unternehmungen fest; sie präparieren Pulver, für die Fitness ihrer Kunden oder zur Ausschaltung von Gegnern. Am erfolgversprechendsten sind solche Akte, wenn sie an einem heiligen Platz, einem »Keramat«, stattfinden. So schossen auch besondere »portugiesische« Keramat aus dem Boden. Sie befinden sich zum Teil in Hochhaus-Wohnungen des Staatlichen Behausungsprogramms. Volkstümliche europäische Traditionen und die asiatische Metaphysik einer straffen Praxisbezogenheit: Sie sollen sich nahtlos zum gesellschaftlichen, finanziellen und politischen Nutzen der Eurasier Singapurs verbinden.

Vom konkreten »portugiesischen« kulturellen Erbe wegstrebend, hat die gegenwärtige Gemeinschaft der Portugiesischen Eurasier als Kraftzentrum ihrer Zusammengehörigkeit eine neue, adäquatere Institution erfunden. Sie veranstaltet regelmäßig »Dinner-Parties«. Die eurasische Technokraten-Kaste organisiert sich in festen Zirkeln, versichert sich hier ihrer gegenseitigen Treue, kommt zu beruflichen Abmachungen, bespricht gemeinsame Aktionen.

Diese Abende werden mit viel emotionalem Engagement angegangen. Erst die Aperitifs und Snacks, dann die acht Gänge des (chinesischen, indischen oder malaiischen) Abendessens, und dann »Reden, Reden, Reden«. Hier erfährt man, daß man wirklich »eine ganz eigenständige Gruppe« ist. Die Eurasier lachen aus vollem Hals, je lärmender, desto ehrlicher: Sie sind ganz anders als die leisen Malaien Singapurs. Das Essen wird sehr genossen, aber es ist nicht das einzig Wichtige am Abend; eurasische Gäste bleiben auch danach auf ihren Plätzen sitzen und unterhalten sich stundenlang miteinander: Sie sind ganz anders als die förmlichen Chinesen Singapurs. »Wir sind weder Europäer noch Asiaten. Das bedeutet nicht, daß wir bedauernd zwischen beiden stehen, sondern das heißt, daß wir weder der einen noch der anderen Seite ›gehören‹. Wir haben als Eurasier ein präzises Eigengewicht. Und wir werden es auch noch die nächsten zweihundert Jahre zu bewahren wissen.«

Die Auswirkungen des europäischen Kolonialismus auf die Völker Asiens sind damit auf eine geradezu abstrakte Ebene gehoben worden. Alles, was die Portugiesen seit ihrem Entschluß, nach Indien zu gehen, unternommen haben, um die einmal errungene Herrschaft dauerhaft zu machen, all ihr Einfallsreichtum beim Erfinden und Vervollkommnen von Beherrschungs-Mechanismen wird als ein zeitloses Arsenal von Handlungsanweisungen und Geisteshaltungen begriffen. Das komplexe Endprodukt einer weltverändernden Epoche wird von seinem ursprünglichen Produktionsort Europa abgekoppelt. Was zur Verewigung einer konkreten Rollenverteilung in »Nutznießer« und »Opfer« gedacht war, hat sich nicht nur für die portugiesischen Erfinder und nicht nur für die holländischen, englischen, französischen, deutschen, belgischen, italienischen, nordamerikanischen, südafrikanischen, australischen und neuseeländischen Kopisten als einsetzbar erwiesen, sondern auch für jeden anderen Machtapparat, der das Funktionieren des Kolonialismus analysiert und durchschaut hat.
Der Anfangsschritt der Portugiesen zur Entwicklung des Kolonialismus hat in der Tat die Epoche einer weltweiten »Gemeinsamkeit« begründet. Daß damit vor allem globale Unterjochung, Ausbeutung und Verleumdung möglich wurde, Neokolonialismus, innerer Kolonialismus in Staaten mit unterschiedlichen Völkern, Kultur- und Wirtschaftsimperialismus, an diesen strukturellen Grundübeln des großen historischen Impulses zur europäischen Expansion werden wir alle noch lange Zeit zu leiden haben.

ANHANG

Erstes Buch

Die Vorstellung der Europäer vom Fernen Osten

1 Herrmann, Sieben, 136
2 Wheatley, Khersonese, 124
3 Herrmann, Sieben, 140 ff.
4 Kindlers Literatur Lexikon, 899 ff.
5 Glasenapp, Philosophie, 1 f.
6 Glasenapp, Philosophie, 4
7 Herrmann, Sieben, 165 ff.
8 Herrmann, Sieben, 179
9 Herrmann, Sieben, 181 ff.
10 Wheatley, Khersonese, 125 ff.
11 Wheatley, Khersonese, 134
12 Wheatley, Khersonese, 136
13 Grunebaum, Islam II, 288 ff.
14 Samhaber, Geschichte, 63 f.
15 Wheatley, Khersonese, 210 ff.
16 Wheatley, Khersonese, 233 ff.
17 Ibn Battuta, Reisen, 70 f.
18 Ibn Battuta, Reisen, 112
19 Ibn Battuta, Reisen, 76
20 Ibn Battuta, Reisen, 262
21 Hunke, Sonne, passim
22 Lévi-Provençal, Civilización, 93 ff.
23 Prestage, Entdecker, 27
24 Mandeville, Reisen, 107
25 Mandeville, Reisen, 105
26 Mandeville, Reisen, 121
27 Mandeville, Reisen, 120
28 Mandeville, Reisen, Register
29 Mandeville, Reisen, 175 f.
30 Mandeville, Reisen, 114
31 Mandeville, Reisen, 115
32 Mandeville, Reisen, 107, 109
33 H. Hart, Abenteurer, 136
34 H. Hart, Abenteurer, 139
35 H. Hart, Abenteurer, 159
36 H. Hart, Abenteurer, 162
37 Polo, Libro, 161 ff.
38 H. Hart, Abenteurer, 315
39 Samhaber, Geschichte, 98 f.
40 Samhaber, Geschichte, 99
41 Samhaber, Geschichte, 99
42 H. Hart, Abenteurer, 132
43 Samhaber, Geschichte, 131

44 M. Godinho, Economia, II, 517 ff.
45 Mandeville, Reisen, 156, 119, 125, 128, 112, 152
46 Mandeville, Reisen, 123, 118, 153
47 Lach, Asia, III, passim
48 Mandeville, Reisen, 158, 66
49 Samhaber, Geschichte, 100
50 Penrose, Travel, 14
51 Penrose, Travel, 13 f.
52 Samhaber, Geschichte, 80
53 Mandeville, Reisen, 155
54 Mandeville, Reisen, 170
55 Mandeville, Reisen 123 f.

Die Realisierung des Seeweges nach Indien

1 Prestage, Entdecker, 232
2 M. Godinho, Economia, II, 517 ff.
3 M. Godinho, Econimia, I, 67 ff.
4 Boxer, P. Empire, 22 ff.
5 O. Marques, História, I, 196
6 O. Marques, História, I, 336
7 Brief Manuel I., nach: B. de Andrade, Balanço, 19
8 O. Marques, História, I, 337
9 O. Marques, História, I, 320
10 J. Barros, Décadas, Ia, 246 ff.

Die Eroberung des asiatischen Handels

1 J. Barros, Décadas, Ia, 381
2 J. Barros, Décadas, Ia, 439
3 Boxer, P. Empire, 50
4 Samhaber, Geschichte, 131
5 laut »Murray's India-Guide« 1968, 362
6 Devi/Seabra, Literatura, u. a. 74 f.
7 Gutschow/Pieper, Indien, 168 f.
8 G. Eredia, Declaração, 4
9 J. Barros, Décadas, IIa, 399
10 Wheatley, Khersonese, 306 ff.
11 J. Barros, Décadas, Sá IV, 192
12 P. Abdurachman, Sejarah, 52
13 J. Barros, Décadas, Sá IV, 196
14 F. Morais, Solor, 72
15 J. Barros, Décadas, Sá IV, 223
16 J. Barros, Décadas, Sá IV, 229

357

Das Alltagsleben im portugiesischen Kolonialreich

1 Schurhammer, Quellen, S. XXXVII
2 Boxer, P. Empire, 315
3 Schurhammer, Quellen, 121
4 Boxer, P. Empire, 209
5 M. Godinho, Economia, I, 52
6 M. Godinho, Economia, I, 53
7 L. Castanheda, História, I, 48, 102
8 Manuel, Carta, 23
9 M. Godinho, Economia, II, 38
10 J. Barros, Décadas, II, 422
11 M. Godinho, Economia, II, 39
12 M. Godinho, Economia, II, 39
13 M. Pinto, Peregrinação, II, 26
14 J. Barros, Décadas, IIa, 362
15 Boxer, P. Empire, 296 ff.
16 Schurhammer, Franz Xaver, II 1, 209
17 Schurhammer, Quellen, 308
18 J. Barros, Décadas, IIIa, 463
19 Schurhammer, Quellen, 5
20 Schurhammer, Franz Xaver, II 1, 211
21 Schurhammer, Franz Xaver, II 1, 212
22 Boxer, P. Empire, 229 ff.
23 Boxer, P. Empire, 236, 237
24 nach: Schurhammer, Franz Xaver, II 1, 402
25 Schurhammer, Franz Xaver, II 1, 291
26 Schurhammer, Franz Xaver, II 1, 498
27 Schurhammer, Franz Xaver, II 1, 400
28 Devi/Seabra, Literatura, I, 75
29 Schurhammer, Quellen, 196
30 Schurhammer, Quellen, 448
31 M. Teixeira, Vietnam, passim
32 Schurhammer, Quellen, 238
33 Schurhammer, Quellen, 459
34 Schurhammer, Quellen, 144
35 Devi/Seabra, Literatura, 69
36 Laval, Viagem, passim
37 M. Pinto, Peregrinação, II, 43
38 M. Pinto, Peregrinação, III, 167
39 J. Barros, Décadas, IIIa, 160
40 Villiers, Südostasien, 197
41 Villiers, Südostasien, 298
42 Prestage, Entdecker, 236
43 J. Barros, Décadas, IIb, 134–140
44 J. Barros, Décadas, IIIb, 474 ff.
45 Boxer, Race relations, 9
46 S. Manrique, Itinerario, 350
47 S. Manrique, Itinerario, 350 ff.
48 M. Pinto, Peregrinação, I, 174
49 M. Pinto, Peregrinação, I, 128, II, 84
50 M. Pinto, Peregrinação, I, 199
51 M. Pinto, Peregrinação, III, 144
52 M. Pinto, Peregrinação, III, 135–151
53 M. Pinto, Peregrinação, II, 32
54 M. Teixeira, Macau, passim
55 Schurhammer, Franz Xaver, II 2, 34 ff.
56 D. Lopes, Expansão, 42
57 Devi/Seabra, Literatura, 39
58 D. Lopes, Expansão, 140 ff.
59 D. Lopes, Expansão, 31 ff.
60 D. Lopes, Expansão, 31 ff.
61 D. Lopes, Expansão, 173 ff.
62 Boxer, Historians, passim
63 R. Dalgado, Glossário, Influência, passim
64 Vermeer, Süd-Asien, 177 ff.
65 P. França, Influence, 65 ff.

Die Rückwirkungen des Kolonialismus auf Portugal

1 nach: A. Falcão de Resende, in: T. Ribas, Lisboa, I, 28
2 T. Ribas, Lisboa, I, 29
3 Góis, Chronica, P. IV, 640, nach: Schäfer, Geschichte, III, 329
4 Saraiva, Cultura, II, 277
5 M. Godinho, Economia, I, geg. 253
6 Allemann, Portugal, 34; D. Couto, Soldado, passim
7 V. Serrão, História, II, 288–294
8 M. Godinho, Economia, II, 344
9 Boxer, P. Empire, 115 ff.
10 M. Pinto, Peregrinação, III, 41
11 Francisco de Andrade, Crónica de Dom João III, nach: Schäfer, Geschichte, III, 329, 363
12 Boxer, P. Empire, 52; M. Godinho, Economia, II, 606
13 D. Couto, Décadas, Va, 269 ff.
14 Boxer, P. Empire, 11, 12
15 A. Falcão de Resende, in: T. Ribas, Lisboa, I, 29
16 Boxer, P. Empire, 267 ff.; Saraiva, Cultura, I, 684, II, 60 ff., III 22 ff.; O. Marques, História, I, 296; Keller, Völker, passim
17 Bell, Literature, 225 f.
18 O. Marques, Sociedade, 119 f.
19 Saraiva, Cultura, III, 557
20 Saraiva, Cultura, I, 42
21 O. Marques, Sociedade, 137
22 D. Couto, Décadas, Va, 276

23 D. Couto, Décadas, Va, 278

24 Boxer, P. Empire, 349

25 Boxer, P. Empire, 352

26 Saraiva, Cultura, II, 563; O. Marques, História, I, 286f.

27 Saraiva, Cultura, II, 146ff.

28 Saraiva, Cultura, II, 148

29 Boxer, P. Empire, 350

30 O. Marques, História, I, 267

31 M. Pinto, Peregrinação, I, 233

32 D. Couto, Décadas, IVa, 99

33 D. Couto, Décadas, IVa, 290

34 D. Couto, Décadas, Xa, 502

35 Boxer, P. Empire, 57; M. Godinho, Economia, II 576ff.

36 Freyre, Casa grande, I, 140ff.

37 O. Marques, História, I, 355

38 O. Marques, História, I, 396

39 Chá Messer, Relazione, 96

40 M. Godinho, Economia, II, 254–255–256

41 Cortesão, Descobrimentos, II, 244; M. Godinho, Economia, II, 277

42 Allemann, Portugal, 175; O. Marques, História, I, 251

43 Allemann, Portugal, 175

44 M. Godinho, Economia, I, 63

45 Schäfer, Geschichte, III, 331

46 Saraiva, Cultura, III, 564

47 Saraiva, Cultura, III, 16

48 D. Couto, Soldado, 50, 156, 206ff., 216

49 Cidade, Literatura, I, 254

50 Schurhammer, Quellen, 168

51 D. Couto, Soldado, 192

52 M. Godinho, Economia, I, 63

53 J. Barros, Décadas, IIIa, 265

54 G. Resende, Miscelânea, 63

55 O. Marques, História, I, 398

56 O. Marques, História, I, 385; M. Godinho, Economia, I, 54

57 D. Couto, Décadas, IVa, 253

58 G. Resende, Miscelânea, 67

59 Camões, Lusíadas, IX, 94

60 João Roz de Sá de Meneses, nach: M. Godinho, Economia, I, 40

61 Gil Vicente, Triunfo do Inverno, nach: Godinho, Economia, I, 42

62 Boxer, P. Empire, 368

63 O. Marques, História, I, 422

64 Cascudo, Dicionário, II, 686ff.

65 D. Couto, Décadas, XII, 243f., 66

66 António Ferreira, carta 9, nach: M. Godinho, Economia, II, 610

Der Niedergang der portugiesischen Herrschaft

1 Penrose, Travel, 213ff.

2 Franke/Trauzettel, Kaiserreich, 263

3 P. França, Influence, 69, 70

4 J. Barros, Décadas, Sá III, 270ff.

5 Meilink-Roelofsz, Trade, passim

6 J. Barros, Décadas, IIIa, 182

7 Boxer, P. Empire, 39ff; J. Barros, Décadas, IIIa, 503

8 Schurhammer, Quellen, 129

9 Boxer, P. Empire, 117f.

10 Cortesão, Descobrimentos, II, 245

11 J. Barros, Décadas, IIIa, 543

12 J. Barros, Décadas, IIIb, 268

13 J. Barros, Décadas, IIIa, 280

14 Tate, Making, 223

15 D. Couto, Décadas, IVb, 293f.

16 Schurhammer, Franz Xaver, II 1, 743f.

17 P. Abdurachman, Sejarah, 69

18 P. Abdurachman, Sejarah, 62f.

19 P. Abdurachman, Sejarah, 63

20 Boxer, P. Empire, 130ff.

21 Parry, Kolonialreiche, 106f.

22 Jorge, Santos, 5ff.

23 Boxer, P. Empire, 136

24 J. Barros, Décadas, IVa, 583

25 Penrose, Travel, 227

26 Penrose, Travel, 198

27 Penrose, Travel, 199ff.

28 D. Lopes, Expansão, 3ff.

29 D. Lopes, Expansão, 6ff.

30 Penrose, Travel, 201

31 Cidade, Literatura, II, 19ff.

32 Cidade, Literatura, II, 22

33 Boxer, D. Empire, 24

34 Tate, Making, 54

35 Wurffbain, Molukken, 72ff.

36 Tate, Making, 54f.

37 Villiers, Südostasien, 286

38 Scott-Ross, History, 46ff.

39 D. Couto, Décadas, VIII, 96, 131, IX, 250f., Xb, 378

40 Scott-Ross, History, 53

41 Illustrated Guide of Malacca, 66

42 Boxer, Fidalgos, 109ff.

43 Cidade, Literatura, II, 240

44 Cidade, Literatura, II, 246

45 Cidade, Literatura, II, 247

46 Tate, Making, 52

47 Tate, Making, 57

48 D. Lopes, Expansão, 26ff.

49 Coates, Macao, 41 ff.
50 Manuel Godinho. Relação, 22 f.
51 Rajagopalan, Old Goa, passim

Das Überdauern eines Imperiums
1 M. Pinto, Peregrinação, II, 156
2 D. Couto, Soldado, 230 f.
3 D. Couto, Soldado, 229
4 D. Couto, Soldado, 229 ff.
5 Parry, Kolonialreiche, 82
6 Boxer, P. Empire, 84 ff.
7 R. Delgado, Angola, II, 392
8 Parry, Kolonialreiche, 71
9 Boxer, P. Empire, 158 ff.
10 Boxer, P. Empire, 145
11 O. Marques, I, 640 f.
12 Boxer, P. Empire, 145
13 Allemann, Portugal, 186
14 Devi/Seabra, Literatura, 132
15 A. Menezes, Goa, passim
16 Boxer, P. Empire, 147
17 d'Estournelles de Constant, nach: An-
    sprenger, Auflösung, 22
18 Menezes, Goa, 121 ff.
19 Camões, Lusíadas, II, 113
20 Luís da Cunha, n.: Boxer, P. Empire, 147
21 Sarmento Rodrigues, nach: Devi/Seabra,
    Antologia, 138

22 Manuel Godinho, Relação, 23
23 Oliveira Marques, nach: A. Galvão, Im-
    pério, I, 62
24 Marraud, Portugal, 274
25 Fieldhouse, Kolonialreiche, 135 f., 174 ff.,
    213 ff.
26 O. Marques, História, II, 181
27 Verger, Fort, 181 f.
28 O. Marques, História, 643 f.
29 Coates, Macao, 94 f., 100 ff.
30 A. Galvão, Império, IV, 388, 390
31 Teófilo Duarte, O Rei de Timor
32 Fieldhouse, Kolonialreiche, 309
33 Portugal in Afrika, 39
34 Coates, Macao, 64
35 Coates, Macao, 63
36 A. Galvão, Império, I, 55
37 Moreira, Política, 7 ff.
38 Sarmento Rodrigues, nach: F. Trigueiros,
    Cabo Verde, 202
39 P. Costa, Emigration, passim
40 J. Costa, Cartas, 278, 276, 256 f.

41 Caetano, Factos, 18 f.
42 Salazar, Far East, passim
43 A. Lobo, Liberation, 198 ff.
44 Jolliffe, East Timor, passim
45 Parry, Kolonialreiche, 112
46 J. B. Braga, Notes, 22 f.

Zweites Buch

**Über die Mühsal der Europäer,
ihrem Willen Recht zu geben**
1 J. Barros, Décadas, Sá III, 228 f.
2 V. Caminha, in: B. Fonseca, Viagens,
    110
3 Camões, Lusíadas, V, 30–36
4 J. Barros, Décadas, Ia, 45 ff.
5 D. Couto, Décadas, Vb, 242
6 Schwebell, Geburt, 102
7 Konetzke, Südamerika I, 28
8 Konetzke, Südamerika I, 39
9 Konetzke, Südamerika I, 36
10 Konetzke, Südamerika I, 40
11 A. B. Andrade, Balanço, 27 ff.
12 V. Caminha, in: B. Fonseca, Viagens,
    119 f.
13 D. Couto, Décadas, VII b, 418 f.
14 Bertaux, Afrika, 141
15 Franke, Kaiserreich, 324

16 D. Couto, Décadas, Vb, 245
17 D. Couto, Décadas, Xb, 516 f.
18 D. Couto, Décadas, IVa, 288 ff.
19 J. Barros, Décadas, IIa, 92
20 J. Barros, Décadas, IIIb, 473
21 D. Couto, Décadas, XII, 152 ff.
22 D. Couto, Décadas, VIb, 288
23 D. Couto, Décadas, IX, 245
24 D. Couto, Décadas, VIb, 284; X, 130,
    129
25 D. Couto, Décadas, IX, 130
26 J. Barros, Décadas, Sá IV, 214
27 J. Barros, Décadas, Ia, 11
28 M. Pinto, Peregrinação, III, 150; I, 29
29 J. Barros, Décadas, Ia, 141 f., 153
30 Prestage, Entdecker, 238
31 J. Barros, Décadas, Ia, 360 f.; Ib, 190; Sá
    III, 258
32 J. Barros, Décadas, IIIa, 230

33 D. Couto, Décadas, Va, 275
34 M. Pinto, Peregrinação, III, 131
35 Boxer, P. Empire, 24

Der Wunsch nach dem Unter-Sich-Sein

 1 Ansprenger, Auflösung, 26f.
 2 Camões, Lusíadas, VII, 3
 3 M. Pinto, Peregrinação, I, 117, 149;
    J. Barros, Décadas, IIIa, 525
 4 Camões, Lusíadas, VII, 30
 5 Camões, Lusíadas, VII, 25
 6 D. Couto, Décadas, VIb, 129
 7 Camões, Lusíadas, II, 79
 8 M. Pinto, Peregrinação, II, 46
 9 M. Pinto, Peregrinação, II, 40
10 M. Pinto, Peregrinação, III, 3f.
11 Camões, Lusíadas, ed. Ramos, 486f.
12 Camões, Lusíadas, IX, 54ff.
13 Gutschow/Pieper, Indien, 175
14 Gutschow/Pieper, Indien, 175
15 Nilsson, Architecture, passim
16 Camões, Obras I, Oda XI
17 D. Couto, Décadas, Xa, 363
18 M. Pinto, Peregrinação, II, 17
19 Camões, Lusíadas, VI, 75
20 M. Pinto, Peregrinação, II, 9, 84, 7
21 J. Barros, Décadas, Sá III, 745
22 M. Pinto, Peregrinação, 57
23 M. Pinto, Peregrinação, I, 231
24 M. Pinto, Peregrinação, I, 205f.
25 M. Pinto, Peregrinação, III, 23
26 M. Pinto, Peregrinação, I, 182
27 M. Teixeira, Vietnam, 233ff.
28 D. Couto, Décadas, Vb, 24ff.
29 Camões, Lusíadas, VI, passim
30 Bertaux, Afrika, 132f.

Die Verewigung von »Oben« und »Unten«

 1 v. a. M. Pinto, Peregrinação, II, 17, 24f.
 2 M. Pinto, Peregrinação, III, 86
 3 J. Barros, Décadas, IIIa, 172f.
 4 Camões, Lusíadas, X, 126
 5 J. Barros, Décadas, IIIa, 278f.; Camões,
    Lusíadas, X, 122; G. Resende, Mişcelânia,
    Str. 88, S. 33
 6 D. Barbosa, Livro, 369, 374
 7 Morris, Pax, 9
 8 J. Barros, Décadas, Ia, 38f.
 9 J. Barros, Décadas, IIIa, 577
10 D. Couto, Décadas, Vb, 23

11 Kindler, Literatur, 9278
12 J. H. Jahn, Geschichte, 218ff.
13 Polo, Libro, 202f.
14 Bitterli, Die Wilden, 358
15 Schiller, Räuber, Akt I, 1
16 Bitterli, Die Wilden, 360
17 D. Couto, Décadas, IVb, 170f.
18 M. Pinto, Peregrinação, III, 222
19 Camões, Lusíadas, II, 96
20 M. Pinto, Peregrinação, III, 233, 234f.
21 M. Pinto, Peregrinação, II, 60
22 M. Godinho, Economia, II, 297ff.
23 M. Pinto, Peregrinação, III, 225
24 G. Resende, Miscelânia, Str. 112, S. 41
25 Cook, Entdeckungsfahrten, 54ff.
26 Pigafetta, Voyage, 22
27 D. Couto, Décadas IVb, 172
28 Bry, Vierdte Buch, Stich XX
29 Léry, gg. S. 176
30 Daus, Cangaceiros, 21
31 D. Couto, Décadas, VIb, 83
32 M. Pinto, Peregrinação, I, 65, 135; III,
    197
33 M. Pinto, Peregrinação, III, 16, 175ff.
34 Mirbeau, Qualen, 59
35 M. Pinto, Peregrinação, I, 110
36 M. Pinto, Peregrinação, III, 196
37 M. Pinto, Peregrinação, III, 176ff.
38 D. Couto, Décadas, Xb, 490; M. Pinto,
    Peregrinação, III, 195
39 D. Couto, Décadas, IVb, 171
40 M. Pinto, Peregrinação, I, 64
41 Alatas, Myth, 44ff.
42 Alatas, Myth, 52ff.
43 Alatas, Myth, 65
44 Bald, Imperium, 82ff.
45 Alatas, Myth, 70ff.
46 Camões, Lusíadas, I, 71
47 Camões, Lusíadas, VIII, 12
48 M. Pinto, Peregrinação, III, 142
49 Bocarro, Décadas XIII, 289
50 Bocarro, Década XIII, 289; J. Barros, Dé-
    cadas, IIIa, 269, 304
51 Camões, Lusíadas, I, 57; J. Barros, Déca-
    das, IIb, 353; D. Couto, Décadas, VII,
    359f.; J. Barros, Décadas, IIb, 159; Ca-
    mões, Lusíadas, I, 69–74, 8
52 Camões, Lusíadas, VIII, 53
53 Bernatzik, Völkerkunde, 34
54 Forster, Werke, II, passim
55 Baudet, Paradise, 18
56 Baudet, Paradise, 16

57 Jack Gold's Film »Freitag und Robinson«,
   England 1975
58 J. Barros, Décadas, Ia, 324
59 M. Pinto, Peregrinação, I, 182
60 J. Barros, Décadas, Ia, 38
61 M. Pinto, Peregrinação, I, 157; II, 91
62 D. Couto, Décadas, IVa, 180
63 M. Pinto, Peregrinação, I, 49, 86; J. Barros, Décadas, IIIa, 181; D. Couto, Décadas, Vb, 246, Xb, 56
64 M. Pinto, Peregrinação, I, 152; III, 261
65 Brecht, Dreigroschenoper, I, 2
66 Boxer, Race, 73
67 Boxer, P. Empire, 249 ff.
68 nach: Aguirre B., Población, 176
69 Aguirre B., Población, 177 f.
70 Boxer, P. Empire, 281 f.
71 Boxer, P. Empire, 280
72 Boxer, P. Empire, 312
73 Boxer, P. Empire, 262, 256
74 Boxer, Race, 74 f.
75 Camões, Lusíadas, V, 77
76 Boxer, Race, 71
77 Boxer, P. Empire, 253
78 Boxer, Race, 68
79 Boxer, Race, 64
80 Boxer, Race, 71
81 Boxer, Race, 38 f.

Die Beliebigkeit von Regeln

 1 Morris, Command, 218 ff.
 2 Yacono, Colonisation, 4 f.
 3 J. Barros, Décadas, Ia, 272 f.
 4 A. Vieira, Sermões, Nr. 27
 5 D. Couto, Décadas, Vb, 313
 6 Yacono, Colonisation, 40
 7 Bald, Imperialismus, passim
 8 J. Barros, Décadas, IIIa, 538
 9 D. Couto, Décadas, VIb, 472 f.
10 D. Couto, IVb, 445 ff.
11 nach: Fritz Blanke, in: Silberschmidt, Europa, 121
12 Schurmann, Imp. China, 125 ff.
13 Schwebell, Geburt, 42
14 Kämpfer, in: Schwebell, Geburt, 42 f.
15 Schwebell, Geburt, 46
16 Schwebell, Geburt, 235 ff.
17 M. Pinto, Peregrinação, I, 217
18 D. Couto, Décadas, VIII, 207
19 D. Couto, Décadas, IX, 269
20 Camões, Lusíadas, II, 71

21 M. Pinto, Peregrinação, III, 177
22 Boxer, Race, 24
23 J. Barros, Décadas, Ia, 200 ff.

»Der typische Kolonialist«

 1 J. Barros, Décadas, IIIa, 217
 2 z. B. M. Pinto, Peregrinação, III, 23, 93
 3 vgl. A. Andrade, Tibete
 4 D. Couto, Décadas, VIa, 355; VIb, 299;
   Camões, Lusíadas, III, 81
 5 Lavanha, J. Barros, Décadas, IVb, 75 ff.;
   D. Couto, Décadas, Va, 8 ff.
 6 J. Barros, Décadas, Ib, 4
 7 Boxer, P. Empire, 299
 8 Boxer, P. Empire, 300
 9 J. Barros, Décadas, IIIa, 528
10 Henry Keppel, in: Dickson, Sarawak, 193
11 Boxer, P. Empire, 299; D. Couto, Décadas, XII, 219; J. Barros, Décadas, IIIb,
   342
12 D. Couto, Décadas, VIb, 314
13 J. Barros, Décadas, IIIa, 255 f.
14 J. Barros, Décadas, IIIa, 543
15 J. Barros, Décadas, IIb, 341
16 M. Pinto, Peregrinação, III, 159 f.
17 M. Pinto, Peregrinação, II, 18
18 M. Pinto, Peregrinação, II, 18
19 M. Pinto, Peregrinação, II, 65
20 J. Barros, Décadas, IIb, 379
21 M. Pinto, Peregrinação, II, 18
22 M. Pinto, Peregrinação, III, 160 ff.
23 J. Barros, Décadas, IIb, 371
24 J. Barros, Décadas, IIb, 288
25 J. Barros, Décadas, IIIa, 91
26 J. Barros, Décadas, IIIa, 184, 546 f.
27 D. Couto, Décadas, IVa, 256
28 D. Couto, Décadas, IVa, 262
29 D. Couto, Décadas, VIb, 444
30 J. Barros, Décadas, IIIa, 545; D. Couto,
   Décadas, Xb, 482, 492; VIII, 213; VIb,
   306, 371

**Tragik als Endresultat kolonialer
Herrschaft**

 1 Boxer, P. Empire, 131 ff.
 2 D. Couto, Décadas, Xa, 110 ff.
 3 Boxer, P. Empire, 218
 4 Boxer, P. Empire, 219
 5 Camões, Lusíadas, V, 16
 6 M. Pinto, Peregrinação, I, 202 f.

7 M. Pinto, Peregrinação, I, 40

8 Camões, Lusíadas, V, 44

9 J. Barros, Indice, 169 f.

10 Bocarro, Década XIII, 790

11 M. Pinto, Peregrinação, 84, 133, 84

12 J. Barros, Décadas, IIIa, 208

13 Boxer, P. Empire, 218

14 Boxer, P. Empire, 135

15 Boxer, P. Empire, 131

16 Morris, Pax, 312

17 G. Correia, Lendas, II, 251

18 J. Barros, Décadas, IIb, 14; IIIa, 243

19 J. Barros, Décadas, IIIb, 499

20 D. Couto, Décadas, IX, 262

21 J. Barros, Décadas, IIIa, 218 f.

22 J. Barros, Décadas, IIIa, 249; D. Couto, Décadas, VIb, 272; Xb, 353 ff.

23 M. Pinto, Peregrinação, II, 96

24 J. Barros, Décadas, IIIa, 518

25 J. Barros, Décadas, IIIb, 5, 287 f.

26 M. Pinto, Peregrinação, I, 36, 84, 172, 196, 204; II, 86; III, 106

27 J. Barros, Décadas, IIIa, 504

28 J. Barros, Décadas, IIIa, 546

29 Camões, Lusíadas, X, 26 ff.

30 Parry, Kolonialreiche, 300 ff.

31 Morris, Pax, 312

32 Nilsson, Architecture, Abb. 60 ff.

33 M. Pinto, Peregrinação, I, 3

34 M. Pinto, Peregrinação, I, 3, 94, 107; II, 83

35 J. Barros, Décadas, Ia, 380

36 J. Barros, Décadas, Ib, 11

37 J. Barros, Décadas, IIIb, 575

38 D. Couto, Décadas, IX, 284

39 D. Couto, Décadas, XI, 155

40 Camões, Lusíadas, I, 105 f.

41 M. Pinto, Peregrinação, I, 54, 68

42 M. Pinto, Peregrinação, I, 133; II, 12

43 M. Pinto, Peregrinação, II, 18

44 M. Pinto, Peregrinação, II, 97

45 M. Pinto, Peregrinação, II, 43

46 D. Couto, Décadas, XII, 71 f.

47 M. Pinto, Peregrinação, III, 79 f.

48 D. Couto, Décadas, IX, 283 f.

49 Camões, Lusíadas, ed. Ramos, 361

50 Cidade, Épico, 183; M. Pinto, Peregrinação, I, 153

51 Cidade, Épico, 189 f., 183

52 Cidade, Épico, 194

Die Endeckungsreise ins »Neue«

1 J. Barros, Décadas, Ia, 361

2 M. Pinto, Peregrinação, III, 133

3 J. Barros, Décadas, IIa, 572

4 Camões, Lusíadas, V, 4

5 J. Barros, Décadas, Ia, 24

6 Cortesão, Descobrimentos, II, 9 ff.

7 D. Couto, Décadas, IVa, 178 f.; Vb, 85 ff. 262 ff.; XII, 496

8 Camões, Lusíadas, V, 4

9 M. Pinto, Peregrinação, III, 264; Camões, Lusíadas, X, 131

10 F. Álvares, Informação

11 J. Barros, Décadas, IIIa, 159, 188 ff.

12 J. Barros, Décadas, IIIb, 244

13 z. B. D. Couto, VIIb, 428

14 M. Pinto, Peregrinação, II, 120

15 z. B. M. Pinto, Peregrinação, I, 99

16 M. Pinto, Peregrinação, I, 53

17 Schurhammer, Peregrinação

18 M. Pinto, Peregrinação, I, 48 ff.

19 Lach, Asia, II, 1, 158 ff.

20 z. B. Brito, História, II, 79 ff.

21 z. B. Pigafetta, Voyage

22 M. Pinto, Peregrinação, I, 86

23 D. Couto, Décadas, IVb, 171

24 M. Pinto, Peregrinação, II, 54

25 J. Barros, Décadas, IIIa, 462 f.

26 M. Pinto, Peregrinação, III, 260

27 Cidade, Literatura, II, 327

28 D. Couto, Décadas, VIII, 197 f.

29 Schurhammer, Quellen, 6005, 6007

30 Gaspar de S. Bernardino, nach: Cidade, Literatura, II, 328 f.

31 J. Barros, Décadas, Ia, 46

32 T. Pires, Suma, 162 f.

33 J. Barros, Décadas, IIIa, 193 f.

34 J. Barros, Décadas, IIIb, 7

35 z. B. M. Pinto, Peregrinação, I, 37; J. Barros, Décadas, IIIa, 186 ff., 249

36 M. Pinto, Peregrinação, II, 69, 70

37 M. Pinto, Peregrinação, III, 168, 267 ff. 166

38 H. H. Hart, Abenteurer, 249 ff.

39 z. B. M. Pinto, Peregrinação, I, 198; J. Barros, Décadas, IIa, 403

40 J. Barros, Décadas, IIIa, 257; Lach, Asia, II, 3, 550

41 M. Pinto, Peregrinação, I, 37

42 D. Couto, Décadas, IVb, 419

43 D. Couto, Décadas, Xb, 444

44 D. Couto, Décadas, Xb, 445

45 D. Couto, Décadas, IVb, 281
46 M. Pinto, Peregrinação, II, 15
47 Cornelius, Languages, 65 ff.
48 M. Pinto, Peregrinação, II, 59 ff.

Die Autonomie des Fremden

 1 M. Pinto, Peregrinação, III, 223
 2 J. Barros, Décadas, IIIa, 168
 3 D. Couto, Décadas, VIII, 85
 4 D. Couto, Décadas, IX, 60
 5 J. Barros, Décadas, IIIa, 512 f.
 6 B. Fonseca, Viagens, 104
 7 B. Fonseca, Viagens, 109
 8 Pigafetta, Voyage, 22, 40, 3
 9 Manuel, Carta, 29
10 Lach, Asia, II, 1
11 Rajagopalan, Old Goa, 24 f.
12 Camões, Lusíadas, II, 36, 37
13 Camões, Lusíadas, IX, 65, 71 f.
14 B. Fonseca, Viagens, 102
15 B. Fonseca, Viagens, 109
16 B. Fonseca, Viagens, 120
17 Pigafetta, Voyage, 8
18 B. Fonseca, Viagens, 120
19 Bitterli, Die Wilden, 325 ff.
20 Cook, Entdeckungsreisen, 58
21 Boxer, Mary, 65
22 Boxer, Mary, 65 ff.
23 Boxer, Mary, 67
24 Francisco de Sousa, 1710, nach: Boxer, Mary, 68
25 Boxer, Fidalgos, 222 f.
26 Boxer, Bailadeiras, 89 ff.
27 D. Couto, Décadas, IVb, 250
28 Boxer, Mary, 115 f.
29 S. Manrique, Itinerario, 351 f.
30 D. Couto, Décadas, Xb, 443
31 Pigafetta, Voyage, 59
32 M. Pinto, Peregrinação, I, 179 f.
33 Camões, Lusíadas, ed. Ramos, 510
34 Camões, Lusíadas, X, 45–49
35 Pigafetta, Voyage, 44
36 Boxer, Race, 10
37 Winstedt, Literature, 190 f.
38 Ibn Battuta, Reisen, 166
39 M. Pinto, Peregrinação, II, 179
40 D. Couto, Décadas, VIIa, 254
41 M. Pinto, Peregrinação, II, 238
42 Boxer, Mary, 103
43 Pigafetta, Voyage, 35
44 Boxer, Mary, 97

45 Boxer, Mary, 20
46 D. Couto, Décadas, Va, 217
47 D. Couto, Décadas, Xa, 364
48 D. Couto, Décadas, Xb, 490
49 José de Acosta, 1590, nach: Boxer, Mary, 108
50 Barbosa, Livro, 314
51 Manuel, Carta, 29
52 Barbosa, Livro, 308
53 Barbosa, Livro, 308
54 G. Resende, Miscelânia, 33
55 M. Pinto, Peregrinação, III, 232
56 Pigafetta, Voyage, 43 f.
57 D. Couto, Décadas, Vb, 9
58 Barbosa, Livro, 360 f.
59 T. Pires, Suma, 102
60 Barbosa, Livro, 361
61 J. Barros, Décadas, IIIa, 173
62 J. Barros, Décadas, Ib, 387
63 Barbosa, Livro, 303
64 Barbosa, Livro, 359 f.
65 S. Manrique, Itinerario, 286
66 T. Pires, Suma, 71
67 Manuel, Carta, 28 f.; T. Pires, Suma, 71; Barbosa, Livro, 314 f.; 326 f.; G. Correia, Lendas I, 95, 97, 110 f., 299, 353 ff.; II, 19 ff.; III, 765 f.; G. Resende, Miscelânia, 32 f.; Camões, Lusíadas, VII, 38–41; J. I. Andrade, Cartas, 91 f.
68 T. Pires, Suma, 71
69 Barbosa, Livro, 327
70 D. Couto, Décadas, VIIb, 531
71 D. Couto, Décadas, IVb, 529
72 T. Pires, Suma, 71
73 J. Barros, Décadas, Ib, 331
74 Barbosa, Livro, 327
75 D. Couto, Décadas, VIIb, 532; Camões, Lusíadas, VII, 41
76 Diderot, Supplément, 477
77 D. Couto, Décadas, VIII, 191
78 J. Barros, Décadas, Sá IV, 195
79 J. Barros, Décadas, IIIb, 492
80 J. Barros, Décadas, Sá IV, 195
81 M. Pinto, Peregrinação, II, 136
82 J. Barros, Décadas, IIIa, 220
83 M. Pinto, Peregrinação, I, 71 ff.; J. Barros, Décadas, IIIa, 268 f.
84 J. Barros, Décadas, IIIb, 489, IVa, 251; M. Pinto, Peregrinação, I, 142, 152
85 M. Pinto, Peregrinação, I, 152
86 J. Barros, IIIa, 574, Décadas
87 G. Resende, Miscelânia, 25 ff.

88 D. Couto, Décadas, VIII, 192
89 G. Resende, Miscelânia, 24
90 J. Barros, Décadas, Sá IV, 195
91 G. Resende, Miscelânia, 35
92 G. Resende, Miscelânia, 30
93 J. Barros, Décadas, Sá IV, 195
94 B. Fonseca, Viagens, Carta 115
95 B. Fonseca, Viagens, Carta, 117

Die Nützlichkeit von Vergleichen

1 M. Pinto, Peregrinação, II, 50
2 J. Barros, Décadas, IIIa, 4
3 M. Pinto, Peregrinação, II, 232, 109
4 J. Barros, Décadas, IIIa, 576
5 M. Pinto, Peregrinação, II, 150
6 March, Idea, 33
7 D. Couto, Décadas, XII, 476ff.
8 March, Idea, 48f.
9 Marx, Kapital, I, 539; Indien, passim, 319
10 March, Idea, 72ff.
11 March, Idea, 75ff.
12 M. Pinto, Peregrinação, III, 218f.
13 M. Pinto, Peregrinação, III, 226
14 z. B. M. Pinto, Peregrinação, II, 124, 128, 131, 280, 251
15 G. Resende, Miscelânia, 29
16 M. Pinto, Peregrinação, II, 239, 226, 178
17 Escalante, Discurso, 93f.
18 M. Pinto, Peregrinação, II, 231, III, 248f.; J. Barros, Décadas, IIIa, 164ff., 259; D. Couto, Décadas, Vb, 9
19 M. Pinto, Peregrinação, 57ff.
20 J. Barros, Décadas, III, 580
21 J. Barros, Décadas, Sá IV, 246
22 Daus, Schwierigkeiten
23 J. Barros, Décadas, IIIa, 153
24 M. Pinto, Peregrinação, II, 244, 177
25 Franke/Trauzettel, Kaiserreich, 297f.; Keller-Senn, China, 134
26 J. I. Andrade, Cartas, I, 165
27 M. Pinto, Peregrinação, II, 244
28 M. Pinto, Peregrinação, II, 245f.
29 M. Pinto, Peregrinação, II, 243f.
30 J. Barros, Décadas, IIIa, 204
31 M. Pinto, Peregrinação, II, 240, 241, 243, 92
32 M. Pinto, Peregrinação, II, 241ff.
33 M. Pinto, Peregrinação, II, 72ff.
34 M. Pinto, Peregrinação, II, 181ff.
35 D. Couto, Décadas, Vb, 7, 451
36 Keller-Senn, China, 19ff.

37 J. Barros, Décadas, IIIa, 192f.
38 M. Pinto, Peregrinação, II, 195, 197
39 M. Pinto, Peregrinação, II, 106, 225
40 M. Pinto, Peregrinação, II, 188f.
41 M. Pinto, Peregrinação, II, 167
42 Baudet, Paradise, passim
43 Bitterli, Die Wilden, 234f.
44 M. Pinto, Peregrinação, III, 63
45 M. Pinto, Peregrinação, III, 33, 61
46 M. Pinto, Peregrinação, II, 37, 94
47 D. Couto, Décadas, Vb, 79
48 Camões, Lusíadas, I, 78–79
49 M. Pinto, Peregrinação, I, 212f.
50 M. Pinto, Peregrinação, II, 84ff.
51 M. Pinto, Peregrinação, III, 116
52 M. Pinto, Peregrinação, II, 189f.
53 M. Pinto, Peregrinação, II, 246
54 M. Pinto, Peregrinação, II, 243

Die Tradition kolonialer Selbstkritik

1 M. Pinto, Peregrinação, I, 135f., 156, 236; D. Couto, Décadas, VIb, 276; Xb, 372; IVa, 198; Xa, 285; Xb, 368; M. Pinto, Peregrinação, II, 81; D. Couto, Décadas, VIII, 210; IVa, 396; IVb, 299
2 D. Couto, Décadas, VIIb, 428ff.
3 Cidade, Literatura, I, 257
4 M. Pinto, Peregrinação, III, 41
5 z. B. D. Couto, Décadas, XII, 194
6 Camões, Lusíadas, VII, 84
7 D. Couto, Décadas, Va, 157
8 J. Barros, Décadas, IIb, 156f.
9 J. Barros, Décadas, IIIa, 265
10 D. Couto, Soldado, 125
11 D. Couto, Décadas, Vb, 317
12 D. Couto, Décadas, IVb, 298f.
13 D. Couto, Décadas, IVb, 330ff.
14 D. Couto, IX, 284f.
15 J. Barros, Décadas, Ia, 36ff.
16 O. Marques, História, I, 189ff.
17 Saraiva/Lopes, História, 89ff.
18 J. Barros, Décadas, Ia, 268ff.
19 Camões, Lusíadas, IV, 94–104
20 J. Barros, Décadas, Ib, 2ff.
21 nach: Cidade, Épico, 97
22 nach: Boxer, Fidalgos, 131f.; Boxer, Historians, 3f.
23 z. B. Guillaume Raynal, in: Filipiana, Travel, XIX, 192ff.
24 J. I. Andrade, Cartas, I, 61ff.
25 Perham, Bilanz, 120

Zwangsläufige Entfremdungen

1 D. Couto, Décadas, VIb, 362; VIII, 328; Xa, 281; Boxer, P. Empire, 252f.
2 D. Couto, Décadas, VIII, 141, 153
3 D. Couto, Soldado, 200
4 Gaspar de San Agustín, nach: Alatas, Myth, 54
5 nach: A. B. Andrade, Balanço, 25f.
6 Boxer, P. Empire, 257
7 D. Couto, Soldado, 244f.
8 Devi/Seabra, Literatura, II, 17f.
9 Devi/Seabra, Literatura, II, 13f.
10 Devi/Seabra, Literatura, I, 117f.
11 Boxer, P. Empire, 149
12 Boxer, P. Empire, 120f.
13 MPLA, História, 120ff.
14 Boxer, Race, 49ff.
15 M. Teixeira, Macaenses; N. Batalha, Glossário; Dialecto
16 Cunha Rivara, nach: Devi/Seabra, Literatura, I, 149f.
17 Devi/Seabra, Literatura, I, 138
18 Galaxy, Goa, 50

Über das Machtstreben als Grundstruktur des Kolonialismus

1 P. Abdurahman, Maluku, 78f.
2 M. Hall, Labuan, 218f.

Seit 1511 »portugiesisch«: Malakka

1 M. Teixeira, Malaca, 325
2 M. Teixeira, Malaca, 326ff.
3 Abdullah, Hikayat, 261
4 Abdullah, Hikayat, 46
5 Abdullah, Hikayat, 64
6 Rotary, Melaka, 66
7 Brenner, Report, 86
8 Chan, Distribution, 61
9 Pintado, Survival, 4
10 Rotary, Melaka, 70
11 Pintado, Survival, 1ff.
12 Pintado, Survival, 26ff.
13 Pintado, Survival, 10ff.
14 Abdullah, Hikayat, 72
15 Rotary, Melaka, 73f.
16 Abdullah, Hikayat, 56ff.
17 Scott-Ross, Malacca, 78
18 Rotary, Melaka, 75
19 Newbold, Account, 138
20 Bird, Chersonese, 150

21 Conrad, Outcast, 13f., 287
22 M. Teixeira, Malaca, 67
23 Rotary, Melaka, 70
24 M. Teixeira, Malaca, 66ff.; Pintado, Survival, 34
25 Skelchy, Family, 5
26 Skelchy, Family, 4
27 Newbold, Account, 138
28 Chan, Distribution, 61
29 Pintado, Survival, 36ff.; Chin, Settlement, passim; Chan, Settlement, passim
30 Pintado, Survival, 38
31 Ryan, Heritage, 101
32 Rotary, Melaka, 97
33 Chan, Distribution, 56
34 Vaughan, Manners, passim
35 Rotary, Melaka, 82ff.
36 Pintado, Survival, 25, 29
37 Chan, Distribution, 56ff.

Der gerade Weg vom Asiaten zum Europäer: Tugu

1 D. Lopes, Expansão, 35
2 nach: D. Lopes, Expansão, 166
3 de Haan, Oud Batavia, Platen, No. 12
4 Abdurachman, Presence, 93ff.
5 Abdurachman Presence, 94
6 de Haan, Oud Batavia, I, 452
7 Abdurachman, Presence, 96f.
8 nach: D. Lopes, Expansão, 168
9 D. Lopes, Expansão, 162f.
10 Nicolas de Graaf, 1719, nach: D. Lopes, Expansão, 55
11 D. Lopes, Expansão, 162
12 Kartini, Letters, 60
13 D. Lopes, Expansão, 78
14 Abdurachman, Presence, 100
15 Tate, Making 149ff.
16 D. Lopes, Expansão, 171
17 D. Lopes, Expansão, 173
18 P. Abdurachman, Presence, 96ff.; Quiko, Tugu, 2ff.
19 França, Influence, 81ff.
20 Abdurachman, Presence, 97
21 Quiko, Tugu, 2
22 Abdurachman, Presence, 98
23 Quiko, Tugu, 2
24 França, Influence, 103
25 França, Influence, 38
26 Abdurachman, Presence, 99f.
27 França, Influence, 40

28 Quiko, Tugu, 4
29 Quiko, Tugu, 4

»Portugiesische« Macht ohne Portugal:
Larantuka
1 Schulte N., Atoni, 159
2 Boxer, Fidalgos, 197
3 Pigafetta, Voyage, 95 f.
4 Jolliffe, East Timor, 19; Schulte N., Atoni, 159 ff.
5 P. Correia, Gentio, 14 ff.
6 P. Correia, Gentio, 325
7 Boxer, Fidalgos, 176
8 França, Influence, 24
9 Morais, Solor, 91, 83
10 Morais, Solor, 83 ff.
11 Morais, Solor, 100
12 Morais, Solor, 89 f., 98 f.; Teixeira, Timor, 13
13 Boxer, Fidalgos, 176 f.; Morais, Solor, 99 ff.
14 França, Influence, 25
15 Boxer, Fidalgos, 175; Schulte N., Atoni, 166
16 Schulte N., Atoni, 173; Boxer, Fidalgos, 181
17 Boxer, Fidalgos, 193
18 Martens, Banda, 119, 122
19 França, Influence, 25, 54; Martinho, Timor, 19
20 França, Influence, 50
21 França, Influence, 49 f., 108 ff.
22 Boxer, Fidalgos, 196
23 Boxer, Fidalgos, 182
24 Boxer, Fidalgos, 184
25 Boxer, Fidalgos, 181
26 Boxer, Fidalgos, 180
27 Boxer, Fidalgos, 185
28 nach: Morais, Solor, 127
29 Boxer, Fidalgos, 188
30 Araújo, Timor, 87, 104
31 Boxer, Fidalgos, 192
32 Boxer, Fidalgos, 186

33 Schulte N., Atoni, 192, 223, 300
34 Boxer, Fidalgos, 192 f.
35 Jolliffe, East Timor, 30
36 Boxer, Fidalgos, 190
37 Jolliffe, East Timor, 29 f.
38 Boxer, Fidalgos, 253
39 Thomaz, Autópsia, 23 ff.
40 Thomaz, Autópsia, 23
41 Felgas, Timor, 251 ff.
42 França, Influence, 22 ff.
43 Martens, Banda, 99
44 Martens, Banda, 119
45 Martens, Banda, 118
46 França, Influence, 51 f., Vriens, Gereja, 2, 421 ff.
47 França, Influence, 26
48 Hammer, Weltmission, passim
49 Vriens, Gereja, 2, 105 ff.
50 Vriens, Gereja, 2, 141 ff.
52 Vriens, Gereja, 3b, 1581
53 Vriens, Gereja, 3b, 1589
54 Vriens, Gereja, 3b, 1591

Die »Eurasier« im Herzen einer Metropole:
Singapur
1 Wong, Eurasian p., S. XIII
2 Wong, Eurasian p., 5
3 Blake, Kampung, 5 ff.
4 Wong, Eurasian p., 33
5 Wong, Eurasian p., S. VII ff.
6 Orwell, Burmese Days, 116, 117, 118
7 Orwell, Burmese Days, 116
8 Chabb, Eurasians
9 Rein, Familiennamen
10 Teixeira, P. Missions
11 Blake, Kampung, 8 f.
12 Arumainathan, Report 1970, 35 ff.
13 Phillips, Report, 1955, 19 ff.
14 Wong, Eurasian p., 76, 78
15 Wong, Eurasian p., 72 f.
16 Wong, Eurasian p., 84
17 Wong, Eurasian p., S. XIII
18 Wong, Eurasian p., 69

Literaturverzeichnis

Abdul Aziz bin Zakaria, *Portugis dalam sejarah Melaka*, Kuala Lumpur 1963
Abdullah bin Abdullah Kadir, *The Hikayat Abdullah*, Hg.: A. H. Hill, Kuala Lumpur 1970
Abdurachman, Paramita; Leirissa, R. Z.; Luhulima, C. P. F. (Hg.), *Bunga rampai sejarah Maluku*, 1, Jakarta 1973
Abdurachman, Paramita, »*Portuguese« Presence in Jakarta*, in: Masyarikat Indonesia, II, 1, Jakarta 1975
Aguiar, Armando de, *O mundo que os portugueses criaram*, Lisboa ² 1945
Aguirre Beltrán, Gonzalo, *La población negra de México*, México ² 1972
Alatas, Syed Hussein, *The myth of the lazy native*, London 1977
Albuquerque, Afonso de, *Comentário*, Lisboa 1973
Albuquerque, Luís, *Introdução à história dos descobrimentos*, Coimbra 1962
Allemann, Fritz René, *8mal Portugal*, München 1971
Almeida, Carlos; Barreto, António, *Capitalismo e emigração em Portugal*, Lisboa 1970
Almeida, João Martins Gomes Carreira, *Comércio externo da Índia Portuguesa*, in: Economia e finanças, 2, 27, Lisboa 1959
Almeida, José C., *Alguns aspectos demográficos de Goa, Damão e Diu*, Panjim 1965
Álvares, Francisco, *Verdadeira informação das terras do Preste João*, Lisboa 1540
Aminurrashid, Harun, *Panglima Awang*, Singapore ¹⁰ 1967
Andrade, António de, *Novo descobrimento do Grão Cataio ou dos reinos do Tibete*, Lisboa 1624
Andrade, António A. Banha de (Hg.), *Balanço da colonização portuguesa*, Lisboa 1975
Andrade, José Ignácio de, *Cartas escritas da Índia e da China (1815–1835)*, Lisboa 1847
Andrade, Miguel Leitão de, *Miscelânea*, Lisboa 1867
Ansprenger, Franz, *Auflösung der Kolonialreiche*, dtv-Weltgeschichte des 20. Jahrhunderts, 13, München ² 1973
Anuário do Ultramar Português (Period.), Lisboa 1960ff.
Anuário Estatístico »Ultramar« (Period.), Lisboa 1964ff.
Aquarone, Jean Baptiste, *D. João de Castro, Gouverneur et Vice-roi des Indes Orientales 1500–1548*, Paris 1968
Araújo, Abílio, *Timor Leste*, Lisboa 1977
Argensola, Bartolomé Leonardo de, *Conquista de las Islas Malucas*, Madrid 1889
Arnold, Anne-Sophie, *Der Lusotropikalismus – einige Bemerkungen zu einer spezifischen Variante imperialistischer Kolonialapologetik*, in: Asien, Afrika, Lateinamerika, 2, 3, Berlin 1974
Arumainathan, P., *Report on the Census of Population 1970*, I, Singapore 1973
Arumainathan, P.; Haji Abu Bakar bin Haji Hashim; Lim, Kim Lian, *Report on the registration of births and deaths and marriages 1969*, Singapore 1970
Arumainathan, P.; Haji Salleh bin Haji Mohammad Piah; Lim, Kim Lian, *Report on the registration of births and deaths and marriages 1970*, Singapore 1971
Ayala, Frederico Diniz de, *Goa antiga e moderna*, Lisboa 1888
Azevedo, Alves de, *Como se restabeleceram as relações de Portugal com o Sião*, in: Boletim da Sociedade de Geografia de Lisboa, 67, 1–2, Lisboa 1949
Azevedo, Carlos de, *Arte cristã na Índia Portuguesa*, Lisboa 1959

Baião, António; Cidade, Hernâni; Múrias, Manuel, *História da expansão portuguesa no mundo*, 3 vols., Lisboa 1937–42
Baião, António, *A inquisição de Goa*, 2 vols., Coimbra 1930–49
Bald, Detlev; Heller, Peter; Hundsdörfer, Volkhard; Pasches, Joachim, *Die Liebe zum Imperium*, Bremen 1978

Ballard, G. A., *Rules of the Indian Ocean*, Duckworth 1927

Banton, M., *Race relations*, London 1967

Barbosa, Duarte, *O Livro*, in: Coleção de Notícias para a História e Geografia das Nações Ultramarinas, II, Lisboa ² 1867

Barbosa, Jorge Morais, *A língua portuguesa no mundo*, Lisboa reed. 1969

Barreiros, Gaspar, *Chorografia* (1561), Coimbra 1968

Barros, João de, *Décadas*, Ed. Sam Carlos, Lisboa 1973 (Ia–IVb); Ed. Sá da Costa, Lisboa 1945–46 (Sel. I–IV)

Basset, David K., *European influence in South East Asia*, c. 1500–1630, in: Journal of South East Asian History, 4, Kuala Lumpur 1963

Basset, David K., *The Portuguese in Malaya*, in: Journal of the Historical Society, University of Malaya, 3, Kuala Lumpur 1962/63

Bastin, John; Benda, Harry J., *A history of modern Southeast Asia*, Sydney ² 1977

Batalha, Graciete Nogueira, *Coincidências com o dialecto de Macau em dialectos espanhois das Ilhas Filipinas*, in: IX. Congresso Internacional de Linguística Românica, Actas, II, Lisboa 1961

Batalha, Graciete Nogueira, *Estado actual do dialecto macaense*, in: Revista Portuguesa de Filologia, IX, Coimbra 1958

Batalha, Graciete Nogueira, *Glossário do dialecto macaense*, Coimbra 1977

Batalha, Graciete Nogueira, *Língua de Macau*, Macau 1974

Beach, Frank A.; Ford, Clellan S., *Formen der Sexualität*, Barmbek 1968

Bell, Aubrey F.G., *Portuguese Literature* (1922), Oxford reed. 1970

Bensaúde, Joaquim, *Origem do plano português da conquista oriental*, Lisboa 1930

Bernatzik, Adolf (Hg.), *Die große Völkerkunde*, 1, Leipzig 1939

Bernatzik, Emmy, *Afrikafahrt*, Bochum o. J.

Bettencourt, Emiliano Augusto de, *Descobrimentos*, Lisboa 1881–82

Beversluis, A. J.; Grieben, A. H. C., *Het Gouvernement der Molukken*, Weltevreden 1929

Bird, Isabella L., *The Golden Chersonese and the way thither*, London 1883

Bitterli, Urs, *Die Entdeckung des schwarzen Afrikaners*, Zürich 1970

Bitterli, Urs, *Schriftsteller und Kolonialismus: Malraux, Conrad, Green, Weiss*, Zürich/Köln 1973

Bitterli, Urs, *Die »Wilden« und die »Zivilisierten«*, München 1976

Blake, Myrna L., *Kampung Eurasians*, Department of Sociology, University of Singapore, Working Papers, 17, Singapore 1973

Bocarro, António, *Década 13 da história da Índia*, Neudeln reprint. 1976

Bocarro, António, *Livro das plantas*, 3 vols., Bastorá 1937–38

Bosse, Hans, *Diebe, Lügner, Faulenzer*, Frankfurt a. M. 1980

Bouchon, Geneviève, *Mamale de Cananor, un adversaire de l'Inde Portugaise 1507–1528*, Paris 1975

Boxer, Charles Ralph, *The Christian Century in Japan*, London 1951

Boxer, Charles Ralph (Hg.), *Commentaries of Ruy Freyre de Andrade*, London 1930

Boxer, Charles Ralph, *Dutch Seaborne Empire*, London 1965

Boxer, Charles Ralph, *Einige Aspekte der westlichen Geschichtsschreibung über den Fernen Osten 1500–1800*, in: Saeculum, 1957

Boxer, Charles Ralph, *Fidalgos in the Far East*, The Hague 1948

Boxer, Charles Ralph, *Fidalgos portugueses e bailadeiras indianas*, in: Revista de História, 12, 22, 45, São Paulo 1961

Boxer, Charles Ralph, *Four centuries of Portuguese expansion*, Johannesburg 1961

Boxer, Charles Ralph, *Francisco Vieira de Figueiredo: a Portuguese Merchant-Adventurer in South East Asia (1624–1667)*, s'Gravenhage 1967

Boxer, Charles Ralph, *Mary and misogyny*, London 1975

Boxer, Charles Ralph, *The Portuguese Seaborne Empire*, London 1969

Boxer, Charles Ralph, *Portuguese society in the tropics: the municipal councils of Goa, Macau, Bahia and Luanda 1510–1800*, Madison/Wisconsin 1965

Boxer, Charles Ralph, *Race relations in the Portuguese empire*, Oxford 1963

Boxer, Charles Ralph, *Reflexos da guerra pernambucana na Índia oriental 1645–1655*, in: Boletim do Instituto Vasco da Gama, 74, Bastorá 1957

Boxer, Charles Ralph, *A tentative check-list of Indo-Portuguese imprints*, in: Arquivo do Centro Cultural Português, 9, Paris 1975

Boxer, Charles Ralph, *Three historians of Portuguese Asia*, Macau 1948

Braga, José Maria, *Primórdios da imprensa em Macau*, in: Boletim Eclesiástico da Diocese de Macau, 627, 1965

Braga, José Maria, *A projecção do português no Exremo Oriente através de Macau*, in: Boletim da Sociedade de Geografia de Lisboa, 70, 4–6, Lisboa 1952

Braga, José Maria, *Notes on the Lingua Franca in the East*, in: Renascimento, Macau 1942

Braga, Maria Ondina Soares, *Eu vim para ver a terra*, Lisboa 1965

Brazão, Eduardo, *Em demanda do Cataio – a viagem de Bento de Goes à China 1603–1607*, Lisboa [2] 1969

Brazão, Eduardo, *Macau, Cidade do Nome de Deus na China*, Lisboa 1957

Bremner, M. J., *Translation of Governor Bort's Report on Malacca (1678)*, in: JMBRAS, 5, Kuala Lumpur 1927

Brito, Bernardo Gomes de (Hg.), *História trágico-marítima*, Lisboa 1904

Brito, Raquel Soeiro de, *Goa e as praças do Norte*, Lisboa 1966

Brito, Raquel Soeiro de, *Notícia do inquérito das aldeias de Goa*, Lisboa 1957

Brito, Raquel Soeiro de, *Ocupação do solo no Timor português*, in: Geographica, 7, 27, Lisboa 1971

Bruce, Neil F., *Portugal: the last Empire*, London 1975

Bry, Theodore de, *Das Vierdte Buch, Von der Neuwen Welt (1598)*, Dortmund 1977

Calvet, Louis-Jean, *Die Sprachenfresser*, Berlin 1978

Caetano, Marcello, *Factos e figuras do Ultramar*, Lisboa 1973

Caetano, Marcello, *Razões da presença de Portugal no Ultramar*, Lisboa 1973

Camões, Luís de, *Os Lusíadas*, ed. Manuel P. Ramos, Porto, 6. ed. o. J.

Camões, Luís de, *Obras completas*, I, ed. Hernâni Cidade, Lisboa 1962

Campos, J. J. A., *History of the Portuguese in Bengal*, Calcutta 1919

»*Cartas do Japão*«, in: Sá, Artur Basílio, Documentaçao para a história das missões do padroado português do Oriente, Lisboa 1954–58

Carvalho, José dos Santos, *Vida e morte em Timor durante a Segunda Guerra Mundial*, Lisboa 1972

Cascudo, Luís da Câmara, *Dicionário do folclore brasileiro*, 2 vols., Rio [2] 1962

Casimiro, Augusto, *São Francisco Xavier e os portugueses*, Lisboa 1954

Castanheda, Fernão Lopes de, *História do descobrimento*, The Hague 1929

Castro, Afonso de, *As possessões portuguesas na Oceânia*, Lisboa 1867

Castro, Alberto Osório de, *A ilha verde e vermelha de Timor*, Lisboa 1943

Catálogo Bibliográfico da Agência-Geral do Ultramar, Lisboa 1966

César, Amândio, *Parágrafos de literatura ultramarina*, Braga 1967

César, Amândio, *Primavera e morte na costa do Malabar*, in: Boletim geral do Ultramar, 42, 487/488, Lisboa 1966

Chá, Lunardo da, *Relazione*, in: Manuel, *Carta*, Hg.: Peragallo, Lisboa 1892

Chabb, C. H., *Malaya's Eurasians*, Singapore 1960

Chagas, Pinheiro, *Os portugueses na África, Ásia, América e Oceânia*, 8 vols., Lisboa 1871–1890

Chan, Kok Eng, *The distribution of the Portuguese Eurasian Population in Malacca: a study of spacial continuity and change*, in: Geographica, University of Malaya, 6, Kuala Lumpur 1970

Chan, Kok Eng, *The Portuguese Settlement of Malacca: a socio-economic profile*, in: Geographica, University of Malaya, 7, Kuala Lumpur 1971

Chan, Kok Eng, *A study in the social geography of the Malacca Portuguese Eurasians*, Th. University of Malaya, Kuala Lumpur 1970

Chang, T'ien-tsê, *Malacca and the failure of the first Portuguese embassy to Peking*, in: Journal of South East Asian History, 3, 2, Kuala Lumpur 1962

Chang, T'ien-tsê, *Sino-Portuguese trade from 1514 to 1644*, Leyden 1934

Chaunu, P., *Conquête et exploitation des nouveaux mondes*, Paris 1969

Cheeseman, H. R., *Bibliography of Malaya*, London 1959

Chilcote, Ronald H., *Potuguese Africa*, Englewod Cliffs, N.J., 1967

Chin, Yik Poh, *The Portuguese Settlement of Malacca*, Singapore 1968

Chinard, G., *L'Amérique et le rêve exotique dans la littérature française au XVIIe et XVIIIe siècles*, Paris 1934

Christian, J. LeRoy, *Portuguese India and its historical records*, in: The Hispanic American Historical Review, Durham (N.Car.) 1945

Coates, Austin, *A Macao Narrative*, Hong Kong 1978

Cidade, Hernâni, *A literatura portuguesa e a expansão ultramarina*, 2 vols., Coimbra ² 1963–64

Cidade, Hernâni, *Luís de Camões*, I. O Lirico, II. O Épico, Lisboa 1967–68

Clifford, Hugh (Hg. William R. Roff), *Stories*, Oxford 1966

Coelho, Adolfo, *Os dialectos românicos ou neo-latinos na África, Ásia e América*, in: Estudos linguísticos crioulos 1880–1887, reprint Lisboa 1967

Congresso II das Comunidades de Cultura Portuguesa, 3 vols., Lisboa 1970

Conrad, Joseph, *An Outcast of the Islands (1896)*, Middlesex 1976

Cook, James, *Entdeckungsfahrten im Pazifik* (Hg. A. Grenfell Price), Berg.-Gladbach 1971

Cooley, Frank L., *Allang: a village on Ambon Island*, in: Koentjaraningrat (Hg.), Villages in Indonesia, Ithaca, N.Y., 1967

Cornelius, Paul, *Languages in seventeenth- and early eighteenth-century imaginary voyages*, Genève 1965

Correa, António A. E. Mendes, *Raças do império*, Porto 1943

Correia, Alberto G. G. S., *Les Eurasiens de l'Inde Portugaise*, Bastorá 1940

Correia, Armando Pinto, *Gentio de Timor*, Lisboa 1934

Correia, Gaspar, *Lendas da Índia*, Porto 1975

Correia, G. da Silva, *História da colonização portuguesa na Índia*, 6 vols., Lisboa 1948–58

Correia, Sebastião Morão, *Qual será o destino da língua portuguesa na Índia Portuguesa*, Lisboa 1950

Cortesão, Armando, *Os portugueses em Bengala*, in: Boletim da Sociedade de Geografia de Lisboa, 62, 7–8, Lisboa 1944

Cortesão, Armando, *Primeira embaixada europeia à China (Tomé Pires e a sua Suma Oriental)*, Lisboa 1945

Cortesão, Jaime, *Camões e o descobrimento do mundo*, Lisboa 1944

Cortesão, Jaime, *L'expansion des portugais dans l'histoire de la civilisation*, Anvers 1930

Cortesão, Jaime, *O franciscanismo e a mística dos descobrimentos*, Lisboa 1932

Cortesão, Jaime, *O império português no Oriente*, Lisboa 1968

Cortesão, Jaime, *O Ultramar português depois da Restauração*, Lisboa 1971

Costa, Aleixo Manuel da, *Literatura goesa*, Lisboa 1967

Costa, José Manuel Pereira da, *Inquérito ao que passa no Estado da Índia*, Braga 1965

Costa, José Manuel Pereira da, *Socotorá e o domínio português no Oriente*, in: Revista da Universidade de Coimbra, 23, Coimbra 1973

Costa, Manuel de Oliveira Gomes da, *A revolta de Goa e a campanha de 1895/96*, Lisboa 1939

Costa, P. J. Peregrino da, *A expansão do goês pelo mundo*, Goa 1956

Costa, P. J. Peregrino da, *Medicina portuguesa no Extremo Oriente*, in: Boletim do Instituto Vasco da Gama, 63–64, Bastorá 1948

Coutinho, B. Xavier, *Portugal na História e na Arte de Ceilão*, in: Studia, 35, Lisboa 1972

Couto, Diogo do, *Décadas*, Ed. Sam Carlos, IVa–XII, Lisboa 1973

Couto, Diogo do, *O soldado prático*, Hg.: M. Rodrigues Lapa, Lisboa 1954

Cravo, Joaquim, *Foi Timor*, Lisboa 1976

Crionin, Vincent, *A pearl to India: the life of Roberto de Nobili*, London 1959

»*Crónica do descobrimento e conquista da Índia pelos portugueses*«, Anonymer Kodex im Britischen Museum von London, Lourenço Marques 1974

Crowley, James B. (Hg.), *Modern East Asia*, New York 1970

Dahm, Bernhard, *Akkulturation und kulturelle Emanzipation in Südost-Asien*, in: Zeitschrift für Kulturaustausch, 24, 1, Stuttgart 1974

Dalgado, Sebastião Rodolfo, *Dialecto indo-português de Damão*, in: Revista Lusitana, Lisboa 1903

Dalgado, Sebastião Rodolfo, *Dialecto indo-português de Goa*, in: Revista Lusitana, Lisboa 1900

Dalgado, Sebastião Rodolfo, *Dialecto indo-português do Norte (Bombaim)*, in: Revista Lusitana 1906

Dalgado, Sebastião Rodolfo, *Dialecto português de Ceilão*, in: Boletim da Sociedade de Geografia de Lisboa, 2, 2, Lisboa 1880

Dalgado, Sebastião Rodolfo, *Glossário Luso-Asiático*, 2 vols., Coimbra 1919–21

Dalgado, Sebastião Rodolfo, *Influência do vocabulário português em línguas asiáticas*, Coimbra 1913

Danvers, Frederick Charles, *The Portuguese in India*, 2 vols., London 1894, reprint. 1966

Danvers, Frederick Charles, *Report to the Secretary of State for India (London 1892)*, Amsterdam 1966

Dartford, G. P., *A short history of Malaya*, Hong Kong 1962

Daus, Ronald, *Der deutsche Leser und seine Schwierigkeiten mit einer fremden Realität*, in: Zeitschrift für Kulturaustausch, 27, 1, Stuttgart 1977

Daus, Ronald, »*Kultur*« *in Deutschland –* »*Kultur in Lateinamerika*«, in: Zeitschrift für Kulturaustausch, 24, 4, Stuttgart 1974

Daus, Ronald, *Zorniges Lateinamerika – Selbstdarstellung eines Kontinents*, Düsseldorf 1973

Dawson, R., *The Chinese Chameleon*, New York 1967

Delgado, Ralph, *História de Angola*, 3 vols., Luanda o. J.

Deschamps, H., *Histoire de la traite des noirs*, Paris 1971

Deschamps, H., *Les Européens hors d'Europe de 1434 à 1815*, Paris 1972

Deschamps, H., *Méthodes et doctrines coloniales de la France*, Paris 1953

Devi, Vimala; Seabra, Manuel de, *A literatura indo-portuguesa*, 2 vols., Lisboa 1971

Dias, F. C., *Vícios mais correntes da língua portuguesa em Goa*, in: Sursum, Bastorá 1959–60

Dickson, M. G., *A Sarawak Anthology*, London 1965

Diderot, Denis, *Supplément au voyage de Bougainville (1796)*, ed. Livre de poche, in: Le neveu de Rameau, Paris 1966

Diffie, Bailey; Winius, George, *Europe and the World in the Age of Expansion*, I, University of Minnesota, Minneapolis 1976

»*Documentação ultramarina portuguesa*« (Period.), Lisboa 1960ff.

Duarte, Teófilo, *Ocupação e colonização branca de Timor*, Porto 1944

Duarte, Teófilo, *O Rei de Timor*, Lisboa 1931

Dugos, Carlos, *Descolonisação portuguesa*, Lisboa 1975

Dunne, George Harold, *Das große Exempel*, Stuttgart 1965

Dutt, R., *The economic history of India 1757–1900*, 2 vols., New Delhi 1960

Dutt, R., *India in the Victorian Age*, London[7] 1950

Dykes, E. B., *The Negro in English romance thought*, Washington 1942

Eerde, J.-C. van, *Ethnologie coloniale*, Paris 1927

Eredia, Emanuel Godinho de, *Declaração de Malaca e Índia Meridional como Cathay (1613)*, Bruxelles 1882

Escalante, Bernardino de, *Discurso... de las grandezas del Reino de la China (1577)*, facs., Madrid 1958

»*The Eurasians of Indonesia*«,Bibliography, Ithaca, N. Y., 1971

Fairchild, H. N., *The Noble Savage*, New York 1928

Falcão, Luís de Figueiredo, *Livro da fazenda*, Lisboa 1859

Fanon, Frantz, *Les damnés de la terre*, Paris 1961

Fanon, Frantz, *Peau noire, masques blancs*, Paris 1952

Farinha, António Lourenço, *A expansão da Fé na Africa e no Oriente*, 2 vols., Lisboa 1943

Felgas, Hélio A. Esteves, *Timor Português*, Lisboa 1956

Fernandes, Avertano Correia, *Emigração indo-portuguesa*, in: Boletim da Sociedade de Geografia de Lisboa, 56, 7–8, Lisboa 1938

Fernández de Oviedo, Gonzalo, *Historia general y natural de las Indias*, 4 vols., Madrid 1851–55

Ferreira, Joŝe dos Santos, *Qui-nova Chencho*, Macau 1973

Ferreira, Joŝe dos Santos, *Papiá Cristám di Macau*, Macau 1978

Ferreira, Manuel, *A cultura em Goa e a literatura de expressão portuguesa*, in: Estudos ultramarinos, 3, Lisboa 1959

Ferreira, Manuel, *Terra trazida*, Lisboa ²1980

Ferreira, Manuel, *No reino de Caliban*, Lisboa 1975

Fialho, Madalena da Câmara, *Os conceitos de império e o imperialismo português*, in: Rumo, 1, 2, Lisboa 1946

Fieldhouse, David K., *Die Kolonialreiche seit dem 18. Jahrhundert*, Fischer Weltgeschichte, 29, Frankfurt a. M. 1965

Figueiredo, João Manuel Pacheco de, *Goa dourada nos séc. 16 e 17*, in: Studia, 25, Lisboa 1968

Filipiana Book Guild (Hg.): *Travel Accounts*, XIX, XXII, Manila, 1971, 1974

Fitzler, Mathilde Auguste Hedwig, *O cerco de Colombo*, Coimbra 1928

Fonseca, Branquinho da (Hg.), *As grandes viagens portuguesas*, Lisboa o. J.

Fonseca, Joaquim Manuel da, *Comissão em Timor*, Amadora 1976

Forster, Georg, *Werke. Sämtliche Schriften, Tagebücher, Briefe*, II, III, Berlin 1965, 1966

França, António Pinto da, *Portuguese influence in Indonesia*, Jakarta 1970

Franke Herbert; Trauzettel, Rolf, *Das Chinesische Kaiserreich*, Fischer Weltgeschichte, 19, Frankfurt a. M. 1968

Franke, Herbert, *Europa in der ostasiatischen Geschichtsschreibung des 13. und 14. Jahrhunderts*, in: Saeculum 1951

Franke, Otto, *Ostasiatische Neubildungen*, Hamburg 1911

Franke, Wolfgang, *China und das Abendland*, Göttingen 1962

Freitas, Serafim de, *Do justo império asiático dos portugueses*, Hg.: Marcello Caetano, Lisboa 1960

FRETILIN (Hg.), *Uma luta heróica*, Lisboa 1976

Freud, Sigmund, *Totem und Tabu (1913)*, Frankfurt a. M. 1956

Freyre, Gilberto, *Aventura e rutina*, Lisboa o. J.

Freyre, Gilberto, *Casa grande & senzala*, 2 vols., Rio ¹¹1964

Freyre, Gilberto, *O Luso e o Trópico*, Lisboa 1961

Furber, Holden, *Rival Empires of Trade in the Orient 1600–1800*, University of Minnesota, Minneapolis 1976

Furnivall, J. S., *Netherlands India*, Cambridge 1939

Galaxy of Goans, *Goa, the masterpiece of Skanda Purana*, Bombay 1974

Galvão, António, *Tratado dos descobrimentos das Antilhas e Índias pelos Espanhóis feitos*, Lisboa 1563, Porto 1944

Galvão, António, *A treatise on the Moluccas (1544)*, Hg.: Hubert Jacobs, Rome/St. Louis 1971

Galvão, Henrique; Selvagem, Carlos, *Império ultramarino português*, 4 vols., Lisboa 1950–53

Garret, Clarke W., *The myth of assimilation. The French theory of imperialism in Vietnam*, in: Balkrisha G. Gokhale (Hg.), Asian Studies, 1, Bombay 1966

Garret, João Batista Almeida, *Viagens na minha terra*, Lisboa 1954

Garret, João Batista Almeida, *Incomplete tragedy of Afonso de Albuquerque*, Hg.: Edgar C. Knowlton, Macau 1977

Gatto, Nélson, *O dia em que Goa caiu*, São Paulo 1963

Glasenapp, Helmuth von, *Die Literaturen Indiens*, Stuttgart 1961

Glasenapp, Helmuth von, *Die Philosophie der Inder*, Stuttgart ³ 1974

Godinho, Manuel, *Relação de um caminho (1663)*, Lisboa 1974

Godinho, Vitorino de Magalhães, *Os descobrimentos e a economia mundial*, 2 vols., Lisboa 1963–71

Godinho, Vitorino de Magalhães, *A economia dos descobrimentos henriquinos*, Lisboa 1962

Goes, Damião de, *Crónica de D. Manuel*, 4 vols., Coimbra 1949–55

Goes, Damião de, *Crónica do Príncipe D. João*, Lisboa 1977

Gomes, Luís Gonzaga, *O malogro de duas missões ao Império do Meio*, in: Boletim do Instituto Luís de Camões, 1, 4–5, Macau 1967

Gonçalves, José Júlio, *As élites no Ultramar português*, in: Mensário administrativo, Luanda 1959

Gonçalves, José Júlio, *A informação nas províncias do Oriente*, Lisboa 1968

Gonçalves, José Júlio, *Publicações compostas e impressas em Goa de 1556 a 1961*, Lisboa 1973

Gonçalves, José Júlio, *Portugueses dispersos pelo mundo*, Lisboa 1971

Gonçalves, Júlio, *De como se ganhou e se perdeu Goa*, in: Boletim de Sociedade de Geografia de Lisboa, 80, 7–12, Lisboa 1962

Gonçalves, Júlio, *Os portugueses e o Mar des Índias*, Rio 1947

González Palencia, *El Islam y Occidente*, Madrid 1931

Goonatilleka, M. H., *Ceilão e Portugal – relações culturais*, in: Studia, 30–31, Lisboa 1970

Governo Geral do Estado da Índia (Hg.), *A Índia Portuguesa*, 2 vols., Nova Goa 1923

Gracias, José António Ismael, *A imprensa em Goa nos séculos XVI, XVII e XVIII*, Nova Goa 1880

Grotius, Hugo, *De iure belli ac pacis libri tres*, Paris 1625

Grunebaum, Gustave Edmund v. (Hg.), *Der Islam II*, Fischer Weltgeschichte, 15, Frankfurt a. M. 1971

Guerreiro, Amaro Duarte, *Panorama económico dos descobrimentos henriquinos*, Lisboa 1961

Gutschow, Niels; Pieper, Jan, *Indien*, Köln 1978

Haan, F. de, *Oud Batavia*, I, Batavia 1922

Haan, F. de, *Oud Batavia*, Platen-Album, Batavia 1923

Hall, Maxwell, *Labuan Story*, Jesselton 1958

Hallett, R., *The penetration of Africa*, New York 1965

Hamann, G., *Der Eintritt der südlichen Hemisphäre in die europäische Geschichte*, Wien 1966

Hammer, Karl, *Weltmission und Kolonialismus*, München 1981

Hart, Henry H., *Sea roads to the Indies*, New York 1950

Hart, Henry H., *Venezianischer Abenteurer*, Bremen 1959

Hennig, R., *Indienfahrten abendländischer Christen im frühen Mittelalter*, in: Archiv für Kulturgeschichte, 1935

Herrmann, Paul, *Sieben vorbei und Acht verweht*, Hamburg 1952

Hesse, Elias, *Gold-Bergwerke in Sumatra 1680–1683 (1690)*, den Haag 1931
Hidajat, Z. M., *Masayarakat dan kebudayaan suku-suku bangsa di Nusatenggara Timur*, Bandung 1976
Hobsen, J. A., *Imperialism, a study*, London 1902
Hodder, B. W., *Man in Malaya*, London 1959
Houpert, Fr. J. C., *Christianity in India and Ceylon*, Madras 1965
Houtart, François (Hg.), *Portugal in Afrika*, Stein/Nürnberg 1971
Hudson, G. F., *Europe and China*, London 1931
Hunke, Sigrid, *Allahs Sonne über dem Abendland*, Stuttgart 1960

Iân-Kuóng-Iâm; Tcheong-U-Lam, *Monografia de Macau (Ou-mun Kei-Iéok)*, Macau o. J.
Ibn Battuta, *Reisen ans Ende der Welt 1325–1353*, Hg.: Hans D. Leicht, Tübingen 1974
Iria, Alberto, *Elementos de estudo acerca da possível contribuição portuguesa para a organizaçaõ do Museu Histórico de Malaca*, in: Studia, 6, Lisboa 1960

Jack-Hinton, Colin, *Malacca and Goa and the Question of race relations in the Portuguese Overseas Provinces*, in: Journal of South East Asian History, 10, Kuala Lumpur 1969
Jack-Hinton, Colin, *Marco Polo in South East Asia*, in: Journal of South East Asian History, 8, Kuala Lumpur 1967
Jack-Hinton, Colin, *Papers on early South-East Asian history*, Singapore 1964
Jacobs, Hubert, *Brief notes on the vicars and other secular clerics of the Portuguese fortresses in Maluku up to 1605*, in: Neue Zeitschrift für Missionswissenschaft, 31, Immensee/Schweiz 1975
Jacobs, Hubert, *Documenta Malucensia*, I, Rom 1974
Jahn, Janheinz, *Geschichte der neoafrikanischen Literatur*, Düsseldorf 1966
Jaspers, R., *Die missionarische Erschließung Ozeaniens*, Münster 1972
Joliffe, Jill, *East Timor – nationalism and colonialism*, St. Lucia/Australien 1978
Jorge, Evagrio, *Santos ou Arruaceiros?*, Bombay 1944

Kartini, Raden Adjeng, *Letters of a Javanese Princess*, Hong Kong 1976
Kartodirdjo, Sartono, *Religious and economic aspects of Portuguese-Indonesian relations*, in: Studia, 29, 1970
Keller, Werner, *Und wurden zerstreut unter alle Völker*, München 1966
Keller-Senn, Carl-J., *China*, Nürnberg 1974
Kindlers Literatur Lexikon, dtv-Ausgabe, 25 Bd., München 1974
Khoo, Gilbert, *Portuguese decline in the East*, in: Journal of the Historical Society, University of Malaya, II, Kuala Lumpur 1963/64
Knowlton, Edgar C., *Malaysian Portuguese*, in: The Linguist, 26, London 1964
Knowlton, Edgar C., *Pidgin English and Portuguese*, in: F. S. Drake (Hg.), Historical, archeological and linguistic studies on Southern China, South East Asia and the Hong Kong Region, Hong Kong 1961
Knowlton, Edgar C., *Word of Chinese, Japanese and Korean origin in the Romance languages*, Ph. D., Stanford 1959
Koentjaraningrat, *Manusia dan kebudayaan di Indonesia*, Jakarta²1975
Koks, J. Th., *De Indo*, Amsterdam 1931
Koninklijk Instituut voor de Tropen (Hg.), *Maleisië*, Amsterdam 1974
Kükenthal, Willy, *Forschungsreise in den Molukken und in Borneo*, Berlin 1896
Kuo, Heng-yü, *China und die Barbaren*, Pfullingen 1967
Kurian, George, *The Indian family in transition, Syrian Christians in Kerala*, s' Gravenhage 1961

Lach, Donald F., *Asia in the Making of Europe*, 6 vols., Chicago 1965–77

Lapa, M. Rodrigues (Hg.), *Fernão Mendes Pinto*, Peregrinação, Lisboa ³1977

Laval, François Pyrard de, *Viagem 1601–1611*, Goa 1858

Leal, Silva, *Jornais indo-portugueses*, Lisboa 1898

Le Gentil, George, *Fernão Mendes Pinto, un précurseur de l'exotisme au XVIe siècle*, Paris 1947

Legge, John D., *Indonesia*, Sydney ²1977

Leitão, Humberto, *Vinte e oito anos de história de Timor 1698–1725*, Lisboa 1952

Leite, Duarte, *O plano henriquino da Índia e os nossos escritores*, Lisboa 1942

Lenin, Wladimir Iljitsch, *Der Imperialismus als höchstes Stadium des Kapitalismus*, in: Ausge-wählte Werke, I, Berlin 1962

Léry, Jean de, *Viagem à terra do Brasil (1578)*, Rio 1961

Lévy-Provençale, E., *La civilización árabe en España*, Buenos Aires 1953

Liberato, Cacilda dos Santos Oliveira, *Quando Timor foi notícia*, Braga 1972

Lin, Yutang, *My country and my people (1936)*, Hong Kong 1977

Lobato, Alexandre, *Índia: relações luso-maratas 1658–1737*, Lisboa 1965

Lobato, Alexandre, *Sociologia política da expansão*, Lisboa 1957

Lo-Hsiang-lin, *The role of Hong Kong in the cultural interchange*, I, Tokyo 1963

Lombard, Denys, *Pages d'exotisme*, in: Archipel, 3,7,8 Paris 1974

Lombard, Denys, *Voyageurs français dans l'Archipel Insulindien*, in: Archipel, 1, Paris 1971

Lombard-Jourdan, Anne, *Infortunes d'un prince de Timor accueilli en France sous Louis XV*, in: Archipel, 16, Paris 1978

Lopes, David, *A expansão da língua portuguesa no Oriente nos séculos XVI, XVII e XVIII*, Barcelos 1936

Loureiro, João, *Flora Cochinchinensis*, Lisboa 1790

Lucena, João de, *História da vida do Padre Francisco de Xavier*, facs. Lisboa 1952

Lupi, Eduardo do Couto, *A empresa portuguesa do Oriente*, Lisboa 1943

Lupi, Nita, *The music and the spirit of Portuguese India*, Lisboa 1960

Lüthy, H., *Die Epoche der Kolonialisation und die Erschließung der Erde*, in: Gegenwart der Geschichte, Berlin 1967

Luz, Francisco Mendes da, *Livro das cidades e fortalezas*, Coimbra 1952

Machado, Pedro José, *Esta é a linguagem de Calicut*, in: Revista de Portugal, 35, 284, Lisboa o. J.

Machado, Herlander Alves, *A expansão quatrocentista dos portugueses*, Porto 1976

Macedo, José Agostinho, *O Oriente*, Lisboa 1814

MacGregor, Ian A., *Gaspar Correia and Malacca*, IMBRAS, 28, 1, Kuala Lumpur 1955

MacGregor, Ian A., *Notes on the Portuguese in Malaya*, IMBRAS, 28, 2, Kuala Lumpur 1955

MacGregor, Ian A., *Some aspects of Portuguese historical writing of the 16th and 17th centuries on South East Asia*, in: D. G. E. Hall (Hg.), Historians of South East Asia, London 1962

Mandeville, John, *Sir John Mandevilles Reisebeschreibung*, Hg.: Eric John Morrall, Berlin 1974

Manrique, Sebastião, *Itinerario de las misiones del India Oriental (1653)*, 2 vols., Lisboa 1946

Manuel, *Carta de El-Rey Manuel ao Rei Católico (1505)*, Lisboa 1892

March, Andrew L., *The Idea of China*, New York 1974

Marcus, Steven, *Umkehrung der Moral*, Frankfurt a. M. 1979

Marini, Emile, *Goa, as I saw it*, Vevey 1956

Marques, A. H. de Oliveira, *A sociedade medieval portuguesa*, Lisboa 1964

Marques, A. H. de Oliveira, *História de Portugal*, Lisboa ⁴1977

Marques, Lourenço, *A incorporação das »novas conquistas« no Estado da Índia*, in: Studia, 8, Lisboa 1961

Martens, Eduard von, *Banda, Timor und Flores«*, in: Zeitschrift der Gesellschaft für Erdkunde zu Berlin, XXIV, Berlin 1889

Martin, K., *Reisen in den Molukken, in Ambon, den Uliassern, Seram und Buru*, 2 Bd., Leiden 1894

Martinho, José S., *Timor – quatro séculos de colonização portuguesa*, Porto 1943

Martins, Mário, *Teatro quinhentista nos naus da Índia*, Lisboa 1973

Marvaud, Angel, *Le Portugal et ses colonies*, Paris 1912

Marx, Karl, *Die britische Herrschaft in Indien (1853)*, in: Marx/Engels, Ausgewählte Schriften, I, Berlin 1964

Marx, Karl, *Das Kapital*, 3 Bd., Berlin 1953

Matos, Artur Teodoro de, *Subsídios para a história económico-social de Timor no século XVIII*, in: Bracara augusta, 29, 67–68, 79–80, Braga 1975

Matos, Artur Teodoro de, *Timor Português 1515–1769*, Lisboa 1974

Matsuda, Kiichi, *The relations between Portugal and Japan*, Lisboa 1965

Maxwell, George, *In Malay forests*, Singapore 1960

Meersmann, Achilles, *The suppression of Konkani in Goa*, in: Zeitschrift für Missionswissenschaft, 55, 1, Münster 1971

Meilink-Roelofsz, M. A. P., *Asian trade and European influence in the Indonesian Archipelago between 1500 and about 1630*, The Hague 1962

Meneses, Francisco de Sá de, *The conquest of Malacca* (trad. Edgar C. Knowlton), Kuala Lumpur 1970

Meneses, Francisco de Sá de, *Malaca conquistada*, Lisboa 1634

Mercier, R., *L'Afrique noire dans la littérature française*, Dakar 1962

Metello, António, *Timor, fantasma do Oriente*, Lisboa 1923

Middelkoop, P., *Headhunting in Timor and its historical implications*, Sydney 1963

Milbury-Steen, Sarah L., *European and African stereotypes in 20th century fiction*, London 1980

Mills, L. A., *British rule in Eastern Asia*, London 1942

Mirbeau, Octave, *Der Garten der Lüste* (original frz. 1899), dt., München 1974

Missen, Geoff J., *Viewpoint on Indonesia*, Melbourne 1972

»Missionsliteratur Südost-Asiens« 1910–1970, Bibliotheca Missionum, 29, Freiburg i. Br. 1974

Moorehead, A,, *The fatal impact*, London 1970

Moraes, George Mark, *A history of Christianity in India*, Bombay 1964

Morais, A. Faria de, *Solor e Timor*, Lisboa 1944

Moreira, Adriano, *Política ultramarina*, Lisboa 1961

Morris, James, *Farewell the trumpets*, Middlesex 1979

Morris, James, *Heaven's command*, Middlesex 1979

Morris, James, *Pax Britannica*, Middlesex 1979

Moura, Carlos Francisco, *Nagasaki, cidade portuguesa no Japão*, in: Studia, 26, Lisboa 1969

Moura, José Jacinto do Nascimento, *Relações dos portugueses com o Sião*; in: Boletim da Agência-Geral das Colónias, 7, 68, Lisboa 1931

Mournier, R., *Les Européens hors d'Europe aux XVIe et XVIIe siècles*, Paris 1956

MPLA, *História de Angola*, Porto 1975

Multatuli, *Max Havelaar of De Koffyveilingen der Nederlandsche Handelmaatschappij*, Amsterdam 1860

Murphy, Rhoads, *Traditionalism and colonialism: changing urban roles in Asia*, Ann Arbor, Michigan, 1969

National Secretary for Information (Hg.), *The invasion and occupation of Goa in the world press*, Lisboa 1962

Newbold, T. J., *Political and statistical account of the British settlements in the Straits of Malacca*, London 1839

Nicholl, Robert, *European sources for the history of the Sultanate of Brunei in the 16th century*, Brunei 1975

Nilsson, Sten, *European Architecture in India 1750–1850*, London 1968

Noonan, Laurence A., *The Portuguese in Malacca*, in: Studia, 23, Lisboa 1968

Norton, Luís, *Os portugueses no Japão 1543–1640*, Lisboa 1952

Nunes, Eduardo, *Guerra santa, »Santa Pirateria«: um caso português de 1455*, in: Brotéria, 90, 2, Lisboa 1970

Nunes, José da Costa, *Vestígios portugueses no Oriente*, in: Boletim da Academia Internacional da Cultura Portuguesa, 2, Lisboa 1966

Nyessen, D., *The Portuguese on the Indian Ocean*, in: Ocidente, XXIV, 77, Lisboa 1944

Oliveira, Aldina de Araújo, *A influência da cultura e da língua portuguesa na Indonésia*, Vila Nova da Famalicão 1975

Oliveira, Hermes de Araújo, *O problema da Índia Portuguesa*, Lisboa 1958

Orwell, George, *Burmese days (1934)*, Middlesex 1977

Osório, Jerónimo, *De rebus Emmanuelis regis Lusitaniae invictissi virtute et auspicio gestis libri duodecim*, Lisboa 1571

Osório, João de Castro, *O Além-Mar na literatura portuguesa*, Lisboa 1948

Osório, João de Castro, *Uma literatura criada em sincronismo com a expansão marítima*, in: Rumo, 1, 5, Lisboa 1946

Panikkar, K. M., *Asia and Western dominance*, London 1953

Panikkar, K. M., *Malabar and the Portuguese*, London 1929

Panikkar, K. M., *A survey of Indian history*, Bombay 1947

Parkinson, C. Northcote, *East and West*, London 1963

Parry, John H., *Europäische Kolonialreiche*, München 1972

Pato, R. A. de Bulhão, *Portugueses na Índia, cenas históricas*, Lisboa 1883

Paula, Samuel de, *Aspectos negativos da colonização portuguesa*, Rio 1971

Paulino, António de Noronha, *Relembrando Goa*, Lisboa 1963

Paz, Octavio, *El laberinto de la soledad*, México [6] 1970

Pedroso, Sebastião José, *Resumo histórico acerca da antiga Índia Portuguesa*, Lisboa 1879

Pélissier, René, *Le naufrage des caravelles*, Orgeval 1980

Penrose, Boies, *Travel and discovery in the Renaissance 1420–1620*, Cambridge, Mass., 1963

Pereira, A. B. de Bragança, *Etnografia da Índia Portuguesa*, Bastorá 1940

Pereira, A. B. de Bragança, *Goa Portuguesa*, Goa 1952

Pereira, Duarte Pacheco, *Esmeraldo de situ orbis*, Lisboa 1954

Pereira, Fernando Jasmins, *O desafio ultramarino e as argumentações negativas*, Lisboa 1973

Pereira, Frederico António, *Relações de Portugal com o Siam*, in: Boletim da Sociedade de Geografia de Lisboa, 8, Lisboa 1888/89

Pereira, J. F. Marques, *Subsídios para o estudo dos dialectos crioulos do Extremo Oriente*, in: Ta-Ssi-Yang-Kuo, Lisboa 1899

Perham, Margery, *Bilanz des Kolonialismus*, Stuttgart 1963

Pescatello, Ann M., *The African presence in Portuguese India*, in: Journal of Asian History, 11, 1, Wiesbaden 1977

Phillips, E. J.; Mitchell, R. A.; Cheng, Kim Whatt, *Report on the registration of births and deaths, marriages and persons for 1955 and 1956*, Singapore 1958

Pieris, Paulus Edward, *Ceylon and Portugal*, Leipzig 1927

Pigafetta, Antonio, *First voyage around the world*, Manila 1969

Pintado, Manuel Joaquim, *Portugal's Christian drive to the East and the case of Malacca*, Lisboa 1957

Pintado, Manuel Joaquim, *Survival through human values*, Malacca 1974

Pintado, Manuel Joaquim, *Voice of the ruins*, Malacca o. J.

Pinto, Fernão Mendes, Peregrinação, ed. António José Saraiva, I–III, Lisboa 1961–74

Pinto, Fernão Mendes, *Relación de Mendes Pinto*, Coimbra 1555

Pires, Tomé, *The Suma Oriental of Tomé Pires*, Hg.: Armando Cortesão, 2 vols., London 1944

Pissurlencar, Pandurongas, *Goa pre-portuguesa*, in: Arquivos da Universidade de Lisboa, 1, 19, Lisboa 1960

Pissurlencar, Pandurongas, *Roteiro da Índia Portuguesa*, Bastorá 1955

Polo, Marco, *Il libro di Marco Polo detto Milione*, Hg.: Daniele Ponchiroli, Torino 1974

Pope, Ethel, *India in Portuguese Literature*, Bastorá 1937

»*Portuguese records about Malacca*«, Microfilms of mss. in the Arquivo Nacional da Torre do Tombo, 2 reels, KA: M 10–11/74, Lisboa

Prestage, Edgar, *Die portugiesischen Entdecker*, Leipzig 1936

Priolkar, A. K., *Goa: facts versus fiction*, Bombay 1962

Purcell, V. W., *The Chinese in South-East Asia*, London 1951

Queirós, Fernão de, *The temporal and spiritual conquest of Ceylon*, 6 vols., Colombo 1930

Queiroz, José Maria Eça de, *Obras*, III, Porto o. J.

Quiko, Jacob, *Kampung Tugu*, Tugu/Jakarta 1970

Quintanilha, F., *Vasco da Gama and Portuguese multi-racal intercourse*, in: Boletim da Sociedade de Geografia de Lisboa, 87, 7–9, Lisboa 1969

Rajagopalan, S., *Old Goa*, New Delhi 1975

Ramusio, Giambattista, *I., Primo volume delle navigazioni e viaggi*, Venezia 1550; *II., Raccolta delle navigazioni e viaggi*, Venezia 1583

Rao, R. P., *Portuguese rule in Goa*, New York 1963

Rawlinson, H. G., *British beginnings in Western India 1570–1657*, Oxford 1920

Rebelo, Gabriel, *Informação das cousas das ilhas de Maluco*, in: Coleção de notícias, Lisboa 1856

Rebello, José Pequito, *Portugal e a Índia*, Lisboa 1962

Rego, António da Silva, *Apontamentos para o estudo do dialecto português de Malaca*, in: Boletim Geral das Colónias, 27, 198; 28, 203, 208, Lisboa 1941–42

Rego, António da Silva, *A comunidade luso-malaia*, in: V. Colóquio Internacional de Estudos Luso-Brasileiros, I, Coimbra 1965

Rego, António da Silva, *Contribuição para a história dos portugueses no Golfo Persico*, in: Homenagem Dr. Carrington da Costa, Lisboa 1962

Rego, António da Silva, *A cultura portuguesa na Malaia e em Singapura*, in: Boletim da Academia International da Cultura Portuguesa, 4, Lisboa 1968

Rego, António da Silva, *Documentação para a história das missões do padroado português no Oriente*, 12 vols., Lisboa 1949–67

Rego, António da Silva, *Os ingleses em Goa 1799–1813*, in: Estudos políticos e sociais, 3, 1, Lisboa 1965

Rego, António da Silva, *Macau, centro de irradiação da Cultura Lusíada no Extremo Oriente*, Lisboa 1967

Rego, António da Silva, *Portuguese colonization in the Sixteenth Century*, Johannesburg 1965

Rego, António da Silva, *A presença de Portugal em Macau*, Lisboa 1946

Rego, António da Silva, *Raízes de Goa*, Goa 1956

Rego, Frederico José Hopffer, *Alguns aspectos da cultura dos timorenses*, in: Ultramar, 9, 2, 34, Lisboa 1968

Rego, Frederico José Hopffer, *A língua portuguesa como instrumento e parte de uma política ultramarina*, in: Boletim da Sociedade de Geografia de Lisboa, 86, 1–3, Lisboa 1968

Rein, A., *Die europäische Ausbreitung über die Erde*, Potsdam 1931

Rein, G. A., *Das Problem der europäischen Expansion in der Geschichtsschreibung*, Göttingen 1961

Rein, Hans Jürgen, *Zum Schicksal der portugiesischen Familiennamen in Indien*, in: Portugiesische Forschungen der Görres-Gesellschaft, 13, Münster 1974/75

Rein, Hans Jürgen, *Die Überreste portugiesischer Kultureinflüsse im Raum Calcutta*, in: Portugiesische Forschungen der Görres-Gesellschaft, 15, Münster 1978

Reiner, Ernst, *Die Molukken*, Gotha 1956

Resende, Garcia de, *Cancioneiro geral*, 3 vols., Hg. E. H. von Käusler, Stuttgart 1852 reprint. Amsterdam 1969

Resende, Garcia de, *Miscelânia*, Coimbra 1917

Ribas, Tomaz (Hg.), *Lisboa, I. poesia, II. prosa*, Lisboa o. J.

Ribeiro, João, *Fatalidade histórica da Ilha de Ceilão*, Paris / Amsterdam 1701

Ribeiro, Orlando, *Destinos do Ultramar*, Lisboa 1975

Rivara, Joaquim Heliodoro da Cunha, *A conjuração de 1787 em Goa*, Nova Goa 1875

Rivara, Joaquim Heliodoro da Cunha, *Ensaio histórico da língua Concani*, Nova Goa 1858

Rizal, José, *El filibusterismo*, Manila [3] 1908

Rizal, José, *Noli me tangere*, Berlin 1887, Manila 1961

Rodó, José Enrique, *Ariel*, Montevideo 1900

Rodrigues Júnior, Manuel, *Terra nossa na costa do Malabar*, Lourenço Marques 1961

Rotary Club of Malacca (Hg.), *Illustrated historical guide to Melaka*, Malacca 1973

Ruinen, W., *Overzicht van de Literatuur betreffende de Molukken*, I, 1550–1921, Batavia 1928

Russell-Woods, A. J. R., *Fidalgos and Philanthropists*, London 1969

Ryan, N. J., *The cultural heritage of Malaya*, Singapore [2] 1971

Sá, Artur Basílio, *Documentação para a história das missões do padroado português do Oriente – Insulíndia*, 5 vols., Lisboa 1954–58

Sachsse, Hans, *Verstrickt in eine fremde Welt*, Baden-Baden 1965

Salazar, António de Oliveira, *Erklärung zur Überseepolitik*, Lissabon 1963

Salazar, António de Oliveira, *Portugal and the Far East*, Lisboa 1951

Saldanha, C., *A short history of Goa*, Goa [2] 1957

Saldanha, Mariano, *A cultura da música europeia em Goa*, in: Estudos ultramarinos, 6, 1–3, Lisboa 1956

Saldanha, Mariano, *A lusitanização de Goa*, Goa 1947

Saldanha, Mariano, *Reminiscências portuguesas no Golfo Pérsico*, in: Boletim do Instituto Vasco de Gama, 1, Goa 1926

Salentiny, Fernand, *Aufstieg und Fall des portugiesischen Imperiums*, Wien / Köln / Graz 1977

Samhaber, Ernst, *Knaurs Geschichte der Entdeckungsreisen*, München 1955

Santa Maria, Luigi, *I prestiti portoghesi nel Malese-Indonesiano*, Napoli 1967

Santos, Eduardo dos, *Kanoik, lendas e mitos de Timor*, Lisboa 1967

Santos, Maria da Paz Cabrita de Barros; Noronha, Jesuíno de, *Poesias do povo goês*, Lisboa o. J.

Saraiva, António José, *História da cultura em Portugal*, 3 vols., Lisboa 1950–62

Savaiva, António José; Lopes, Óscar, *História da literatura portuguesa*, Porto o. J.

Sartre, Jean Paul, *Situations*, V, Paris 1964

Schäfer, Heinrich, *Geschichte von Portugal*, III, Hamburg 1850

Schuchardt, Hugo, *Kreolische Studien*, Wien 1882–1889

Schulte Nordhalt, H. G., *The political system of the Atoni of Timor*, The Hague 1971

Schurhammer, Georg, *Desenhos orientais do tempo de São Francisco Xavier*, in: Garcia de Orta, Lisboa 1956

Schurhammer, Georg, *Fernão Mendez Pinto und seine »Peregrinaçam«*, Leipzig 1927

Schurhammer, Georg, *Franz Xaver und seine Zeit*, 5 vols., Freiburg i. Br. 1963

Schurhammer, Georg, *Die zeitgenössischen Quellen zur Geschichte Portugiesisch-Asiens*, Leipzig 1932, Rom [2] 1962

Schwebell, Gertrude C. (Hg.), *Die Geburt des modernen Japan*, München 1981

Scott-Ross, Marcus, *A short history of Malacca*, Singapore 1971

Seabra, Manuel de (Hg.), *Goa, Damão e Diu*, Lisboa 1963

Sebbar-Pignon, L., *Le mythe du bon nègre dans la littérature du XVIIIe siècle*, in: Les temps modernes, Paris 1974

»*Sejarah Melayu*« ed. C. C. Brown, Oxford 1970

Silberschmidt, Max (Hg.), *Europa und der Kolonialismus*, Zürich 1962

Silva, Chandra Richard, *The Portuguese in Ceylon 1617–1683*, Colombo 1972

Silveira, Luís, *Ensaio de iconografia das cidades portuguesas do Ultramar*, IV: Asia, Lisboa 1955

Simões, Nuno, *Portugueses no mundo*, Lisboa 1940

Skelchy, Benedikt Aloysius, *The Skelchy Family*, Ms., Kuala Lumpur 1962

Smith, W. H., *The Portuguese in Malacca during the Dutch period*, in: Studia, 7, Lisboa 1961

Soares, Mário, *Democratização e descolonização*, Lisboa 1975

Soares, R. Ehrhardt, *Sobre o sentido da Índia Portuguesa*, in: Boletim da Faculdade de Direito, 42, Coimbra 1966

Sousa, Manuel de Faria e, *Ásia Portuguesa*, 6 vols., Porto 1945–47

Spear, T. G. P. (Hg.), *The Oxford History of India*, Oxford ³ 1961

Spínola, António de, *Por uma portugalidade renovada*, Lisboa 1973

Steins, M., *Das Bild des Schwarzen in der europäischen Kolonialliteratur*, Frankfurt a. M. 1972

»*Subsídios para a história da Índia Portuguesa*«, Lisboa 1868 reprint. Neudeln 1976

Suwondo, Bamban (Hg.), *Laporan Penelitian Kebudayaan Daerah Maluku*, 5 vols., Jakarta 1979

Swettenham, Frank, *Stories and sketches*, Hg.: William R. Roff, Oxford 1967

Tarling, N., *Anglo-Dutch rivalry in the Malay world 1780–1824*, Cambridge 1962

Tate, D. J. M., *The Making of modern South-East Asia*, I, Oxford 1977

Tenreiro, António, *Itinerário (1529)*, Lisboa 1971

Teixeira, Manuel, *A imprensa periódica portuguesa no Extremo Oriente*, Macau 1965

Teixeira, Manuel, *Macau através dos séculos*, Macau 1977

Teixeira, Manuel, *Os macaenses*, Macau 1965

Teixeira, Manuel, *A Missão Portuguesa de Malaca*, Lisboa 1963

Teixeira, Manuel, *As missões portuguesas no Vietnam*, Macau 1977

Teixeira, Manuel, *The Portuguese Missions in Malacca and Singapore*, 3 vols., Lisboa 1961–63

Teixeira, Manuel, *Relações comerciais de Macau com o Vietnam*, Macau 1977

Teixeira, Manuel, *O Seminário de S. José de Macau*, Macau 1976

Telkar, S., *Goa – yesterday and today*, Bombay 1962

Thomaz, Luís Filipe F. R., *O afluxo ao meio urbano no Timor Português*, in: Revista da Faculdade de Letras, IV, 1, Lisboa 1976/77

Thomaz, Luís Filipe F. R., *A viagem de António Correia a Pegu em 1519*, Lisboa 1976

Thomaz, Luís Filipe F. R., *Timor – autópsia de uma tragédia*, Lisboa 1977

Thomaz, Luís Filipe F. R., *Vida rural timorense*, in: Geographica, 9, 33, Lisboa 1973

Thomaz, Luís Filipe F. R., *De Malaca a Pegu: viagens de um feitor português (1512–1515)*, Lisboa 1966

Thomaz, Luís Filipe F. R., *Les portugais dans les mers de l'Archipel au XVIe siècle*, in: Archipel, Paris 1979

Thomaz, Luís Filipe F. R., *Timor*, in: Portugaliae Historica, II, Lisboa 1974

Thompson, E.; Garrat, G., *Rise and fulfilment of British rule in India*, London 1934

Thompson, Robert W., *O dialecto português de Hongkong*, in: IX. Congresso Internacional de Filologia Românica, Actas, II, Lisboa 1961

Tissérant, E. (Cardinal), *Eastern Christianity in India*, Calcutta 1957

Tregonning, K. G., *A history of modern Malaysia and Singapore*, Singapore 1972

Tregonning, K. G., *Southeast Asia: a critical bibliography*, Tucson, Ariz., 1969

Trigueiros, Luís Forjaz (Hg.), *Angola*, Lisboa 1961

Trigueiros, Luís Forjaz (Hg.), *Cabo Verde, Guiné, S. Tomé e Príncipe, Macau e Timor*, Lisboa 1963

Trigueiros, Luís Forjaz (Hg.), *Moçambique*, Lisboa 1963

Vandenbosch, A., *The Dutch East Indies*, Los Angeles [3] 1944

Vasconcelos, Leite de, *Romanceiro português*, 2 vols., Coimbra 1958–60

»*Velha-Goa*«, Guia, Goa 1952

Velho, Álvaro, *Roteiro da primeira viagem de Vasco da Gama*, Lisboa 1969

Verger, Pierre, *Le Fort St.-Jean-Baptiste d'Ajuda*, Porto Novo, Dahomey, 1966

Velken, Johann, *Molukkenreise 1607–1612 (1612)*, den Haag 1930

Vermeer, Hans Josef, *Das Portugiesische in Süd-Asien*, in: Portugiesische Forschungen der Görres-Gesellschaft, 9, Münster 1969

Vicente, Gil, *Os autos das barcas*, Hg.: Augusto C. Pires de Lima, Porto o. J.

Vicente, Gil, *Obras completas*, Hg.: Marques Braga, V, Lisboa o. J.

Vieira, António, *Obras escolhidas*, Sermões, Xff., Hg.: António Sérgio, Hernâni Cidade, Lisboa 1954

Villiers, John, *Südostasien vor der Kolonialzeit*, Fischer Weltgeschichte, 18, Frankfurt a. M. 1965

Visser, B. J. J., *Onde de Compagnie (1606–1800)*, Batavia 1934

Visser, B. J. J., *Onde Portugeesch-Spaansche vlag*, Amsterdam 1925

Vital, Alexandre Pedro Cordeiro, *Comércio externo de Timor*, in: Economia e finanças, 2, 27, Lisboa 1959

Volk, W., *Die Entdeckung Tahitis und das Wunschbild der seligen Insel in der deutschen Literatur*, Heidelberg, 1934

Vriens, G., *Sejarah Gereja Katolik Indonesia*, II, IIIb, Jakarta 1972, 1974

Washburn, W. E., *The meaning of »discovery«*, in: American Historical Review, 1962

Wehler, Hans-Ulrich (Hg.), *Imperialismus*, Köln 1971

West, A. J. F.; Rose, J., *South-East Asia with Malaya*, Singapore 1960

Wheatley, Paul, *The Golden Khersonese*, Kuala Lumpur [2] 1966

Wheatley, Paul, *Impressions of the Malay Peninsula in ancient times*, Singapore 1964

Whiteway, Richard Stephen, *The rise of Portuguese power in India 1497–1550*, London 1969

Wicky, J. (Hg.), *Documenta Indica XII*, in: Monumenta Historica Societatis Jesu, Roma 1972

Willets, William, *The maritime adventures of Grand Eunuch Ho*, Singapore 1964

Williams, G., *The expansion of Europe in the Eighteenth Century*, London 1966

Winius, George Davison, *The fatal history of Portuguese Ceylon*, Cambridge, Mass., 1971

Winstedt, Richard O., *A history of classical Malay literature*, Oxford 1969

Winstedt, Richard O., *A history of Malaya*, Singapore 1962

Winstedt, Richard O., *The Malays*, London 1961

Wong, Lai-sim, *The Eurasian population of Singapore, 1819–1959*, Department of Geography, University of Singapore 1962/63

Wong, Shin Kwan, *Macao Architecture*, Macau 1970

Wurffbain, Johann Sigmund, *Reise nach den Molukken und Vorder-Indien (1686)*, 2 Bd., den Haag 1931

Yacono, Xavier, *Histoire de la colonisation française*, Paris [3] 1979

Zurara, Gomes Eanes de, *Crónica do descobrimento e conquista da Guiné*, 2 vols., Porto 1937

Zurara, Gomes Eanes de, *Crónica da tomada de Ceuta por el-Rei*, Paris 1934

AG 3 WL

Die **Arbeitsgemeinschaft Dritte Welt Läden e.V.** ist ein Zusammenschluß von Dritte Welt Läden in der Bundesrepublik Deutschland und West-Berlin.

Die Dritte Welt Läden verstehen sich als einen Teil der entwicklungspolitischen Bewußtseinsarbeit in der BRD.

Die Dritte Welt Läden fördern und unterstützen

– Selbsthilfeorganisationen in Genossenschaften oder ähnlichen Selbsthilfegemeinschaften – deren Zielsetzung über die Verbesserung des individuellen Einkommens der Mitglieder hinausgeht – durch den Verkauf deren Produkte

– entwicklungspolitisch relevante Bewegungen durch finanzielle Förderung

Arbeitsgemeinschaft Dritte Welt Läden e.V.
Geschäftsstelle: Elisabethenstr. 51 · 6100 Darmstadt
Tel. (06151) 21911

GEPA ③

Aktion Dritte Welt Handel

Die GEPA – **Gesellschaft zur Förderung der Partnerschaft mit der Dritten Welt mbH** – arbeitet mit Selbsthilfegruppen und Kooperativen in unterentwickelt gehaltenen Gebieten zusammen, um deren soziale und wirtschaftliche Entwicklung zu fördern.

Die GEPA importiert Lebensmittel und handwerkliche Produkte aus verschiedenen Ländern.

Im Mittelpunkt der Arbeit in der Bundesrepublik steht die Meinungsbildung zu entwicklungspolitischen Themen in Aktionsgruppen, Dritte Welt Läden und beim Verbraucher.

Die GEPA wird von entwicklungspolitischen Aktionsgruppen, den Dritte Welt Läden, Misereor und der Arbeitsgemeinschaft Kirchlicher Entwicklungsdienst sowie den kirchlichen Jugendverbänden BDKJ und AEJ getragen.

GEPA Regionalstellen:

Regionalstelle West
Talstraße 20
5830 Schwelm
Telefon (0 21 25) 1 09 67

Regionalstelle Süd
Sodener Str. 27
7000 Stuttgart 50
Telefon (07 11) 55 89 12

Regionalstelle Mitte
Rathenaustr. 7
6054 Rodgau 1
Telefon (0 61 06) 96 60

Regionalstelle Nord
in Werkstatt 3
Nernstweg 32–34
2000 Hamburg 50
Telefon (0 40) 3 90 90 41

Regionalstelle Saar
Großherzog-Friedrich-Str. 44
6600 Saarbrücken 3
Telefon (06 81) 3 04 41